国际刑法与
欧洲刑法

Internationales und
Europäisches Strafrecht

〔德〕赫尔穆特·查致格 著

王士帆 译

北京大学出版社
PEKING UNIVERSITY PRESS

著作权合同登记号　图字:01-2017-4798

图书在版编目(CIP)数据

国际刑法与欧洲刑法/(德)赫尔穆特·查致格(Helmut Satzger)著;王士帆译.—北京:北京大学出版社,2017.8

ISBN 978-7-301-27828-4

Ⅰ.①国…　Ⅱ.①赫…　②王…　Ⅲ.①国际刑法—研究　②刑法—研究—欧洲　Ⅳ.①D997.9　②D950.4

中国版本图书馆 CIP 数据核字(2016)第 301577 号

简体中文版由元照出版公司(Taiwan)授权北京大学出版社出版发行
《国际刑法与欧洲刑法》,Helmut Satzger 著,王士帆译
2014 年 4 月初版,ISBN 978-986-255-397-8(平装)

书　　　　名	国际刑法与欧洲刑法 GUOJI XINGFA YU OUZHOU XINGFA
著作责任者	〔德〕赫尔穆特·查致格　著　王士帆　译
责任编辑	陈　康
标准书号	ISBN 978-7-301-27828-4
出版发行	北京大学出版社
地　　　　址	北京市海淀区成府路 205 号　100871
网　　　　址	http://www.pup.cn
电子信箱	yandayuanzhao@163.com
新浪微博	@北京大学出版社
电　　　　话	邮购部 62752015　发行部 62750672　编辑部 62117788
印　刷　者	北京中科印刷有限公司
经　销　者	新华书店
	730 毫米×1020 毫米　16 开本　35.75 印张　565 千字 2017 年 8 月第 1 版　2017 年 8 月第 1 次印刷
定　　　　价	88.00 元

未经许可,不得以任何方式复制或抄袭本书之部分或全部内容。
版权所有,侵权必究
举报电话:010-62752024　电子信箱:fd@pup.pku.edu.cn
图书如有印装质量问题,请与出版部联系,电话:010-62756370

总 目 录

中文版序 …………………………………………… 1
译者序 ……………………………………………… 1
德文六版序（中译）………………………………… 1
《国际刑法与欧洲刑法》书评 ……………………… 1
译词说明 …………………………………………… 1
缩语表 ……………………………………………… 1
目录 ………………………………………………… 1
第一编　绪论 ……………………………………… 1
第二编　刑法适用法 ……………………………… 9
第三编　欧洲刑法 ………………………………… 83
第四编　国际刑法 ………………………………… 285
参考文献 …………………………………………… 447
关键词索引 ………………………………………… 455
附录一　《德国刑法》第 3 条至第 9 条（刑法适用法）……… 469
附录二　《国际刑法法院罗马规约》…………………… 473

中 文 版 序

过去这25年来,德国刑事法有一个特别的发展。德国刑事法早先的法律教育及学术关注的核心,主要是刑事法的释义问题,而在今日,则可观察到更深度的专业化。在此一演变过程中,"刑事法之国际化"(Internationalisierung des Strafrechts)尤其扮演着重要角色。刑事法聚焦于国际观点的情况,并非于德国独然,欧洲友邦们也有类似现象。这一发展的效应显而易见:现在,几乎所有德国大学法律系都至少设有一个以欧洲刑法暨(或)国际刑法为教学重点的教席(Lehrstuhl)。此外,在经济刑法与附属刑法领域,欧洲刑法的问题也一样越来越具影响力。同一时间,《欧洲人权公约》在欧洲的重要性与日俱增,这一国际条约也在欧盟框架内逐渐奠立举足轻重的地位。由于欧盟境内保障广泛的商品流通、提供服务与人员迁徙之自由,具跨境色彩的刑事犯罪层出不穷,自不令人意外。然而,这却导致涉外犯罪应适用哪一国刑法的争议——即一个应借由"刑法适用法"解决的问题——白热化。最后,自从冷战结束以来,国际刑法被确立为是一门介于刑事法与国际法之间的独特法律领域。国际刑法的政治意义,加上国际性刑事法院——尤其是位于荷兰海牙的国际刑事法院——对相关法律原则的积极拓展,也同样引发学习者与学者的浓厚兴趣。

本书尝试忠实地呈现上述发展脉络,希望通过清楚、易懂的说明,让读者更了解欧洲刑法与国际刑法这块法律领域及其与内国法的关联。与许多国外——包括欧洲以外的国家与地区——的学界或实务人士接触后,我感受到,除了原始的国际性议题,诸如来自国际刑法或刑法适用法方面的问题,本来即受全球瞩目外,欧洲整合过程中浮现的刑事法争议,也可能成为其他地区及当地未来整合发展的正面借鉴或负面教材。我这些想法,也正适用于亚洲各个代表不同法域的相邻国家或地区的关系。另外,在台湾地区或其他地区的人权保护方面,当然也会出现与欧洲之公约国适用《欧洲人权公约》时可相比拟的问题。所差别者,只在于台湾地区或其他地区所适用的国际人权基础,是与《欧洲人权公约》内容近似的其他国际条约而已。所以,《欧洲人权公约》在各公约国法秩序里的实践,以及职司公约解释的欧洲人权法院之裁判,一定可以提供其他国家与地区丰富又有益的直观素材,以行对照,也许还能及早防患于未然。

通过本书的中文版,如果可以将德国与欧洲在因应当今刑事法新趋势时所面临的问题及经验,清楚传递给中文世界,我将非常高兴。因此,我诚挚期盼台湾地区的刑事法学在借鉴德国与欧洲经验后,得以批判性地处理新兴问题及迄今所提出的解决方案,并找出自己的建设性对策。台湾地区刑事法学研议出来的对策,对于德国和欧洲而言,可能也是展开全新、宝贵之讨论与持续对话的起点。

我勤奋又聪明的博士生——王士帆先生,不但构思这次的中译计划,还承担整个筹备与翻译工作。如果没有他,中文版绝无问世可能。他不为私利、坚持不懈地完成这件极为艰辛的任务,历时十数个月,秉持最佳的学识与良知,兢兢业业将我的德文书译成中文。对于所有这些工作,我由衷地向王先生致谢。

其次,我想感谢德国诺莫斯(Nomos)出版公司与台北元照出版公司,他们促成这本翻译书有在台湾地区出版的机会。于此,我要特别感谢元照出版公司及其负责同仁们细心、流畅与专业处理中文版的出版事宜。

最后我想说的是,本书德文版有架设一个辅助网站,里面包含所有重要的法律条文、条约和文件。为了方便中文读者搭配使用现在出版的中文版,网站也有中文网页了,同样收录所有重要的英文和(或)德文数据。中文网址:www.satzger-chinese.info。

赫尔穆特·查致格
2014 年 1 月于慕尼黑

译 者 序

国际刑法与欧洲刑法(含欧洲刑事人权法)在台湾地区成为显学,约莫是这 5 年内的事。或许拜 2009 年 12 月 10 日台湾地区两公约施行法生效之赐,几乎各法律领域均竞逐着"与国际接轨",凡冠上"国际""跨境"之名者,一夕翻身,刑事法对涉外或国际比较研究的需求亦扶摇直上。这期间我在德国求学,异乡游子不易跟上台湾地区实况,但德国生活另有一种无形收获,即可从家乡抽身出来,在地观察、体验何谓德国刑事法之欧洲化、国际化,德国人又是如何守护德国本土的法治国底线。

那德国刑事法现貌如何?简言之,课堂上教的、期刊评论的、教科书上写的,根本脱离不了国际及欧洲刑法,因为现实生活已是如此。举例言之:2009 年 9 月,德军驻阿富汗指挥官克莱因(*Klein*)下令攻击昆都士(*Kunduz*)地区的两辆油罐车,却造成逾百平民死伤,德国检察官虽予不起诉处分,但认定此事件属于国际法定义的"非国际武装冲突"。又如 2011 年 4 月,德国斯图加特高等法院以《德国国际刑法》(VStGB)为据,审理卢旺达籍姆瓦纳什亚科(*Murwanashyaka*)指挥武装部众在刚果民主共和国犯下的危害人类罪与战争罪,全案至今未结。欧洲刑法方面,欧盟境内由于人员自由迁徙等权利保障,欧洲跨国旅游如同逛自家后花园,也导致犯罪日益猖獗,为了防制,欧盟逮捕令等相互承认机制接踵而至,又反过来侵害含德国在内的欧盟国人民之权利。此外,德国被在地人以侵犯《欧洲人权公约》而告上欧洲人权法院的案例,时有所闻,如贩毒者贾洛(*Jalloh*)被警察带往医院"检查身体",遭强制以胃管从鼻腔导流催吐剂到胃部,呕出 0.2 公克可卡因;法律系学生格夫根(*Gäfgen*)绑架友人弟弟勒索,经警察逮捕后威胁施以刑求,盼能探知人质下落;施蒂实(*Stübing*)与精神障碍的亲妹生下 4 个小孩,被论处血亲性交罪;殴打家人的许默(*Hümmer*)不满侦查法官讯问被害人时未通知在场,被害人审判中行使亲属拒绝证言权,德国地方法院依然传唤侦查法官作证被害人之先前陈述。

欧洲化、国际化无孔不入的大环境下,不论情愿与否,在欧洲念书似乎很难只在留学国之本国法内独善其身。随着大势所趋,市面上国际刑法与(或)欧洲刑法的德文书,从2010年的3本倍增为现在6本,这还没计入轻薄口袋书、上千页的欧洲刑法工具书、狭义国际刑法及预告出版者。而德国第一本介绍国际与欧洲刑法的教科书,是查致格教授于2004年出版的《国际刑法与欧洲刑法》(Internationales und Europäisches Strafrecht)。本书是翻译他最新推出的2013年第6版。

2010年8月我和查致格教授初次见面。当天我除了转达台湾大学林钰雄老师的邀约外,另聊到本书中译可能性。之后我一边协助规划、执行他2011年4月到台湾的行程,一边为翻译计划与元照公司接触。在与德国初步磋谈版权时出现一个插曲,有澳门特区机构向查致格教授洽询本书的中译授权,被他婉拒了,他回信通知我。说到版权,查致格教授向德国出版社申明支持我的翻译,让我铭感五内,也因为他的临门一脚,使一年来几无进展的磋商得以尽速完成。终于,我开始翻译第4版,隔不久第5版上市,2013年又推出第6版。我逐字比对新旧版含脚注在内等细节,更新工作不似想象简单,例如第6版增补竟占去一季时间。为了"防堵"这种意外负担再次降临,我决定集中心力,将翻译一次到位。2014年1月初,我向元照公司交齐译稿。有人好奇总共耗时多久,这很难精确估算,上面故事也许能代答。本书以德文第6版为基础,查致格教授又为中文版修订40余处,因此他为台湾地区读者准备的,是"最新版的"中文版,还特地架设中文网页,诚意十足(网址:www.satzger-chinese.info)。

翻译期间发生两件我从未想到的事。一是在2012年,我跟随启蒙我欧洲刑法的指导教授约阿希姆·福格尔(*Joachim Vogel*),从杜宾根(Tübingen)大学转学到慕尼黑大学,开始通勤两地。二是福格尔教授于2013年8月在威尼斯大运河为保护幼女,不幸殉命。转学与福格尔教授令人感伤的英年早逝,在拉近我与查致格教授的距离:他接手成为我的指导教授。福格尔教授是我翻译本书的隐形推手,又是一则故事:2010年杜宾根大学夏季学期,我选修他的欧洲刑法研讨课。这堂课每周三进行,每人应交5份5页以上的报告,不同于一般在学期末闭门3天、交出

1份大报告的集中研讨课（Blockseminar）。报告题目虽比照通例，在前一学期末即分配完毕，但助教在每次报告前一周（或更短）才公布应聚焦之法案、裁判，报告人又须于周一前将报告上传。无以名状的修课压力使我跟本书产生革命情感。当时《里斯本条约》甫于2009年12月生效，某种程度上算无预警，本书（2010年4月第4版）是德国当时唯一跟进《里斯本条约》的欧洲刑法书籍。为了让报告堪称"中等质量之物"（攸关杜宾根毕业条件），我借由阅读本书及查找脚注文献，及早准备，成果更受益良多：本书用语流畅、架构严谨，帮助我跨入一门新领域，福格尔教授的"高压训练"与对书中内容的讲解，为我建立了欧洲刑法的基本体系。基于阅读经验以及与作者的亲切互动，我评估本书不但有中译价值，合作条件也具备了。

  本书素获好评，此从同为国际与欧洲刑法专家的德国托马斯·魏根特（*Thomas Weigend*）教授之书评与瑞士萨比娜·格雷斯（*Sabine Gless*）教授的推荐已足验证，名家面前，我不敢班门弄斧。就法律翻译而言，中文世界如何理解外国法，全靠学术工作者或翻译者的引路，尤其是方兴未艾的学门，极易因一时误译，相沿承袭，导致有志之士尤为拨乱反正就煞费周章。有识于此，我翻译本书时常存警惕，引路之成功本不必在我，但失败绝不能因我而起。为此，中德英字典是翻译的必备工具，查找、阅读相关法律、文献及裁判也是家常便饭，穷尽所能后犹有疑者，我只好、也必须求助于查致格教授，偶尔会带给他意想不到的问题。

  在中文译词与补充解释方面，可参见"译词说明"及各章之译注。于此，海德堡大学法律系博士班周培之、台湾大学法研硕士于盼盼和杜宾根大学法律系博士班陈重言检察官对译稿提出宝贵意见（或参照原文，或检视中译），"司法院"林玉凡科长搜集我开列的台湾地区文献，使我得以译注连结台湾地区前辈的学术耕耘，书中知识因此多了几分亲切感，都是本书的幕后功臣，由衷感谢他们可靠、无私的协助。当然，本书若有错漏或译词不当，归责完全在我，对任何指正或建议我都感谢并虚心检讨。

  最后，中文版能在台湾地区问世，除了我应致谢的德国诺莫斯出版公司授权外，更有赖元照出版公司前、后端的全力支持。对此，我特别感谢图宾根大学法律系博士班潘怡宏学长鼓励、促成，元照出版公司不计有行无市的风险,纯粹为读者拓展国际视野而雅纳本书的中译计划,也谢谢编辑们细心交涉版权与后续出版工作。另外,本书因考虑页数,经与查致格教授讨论后,移除德文版些许图表,还请读者包涵。

王士帆

2014 年 1 月于德国杜宾根

德文六版序(中译)

借此一隅,我再一次衷心感谢所有读者对前版的厚爱。这让我有机会将本书所处理的瞬息万变的法律领域,通过新版来反映最新发展。

所以,在本书"刑法适用法"部分,这个迄今还比较被低估与忽略的法律领域,其日益新增的文献与随之更趋多元的意见都能收录在新版中。在"欧盟刑法"部分,新版涵盖以《里斯本条约》为基础的最新立法活动,并说明其中出现的重要问题,即如何解释有关超国家刑法之创设、欧盟国内国刑法之调和化与进一步塑造出一部欧洲刑事程序的法律权限基础。《欧洲人权公约》方面,新版已关注欧洲人权法院的新近裁判,尤其对于——正好从德国观点视之,极为重要的——保安监禁问题予以更详尽的介绍。在"国际刑法"部分,新版也有更新与补充,特别是加入国际刑事法院于2012年3月14日作成的第一则判决:*Lubanga*案。

迅速与不复杂取得各个最新法案、法院裁判及其他重要文件,是使用本书来进行有效率、成功研究的条件。因此,本书也配合六版的问世,提供时常更新数据的网址,读者通过网址即可不费力地读取所有重要的信息。本书网址:http://www.lehrbuch-satzger.de。

随着本书版次渐增,我也兴起大幅扩增引注与参考文献的念头,这诱惑很大。但包括这次的新版在内,为了让读者有一目了然及容易阅读的教科书可以使用,我们刻意着重在教学需求,更甚于对文献完整分析的要求。因此之故,当本书脚注只非常有限地选列部分出版刊物,或者只挑选新近文献作为各专业领域比较特别的文献例证时,我想恳请读者们谅解。

我办公室团队的能力卓越超群,如果没有他们鼎力相助,根本无法想象只在前版上市一年半后,就能推出既有更新数据且不是小修小补的新版,更何况他们才刚辛苦地倾力参与我的英文教科书的问世。这本国际化的英文书,名为 *International and European Criminal Law*,是三家出版社在 2012 年秋季共同发行的出版品(C.H.Beck,München/Hart Publishers,Oxford/Nomos,Baden-Baden)。

对于这次新版,首先我应感谢参与修订工作的学术助理(依姓氏字母排序):*Britta Albrecht* 小姐、*Andreas Dürr* 先生、*Julia Kayser* 小姐、*Kristof Kremer* 先生、*Georg Langheld* 先生、*Laura Neumann* 小姐、*Carl Robert Whittaker* 先生与 *Frank Zimmermann* 先生。

Shih-Fan Wang(王士帆)先生在中译本书时,有贡献建设性的意见,我也应予致谢。

其次,我的许多大学生助理除了技术性事务外,也在实质工作上协助我,我想在此感谢他们:*Juliane Abel* 小姐、*Markus Buchmann* 先生、*Johannes Kleinhenz* 先生、*Nicolai von Maltitz* 先生、*Miriam Meyer* 小姐、*Adrian Mühlbauer* 先生、*Florian Ruhs* 先生、*Maximilian Seuß* 先生与 *Thomas Winkelmann* 先生。

对于在诸多方面减轻我工作负担的部分,我另要感谢办公室的其他成员,即现任与前任的学术助理:*Inka Albrecht* 小姐、*Lukas Böttcher* 先生、*Michael Juhas* 先生、*Johann Melchior Raiser* 先生、*Oliver Suchy* 先生、*Monika Werndl* 小姐,以及大学生助理:*Laura Funke* 小姐、*Roksana Hosseini* 小姐、*Claudia Stühler* 小姐、*Alexandra Zahn* 小姐,还有我的前任秘书 *Marlies Kotting* 小姐和继任的现任秘书 *Béatrice Müller* 小姐。

赫尔穆特·查致格
2013 年 3 月于慕尼黑

《国际刑法与欧洲刑法》书评

德国科隆大学托马斯·魏根特教授

  1980年年底之前,国际刑法是一门只有少数几位专家才掌握的深奥、神秘学科。惟自那时起,国际刑法的发展变得非常活跃。例如今日的欧洲人权法院、前南斯拉夫问题国际刑事法庭与位于荷兰海牙的国际刑事法院之裁判,还有欧盟刑法权限等问题,都众人瞩目。这一点也不令人讶异,因为刑事法与国际法交界以及学理方面的法律问题,其重要性及学习者的学习兴趣皆急速剧增。以撰写本书评的时间为止,相关的德文书籍有3本:除了卡伊·安博斯(*Kai Ambos*)大作(Internationales Strafrecht, 2.Aufl., 2008)及由格哈特·沃勒(*Gerhard Werle*)所著内容属于狭义国际刑法的书籍(Völkerstrafrecht, 2.Aufl., 2008)之外,第3本就是我要介绍的慕尼黑刑事法学者*Helmut Satzger*的教科书——《国际刑法与欧洲刑法》(Internaitonales und Europäisches Strafrecht),它在2009年已发行第3版了。

  这3本著作中,查致格教授的教科书肯定是"对大学生最友善的"(studentenfreundlichst)。之所以这样说,理由不单是因为这本书纲举目张,且以清晰、易懂的语言,提供既是最新又十分完整的信息与透彻的全貌,让读者俯瞰所有重要的"跨国"刑事法议题。本书在每一章的开始,有启发阅读兴趣的入门案例,翻看书中内容,便可找到解答。而每一章结尾的自我测验,也能让读者检测自己是否掌握所阅读之内容。本书不要求读者有特殊的基础知识,作者通篇以基础概念为出发点,在本书三大部分("刑法适用法""欧洲刑法"与"国际刑法")说明与跨国关系、司法互助特殊情况有关的所有刑事法题材。最后要特别强调的是,在作者特地为本书设计的网页上,汇整出极有帮助的德语、英语文件,以及重要的国际组织网址,均能让读者善加利用。

总的来说,查致格教授表现出一套真本领:在有限篇幅内,毫无遗漏任何重要资料地说明跨国刑法,让想接触国际刑法与欧洲刑法的学习者立即了解这块法律领域,甚至启发兴趣,亦可通过书中指引的新近进阶文献,更深入熟悉国际刑法与欧洲刑法。任何有兴趣继续参与国际刑法讨论的德国法律人,应为此向查致格教授致谢。

* 译者补充:书评原载于《戈尔特达默刑法档案》(Goltdammer's Archiv für Strafrecht),2010年2月号,第115页以下(GA 2010, 115 ff.)。中文版摘录的书评段落,已先向魏根特教授征询并获得其同意,在此向魏根特教授致谢。

译 词 说 明

译词说明,旨在交代本书中文选词的考虑。刑法适用法、欧洲刑法及国际刑法是本书三大领域,当中的刑法适用法(第三章至第六章)与欧洲人权公约(第十一章)部分,台湾地区各基于法典继受与研究趋势之因,故已累积不少对应德文的中译词。相较之下,欧盟刑事法(第七章至第十章)与国际刑法(第十二章至第十七章)较易出现令人"一时语塞"的词汇。但篇幅碍难穷尽,只能择选若干来说明,盼请谅解。

一、欧盟与欧洲

欧洲法(Europarecht)由于超国家机构组织复杂、法案多元,加上名称混用但指涉不一,本身已是学习门槛颇高的法律领域。① 欧盟多数法规或机构都冠上"欧洲"之名,惟欧盟法(EU-Recht)固属欧洲法核心,但其只是欧洲法的一(大)部分。为避免望文生义,尤其避免与"欧洲理事会"(Europarat)②系统混淆,凡在欧盟法架构内的"欧洲"名称且不妨碍前后文理解者,本书皆译为"欧盟"机构或法案。例如欧盟检察署(Europäische Staatsanwaltschaft)、欧盟议会(Europäisches Parlament)、欧盟逮捕令(Europäischer Haftbefehl)。

二、欧盟高峰会及欧盟理事会

欧盟高峰会(Europäischer Rat/European Council)与欧盟理事会(Rat der EU/Council of the EU)的外文和中文,极易与欧洲理事会(Europarat/

---

① *Herdegen*, Europarecht, 15. Aufl., 2013, § 1 Rn. 1.
② 欧洲理事会之介绍,参见第十一章 Rn. 2 以下。

Council of Europe)混淆。欧盟高峰会由各欧盟国元首、欧盟理事会主席与欧盟执委会主席所组成,是欧盟的最高政治机构。欧盟理事会是除欧盟议会外的主要立法机构,其下设有多个理事会,成员为各国政府部长级代表,欧盟理事会因此具有欧盟与会员国之间的"衔接功能"。③

三、《里斯本条约》

《里斯本条约》(Vertrag von Lissbon)本身名称不会误解,但内容却常与《欧盟条约》(Vertrag über die EU)及《欧盟运作条约》(Vertrag über die Arbeitsweise der EU)混为一谈。《里斯本条约》全名为《修改〈欧盟条约〉和〈欧体条约〉的里斯本条约》(Konsolidierte Fassungen des Vertrags über die EU und des Vertrags über die Arbeitsweise der EU),其除了修改《欧盟条约》而仍保留条约名称,另外则是修改《欧体条约》(EGV)内容,且将之更名为《欧盟运作条约》。一般谈到《里斯本条约》,乃同时指涉《欧盟条约》与《欧盟运作条约》,惟正确而言,这三者乃三份独立的法律文件。④

四、欧盟法律文件的多语参照——以"自由、安全与法治之区域"为例

《欧盟条约》与《欧盟运作条约》,乃至欧盟各类法律文件的官方文本,多达20余种语言,每一种文本都有相同效力。具体明例是《欧盟条约》第55条第1项前段,规定《欧盟条约》的原始文本以德文、英文、法文等语言制作,各文本有同等拘束力;《欧盟运作条约》亦是,其第358条规定《欧盟运作条约》所有规定均适用《欧盟条约》第55条。在此背景下,欧盟各官方语言皆有独立的自我阐释地位,没有适用效力先后之别。其他语言充其量是当某一语言的词汇或语句有多义(mehrdeutig)或模糊(undeutlich)问题时,辅助厘清。⑤

以欧盟"自由、安全与法治之区域"(Raum der Freiheit, der Sicherheit

---

③ *Herdegen*, Europarecht, 15. Aufl., 2013, § 7 Rn. 16 ff., 20 ff.
④ 《里斯本条约》之介绍,可参见 *Chirstoph Herrmann*:《〈里斯本条约〉概览》,周培之译,载《月旦法学杂志》2012年第205期,第247页以下。
⑤ 本书第八章 Rn. 30 有具体举例。

und des Rechts，以下简称 RFSR）中的 Recht 译词为例。⑥ RFSR 是《欧盟运作条约》第三编"欧盟内政与措施"第五章（条约第 67 条至第 89 条）的章名，章名英文版是"Area of freedom，security and justice"。Recht 在参考英文版的 Justice 后，中文应如何表达才较贴切？Recht 在法律领域的常见译语有二⑦：一是权利（英文 Right），例如 Grund*recht*（基本权利）、Menschen*recht*（人权）；另一是指抽象的法（法律，英文 Law），例如 Strafprozess*recht*（刑事诉讼法）⑧，当然也有其他虽有 Recht，但中文另有约定俗成而不直译成"权利"或"法律"的，例如 *Recht*skraft 被意译为"确定力"。

德文 RFSR 中的 Recht 指权利还是（抽象的）法律？由于没有前后文可资参照，这时的一字多义问题，适当的解套是参考其他欧盟文本，例如英文文本。此处 Recht 在英文版的对应词是 Justice，对照后，可排除将 Recht 解读为"权利"的可行性，因为 Justice 一般不会理解为权利（Right）。可是，Justice 本身也有多义问题（司法、正义？）。条约文本的 Recht 与 Justice 各有多义情况，完全反映在中文文献的译词，即基本上视作者参考的语言文本而有选词差异，例如有译成"自由、安全与法律"⑨、"自由、安全与正义"⑩或"自由、安全与司法"⑪，也有"自由、安全与法治"⑫（"法治"也是我最终选词，见下述）何者为当，其实不存在绝对答案。

几经思索，我将这里的 Recht 译为"法治"，这是我目前想到的可能较

---

⑥ 此例删减自我在《检察新论》（2014 年第 15 期，第 366 页以下）的响应审稿意见。为此，感谢《检察新论》愿意刊出我的完整响应。

⑦ 可参见 Köbler, Rechtsenglisch, 7. Aufl., 2007, S. 149。

⑧ 比较：《德国刑事诉讼法》法典名称是 Strafprozessordnung。

⑨ 王效文：《德国刑事司法互助法制与欧盟法之影响》，载《涉外执法与政策学报》2012 年第 2 期，第 14 页；陈重言：《德国法规范下之国际刑事执行互助基础架构》，载《法学丛刊》2012 年第 228 期，第 81 页。

⑩ 柯庆忠：《欧盟引渡制度之新变革——以欧盟逮捕令为逮捕及解送之新制》，载《东吴法律学报》2007 年第 18 卷第 3 期，第 132 页；洪期荣、陈荔彤：《新欧盟逮捕令及解送程序架构规定与传统国际法引渡制度的比较研究》，载《军法专刊》2011 年第 57 卷第 1 期，第 123 页；吴建辉：《刑事司法互助在欧洲联盟法之发展》，载《司法新声》2012 年第 103 期，第 8 页。

⑪ 陈丽娟：《里斯本条约后欧洲联盟新面貌》2013 年第 2 版，第 107 页；张福昌：《欧盟司法与内政合作》，2011 年版，第 6 页。

⑫ 林丽莹：《提升跨国犯罪追诉效能的刑事诉讼统合运动——以欧盟对跨国刑事追诉的发展为中心》，载《检察新论》2009 年第 6 期，第 53 页。

佳之译词。之所以排除"司法"或"正义",乃因后两者都各有通用的德文对应字。亦即,英文 Justice 理解为"司法"时的德文是 Justiz,例如德国联邦司法暨消费者保护部的德文与英文对照(Bundesministerium der *Justiz*; German Federal Ministry of *Justice*)。至于若将 Justice 解读为"正义",以致认为 RFSR 的 Recht 是指正义的话,也有问题,因为难以解释条约德文为何不是选择德文常见的"正义"(Gerechtigkeit)[13],偏偏选用 Recht 来表达正义。再者,"法治"一词可兼顾 Recht 与 Justice 的抽象意涵,而将 Recht 译为"法治",在台湾地区法界素有先例,即 *Recht*sstaat——法治国。

五、国际刑法

本书出现的"国际刑法"一词,德文对应字有二:一是 Völkerstrafrecht,一般理解为狭义之国际刑法(International criminal law in a strict sense),专指根据国际法而建立直接可罚性的实体法与对之追诉的诉讼法,这在今日主要是指《国际刑事法院罗马规约》。[14] 另一是 Internationales Strafrecht,指广义之国际刑法(International criminal law in a broader sense),其指涉范围较广,除了包含前者之外,还涵盖所有涉及国际因素的刑事法,即刑法适用法、欧洲刑法及(或)司法互助法。[15] 因此,国际刑法是指广义或狭义之意,应视所在脉络而定。

---

[13] 德文文章标题常见,例如"刑事程序之正义"(*Kröpil*, *Gerechtigkeit* im Strafverfahren, JR 2013, 553 ff.)、"法律审绝对上诉事由、法律实务与程序正义"(*Barton*, Absolute Revisionsgründe, Rechtspraxis und Verfahrens*gerechtigkeit*, FS für Volkmar Mehle, 2009, S. 17 ff.)。

[14] 本书第四编"国际刑法",即以狭义国际刑法为说明范围。《国际刑事法院罗马规约》另参见附录二。

[15] *Gless*, Internationales Strafrecht, 2011, Rn. 9 ff.; *Safferling*, Internationales Strafrecht, 2011, § 2 Rn. 1.

缩　语　表*

德文	中译
a.E.	am Ende 最后
a.A.	andere Ansicht 不同意见、不同见解
ABlEG	Amtsblatt der Europäischen Gemeinschaften《欧体公报》
ABlEU	Amtsblatt der Europäischen Union《欧盟公报》
abl.	ablehnend 反对的
Abs.	Absatz 项（法条用语）
AC	Appeals Chamber 上诉法庭
AcP	Archiv für die civilistische Praxis《民法实务文献》（期刊）
AEUV	Vertrag über die Arbeitsweise der Europäischen Union《欧盟运作条约》
a.F.	alte Fassung 旧版本、旧法
AK	Alternativkommentar《对案注释书》
Anm.	Anmerkung 评释、批注
AO	Abgabenordnung《德国租税通则》
ArbGG	Arbeitsgerichtsgesetz《德国劳动法院法》
Art.	Artikel 条（法条用语）
AT	Allgemeiner Teil 总则
Aufl.	Auflage（书）版次
ausf.	ausführlich 详细的

---

* 德文缩语翻译，可另参见 Ingeborg Puppe：《法学思维小学堂》，蔡圣伟译，2010年版，第271—277页。——译者注

续表

德文	中译
AVR	Archiv des Völkerrechts《国际法文献》(期刊)
AWG	Außenwirtschaftsgesetz《外贸法》
BAK	Blutalkoholkonzentration 血液酒精浓度
BayObLG	Bayerisches Oberstes Landesgericht 巴伐利亚邦最高法院(运作到 2006 年 6 月底，后续由同邦 3 所高等法院 München、Bamberg 及 Nürnberg 受理管辖)
BayVBl	Bayerische Verwaltungsblätter《巴伐利亚邦行政公报》
Bd.	Band 册
Beschl.	Beschluss 裁定
BGBl.	Bundesgesetzblatt《德国联邦法律公报》
BGH	Bundesgerichtshof 德国联邦最高法院
BGHSt	Sammlung der Entscheidungen des Bundesgerichtshofs in Strafsachen《德国联邦最高法院刑事裁判汇编》
BMJ	Bundesministerium der Justiz 德国联邦司法部
BNatSchG	Bundesnaturschutzgesetz《德国联邦自然保护法》
BR-Drucks.	Bundesratsdrucksache《德国联邦参议院公报》
Bsp.	Beispiel 举例
BT	Besonderer Teil 分则
BT-Drucks.	Bundestagsdrucksache《德国联邦众议院公报》
BtMG	Betäubungsmittelgesetz《德国毒品危害防制条例》
BVerfG	Bundesverfassungsgericht 德国联邦宪法法院
BVerfGE	Sammlung der Entscheidungen des Bundesverfassungsgerichts《德国联邦宪法法院裁判汇编》
bzgl.	bezüglich 关于
bzw.	beziehungsweise 或
CDPC	European Committee on Crime Problems 欧洲犯罪问题委员会
CEN	Comité Européen de Normalisation 欧洲标准化委员会
CENELEC	Comité Européen de Normalisation Electronique 欧洲电子标准化委员会
CMLR	Common Market Law Review《共同市场法律评论》

续表

德文	中译
CR	Computer und Recht《计算机与法律》(期刊)
Crim.L.R.	Criminal Law Report《刑法报告》
DAV	Deutscher Anwaltsverein 德国律师公会
DDR	Deutsche Demokratische Republik 德意志民主共和国(1949—1990),简称东德
d.h.	das heißt 亦即
ders.	derselbe 同作者(男性)
dies.	dieselbe(n)同作者(女性)
DIN	Deutsches Institut für Normung 德国标准化学会
DJ	Deutsche Justiz《德国司法》(期刊)
DöV	Die öffentliche Verwaltung (Zeitschrift)《公共行政》(期刊)
dt.	deutsch(e/er/es)德国的、德语的
DVBl	Deutsches Verwaltungsblatt《德国行政公报》
E 1962	Entwurf eines Strafgesetzbuchs aus dem Jahr 1962 1962年《德国刑法草案》
EAG	Europäische Atomgemeinschaft (Euratom)欧洲原子能共同体
EAGV	Vertrag zur Gründung der Europäischen Atomgemeinschaft (Euratom)《欧洲原子能共同体条约》
ECCC	Extraordinary Chambers in the Courts of Cambodia 柬埔寨法院特别法庭
EG	Europäische Gemeinschaft(en)欧洲共同体
EGKS	Europäische Gemeinschaft für Kohle und Stahl 欧洲煤钢共同体
EGMR	Europäischer Gerichtshof für Menschenrechte 欧洲人权法院
EGStGB	Einführungsgesetz zum Strafgesetzbuch《德国刑法施行法》
EGV	Vertrag zur Gründung der Europäischen Gemeinschaft《欧体条约》
Einl.	Einleitung 引言、序言
EJCCLCJ	European Journal of Crime, Criminal Law and Criminal Justice《欧洲犯罪、刑法与刑事司法杂志》
EJIL	European Journal of International Law《国际法欧洲杂志》
EMRK	Europäische Menschenrechtskonvention《欧洲人权公约》
endg.	endgültig 最终的、已确定的(欧盟法律文件)

续表

德文	中译
Entsch.	Entscheidung 决定、裁判
etc.	et cetera 等等，诸如此类
EU	Europäische Union 欧盟（欧洲联盟）
EuAlÜbk	Europäisches Auslieferungsübereinkommen《欧洲引渡公约》
EUBestG	EU-Bestechungsgesetz《德国欧盟贪污法》
EuCLR	European Criminal Law Review《欧洲刑法评论》
EuG	Gericht der Europäischen Union（früher: Gericht erster Instanz）欧盟初审法院、欧盟普通法院（the General Court）
EuGH	Gerichtshof der Europäischen Union 欧盟法院
EuGHE	Sammlung der Entscheidungen des Europäischen Gerichtshofes《欧盟法院裁判汇编》
EuGRZ	Europäische Grundrechte-Zeitschrift《欧洲基本权利杂志》
EuHbG	Europäisches Haftbefehlsgesetz《德国欧盟逮捕令条例》
EuR	Europarecht（Zeitschrift）《欧洲法》（期刊）
EuRat	Satzung des Europarates《欧洲理事会章程》
Euratom	Europäische Atomgemeinschaft 欧洲原子能共同体
EuropolG	Europol-Gesetz《德国欧盟警察署法》
EuropolÜ	Europol-Übereinkommen《欧盟警察署公约》
EUV	Vertrag zur Gründung der Europäischen Union《欧盟条约》
EuZW	Europäische Zeitschrift für Wirtschaftsrecht《欧洲经济法杂志》
EV	Vertrag über eine Verfassung für Europa《欧盟宪法条约》
EWG	Europäische Wirtschaftsgemeinschaft 欧洲经济共同体
EWS	Europäisches Wirtschafts-und Steuerrecht《欧洲经济法与税法》（期刊）
FAZ	Frankfurter Allgemeine Zeitung《法兰克福汇报》（报纸）
f. ff.	folgende/fortfolgende 以及下一页/以及以下数页
FGO	Finanzgerichtsordnung《德国财政法院法》
FIS	Fédération Internationale de Ski（Internationaler Ski-Verband）国际滑雪联合会
FischEtikettG	Fischetikettierungsgesetz《德国鱼类表示法》

续表

德文	中译
Fn.	Fußnote 脚注
GA	Goltdammer's Archiv für Strafrecht《Goltdammer刑法文献》(期刊)
GASP	Gemeinsame Außen-und Sicherheitspolitik 共同外交与安全政策
GBA	Generalbundesanwalt(schaft) 德国联邦检察总长(检察署)
gem.	gemäß 依照
GG	Grundgesetz《德国基本法》
ggf.	gegebenenfalls 可能、必要时
GiftstoffVO	Giftstoffverordnung《毒物规则》
GmbHR	GmbH-Rundschau《有限公司综览》(期刊)
GRC	EU-Grundrechtecharta《欧盟基本权利宪章》
grds.	grundsätzlich 原则上
Harv.Int.LJ	Harvard International Law Journal《哈佛国际法期刊》
HK	Handkommentar 注释手册
h.L.	herrschende Lehre 主流学说、通说
h.M.	herrschende Meinung 主流意见、通说
HRRS	Höchstrichterliche Rechtsprechung in Strafsachen (http://www.hrr-strafrecht.de)《最高法院刑事裁判》(在线期刊)
Hrsg.	Herausgeber 编者
hrsgg.	gerausgegeben 主编
Hs.	Halbsatz 半句(法条用语,用以指引法条句子的前半或后半)
ICLR	International Criminal Law Review《国际刑法评论》
ICJ-Rep	International Court of Justice Reports《国际法院报告》
ICTR	International Criminal Tribunal for Rwanda (Internationaler Strafgerichtshof für Ruanda) 卢旺达问题国际刑事法庭
ICTY	International Criminal Tribunal for the Former Yugoslavia (Internationaler Strafgerichtshof für das ehemalige Jugo-slawien) 前南斯拉夫问题国际刑事法庭
I.d.F.	in der Fassung……版本
i.d.R.	in der Regel 经常、通常

续表

德文	中译
i.E.	im Ergebnis 结论上
i.e.S.	im engeren Sinn 狭义
IGH	Internationaler Gerichtshof 国际法院
IJHR	International Journal of Human Rights《国际人权杂志》
ILC	International Law Commission 国际法委员会
ILR	International Law Reports《国际法报告》
IMG	Internationaler Militärgerichtshof (Nürnberger Internationaler Strafgerichtshof) 国际军事法庭(纽伦堡国际刑事法庭)
IMGFO	Internationaler Militärgerichtshof für den Fernen Osten (东京)远东国际军事法庭
indiv.	individuell(e/er/es)个人、个别
inkl.	inklusive 包含在内
insb.	insbesondere 尤其、特别是
int.	international(e/er/es)国际的
IntBestG	Gesetz zur Bekämpfung der internationalen Bestechung《德国国际贪污防治条例》
IntVG	Gesetz über die Wahrnehmung der Integrationsverantwortung des Bundestages und des Bundesrates in Angelegenheiten der Europäischen Union (Integrationsverantwortungsgesetz)《德国国会履行欧盟事务整合责任法》
IPbpR	Internationaler Pakt über bürgerliche und politische Rechte《公民权利和政治权利国际公约》
IPR	Internationales Privatrecht 国际私法
i.R.d.	Im Rahmen des 在……范围内
IRG	Gesetz über die internationale Rechtshilfe in Strafsachen《德国国际刑事司法互助法》
i.S.	im Sinne 依……意义、在……意义下
i.S.d.	im Sinne des/der 以……意义
IStGH	Internationaler Strafgerichtshof 国际刑事法院
IStGHG	Gesetz über die Zusammenarbeit mit dem Internationalen Strafgerichtshof《德国与国际刑事法院合作法》

续表

德文	中译
i.S.v.	im Sinne von 依……意义
i.V.m.	in Verbindung mit 与……连结
JA	Juristische Arbeitsblätter《法学丛刊》
JCE	Joint Criminal Enterprise 共同犯罪集团
JCP	Juris-Classeur Périodique《法学周刊》
JICJ	Journal of International Criminal Justice《国际刑事司法期刊》
JK	Jura-Karteikarte《法学教育》学习卡片
JR	Juristische Rundschau《法学综览》(期刊)
Jura	Juristische Ausbildung《法学教育》(期刊)
jurisPR-Strafrecht	juris PraxisReport Strafrecht《juris 刑法实务报告》
JuS	Juristische Schulung《法学训练》(期刊)
JZ	Juristenzeitung《法律人报》(期刊)
Kap.	Kapitel 章
Kfz	Kraftfahrzeug 动力交通工具
KG	Kammergericht 柏林高等法院
KOM	Dokument der Kommission 欧盟执委会文件
krit.	kritisch 质疑的、批评的
KritJ	Kritische Justiz《批判司法》(期刊)
KritV	Kritische Vierteljahresschrift für Gesetzgebung und Rechts-wissenschaft《立法与法学批判季刊》
LG	Landgericht 地方法院
LJIL	Leiden Journal of International Law《Leiden 国际法杂志》
lit.	litera (Buchstabe) 款 (法条用语)
LK	Leipziger Kommentar zum Strafgesetzbuch《莱比锡刑法注释书》
LFGB	Lebensmittel-und Futtermittelgesetzbuch《德国食品与饲料法》
L/R	Löwe/Rosenberg, Kommentar zur Strafprozessordnung《Löwe 与 Rosenberg 刑事诉讼法注释书》
LS	Leitsatz (裁判) 要旨
LuftVG	Luftverkehrsgesetz《德国航空法》

续表

德文	中译
m.	mit 与、有
mph	miles per hour 每小时英里（时速）
m.w.N.	mit weiteren Nachweisen 有更多说明、例证
MDR	Monatsschrift für Deutsches Recht《德国法月刊》
Mio.	Million(en) 百万
MJECL	Maastricht Journal for European and Comparative Law《马斯垂克欧洲法与比较法杂志》
MK	Münchener Kommentar zum Strafgesetzbuch《慕尼黑刑法注释书》
MMR	Multimedia und Recht《媒体与法律》（期刊）
MRK	(Europäische) Menschenrechtskonvention（欧洲）人权公约
nat.	national(er) 国家、内国、本国
n.F.	neue Fassung 新版（条文）
NILR	Netherlands International Law Review《荷兰国际法评论》
NJ	Neue Justiz《新司法》（期刊）
NJECL	New Journal of European Criminal Law《新欧洲刑法杂志》
NJW	Neue Juristische Wochenschrift《新法学周刊》
NK	Nomos Kommentar zum Strafgesetzbuch《Nomos 刑法注释书》
Nr.	Nummer 号码
Nrn.	Nummern 号码（复数）
NStZ	Neue Zeitschrift für Strafrecht《新刑事法杂志》
NVwZ	Neue Zeitschrift für Verwaltungsrecht《新行政法杂志》
NZV	Neue Zeitschrift für Verkehrsrecht《新交通法杂志》
o.Ä.	oder Ähnliches 或诸如此类
o.g.	oben genannt(e/er/es) 上述
ÖAnwBl	Österreichisches Anwaltsblatt《奥地利律师公报》
OK	Organisierte Kriminalität 组织犯罪
OLG	Oberlandesgericht 高等法院
PCIJ	Permanent Court of International Justice 常设国际法院
PIF	Protection des Intérêts Financiers (Schutz der finanziellen Interessen [der Europäischen Union])《保护（欧盟）财产利益》（公约）

续表

德文	中译
PJZS	Polizeiliche und Justitielle Zusammenarbeit in Strafsachen 警察与司法刑事合作
PTC	Pre-Trial Chamber（Vorverfahrenskammer beim Internationalen Strafgerichtshof）国际刑事法院预审分庭
RbEuHb	Rahmenbeschluss über den Europäischen Haftbefehl und die Übergabeverfahren zwischen den Mitgliedstaaten《欧盟会员国逮捕令与解交程序框架决议》（简称欧盟逮捕令框架决议）
RG	Reichsgericht（德国）帝国法院
RGBl.	Reichsgesetzblatt 德国《帝国法律公报》
RGSt	Sammlung der Entscheidungen des Reichsgerichts in Straf-sachen《德国帝国法院刑事裁判汇编》
RiFlEtikettG	Rindfleischetikettierungsgesetz《德国牛肉表示法》
RJD	Reports of Judgments and Decisions（Urteilssammlung des EGMR）《欧洲人权法院裁判报告》
RL	Richtlinie 指令
RMC	Revue du Marché Commun《共同市场杂志》
Rn.	Randnummer(n)边码
Rs.	Rechtssache(n)法律事件
Rspr.	Rechtsprechung 裁判
RStGB	Reichsstrafgesetzbuch 德国《帝国刑法》
s.	siehe 参见
S.	Seite(n)/Satz（Sätze）页、句
SCSL	Special Court for Sierra Leone 塞拉利昂共和国特别法院
SDÜ	Schengener Durchführungsübereinkommen《申根施行公约》
SEW	Sociaal-Economische Wetgeving《社会与经济立法》（期刊）
SGG	Sozialgerichtsgesetz《德国社会法院法》
SK	Systematischer Kommentar zum Strafgesetzbuch《刑法体系注释书》
s.o.	siehe oben 见上文
sog.	sogenannt(e/er/es)所谓的

续表

德文	中译
Sps.	Spiegelstrich(e) 分项符号
SRÜ	Seerechtsübereinkommen der Vereinten Nationen《联合国海洋法公约》
S/S	Schönke/Schröder, Kommentar zum Strafgesetzbuch《Schönke/Schröder 刑法注释书》
SSW	Satzger/Schmitt/Widmaier, Kommentar zum Strafgesetzbuch《Satzger/Schmitt/Widmaier 刑法注释书》
st.	ständig(e/er/es) 一贯、持续的
StA	Staatsanwaltschaft 检察署(检察官)
StAG	Staatsangehörigkeitsgesetz《德国国籍法》
StGB	Strafgesetzbuch《德国刑法》
STL	Special Tribunal for Lebanon 黎巴嫩特别法庭
StPO	Strafprozessordnung《德国刑事诉讼法》
str.	streitig 有争议的
StraFo	Strafverteidiger Forum (Zeitschrift)《辩护人论坛》(期刊)
StrRG	Strafrechtsreformgesetz《德国刑法改革法案》
StV	Strafverteidiger (Zeitschrift)《刑事辩护人》(期刊)
StVG	Straßenverkehrsgesetz《德国道路交通条例》
s.u.	siehe unten 见下文
SZ	Süddeutsche Zeitung《南德日报》
TC	Trial Chamber 国际刑事法院审判分庭
tw.	teilweise 部分、局部
u.	und 与、以及
u.a.	unter anderem/und andere 此外、尤其/及其他
u.U.	unter Umständen 可能、或许
UA	Unterabsatz 段(法条用语)
UN	United Nations (Vereinte Nationen) 联合国
UNTS	United Nations Treaty Series 联合国条约集
Urt.	Urteil 判决
usw.	und so weiter 及其他

续表

德文	中译
v.	vom 在、属于
v.a.	vor allem 特别、尤其
Var.	Variante(n)（第几）类（法条用语）
verb.Rs.	verbundene Rechtssachen 结合之法律事件
VerfassungsE	Entwurf eines Vertrages über eine Verfassung für Europa《欧盟宪法草案》
VerfO	Verfahrensordnung 程序规则
vgl.	vergleiche 参阅
VO	Verordnung 规则
Vol.	Volume（Band）册
vs.	versus（gegen）控诉
VStGB	Völkerstrafgesetzbuch《德国国际刑法》
VStGBEG	Einführungsgesetz zum Völkerstrafgesetzbuch《德国国际刑法实施法案》
VwGO	Verwaltungsgerichtsordnung《德国行政法院法》
VwVfG	Verwaltungsverfahrensgesetz《德国行政程序法》
WCC	War Crimes Chamber（inBosnien-Herzegowina）（波斯尼亚与黑塞哥维那）战争罪法庭
wistra	Zeitschrift für Wirtschafts-und Steuerstrafrecht《经济刑法与租税刑法杂志》
WiVerw	Wirtschaft und Verwaltung（Zeitschrift）《经济与行政》（期刊）
WStG	Wehrstrafgesetz《德国军刑法》
WuW	Wirtschaft und Wettbewerb-Zeitschrift für deutsches und europäisches Wettbewerbsrecht《经济与公平交易》——德国与欧洲公平交易法期刊
WVRK	Wiener Vertragsrechtskonvention《维也纳条约法公约》
YJIL	The Yale Journal of International Law《耶鲁国际法杂志》
z.B.	zum Beispiel 例如
ZaöRV	Zeitschrift für ausländisches öffentliches Recht und Völkerrecht《外国公法与国际法杂志》
ZEuS	Zeitschrift für Europarechtliche Studien《欧洲法研究杂志》
ZGR	Zeitschrift für Unternehmens-und Gesellschaftsrecht《企业与公司法杂志》

续表

德文	中译
ZIS	Zeitschrift für Internationale Strafrechtsdogmatik（http://www.zis-online.com）《国际刑法释义学杂志》(在线期刊)
Ziff.	Ziffer(n)款(法条用语)
zit.	Zitiert 引注
ZJS	Zeitschrift für das Juristische Studium（http://www.zjs-online.com）《司法学习杂志》(在线期刊)
ZP	Zusatzprotokoll(附加)议定书
ZPO	Zivilprozessordnung《德国民事诉讼法》
ZRP	Zeitschrift für Rechtspolitik《法律政策杂志》
ZStW	Zeitschrift für die gesamte Strafrechtswissenschaft《整体刑事法杂志》
ZZP	Zeitschrift für Zivilprozess《民事诉讼杂志》

目 录

第一编 绪 论

第一章 国际脉络下的刑事法 ······ 3
第二章 "国际刑法"的多元概念 ······ 4
  一、概览 ······ 4
  二、国际刑法 ······ 4
  三、超国家刑法(尤指欧洲刑法) ······ 5
  四、刑法适用法 ······ 5
  五、司法互助法 ······ 6

第二编 刑法适用法

第三章 刑法适用法的功能 ······ 11
  一、刑罚权限依据 ······ 11
  二、可适用之刑法(准据刑法) ······ 11
  三、多重刑事追诉之危险 ······ 15
  四、刑法适用法与个别刑法构成要件保护范围的关系 ······ 16
第四章 连系因素模式 ······ 18
  一、国家创设权限之权限 ······ 18
  二、国际承认之原则 ······ 19
    (一)概述国际法接受的连系因素 ······ 19
    (二)属地原则 ······ 20
    (三)积极属人原则 ······ 21
    (四)保护原则 ······ 22

1.国家保护原则 ··· 22
　　　2.个人保护原则(消极属人原则) ··· 22
　　(五)世界法原则 ·· 23
　　(六)刑事司法代理原则 ··· 24
　　(七)权限分配原则 ··· 25
　　(八)欧盟保护原则(旧称:欧体保护原则) ································· 25

第五章 《德国刑法》的刑法适用法 ·· 27
　一、立法历程 ·· 27
　二、《德国刑法》第3条以下之基本指导原则 ································· 28
　三、《德国刑法》第3条以下的释义学归类 ····································· 30
　四、刑法适用法条文之"犯罪行为"与"行为人" ································ 30
　　(一)犯罪行为 ··· 30
　　(二)行为人 ·· 31
　五、德国刑法适用于内国犯罪 ··· 32
　　(一)《德国刑法》第3条(属地原则) ······································· 32
　　　1.《德国刑法》第9条第1项犯罪地概念 ································ 32
　　　　(1)行为地的判断问题 ·· 36
　　　　(2)结果地的判断问题 ·· 39
　　　　(3)问题:共犯的犯罪地 ·· 44
　　　　(4)问题:网络犯罪的犯罪地 ··· 49
　　　2.内国概念 ·· 54
　　　　(1)国家法和国际法的内国概念 ······································ 54
　　　　(2)德国分裂时期的事实内国概念 ·································· 54
　　　　(3)回归国家法与国际法的内国概念 ······························· 55
　　　　(4)国家法与国际法的内国定义 ····································· 55
　　　3.治外法权人不适用德国刑法? ·· 55
　　(二)《德国刑法》第4条(国旗原则) ······································· 56
　六、德国刑法适用于外国犯罪 ··· 58
　　(一)《德国刑法》第5条 ·· 58
　　　1.基本想法 ·· 58

2.连系因素 …………………………………………… 59
　　3.诉讼配套 …………………………………………… 60
　　4.适用举例与问题 …………………………………… 61
　　　(1)《德国刑法》第5条第9款行为人概念 ………… 61
　　　(2)《德国刑法》第5条第12款犯罪类型与体系 …… 62
　(二)《德国刑法》第6条(世界法原则) ………………… 63
　(三)《德国刑法》第7条(积极与消极属人原则、刑事司法
　　　代理原则) …………………………………………… 66
　　1.所实现之原则 ……………………………………… 66
　　2."德国人"或"外国人"为行为人与被害人 ………… 67
　　　(1)国家法的本国人概念 …………………………… 67
　　　(2)德国人为被害人(《德国刑法》第7条第1项) … 68
　　　(3)德国人为行为人(《德国刑法》第7条第2项
　　　　第1款) …………………………………………… 69
　　　(4)外国人为行为人(《德国刑法》第7条第2项
　　　　第2款) …………………………………………… 70
　　　(5)共犯在刑事司法代理原则的问题 ……………… 70
　　3.犯罪地之可罚性 …………………………………… 71
　　　(1)犯罪地以刑罚处罚行为者 ……………………… 72
　　　(2)犯罪地法的阻却违法、减免罪责及其他实体法
　　　　"排除刑罚"事由 ………………………………… 73
　　　(3)犯罪地法的程序障碍 …………………………… 75
　　　(4)事实上不追诉 …………………………………… 77
　　4.诉讼配套 …………………………………………… 77
第六章　德国犯罪构成要件保护范围以内国法益为限 ………… 78

第三编　欧　洲　刑　法

第七章　欧洲刑法基础与基本问题 ………………………………… 85
　一、"欧洲刑法"之意义 …………………………………… 85
　二、欧盟法对刑事法的影响 ……………………………… 86

（一）欧盟一级法的历史发展 …………………………………… 86
　　　（二）法律制定 vs.法律同化 …………………………………… 89
第八章　超国家之欧洲刑法 ……………………………………………… 91
　一、欧盟现有制裁措施 ………………………………………………… 91
　　　（一）欧盟法数种制裁类型 …………………………………… 91
　　　　1.罚款 …………………………………………………………… 91
　　　　2.其他经济制裁 ………………………………………………… 92
　　　　3.其他失权 ……………………………………………………… 92
　　　（二）属于广义刑法之制裁 …………………………………… 92
　二、欧洲犯罪刑法 ……………………………………………………… 94
　　　（一）用语 ……………………………………………………… 94
　　　（二）现行法有欧洲犯罪刑法之法源？ ……………………… 94
　　　（三）欧盟的刑法制定权限 …………………………………… 97
　三、"欧洲刑法"未来计划 …………………………………………… 104
　　　（一）《保护欧盟经济利益刑法规范 Corpus Juris》
　　　　　（Corpus Juris 2000） ………………………………… 104
　　　（二）《保护欧体经济利益与创设欧盟检察署绿皮书》 …… 105
第九章　欧洲法影响下的内国实体刑法 ……………………………… 108
　一、通则 ……………………………………………………………… 108
　　　（一）刑法无法抗拒欧盟法影响 …………………………… 108
　　　（二）犯罪刑法的特殊性 …………………………………… 109
　二、针对内国刑法的欧盟一级法 …………………………………… 111
　　　（一）以欧盟法作为内国刑法的上限 ……………………… 112
　　　　1.内国犯罪要件违反欧盟法 ………………………………… 112
　　　　2.内国法律效果违反欧盟法 ………………………………… 114
　　　　　（1）处罚程度违反欧盟法 ……………………………… 114
　　　　　（2）处罚类型违反欧盟法 ……………………………… 115
　　　（二）欧盟忠诚义务（《欧盟条约》第4条第3项）作为
　　　　　内国刑法一般底限 …………………………………… 117
　三、针对内国刑法的欧盟二级法：尤其依《欧盟运作条约》

第 83 条发布之指令 … 119
(一)通则与体系 … 119
(二)对抗跨境犯罪(《欧盟运作条约》第 83 条第 1 项) … 119
1.对旧欧盟第三支柱之变革 … 119
2.目前为止发布的法案 … 120
3.《欧盟运作条约》第 83 条第 1 项要件 … 122
(三)附属权限(《欧盟运作条约》第 83 条第 2 项) … 125
1.权限条文的附属特性 … 125
2.过去法律状态 … 125
(四)最低限度调和化之权限 … 128
(五)《欧盟运作条约》第 83 条第 3 项紧急煞车条款 … 130
1.基本构想与程序 … 130
2.内容要求 … 131
(六)《欧盟运作条约》第 83 条以外的调和化权限 … 132
1.权限基础 … 132
2.类推适用"紧急煞车条款" … 133
(七)补充:欧洲刑事政策构想 … 135
1.背景基础 … 135
2.欧洲刑事政策个别原则 … 136

四、内国刑法条文参照欧盟法规 … 137
(一)前言 … 137
1.在"指令"的行为条文 … 137
2.在"规则"的行为条文 … 138
(二)与欧盟有关的空白刑法立法问题 … 138
1.参照效果与解释问题 … 139
2.与明确性原则的冲突 … 141
(1)明确性的一般要求 … 141
(2)"参照欧盟法"之特殊性 … 142
(3)内国法规命令的交互参照条款 … 144
(4)可罚性漏洞与从轻原则 … 146

五、适用内国刑法时尊重欧盟法 ·· 148
　（一）前言 ·· 148
　（二）不予适用效力 ··· 149
　　1.犯罪构成要件层面的真正冲突 ···································· 150
　　2.刑罚效果层面的真正冲突 ··· 153
　　3.与欧盟法的假象冲突 ·· 153
　（三）符合欧盟法之解释 ·· 155
　　1.通论 ·· 155
　　2.符合欧盟法之解释与刑法 ··· 156
　　3.适用案例 ·· 158
　　　（1）对内国刑法采取符合欧盟法之扩张解释，以保护
　　　　　 欧盟法益 ··· 158
　　　（2）个别犯罪构成要件要素的概念从属性 ·················· 161
　　　（3）过失犯 ·· 162
　　　（4）量刑 ··· 164
　（四）框架决议对刑法适用的意义 ······································ 166

第十章　欧洲刑事追诉 ·· 170
一、欧盟刑事追诉机构 ·· 170
　（一）欧盟警察署 ·· 171
　（二）欧盟司法合作组织 ·· 173
　（三）欧盟诈欺犯罪防制局 ·· 176
　（四）欧盟检察署之设置计划 ··· 177
二、以相互承认原则为基础的刑事司法合作 ···························· 182
　（一）总论：相互承认原则 ·· 182
　（二）现今以相互承认原则为基础的法案 ···························· 185
　　1.欧盟逮捕令 ··· 185
　　　（1）《欧盟逮捕令框架决议》 ····································· 185
　　　（2）德国转化《欧盟逮捕令框架决议》 ····················· 187
　　　（3）其他会员国之转化 ·· 189
　　2.欧盟监控令状 ··· 191

    3. 证据司法互助,尤其欧盟证据令状 ……………… 191
    4. 制裁裁判之执行互助 ……………………………… 193
  (三)相互承认原则之立法:《欧盟运作条约》第82条 … 194
    1. 适用范围 …………………………………………… 195
    2.《欧盟运作条约》第82条第2项法律同化界限 … 195
  (四)信息交换,尤其是可支配性原则 ………………… 196
三、刑事诉讼法范围之法律同化 …………………………… 200
  (一)适用范围 …………………………………………… 201
    1. 证据容许性(第1款) …………………………… 201
    2. 刑事程序之个人权利(第2款) ………………… 202
    3. 被害人权利(第3款) …………………………… 204
    4. 刑事程序其他特别面向(第4款) ……………… 206
  (二)紧急煞车机制 ……………………………………… 206
四、一事不再理 ……………………………………………… 207
  (一)一事不再理在法秩序内部的基础意义 …………… 207
  (二)数欧盟国对同一行为之制裁 ……………………… 209
    1. 泛欧洲一事不再理原则的必要性及其塑造 …… 209
    2.《申根施行公约》第54条与《欧盟基本权利宪章》
       第50条的关系 …………………………………… 210
    3.《申根施行公约》第54条要件与适用 …………… 213
       (1)确定裁判 …………………………………… 214
       (2)同一行为 …………………………………… 216
       (3)执行要素 …………………………………… 218
       (4)以禁止双重处罚作为欧盟逮捕令之执行障碍 … 220

第十一章 《欧洲人权公约》 ……………………………… 223
一、欧洲理事会 ……………………………………………… 224
  (一)欧洲理事会属于国际组织 ………………………… 224
  (二)欧洲理事会与刑事法有关之活动 ………………… 225
二、《欧洲人权公约》 ……………………………………… 225
  (一)《欧洲人权公约》在各法秩序的意义 …………… 226

1. 以有利原则为出发点 ·············· 226
2. 对内国法意义——特别论述德国法 ·············· 226
3. 《欧洲人权公约》对欧盟法的意义 ·············· 229
   (1) 欧盟加入《欧洲人权公约》 ·············· 229
   (2) 《欧盟基本权利宪章》与《欧盟条约》第6条第3项 ·············· 231
   (3) 欧盟法院与欧洲人权法院之关系 ·············· 231
(二) 公约国与欧洲人权法院对公约之解释 ·············· 233
(三) 刑事(程序)权利担保 ·············· 234
1. 《欧洲人权公约》保障之总论 ·············· 234
   (1) 补充性的基本权利保护 ·············· 234
   (2) 享有公约权利者与承担义务者 ·············· 235
2. 公约相关刑事权利保障及其审查 ·············· 236
3. 生命权:《欧洲人权公约》第2条第1项 ·············· 238
4. 禁止酷刑、禁止侮辱之惩罚:《欧洲人权公约》第3条 ·············· 241
   (1) 保护领域规定与绝对禁止酷刑 ·············· 241
   (2) 状况1:威胁刑求 ·············· 244
   (3) 状况2:对被逮捕人或拘禁者之医疗干预 ·············· 246
   (4) 状况3:驱逐出境与引渡 ·············· 247
5. 剥夺人身自由之条件:《欧洲人权公约》第5条 ·············· 248
6. 公平审判权利:《欧洲人权公约》第6条第1项、第3项 ·············· 253
   (1) 保护范围 ·············· 254
   (2) 对法院及法院程序之要求 ·············· 255
   (3) 公平审判程序之要求 ·············· 258
7. 无罪推定:《欧洲人权公约》第6条第2项 ·············· 265
8. 罪刑法定原则(无法律即无刑罚、禁止回溯):
   《欧洲人权公约》第7条 ·············· 266
   (1) 保护范围 ·············· 267
   (2) 明确性诫命 ·············· 268
   (3) 禁止类推 ·············· 269
   (4) 禁止溯及既往 ·············· 269

9.尊重私人与家庭生活权利:《欧洲人权公约》第8条 ……… 273
10.刑事案件救济权:《欧洲人权公约》第7号议定书
第2条第1项 ……………………………………………… 275
11.一事不再理:《欧洲人权公约》第7号议定书
第4条第1项 ……………………………………………… 275
(四)程序权与机关组成 ……………………………………… 277
1.欧洲人权法院是《欧洲人权公约》之机关 ……………… 277
2.个人申诉与国家申诉 …………………………………… 278
3.判决类型(当事人间生效之确认判决) ………………… 279
4.判决对公约国之效力 …………………………………… 280

第四编 国际刑法

第十二章 国际刑法基础 …………………………………… 287
一、国际刑法概念 ……………………………………………… 287
二、实现国际法刑罚权之模式 ………………………………… 290
三、国际刑法与国家之国际责任法 …………………………… 293
四、以国际法为基础的刑法——所谓"条约犯罪" …………… 293

第十三章 国际刑法之历史发展 …………………………… 296
一、1919年以前之发展 ……………………………………… 296
二、凡尔赛战犯审判与莱比锡战犯审判 …………………… 297
(一)《凡尔赛和约》 …………………………………………… 297
(二)莱比锡战犯审判 ……………………………………… 298
三、纽伦堡国际军事法庭 …………………………………… 299
(一)法庭结构 ………………………………………………… 299
1.管辖权 ……………………………………………… 299
2.审判法庭组织 ……………………………………… 300
(二)程序法 ………………………………………………… 300
(三)判决 …………………………………………………… 301
(四)纽伦堡审判之批评 …………………………………… 301
(五)结论 …………………………………………………… 302

四、东京远东国际军事法庭 …… 302
五、冷战与"转折点" …… 303
六、前南斯拉夫问题国际刑事法庭 …… 304
  （一）审判法庭 …… 306
    1. 管辖权 …… 306
    2. 审判法庭之组成与结构 …… 306
    3. 法律效果 …… 307
  （二）前南法庭适用之犯罪要件 …… 307
  （三）审判法庭合法性 …… 308
七、卢旺达问题国际刑事法庭 …… 309
八、混合法庭 …… 310

第十四章　国际刑事法院 …… 315
一、法规结构 …… 316
二、法院职责 …… 317
三、管辖权 …… 318
  （一）行为人管辖 …… 318
  （二）事物管辖 …… 318
  （三）土地管辖与"连系因素" …… 319
  （四）时间管辖 …… 320
四、开启法院运作（启动机制）…… 320
  （一）国家申诉（缔约国提交情势）…… 321
  （二）检察官独立侦查 …… 322
  （三）联合国安全理事会决议 …… 323
五、补充性原则 …… 326
六、内部组织 …… 329
  （一）法官 …… 330
  （二）书记官处 …… 331
  （三）检察官（原告）…… 331
  （四）财务 …… 331
七、刑事程序 …… 331

(一)侦查程序 ……………………………………… 332
　　(二)起诉审查程序:确认听审 ……………………… 333
　　(三)审判程序 ……………………………………… 334
　　(四)上诉与再审 …………………………………… 334
　　(五)特别规定:被害人权利 ………………………… 335
　　(六)结论 …………………………………………… 337
八、刑罚及执行 ………………………………………… 337
九、时效与判决确定力 ………………………………… 338
十、法律政策评价 ……………………………………… 339

第十五章　国际刑法总则 ………………………………… 343
一、法源依据 …………………………………………… 343
　　(一)国际刑法的一般法源 ………………………… 343
　　(二)国际刑法的特别法源 ………………………… 344
二、解释规则与罪刑法定原则 ………………………… 346
　　(一)国际法之解释规则 …………………………… 346
　　(二)国际刑法的解释 ……………………………… 347
三、个人责任 …………………………………………… 349
四、国际犯罪行为之架构 ……………………………… 349
　　(一)一般客观犯罪要素 …………………………… 350
　　(二)一般主观犯罪要素 …………………………… 351
　　(三)排除刑事责任的理由 ………………………… 356
　　　　1.正当防卫 …………………………………… 357
　　　　2.紧急避难 …………………………………… 358
　　　　3.依命令之行为 ……………………………… 360
　　　　4.错误 ………………………………………… 360
　　　　5.无归责能力 ………………………………… 362
　　　　6.豁免 ………………………………………… 363
　　　　7.时效 ………………………………………… 365
　　　　8.超法规之排除刑责事由 …………………… 365
五、正犯与共犯 ………………………………………… 365
　　(一)正犯 …………………………………………… 366

      1. 直接正犯 …………………………………………………… 366
      2. 共同正犯 …………………………………………………… 367
      3. 以"共同犯罪集团"扩大共同正犯？ ………………………… 367
      4. 间接正犯 …………………………………………………… 371
    (二)共犯 …………………………………………………………… 372
      1. 教唆犯 ……………………………………………………… 372
      2. 帮助犯 ……………………………………………………… 372
      3. 协助团体犯罪 ……………………………………………… 373
  六、上级责任 ………………………………………………………… 374
  七、未遂与中止 ……………………………………………………… 377
  八、不作为犯 ………………………………………………………… 378
第十六章　国际刑法分则 ……………………………………………… 381
  一、灭绝种族罪 ……………………………………………………… 381
    (一)发展 …………………………………………………………… 381
    (二)保护法益 ……………………………………………………… 383
    (三)犯罪要件体系 ………………………………………………… 384
    (四)一般客观要件 ………………………………………………… 384
    (五)一般主观要件 ………………………………………………… 386
    (六)灭绝种族行为 ………………………………………………… 388
      1. 杀害 ………………………………………………………… 388
      2. 致使身体或精神遭受严重伤害 …………………………… 388
      3. 故意使一团体处于会毁灭生命的生活状态 ……………… 389
      4. 阻止生育 …………………………………………………… 390
      5. 强迫转移儿童 ……………………………………………… 390
  二、危害人类罪 ……………………………………………………… 391
    (一)发展 …………………………………………………………… 392
    (二)保护法益 ……………………………………………………… 394
    (三)犯罪要件体系 ………………………………………………… 394
    (四)整体犯罪之客观要件 ………………………………………… 395
    (五)整体犯罪之主观要件 ………………………………………… 397
    (六)各项犯罪行为 ………………………………………………… 398

1. 谋杀 ……………………………………………… 398
   2. 灭绝 ……………………………………………… 398
   3. 奴役 ……………………………………………… 399
   4. 驱逐出境或强行迁移人口 ……………………… 399
   5. 违反国际法基本规则之监禁或以其他方式严重剥夺
      人身自由 ………………………………………… 400
   6. 酷刑 ……………………………………………… 400
   7. 性犯罪 …………………………………………… 400
   8. 迫害 ……………………………………………… 401
   9. 强迫人员失踪 …………………………………… 402
   10. 种族隔离 ………………………………………… 402
   11. 其他性质相同的不人道行为 …………………… 402

三、战争罪 ……………………………………………… 403
  (一) 发展 …………………………………………… 403
  (二) 保护法益 ……………………………………… 405
  (三) 犯罪要件体系 ………………………………… 406
  (四) "武装冲突"客观要件 ………………………… 407
  (五) 关于"武装冲突"的主观要件 ………………… 409
  (六) 各项犯罪行为 ………………………………… 409
    1. 客观与主观要素 ……………………………… 409
    2. 国际武装冲突中 A 组行为:严重破坏《日内瓦公约》
       (《罗马规约》第 8 条第 2 项第 1 款) ……………… 410
    3. 国际武装冲突中 B 组行为:违反国际武装冲突法规和
       惯例之其他行为(《罗马规约》第 8 条第 2 项第 2 款) … 411
    4. 国内武装冲突中 A 组行为:严重破坏《日内瓦公约》
       共同第 3 条(《罗马规约》第 8 条第 2 项第 3 款) …… 412
    5. 国内武装冲突中 B 组行为:违反非国际性武装冲突法规和
       惯例之其他行为(《罗马规约》第 8 条第 2 项第 5 款) … 413

四、侵略罪 ……………………………………………… 414
  (一) 国际习惯法之侵略罪 ………………………… 414
  (二)《罗马规约》之侵略罪 ………………………… 415

1. 犯罪构成要件 ……………………………………………… 417
　　　2. 审判权(发动机制) ………………………………………… 419
　　　3. 生效 ………………………………………………………… 421
　　　4. 结论 ………………………………………………………… 422

第十七章　国际刑法在德国法之转化与落实 …………………… 425
　一、《德国罗马规约法》…………………………………………… 425
　二、修订《德国基本法》第 16 条第 2 项 ……………………… 426
　三、《德国执行〈罗马规约〉法案》……………………………… 426
　四、《德国国际刑法》…………………………………………… 427
　　(一)立法动机 …………………………………………………… 427
　　　1. 德国刑法在《德国国际刑法》生效前之短缺 ……………… 428
　　　2. 无法直接适用依国际习惯法建立之犯罪要件 …………… 429
　　　3.《德国罗马规约法》不生直接适用《罗马规约》
　　　　犯罪要件之效力 …………………………………………… 430
　　(二)《德国国际刑法》内容 …………………………………… 430
　　(三)在规约补充性原则与《德国基本法》之间的
　　　　《德国国际刑法》 ………………………………………… 432
　　　1.《德国国际刑法》未满足《罗马规约》之处 ……………… 433
　　　　(1)《德国国际刑法》总则 ………………………………… 433
　　　　(2)《德国国际刑法》分则 ………………………………… 436
　　　2. 与《德国基本法》第 103 条第 2 项之冲突 ……………… 438
　　　　(1)有待补充的犯罪构成要件要素 ……………………… 438
　　　　(2)参照国际习惯法 ……………………………………… 439
　　　　(3)参照国际条约 ………………………………………… 440
　　(四)无限制的世界法原则——扩大刑法适用法 ……………… 441
　　(五)结论 ………………………………………………………… 443

参考文献 …………………………………………………………… 447
关键词索引 ……………………………………………………… 455
附录一　《德国刑法》第 3 条至第 9 条(刑法适用法) ………… 469
附录二　《国际刑事法院罗马规约》 …………………………… 473

第一编

绪 论

第一章　国际脉络下的刑事法

　　刑事法常被以为是一门纯属内国法的学科,学校教育也是如此看待。就德国而言,刑法处理的犯罪事实,几乎都被想当然地预设为必定发生在德国境内,相关人士也尽是德国人,而且不涉及在国外的法益或外国法益。但只要随手翻阅报纸,即可了解这种想象与今日社会现实脱节了:"外籍人士犯罪"、国际层级的组织犯罪(例如毒品、汽车黑市、盗窃集团)、国际恐怖主义、网络犯罪、欧盟逮捕令或诈欺欧盟经费,无一不是见报题材。又例如,前南斯拉夫及卢旺达两地的战争事件,由个案特设之国际性刑事法庭进行后续刑法审判,则涉及国际法犯罪与引渡问题,等等。另外,2002年7月在荷兰海牙成立的常设性国际刑事法院(International Criminal Court),目前正审理一系列案件。从上述例子可看出,刑事法已随全球化趋势,演变成一门国际学科,而这正是本书所关注的。

　　国际化也使国际刑法与欧洲刑法的学习,必须查阅大量的法律文本与法院裁判,若收录这些庞大资料(即便只节录),必然超出本书预期篇幅。因此,我特别为本书架设网页,读者可通过网页连结到本书引用的所有重要法院裁判、法案与其他数据的网站。本书网页会持续更新,中文版网址:www.satzger-chinese.info。

第二章 "国际刑法"的多元概念

一、概览

1　　"国际刑法"(Internationales Strafrecht)一词有诸多涵义,是个模糊不清的概念,尤其是各国法秩序对"国际刑法"又使用不同语汇,所以更显复杂。广义言之,举凡刑法某部分显示一项(始终不断变化的法律或事实之)涉外因素(Auslandsbezug)者,即可归类为"国际刑法",其可细分成以下四种意义:(狭义)国际刑法、超国家刑法、刑法适用法以及司法互助法。

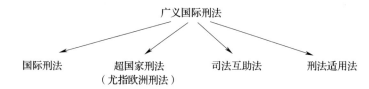

二、国际刑法

2　　(狭义)国际刑法(Völkerstrafrecht),是指根据国际法而建立直接可罚性的所有规范。① 狭义国际刑法由于来自国际法源,乃是名副其实的国际刑法,尤其英美法所谓的 International Criminal Law,即属此一意义。② 举例:灭绝种族罪、危害人类罪、战争罪。

---

① Werle, Völkerstrafrecht, Rn. 86; Triffterer, in: Gössel (Hrsg.), Gedächtnisschrift für Heinz Zipf, 1999, S. 493, 500.

② 仅见 Oehler, Int. Strafrecht, Rn. 2.

另外,当内国特地将国际刑法转化为内国法秩序所制定的内国刑法规范时,这可称之为"内国之国际刑法"(nationales Völkerstrafrecht),又属于此脉络下的"广义国际刑法"(Völkerstrafrecht im weiteren Sinn)。举例:《德国国际刑法》(Völkerstrafgesetzbuch,以下简称 VStGB)在 2002 年 6 月 30 日生效③,这部法典主要在规范国际刑法的实体犯罪要件(例如危害人类罪),以借此调整德国刑法,使德国法能配合作为国际刑事法院基础的《罗马规约》。关于(狭义)国际刑法的深入内容,参见本书第四编"国际刑法"(第十二章以下)。

三、超国家刑法(尤指欧洲刑法)

最狭义与真正意义的超国家刑法(Supranationales Strafrecht),是指超国家之法秩序本身包含了可在各国直接适用的犯罪要件。于此,每一会员国法院得以该当某一超国家刑法要件为由,作出内国法院之有罪判决。就德国而言,最重要的超国家法秩序是欧盟法(前身为欧体法),但如本书之后所述,在所谓"欧盟刑法"(Unionsstrafrecht)意义下的"欧洲刑法"(Europäisches Strafrecht),现在才初具雏型而已。

每一个源自欧洲且具有刑法内涵的法律规定,都可归类为广义欧洲刑法,像是欧盟发布用以调和欧盟会员国刑法为目的之法律措施(规则、指令等),即为适例。同样可归类为广义欧洲刑法的,还有欧洲理事会系统所发布且能影响内国刑事(实体与诉讼)法的国际条约,这当然尤指《欧洲人权公约》。

最后,最广义的欧洲刑法则是包含所有与欧盟法有关、经欧盟法修正或补充内容的内国刑法规定,这可称之为"欧洲化的内国刑法"(europäisiertes nationales Strafrecht)。关于欧洲刑法的深入介绍,参见本书第三编"欧洲刑法"(第七章以下)。

四、刑法适用法

"国际刑法"(Internationales Strafrecht)概念,特别是在欧陆法律术语的认知里,主要是指认定内国刑法适用范围的整体规范,即一国之刑法适

---

③ BGBl. 2002 I, S. 2254.

用法（Strafanwendungsrecht）。④ 刑法适用法基本上⑤是内国法的一部分，以德国为例，《德国刑法》第 3 条以下规范德国刑罚权的适用条件与界限，以确立某一具有涉外因素的犯罪事实可否适用德国刑法。

应与刑法适用法区分的，是所谓区际刑法（interlokales Strafrecht）。当同一国家内的不同区域各有独立的刑法秩序时，始有区际刑法的形成机会。⑥ 不过前提是，在内国刑法权限分配之下，除联邦政府外，各邦（或州）政府也都有权制定刑法时，才可能发生区际刑法的现象。一些联邦国家可清楚见到这类权限分配，这些国家除了联邦刑法之外，还存在许多不同的邦（或州）刑法。举例：美国、墨西哥、澳大利亚、英国。

区际刑法对 1990 年德国统一前，发生在东德（DDR）领域之犯罪同样深具意义，因为就德国刑法观点而言，前东德领域被视做西德的本国领域（"刑法之内国概念"）。⑦ 此外，区际刑法理论也对两德统一后才在前东德领域发生之犯罪有所影响，直到 1994 年至 1995 年之间这类问题仍不时发生。原因在于，前东德某些重要的刑法规定，仍被暂时保留适用于德国统一时所新加入的前东德数邦。⑧《德国刑法》第 3 条以下的刑法适用法规定并无助于解决这些前东德状况，因为这些条文仅规定是否适用德国刑法，但上述案件应厘清的问题却是应适用哪一部分的德国刑法秩序，即前东德刑法或统一后的德国刑法。对此问题，应适用单纯以习惯法为基础的内国冲突法来解决：区际刑法。⑨ 关于刑法适用法，参见本书第二编"刑法适用法"（第三章以下）。

五、司法互助法

5　　司法互助法（Rechtshilferecht），是指所有促成跨（国）境执行法律规定的上位概念。这些规定，除了较常提到的引渡行为人外，另包括执行互

---

④　Oehler, Int. Strafrecht, Rn. 1;对此术语的批评，MK-*Ambos*, Vor §§ 3-7 StGB Rn. 1.
⑤　内国法之外，国际条约为内国法适用法创设框架条件的规定，也须归类为刑法适用法;见解亦同, Oehler, Int. Strafrecht, Rn. 1.
⑥　仅参见 SK-*Hoyer*, Vor § 3 StGB Rn. 53 ff.
⑦　参见第五章 Rn. 54 以下。
⑧　特别是堕胎、水土保持及少年性虐待的法律。
⑨　关此，参见 SK-*Hoyer*, Vor § 3 StGB Rn. 56 ff.; LK-*Werle/Jeßberger*, Vor §§ 3-7 StGB Rn. 420 ff.

助及相互协助取证。⑩ 从各国刑法适用法的规范态样,可直接看出司法互助法的存在必要性:各国刑法适用法规范不一,特别容易发生行为人犯罪后,停留在一个当地刑法适用法并不追诉其犯行之国家,亦即,其犯罪为停留国刑罚权所不及,而本有权限且有意行使刑罚权的国家,却须尊重行为人停留国的国家主权,以致无法单向出击来拘捕被告。⑪ 因此,德国制定《国际刑事司法互助法》(IRG)⑫并通过大量双边或多边条约,来详细规范引渡与其他司法互助的要件。在欧盟法框架里,由于欧盟刑事司法合作的法规逐渐取代传统司法互助法,因而,德国司法互助法与欧洲刑法有某种程度的重叠现象。

欧洲的司法互助发展,会在第三编"欧洲刑法"详细说明(特别是第十章"二、以相互承认原则为基础的刑事司法合作")。附带一提,本书篇幅无法深入介绍国际刑法上复杂的司法互助规定,尚请参见相关专论。⑬

 **自我测验**

一、何谓广义国际刑法?(Rn. 1)
二、"区际刑法"在什么状况下具有重要意义?(Rn. 4)
三、何谓司法互助法?规定在哪?(Rn. 5)

---

⑩ *Werle/Jeßberger*, JuS 2001, 36; *Veh*, in:Wabnitz/Janovsky, Handbuch, Kap. 22, Rn. 3 ff.;基础概念与原则之详细说明, *Schomburg/Lagodny/Gleß/Hackner*, Internationale Rechtshilfe in Strafsachen, 5. Aufl., 2012, Einl. Rn. 1 ff.;另参见 *v. Heintschel-Heinegg*, in:F.-C. Schroeder (Hrsg.), Justizreform in Osteuropa, 2004, S. 107 ff.[国际刑事司法互助,传统上大致分为三种类型:引渡、取证与执行。引渡又称为"大司法互助"(Große Rechtshilfe),取证互助可称为"小司法互助"(Kleine Rechtshilfe)或"其他司法互助"(Sonstige Rechtshilfe),参见 *Gless*, Internationales Strafrecht, 2011, Rn. 251, 256。中文入门方面,可参见朱朝亮自 2011 年 1 月起,在《月旦法学教室》第 99、101、103、104 期刊载的国际司法互助总论与各论。——译者注]

⑪ *Maurach/Zipf*, AT, Teilband 1, § 11 Rn. 37.

⑫ BGBl. 1982 I, S. 2071.

⑬ 如 *Grützner/Pötz/Kreß*, Internationaler Rechtshilfeverkehr in Strafsachen, 3. Aufl., Loseblattsammlung; *Schomburg/Lagodny/Gleß/Hackner*, Internationale Rechtshilfe in Strafsachen, 5. Aufl., 2012; *Vogler/Wilkitzki*, IRG, Kommentar, Loseblattsammlung; *Veh*, in:Wabnitz/Janovsky, Handbuch, Kap. 22;另参见 *Popp*, Grundzüge der internationalen Rechtshilfe in Strafsachen, 2001.

第二编

刑法适用法

可在本书中文版网址（www.satzger-chinese.info）
浏览本书引用的所有重要法院裁判、法案及其他文件

第三章 刑法适用法的功能

所谓属于内国法秩序之一部分①且被称做"国际刑法"(Internationales Strafrecht)——更恰当的名称是"刑法适用法"(Strafanwendungsrecht)②——的法律,其规范者有二:国家刑罚权限与可适用之刑法。③ 1

一、刑罚权限依据

刑法适用法首要回答的问题是:一个具有外国因素的具体犯罪事实,到底是否隶属于内国自己的刑罚权之下?唯有肯定后,国家才能对行为人及所有其他国家主张自己享有发动追诉系争犯罪之权限。④ 一国假如欠缺刑罚权限依据,则不得合法进行刑事程序,而这在德国法会是一种诉讼障碍事由。⑤ 2

二、可适用之刑法(准据刑法)

依刑法适用法确认存在刑罚权限后,接下来要决定是否适用本国实体刑法或应考虑其他国家的刑法规定。如果一国刑法适用法效力例外规 3

---

① 仅参见 S/S-*Eser*, Vor §§ 3-7 StGB Rn. 5.
② 参见本章 Rn. 4;语辩,参见本章脚注 9。
③ *Jescheck*, in: F.-C. Schroeder u. a.(Hrsg.), Festschrift für Reinhart Maurach, 1972, S. 579, 580; LK-*Werle/Jeßberger*, Vor § 3 StGB Rn. 3.(刑法适用法的详细说明,可参见王效文:《刑法适用法之规范性质与原则》,载《成大法学》2005 年第 10 期,第 91 页以下。——译者注)
④ *Jescheck/Weigend*, § 18 I 1.
⑤ BGHSt 34, 3 f.; BGH NJW 1995, 1845; LK-*Werle/Jeßberger*, Vor § 3 StGB Rn. 10.就效果来说会予以不起诉,若已在审判程序,则谕知程序中止之判决(§ 260 III StPO)。

定其应于诸多可能适用的刑法秩序中,确认何者对犯罪事实才是适用之关键者(类似于国际私法的情况)⑥,这也可称为纯正冲突法(echtes Kollisionsrecht)。

以适用外国刑法作为冲突法的解决方案者,直到不久前,还是《瑞士刑法》第5条第1项的立法例(瑞士法现已非如此):"凡在外国对瑞士人民犯重罪或轻罪,而该犯罪依犯罪地之法律亦属可罚,如行为人在瑞士且不引渡至外国,或行为人因该犯罪将被引渡至瑞士者,依瑞士刑法处断。但犯罪地之法律较有利于行为人者,适用犯罪地之法律。"

4 相较之下,《德国刑法》第3条以下关于刑法适用法的规定,则一直以德国法院仅可适用德国刑法为基本原则。《德国刑法》这些规定,并不是在一犯罪事实有众多可适用之各国刑法规范发生冲突时,从中决定哪国刑法才是解决冲突之关键(即决定准据法),换言之,其目的不在于化解适用法之冲突。按通说看法,《德国刑法》第3条以下之规定属于"非此即彼的方案",只在决定适用或不适用德国法,这样的规范并非纯正冲突法,而仅是刑法适用法。⑦ 因此,德国刑法适用法之功能,在于单方面认定德国实体刑法的适用范围。⑧ 当依《德国刑法》第3条以下有其适用时,也就同时确认德国具有刑罚权限。

对刑法适用法冠上"国际刑法"之名,不只让人错误联想到国际私法,还会以为相关条文乃涉及国际法。其实正如前述,刑法适用法是与内国法有关的法律,每个国家通过刑法适用法将其刑法适用范围扩大及于跨国之犯罪事实。所以,对此议题仅使用"刑法适用法"的术语⑨,而将"国际刑法"(Internationales Strafrecht)一词另外保留在本书标示的广义概念⑩,显值采纳。

---

⑥ 参见 *Kegel/Schurig*, Internationales Privatrecht, 9. Aufl., 2004, S. 25.

⑦ 仅参见 MK-*Ambos*, Vor §§ 3-7 StGB Rn. 1.

⑧ 亦参见 *Satzger*, NStZ 1998, 112; S/S-*Eser*, Vor §§ 3-7 StGB Rn. 5; NK-*Böse*, Vor § 3 StGB Rn. 9.

⑨ 亦参见 *Satzger*, Jura 2010, 108, 109; *Miller/Rackow*, ZStW 117 (2005), 379, 380 m. Fn.5; LK-*Werle/Jeßberger*, Vor § 3 StGB Rn. 2; S/S-*Eser*, Vor §§ 3-7 StGB Rn. 6("领土和跨国刑法适用法")。因不只涉及"刑罚"(Strafe)而已,所以有些文献用语是"刑事法适用法"(Strafrechtsanwendungsrecht),例如 BGH NJW 1975, 271;不同意见 MK-*Ambos*, Vor §§ 3-7 StGB Rn. 1; NK-*Böse*, Vor § 3 StGB Rn. 9("跨国刑法")。

⑩ 参见第二章。

从上述瑞士旧法例可看到,将刑法适用法设计成纯正冲突法,并非什么根本性变革。反观德国,在各国之间联系日益紧密的欧洲,德国法院只能适用德国刑法这套僵硬的基本规则,给人未与时俱进之感。本国去适用外国刑法,固然会遭遇各种实际困难⑪,但一套调和泛欧洲的解决之道,应是找寻"与案件最紧密关联"(sachnächst; closest connection to the case)的刑法来适用,而非取决于裁判地。至少长远来看,这种方法是一个可以思考的选项。⑫

5

对德国刑事法官而言,并不绝对禁止其适用外国法。这项观点,一方面可从《德国刑法》第 7 条看出,该规定为了厘清系争行为于外国犯罪地可罚与否的问题,必然会适用外国刑法。⑬另一方面,在解释附属于民事或行政的刑法构成要件要素时,也会考虑不同法秩序的规定与评价。⑭2011 年 12 月新修正的《德国刑法》第 330 条之 4 第 2 项就是一个清楚的例子,其规定于符合一定条件时,由其他欧盟国的环境法来决定可罚性。⑮只不过,在实际找寻适用法律的过程,可能会碰上一些难题。

6

▶案例 1:德国慕尼黑 M 一家人在意大利亚得里亚海岸度暑假。就在他们返国前,还在享用丰盛晚餐时,停放在露营地的宿营车被窃车集团偷走。当地车商隔天购入赃车,随即转卖给善意不知窃车内情的 S。几周后,跟许多意大利人到慕尼黑参加啤酒节一样,S 开着这部全新的宿营赃车来到慕尼黑,他把车恰巧停在 M 家旁的停车位。不久,M 发现"自己的"宿营车失而复返,毫不犹豫就把车开到自己地下停车场。试问:M 的行为是否符合德国窃盗罪的客观构成要件(§242 I StGB)?

7

要满足窃盗罪客观构成要件,必以 M 所取走者乃"他人之物"为条件,而物之"属他人性"应依民法原则判断。所以,尽管窃盗地在意大利,倘 M 依民法仍是宿营车之所有人,M 取车行为便不具可罚性:如

8

---

⑪ 瑞士旧《刑法》第 5 条讨论,仅参见 Donatsch, Schweizerisches Strafgesetzbuch, 16. Aufl., 2004, Anm. zu Art. 5 I 2 und Art. 6 Ziff. 1 S. 2 schweiz. StGB m. w. N.

⑫ 参见 LK-Gribbohm, 11. Aufl., Vor §3 StGB Rn. 3; Jescheck/Weigend, §18 I.

⑬ 参见第五章 Rn. 88 以下。

⑭ 此问题详细说明,Golombek, S. 116 ff.; Mankowski/Bock, ZStW 120(2008), 704 ff.; Cornils, Die Fremdrechtsanwendung im Strafrecht, 1978, passim.

⑮ 参见 Hecker, in: Ruffert (Hrsg.), Festschrift für Meinhard Schröder, 2012, S. 531 ff.

仅依德国民法评价 M 行为,即会认定客观构成要件不该当,因为 S 无法对失窃之宿营车主张善意取得,M 尚未失去宿营车所有人之地位(《德国民法》第 935 条)。然而,在涉外刑事案件,即使是民法前提问题,也不得草率地径依德国法解决。依通说见解⑯,此时毋宁应借助(德国)国际私法之冲突规则去探求准据法:《德国民法施行法》(EGBGB)第 43 条乃涉外民事事件之物权准据法规定,其亦规范善意取得的问题⑰,该条文指出,物权依物之所在地法(所在国法)定之。据此,案例 1 中 S 能否善意取得宿营车的问题,将取决于意大利民法规定。不同于德国法,意大利物权法(参见《意大利民法》第 1153 条以下)反而容许对失窃物善意取得,S 因此取得宿营车之所有权。就结论而言,M 已取走对其来说属于"第三人"之动产,即实现德国窃盗罪客观构成要件。

9　　此外,(附随)适用外国法的问题讨论,经最近几年欧盟法院裁判之后,变得白热化。欧盟法院表示,在一欧盟国设立的公司,若它到其他会员国开展业务,并在当地分设行政部门,则视同该公司将其公司设立地的规范"一起带往"其他欧盟国。⑱ 德国联邦最高法院一则 2010 年裁判从这项欧盟法院见解推论说,当针对设立在其他欧盟国的外国公司犯下背信案时,对于成立德国背信罪(§266 StGB)的"财产管理义务"这一关键要素,其认定依据同样是遵循公司设立国之法律,而不是德国公司法。⑲ 德国联邦最高法院认为,此一见解与宪法要求的法律明确性原则(Art. 103 II GG)——特别是法律保留——完全相符,理由是外国法本身并未决定犯罪要件之处罚效果及招致处罚的行为,其只是为连接背信罪的"背信特殊的精确化"(untreuespezifische Präzisierung)提供判断基础。但另一

---

⑯　NK-*Böse*, Vor § 3 StGB Rn. 63 m. w. N.

⑰　BGH, Urt. v. 10. 06. 2009-VIII ZR 108/07, NJW 2009, 2824 m. w. N.

⑱　EuGHE 2003, I - 10. 155 - Rs. C-167/01 "*Inspire Art*";之前已在其他裁判出现,EuGHE 1999, I-1459 - Rs. C-212/97 "*Centros*" 与 EuGHE 2002, I-9919 - Rs. C-208/00 "*Überseeing*"。

⑲　BGH, Urt. v. 13. 04. 2010-5 StR 428/09(LG Hamburg);关此,*Beckemper*, ZJS 2010, 554; *Mankowski*, GmbHR 2010, 819, 822; *Schlösser/Mosiek*, HRRS 2010, 424; *Schramm/Hinderer*, ZIS 2010, 494.

些文献早已质疑过上述观点。[20]

三、多重刑事追诉之危险

当德国和大多数国家的刑法适用法,都仅只于单方面规定本国法律适用范围,而不考虑解决法律冲突,此必然的结果是:同一犯罪行为可能适用不同国家的刑法。一方面,如此结果有其(原则上合理的)背后思维基础,即认为应尽可能通过各国刑罚权竞合网络,滴水不漏地确保每一犯罪行为都能受到追诉。[21] 但另一方面,行为人如因犯罪行为具有涉外因素,就可不顾其已在他国遭受制裁之事实,而仍须被所有相关国家究责的话,这难免不公,也不符合比例原则。要解决此一问题当然不容易:《德国基本法》第 103 条第 3 项规定的一事不再理(ne bis in idem),或称禁止双重处罚,仅适用于德国国内。因此,如同目前某些区域的做法,只能以国际条约创设国与国之间的禁止(跨国)双重处罚。[22] 于此,以《欧盟基本权利宪章》(Charta der Grundrechte der EU)第 50 条与先于宪章所通过的《申根施行公约》(SDÜ)第 54 条最属适例。[23]

10

德国法注意外国刑事追诉的机制,表现在刑事诉讼及刑法之量刑:

11

(1)依《德国刑事诉讼法》第 153 条之 3(§153c StPO),允许德国追诉机关例外不追诉外国犯罪及隔地犯,这与原则上既有的强制追诉(法定原则)立场不同。

(2)根据《德国刑法》第 51 条第 3 项(§51 III StGB),假如行为人在外国被判有罪后,再一次遭到德国法院判决有罪,德国法院量刑时,必须

---

[20] 相关讨论,NK-Böse, Vor §3 Rn. 63 ff.; Radtke, GmbHR 2008, 729 ff.; Ransiek/Hüls, ZGR 2009, 157, 174 ff.; Rönnau, ZGR 2005, 854 f.; Schlösser, wistra 2006, 81 ff.; Worm, Die Strafbarkeit eines directors einer englischen Limited nach deutschem Strafrecht, 2009, S. 75 ff., 109 ff.

[21] Werle/Jeßberger, JuS 2001, 35, 36.

[22] 参见第十章 Rn. 65 以下。

[23] BGBl. 1993 II, S. 1013.

就行为人在外国已执行完毕之刑罚予以折抵。*

四、刑法适用法与个别刑法构成要件保护范围的关系

12 涉外事实即使依德国刑法适用法的各项原则,得出德国刑法得以适用的结论,这也不表示该犯罪实际上就适用于德国某一犯罪构成要件,因为必须继续审查:就受害法益观之,系争行为是否落入德国各个具体刑法构成要件之保护范围内。举例:德国人对于外国警察执行职务时,施强暴、胁迫而有抵抗行为者,并不在《德国刑法》第113条妨害公务之保护范围,理由是,该条文保护的是德国的国家执行行为,也就是保护"公共法益"(öffentliches Rechtsgut)。根据一般已承认的解释原则(详见第六章Rn.1以下),德国这些犯罪构成要件原则上只保护德国公共法益,而未含括外国公共法益。

13 关于德国"刑法适用法"(§§3 ff.StGB)与犯罪构成要件"界定保护范围",两者之审查顺序孰先孰后,虽有争议,但由于刑法犯罪构成要件之保护范围须以法律解释来确定,而在解释刑法条文时,其实已在适用德国法的阶段,因此,刑法适用法之审查必属第一步骤。㉔ 就诉讼法效果来看,也会支持本书见解:如根据德国刑法适用法,得出某一案件不得适用德国刑法之结论时,将成立诉讼障碍,而不可为本案实体判决;此时,从规范保护目的审查德国刑法构成要件成立与否的问题,便不再重要或者只

---

* 关于《德国刑法》第51条第3项,参见陈重言:《刑罚折抵——借镜德国法之体系重构》,载《甘添贵教授七秩华诞祝寿论文集(上)》,2012年,第716—719页。附带一提,内国或地区一事不再理规定,仅能避免内国或地区重复追诉、处罚。同一行为如遭境外判决,由于不属传统理解的一事不再理范围,充其量只能由内国或地区法院基于比例原则,于量刑时适用折抵原则(Anrechnungsprinzip),折抵境外裁判之刑罚执行而已。折抵原则,如同德国、瑞士、奥地利等国之立法例,也是台湾地区"刑法"第9条但书的立法模式。当然,这种调节做法不以刑罚折抵为限,也可能在诉讼法中处理。例如《瑞士刑事诉讼法》第8条第2项第3款规定,因预期刑罚可完全折抵以及在不损害被害人利益之下,可放弃追诉已遭境外宣判有罪之犯罪行为;《德国刑事诉讼法》第153条之3第2项的不起诉模式,同样是一种立法选项。参见王士帆:《欧洲跨国一事不再理——德国联邦最高法院刑事裁判BGHSt 56,11译介(上)》,载《司法周刊》2013年第1636期,第3页。——译者注

㉔ 同见解者,SK-*Hoyer*, Vor § 3 StGB Rn. 31; MK-*Ambos*, Vor §§ 3–7 StGB Rn. 81 f.; *Satzger*, Jura 2010, 108, 111; *Schroeder*, NJW 1990, 1406;不同意见,S/S-*Eser*, Vor §§ 3–7 StGB Rn. 31; *Oehler*, JR 1978, 381, 382; *T. Walter*, JuS 2006, 870.

是多余。㉕ 综合前述,可归纳出如下审查顺序:先审查刑法适用法原则,继之,再审查具体规范的保护范围是否及于外国法益。

 **自我测验**

一、如何区分刑法适用法与国际私法的功能?(Rn. 3 以下)

二、数国刑法对同一犯罪行为均有其适用时,如何避免双重处罚?(Rn. 10, 11)

㉕ 正确观点,SK-*Hoyer*, Vor § 3 StGB Rn. 31.

第四章 连系因素模式

1 ▶ 案例2：比利时于1993年通过一项法律，规定战争罪、危害人类罪及（后来才纳入的）灭绝种族罪，不论犯罪地为何，比利时均可处罚。根据这项规定，譬如1982年在黎巴嫩Sabra及Shatilla两处难民营的800名巴勒斯坦人屠杀案，比利时便可追诉以色列当年的国防部长Ariel Scharon等人。试问：比利时刑法究竟可否适用于此案件？（本章Rn. 14）

一、国家创设权限之权限

2 如第三章所述，刑法适用法是国内法，每一国家原则上可自行决定将其刑法适用于哪些犯罪事实。国家起初被认为享有无限扩张刑法适用范围的自主权①，然而，这种见解与国际法所称不干涉（他国）诫命（Nichteinmischungsgebot）必生冲突②。因为规范制定国及该规范所涵盖之犯罪事实两者之间，如果欠缺合理连结，却将本国刑罚权延伸到涉外犯罪事实者，这即意味侵犯外国主权，可能抵触国际法。因此，民族国家今日在制定各自刑法适用法时，虽仍享有创设权限之权限（Kompetenz-Kompetenz）③，惟其立法之形塑裁量仍须遵守国际法之限制④，亦即，规范

---

① 参见如 Binding, Handbuch des Strafrechts, 1885, S. 372; Mendelssohn-Bartholdy, in: Vergleichende Darstellung des Deutschen und Ausländischen Strafrechts, Bd. VI, 1908, S. 106, 316（引自 Oehler, Int. Strafrecht, Rn. 111）.

② Lotus-Entscheidung des IGH, PCIJ Series A No. 10 (1927), 18 f.; Epping/Gloria, in: Ipsen, Völkerrecht, § 23 Rn. 85 ff.

③ 参见 Jescheck/Weigend, § 18 I 2；不同意见，MK-Ambos, Vor §§ 3-7 StGB Rn. 11 ff.，但其以非常限缩的创设权限之权限概念为立论基础。

④ 参见 BGHSt 44, 57; BayObLG NJW 1998, 393; Oehler, Int. Strafrecht, Rn. 111 ff.

制定国与该规范所涉及的生活事实之间,一定要存在"合理连系因素"(sinnvoller Anknüpfungs-punkt),此即所谓真正连系。⑤ 对此,国际法承认一系列的连系因素,内国刑法立法者在拟定刑法适用法时,不但可以合并连系因素,也能加以修改;从国际法观点而言,只要至少有一个合理连系因素存在,其实就无从挑剔。结论上,这表示内国立法者享有非常大的决定空间,其立法界限最终仅在于不得违反恣意禁止而已。⑥

二、国际承认之原则

(一) 概述国际法接受的连系因素

举例:一名奥地利人在西班牙谋杀一名意大利人,该奥地利人因此在西班牙被判有罪。

国际法接受的刑事适用法之典型连系因素如下:

(1) 犯罪地——属地原则(Territorialitätsprinzip)及国旗原则(Flaggenprinzip)。案例中的犯罪地在西班牙,西班牙因此可能行使其刑罚权。

(2) 行为人国籍——积极属人原则(aktives Personalitätsprinzip)。于上述案例,奥地利可能会根据行为人国籍原则,将其刑罚权延伸到此一犯罪事实,而适用其刑法。

(3) 保护内国法益——保护原则(Schutzprinzip)。此可作以下区分:

① 立法规范国的国民法益——个人保护原则/消极属人原则(Individualschutzprinzip/passives Personalitätsprinzip);依据消极属人原则,意大利在前述案例可能将其刑罚权延伸到此一犯罪事实,故可适用意大利刑法。

② 国家自身法益,特别是关于国家存续及完整性之法益——国家保护原则(Staatsschutzprinzip)。

保护世界所有国家共同利益所存在之法益——世界法原则(Weltrechtsprinzip):假如前述举例涉及的不只是谋杀,而是灭绝种族,则任何国家都可依据世界法原则,以各自刑法裁判此一犯罪事实,毋庸考虑犯罪

---

⑤ Nottebohm-Entscheidung des IGH, ICJ-Rep. 1955, 24 ff. 及 Barcelona Traction-Entscheidung, ICJ-Rep. 1970, 1 ff.;关此,*Epping/Gloria*, in: Ipsen, Völkerrecht, § 23 Rn. 90 ff.;参见 *Jeßberger*, Geltungsbereich, S. 191 ff.;亦参见 MK-*Ambos*, Vor §§ 3-7 StGB Rn. 12 m. w. N.

⑥ *Kasper*, MDR 1994, 545.

地、行为人或被害人国籍。

4　　除以上由公认之连系因素所成立的原则外,另有三个原则虽无"合理连系因素"而扩大国家刑罚权,却也未违反国际法:代理刑事司法原则(Prinzip der stellvertretenden Strafrechtspflege)、由国家之间协议约定的权限分配原则(Kompetenzverteilungsprinzip),以及被当做扩大国家保护原则的所谓欧盟保护原则(Unions-schutzprinzip)。此外,如果国际协议规定缔约国得参酌特定连系因素者,最近也有将此视为是所谓条约原则(Vertragsprinzip)的展现。⑦

(二) 属地原则

5　　属地原则,也称"领域原则"(Gebietsgrundsatz)⑧,指一国得将其刑罚权适用于所有发生在该国领域之生活事实。亦即,犯罪地必须在其国境之内,至于行为人或被害人的国籍为何,则无关紧要。属地原则的背后思维,乃是内国刑法秩序必须能适用于停留在其国境内之任何人。⑨ 在国际立法例上,属地原则可说是最普遍的刑法适用法原则。⑩ 以国家领域作为法律适用界限,最能符合主权国家在国际法上的领域高权、独立及平等原则。⑪

不过,属地原则经常太过狭隘,因为其无法适用于在国外之犯罪,纵使行为人或被害人为本国人亦然。准此,属地原则常与其他原则(例如保护原则、积极属人原则)合并立法。此外,假如多国刑事司法合作,导致各国国界不具重要性者,属地原则将力有未逮,欧盟尤其如此。对此,应引进欧洲属地原则(Europäisches Territorialitätsprinzip)作为对策。⑫ 而为了转

---

⑦ 参见 *Jeßberger*, Geltungsbereich, S. 165 ff., 286 ff.

⑧ 参见如 LK-*Werle/Jeßberger*, § 3 StGB Rn. 3;关于属地原则在英美法和欧陆法的发展区别及不同内涵,*Oehler*, Int. Strafrecht, Rn. 55 ff., 64 ff.

⑨ LK-*Werle/Jeßberger*, Vor § 3 StGB Rn. 222; *Satzger*, Jura 2010, 108, 110.

⑩ *Jescheck/Weigend*, § 18 II 1;属地原则之深入与比较法说明,参见 *Satzger*, International and European Criminal Law, § 4 Rn. 12 ff.

⑪ *Oehler*, Int. Strafrecht, Rn. 152 ff.; *Jescheck/Weigend*, § 18 II 1.

⑫ 参见第十章 Rn. 67 以及《保护欧盟财产利益刑法典》(Corpus Juris der strafrechtlichen Regelungen zum Schutz der finanziellen Interessen der EU): Delmas-Marty (Hrsg.), Corpus Juris der strafrechtlichen Regelungen zum Schutz der finanziellen Interessen der EU, 1998.草案最新版本 http://ec.europa.eu/anti_fraud/green_paper/corpus/de.doc.

化刑法适用法的属地原则,内国法应处理两个问题:犯罪地概念:犯罪地在哪? 本国概念:本国领域有多广? (德国法方面,参见第五章 Rn. 11 以下)

与属地原则渊源密切的是国旗原则,其适用于船舶或航空器内之犯罪,理由在于,船舶所悬挂国旗的国旗国或航空器所登记的登记国,对于这些犯罪在国际法上有充分紧密之关系。[13]

6

(三) 积极属人原则

积极属人原则,指个人行为应依其国籍国之刑法评价。生动地说,就好比国民随身携带内国法,其人在国内或国外并非重点。积极属人原则的法理在于,国家得要求国民不论身处何地,皆须遵守内国诫命与禁止规定。[14] 虽然积极属人原则科予国民的忠诚义务,经常与国家权威思想有关[15],但对外国犯罪而言,国际休戚与共的团结思维也是形成积极属人原则的原因,亦即,国籍国对于国民在外犯罪不能袖手旁观,尤其是当某一行为依行为地法(lex loci)应以刑罚处罚者,行为人国籍国也应予以处罚。另外,积极属人原则对于内国法禁止引渡国民的国家(例如《德国基本法》第 16 条第 2 项,参见第十七章 Rn. 3),尤具特殊意义[16]:如果国民在国外犯罪后潜逃回国,国籍国得借由积极属人原则对国民(即行为人)追究刑事责任。

7

在单纯只采用积极属人原则的制度下,该原则将不及于外国人在本国内之犯罪,甚至也不适用于外国人对本国人之犯罪。积极属人原则若适当结合属地原则和(或)保护原则,即可避免此一明显难以接受的后果。最后,为了落实积极属人原则,一国法律必须定义"谁是本国人"。

除了行为人的国籍外,其在本国之"住所",理论上也能当做连系因素,此称为住所原则(Domizilprinzip)。[17] 若要实施这项原则,则须对"住

8

---

[13] 参见 MK-*Ambos*,§ 4 StGB Rn. 1, 5.

[14] 这是历史上最早出现的连系因素,因为根据早期见解,个人法律地位乃是由其宗族决定,参见 *Jescheck/Weigend*,§ 18 II 3;积极属人原则的比较法说明,参见 *Satzger*, International and European Criminal Law, § 4 Rn. 17 ff.

[15] LK-*Werle/Jeßberger*, Vor § 3 StGB Rn. 234;另参见 *Jescheck/Weigend*, § 18 II 3; *Satzger*, Jura 2010, 108, 110;亦极力批评者,MK-*Ambos*, Vor §§ 3–7 StGB Rn. 28 ff.

[16] 另参见 MK-*Ambos*,§ 7 StGB Rn. 1.

[17] 参见 *Kielwein*, in: Hohenleitner u. a.(Hrsg.), Festschrift für Theodor Rittler, 1957, S. 97 ff.

居地"作更细致的定义。

(四) 保护原则

9 　　保护原则,指国家刑罚权适用于危及或已侵害本国法益的所有行为。[18] 在此基准下,犯罪地在国内或国外、行为人为本国人或外国人,均非所问。保护原则的正当性基础,来自于国家负有职责保护其国家法益(及国民法益)的思维。不过,纯粹的保护原则模式并不包括在内国针对外国人或外国所为之犯罪,甚至行为人为本国人者也不及之。据此,保护原则主要在补充其他刑法适用法原则,可说是为针对在外国侵害本国法益之外国人犯罪所特别设立的原则。[19]

　　保护原则按照本国法益之保护类型,可区分成两项子原则:国家保护原则及个人保护原则(消极属人原则)。[20]

1. 国家保护原则

10 　　一提到国家及其机关的自我保护,例如内乱罪,就会谈到国家保护原则。此原则的正当性显而易见:行为人的攻击方向(Angriffsrichtung),建立了他与所涉国家之间的充分紧密关系。[21] 此外,外国刑法通常不会对本国法益提供保护,所以本国只能以自身之刑法制裁攻击其国家法益的犯罪行为,也因此,国家保护原则并不以该行为依犯罪地之法律同属可罚为适用要件。[22]

2. 个人保护原则(消极属人原则)

11 　　假如一国国民的个人法益(例如财产权)遭受侵害,那么,被害人之"母国"对被害人的保护利益也被认定是一种"正当连系因素"(legitimierender Anknüpfungspunkt)。[23] 尽管如此,相对于国家保护原则有较为清晰

---

[18] *Jescheck/Weigend*, § 18 II 4.

[19] MK-*Ambos*, Vor § 3 StGB Rn. 31。比较法方面,参见 *Satzger*, International and European Criminal Law, § 4 Rn. 24 ff., 27 ff.

[20] 对此处用语的批评,*Henrich*, Das passive Personalitätsprinzip im deutschen Strafrecht, 1995, S. 30 f.

[21] *Jescheck/Weigend*, § 18 II 4; *Satzger*, Jura 2010, 108, 110.

[22] MK-*Ambos*, Vor §§ 3–7 StGB Rn. 32; NK-*Böse*, Vor § 3 StGB Rn. 19.

[23] 部分文献不将个人保护原则归类为保护原则之下位概念,而是让其独立成为与"积极属人原则"相对立的"消极属人原则",参见 SK-*Hoyer*, Vor § 3 StGB Rn. 11.

的法理思考,个人保护原则的正当性为何,却十分模糊。㉔ 由于此原则多半是针对外国行为人,通常而言,甚至是外国犯罪地的人民对本国国民所为之外国犯罪,如果外国法律不处罚系争行为,也就不能径自要求对该行为适用本国刑法。外国犯罪行为人并非本国刑法欲规范的行为主体㉕,若仍将本国刑法适用到这些侵害本国国民法益的涉外事实,必显"突兀",毕竟这类犯罪跟内国法之连系的确缺乏充分关联性。另外,不同于国家保护原则,侵害本国国民法益的涉外犯罪,本身并不属于侵害本国之国家法益,故无法从系争犯罪取得充分的连系因素。因此,国际法上合理地要求应修正个人保护原则之适用,即系争犯罪根据外国犯罪地之法律也须具有可刑罚性。㉖ 由此可知,国际法并不接受一个无所节制、绝对适用的消极属人原则。㉗

(五) 世界法原则

世界法原则,亦称普遍原则(Universalitätsprinzip),指世界任何国家均得将其刑罚权延伸到某一犯罪事实,而无须考虑行为人国籍、犯罪地及被害人国籍。如此广泛适用的原则,显然偏离国际法设下的"合理连系因素"之要求,因为实在无法理解,假设一名外国人在波兰窃取墨西哥人的汽车,非洲尼日法院为何可依据尼日刑法审判那名外国人。对此,可赋予世界各国刑罚权的充分紧密之连系关系,并非出自实际的事实状况(犯罪地、行为人或被害人国籍),而是只有存在威胁世界所有国家的共同安全(诸如海盗或恐怖主义)㉘,或根据所生危险或实害之法益性质,始能建立连系因素。举例来说,当犯罪是针对世界各国均有保护利益的超国家文化法益时,行为人本身的攻击举动就可与世界各国法秩序建立充分紧密的连系关系㉙,这种状况类似于国家保护原则。

㉔ 同样谨慎态度者,MK-*Ambos*, Vor §§ 3-7 StGB Rn. 35.
㉕ *Jescheck/Weigend*, § 18 II 4.
㉖ Oehler, Int. Strafrecht, Rn. 127 f.; LK-*Werle/Jeßberger*, Vor § 3 StGB Rn. 230; *Jescheck*, in: F. -C. Schroeder u. a.(Hrsg.), Festschrift für Reinhart Maurach, 1972, S. 579, 581.
㉗ MK-*Ambos*, Vor §§ 3-7 StGB Rn. 36;亦参见 *Satzger*, Jura 2010, 108, 110.
㉘ 关此 MK-*Ambos*, Vor §§ 3-7 StGB Rn. 39.
㉙ *Jescheck/Weigend*, § 18 II 5; *Satzger*, Jura 2010, 108, 110.

13　　转化世界法原则㉚到内国刑法适用法并非易事,其难度在于如何建立举世承认的价值标准,而可进一步归纳出全球均应保护的法益。这种法律状况在国际法犯罪方面,例如《罗马规约》㉛规定之犯罪则比较明朗(参见第十六章)。就此而言,德国《国际刑法》(VStGB)基本上是根据世界法原则来制定的(§1 VStGB)。㉜

14　　于案例2,由于国际法承认国际法犯罪可适用世界法原则,即使对于比利时或其国民不存在其他"合理连系因素",比利时法院也能将其刑法适用于系争犯罪事实。话虽如此,比利时刑法仍引起外交轩然大波,导致——尤其是遭受以色列、美国的政治抨击后——在2003年又大幅修改。

(六) 刑事司法代理原则

15　　刑事司法代理原则,简称代理原则(Stellvertretungsprinzip),目的仅是用来填补漏洞,此与上述各项原则不同。代理原则的想法,出自于国家之间对抗犯罪之团结共识及补充其他国家的刑罚权。因此,这项原则具有辅助功能。㉝详言之,唯有在外国本来根据属地原则依法有权追诉,事实上却因行为人在本国被拘捕且碍于法律或事实原因无法引渡至外国,造成外国未能追诉时,本国刑法才能代表外国实现刑法秩序。㉞不过正如其名,此时本国刑法之适用只具代理性质,即行使本国自己的刑罚权只是为了代替外国而已㉟,因而,代理原则的核心要件是必须根据犯罪地之法律判断行为之刑罚性。同理,本国如追诉一个在外国犯罪地已终结追诉的行为(例如已判决、免予执行或经赦免),则会抵触代理原则。㊱

㉚ 世界法原则的立法比较,参见 Satzger, International and European Criminal Law, §4 Rn. 32 ff.
㉛ 德国官方译本 BGBl. 2000 II, S. 1394 (Sartorius II, Nr. 35)。
㉜ 参见第十七章 Rn. 38 及 Satzger, NStZ 2002, 131 f.; ders., ICLR 2002, 261, 279 f.
㉝ S/S-Eser, Vor §§ 3-7 StGB Rn. 21.
㉞ Jescheck/Weigend, §18 II 6; Satzger, Jura 2010, 108, 110.
㉟ 司法代理原则的立法比较,参见 Satzger, International and European Criminal Law, §4 Rn. 42 ff.
㊱ 所谓"终结原则"(Erledigunsprinzip),参见 Jescheck/Weigend, §18 II 6。

另外,政治难民在其母国若犯下诸如谋杀罪名,而该罪名在母国亦属犯罪者,则不会因此一犯罪事实与停留国无连系因素及行为人不能被引渡回母国,即认为行为人在停留国免受刑事制裁。

在刑事司法代理原则的运用下,如果要求本国法官调查某一行为根据外国法是否具有外国法之刑罚性,代理原则会与个人保护原则和积极属人原则一样,引发某些刑法适用的实际问题。[37] 除此之外,必须尊重外国法的价值决定也是代理原则引发之效果,即便其抵触本国法亦然。[38] 16

(七) 权限分配原则

在国际公约中,逐渐发展出一个新颖、具有未来趋势的连系因素:权限分配原则。权限分配原则的思维在于,应尽可能通过国家之间的协议,来避免各国刑法适用范围重叠的现象,并借此排除重复处罚。[39] 依此原则所建构的国际协议,大多是将刑法适用之权限,分配给行为人住所地之国家或作出有罪判决最符合目的性之国家。[40] 当然,这里不同于其他原则,权限分配并不是内国单方面扩张其刑罚权,而是一种为了避免审判权冲突(Jurisdiktionskonflikt)的国际法权限规则。[41] 17

(八) 欧盟保护原则(旧称:欧体保护原则)

欧盟保护原则是欧盟三柱模式解体[42]后,继受原本的欧体保护原则[43]而正在成形中的一种刑法适用法连系因素。欧盟保护原则是国家保护原则的扩大版,意指欧盟国可追诉、处罚在本国外侵害欧盟法益之犯罪。因此,以德国就其刑法要件应作出合于欧盟法之解释而言,欧盟保护原则有其在刑法适用法上的内在连结。[44] 欧盟国就外国侵害欧盟法益之犯罪, 18

---

[37] 关于对这些法律问题的专家鉴定可能性,仅见 L/R-*Krause*, Vor § 72 StPO Rn. 12.

[38] 参见第五章 Rn. 93 以下、99, 101。

[39] LK-*Werle/Jeßberger*, Vor § 3 StGB Rn. 255; *dies.*, JuS 2001, 35, 37; *Eisele*, ZStW 2013, 1 ff.

[40] LK-*Werle/Jeßberger*, Vor § 3 StGB Rn. 256.

[41] 参见 MK-*Ambos*, Vor §§ 3-7 StGB Rn. 53; LK-*Werle/Jeßberger*, Vor § 3 StGB Rn. 255 f.

[42] 参见第七章 Rn. 7。

[43] 参见 LK-*Werle/Jeßberger*, Vor § 3 StGB Rn. 251 f.;亦见 *Oehler*, Int. Strafrecht, Rn. 913.

[44] 参见第九章 Rn. 89 以下。

经常受制于传统刑法适用法原则而无法有所作为。有鉴于此,确实有必要引进欧盟保护原则。㊺

19  **自我测验**

一、一国在拟定刑法适用法时,在何种程度上享有"创设权限之权限"?界限何在?(Rn. 2)

二、国际法原则上承认哪些合理连系因素?(Rn. 3, 4)

三、内国法转化属地原则时,必须澄清哪两项基础问题?(Rn. 5)

四、所谓的"刑事司法代理原则",其扮演什么角色?(Rn. 15, 16)

五、权限分配原则的思维是什么?(Rn. 17)

㊺ 参见 *Oehler*, Int. Strafrecht, Rn. 916.

第五章 《德国刑法》的刑法适用法

▶ 案例3:丹麦人A为了杀死其残障女儿B,在丹麦对B注射毒物。B陷入昏迷,被送往丹麦一家医院。值班医生束手无策,又将B转送近邻国界的德国专科医院,但数周后B仍在德国医院死亡。试问:可否依德国刑法论处A杀人罪?(本章Rn. 18) 　1

▶ 案例4:奥得河位于中欧,为德国与波兰的北部界河。有一天,在横跨两岸城市(德国法兰克福——奥得河、波兰Słubice)的大桥举行两国和解庆祝活动。可惜并非所有访客都爱好和平,波兰领域的桥区上爆发激烈斗殴,波兰人P参与其中。混乱中,一个大啤酒杯意外击中德国边境官,他不久后死亡。试问:可否依德国刑法论处P聚众斗殴罪?(本章Rn. 29以下) 　2

一、立法历程①

自1871年到1940年间,德国刑法适用法的基础原则是属地原则:1871年《帝国刑法》(RStGB)第3条规定"德意志帝国刑法适用于领域内之所有犯罪行为,行为人为外国人者亦同"。到了1940年,由于《适用范围规则》(GeltungsbereichsVO)改以积极属人原则取代属地原则,《帝国刑法》第3条以下规定因而有重大改变:1940年《帝国刑法》第3条规定:"(第1项)德国刑法适用于德国国民,不问其犯罪在国内或国外。(第2项)于国外所为之犯罪,依犯罪地之法律不罚者,如依德国人民健全之感受,认为该行为因犯罪地之特殊关系而无应罚之不法时,不适用德国刑法……" 　3

---

① 对此,参见 *Jeßberger*, Geltungsbereich, S. 42 ff.

德国在纳粹时期,以德国国民对德国法秩序负有特别忠诚义务为由,证立德国刑法可以有如此广泛的适用范围。② 因此,在 1945 年纳粹战败之后,若继续持守这项积极属人原则的话,自然会陷入欠缺正当性的困境。③ 尽管如此,积极属人原则仍延续到 1975 年为止。此后德国才又恢复以属地原则为基础的刑法适用法,迄今依然(参见《德国刑法》第 3 条以下规定)。

二、《德国刑法》第 3 条以下之基本指导原则

4　　局部扩大之属地原则(partiell erweitertes Territorialitäts-prinzip),可说是德国刑法适用法的基本特征:德国刑法依属地原则,刑罚权仅先含及国内领域之犯罪,故通常不适用于外国犯罪(§3 StGB)。不过,《德国刑法》第 4 条以下规定,若存在某些连系因素时(国旗原则、积极属人原则、保护原则、世界法原则及代理原则),则可将一部分外国犯罪纳入《德国刑法》的适用范围。

5　　详细而言,《德国刑法》第 3 条以下规定可根据下述体系表,依序审查:

6　　《德国刑法》除在总则第 3 条以下规定之外,同法典另有刑法适用法的特别规定,像一系列新增的犯罪构成要件就明文涵盖了外国犯罪事实(vgl. §§ 89a III,129b StGB)。这些新犯罪条文固然扩大了德国刑法的适用性,但也设有限缩条款,予以缓和(vgl. §§ 89a III 2,129b I 2 StGB)。缓和方式不一,有些补充《德国刑法》第 3 条以下规定,有些则取而代之。④ 可是,这些新犯罪条文不但不易理解,其某些超出《德国刑法》第 3 条以下适用范围之立法规定,从国际法角度观之也颇有疑义。⑤

---

② 参见 *Schröder*, ZStW 61 (1942), 57, 58.

③ 尝试解释此时期之国际团结思考,参见 *Schröder*, JZ 1968, 241 f.; *Oehler*, Int. Strafrecht, Rn. 139.

④ 如 BGHSt 54, 264 ff.关于《德国刑法》第 89 条之 1 第 3 项第 2 句、第 129 条之 2 第 1 项第 2 句之讨论,*Valerius*, GA 2011, 696 ff.;此外,参见 BVerwG NVwZ 2010, 1372 ff.(关于《德国刑法》第 91 条之 1)。

⑤ 详细:(《德国刑法》第 129 条之 2 第 1 项第 2 句)*Ambos*, Int. Strafrecht, § 3 Rn. 131; *Fischer*, § 129b StGB Rn. 4 ff.; *Wörner/Wörner*, in: Sinn, Jurisdiktionskonflikte, S. 204, 214 ff.;(关于《德国刑法》第 89 条之 1 第 3 项)*Gazeas/Grosse-Wilde/Kießling*, NStZ 2009, 593, 599 f.

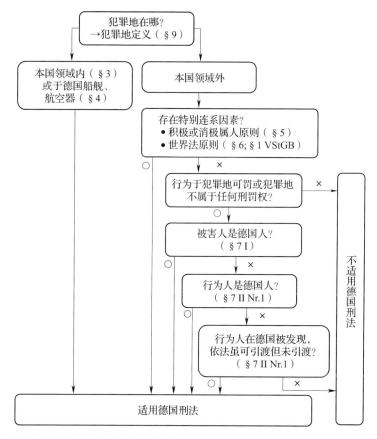

《德国刑法》之外,另有一些特别法值得注意:例如针对国际或欧洲贪污犯罪的《国际贪污防制条例》(InBestG)第 2 条之 3 和《欧盟贪污法》(EUBestG)第 2 条之 2[⑥],以及《租税通则》(AO)第 370 条第 7 项(规定德国刑法对于逃税罪可适用于德国境外之犯罪,而不问犯罪地之可罚性)、第 374 条(买受逃税品罪,依第 374 条第 4 项准用第 370 条第 7 项)[⑦]。

最后,依《德国刑法施行法》(EGStGB)第 2 条第 1 款规定,当涉及邦法之犯罪要件时,各邦可制定与《德国刑法》第 3 条以下规定相异之规定。

[⑥] 与此领域有关者,如 *Isfen*, in: Schulz u. a.(Hrsg.), Festschrift für Imme Roxin, 2012, S. 227 ff.

[⑦] 其他特别规定,参见 SSW-*Satzger*, Vor § 3 StGB Rn. 12.

三、《德国刑法》第 3 条以下的释义学归类

7　　由于《德国刑法》第 3 条以下之规定,在决定某一行为究竟可否适用德国犯罪构成要件,因此,如前所述⑧,这些规定必为犯罪成立审查之第一步骤。然而,这完全未谈到刑法适用法的释义学特性,而可能衍生的问题尤其在于:行为人对某一情状并不知悉,但该情状依德国法却是成立刑罚权的必要因素(例如"犯罪地"属于德国领域)。刑法适用法虽然被归类在实体刑法脉络,惟依正确见解,于释义学上,刑法适用法之规定并不属于法定犯罪构成要件要素,而是客观处罚(先决)条件[objektive(Vor-)Bedingung der Straf-barkeit]。⑨ 循此以解,对于德国刑法适用性之认识错误,原则上即不能当成构成要件错误(§ 16 StGB)。⑩ 充其量,只在行为人对于已实现之法益侵害,不知其不法时,才能考虑依禁止错误(§ 17 StGB)处理而已,但这在法律实务中应极为罕见,因为只要行为人已认识其侵害任何一种德国保护之法益,便具备不法意识了。⑪

四、刑法适用法条文之"犯罪行为"与"行为人"

8　　《德国刑法》的刑法适用法条文,如同法典之其他规定,也使用"犯罪行为"(Tat)及"(犯罪)行为人"(Täter)之概念,但两者内涵如何理解尚乏共识。

(一) 犯罪行为

刑法适用法条文所称"犯罪行为",可如同《德国刑法》其他规定一

---

⑧　参见第三章 Rn. 13。

⑨　"先决"条件意味着,如同前述(第三章 Rn. 12, 13),刑法适用法问题乃是犯罪审查的第一步骤,而非如同一般将客观处罚条件当做犯罪构成要件之附属物来审查(参见 *Satzger*, Jura 2006, 108, 112);关于归类,亦见 MK-*Ambos*, Vor § 3 StGB Rn. 3; *ders.*, Int. Strafrecht, § 1 Rn. 9; *Safferling*, Int. Strafrecht, § 3 Rn. 5; SSW-*Satzger*, Vor § 3 StGB Rn. 3; *ders.*, Jura 2010, 108, 110;不同意见,*Pawlik*, ZIS 2006, 274, 283 称"构成要件要素";区分处理,NK-*Böse*, Vor § 3 StGB Rn. 51;类似见解者,*Jeßberger*, Geltungsbereich, S. 126 ff.;另见 *Burchard*, HRRS 1010, 132, 136.

⑩　BGHSt 27, 34;亦参见本章 Rn. 15 案例。关于错误可能之间接效果对于构成要件故意的影响,*Kreis*, Die verbrechenssystematische Einordnung der EG-Grundfreiheiten, 2008, S. 115 ff. 及 *Satzger*, Jura 2010, 108, 111 f.

⑪　BGHSt 45, 100 f.;亦见 SSW-*Satzger*, Vor § 3 StGB Rn. 3.

样,狭义理解为仅指犯罪构成要件(例如《德国刑法》第240条强制罪),但也有广义意义,即指单一历史生活过程。⑫ 无论如何,在总则所称之犯罪行为(§§3,4,7 StGB)必须从宽认定,乃是指所有实体法观点下的具体犯罪事件。⑬ 依此,"犯罪行为"并不限于正犯之行为,而是包括所有犯罪形式,教唆与帮助也在其内。若不采此见解,将会得出不当之结论,误以为德国并无刑法适用法条文来规范参与德国犯罪之德国共犯或外国共犯。⑭

反之,《德国刑法》条文(如《德国刑法》第5条、第6条)连结到完全特定之犯罪构成要件者,则条文所称"犯罪行为"则指所实现的各个犯罪构成要件⑮,比如《德国刑法》第5条第9款"德国刑法于凡在国外犯下列各罪者,不问犯罪地之法律为何,适用之"连结到"堕胎罪"(§218 StGB)。

(二) 行为人

"犯罪行为"只是描述一历史事件,尚未认定谁是犯罪之"行为人"。举例来说:引发他人犯罪决意之人,即便"只"是教唆犯,也是有犯下"犯罪行为",所以教唆人是行为人吗?德国通说继从宽认定犯罪行为后,亦主张刑法适用法之行为人概念(strafanwendungsrechtlicher Täterbegriff),乃指各刑事程序所针对之人,共犯因此也属刑法适用法所称之"行为人"。通说之解释虽结论合理,在《德国刑法》第7条第2项第2款尤为贴切。⑯ 但自宪法角度观之,却不无疑问。理由是,《德国刑法》毕竟已亲自在第25条定义"行为人"(此指正犯)*,也在第28条第2项"参与犯"(Beteil-

9

---

⑫ 也称"诉讼上之犯罪事实概念"(Beulke, StPO Rn. 512 f.; Roxin/Schünemann, Strafverfahrensrecht, §20 Rn. 5)。

⑬ LK-Werle/Jeßberger, Vor §3 StGB Rn. 319;有重要理由的不同意见,F. Walther, JuS 2012, 203, 204 ff.;区分处理,NK-Böse, Vor §3 StGB Rn. 53 称"有些是实体犯罪概念"。

⑭ SSW-Satzger, §3 StGB Rn. 2; ders., Jura 2010, 190, 194 f.; Ambos, Int. Strafrecht, §1 Rn. 25;对此问题依个案区分处理,LK-Werle/Jeßberger, Vor §3 StGB Rn. 314 ff.; NK-Böse, Vor §3 StGB Rn. 53 f.

⑮ 仅见 Ambos, Int. Strafrecht, §1 Rn. 24.

⑯ 参见本章 Rn. 87。

* 《德国刑法》第25条"(第1项)自己实行犯罪或通过他人实行犯罪之行为者,为正犯。(第2项)数人共同实行犯罪之行为者,皆为正犯(共同正犯)"。——译者注

igte）之立法定义表明参与犯涵盖"正犯"（Täter）与"共犯"（Teilnehmer）*。由于刑法适用法同样受到罪刑法定原则拘束（《德国基本法》第103条第2项、《德国刑法》第1条），法官若通过裁判解释而偏离立法者的法律定义，自始就有违罪刑法定之虞。就此而言，为使"行为人"一词能清楚指涉"参与犯"（正犯+共犯），立法者在相关条文应不称"行为人"，而改称"参与犯"。尽管如此，由于通说见解一般会形成限制刑罚性的效果⑰，因此，其偏离立法者规定及将德国法之刑罚权委由法官决定的主张——虽有疑义——仍可赞同。⑱

五、德国刑法适用于内国犯罪

10　　根据《德国刑法》第3条，在德国领域内之犯罪当然适用德国刑法，这正是所谓"内国犯罪"（Inlandstaten）。依《德国刑法》第4条，德国刑法也适用于在德国登记之船舰或航空器内之犯罪，换言之，这些犯罪等同于"内国犯罪"。

（一）《德国刑法》第3条（属地原则）

11　　《德国刑法》第3条"德国刑法于在本国领域内犯罪者，适用之"，已彰显德国刑法适用法的指导原则：属地原则。如前所述⑲，任何依循属地原则的刑法必须更进一步规定犯罪地与内国概念。

1.《德国刑法》第9条第1项犯罪地概念

12　　《德国刑法》第9条第1项规定"称犯罪地者，为正犯作为之地，于不作为之情形，则为应作为之地。构成要件结果发生之地或依正犯想象应发生之地，亦为犯罪地"，即在哪里犯罪，哪里就是犯罪地。故依《德国刑法》第9条，无论是犯罪行为地或结果地，均足以成立犯罪地。也因此，德

---

*　《德国刑法》第28条第2项"本法规定因特定身份关系致刑有重轻或免除者，仅适用于具特定身份关系之参与者（正犯或共犯）"。——译者注

⑰　参见本章 Rn. 70。

⑱　赞同者，MK-*Ambos*，§ 5 StGB Rn. 6；*F. Walther*，JuS 2012, 203, 207；亦参见 BVerfGE 73, 238 f.（关于《刑法》第240条第2项加重强制罪）。

⑲　第四章 Rn. 5。

国刑法并非遵行"行为理论"[20]或"结果理论"[21]，而是将两者合并成广泛涵盖的犯罪地概念，即所谓"无所不在理论"（Ubiquitätstheorie）。[22]

犯罪地在大多数情况相对容易判断，如以下案例所示：

▶ 案例 A：A 在德国河岸以杀人故意向在奥地利河岸的竞争对手 R 开枪，R 毫无防备，中弹后立刻死亡。

作为犯之行为地，指行为人在犯罪实行阶段从事实现构成要件之行为所在地。在案例 A，行为人在德国进行意在谋杀之行为（扣扳机），此作为犯的行为地因此在德国。根据《德国刑法》第 9 条第 1 项第 1 类"称犯罪地者，为正犯作为之地"，故德国是犯罪地。

▶ 案例 A-1：英国人 A 和 B 在德国一家餐馆共享晚餐，谈妥两日后在奥地利某地杀害罗马尼亚人 R。计划依约进行，A 和 B 在约定之日从 R 背后刺死他。

在决定犯罪地时，原则上不考虑单纯的预备行为[23]，除非预备行为本身就具备独立的可罚性（关于共同正犯的特殊性，参见本章 Rn. 19）。例如印制钞票的印版是在德国制造，便可依《德国刑法》第 149 条预备伪造货币罪论处。

二人以上如果在德国合议谋杀他人，也可依《德国刑法》第 211 条、第 30 条第 2 项论处谋杀未遂，因为合议共犯重罪/重罪约定（Verbrechensverabredung，参见《德国刑法》第 30 条第 2 项）在德国是一种独立的预备犯，自可直接依《德国刑法》第 9 条第 1 项认定德国为犯罪地。但是，德国联邦最高法院却明显扩大适用《德国刑法》第 30 条第 2 项：只要合议地是发生在德国，之后在外国犯下重罪者，也应依德国刑法处罚，即便主行为（即所犯之重罪）与德国法之间并无其他连系因素，亦然。[24] 照此扩张说法，案例 A-1 中的 A 与 B"不只"因约定重罪之地是在德国，使德国成为犯罪地，而可依《德国刑法》第 211 条、第 30 条第 2 项处罚，两人后来犯下

---

[20] 参见 Frank, Das Strafgesetzbuch für das Deutsche Reich, 18. Aufl., 1931, § 3 Anm. IV 3; Gerland, Deutsches Reichsstrafrecht, 2. Aufl., 1932, S. 95.

[21] 参见如 v. Liszt, Lehrbuch des deutschen Strafrechts, 10. Aufl., 1900, S. 116.

[22] 意见争论（但由于《刑法》第 9 条文义清楚，故只剩法制史意义），参见 Jescheck/Weigend, § 18 IV 1 m. w. N.；无所不在理论的问题，参见 Stratenwerth/Kuhlen, AT I, § 4 Rn. 11.

[23] NK-Böse, § 9 StGB Rn. 3; SSW-Satzger, § 9 StGB Rn. 2.

[24] BGHSt 39, 89 f.; BGH wistra 2011, 336.

(约定)的主行为——即杀害 R——也应适用《德国刑法》第 211 条。实务这种见解,从同样有提到"犯罪(行为)"的《德国刑法》第 3 条属地原则、第 9 条第 1 项观之,颇有疑义:在德国达成之约定与后来在外国实现的重罪之间,就算依"单一历史生活过程"(本章 Rn. 8)从宽解释犯罪行为概念,大多数仍是欠缺充分的时空紧密性。㉕

14 既遂犯之结果地,指法定构成要件结果发生之地。以谋杀罪为例,其构成要件结果是被害人死亡。于案例 A,R 在奥地利死亡,则此既遂犯的结果地便在奥地利。因此,依《德国刑法》第 9 条第 1 项第 3 类"构成要件结果发生之地"规定,奥地利也是犯罪地。

一如《德国刑法》第 9 条第 1 项第 3 类明确文义所示,结果地成立与否,不再以"结果"本身为判断标准(此不同于旧法第 3 条第 3 项*),而是应以与法定构成要件有所关联之结果为准。不过,并非行为引发的任何外在结果均可成立结果地。㉖ 因此,对实现构成要件尚非必要或不再必要的结果,就不再考虑。举例来说,诈欺罪(§263 I StGB)取得不法利益之地㉗或诬告罪(§164 I StGB)开启侦查之地㉘,皆非结果地,因为这些情况均不属客观构成要件,而仅是在描述属于主观构成要件层次的所谓"外溢之内在意向"(über-schießende Innentendenz)**。同样,在外国犯下的后行为犯(如赃物罪㉙、洗钱罪㉚),也不会因为(再次)侵害因前行为而在德国受害之人的财产利益,即认为可适用德国刑法。然而,何种结果才是建立犯罪地之结果,经常难以精确界定(参见本章 Rn. 23 以下)。尤其在以发生财产损害为构成要件的犯罪(例如《德国刑法》第 263 条诈欺罪、第

㉕ SSW-*Satzger*,§9 StGB Rn. 2.

* 旧《德国刑法》第 3 条第 3 项"称犯罪地者,为行为人作为之地,于不作为之情形,则为应作为之地。结果发生之地或应发生之地,亦为犯罪地"。——译者注

㉖ 参见 *Satzger*,NStZ 1998, 112, 113;早期实务解释,仅见 BGHSt 20, 51.

㉗ OLG Frankfurt wistra 1990, 271;亦参见 BGH NStZ-RR 2007, 50.

㉘ OLG Koblenz NStZ 2011, 95.

** 德国刑法在主观构成要件使用"外溢之内在意向"一词,乃在描述无客观构成要件可相对应的主观要素,例如窃盗罪的"所有意图"。参见 *von Heinegg*, StGB, 22. Aufl., 2013, Lexikon des Strafrechts-Deliktstypen und ihre spezifischen Eigenheiten, Rn. 13.——译者注

㉙ KG NStZ-RR 2007, 16 f.

㉚ LG Köln NZWiStR 2012, 188 m. Anm. *Valerius*.

266条背信罪），还另外面临如何正确界定结果发生地的难题。㉛

▶ **案例 A-2**：承案例 A，A 在德国河岸以杀人故意向 R 开枪，但未射中 R。 15

于此，由于行为地在德国，故德国为犯罪地（§9 I Var.1 StGB）。又因未发生死亡结果，仅为谋杀未遂，所以未遂行为之结果地应依"构成要件结果依行为人想象应发生之地"（§9 I Var.4 StGB）来判定犯罪地，即构成要件结果应发生之地。据此，A 之杀害故意乃针对在奥地利的 R，故结果地及因此成立的犯罪地均在奥地利。至于 A 是否知悉 R 所在地为奥地利领土，则对德国刑法适用性之判断无关紧要。

▶ **案例 B**：V 是未成年人 S 的父亲。V 坐在德国河岸，看着在奥地利河岸嬉玩的 S。突然间，不会游泳的 S 跌入河里。V 早就对要为 S 支付大笔开销感到痛苦，因而坐视不管，未采取任何可能直接救助 S 的方法。 16

本案 V 不是积极作为，而是不作为。不作为犯之行为地应依《德国刑法》第 9 条第 1 项第 2 类"于不作为之情形，则为应作为之地"判定，而非根据同条项第 1 类。所以案例的行为地应指 V 本应作为之地，即为避免结果发生所应行必要行为之地。据此，不作为犯的行为地，一来指行为人不作为时停留之地（停留地）㉜，二来本可避免结果发生之地（结果避免地）亦属行为地。㉝ 准此，德国和奥地利均为案例 B 的行为地（因此也是犯罪地）；至于结果地，则为死亡结果之发生地（§9 I Var.3 StGB），这要视死亡地点在德国或奥地利而定。

另外，行为人为了采取救助行为而原本能去且应去之地，是否如一般认为亦构成犯罪地㉞，则不无问题。从一（假设）案例可见端倪："德国第一大湖——博登湖（Bodensee），位处德国、瑞士和奥地利三国交界。训练有素的女士 M 欲泳渡博登湖，游到尚属瑞士湖域之半途，发生溺毙危险。M 的儿子 S 从奥地利湖畔目睹此景，但袖手旁观，看 M 如何费力挣扎后 17

㉛ 参见 *Ensenbach*, wistra 2011, 4, 6 ff. m. w. N.

㉜ MK-*Ambos/Ruegenberg*, §9 StGB Rn. 14; *Jakobs*, AT, 5/24; LK-*Werle/Jeßberger*, §9 StGB Rn. 19.

㉝ MK-*Ambos/Ruegenberg*, §9 StGB Rn. 14(实施地); S/S-*Eser*, §9 StGB Rn. 5; SSW-*Satzger*, §9 StGB Rn. 3; 不同意见 *Jakobs*, AT, 5/24; NK-*Böse*, §9 StGB Rn. 7(仅有停留地).

㉞ 如 SK-*Hoyer*, §9 StGB Rn. 5; MK-*Ambos/Ruegenberg*, §9 StGB Rn. 14; 不同意见 *Jakobs*, AT, 5/24.

沉溺。S 如欲救 M,本可利用轻易可得、但系泊在德国湖域的救生艇。"

假想一下,如果瑞士、奥地利两国既未规定子女对父母负有刑法保证人义务,也未以刑法制定一般性救助义务,则就瑞、奥而言,本案事实都与该国刑法无关。但依德国上述"不作为犯能去且应去之地,可构成犯罪地"的见解,德国刑法却适用之,除此之外别无其他能连系德国法的假设因素存在,如此一来,本案若据此即能适用德国法,将相当有疑问。㉟

18 从这些案例可知,犯罪行为可能不只一处犯罪地,这就是无所不在原则的运用结果。㊱ 只要至少一处犯罪地在德国领域,无论是依《德国刑法》第 9 条第 1 项哪一类型成立犯罪地,根据《德国刑法》第 3 条,德国刑法均适用之。此外,犯罪行为之发觉地,对犯罪地之认定并无意义。㊲ 最后,假如行为地与结果地分隔存在,也会称此为隔地犯(Distanzdelikte),案例 3 便是一例。该案中,行为地在丹麦(§9 I Var.1 StGB),但结果地在德国(§9 I Var.3 StGB),亦即犯罪地之一处在德国领域,故依《德国刑法》第 3 条可适用德国杀人罪之规定。

(1)行为地的判断问题

① 共同正犯与间接正犯的行为地

19 有争议者,共同正犯在本国及他国共同犯罪,即共同正犯中有一部分人在本国、其他则在外国共同实行犯罪者,应以什么原则认定行为地?

举例:有一起计划共同恐吓取财的案件,3 位分住 3 地(德国、比利时、荷兰)的共同正犯依犯罪计划协调时间,各自从国内向住在英国的被害人 O 寄出恐吓信,威胁汇款至其中一人的账户,否则公布秘密。

德国学者 Hoyer 主张"分别处理":行为地依各共同正犯分开判断,判断基准为整体犯行进入未遂阶段后,各人对成立共同正犯所提供犯罪贡献之地。㊳ 其认为,《德国刑法》第 25 条第 2 项"数人共同实行犯罪之行为者,皆为正犯(共同正犯)"的归责规范,不可解释为"一共同正犯之犯罪贡献被视为其他共同正犯亲自之贡献,以致任一共同正犯之行为地均

㉟ 参见 *Rotsch*, ZIS 2010, 168, 172.

㊱ 参见 *Oehler*, Int. Strafrecht, Rn. 252.

㊲ *S/S-Eser*, §9 StGB Rn. 3.

㊳ SK-*Hoyer*, §9 StGB Rn. 5; *B. Heinrich*, in: ders. u. a.(Hrsg.), Festschrift für Ulrich Weber, 2004, S. 107 f.;类似见解, *Oehler*, Int. Strafrecht, Rn. 361 与 *Namavičius*, Territorialgrundsatz und Distanzdelikt, 2012, S. 85 ff.

属整体犯罪之行为地",否则,无法说明(同样可假设对整体犯罪有贡献的)亲手犯为何不能成立共同正犯。

然而,Hoyer 的主张把两项观点混为一谈。一方面,应先回答亲手犯到底有无可能成立共同正犯。对此,《德国刑法》第 25 条第 2 项归责模式正确地将"共同正犯"限于非亲手犯,因为正如其名,行为人必须亲手实现构成要件,始成立亲手犯。另一方面,就算先肯定可成立共同正犯,也还是没说出归责的射程距离。此时,共同正犯会构成一个整体,依《德国刑法》第 25 条第 2 项的归责规范,应当做如同单独实行犯罪之人来看待。

唯一有说服力的主张应是通说:将每一共同正犯实行可归责行为之地,都当做整体犯罪之行为地。[39] 上述案例循此以解,对所有行为人来说,会有数个行为地:恐吓信从哪一个国家寄出,该国就是行为地之一,故德国也是行为地。这在各个具体动作单独来看还只是在预备阶段时,仍应依一般共同正犯原则[40]来适用。[41] 不过,如此宽松的见解仍有疑义,因为当单一正犯的预备行为还不能建立《德国刑法》可适用性时,共同正犯全体却因上述见解而可适用《德国刑法》,导致处于比单一正犯更不利的地位。[42]

类似问题亦出现在间接正犯。Hoyer 也想区隔间接正犯的犯罪地与犯罪工具人行为地[43],遂主张,间接正犯之行为地仅在间接正犯使犯罪工具脱离其影响范围(通说指进入未遂阶段)之地。Hoyer 的说法不足为采,因为判断间接正犯的行为地亦应参照《德国刑法》第 25 条第 1 项第 2 类"通过他人实行犯罪之行为者,为正犯"的归责原则。据此,间接正犯

---

[39] 参见 BGHSt 39, 90; BGH NStZ 1997, 502; NStZ‐RR 2009, 197; SSW-*Satzger*, §9 StGB Rn. 10; *ders.*, Jura 2010, 108, 114;亦见 BGHSt 43, 129;批评,*Valerius*, NStZ 2008, 121, 123; MK-*Ambos*, §9 StGB Rn. 10.

[40] 参见 *Fischer*, §25 StGB Rn. 13; *Wessels/Beulke*, Rn. 528 ff.

[41] BGHSt 39, 90; BGH NStZ-RR 2009, 197; OLG Koblenz wistra 2012, 39 f.; S/S-*Eser*, §9 StGB Rn. 4; LK-*Werle/Jeßberger*, §9 StGB Rn. 11.

[42] SSW-*Satzger*, §9 StGB Rn. 10;批评亦见 *Burchard*, HRRS 2010, 132, 143;类似,NK-*Böse*, §9 StGB Rn. 5.

[43] SK-*Hoyer*, §9 StGB Rn. 5;相同 *B. Heinrich*, in: ders. u. a.(Hrsg.), Festschrift für Ulrich Weber, 2004, S. 91, 106 f.

② 行为单数(多行为犯、继续犯、连续行为)的行为地

21　　如前所述,任何从事于实现构成要件之地,即属行为地。循此逻辑,由数行为结合成构成要件一行为(或称构成要件行为单数)的犯罪类型,其各个实现构成要件部分行为之地,均属行为地。

- 在多行为犯(mehraktiges Delikt)方面(例如强盗、准强盗),任何实行构成要件一部行为之地,均为犯罪地。举例:一家紧临德国边界的奥地利加油站,疏忽未关上收款机,A 趁机取走当日营收。A 携赃急忙开车正往德国逃逸时,被加油站站长 I 察觉,立即开车追捕。A 为脱免逮捕,从车内向 I 开枪,若 A 开枪之时点已处于德国境内,则根据《德国刑法》属地原则及犯罪行为地之认定,由于本案的胁迫行为是在德国境内实施的,故可适用德国准强盗罪(§§ 3,9 I Var.1,252 StGB)。

- 在继续犯(Dauerdelikt),维持违法状态的任何一部行为之地,皆属犯罪地。举例:行为人将被害人锁进汽车后备厢,从法国开车到德国,也属在德国犯下妨害自由罪(§ 239 StGB)。

- 以上说法同样适用于德国实务过去承认的连续行为(fortgesetzte Handlung)。依过去见解,连续行为之一部在国外、一部在国内者,就可将整体视为国内犯罪[45],因而,与内国无关的部分行为仍适用德国刑法。惟连续行为概念自德国联邦最高法院 BGHSt 40,138 这则基础裁判之后,实质上已遭扬弃。

③ 职业性、业务性或习惯性犯罪(集合犯)的行为地

22　　以上案例,均是行为人之部分行为属于行为单数之不可分割部分。与此不同的是,当犯罪行为仅因行为人以职业性、业务性或习惯性方式所违犯,以致产生关联者,则个别行为依然是独立之行为。这对于行为地之判断也有影响,即行为地应分别依各个犯罪行为来决定。详言之,如果在国外犯下一有职业性、业务性或习惯性关联之犯罪行为(A),就不能仅仅因为有所关联之其他犯罪行为是在国内所犯下(B),即径自认定国内刑法亦能适用于国外之犯罪(B↔A)。

---

[44]　此乃通说,仅参见 RGSt 67, 138; BGH wistra 1991, 135; SSW-*Satzger*, § 9 StGB Rn. 10; LK-*Werle/Jeßberger*, § 9 StGB Rn. 14.

[45]　参见 RGSt 50, 425; BGH MDR 1992, 631; S/S-*Eser*, § 9 StGB Rn. 13 m. w. N.

举例:H 买下失窃画作,再转卖给世界各地收藏家,在艺术品黑市素负盛名。H 以此营生,获利可观。他在"执业"期间,只去过瑞士一趟。那一次,H 买入一幅失窃油画,旋即卖给瑞士收藏家。依上述见解可知,不可因 H 其他职业性赃物行为均是在德国领域内犯下,就据此将德国常业赃物罪(§260 I Nr.1 StGB)适用于发生在瑞士之赃物行为。

(2)结果地的判断问题

① 危险犯的"犯罪构成要件结果"

危险犯(Gefährdungsdelikt)是指行为基于本身之危险性而受刑法处罚之犯罪。[46] 由于实害构成要件不能涵盖所有现代生活中具有应刑罚性及需刑罚性之危险,特别是涉及重大法益的危险,立法者为填补此一漏洞,才处罚危险犯。[47] 危险犯确有立法必要:一方面,如果不能证明行为人存有实害故意[48]或危险尚未达到"直接着手"侵害法益之阶段,则未遂犯之可罚性派不上用场;另一方面,过失实害犯对危险之规范也事无补,因为过失犯以实害结果之发生为要件,只发生危险的话,尚不成立过失犯。[49]

a. 具体危险犯

当立法者以实际发生危险作为危险犯的构成要件要素时,此一危险犯的"犯罪构成要件之结果"就具有建立犯罪地的效果。条文内容在描述某一行为对人或对物招致危险的具体危险犯,正属适例。准此,一般认为具体遭受危险之人或物的所在地,即属具体危险犯之结果地(§9 I Var.3 StGB)。[50]

举例:A 满意今年表现,在法国斯特拉斯堡犒赏自己一晚"红酒夜"。他最后喝到失去驾驶能力,却仍开车上路。本来一路顺利,直到跨过德法交界不久,不慎驶入左线对向车道,几乎撞上迎面而来的车辆。本案由于"差点酿成交通事故"的具体危险状况是发生在德国领土,故可适用德国

---

[46] *Haft*, AT, Anhang V.
[47] *Satzger*, NStZ 1998, 112, 113.
[48] *Arzt/Weber/Heinrich/Hilgendorf*, BT, §35 Rn. 8 f.
[49] *Arzt/Weber/Heinrich/Hilgendorf*, BT, §35 Rn. 12 ff.
[50] BGH NJW 1991, 2498; KG NJW 1991, 2502; BayObLG NJW 1957, 1328; LK-*Werle/Jeßberger*, §9 StGB Rn. 27; *Oehler*, Int. Strafrecht, Rn. 257; SSW-*Satzger*, §9 StGB Rn. 6; *ders.*, NStZ 1998, 112, 114.

刑法的不能安全驾驶罪（§315c StGB）。

b. 抽象危险犯

25　　　相反，立法者也会在其他犯罪要件以其本身蕴含特殊危险性为由，处罚某一本身带有典型特殊危险的行为方式，这就是抽象危险犯。[51] 对于抽象危险犯的构成要件该当性而言，事实上是否发生危险状况，或实际损害之发生是否只是出于意外，皆非重点。质言之，在抽象危险犯，法条所描述的行为方式就是危险性的象征。因此，抽象危险犯通常被归类为单纯行为犯，故与之相同，均不存在犯罪之结果地。[52]

举例：T 在捷克但靠近德国巴伐利亚邦边界处，未经许可经营工厂，排放有害物质严重污染德国边境区域空气。排放有害物质本身，通常即带有危害德国人类与动植物之危险，但这只是抽象危险，依前述见解，德国并无法成为犯罪之结果地。果真如此，德国污染空气罪（§325 II StGB）由于采抽象危险犯的立法方式[53]，在本案就无处罚之可能。

26　　　上述排放废气案例的审查结论，并非普遍共识。正确言之，凡是对保护法益所形成之危险有可能转变为实害之地，均属抽象危险犯的犯罪结果地。[54] 据此，捷克工厂运转而产生有害于人类与环境之危险，有可能在德国境内形成实害，至少便可依结果地之意义，认定德国为犯罪地，故可适用德国污染空气罪（§325 II StGB）。此外，结果地也可能在捷克或其他邻近国家（奥地利、斯洛伐克等），以致捷克、奥地利或斯洛伐克亦享有刑罚权，不过，这还须视各国之刑法适用法如何设计而定。

有一种实害风险的说法（以下简称"实害风险说"）亦得出相同结论。其表示，制造法律不容许之实害风险是成立抽象危险犯的必要条件，若此风险不发生，则不能实现犯罪构成要件。这可以烧毁现供人使用之住宅、船舰之加重放火罪（§306a I Nr.1 StGB）为例：通说认为如果危险自始已

---

[51] S/S-*Stree/Heine*, Vor §§ 306 ff. StGB Rn. 3; *Roxin*, AT I, §11 Rn. 153.

[52] 如此结论，*Jescheck/Weigend*, §18 IV 2 a; NK-*Böse*, §9 StGB Rn. 10 ff.; SSW-*Satzger*, §9 StGB Rn. 7; *ders.*, NStZ 1998, 112, 114; *ders.*, Jura 2010, 108, 112 f.; *Sieber*, Gutachten für den 69. Deutschen Juristentag, 2012, C 76.

[53] 《德国刑法》第 325 条第 2 项归类，参见 *Lackner/Kühl*, §325 StGB Rn. 1;另参见 SSW-*Saliger*, §325 StGB Rn. 1:"抽象—具体之危险犯"。

[54] 如 *Martin*, Strafbarkeit grenzüberschreitender Umweltbeeinträchtigungen, 1989, S. 119; *ders.*, ZRP 1992, 19, 20; *Hecker*, ZStW 115 (2003), 880, 885 ff.; *ders.*, ZIS 2011, 398, 400 f.; *Rath*, JA 2006, 435, 438; *Safferling*, Int. Strafrecht, §3 Rn. 23; AnwK-*Zöller*, §9 Rn. 10.

排除(行为人确信欲放火的小屋里无人在内),构成要件即不该当。⑤ 这一说主张,此一对于抽象危险犯实行行为的"额外要素"(即存在实害风险)可视为"构成要件结果",故能以之建立犯罪地。⑥

惟"实害风险说"并不可采。理由:一来从德国加重放火罪(§306a I Nr.1 StGB)之例,并未看出制造风险一般就是抽象危险犯的一种构成要件结果。正确毋宁是,抽象危险犯的犯罪构成要件应于个案上作目的性限缩,因为立法者列为典型危险的行为方式并未出现在具体案例里。⑰ 二来《德国刑法》第5条第10款之规定也指出"实害风险说"与法律条文不符。依该款规定,德国刑法亦适用于在外国犯下——与德国刑事程序有关——的伪证罪(同样为抽象危险犯),例如在外国机关或德国驻外单位的法律程序作伪证。上述情形的伪证罪,由于对德国司法一直存有实害危险,若照"实害风险说"所谓实害危险可建立抽象危险犯之结果地的主张,于外国犯下与德国相关联之伪证罪,德国必然为于外国伪证罪的"实害风险"之结果地,则木可直接依属地原则"构成要件结果发生之地"(§§3,9 I Var.3 StGB)认定德国为犯罪地,而无须增订《德国刑法》第5条第10款。换言之,在"实害风险说"之下,《德国刑法》第5条第10款不但多余,还显得立法不当。⑱ 最后的批评是,实害危险说会导致令人置疑的后果,即抽象危险犯(例如在环境犯罪方面)的犯罪地将不可计数,德国刑法适用范围因此巨幅扩增。就拿深受行政附属性影响的环境刑法为例,如果德国刑法接受这类扩张做法,后果将是徒增大量国内及国际法问题,尤其是本国应用什么标准来审查外国行政法所许可之活动。⑲

27

准此,纯粹抽象的危险性(指有法律上表征,却对外界无事实影响的危险性),并不能构成《德国刑法》第9条第1项第3类"构成要件结果发生之地"的危险状态。必须注意,即使是抽象危险犯,也不排除构成要件该当性在某些个案中并不以单纯实施危险行为即为已足,而是还有附加

28

---

⑤ 参见 BGHSt 26, 124 f.; 亦见 SSW-*Wolters*, § 306a StGB Rn. 19; 不同意见,如 *Krey/Heinrich*, BT 1, Rn. 759 ff.

⑥ *Martin*, Strafbarkeit grenzüberschreitender Umweltbeeinträchtigungen, 1989, S. 79 ff.

⑰ *Satzger*, NStZ 1998, 112, 115.

⑱ SSW-*Satzger*, § 9 StGB Rn. 7; *ders.*, NStZ 1998, 116; *ders.*, Jura 2010, 108, 113.

⑲ 关此,参见 *Lackner/Kühl*, Vor § 324 StGB Rn. 14; SSW-*Saliger*, § 330d StGB Rn. 14; *Hecker*, in: Ruffert (Hrsg.), Festschrift für Meinhard Schröder, 2012, S. 531 ff.

要求行为应引起(稳定的)外界变动。此时,该外界变动可定性为"中间结果"(Zwischenerfolg)⑩,而得据以成立犯罪地⑪。以放火烧毁现供人使用之住宅罪(§306a I Nr.1 StGB)为例,因火灾而受损之客体所在地即可视为结果地,因为纵火引起的效果,已在该地以一稳定的状态变动显现出来了。反之,燃烧中之客体的周围则非结果地,即便大火对这些范围可能存有危险,亦无不同。前述抽象危险犯的"中间结果",并不会和直接之法益损害同时发生(这点不同于实害犯或具体危险犯的"结果"),其只是成立犯罪所必要之抽象危险性的一个要件而已。

② 以客观处罚条件为"犯罪构成要件结果"

29   德国通说认为,加重结果犯的加重结果有建立犯罪地的效力。⑫ 相较下,对客观处罚条件则有激烈辩论,争点在于:可否单凭犯罪的某一客观处罚条件⑬发生在国内⑭,就将整体犯行认定为国内犯罪?或换个问法:客观处罚条件是否属于认定犯罪地之"构成要件结果发生之地"(§9 I Var.3 StGB)?

案例4 整起聚众斗殴都发生在波兰领土,只有死亡结果出现在德国领域。如此一来,全案若要依德国刑法适用法"构成要件结果发生之地"(§§3,9 I Var.3 StGB)认定得适用德国聚众斗殴罪(§231 StGB),则唯有该条文"聚众斗殴致人于死或重伤"的要件中,属于客观处罚条件的"发生死亡结果"具有建立结果地之效力,始有可能。

30   多数持肯定见解。所持理由为,只有与构成要件无关或无法涵盖的结果,才应排除在构成要件结果之外。⑮

---

⑩ *Hilgendorf*, NJW 1997, 1873, 1875.

⑪ 赞同者,NK-*Böse*, §9 StGB Rn. 10.

⑫ 仅参见 S/S-*Eser*, §9 StGB Rn. 6a; *Fischer*, §9 StGB Rn. 4a; SSW-*Satzger*, §9 StGB Rn. 5.

⑬ 一般性介绍,*Satzger*, Jura 2006, 108 ff.

⑭ 在此脉络涉及的首要问题是某些只结合犯罪地点的处罚条件,特别像是自醉犯罪(§323a StGB)中应查明进行违法行为之犯罪地,至于与犯罪地无关的客观处罚条件则不在讨论之内,例如诽谤罪(§186 StGB)的"证明真实条款"。

⑮ 例如 RGSt 16, 188; 43, 85; BGHSt 42, 242 f.; MK-*Ambos*, §9 StGB Rn. 21; S/S-*Eser*, §9 StGB Rn. 6a; *Hecker*, ZIS 2011, 398, 400 f.; *Jescheck/Weigend*, §18 IV 2 b; *Oehler*, Int. Strafrecht, Rn. 261; *Hirsch*, NStZ 1997, 230, 232.

可是,肯定说并不符合客观处罚条件的功能。⁶⁶ 立法者经常在抽象危险犯使用客观处罚条件,此通常形成的问题是:这类"与罪责脱离的刑罚条件"⁶⁷基本上无法与罪责原则兼容。因此,若要避免抵触"无罪责,即无犯罪"原则,只能将客观处罚条件理解为限制刑罚要素或有利于行为人之要素。(故意或过失)实行法定构成要件描述的典型危险行为,即已满足构成要件,该行为便具有应刑罚性。然而,立法者仍借由增设客观处罚条件来防止泛入罪化,并且,唯有自客观处罚条件规定的某一关键要素存在之后,亦即针对危险犯能测出危险性程度之关键要素存在之后,才肯定犯罪行为的需刑罚性。在此理解下,客观处罚条件乃有利于行为人,故可符合罪责原则。这对于上述关心的问题,得出的答案会是:对结果地之认定而言,应完全不考虑客观处罚条件。因为(单纯的)抽象危险犯并不会有"犯罪构成要件之结果",而立法者既然借由附加限制刑罚的客观处罚条件来使国家刑罚权收手,客观处罚条件便不能有扩大刑法属地适用范围的效果,否则就自相矛盾了。⁶⁸

31

回到案例4。德国通说以"构成要件结果发生地亦属犯罪地"主张本案适用德国聚众斗殴罪(§§3,9 I Var.3,231 StGB)。惟正确言之,聚众斗殴罪中"致人于死"这一客观处罚条件只有限制刑罚的效力,也就是说,"未致人于死"的"温和"聚众斗殴并非本罪规范对象。对于这起除死亡结果外纯粹在外国发生的聚众斗殴,亦不存在其他可将德国刑法效力延伸及之连系因素,所以案例4不适用德国聚众斗殴罪。不过,由于与(杀人)实害犯有关的死亡结果确实发生在德国领域,故德国为杀人罪之结果地,当然可依"构成要件结果之发生地"考虑适用德国故意或过失杀人罪(§§9 I Var.3,212,222 StGB)。

32

但于此个案,由于被害人是德国边境官,即刑法所称之公务员(§11 I Nr.2a StGB),故依《德国刑法》第5条第14款(参见本章Rn. 64以下)

---

⑥⑥ 详细另见 *Satzger*, NStZ 1998, 112, 116; SSW-*ders.*, §9 StGB Rn. 5; *ders.*, Jura 2010, 108, 113 f.;相同意见,*Rath*, JA 2006, 438 f.; AnwK-*Zöller*, §9 StGB Rn. 9;亦见 *Namavičus*, Territorialgrundsatz und Distanzdelikt, 2012, S. 155 ff.

⑥⑦ *Stree*, JuS 1965, 465.

⑥⑧ 结论相同者 *Krause*, Jura 1980, 449, 454; *Stree*, JuS 1965, 465, 473; *Schnorr v. Carolsfeld*, in: Lüttger (Hrsg.), Festschrift für Ernst Heinitz, 1972, S. 765, 769.

仍可适用德国聚众斗殴罪（§231 StGB）。

③ 过境犯

33　　以分开行为地和结果地为特色的隔地犯（本章 Rn. 18），如果行为地或（与）结果地其一在德国境内，即能依犯罪地规定适用德国刑法（§§3, 9 StGB）。与此不同的是过境犯（Transitdelikt），这一类型的隔地犯是指行为客体从外国（行为地）入境德国，但又出境到他国（结果地），德国仅是过境而已。由于本国非行为地或结果地，国内仅是运输因果流程的一部分，所以本国无法成为犯罪地。⑥⁹ 是以，德国刑法依属地原则并不能适用于过境犯。

　　举例：有一封侮辱信从丹麦寄出，收件人住在瑞士，运送路线将过境德国，此案并无法适用德国侮辱罪（§185 StGB）。⑦⁰ 如果侮辱不是以信件寄出，而是以 Email 传送，过境犯见解的说服力会更清楚。因为网络无国界，信息在一瞬间通过遍布全球的网络传达出去，假如不采取前述见解，那结果就是全球可作为准据法的刑事体系数量将无可估算。但应注意，如立法者有将过境本国之运输予以刑罚制裁者，过境犯仍可适用属地原则［参见《德国毒品危害防制条例》（BtMG）第 11 条第 1 项＊］。

（3）问题：共犯的犯罪地

34　　▶ 案例5：A 在德国奥古斯堡（Augusburg）的办公室寄一封信给住在巴黎的美国得克萨斯州人 T，信上建议 T 杀害同样住在巴黎的西班牙富人 V；V 是 T 的远亲。其实 A 早打听到 V 指定 T 为唯一继承人，希望通过这次提议获得一笔报酬。不久，V 与 T 在巴黎一起喝咖啡时，被 T 下毒杀害。（本章 Rn. 38）

35　　若与正犯比较，共犯的犯罪地自然有更多可联想到的连系因素，而《德国刑法》第 9 条第 2 项第 1 句规定"称共犯之犯罪地者，为正犯犯罪之作为地及共犯之作为地，于不作为犯则为应作为之地；依共犯之想象应属

---

⑥⁹ 参见 NK-*Böse*, §9 StGB Rn. 6; *Werle/Jeßberger*, JuS 2001, 35, 39.

⑦⁰ S/S-*Eser*, §9 StGB Rn. 6b; *Baumann/Weber/Mitsch*, AT, §7 Rn. 45 f.

＊ 可参见台湾地区"最高法院"2010 年台上字第 1475 号判决："运输毒品罪之所谓'运输'，系指转运输送而言，凡本于运输意思而搬运输送者，即须有此意图，而自台湾地区外输入台湾地区，或自台湾地区输出台湾地区外，或在台湾地区运送者，均成立运输罪"；同意旨，新近如 2012 年台上字第 2654 号判决。——译者注

犯罪之地,亦为共犯之犯罪地",如此全面涵盖的条文也反映了这种说法。原因:

一来,该规定不但让共犯有独立的行为地,也就是:

- 教唆犯:教唆犯进行诱发犯意之行为地与唆使成功(被教唆人犯意形成)之地。⑦
- 帮助犯:帮助行为之地与帮助行为之实现地。⑦²

二来,也可根据违法之故意主行为所引发的效果,作为共犯之犯罪地。换言之,正犯行为的所有犯罪地,即行为地与结果地(§9 I StGB),也是共犯的结果地。⑦³ 此外,在未遂教唆犯这类未遂参与的情形(§30 I 1StGB)*,教唆犯的犯罪地则是依其想象主行为应发生之犯罪地而定。

准此,共犯的犯罪地类型可作成下图。唯须说明,其基础结构虽如同其他认定犯罪地的分类方式(区分行为地与结果地),但共犯的犯罪地范围仍远大于正犯的犯罪地(灰色区块)。

36

以上这么多犯罪地仅适用于共犯,而非针对正犯。正犯的犯罪地完全依《德国刑法》第9条第1项认定(下图灰色区块),而由于没有其他连系因素的归责规定,因此,不能单凭教唆犯或帮助犯介入就扩大正犯犯罪地的范围(共同正犯与间接正犯则有不同,参见 Rn. 19)。

37

在案例5,首先审查的是整起犯罪核心人物 T 之刑罚性。"T 杀人行为究竟可否适用德国刑法谋杀罪?"这一攸关全案的问题,要注意到 T 毒害 V 的行为地及结果地均在法国领土,所以,就德国立场而言,这是一起外国犯罪。另外,评价 T 在法国的主行为并不考虑 A 的参与性,因此 T 杀人行为与德国法之间不构成充分之连系,再加上并不存在德国刑法适

38

---

⑦ RGSt 25, 425; S/S-*Eser*, §9 StGB Rn. 11;不同意见,NK/*Böse*, §9 StGB Rn. 19:"只有挑唆行为之地"。

⑦² BGHSt 4, 333, 335.

⑦³ 限制性观点,*Burchard*, HRRS 2010, 132, 141.

* 未遂教唆指教唆他人犯罪,但他人未形成犯罪决意,或虽有决意却未实行犯罪。《德国刑法》第30条第1项明文处罚未遂教唆,台湾地区旧"刑法"第29条亦从之,规定"被教唆人虽未至犯罪,教唆犯仍以未遂犯论。但以所教唆之罪有处罚未遂犯之规定者,为限",惟自2006年施行的新刑法已删除未遂教唆。请参见林钰雄:《新刑法总论》,2011年第3版,第470—471页。——译者注

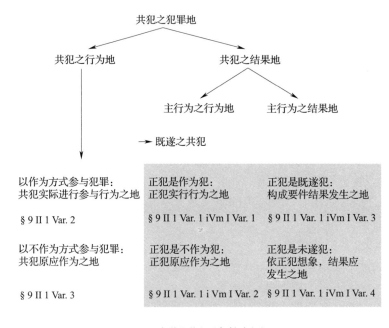

用法关于外国犯罪之连系因素（§§5-7 StGB），故结论是：德国谋杀罪不适用于 T 之国外杀人行为。

另一方面，德国教唆谋杀罪（§§26,211 StGB）可否适用于 A 唆使行为，则须独自判断，条文依据是《德国刑法》第9条第2项第1句。如前所述，共犯犯罪地认定范围因该项规定明显扩大。详言之，除了正犯犯罪地属于共犯之犯罪地外（§9 II 1 Var.1 StGB），A 的教唆行为地——德国奥古斯堡——依法也成为犯罪地（§9 II 1 Var.2 StGB），故其教唆行为属于国内犯罪。尽管本案之主行为（谋杀罪）是不适用德国刑法之外国犯罪（见前段），惟基于"德国刑法于在本国领域内犯罪者，适用之""称共犯之犯罪地者，为共犯之作为地"之规定（§§3,9 II 1 Var.2 StGB），A 的教唆行为仍可适用德国教唆谋杀罪。

由案例 5 可知，依德国刑法而言，正犯行为如因属外国犯罪而不受德国刑法约束，此一涉外事实对于在德国参与该外国犯罪的共犯，并不生处罚障碍。乍看之下,德国这样的扩张规定可能与共犯从属性扞格不入,因为依今日通说,共犯不法(至少也)起源于正犯不法。[74] 那据此推论,假如正犯行为不适用德国刑法,则德国刑法所不罚的正犯行为即失去共犯从属之资格,纵使共犯是在德国领土参与主行为,结果亦无不同。不过,这项批评见解,特别是在一般预防观点下[75],却形成奇特的后果。

举例:A 和 B 在德国两个相邻的电话亭里,各自教唆与其通话的对象去违犯德国刑法之犯罪。所不同者,A 拨打的是德国境内电话,B 则是打出德国的国际电话。若 B 诱发成功的主行为不适用德国刑法,则依上述共犯从属性见解,虽然 A 和 B 同时进行教唆行为,也仅 A 才有刑罚性,B 则无。如果允许从德国领域对外教唆促成德国刑法之犯罪行为,则从一般预防的角度来看,将削弱《德国刑法》条文以犯罪构成要件设定所不许违犯该行为的禁止效力。

《德国刑法》第 9 条第 2 项第 1 句扩大共犯犯罪地的认定范围,在国际法也无不妥,毕竟德国法还是有要求以共犯之行为地作为合理连系因素。[76] 此外,追根究底起来,该规定亦未与共犯从属性原则矛盾。这是因为,刑法适用法虽然划出德国刑罚权与其刑法适用范围,但(与可罚性问题脱钩的)行为不法性未必随之成立。详言之,本国共犯参与外国正犯行为的不法性,不是从外国正犯行为适用外国刑法的不法评价推导而出的。实际上,德国刑法虽因适用效力之界定而不及于某一外国正犯行为,但德国法秩序仍适合作为该外国正犯行为的不法审查标准。借由德国不法标准而显现外国正犯之不法时,即可从这一德国不法评价推导出参与其中的德国共犯之不法。[77] 最后,也唯有如此,《德国刑法》第 9 条第 2 项第 2 句"参与外国犯罪之共犯系在国内为参与行为者,纵主行为依外国犯罪地之法律不罚,共犯行为仍适用德国刑法"这重要却易受忽略的规定,才能与从属性原则一致。

举例:美国人 A 在德国巴登巴登(Baden-Baden)城市打公共电话到美国拉斯维加斯,建议热衷政治的美国人 L 在下一次拉斯维加斯的政治活

40

41

---

[74] 参见 *Satzger*, Jura 2008, 514, 516 f.; *Wessels/Beulke*, Rn. 552;详见 *Roxin*, AT II, §26 Rn. 11.

[75] *Jung*, JZ 1979, 325, 329 对此特别强调。

[76] 亦见 LK-*Werle/Jeßberger*, §9 StGB Rn. 53.

[77] 对此亦见 *Jung*, JZ 1979, 325, 329;不同意见,NK-*Böse*, §9 StGB Rn. 20.

动上,"揭穿"所谓纳粹屠杀事件不过是瞒天大谎,"这将获得支持者的拥戴"。于是,L公开否认"德意志第三帝国"曾谋杀犹太人。

A可能触犯教唆德国刑法的"奥斯维辛谎言加重罪"(qualifizierte Auschwitzlüge, § 130 I, III StGB)[78]:对A而言,只有犯罪地在德国国内,才能成立上述罪名的教唆犯。L的正犯行为虽完全在美国,但德国Baden-Baden既是教唆犯A的行为地,也是招致正犯犯罪决意之地。而正犯"否认灭绝犹太种族"一事在美国不受刑法处罚,亦即主行为依外国犯罪地法律乃刑法所不罚之行为。尽管如此,依据《德国刑法》第9条第2项第2句,美国不罚之规定仍不阻碍共犯A适用德国教唆奥斯维辛谎言加重罪。

42 《德国刑法》第9条第2项第2句在法律政策上饱受抨击。[79]但大部分批评却是出自错误想法,误以为条文不当破坏从属性原则,这已如前述。德国共犯参与外国法律所不罚的当地正犯行为,如要德国不罚共犯,唯一可能性,就是主张德国赋予外国法之不罚决定具有回溯效力,即外国法不罚效力可回溯及于在德国领域的共犯行为。然而,这种主张可能过于激进。就德国立场而言,适用德国刑法并不会导致违反国际法的不干涉诫命,因此,也不会侵害主行为犯罪地国的主权。当共犯在德国向外国为参与行为时,所涉及的已不仅仅是正犯犯罪地国的内国事件,德国法也牵涉其中。是故,外国刑事不罚的基本决定若可加诸德国参与的共犯,就让德国超出单纯忍受外国法秩序的限度了。[80]虽然套用外国刑事不罚在某些个案里有其意义,但这未必尽属通案。举例而言,N国婚姻实行多配偶制,在德国的N国人怂恿在N国的同胞再娶第二位妻子,这里可能不适合适用德国刑法。相反,从前述"奥斯维辛谎言加重罪"之例却可看出,共犯之参与若发生在德国境内,就不应永远以容忍外国法秩序为由,径对德国不法标准弃置不顾。

附带一提,应注意《德国刑事诉讼法》对参与外国犯罪之共犯可采取

---

[78] 以煽动或以仇视性攻击否认纳粹犯罪者,在德国会成立"奥斯维辛谎言加重罪",故《德国刑法》第130条第1项与第3项以犯罪单数关系竞合适用,参见LK-*Krauß*, § 130 StGB Rn. 52, 140.

[79] 仅见 *Oehler*, Int. Strafrecht, Rn. 360; LK-*Werle/Jeßberger*, § 9 StGB Rn. 52; SK-*Hoyer*, § 9 StGB Rn. 13; *Golombek*, S. 180.

[80] 另见 SSW-*Satzger*, § 9 StGB Rn. 13; ders., Jura 2010, 108, 115.

便宜不起诉原则的立场(§153c I Nr.1 Var.2 StPO),这使得乍看严厉的《德国刑法》第9条第2项第2句规定在诉讼法层次有所"缓和"。

(4) 问题:网络犯罪的犯罪地

▶ 案例6[81]:1944年在德国出生的A,于1954年移民澳大利亚,成为澳大利亚公民。A在德国完成教育后返回澳大利亚任教,自1992年开始密集研究纳粹屠杀。他利用澳大利亚服务器寄发群组信件及发表网络公开文章,主张不同意见,其中有以学术研究之名否认德国在纳粹统治时期曾屠杀犹太人,认为是某些犹太分子杜撰屠杀一事,以博取金援及遂行诋毁德国人的策略。(本章 Rn. 44,45,51) 43

国际刑法目前面临的最大挑战之一,是网络上的散布犯和表意犯(Verbreitungs-und Äußerungsdelikte)。具体来问,假如网络言论内容能实现德国犯罪构成要件,而在德国的网络用户均可在线浏览,此时是否形成与德国法秩序充分连系的刑法适用法因素,据此可认定适用德国刑法?答案如为肯定,后果将是全球网络所有内容皆可适用德国刑法,因为在德国上网浏览这些信息,向来不成问题。 44

对于案例6,德国联邦最高法院认定A成立教唆"奥斯维辛谎言加重罪"(§130 I,III StGB)。[82] 系争罪名并非《德国刑法》第5条、第6条所列举之外国犯罪。澳大利亚刑法对"否认奥斯维辛集中营"行为亦不处罚,故也无法适用《德国刑法》第7条。这表示,全案唯有依属地原则(§§3,9 StGB)在德国找到连系因素,德国刑法才有适用机会,否则,A在德国并不受处罚。

几乎德国所有利用网络之散布犯或表意犯都出现上述类似的问题,例如散布色情文书(§184 StGB)、散布违宪组织宣传品(§86 StGB)、散布煽动族群罪(§130 II Nr.1 StGB)、侮辱罪(§§185 ff.StGB)与2009年增订的指导暴力危害国家罪(§91 StGB)。此类网络犯罪究竟可否依属地原则(§§3,9 StGB)而适用德国刑法,迭有争议。先持平观察《德国刑 45

---

[81] BGHSt 46, 212,评释 *Clauß*, MMR 2001, 232 f.; *Heghmanns*, JA 2001, 276 ff.; *Hörnle*, NStZ 2001, 309 ff.; *Jeßberger*, JR 2001, 432 ff.; *Kudlich*, StV 2001, 397 ff.; *Vassilaki*, CR 2001, 262 ff.(网络犯罪之刑法效力界定,可参见王效文:《因特网犯罪与内国刑法之适用》,载《民主·人权·正义:苏俊雄教授七秩华诞祝寿论文集》,2005年,第251页以下;李圣杰:《网际国界——隔地犯的适用思考》,载《月旦法学教室》2011年第10期,第36页以下。——译者注)

[82] 参见本章 Rn. 41。

法》第9条犯罪地定义,可得知从国外利用网络散布"奥斯维辛谎言",难以称为犯罪地在德国的内国犯罪:首先,行为地方面(§9 I Var.1 StGB),网络犯罪的行为地,至少依目前通说,是指行为人行为时之停留地,案例6即为澳大利亚。其次,结果地则比较难判断,这取决于第9条第1项第3类规定之"犯罪构成要件之结果"在案例中是否发生在德国。依通说见解,奥斯维辛谎言加重罪属于抽象危险犯(有另称"潜在危险犯"),而抽象危险犯并不要求发生具体危险之结果,加上系争构成要件也未显示可据以建立犯罪地的"中间结果",故依这些一般原则获得的结论就是案例6未发生"犯罪构成要件之结果",换言之,在德国并无犯罪之结果地可言。[83]

46 　如此说来,外国所不罚的"奥斯维辛谎言",通过网络却可任意往德国散布,这在法律政策上多半令人深感不妥。为避免这种结果,《德国刑法》第9条之法律解释成为解决之道,相关解释可能性可谓百家争鸣。[84]

47 　最极端的见解,其论证基础与前述之危险犯有关,认为抽象危险犯之结果地是指抽象危险有可能转变为实害之任何地点。依此说法,德国法可处罚者,不只是在外国使用Email向德国寄发纳粹言论(或情色图文、侮辱言论)的发送人,也包括单纯在与德国完全无关的外国服务器上提供这些数据之人。照此说法,全球所有能使用的网络提供者,都落入德国刑法规范了。这种主张虽获得部分文献青睐[85],惟切入国际法考虑的话则不恰当,因为伴随此说形成的德国刑事追诉机关之全球追诉权限或说全球追诉义务(口号:"世界靠德国刑法而痊愈"),无法符合"合理连系因素"(参见第二章 Rn. 2)的要求。[86] 如果所有国家都有规定刑法适用法,任何网络用户就必须注意世界各国上百部刑法典,这会造成当中最严厉的刑法永远是网络犯罪的规范标准,而不考虑其与网页的关联性。

　　举例:想象一下,某一回教国家对宗教议题(例如圣战观念)的批判言论予以刑罚制裁,这将会危害以此议题为意见交流的网络平台,因为该

---

[83] 采此说者如 Ringel, CR 1997, 302, 303; Hilgendorf, NJW 1997, 1873, 1875.

[84] 详见 Kappel, Das Ubiquitätsprinzip im Internet, 2007, S. 108 ff., 141 ff.; SSW-Satzger, §9 StGB Rn. 14 ff.; ders., Jura 2010, 108, 115 f.

[85] 仅见 Jofer, Strafverfolgung im Internet, 1997, S. 108.

[86] 不同意见,Jofer, Strafverfolgung im Internet, 1997, S. 109.

国刑法之威吓始终如影随形。

　　另有其他见解想修正前述的极端主张,即要求网络犯罪应与德国存在内国之关联性,但各说要求程度不一。有些强调主观面向应有附加条件,尤其是要求行为人有以"目的性利益"来引起"经由所设定目的之行为"浏览网页。[87] 另有主张应限于有客观连系因素始可,即行为人之行为必须与内国有客观的地域关系(例如网站提供可用内国语言浏览的网页[88],或表现出构成要件特殊之危险性[89])。另有文献提到的连系因素,是指行为人应具有德国国籍[90]或行为地亦处罚系争行为[91]等不同主张。 48

　　上述限制德国刑法可适用性的修正要求固然正确,但这些修正要素之存在与否却会流于恣意判断,有时也难以证明。"语言"观点正可看出客观连系因素的局限,因为英文已被视为网络语言,以英文撰写的网络信息,未必特别针对英语系国家的国民,也未必不是锁定德国大众。[92] 49

- 德国学者 Sieber 就网络犯罪提出"犯罪行为之结果"(Tathandlungserfolg)标准[93]:行为人行为地虽在国外,但构成要件描述之行为(供人取得、散布或其他类似行为)却在德国实现者,就可认定作为"犯罪构成要件之结果"(§9 I Var.3 StGB)的"犯罪行为之结果"已在德国发生。循此,所有散布罪不再以犯罪类型(具体或抽象危险犯)为判断标准,而是以其散布行为之结果为准。就网络而言,这在"拉取技术"(Pull-Technologie)和"推送技术"(Push-Technologie)两种不同的网络技术有所差别。所谓拉取技术,指可在德国读取国外数据,例如点选外国网页;推送技术,则指在国外之数据主动传输到在德国的计算机系统。因此,使用"推送技术"可在德国建立犯罪地,使用"拉取技术"则否。 50

- 德国联邦最高法院在案例 6 就《德国刑法》第 9 条"犯罪构成要件之结果"的解释是,只要在国内发生法益之损害或危险,而避免此结果正 51

---

[87] 仅见 *Collardin*, CR 1995, 618, 621.
[88] 参见如 *Hilgendorf*, NJW 1997, 1873, 1876; ders., ZStW 113 (2001), 650, 668 ff.
[89] *Morozinis*, GA 2011, 475, 480 ff.
[90] 参见如 *Breuer*, MMR 1998, 141, 144 f.,其就网络犯罪之犯罪地认定,附加要求应有《德国刑法》第 7 条之属人要素。
[91] 比如 *Kienle*, Internationales Strafrecht und Straftaten im Internet, 1998, S. 173 ff.
[92] 对语言之要素提出批评者,亦见 *Breuer*, MMR 1998, 141, 144.
[93] *Sieber*, NJW 1999, 2065, 2068 ff.

是相关刑法条文的目的者,即可适用德国刑法,即使行为是在外国进行亦同。⑭ 德国"奥斯维辛谎言加重罪"(§130 I, III StGB)以"可破坏和平之具体方式"为构成要件要素,德国联邦最高法院认为此状况可与具体危险犯模拟,因为立法者在"奥斯维辛谎言加重罪"构成要件中也明白表达所欲避免之危险。⑮ 据此,德国联邦最高法院认为案例6可适用"奥斯维辛谎言加重罪"。

52　　从众多见解可知,针对网络犯罪的德国刑法可适用性问题,以刑法适用法目前之方法难以找到满意答案。尤其传统上对抽象危险犯与实害犯之犯罪地认定,采用不同的评价基准,此基准对网络领域只能有限套用,何况有时还会得出令人不解的结论:一名巴西人在网络上针对一名智利人发表侮辱言论(结果犯),若被害人是在德国得知该侮辱言论时,根据《德国刑法》第3条、第9条第1项第3类,本案可适用《德国刑法》;反之,如果行为人把散布违宪组织或煽动种族仇恨(§§86, 130 StGB)之言论,从国外放上网络(抽象危险犯或抽象—具体之危险犯),则因德国并非结果地⑯,故不适用《德国刑法》。

　　判断网络犯罪地,原则上不能对网络科技背景视而不见。*Sieber* 的见解在现行法下因此会获得支持,他的说法至少也相当近似一般对《德国刑法》第9条"结果地"的理解。但是,如果想把 *Sieber* 对散布犯和表意犯提出的"犯罪行为之结果",等同于前述的"中间结果"⑰,将降低中间结果原本要求的成立条件("行为应引起足够稳定的外界变动"),导致几乎不可能与不具任何中间结果的犯罪构成要件作出合理区隔。

　　总结来说,网络卸除了法律之地域性。面对网络刑法的繁复问题,有赖国家之间的共识作为,才能找出有效长久运作的答案。⑱《德国刑法》不可当成网络所有行为的关键标准。因此,未来就网络制定刑法适用法的特别规范,诚属必要。

---

⑭　BGHSt 46, 221;已见于 BGHSt 42, 242;赞同者如 *Hecker*, ZStW 115 (2003), 880, 888 f.
⑮　至于纯正之抽象危险犯是否存在结果地,德国联邦最高法院略而不论。
⑯　参见本章 Rn. 25, 26。
⑰　参见本章 Rn. 28。
⑱　亦见 NK-*Böse*, §9 StGB Rn. 15; MK-*Ambos/Ruegenberg*, §9 StGB Rn. 34; *Kappel*, Das Ubiquitätsprinzip im Internet, 2007, S. 248; *Rath*, JA 2007, 26, 29.

《欧体电子商务指令》(E-Commerce-Richtlinie der EG,以下简称ECRL)[99]已对商务电信服务采用"来源国原则"(Herkunftsland-prinzip),该原则在德国先是转化成《德国电信服务法》(Teledienstegesetz,以下简称TDG)第4条[100],现在则由接替的《德国电子媒体法》(Telemediengesetz,以下简称TMG)第3条全文照列[101]:

(第1项)于德国设立营业之服务提供商及其电信服务,在《欧体电子商务指令》适用范围内之其他国家……因营业而提供电信服务者,亦应遵守德国法之要求。

(第2项)于《欧体电子商务指令》适用范围内之其他国家……设立营业处之服务提供商,不得限制其因营业在德国所提供之自由行动服务。

来源国原则的理念在于,有意在欧盟共同市场提供服务者,只需遵守它在欧盟设立营业所在地会员国的法律而已,借此主要可以促进法的安定性,而这正也是刑法所追求的目的。尽管如此,来源国原则对于网络犯罪地认定之问题却爱莫能助,原因:一来来源国原则自始就不适用于非营业性质之服务,而网络刑法问题却多半涉及非营业之服务。二来更重要的理由是,《欧体电子商务指令》和以之为规范基础的《德国电信服务法》第4条或现在的《德国电子媒体法》第3条,虽有不甚明确与极为混乱的规定,惟就实际结果而言,已把刑事法概括排除于来源国原则适用范围之外。[102]《德国电子媒体法》第3条第5项相关规定如下:

(第5项)于《欧体电子商务指令》适用范围内之(欧盟)其他国家……设立营业之服务提供商所提供之电信服务,在以下情形应遵守德国本国法律之限制,不受第2项之保障:德国法律为保护公共秩序(尤其是就刑事犯罪及违反秩序从事预防、侦查、调查、追诉与执行)免受影响或重大危险,且法律采取之手段与保护目的符合比例原则者……

---

[99] RL 2000/31/EG, ABlEG 2000 Nr. L 178/1.

[100] BGBl. 1997 I, S. 1870.已被第9次广播修正国家契约废弃的德国媒体服务国家契约(MDStV)亦曾有相同内容的转化条文。

[101] BGBl. 2007 I, S. 179.

[102] 详见 *Satzger*, in: Heermann/Ohly (Hrsg.), Verantwortlichkeit im Netz, 2003, S. 176 ff.; *ders.*, CR 2001, 109, 117; *Kudlich*, HRRS 2004, 278 ff.;同此理解者,*Ambos*, Int. Strafrecht, § 1 Rn. 20;不同意见,*Spindler*, NJW 2002, 921, 926.

这项规定原则上有意塑造刑法范围之完全例外，立法理由正可佐证："……一旦该当德国刑法或社会秩序维护法之相关要件，即可认为存在本条项或《欧体电子商务指令》所规定之影响或重大危险。[103]"

2. 内国概念

（1）国家法和国际法的内国概念

54　为了界定刑法适用领域，法律条文需使用本国（国内）与外国（国外）之概念。两者仅有择一关系：所有领域若非本国之国土，即属外国，纵使是不受世界任何刑罚权统治的领域（例如公海、太空或所谓"失败国家"），也属于外国。[104] 另外，《德国刑法》并未定义何谓"本国"或"外国"，因此必须连结国际法与国家法的内国概念。[105]《德国刑法》直到 1940 年还明确规定"本法所称外国，为非属德意志帝国之领域"[106]，由此可见，德国刑法当时的内国概念与国家法及国际法的国家概念完全一致。

（2）德国分裂时期的事实内国概念

55　上述刑法内国概念，在过去之东德、西德分裂时期却产生重大困扰。因为西德的国家法通说认为东德不是外国，德意志帝国其实依然继续存在，西德也非德意志帝国的"法律人格继受者"，即使西德只有德意志帝国领域之一部分，西德身份上仍等同于德意志帝国。[107] 可是，西德对于东德领域并无事实上之统治权，以至于，西德所谓根据属地原则而来的全德国刑法权不过纯属假设，再加上东德逐步立法强化其刑法典，所以西德通说改采事实的（或功能的）内国概念（faktischer oder funktionaler Inlandsbegriff），以取代国家法与国际法之内国概念。[108] 依当年对于"事实的内国概念"之理解，《德国刑法》第 3 条所称"本国"是指刑法基于国家主权可贯彻其秩序功能之领域。

---

[103] BT-Drucks. 14/6098, S. 20.

[104] *Jescheck/Weigend*, § 18 Ⅵ 2;详细另见 *Ambos*, Int. Strafrecht, § 3 Rn. 18 f.

[105] *Jescheck/Weigend*, § 18 Ⅵ 1.

[106] 旧《德国刑法》第 8 条，其适用到 1940 年 5 月 6 日《适用范围规则》（GeltungsbereichsVO）生效为止。

[107] 参见 BVerfGE 36, 15 f.;详见 *Schweitzer*, Staatsrecht Ⅲ, Rn. 612 ff.

[108] 仅见 MK-*Ambos*, Vor §§ 3–7 StGB Rn. 87; *Fischer*, Vor §§ 3–7 StGB Rn. 12; SSW-*Satzger*, § 3 StGB Rn. 5.

事实的内国概念,最后是在两德统一条约里为了两德分裂时期之犯罪而获得承认(参见《德国刑法施行法》第 315 条第 4 项)。[109] 于今日,事实内国概念的重要性,只剩下用来判断 1990 年 10 月 3 日两德统一前于前东德领域之犯罪。这些前东德的"陈年旧案"(Alttat)仍当做外国犯罪处理,并不因两德统一而事后成为内国犯罪。[110] 惟依《德国刑法施行法》(EGStGB)第 315 条规定,除了《德国刑法》第 2 条"从轻原则"被局部修正之外,《德国刑法》原则上仍适用于这些东德旧案。[111]

(3) 回归国家法与国际法的内国概念

随着两德统一(法律设计上是东德加入西德[112]),西德刑法的领域适用范围扩增到新加入的德东各邦,于是自 1990 年 10 月 3 日起,德国刑法的内国概念再次与国家法和国际法一致。[113] 有鉴于属地原则的功能在为德国刑法之适用提供国际法必要的连系因素,刑法内国定义能与国家法和国际法同步,显得意义非凡。[114]

(4) 国家法与国际法的内国定义

属于德国内国领域者,有德国领土、内水(国界之内的湖泊和河流)、领海(海岸往外延伸 12 海里的海域),以及领土和领海上方的领空。[115]

3. 治外法权人不适用德国刑法?

《德国法院组织法》(GVG)第 18 条以下所称之"治外法权人"(Exterritorialer),文献有认为其在德国犯罪并不适用德国刑法,因为条文谓"免受法

---

[109] 详见 SK-*Hoyer*, Vor § 3 StGB Rn. 25.

[110] 有争议,同此处观点者如 S/S-*Eser*, 27. Aufl., Vor § 3 StGB Rn. 68; SK-*Hoyer*, Vor § 3 StGB Rn. 26;不同意见,*Samson*, NJW 1991, 335.

[111] 详见 LK-*Werle/Jeßberger*, Vor § 3 StGB Rn. 438 ff.; S/S-*Eser*, 27. Aufl, Vor § 3 StGB Rn. 108.

[112] 参见旧《德国基本法》第 23 条、东德人民大会 1990 年 8 月 23 日决议 1990 年 10 月 3 日生效之"东德加入西德基本法适用范围"、BGBl. 1990 I, S. 2085 及《统一条约》第 1 条(Sartorius II, Nr. 605)。

[113] NK-*Böse*, § 3 StGB Rn. 3.

[114] 仍有部分文献维持功能性内国概念而不另作他解者,仅见 *Maurach/Zipf*, AT, Teilband 1, § 11 Rn. 14; *Wörner/Wörner*, in: Sinn, Jurisdiktionskonflikte, S. 204, 229.

[115] 详见 LK-*Werle/Jeßberger*, § 3 StGB Rn. 24 ff.及 MK-*Ambos*, § 3 StGB Rn. 8 ff.关于德国领海的精确范围,参见德国政府之公告:BGBl. 1994 I, S. 3428 f.

院审判"乃指个人排除刑罚事由(persönlicher Strafausschließungsgrund)。[116] 前述条文所称"治外法权人",主要指外国的外交、领事人员或代表,以及依国际法一般规则免受德国法院审判之人,例如过境的外交人员。[117]

惟诉讼法理论较为妥当,治外法权人的特殊地位只是享有诉讼豁免权/免诉权(prozessuale Immunität),换言之,这些人仍完全受德国刑法之约束。[118] 理由:首先,《德国法院组织法》第18条以下之体系定位属于诉讼法,由此可看出诉讼理论的正确性。其次,如果派遣国放弃行使其内国刑罚权之优先权,也唯有诉讼理论才能说明为何德国刑罚权可恢复适用。[119] 最后,相关国际基础条约的条文文义也赞同治外法权人"诉讼豁免权"的诉讼定性。[120]

(二)《德国刑法》第4条(国旗原则)

60 《德国刑法》第4条扩张了属地原则:在德国船舰或航空器内犯罪者,如同在德国犯罪,可适用德国刑法。但这依然不是真正的内国犯罪,因为船舰或航空器并非德国在外国的延伸领土,所以,如果德国船舰发生谋杀案,而地点在法国港口,属地原则定义下的犯罪地就仅指法国。为了让完全把自己托付给德国船舰或航空器而登船或登机之人,能受到德国刑法之保护(但也包括接受德国刑法之约束)[121],以及填补可能的刑罚权漏洞(例如"公海"不适用任何国家刑罚权),故假设存在一额外的内

---

[116] 例如 Oehler, Int. Strafrecht, Rn. 523 ff.; S/S-Eser, Vor § 3 StGB Rn. 57 ff.

[117] 参见如1961年4月8日制定之《维也纳外交关系公约》(WÜD)第1条第5款、第29条、第31条及第40条[BGBl. 1964 II, S. 959 (Sartorius II, Nr. 325)],1963年4月24日制定之《维也纳领事关系公约》(WÜK)第43条[BGBl. 1969 II, S. 1585 (Sartorius II, Nr. 326)]以及本书第十五章 Rn. 45以下。

[118] 采此见解,BGHSt 32, 276;赞同,SK-Hoyer, § 3 StGB Rn. 7; Jescheck/ Weigend, § 19 III 2; Lackner/Kühl, Vor §§ 3-7 StGB Rn. 10; SSW-Satzger, Vor § 3 StGB Rn. 14;新近还有 S/S-Eser, Vor §§ 3-7 StGB Rn. 63.特权效力的时间长短会依不同治外法权人而异,参见《德国法院组织法》第18条、第19条及《维也纳外交关系公约》《维也纳领事关系公约》。

[119] 参见 MK-Ambos, Vor §§ 3-7 StGB Rn. 127; Jescheck/Weigend, § 19 III 2;亦见《维也纳外交关系公约》第32条与《维也纳领事关系公约》第45条。

[120] 《维也纳外交关系公约》第31条与《维也纳领事关系公约》第43条用语是"外交代表对接受国之刑事管辖享有豁免"或"领事官员及领馆雇员对其为执行领事职务而实施之行为不受接受国司法或行政机关之管辖"。

[121] 立法动机,参见 Rietzsch, DJ 1940, 563, 565.

国犯罪地[122]，就此而言，于德国船舰或航空器内犯罪才被称做"内国犯罪"。此外，如果船舰或航空器遭受外来之攻击（例如海盗攻击），只要"结果"发生在船舶内，则此一犯罪行为也在《德国刑法》第 4 条涵摄之内。[123]

举例：一架停留在德国慕尼黑机场的德国班机发生窃盗案，可径依《德国刑法》第 3 条"犯罪地"因素适用德国刑法，无须动用第 4 条国旗原则。

另外，依《德国刑法》第 4 条规定，船舰或航空器合法悬挂德国国旗或标示德国标志，乃是适用德国刑法的要件。

《德国刑法》第 4 条所谓船舰，指外海或内河船舰，并不包括其他水上船只，因为依《德国国旗法》[124]或《德国国旗法规则》[125]规定，只有前者才有悬挂德国国旗之权利。一艘悬挂德国国旗的航行船舰，如果被海盗俘虏且挂上其他国旗，以掩饰该船之国籍者，依然不会改变船舰悬挂德国国旗的权利，因此也不会改变《德国刑法》第 4 条的德国刑法可适用性。[126]此外，德国政府船舰并非《德国刑法》第 4 条之例外，此点有别于过去部分见解。所谓政府船舰乃是"派遣国之延伸领土"的早期说法，不再符合国际法现状。[127]

举例：德国外海船舰"MS Hamburg"号在公海发生海难，即将沉没，乘客纷纷搭乘救生艇离开。其中一艘救生艇上，乘客久候不耐而争抢饮水，一阵扭打后，一名瑞典人造成另一名瑞典同胞手臂脱臼。本案可否适用德国刑法，关键在于救生艇是否属于《德国刑法》第 4 条

---

[122] 类似说法 SK-*Hoyer*, § 4 StGB Rn. 1："第 4 条……表达双重内国概念"; *Baumann/Weber/Mitsch*, AT, § 7 Rn. 51："视为内国"; 不同者, S/S-*Eser*, § 4 StGB Rn. 1 (保护原则). 于这些案例, 支持属地原则的国际习惯法优先性, *Kato/Sagawa*, in: Sinn, Jurisdiktionskonflikte, S. 328, 335. 对属地原则与国旗原则并列的批评, 亦见 *Wörner/Wörner*, in: Sinn, Jurisdiktionskonflikte, S. 204, 234.

[123] 参见 LK-*Werle/Jeßberger*, § 4 Rn. 59; 批评, *Kolb/Neumann/Salomon*, ZaöRV 2011, 192, 217 f., 但其承认, 至少时常与《德国刑法》第 6 条第 3 款、第 9 款有关。

[124] Flaggenrechtsgesetz v. 08. 02. 1951 (BGBl. I, S. 79) idF v. 26. 10. 1994 (BGBl. I, S. 3140).

[125] Flaggenrechtsverordnung v. 04. 07. 1990 (BGBl. I, S. 1389).

[126] *Kolb/Neumann/Salomon*, ZaöRV 2011, 192, 218 f.

[127] S/S-*Eser*, § 4 StGB Rn. 4 m. w. N.

规定之船舰。先说结论:本案适用《德国刑法》伤害罪。公海虽不受世界任何刑罚权管辖,因此是《德国刑法》第 3 条所理解之外国,但仍能适用《德国刑法》第 4 条。这是因为,犯罪固然不是发生在德国的船舰上,惟救生艇或逃生筏属于沉船之一部分,与尚未弃置的船舰残骸一样可当做《德国刑法》第 4 条之船舰。⑬

62 《德国刑法》第 4 条规定的航空器,不但指各式飞机和飞船,还包括自由飞行与固定位置的热气球或充气气球,以及宇宙飞船[参《德国航空法》(LuftVG)第 1 条第 2 项]。最后,不同于船舰悬挂国旗之权限,航空器只有其所有权专属于德国(或欧盟国)国籍者,又或者,德国(或欧盟国)国籍者因买卖取得航空器财产权,或因租约(或类似之协议)而可合法占有 6 个月以上者,才有权在航空器上标示德国标志(§§ 2 V,3 I LuftVG)。

63 ### 自我测验

一、一个犯罪可能有多个犯罪地吗?法条依据为何?(Rn. 12,18)

二、共犯之犯罪地为何?(Rn. 34 以下)

三、利用网络之犯罪会造成刑法适用法什么特殊问题?应如何解决?(Rn. 43 以下)

四、德国刑法适用法的内国概念为何?(Rn. 57)

五、"治外法权人"受德国刑法拘束吗?(Rn. 59)

六、德国刑法适用于外国犯罪

(一)《德国刑法》第 5 条

1. 基本想法

64 当立法者认为属地原则不足以保护公共或个别公民之重大法益,或为了避免犯罪地任意往国外迁移(以规避德国刑法),便将德国刑法通过《德国刑法》第 5 条各款适用于外国犯罪。⑭ 因而,以属地原则(§ 3 StGB)所表达的刑法效力原则上自我设限于内国犯罪的立场,即不再绝

---

⑬ LK-Werle/Jeßberger, § 4 StGB Rn. 47; Oehler, Int. Strafrecht, Rn. 455; SSW-Satzger, § 4 StGB Rn. 5.

⑭ 参见 LK-Werle/Jeßberger, § 5 StGB Rn. 4; SSW-Satzger, § 5 StGB Rn. 4.

对化。依此,德国刑法适用于《德国刑法》第 5 条列举之罪名(但不适用于与之成立犯罪单数的其他犯罪部分[130]),即使该行为与德国毫无领域关系亦然,也毋庸考虑犯罪地之刑法。换言之,通过《德国刑法》第 5 条,德国刑法既可及于犯罪地所不罚之犯罪事实,亦可及于在犯罪地并无法益遭受危害的犯罪事实。可以说,德国立法者有意对这些列举犯罪动用德国刑法,却不愿受到因适用(外国)犯罪地法而衍生不安定性的影响。另一方面,《德国刑法》第 5 条也遭到抨击,认为其未充分顾及相关国家的国际法主权。[131] 这样的批评在法律政策上绝对有其道理。但就国际法观点而言,《德国刑法》第 5 条的规定并无疑虑,因为条文全部皆以"合理连系因素"为立法依据,德国刑法据此取得适用之正当性。[132]

2. 连系因素

鉴于《德国刑法》第 5 条的立法动机,乃完全以法律政策为目的取向,故其犯罪目录上会出现不同的国际刑法连系因素,实不足为奇。因此,官方条文主旨——"侵害本国法益之外国犯罪"(Auslandstaten gegen inländische Rechtsgüter)——肯定文不对题,因为《德国刑法》第 5 条各款并非一律如此。[133]《德国刑法》第 5 条各款包含的各个要素(有些则合并几种要素),计有国家保护原则、个人保护原则以及积极属人原则,另有部分条款附加要求"住所原则"(Domizil-prinzip),即相关人"生活基础"(Lebensgrundlage)所在之地。[134] 第 5 条各款关于上述原则之归类虽然文献处理不一,但只细节略有出入,结论上并无影响。

《德国刑法》第 5 条各款表解如下:

---

[130] BGHSt 40, 133; SSW-*Satzger*, § 5 StGB Rn. 5.

[131] MK-*Ambos*, § 5 StGB Rn. 11 甚至认为违反国际法,亦见 *Wörner/Wörner*, in: Sinn, Jurisdiktionskonflikte, S. 204, 240 f.;另有主张修法, *Jeßberger*, Geltungsbereich, S. 161 ff.

[132] S/S-*Eser*, § 5 StGB Rn. 2; SSW-*Satzger*, § 5 StGB Rn. 4.

[133] 所以,2007 年修法草案(BT-Drs. 16/6558)有意更改《德国刑法》第 5 条主旨为"与内国有特殊关系之外国犯罪",可谓思路正确,但草案碍于国会届期不连续而作罢。

[134] 亦见 *Ambos*, Int. Strafrecht, § 3 Rn. 42; SSW-*Satzger*, Vor § 3 StGB Rn. 5.(生活基础之地,即生活重心之地,通常是指行为人唯一的住所地或长期居留地。若有多处住居所,则要视何者为行为人个人、家庭与经济之重心地为定。——译者注)参见 MK-StGB/*Ambos*, 2. Aufl., 2011, § 5 Rn. 16; *Fischer*, StGB, 61. Aufl., 2014, § 5 Rn. 3.

第 5 条	刑法适用法原则	第 5 条	刑法适用法原则
第 1 款	国家保护原则	第 6 款之 1	国家保护原则
第 2 款	国家保护原则	第 7 款	个人保护原则
第 3 款	国家保护原则 第 1 目结合积极属人原则，并以住所原则补充	第 8 款	第 1 目：个人保护原则结合积极属人原则，并以住所原则补充 第 2 目：积极属人原则
第 4 款	国家保护原则	第 9 款	积极属人原则，并以住所原则补充
第 5 款	国家保护原则 第 2 目结合积极属人原则，并以住所原则补充	第 10 款	国家保护原则
第 6 款	个人保护原则，并以住所原则补充	第 11 款	国家保护原则
第 11 款之 1	国家保护原则结合积极属人原则	第 14 款	个人保护原则结合国家保护原则
第 12 款	积极属人原则结合国家保护原则	第 14 款之 1	国家保护原则或欧盟保护原则，另结合部分积极属人原则
第 13 款	积极属人原则结合国家保护原则	第 15 款	积极属人原则

3. 诉讼配套

《德国刑法》第 5 条以诉讼法对外国犯罪之便宜原则加以配套，可参见《德国刑事诉讼法》第 153 条之 3 第 1 项第 1 款。另外，根据《德国刑事诉讼法》第 153 条之 4 第 1 项结合《德国法院组织法》第 74 条之 1 第 1 项第 2 款至第 6 款与第 120 条第 1 项第 2 款、第 3 款，检察官得基于政治理由不予追诉。借由这些诉讼配套，德国刑罚权通过《德国刑法》第 5 条大幅扩张的严厉性获得舒缓。

4. 适用举例与问题

(1)《德国刑法》第 5 条第 9 款行为人概念

▶ 案例 7：一名荷兰籍医师 A 在荷兰为一位荷兰籍孕妇 S 堕胎（荷兰不罚堕胎），且无《德国刑法》第 218 条之 1 堕胎罪之阻却成立要件。手术过程，由一位住在德国 Kleve 镇（靠近荷兰边境）的德国籍护士 O 协助。（本章 Rn. 69） 68

▶ 案例 7-1：A 是德国籍，其生活重心在德国，而住在德国的护士 O 则是荷兰国民。（本章 Rn. 70）

《德国刑法》第 5 条第 9 款规定，德国刑法于在国外犯堕胎罪者，不问犯罪地之法律为何，适用之，但以行为人于行为时为德国人且在本法适用领域有生活基础为限。此形成一个问题：有多人参与堕胎罪时，哪些人才适用德国刑法？[133] 对此，首先要注意的是共犯从属性。依照共犯从属性，只有可适用德国刑法的正犯故意违法行为存在时，共犯才可罚。《德国刑法》第 9 条第 2 项第 2 句"参与外国犯罪之共犯系在国内为参与行为者，纵主行为依外国犯罪地之法律不罚，共犯行为仍适用德国刑法"的例外规定（本章 Rn. 40 以下），于此并不适用，因为案例的共犯 O 不是条文所称"在德国国内"为参与行为。 69

在案例 7，由于不存在可依德国法评价的正犯行为，共犯失所附丽，故 O 不受德国刑法处罚。

反之，如以正犯地位在外国犯罪的医生或孕妇，是生活重心在德国领域的德国人，则德国刑法之共犯从属性即不成问题：《德国刑法》第 5 条第 9 款适用于医生或孕妇之主行为，即成为德国共犯能从属参与的正犯行为。但如与本书见解不同，而将《德国刑法》第 5 条第 9 款之"犯罪"理解为包括共犯行为的话[134]，则不但适用于堕胎正犯，原则上亦适用于所有参与堕胎的共犯。从而，案例 7-1 也就表示：因为医生 A 是德国人，且在德国有生活住所，故德国刑法适用于堕胎罪之正犯 A 及其共犯。 70

如此一来，《德国刑法》第 5 条第 9 款牵连甚广。正确应是，即使从

---

[133] 同一问题也在《德国刑法》第 5 条第 3 款第 1 目，第 5 款第 2 目，第 8 款第 1、2 目，第 11 款之 1，第 14 款之 1 及第 15 款。

[134] 参见本章 Rn. 18。

宽认定《德国刑法》第 5 条第 9 款的"行为人"概念，也必须将任何共犯当做该条款之"行为人"并符合其适用要件（德国籍、在德国有生活基础）。总之，这意味着德国刑法如欲适用于共犯，会有一附加条件：共犯也必须是住居德国的德国人。[137] 由此可以看出，行为人概念的扩大解释反而发生限制刑罚权的效力，就此也符合罪刑法定的宪法要求（《德国基本法》第 103 条第 2 项）。案例 7-1 结论是，医师 A（正犯）虽是德国籍且在德国有生活住所，故适用德国刑法堕胎罪（§§5 Nr.9, 218 StGB），但护士 O（共犯）因非德国人，不符合《德国刑法》第 5 条第 9 款，故不受德国法处罚。

(2)《德国刑法》第 5 条第 12 款犯罪类型与体系

71 ▶ 案例 8：一名德国政府参事 R 在布鲁塞尔（比利时）参加一场官方会议。他在会场入口向一位比利时女服务生 G 发泄郁闷情绪，叫她"烂妓女"。（本章 Rn. 72）

72 案例 8 犯罪地不是德国，故不适用《德国刑法》第 3 条及第 9 条，但侮辱罪（§185 StGB）却能通过《刑法》第 5 条第 12 款加以适用，其规定德国刑法于"德国公务员或对公职务有特别义务之人"，"在国外""于公务停留期间或因公务关系所犯之罪"，不问犯罪地之法律为何，适用之。R 的政府参事身份，符合《德国刑法》公务员定义（§11 I Nr.2 StGB）。根据立法旨意，德国公务员因职务关系在外国停留者，德国有权要求其除了遵守当地法秩序外，也要服膺德国法秩序。[138] 有鉴于此，《德国刑法》第 5 条第 12 款不只针对公职务犯罪，还包括任何犯罪类型。[139] 可以说，该规定的主要基础是积极属人原则，只有当涵盖公职务犯罪时，才是以国家保护原则为依据。准此，案例 8 中 R 在布鲁塞尔对比利时人 G 进行侮辱，可成立德国侮辱罪。

但要注意第 5 条第 12 款另一类型"因公务关系所犯之罪"：假如德国公务员是私人行程而到国外，则非属公务停留，德国法秩序的严格约束力便告消失。此时，《德国刑法》可适用于该公务员之外国犯罪者，就只有

---

⑬⑦ 参见本章 Rn. 9, 87。不同意见，NK-Böse, §5 StGB Rn. 25，要求为避免与欧盟法冲突，协助的护士也必须是德国人；同此见解，AnwK-Zöller, §5 StGB Rn. 13.

⑬⑧ §5 E 1962, S. 112.

⑬⑨ 通说仅见 S/S-Eser, §5 StGB Rn. 19；NK-Böse, §5 StGB Rn. 16；SSW-Satzger, §5 StGB Rn. 25.

其与公务有关者为限,例如公务员泄露他人秘密罪(§203 II Nr.1 StGB)。

(二)《德国刑法》第 6 条(世界法原则)

《德国刑法》第 6 条第 2 款至第 8 款(第 1 款已删除)所列出之犯罪类型,不问犯罪地之可罚性,也不分行为人或被害人国籍,一律适用德国刑法。这形同开辟一条刑法适用之例外路径:德国刑法可适用于外国人在国外对外国人之犯罪。所以,在国际法脉络下,此一规定的连系因素正当性并不在于犯罪地,亦与行为人或被害人国籍无关,而是单纯视遭受危害之法益性质而定。据此,只有一些犯罪适用世界法原则,即针对国际保护之法益(国际社会倾力保护之法律价值)之犯罪。[140]《德国刑法》第 6 条第 2 至 4、6 至 8 款明确标示出特定犯罪条文,世界法原则只适用于这些犯罪规定,原则上也不含及与之成为犯罪单数的其他犯罪(《德国刑法》第 4 条、第 5 条与第 7 条则包含犯罪单数)。除此之外,原则上没有附加限制适用标准,条义也没有限制的规定。

然而,德国联邦最高法院曾就《德国刑法》第 6 条第 1 款(2002 年删除,移至《德国国际刑法》第 6 条)创设法未明文的限制条件。《德国刑法》第 6 条第 1 款原依世界法原则列出灭绝种族罪(§220a StGB a.F.),而德国联邦最高法院却表示,个案里必须没有可妨碍适用德国刑法的国际法禁止,尤其是,"通过个案中的正当连系因素,必须显示其与德国本国之刑事追诉存在直接关系"[141]。实务此一限制已抵触世界法原则之思维,幸经立法者制定《德国国际刑法》(VStGB)[142]加以修正,现在可参《德国国际刑法》第 1 条:"本法适用于所有本法规定之违反国际法之犯罪。本法亦适用于本法规定之重罪,其在外国犯之且与本国无关联性者,亦同。"[143]不过,《德国刑事诉讼法》第 153 条之 6 允许对欠缺内国关联性的国际法犯罪为不起诉处分或不受理判决(即便宜原则),在诉讼法层面限制了世界法原则对国际法犯罪的效力。

哪些法益是世界法原则所称的"国际保护之法益"?答案应从国际

---

[140] *Werle/Jeßberger*, JuS 2001, 141.
[141] BGHSt 45, 64, 66; BGH NStZ 1994, 232.
[142] BGBl. 2002 I, S. 2254.
[143] 亦见 *Satzger*, NStZ 2002, 125, 131.

法找寻。对此,完全取决于是否存在国际社会共同之追诉利益。至于德国是否负有国际法上之追诉义务,则非必要标准,因为《德国刑法》第6条所列罪名的立法背景通常与国际条约有关,而这些条约至少都有制定追诉权限。[144]除此之外,"国际保护之法益"尤指如受侵害,则可直接依国际法处罚之法益[145],《德国国际刑法》就规定国际法所提及的犯罪类型(灭绝种族罪、违反人类罪、战争罪等)适用世界法原则。所有在《德国刑法》第6条提到的法益,于国际上应实际保护到什么程度,引发文献激辩。[146]事实上,《德国刑法》第6条第8款"(欧盟)补助款诈欺罪"就绝对要打上问号:追诉补助款诈欺罪所保护的法益,于跨出欧盟领域(参见《欧盟运作条约》第325条)之后,还能视为"国际保护"之法益吗?[147]《德国刑法》第6条第8款要取得一定程度的立法正当性,解决之道也许不在于把它当成世界法原则的产物,而是定位为国家保护原则或(欧盟补助款遭诈骗的)欧盟保护原则[148]的适用客体[149],但这又另有法律体系错乱的问题了。

76   《德国刑法》第6条第9款"德国因受国际条约拘束而应追诉之犯罪,系在国外犯之者,亦同"是概括条款,有助于以空白立法方式填补漏洞,也为立法者节省动辄更新《德国刑法》第6条犯罪目录的修法资源。[150]具体而言,德国若缔结一份国际条约(还须内国转化程序,后述),而依条约负有处罚特定外国犯罪之义务时("……应予追诉")[151],即可根据《德

---

[144] 参照如1958年4月29日《公海公约》(Abkommen über die Hohe See)第14条、第19条(BGBl. 1972 II, S. 1091; http://www.admin.ch/ch/d/sr/i7/0.747.305.12.de.pdf)以及1982年12月10日《联合国海洋法公约》(SRÜ)第100条、第105条(BGBl. 1994 II, S. 1799; Sartorius II, Nr. 350)关于《德国刑法》第6条第3款海盗罪之世界法原则;又如,1929年4月20日《货币洗钱防制公约》(Abkommen zur Bekämpfung der Falschmünzerei)则与《德国刑法》第6条第7款有关。

[145] 国际实体刑法,参见第十二章 Rn. 1以下。

[146] 批评如 MK-*Ambos*, § 6 StGB Rn. 3 ff.有认为《德国刑法》第6条某几款乃是其他连系因素的表现,故有详细区分,*Jeßberger*, Geltungsbereich, S. 277 ff., 290 ff.; NK-*Böse*, § 6 StGB Rn. 1; S/S-*Eser*, § 6 StGB Rn. 1.

[147] 因此认为《德国刑法》第6条第8款违反国际法,MK-*Ambos*, § 6 StGB Rn. 18;亦见 SSW-*Satzger*, § 6 StGB Rn. 11; *Safferling*, Int. Strafrecht, § 3 Rn. 50.

[148] 关此,参见第四章 Rn. 18。

[149] LK-*Werle/Jeßberger*, Vor § 3 StGB Rn. 100; *Satzger*, Jura 2010, 190.

[150] SK-*Hoyer*, § 6 StGB Rn. 4.

[151] 同时包括处罚义务的免除事由,尤其是无法进行引渡的情形,参见 LK-*Werle/Jeßberger*, § 6 StGB Rn. 129.

国刑法》第 6 条第 9 款空白规定,将既有的德国刑法构成要件适用于国际条约系争外国犯行,而无须事先扩增第 6 条之犯罪目录。但应注意,《德国刑法》第 6 条第 9 款当然不能过分解读,误以为当德国依国际条约负有某一犯罪要件之立法义务,而德国法对此尚乏处罚明文之前,即可通过该款让该犯罪要件自动直接适用。对此,基于《德国基本法》第 103 条第 2 项罪刑法定之要求,系争条约罪名无论如何必须先经过德国的内国转化程序(参见《德国基本法》第 59 条第 2 项)＊,才能成为德国刑法之内容。简言之,《德国刑法》第 6 条第 9 款的填补漏洞功能只与刑法适用法有关,而非创设新的犯罪构成要件。

举例:德国有义务处罚严重违反《日内瓦四公约》及其 1977 年第 1 号议定书之行为,例如其中的《关于战时保护平民之日内瓦第四公约》[132]第 146 条规定"各签约国有义务制定必要之立法,对严重违反本公约以下规定或命令他人严重违反之人,予以适当之刑事制裁"。经由《德国刑法》第 6 条第 9 项,德国刑法犯罪要件即得适用于这里所称的"严重违反",而毋庸考虑同法第 6 条第 2 款至第 8 款有无包含此一犯罪类型。在此意义下,《德国刑法》第 6 条第 9 款可说扮演着截堵功能。[133]

《德国刑法》第 6 条第 9 款并非毫无瑕疵,合理批评在于其把德国刑法适用性,全系诸一个可能错综复杂且难以回答的非刑法问题:"为何国际条约可以科以处罚义务?"就法律明确性之要求(《德国基本法》第 103 条第 2 项)而言,唯有在尊重国际条约特殊语言使用之下,仍能充分明确表达出德国负有刑罚义务时,才能考虑适用《德国刑法》第 6 条第 9 款。[134]

应注意,依《德国刑法》第 6 条第 9 款的文义,德国的追诉义务必须源自国际条约本身。这在欧盟法方面,只限于指一级法(尤其是《欧盟法院

＊ 《德国基本法》第 59 条第 2 项规定,国际条约须通过同意法案(Zustimmungsgesetz)的立法程序才能内化成为德国法。——译者注

[132] Sartorius II, Nr. 54.

[133] 其他例子还有 1984 年 12 月 10 日《联合国反刑求公约》(UN-Folterkonvention)(BGBl. 1990 II, S. 247; Sartorius II, Nr. 22)。

[134] 正确说明者 LK-*Werle/Jeßberger*, § 6 StGB Rn. 107;亦见 *Satzger*, Europäisierung, S. 391.

章程》第 30 条⑬），而非有关调和欧盟国内国刑法的欧盟二级法（指令与框架决议）。这类二级法虽是基于欧盟一级法之权限规定所发布，但德国之追诉义务仍只能出自欧盟一级法，而且不是直接源于《欧盟条约》与《欧盟基础条约》，因为这两份条约并未直接建立追诉义务。⑭

77　　在德国诉讼法层次，《德国刑法》第 6 条与第 5 条一样，都可由《德国刑事诉讼法》第 153 条之 3 第 1 项第 1 款便宜原则来补充。

（三）《德国刑法》第 7 条（积极与消极属人原则、刑事司法代理原则）

78　　▶ 案例 9：德国人 D 在 1962 年于 Z 国杀害一名该国国民，此事一直未曝光。Z 国法律规定，谋杀罪追诉时效为 35 年。2004 年，德国检察官想起诉 D 此起谋杀罪。试问：德国法院可否判处 D 谋杀罪？（本章 Rn. 101）

79　　如说《德国刑法》第 5 条和第 6 条是以列举清单方式，将德国刑法扩大适用到外国犯罪，而不问犯罪地国之刑法评价，那《德国刑法》第 7 条就是既以补充性自居⑮，又相当广泛地概括扩大适用到特定形态的条文，但又再（限缩于）以系争外国犯罪于犯罪地国具有（刑事）可罚性者为限。粗略说来，《德国刑法》第 7 条包含三种连系类型：被害人是德国人（§7 I StGB），行为人是德国人（§7 II Nr.1 StGB）以及行为人是外国人，但人被发现在德国却未能引渡（§7 II Nr.2 StGB）。

1. 所实现之原则

80　　《德国刑法》第 7 条三种连系类型再合并犯罪地可罚性的条文设计，产生如何从国际刑法一般原则来归类定性的问题。对此，犯罪地可罚性之必要性是思考出发点，这项基准表示此处动用德国刑法只是代理性质（因此为辅助性规定）。另一方面，条文以行为人或被害人之国籍为准，亦反应出积极属人原则或个人保护原则。《德国刑法》第 7 条定性问题，不是只有理论意义，也会影响如何解释该条文。文献撇开细节出入不谈，可略分成两个学派：

---

⑬　Satzung des EuGH，详见第八章 Rn. 11 以下。《里斯本条约》第 3 号议定书是《欧盟法院章程》的规定，而《欧盟条约》第 51 条规定条约的议定书与附件均为条约之构成部分，故《欧盟法院章程》属于欧盟一级法。

⑭　详见 SSW-*Satzger*，§6 StGB Rn. 12 f.；倾向不同意见者，NK-*Böse*，§6 StGB Rn. 19。

⑮　《德国刑法》第 7 条和同法第 5 条、第 6 条的补充关系，仅见 S/S-*Eser*，§7 StGB Rn. 1, 3。

一派主张[158]，从《德国刑法》第 7 条连结犯罪地可罚性以观，只能将条文三种类型一致理解为代理原则之表现。[159]

另一派是值得相信的通说。[160] 通说正确地将《德国刑法》第 7 条犯罪地可罚性标准界定为调节条款，换言之，立法者使用该标准未必就是采取代理原则。依通说，第 7 条应作如下区分：第 7 条第 1 项是个人保护原则（在国外对德国人之犯罪），第 7 条第 2 项第 1 款第一类是积极属人原则（行为时是德国人）[161]，犯罪地可罚性标准在这两类都成为附加限制，以避免德国刑法不当延伸适用。反之，第 7 条第 2 项第 1 款第二类"行为后成为德国人"（所谓"新国民条款"）则是刑事司法代理原则，第 7 条第 2 项第 2 款"行为人是外国人"被发现在德国却无法引渡，亦属之。[162]

2. "德国人"或"外国人"为行为人与被害人

如同属地原则须连结到"本国领域"概念，"德国人"概念之解释也会决定《德国刑法》第 7 条第 1 项（个人保护原则）和第 2 项第 1 款第一类（积极属人原则）含意。 81

（1）国家法的本国人概念

类似于本国领域概念的情形，过去经常采用功能性的本国人概念，亦即，刑法的本国人概念原则上不受国家法标准之拘束。但自两德统一后[163]，功能性概念即失重要性。现在，刑法的"德国人"概念完全以《德国基本法》第 116 条国家法之本国人概念为准。[164] 82

---

[158] 参照 SK-*Hoyer*，§ 7 StGB Rn. 3，但其认为第 7 条第 1 项和第 2 项第 1 款另包含个人保护原则与属人原则；*Jescheck/Weigend*，§ 18 III 5，将第 7 条第 1 项前段"在国外对德国人民之犯罪"归类为个人保护原则。

[159] *Lackner/Kühl*，§ 7 StGB Rn. 1 有不同看法，认为第 7 条第 2 项是代理原则，第 1 项则是个人保护原则，与此意见相同者：*Stratenwerth/Kuhlen*，AT I，§ 4 Rn. 21 ff.

[160] MK-*Ambos*，§ 7 StGB Rn. 1 f.；SSW-*Satzger*，§ 7 StGB Rn. 2；*ders.*，Jura 2010, 190, 191 f.

[161] 不同意见，*Jescheck/Weigend*，AT，§ 18 III 5；NK-*Böse*，§ 7 StGB Rn. 12：此也是代理原则。

[162] 《德国刑法》第 7 条第 2 项第 1 款第二类，通说也有争议，争点在于此一"新国民条款"（Neubürgerklausel）应同样归类为积极属人原则，或如本书见解的刑事司法代理原则，关此详见 S/S-*Eser*，§ 7 StGB Rn. 1.

[163] 对于前东德国民之旧案，参照《德国刑法施行法》第 315 条特别规定。

[164] 仅见 A. Schmitz, Das aktive Personalitätsprinzip im Internationalen Strafrecht, 2002, S. 180；*Fischer*，§ 7 StGB Rn. 2 ff.

据此,一方面,德国人是指任何有德国国籍之人,此可参照《德国国籍法》第1条。[165] 根据《德国国籍法》,多重国籍者也能享有德国国籍,尤其是《德国国籍法》生效后外国人在德国所生之子女,其依《德国国籍法》第4条第3项规定,除了拥有父母国籍之外,还自动取得德国国籍。此外,通说基于保护目的,也将未出生之胎儿解释为《德国刑法》第7条第1项之"德国人"[166],结论尽管可能正确,本书仍不表同意:根据《德国国籍法》第3条第1款及第4条明确文义("有下列情形之一者,取得国籍:出生""父母有德国国籍者,其子女因出生取得德国国籍"),胎儿直到出生后才取得德国国籍,通说从宽解释将抵触禁止类推适用。[167]

另一方面,依照《德国基本法》第116条,德国人亦包括"具有德国血统之难民或被逐出者及其配偶或后代,允许于1937年12月31日之后进入德意志帝国领域者"。

法人(juristische Person)不能当做"德国人",德文文义甚为清楚。《德国刑法》第5条第7款使用"企业"(Unternehmen)一词,可看出立法者在刑法适用法的用语上也区分自然人与法人。[168]

(2) 德国人为被害人(《德国刑法》第7条第1项)

83 "德国刑法于在国外对德国人之犯罪,而犯罪地以刑罚处罚或不属于任何刑罚权者,适用之"(§7 I StGB)在实现个人保护原则,故以"对一名德国人"(gegen einen Deutschen)之犯罪为连系因素。但这精确所指为何则不清楚,对此应严格解释。依《德国刑法》第3条以下规定的基本构想,德国刑法适用法基本上以属地原则为基础,仅例外得通过保护原则或积极属人原则予以扩张。为了确保这些例外性质,不可每每以最广义认定外国人之犯罪已侵犯德国人利益,而动辄使用《德国刑法》第7条第1项。就此而言,外国人之国外犯罪必须是直接针对特定或可得特定之德

---

[165] Staatsangehörigkeitsgesetz vom 22. 07. 1913 (BGBl. III, Gliederungsnummer 102-1).

[166] MK-*Ambos*, §7 StGB Rn. 24; S/S-*Eser*, §7 StGB Rn. 6 m. w. N.

[167] 详见 LK-*Werle/Jeßberger*, §7 StGB Rn. 67 f.; SSW-*Satzger*, §7 StGB Rn. 5; *ders.*, Jura 2010, 190, 191; *T. Walter*, JuS 2006, 967, 968; NK-*Böse*, §7 StGB Rn. 3; AnwK-*Zöller*, §7 StGB Rn. 4.

[168] 通说亦是,参见 KG NJW 2006, 3016 f.; OLG Stuttgart NStZ 2004, 402 f.; *Ambos*, Int. Strafrecht, 2. Aufl., §3 Rn. 47; *Fischer*, §7 StGB Rn. 4; *Ensenbach*, wistra 2011, 4, 8 f.;其他,S/S-*Eser*, §7 StGB Rn. 6; NK-*Böse*, §7 StGB Rn. 4.

国人的(个人)法益,诚属必要条件。⁽¹⁶⁹⁾

举例:通说认为毒品交易罪(§29 I Nr.1 BtMG)是保护公众(民族健康),个人法益只是间接受到保护⁽¹⁷⁰⁾,据此,其并非《德国刑法》第 7 条第 1 项文义所称"对一名德国人"之犯罪。

(3) 德国人为行为人(《德国刑法》第 7 条第 2 项第 1 款)

《德国刑法》第 5 条、第 6 条以外之国外犯罪,犯罪地以刑罚处罚或不属于任何刑罚权,而行为人⁽¹⁷¹⁾行为时是德国人者,亦适用德国刑法(§7 II Nr. 1 Var. 1 StGB),这是积极属人原则的立法。这种立法由于不被归类为刑事司法代理原则⁽¹⁷²⁾,故在量刑层次考虑犯罪地法显得非属绝对必要。⁽¹⁷³⁾于同一条文下,行为人"行为后成为德国人者",亦适用德国刑法(§7 II Nr.1 Var.2 StGB),这等于是说,德国刑法适用于犯罪行为后才取得德国国籍的外国人。从行为之可罚性依行为时法的原则来说(§2 StGB),这项所谓"新国民条款"(Neubürgerklausel)无疑令人错愕。

84

举例:A 是 P 国国民。有一天,A 喝酒微醺行驶在 P 国高速公路上,遭到酒测拦检。A 被测得的血液酒精浓度是千分之 1.2,根据 P 国法律,此一数值只构成以些微罚金处罚的轻罪。数日后,A 归化成为德国人,德国检察官打算以酒醉驾驶罪(§316 StGB)起诉 A(这里没有构成要件保护范围的限制问题,参见第六章 Rn. 2)。

外国人在取得德国籍以前的过去犯罪原不适用德国刑法,通过《德国刑法》第 7 条第 2 项第 1 款第二类"新国民条款"却让德国刑法回溯及之。从《德国基本法》第 103 条第 2 项罪刑法定原则(回溯禁止)来看,此规定相当有疑义。理由是,无法以德国刑法的"新国民条款"早在行为时即已生效这么形式的说法,来否认归化入籍后所引发的刑法适用回溯效力。⁽¹⁷⁴⁾

85

⁽¹⁶⁹⁾ LK-*Werle/Jeßberger*,§7 StGB Rn. 70;SSW-*Satzger*,§7 StGB Rn. 7;反之,*Oehler*, Int. Strafrecht, Rn. 677 则要求被害人必须在犯罪地。

⁽¹⁷⁰⁾ 非常有争议,参见 BGHSt 31, 168;37, 182 m. w. N.;*Körner*, BtMG, §29 Rn. 236 ff.

⁽¹⁷¹⁾ 行为人概念的问题,已见本章 Rn. 9, 68 以下。

⁽¹⁷²⁾ 参见本章 Rn. 80。

⁽¹⁷³⁾ 但有认为量刑应考虑犯罪地法者,BGHSt 42, 275;不同意见,OLG Karlsruhe JA 2009, 905, 906;NStZ-RR 2010, 48;对此参见 *Bock*, HRRS 2010, 92 ff.

⁽¹⁷⁴⁾ 惟有此说法 BGHSt 20, 23;相同者,*A. Schmitz*, Das aktive Personalitätsprinzip im Internationalen Strafrecht, 2002, S. 312.

是以，可合理要求行为人不可因"新国民条款"而受到比原先母国刑法更为严厉之刑罚。[175] 这一要求从新国民条款的定性也站得住脚，因为该款正确而言，即在规范刑事司法代理事件，所以毫无理由让行为人遭受比犯罪地法更为严厉之刑罚。[176] 但不可忽略此衍生的最艰难问题，也就是可能经常令刑庭法官棘手的"刑事制裁比较"（Sanktionenvergleich）问题。

（4）外国人为行为人（《德国刑法》第7条第2项第2款）

在国外犯《德国刑法》第6条、第7条以外之罪，犯罪地以刑罚处罚或不属于任何刑罚权，行为人"行为时是外国人，而在德国国内被发现，其犯罪类型虽得依引渡法引渡，但因引渡请求未于适当期限内提出、遭驳回或无法执行引渡"者，适用德国刑法（§7 II Nr.2 StGB）。依《德国刑法》第7条体系解释，第2项第2款所称外国人，指行为人行为时既非德国人，也非事后成为新德国国民者（§7 II Nr.1 Var.2 StGB）。此外，该款另要求外国行为人是在德国国内被发现，即查明其人确在德国。[177] 最后还须认定行为人依犯罪类型虽可合法引渡，实际上却未引渡。[178] 引渡要件应参照德国引渡法，亦即以《德国国际刑事司法互助法》（IRG）和可直接适用之国际规定为法源依据。[179] 最终决定不予引渡的德国机构，不是法院，而是行政权责机关（§74 IRG），无法引渡的相关理由已见诸《德国刑法》第7条第2项第2款。

如新国民条款之例，依《德国刑法》第7条第2项第2款接受德国法院审判之外国人，同样只能就外国刑法或德国刑法择轻适用。《德国刑法》第7条第2项第1款第二类"新国民条款"和第2项第2款"行为人是外国人"都（只）是刑事司法代理原则。[180]

（5）共犯在刑事司法代理原则的问题

---

[175] 结论相同如 S/S-Eser，§7 StGB Rn. 21; Lackner/Kühl，§7 StGB Rn. 4；类似者，BGHSt 39, 321；但有不同意见，BGHSt 20, 23.

[176] 清楚点明，BGHSt 39, 321.

[177] LK-Werle/Jeßberger，§7 StGB Rn. 94; S/S-Eser，§7 StGB Rn. 24; SSW-Satzger，§7 StGB Rn. 11; ders., Jura 2010, 190, 192.

[178] BGH NStZ 1996, 277；亦见 SSW-Satzger，§7 StGB Rn. 13.

[179] 欧洲层次者，可参见1957年12月13日《欧洲引渡公约》（EuAlÜbk）（BGBl. 1964 II, S. 1369）及《申根施行公约》（SDÜ）。

[180] 结论相同，但主要以信赖观点为据者，MK-Ambos，§7 StGB Rn. 26.

▶ 案例 10:L 国国民 B 教唆同国人 A 在 L 国谋杀另一同胞,A 言听计从。不久,(只有)A 在德国被逮捕。虽然 L 国法律(实体法及诉讼法)能判决 A 有罪,而根据德国法,如 L 国提出申请,即可合法引渡,但当地机关却放弃申请。试问:德国谋杀罪可否适用于 A 或 B 之行为?⁽¹⁸¹⁾

▶ 案例 10-1:只有 B 在德国被逮捕。

依《德国刑法》第 7 条第 2 项第 2 款,德国刑法可适用于案例 10 中的 A。真正的问题其实在 B:教唆犯是否也适用《德国刑法》第 7 条第 2 项第 2 款? 首先,根据德国刑法,本案具备依德国法具有可罚性的主行为(A 是可依德国法处罚之正犯),这一点已如前述。其次,《德国刑法》第 7 条所称"犯罪"也可理解为共犯之犯罪(本章 Rn. 8)。可是,如果严格忠于《德国刑法》第 7 条第 2 项第 2 款"行为人"之文义,(在国外的)共犯 B 适用德国刑法的前提,便是正犯(指 A)在德国国内被发现且未引渡出境。如此一来,从共犯立场来看,其是否适用德国刑法便完全取决于一项不可预期的偶然因素:外国犯罪之正犯是否在德国被查捕,并且未引渡出境。有鉴于此,《德国刑法》第 7 条第 2 项第 2 款所支持的刑事司法代理原则,如要有意义,就唯有共犯自己也身在德国(且未引渡)。所以,《德国刑法》第 7 条第 2 项第 2 款(及整体刑法适用法)所称之"行为人"也包括共犯(本章 Rn. 9)。据此,案例 10 中在外国的共犯 B 并不适用德国刑法。

相反,案例 10-1 中,A 则不可依德国刑法处罚,因为仅有共犯 B 在德国被发现。至于共犯 B,由于正犯 A 已不受德国法不罚,基于共犯从属性原则,共犯失所附丽,故 B 教唆行为也不适用德国刑法。⁽¹⁸²⁾

3. 犯罪地之可罚性

《德国刑法》第 7 条就该条文所有外国犯罪类型,除了设有犯罪地"不属于任何刑罚权"⁽¹⁸³⁾例外之外,均以外国之"犯罪地以刑罚处罚"为要件。如前所述(本章 Rn. 80),犯罪地之可罚性(Tatortstrafbarkeit)在第 7 条脉络实现两个不同功能:

⁽¹⁸¹⁾ 案例设计及整体问题脉络,可参见 *Satzger*, Jura 2010, 190, 194 f.
⁽¹⁸²⁾ 以从属性原则回答此类案例,*Gribbohm*, JR 1998, 177, 178 f.
⁽¹⁸³⁾ 无主地之犯罪地,详见 LK-*Werle/Jeßberger*, §7 StGB Rn. 51 ff.及 NK-*Böse*, §7 StGB Rn. 9.

- 第一类型：作为限制性附加标准，以避免德国刑法不当延伸适用（§7 I,II Nr.1 Var.1 StGB）。
- 第二类型：表现刑事司法代理原则（§7 II Nr.1 Var.2,Nr.2 StGB）。

(1) 犯罪地以刑罚处罚行为者

89 要发挥前述外国犯罪地可罚性的两项功能，首要条件是：犯罪地刑法对某一具体犯罪行为科以刑罚。一方面，这表示外国法秩序必须实际规定以刑事处罚（Kriminalstrafe）作为违法行为的法律效果。以赔偿措施、违反社会秩序或行政之制裁施加的任何威吓，均属不足。[184] 另一方面，审查犯罪地之可罚性，并不是拿相关规范作抽象比较，而是以（诉讼法意义的）具体犯罪行为之法律评价为标准（所谓具体观察方法：konkrete Betrachtungsweise）。[185] 对此，只要系争行为（无论是从什么观点）可被外国刑法之某一犯罪构成要件所涵摄，即为已足。[186] 至于德国刑法构成要件是否与其对应的外国法完全一致或只有类似的保护方向，则无关紧要。[187] 可以说，《德国刑法》第7条文义并不会对实务造成棘手的界定问题，因为依犯罪地国某一刑法构成要件而成立的外国可罚性，"可比喻为一把钥匙，开启了德国刑法所有条文全面适用之大门"。[188] 不过，仍可能出现极端案例，即外国犯罪地法采取与德国刑法截然不同的观点，以致只是纯粹巧合才出现双边可罚性（即两国均处罚）。于此，必须从有利于行为人之角度[189]，以类似于刑事诉讼法"一事不再理"（禁止双重处罚）之原理来调整。依一事不再理说法，同一犯罪行为虽已受裁判，如裁判法院对特定事实并不知悉，因而完全误认系争犯罪行为之不法内涵者，不生起诉权用尽（Strafklageverbrauch）的效力，仍可为被告利益予以再审。[190] 把上述内涵转借到系争两国可罚性问题，意即：系争犯罪行为在外国刑法若具有与德国

---

[184] 自 BGHSt 27, 5 起，已受到广泛认同。

[185] SSW-*Satzger*, §7 StGB Rn. 18; 另参见 MK-*Ambos*, §7 StGB Rn. 6.

[186] MK-*Ambos*, §7 StGB Rn. 6; SSW-*Satzger*, §7 StGB Rn. 13; *ders.*, Jura 2010, 190, 192.

[187] 参照 BGHSt 2, 160 f.; BGH StV 1997, 71; 采严格见解, SK-*Hoyer*, §7 StGB Rn. 4; *Rath*, JA 2007, 26, 33; NK-*Böse*, §7 StGB Rn. 14; *Pawlik*, ZIS 2006, 274, 287; *Jeßberger*, Geltungsbereich, S. 163 f.; *Safferling*, Int. Strafrecht, §3 Rn. 59.

[188] *Niemöller*, NStZ 1993, 172.

[189] 也这样描述者, 如 *Oehler*, Int. Strafrecht, Rn. 151a.

[190] 关此参见 *Beulke*, StPO, Rn. 517 ff.; *ders.*, in: Roxin/Widmaier (Hrsg.), 50 Jahre BGH, Festgabe aus der Wissenschaft, Bd. 4, 2000, S. 799 f.

刑法"全然不同的法律特性"时,可例外认为(外国)犯罪地可罚性的条件并不存在。

举例:在国外以未上膛的手枪向一名德国人开枪,依德国刑法原可构成杀人未遂,但犯罪地之刑法却无不能未遂的规定,因此依本书见解,杀人行为的"犯罪地之可罚性"并不成立,故只能考虑论处违法使用枪械罪。

(2)犯罪地法的阻却违法、减免罪责及其他实体法"排除刑罚"事由

有争议的是,某一具体行为虽经外国刑法判断具备构成要件该当性,但结论上却基于该国阻却违法、减免罪责(宽恕罪责)等的"排除刑罚事由"(Straffreistellungsgrund)⑩而欠缺可罚性时,应如何评价这些情况?对外国免除刑罚事由一概不理会⑫和无条件尊重⑬的两种极端观点各有所主。 90

有趣的是,极端的两说都以《德国刑法》第7条文义为主要理由。前说强调符合构成要件该当性的犯罪行为,最起码在犯罪地已是"以刑罚处罚"的行为。⑭ 反对见解则对法条文义理解为,个案行为人必须结论上实际受到刑罚处罚,若存在免除刑罚事由,即非如此。⑮ 91

判断犯罪地可罚性问题时,如严谨运用作为《德国刑法》第7条基础的具体观察方式(本章 Rn. 89),即可发现:犯罪阶层区分为"一边是构成要件该当性、另一边则是以阻却违法及减免罪责为主的免除刑罚事由",这在德国刑法固然耳熟能详,其他法秩序却可能无法清楚划分。⑯ 所以,为了判定犯罪地是否存在可罚性,单纯以外国刑法构成要件已可涵摄系争行为的论证仍显不足⑰,因此,犯罪地实体法上的免除刑罚事由,原则上也相当重要。另外,《德国刑法》第7条文义也不会与此说法抵触,因为唯有未经外国法阻却违法或减免罪责的,才是最终实际上有"以刑罚处 92

---

⑩ 这里指所有可排除可罚性的事由。区分阻却违法、减免罪责和排除刑罚事由(Rechtfertigungs-, Entschuldigungs-und Strafausschließungsgründe),在德国法是基本分类,但在许多国家(尤其美国)却仍显陌生。

⑫ *Woesner*, ZRP 1976, 248, 250.

⑬ *Jakobs*, AT, 5/18; *Grünwald*, StV 1991, 31, 33.

⑭ 参见 *Woesner*, ZRP 1976, 248, 250.

⑮ 如 MK-*Ambos*, § 7 StGB Rn. 10.

⑯ 仅见 *Henrich*, Das passive Personalitätsprinzip im deutschen Strafrecht, 1995, S. 96.

⑰ 不同意见, *Woesner*, ZRP 1976, 248, 250特别点出实际难题, 即等于要尊重犯罪地之刑罚排除事由。

罚"的外国犯罪。

93　　不过,尊重外国免除刑罚事由的说法,不可被僵化使用。德国文献通说[198]与实务[199]均正确肯认,犯罪地法的免除刑罚规定应受到一项限制:不可违反"公共秩序"(ordre public),即不可违背法律社会基本原则之整体性。只是,什么是此处的"公共秩序"?

94　　• 有些采"国内公共秩序说",主张以德国的公共秩序为基准[参见《德国民法施行法》(EGBGB)第 6 条],类似在国际私法的处理情形。[200]其理由在于,符合《德国刑法》第 7 条要件时,德国法院就要适用德国刑法。与德国公共秩序标准矛盾的外国免除刑罚规定,德国法院如仍予尊重,便等于服从外国立法者之决定。[201]

　　此说有可议之处。一来《德国刑法》第 7 条有意识地要求德国法院适用外国法,也就概括摒除以德国法"修正"外国法秩序的可能性。二来若以德国公共秩序为准,《德国基本法》第 103 条第 2 项罪刑法定条款对德国人与外国人提供同等保障的法安定性,将导致难解难分的冲突。[202]详言之,一名外国人,不论其在国外之犯罪是针对德国人还是外国人,原则上并无法知悉犯罪当地所承认的免除刑罚事由竟然违反德国公共秩序,更何况,他既无为了迎合德国公共秩序理念而调整自己行为的动机,也根本不可能这么做。

　　• 或许有人就行为人"行为时是德国人"条款(§7 II Nr.1 Var.1 StGB),抱持与本书不同的想法,主张:因为行为人行为时是德国人,已通过德国国籍使其与德国法秩序存在形式关联。惟正确来说,"行为时是德国人"仍不表示行为人已与德国法律社会融为一体,以致可要求其到了世界各地,亦须遵守于德国法中构成国内公共秩序的重大基本决定与基本价值。想象一下旅居海外的德国人,已在国外生活数十年,或是拥有多重

---

[198] 例如 SK-*Hoyer*, § 7 StGB Rn. 4; NK-*Böse*, § 7 StGB Rn. 7; SSW-*Satzger*, § 7 StGB Rn. 20; LK-*Werle/Jeßberger*, § 7 StGB Rn. 37 ff.; *dies.*, JuS 2001, 141, 143.

[199] 基础裁判 BGHSt 42, 279.

[200] 参见 LK-*Tröndle*, 10. Aufl., § 7 StGB Rn. 5.

[201] 参见 LK-*Tröndle*, 10. Aufl., § 7 StGB Rn. 5; *Küpper/Wilms*, ZRP 1992, 91 ff.; *Wilms/Ziemske*, ZRP 1994, 170, 171.

[202] 相同看法,如 LK-*Werle/Jeßberger*, § 7 StGB Rn. 40;另有 BGHSt 39, 15(针对《德国刑法》第 2 条第 3 项)。

国籍之行为人,皆属适例。

然而,外国免除刑罚事由只能有限度承认一事,仍可从较高位阶法[即国际之公共秩序(internationaler ordre public)]来论证。[203] 质言之,只要外国法抵触普世承认的法律原则,尤其是违反人权之排除刑罚事由,就不承认其为有效之外国法,行为人对外国犯罪地法律仅具形式合法性或刑事不罚的认定结果,便欠缺值得保护的信赖利益。[204] 国际公共秩序的全球适用效力,遍及所有德国人与外国人,有鉴于此,以国际公共秩序为审查基准而对外国免除刑罚事由形成的限制,即可同等适用于《德国刑法》第7条的所有案例。此外,这也符合德国立法者的历史意思:外国阻却违法事由和减免罪责事由违背文明人类所承认之法律原则者,就不得恣意据此主张外国并未施以刑罚处罚。[205]

综合上述,结论如下:外国免除刑罚事由在《德国刑法》第7条脉络下,除非抵触国际公共秩序,否则应予尊重。

(3)犯罪地法的程序障碍

不同于实体法免除刑罚事由争议四起,对于犯罪地法的刑事诉讼追诉障碍,一般咸认无须理会。[206] 此说的首要论证依据是《德国刑法》第7条文义,因为条文要求外国犯罪在犯罪地有"以刑罚处罚",而非以"可追诉性"(Verfolgbarkeit)为条件。另外,立法形成史亦可为例证,因为德国(帝国)刑法原始版本曾明确列举不得追诉的程序法事由[207],后来悉数删除。[208] 所以,一般认为无须理会犯罪地法的程序障碍。[209]

成立追诉障碍者,以追诉权时效完成、欠缺告诉或经赦免为主。可是,从德国讨论时效的定性问题已看出,要在实体法与诉讼法之间画出一

---

[203] SK-*Hoyer*, §7 StGB Rn. 4; *Werle/Jeßberger*, JuS 2001, 143; MK-*Ambos*, §7 StGB Rn. 15; *Hombrecher*, JA 2010, 637, 640 f.;不同意见,NK-*Böse*, §7 StGB Rn. 14a.

[204] 从《德国基本法》第103条第2项审查信赖基础之取消,参见 BVerfGE 95, 133 f.

[205] 参见 LK-*Werle/Jeßberger*, §7 StGB Rn. 38 m. w. N.

[206] 已见于 RGSt 40, 404;相同,BGHSt 2, 160; 20, 27; BGH NStZ-RR 2011, 245 f.; KG JR 1988, 345.

[207] 参见1871年5月15日《帝国刑法》第5条第1款有确定力之终结与刑事执行完毕、第2款时效完成及第3款未经被害人告诉(RGBl., S. 127)。

[208] 1940年5月6日《适用范围规则》(Geltungsbereichsverordnung)的《帝国刑法》第3条、第4条(RGBl. I, S. 754)。

[209] 详见 LK-*Gribbohm*, 11. Aufl., §7 StGB Rn. 33 ff.

道分水岭有多么困难。[210] 在外国法,明确区分实体法与诉讼法或许完全不可能,甚至没有立法规定。[211] 以上说明了,基本上,诉讼法的追诉障碍应比照实体法的免除刑罚事由来处理。[212]

99 只要《德国刑法》第 7 条相关类型是在落实刑事司法代理原则者(尤其第 2 项第 2 款),则甚至也要遵守犯罪地国的诉讼法。因为,德国刑法于此仅是替代外国法秩序而补充适用,背后代表着两国团结与共的理念。先撇开犯罪地实体法之可罚性不谈,假如系争外国犯罪基于该国诉讼法理由而欠缺处罚可能性,但德国竟可依刑法适用法的代理原则重启处罚机会,必会破坏团结原则,逾越德国刑法纯粹居于补充适用之定位。简言之,这样的扩张已不能再从代理原则取得法理依据。

100 有部分文献遂据此主张,凡在《德国刑法》第 7 条实现代理原则之类型范围内,即应尊重犯罪地之诉讼程序障碍。[213] 照这种说法,则必须就犯罪地法区分出实体法与诉讼法,但此种区分难以实行,外国法甚至可能根本没有划分实体法与诉讼法(本章 Rn. 98)。

101 《德国刑法》第 7 条不只在第 2 项第 2 款,而是条文全部类型都一致提到"犯罪地以刑罚处罚"为适用要件,因此只能认为,其所指处罚障碍(Hindernisse einer Bestrafung)不但包括实体法排除刑罚事由,亦涵盖诉讼法的程序障碍。[214] 总之,《德国刑法》第 7 条所有类型发生的诉讼上追诉障碍,应与实体法排除刑罚事由一样受到尊重。[215] 同理,如要有限度尊重,那也只能援用国际公共秩序保留(本章 Rn. 95)。[216]

---

[210] 对此有启发意义的,*Beulke*, StPO, Rn. 8.

[211] 另参照 *Eser*, JZ 1993, 875, 878.

[212] SSW-*Satzger*, §7 StGB Rn. 22; *ders.*, Jura 2010, 190, 193 f.;相同看法,MK-*Ambos*, §7 StGB Rn. 12.

[213] *Eser*, JZ 1993, 875, 878; *Oehler*, Int. Strafrecht, Rn. 151e; *Lackner/Kühl*, §7 StGB Rn. 3; LK-*Werle/Jeßberger*, §7 StGB Rn. 44 ff.; NK-*Böse*, §7 StGB Rn. 8; *Pawlik*, ZIS 2006, 274, 287;最后还有 SK-*Hoyer*, §7 StGB Rn. 5 但其将第 7 条全部归类为代理原则。

[214] 亦见 *Scholten*, NStZ 1994, 266, 267; *Wörner/Wörner*, in: Sinn, Jurisdiktions-konflikte, S. 204, 236 f.

[215] *Wörner/Wörner*, in: Sinn, Jurisdiktionskonflikte, S. 204, 236 f.;结论相同但理由不同者,SK-*Hoyer*, §7 StGB Rn. 5; *Safferling*, Int. Strafrecht, §3 Rn. 35;不同意见,*Scholten*, NStZ 1994, 266, 271.

[216] 亦见 *Eser*, JZ 1993, 875, 882.

依本书见解,案例 9 中 Z 国法之时效完成可阻碍德国适用谋杀罪,因为系争行为在犯罪地国已不(再)是《德国刑法》第 7 条所称"以刑罚处罚"的外国犯罪。

(4) 事实上不追诉

如果行为在外国犯罪地事实上不(再)追诉,或基于便宜原则、社会信念演变等原因停止追诉,犯罪地之可罚性是否依然成立?通说认为事实上不追诉(faktische Nichtverfolgung)无关紧要,因为这些状况并不改变行为不法的应刑罚性。㉗惟正确而言,至少在德国仅以"外国之代理地位"适用德国刑法时,必须尊重犯罪地国对于不追诉所充分彰显的法律政策决定。因此,在德国刑法适用法实现代理原则的类型内(§7 II Nr.1 Var.2,Nr.2 StGB),犯罪地国之法律政策决定不能不予考虑。㉘

102

4. 诉讼配套

《德国刑法》第 7 条行为必然是外国犯罪,故也适用《德国刑事诉讼法》第 153 条之 3 第 1 项第 1 款之便宜原则。

103

 自我测验

104

一、《德国刑法》第 5 条有哪些适用德国刑法的连系因素?(Rn. 65,66)

二、《德国刑法》第 6 条列出可适用德国刑法的犯罪,必须有正当连系因素吗?(Rn. 73,74)

三、《德国刑法》第 6 条第 9 款扮演什么角色?(Rn. 76)

四、德国刑法适用法所称之"本国人",应如何定义?(Rn. 82)

五、《德国刑法》第 7 条第 2 项行为人概念是否与第 25 条正犯概念一致?(Rn. 87)

六、对于犯罪地可罚性之判断,与犯罪地法之阻却违法、减免罪责事由以及追诉障碍有什么关联性?(Rn. 90 以下)

㉗ OLG Düsseldorf NJW 1983, 1278; OLG Düsseldorf NStZ 1985, 268; *Fischer*, §7 StGB Rn. 7; *Safferling*, Int. Strafrecht, §3 Rn. 35; *Rönnau*, JZ 2007, 1084, 1086.

㉘ SSW-*Satzger*, §7 StGB Rn. 23; MK-*Ambos*, §7 StGB Rn. 14; *ders.*, IntStR, §3 Rn. 52; NK-*Böse*, §7 StGB Rn. 14a; S/S-*Eser*, §7 StGB Rn. 23;案例另参见 *Satzger*, Jura 2010, 190, 194.

第六章　德国犯罪构成要件保护范围以内国法益为限

1　　如前略述(第三章 Rn. 12,13),德国刑法某一犯罪构成要件可否适用于涉外行为,光是检验德国刑法适用法的规定(§§ 3 ff. StGB),还不能作出最终判断。检验刑法适用法,毋宁只是审查的第一阶段,后续还应审查:境外案情从内容而言,是否也在犯罪构成要件射程距离之内。对此,须就具体的德国刑法构成要件进行解释,以厘清条文保护之法益是否包括外国法益。决定构成要件保护范围时,以下传统原则可作为审查方法①:

- 犯罪构成要件在保护个人法益(Individualrechtsgut)者,例如财产、生命等,此受保护的对象并不区分本国人或外国人,一律当成国内法益。理由:一来国际法上的外国人法*也赋予外国人"司法最低标准"之保障,其中包括一定程度的刑法保护;二来依照宪法平等原则(Art. 3 I, III GG),也禁止对外国人无实质理由的差别待遇。②

- 反之,犯罪构成要件在保护公共法益(öffentliches Rechtsgut)者,结论原则上不同于个人法益。所涉及的公共法益,若只在保护国家行政权或主权利益(例如一国领土完整性或司法、行政运作功能),则应就法益主体区分本国法益或外国法益。唯有本国法益(即德国之公共法益),才

---

① 参见 *Fischer*, Vor §§ 3-7 StGB Rn. 8 ff.; SSW-*Satzger*, Vor § 3 StGB; *ders.*, Jura 2010, 190, 195 f.; 另参见 *Golombek*, S. 22 ff.

* 国际法之外国人法(völkerrechtliches Fremdenrecht),指规定本国人与无国籍之自然人或法人间关系之法规,参见 *Herdegen*, Völkerrecht, 12. Aufl., 2013, § 27 Rn. 1.——译者注

② NK-*Böse*, Vor § 3 StGB Rn. 56; *Obermüller*, S. 61 f.; LK-*Werle/Jeßberger*, Vor § 3 StGB Rn. 276.

属此类构成要件的保护范围。至于外国法益,即便满足德国刑法适用要件(§§3 ff.StGB),也不在德国犯罪构成要件涵盖之内。公共法益区分本国和外国的典型理由是,"内国刑罚权不具有保护外国机关或其利益的职责"③。但仍应说明,为了响应日益紧密交织且全球化的世界,除了德国犯罪要件经常以符合欧洲或国际法之解释作为校准方向外(第九章 Rn.96以下),德国立法者对于外国或超国家之利益(尤指欧盟利益)④,也以大量特别法来提供刑法保护。

举例:德国法例,如《德国刑法》第102条以下的法典章名为"侵害外国之犯罪"(Straftaten gegen ausländische Staaten);再如《租税通则》(§370 VI AO)及《欧盟贪污法》(Art.2 §1 I Nr.1 lit.a,Nr.2 lit.a EU-BestG),均将损害其他欧盟国利益的某些租税犯和贪污犯列入德国刑法之保护范围。

- 此外,德国具体犯罪规定如果既保护个人法益又保护集体法益者(重层性法益),也会开启德国刑法保护范围,例如诬告罪(§164 StGB)。

至于如何处理虽有保护超个人法益,却与国家无关的公众法益之犯罪构成要件,尚无定论。⑤ 于此,探求保护范围的射程距离,本身就是解释法律的问题。立法者若在构成要件明确列入涉外因素,当然比较容易回答,例如"在国外之犯罪或恐怖组织"(§129b StGB)或"在外国竞争市场之贿赂"(§299 III StGB)。撇此不谈,所涉及之集体法益,若表现出可直接涵盖个人法益者,多半有足够理由来扩大构成要件的保护范围。⑥ 举例来说,德国酒醉驾驶罪(§316 StGB)及无照驾驶罪(§21 StVG)均可保护国外的道路交通安全,公然煽惑犯罪(§111 StGB)及暴动罪(§125 StGB)也可以对外国公共和平之安全提供保护。

在此脉络下,(现代)经济刑法的犯罪构成要件最为棘手。一方面,其制度性法益(institutionelles Rechtsgut),诸如维护资本市场、保险或信贷体系的运作功能等(§§264a,265,265b StGB),大多只能间接回溯到保护个人成分。另一方面,由于经济刑法与特定市场经济的秩序密切相关,也

---

③ 参见 Oehler, in: Engisch u. a.(Hrsg.), Festschrift für Edmund Mezger, 1954, S. 83, 98 f.; Oehler, Int. Strafrecht, S. 480.
④ 亦见 Safferling, Int. Strafrecht, §3 Rn. 10.
⑤ 见解综览,Golombek, S. 33 ff.
⑥ NK-Böse, Vor §3 StGB Rn. 60.

不易为经济刑法建立全球性的适用范围。这是因为经济运作功能不同于道路交通安全,简言之,难以认定某一特定经济制度的正常运作,在全球各国都同样值得以刑法保护。对此问题,现在还未能从德国实务见解推导出普遍适用的路线。⑦ 文献方面,有的考虑间接之财产保护而肯定这些案例具有涉外性⑧;有的则采取其他说法,认为只要在欧盟刑事法外之调和化措施所影响的相关法律领域,则(无论如何)应能将德国刑法保护扩张到其他欧盟国。⑨

3　　总之,区分刑法适用法和犯罪构成要件保护范围后,即使前者之审查过关,先肯认境外犯罪存在连系因素(§§3 ff.StGB),结果也可能与德国犯罪构成要件无关。比如说,一名德国人在外国法院的外国程序作伪证,虽依《德国刑法》第 7 条第 2 项第 1 款原则上可适用德国刑法,但终究不能依《德国刑法》第 153 条以下之伪证罪处罚。因为伪证罪乃是侵害国家高权法益之犯罪(一国国内之司法运作功能),是以,《德国刑法》伪证罪只包含德国高权法益,即仅保护德国司法运作功能,侵犯外国高权法益因此不在德国伪证罪相关条文(§§153 ff.StGB)适用范围。

惟值得注意者,2008 年增订的《德国刑法》第 162 条第 1 项"在国际性法院伪证罪",局部打破这项原则。⑩ 所以,由对德国有约束力之国际法规所设立的国际性法院,若在其法庭虚伪陈述,也适用德国伪证罪(§§153-161 StGB)。《德国刑法》此一扩大伪证保护范围的规定,部分已超出《国际刑事法院罗马规约》相关的转化要求(Art.70 IV lit.a iVm I lit.a des IStGH-Statuts;参见第十四章 Rn. 2 以下)。⑪ 无论如何,现在不只国际刑事法院(IStGH),连国际法院(IGH)、欧洲人权法院(EGMR)、欧盟法院(EuGH)与欧盟普通法院(EuG)都明确纳入德国伪证罪相关条文的

---

⑦　关于涉外因素,以保险诈欺(§265 StGB)之涉外犯罪为例:BGH wistra 1993, 224, 225 (肯定)。但在信贷诈欺(§265b StGB):OLG Stuttgart NStZ 1993, 545(否定);BGH NStZ 2002, 435(未表态)。

⑧　NK-*Böse*, Vor § 3 StGB Rn. 60.

⑨　LK-*Tiedemann*, § 264a StGB Rn. 88;§ 265 StGB Rn. 48;§ 265b StGB Rn. 119;§ 298 StGB Rn. 53.

⑩　德国《欧盟理事会关于防制儿童性剥削及儿童情色文物框架决议》转化法所增订 (BGBl. 2008 I, S. 2149)。

⑪　BT-Drucks. 16/3439, S. 4;详见 *Sinn*, NJW 2008, 3526 ff.

保护范围了。在欧盟层级之法院为伪证方面*,其实依过去既有的正确见解,便可通过符合欧洲法之诠释,而将此行为依扩张解释为在德国伪证罪的保护范围内。⑫ 现在欣见《德国刑法》第 162 条已厘清此一问题。

第二阶段的审查结果(犯罪构成要件保护范围),有时可能通过刑法适用法(§§ 3 ff.StGB)就可预先断定,尤其是依据《德国刑法》第 7 条第 1 项而适用德国刑法的境外犯罪,该条文以犯罪行为系对德国人犯之,且因此必然侵害或危及德国人之个人法益(= 内国法益)为要件。

4

 自我测验

5

一、德国犯罪构成要件可否适用于涉外犯罪事实?审查阶段有二,是哪两者?(Rn. 1;第三章 Rn. 12,13)

二、什么是"本国"法益?什么是"外国"法益?此一区分对德国犯罪构成要件之可适用性有何影响?(Rn. 1 以下)

※ 新近文献

■ 刑法适用法总论:*Ensenbach*, Der Vermögensschutz einer Auslands-GmbH im deutschen Strafrecht, wistra 2011,4 ff.;*Eser*, Das "Internationale Strafrecht" in der Rechtsprechung des BGH,in:Roxin/Widmaier (Hrsg.),50 Jahre BGH,Festgabe aus der Wissenschaft, Bd.4,2000,S.3 ff.;*Hombrecher*, Grundzüge und praktische Fragen des Internationalen Strafrechts-Teil 1:Strafanwendungsrecht und Internationale Rechtshilfe,JA 2010,637 ff.;*Rath*, Internationales Strafrecht (§§ 3 ff.StGB),JA 2006,435 ff.,2007,26 ff.;*Satzger*,Das deutsche Strafanwendungsrecht (§§ 3 ff.StGB),Jura 2010,108 ff.,190 ff.;*T.Walter*, Einführung in das internationale Strafrecht, JuS 2006,870 ff.,967 ff.;*F.Walther*,"Tat"und"Täter"im transnationalen Strafanwendungsrecht des StGB,JuS 2012,203 ff.;*Werle/Jeßberger*, Grundfälle zum Strafan-

---

* 欧盟法院属于欧盟中央机构之一,其组织架构包括欧盟法院(Gerichtshof der EU)、普通法院(Gericht der EU)及专业法院(Fachgerichte),参见《欧盟条约》第 13 条及第 19 条。关此介绍,可参见陈丽娟:《〈里斯本条约〉后欧洲联盟新面貌》2013 年第 2 版,第 75—90 页;*Herdegen*, Europarecht, 15. Aufl., 2013, § 7 Rn. 90-97.——译者注

⑫ 关于《德国刑法》第 153 条以下规定作符合欧洲法之解释,参见 *Satzger*, Europäisierung, S. 575 ff.

wendungsrecht, JuS 2001, 35 ff., 141 ff.

■ 网络犯罪问题: *Götting*, Das Tatortprinzip im Internet anhand eines Beispiels der Volksverhetzung, Kriminalistik 2007, 615 ff.; *Hilgendorf*, Die Neuen Medien und das Strafrecht, ZStW 113 (2001), 650 ff.; *Kappel*, Das Ubiquitätsprinzip im Internet, 2007; *Koch*, Nationales Strafrecht und globale Internet-Kriminalität. Zur Reform des Strafanwendungsrechts bei Kommunikationsdelikten im Internet, GA 2002, 703 ff.; *Körber*, Rechtsradikale Propaganda im Internet-der Fall Töben, 2003, S.140 ff.; *Kudlich*, Herkunftslandprinzip und internationales Strafrecht, HRRS 2004, 278 ff.; *Morozinis*, Die Strafbarkeit der "Auschwitzlüge" im Internet, insbesondere im Hinblick auf "Streaming Videos" GA 2011, 475 ff.; *Satzger*, Die strafrechtliche Verantwortung von Zugangsvermittlern-Eine Untersuchung der Verantwortlichkeit für rechtswidrige Inhalte im Internet vor dem Hintergrund der neuen E-Commerce-Richtlinie der EG, CR 2001, 109 ff.; *ders.*, in: Heermann/Ohly (Hrsg.), Verantwortlichkeit im Netz, 2003, S. 161 ff.; *Sieber*, Internationales Strafrecht im Internet-Das Territorialitätsprinzip der §§ 3, 9 StGB im globalen Cyberspace, NJW 1999, 923 ff.; *Vassilaki/Martens*, Computer-und Internet-Strafrecht, 2003, S.3 ff.

第三编

欧洲刑法

可在本书中文版网址(www.satzger-chinese.info)
浏览本书引用的所有重要法院裁判、法案及其他文件

第七章　欧洲刑法基础与基本问题

在本书第三编中,有许多题材只能使用"欧洲刑法"(Europäisches Strafrecht)这样概略且模糊的概念。因此,为了更有助于理解,在此先厘清何谓"欧洲刑法"。 1

一、"欧洲刑法"之意义

一讲到欧洲刑法,会直接联想到一种性质上和德国、法国或意大利刑法一样的法规结构。换言之,以为欧洲刑法是一种完全来自欧洲法源的犯罪构成要件之整体概念,必可直接以欧洲法之名而在所有欧盟国一体适用。惟实际上,并没有《欧洲刑法》(Europäisches StGB)这种法典。迄今为止,也没有可在全部欧盟国一体适用的其他犯罪刑法条文(容后述)。因此,若说目前并无符合前述定义的"欧洲(犯罪)刑法"[Europäisches(Kriminal-)Strafrecht],绝对正确。不过,今日的趋势明显倾向创设这类"欧洲刑法",发布个别之欧洲犯罪要件应该只是时间早晚的问题罢了(参见第八章 Rn. 18 以下)。 2

尽管如此,不表示现在完全不可使用"欧洲刑法"一词。如果广义理解这个词汇,肯定有以下结论: 3

首先,在欧盟法层次,有可直接、一体适用于所有会员国的制裁规定,这些条文虽不以施加刑罚为目的,但仍可以"广义之欧洲刑法"(Europäisches Strafrecht im weiteren Sinn)称之(第八章 Rn. 5 以下)。

其次,更广义来看,凡受欧洲法影响的所有内国刑法条文,皆可归类为"欧洲刑法"。于此,当内国犯罪要件与欧盟法规范发生冲突时,前者因而不得适用。同样,特定的欧洲法规也会影响内国刑法条文之解释。例如当内国某刑法条文是为了转化欧盟指令而发布,则在解释该条文的犯罪要件时,即须符合该欧盟指令。在以上情形,欧洲法之影响并不至于创造出属于欧洲法的刑法条文,这些刑法规范仍属内国法,因此,称其为"欧洲化之(内国)刑法"[europäisiertes (nationales) Strafrecht]可能较为适当。这种欧洲法的影响不仅为数众多,且具有理论与实务上的重大意义,第九章将再详述。

再次,有刑事程序法成分者,也可归类为广义理解的"欧洲刑法"。第十章将讨论与欧洲有效刑事追诉有关的最重要欧洲制度和法规。

最后,《欧洲人权公约》也影响内国刑法与刑事诉讼法。第十一章会说明与刑事法有关之公约权利。

二、欧盟法对刑事法的影响

4   提到欧盟法,一般会区分为一级法(Primärrecht)和二级法(Sekundärrecht)。所谓一级法,指欧盟基础条约——《欧盟条约》(EUV)、《欧盟运作条约》(AEUV)——及其附件、议定书(参见《欧盟条约第1条第3项第1句、第51条),以及《欧盟基本权利宪章》(Charta der Grundrechte der EU)、欧盟法之一般法律原则。[①] 从形成来源来看,欧盟一级法乃是会员国经由条约签订、批准而在各国之间适用的国际法规。反之,欧盟二级法则是指欧盟机关基于一级法之授权所制定的法规。[②] 唯有于一级法已存在权限基础,欧盟权责机关始得根据相关立法程序发布特定的二级法措施,其中最重要的莫过于"规则"(Verordnung)和"指令"(Richtlinie)。欧盟规则类似于法律,可直接适用于所有会员国[③];指令则相反,原则上还需(在规定期限内)内国的转化动作,才具有国内法效力[④](详见本章Rn. 8)。

(一)欧盟一级法的历史发展

5   早在欧盟将刑事司法合作列为独立的政策范畴之前,过去的欧体法(依《欧盟条约》第1条第3项第3句,欧盟现为欧体法律地位的继受

---

① *Streinz*, Europarecht, Rn. 3, 446 ff.
② *Streinz*, Europarecht, Rn. 4, 463 ff.
③ 参见《欧盟运作条约》第288条第2项。
④ 参见《欧盟运作条约》第288条第3项。指令等于是《里斯本条约》以前的旧《欧盟条约》之"框架决议"(Art. 34 II 2 lit. b EUV aF.)。

者)即已影响内国刑事法。当时,欧体本身能否制定刑法,或者说创设超国家的个别犯罪要件,甚至是颁布一部欧洲刑法典,均非首要核心问题。焦点毋宁在于:一方面,当内国刑法之适用抵触欧体明文规范的基本自由权利时,对欧体共同市场之实现会有何危害?会员国立法者以刑罚吓阻商品进出口,这明显会与一级法所保障的商品流通自由产生冲突而有待克服,即属问题之一。另一方面,欧体为保护自身利益,也需仰赖内国刑法。在认定欧体不可自行发布犯罪要件后,为了保障欧体之利益,欧盟法院依据一级法提出了会员国在内国刑法上必须遵守的特定要求。就内容言之,需要内国刑法保护的欧体利益,尤指欧体经济利益。

　　时序往近推进。随着《马斯垂克条约》(1993年11月1日生效)建立欧盟之后,其下除原来的欧体成为欧盟第一支柱外,另增设两个政策合作的"支柱"。⑤ 与作为欧盟第一支柱的欧体不同的是,第二支柱"共同外交与安全政策"(GASP)及第三支柱"司法与内政合作"这两个新增领域并不具超国家性质,亦即,不属于可制定直接适用于所有会员国之法律的特有(超国家)法秩序。会员国当时由于抱持存疑态度(所持理由:外交政策、司法利益和内政安全,古往今来都是国家主权的典型表征),反对二、三支柱走向超国家性,这两个领域遂形成既是跨政府合作、却又可颁布法案的平台。由于欧盟是一体性系统,欧体于是将其机关(理事会、执委会等)"借予"欧盟。理事会通过的法案,(于一定情形)在国际法层次——即国与国之间——仍然具有法律拘束力。后来,《阿姆斯特丹条约》公布(1999年5月1日生效),将欧盟司法合作从第三支柱抽离出一部分,予以"超国家化",第三支柱于是仅局限在"警察与司法刑事合作"(PJZS)。旧《欧盟条约》第34条规定第三支柱可使用的几种行为方式,当中具有实务重要性者为"公约"(Übereinkommen: Art. 34 II UA 1 S. 2 lit. d EUV a.F.),此乃由理事会拟定后,再推荐给会员国采纳。但因"公约"属于国际法之条约,故须经所有会员国批准才能生效,这不仅缓不济急,且成效不彰。因此,第三支柱当时最重要的行为方式应是"框架决议"(Rahmenbe-

6

---

⑤　欧洲整合之发展,参见 *Streinz*, Europarecht, Rn. 16 ff.;关于欧洲刑法整合发展的实用文献,Sieber/Brüner/Satzger/v. Heintschel-Heinegg-*Sieber*, Europ. StR, Einf. Rn. 13 ff.;参见 *Meyer*, EuR 2011, 169, 170 ff.

schluss：Art.34 II UA 1 S.2 lit.b EUV a.F.）。欧盟通过框架决议，使会员国负有对其内国法进行同化之义务，这点类似《欧体条约》适用范围内的典型调和化工具：指令（Richtlinie）。但框架决议与指令毕竟不同，后者在转化期限届至后，能产生有利于欧盟公民的直接效力，但框架决议却被《欧盟条约》明文排除此种效力。各种框架决议中，特别受到公众讨论的有《欧盟逮捕令框架决议》（Rahmenbeschluss über den Europäischen Haftbefehl）等，不过也有促成实体法方面同化的框架决议，例如防制洗钱、恐怖主义、人口贩卖或计算机犯罪等之框架决议（参见第九章Rn. 33）。

7　　《阿姆斯特丹条约》之后的是《欧盟宪法条约》（EV），该条约首度尝试卸除欧盟屋梁结构（欧盟为屋顶，下分三支梁柱），也将"警察与司法刑事合作"提升到超国家层次。然而，《欧盟宪法条约》在各国批准过程中，却因法国、荷兰的公投反对而挫败。历经一年"反省期"后，为了保住《欧盟宪法条约》的基本内容，欧盟开始拟定塑身版的《改革条约》，特别是除去《欧盟宪法条约》里影射宪法性质的规定（例如宪法或法律之用语，或国旗、国歌等国家象征）。《改革条约》最后在2007年12月13日于葡萄牙首都里斯本获得签署，遂以《里斯本条约》（Vertrag von Lissabon）⑥之名，在克服诸多障碍后⑦，于2009年12月1日生效。

　　事实上，《里斯本条约》仍然实现了《欧盟宪法条约》所欲推行的改革：在此之前的屋梁模式及因此产生的欧盟与欧体之区分，均遭废除，欧

---

　　⑥　全名为《修改〈欧盟条约〉和〈欧体条约〉之里斯本条约》（Vertrag von Lissabon zur Änderung des Vertrags über die Europäische Union und des Vertrags zur Gründung der Europäischen Gemeinschaft），AB1EU 2007 Nr. C 306/1.[关于《里斯本条约》，可参见 Christoph Herrmann：《〈里斯本条约〉概览》，周培之译，载《月旦法学杂志》2012年第205期，第247页以下；相关基础文献，如陈丽娟：《里斯本条约后欧洲联盟新面貌》，2013年第2版（第161页以下有附录条约中译）。——译者注

　　⑦　《里斯本条约》在爱尔兰（第一次）公投失败后，是否会步上《欧盟宪法条约》后尘，一直是问题。在德国，当时联邦总统 Horst Köhler 为了等待德国联邦宪法法院判决结果而暂缓批准，直到宪法法院认定条约合宪，但德国配套法案违宪后（参见 BVerfG NJW 2009, 2267 ff.），德国才在2009年9月批准《里斯本条约》。捷克当时的总统 Václav Klaus 基于政治理由，延宕数月，迟不批准。处于这样长期摆荡的状态，也令人担心英国政党轮替，改由保守党执政后，是否意味着将撤回先前由工党执政所递交的批准书。就在爱尔兰人民第二次公投同意《里斯本条约》，捷克经与欧盟交换条件后，才放弃抵抗，于2009年11月13月寄存批准文件，成为最后一个完成寄存动作的会员国。参见 Streinz/Ohler/Herrmann, Der Vertrag von Lissabon zur Reform der EU, 3. Aufl., 2010, S. 28 f.

盟并取得统一的法律人格。《欧盟条约》的名称继续保留,《欧体条约》(EGV)则更名为《欧盟运作条约》,原《欧体条约》中"共同体"(Gemainschaft)之用语,则一律以"联盟"(Union)取代。概括来说,《欧盟条约》的规范内容与过去类似,诸如有共同规定、加强合作规定、共同外交与安全政策(GASP,即前第二支柱)的一般规则与最后条款,但也有新增者,即"民主原则"与欧盟机关之规定。前第三支柱的"警察与司法刑事合作"由于被整合到《欧盟运作条约》,至少原则上也就适用《欧盟运作条约》惯用的表决方式[尤指欧盟理事会之加重多数决(Art.16 III EUV),有别于旧第三支柱的一致决]。此外,《里斯本条约》亦扩大了欧盟在刑事法上的权限(参见第九章 Rn. 31 以下.第十章 Rn. 53 以下)。

(二) 法律制定 vs.法律同化

依欧盟新法,欧盟如同过去的欧体,基本上一样有两种行为方式可以使用:一是《欧盟运作条约》第 288 条第 2 项的"规则"(Verordnung);二是第 3 项的"指令"(Richtlinie)。这两种法案的差异在于效力不同:规则,直接在所有会员国生效(即订定超国家法规);指令,原则上仅科以会员国实现指令目标之义务,并需将之转化成内国法。

如欧盟有意创设超国家犯罪要件,便会涉及欧洲刑事立法(Strafrechtssetzung)。这唯有通过颁布(可对所有会员国直接适用的)"规则"才能为之。如此一来,个人之可罚性即与内国立法者是否有所作为无关,而是直接以所有会员国统一适用的欧盟犯罪构成要件(EU-Straftatbestand)来判断,犯罪行为人将以这样的欧洲之构成要件(例如不利于欧盟经济利益的诈欺罪)受到判决。

相反,指令(过去除了"指令"之外,欧盟第三支柱的"框架决议"也一样)则是促成刑事法同化(Strafrechtsangleichung)的适当手段。就此而言,欧盟指令并非自己制定会员国内可适用的犯罪要件,而"仅只于"指示会员国的刑事立法者自行选择方法,以达成指令多少已明白设定的目标。于指令的情形,内国立法者必须有所作为,一直到内国法修正后,法律同化才对其国民产生效力。如以指令来同化刑法时,在指令转化成内国法后,各会员国内生效的刑法虽因而受欧洲影响,但这仍是内国刑法,故以内国犯罪要件来判决可能的犯罪行为人。

对于过去的欧体法,欧盟法院虽在一定条件下也承认指令可具有直接效力(在转化期限届至,内国却仍未转化时)⑧,但仅限于有利于个人之情况才可如此。然而,与刑法有关的指令通常带有不利个人之效力,故刑法的指令实际上并不生直接效力。⑨

9  **自我测验**

一、今日所称之"欧洲刑法"有哪些意义?(Rn. 3)

二、《里斯本条约》对欧盟作出什么根本性改变?(Rn. 7)

三、欧盟"法律制定"和"法律同化"的差异何在?(Rn. 8)

---

⑧ 基础裁判 EuGHE 1970, 825-Rs. 9/70 "*Leberpfennig*";赞同者,BVerfGE 75, 223, 235 ff. 指令效力之概览,*Herrmann/Michl*, JuS 2009, 1065 ff.

⑨ 关于"反向垂直效力"(umgekehrt vertikalen Wirkung)之排除,EuGHE 1987, 3969-Rs. 80/86 "*Kolpinghuis Nijmegen*"(Rn. 9); EuGHE 2005, I-3565-verb. Rs. C-387/02, C-391/02 und C-403/02 "*Berlusconi*"(Rn. 73 ff.);亦见 *Streinz*, Europarecht, Rn. 488.

第八章 超国家之欧洲刑法

一、欧盟现有制裁措施

（一）欧盟法数种制裁类型

翻阅欧盟法,会看到大量的制裁(Sanktion)规定。基本上可分成三种制裁类型：

1. 罚款

罚款(Geldbuße)在过去《欧体条约》(尤其是公平交易法领域)中具重要意义。① 为了实现公平交易与禁止滥用市场地位,今日的《欧盟运作条约》第 103 条第 2 项第 1 款明文规定得科处罚款,目前已有许多"规则"采用此种制裁方式。

举例：《欧体规则 Nr.1/2003》(公平交易规则)②第 23 条第 1 项规定,"企业或企业集团故意或过失为下列行为者",执委会得"科处罚款,处罚金额最高以前一营业年度整体营业额 1% 为限：a) 对第 17 条或第 18 条第 2 项所要求之信息,提供错误或误导之答复者……"

在公平交易脉络下,执委会对企业裁决 10 亿欧元天价的罚款,向来是新闻瞩目焦点。

举例：2008 年有 4 家国际汽车玻璃制造商违法协议价格,被科处总额高达 13.8 亿欧元之罚款,其中以法国 Saint-Gobain-Konzern 受罚的

---

① Sieber/Brüner/Satzger/v. Heintschel-Heinegg-*Vogel*, Europ. StR, §5 Rn. 10 ff.
② ABlEG 2003 Nr. L 1/1.

8.96 亿欧元最高③;2009 年 5 月,执委会以芯片制造商 Intel 滥用市场优势地位而裁罚 10.6 亿欧元,创下历史新高纪录。④

2. 其他经济制裁

3　　"其他经济制裁"(sonstige finanzielle Sanktion),指与罚款一样具有减少财产的效果,但未明文称做"罚款"的制裁,例如没收保证金、"金钱制裁"(Geldsanktion)或总额加息偿还。⑤

举例:执委会 2009 年 1 月 1 日《欧体、欧洲原子能共同体规则 Nr. 2342/2002》⑥第 134 条之 2 第 2 项规定:"对于声明不实或违犯重大错误、违规或诈欺者,亦得处以经济制裁,金额为预定订单整体估价之 2% 至 10%"。

3. 其他失权

4　　第三种制裁类型,是指其他所有不直接减少财产,但却有不利益的失权(Rechtsverlust)效果,像是撤销许可、撤销执照与删减补助款。⑦

举例:理事会 2009 年 1 月 29 日《欧体规则 Nr. 73/2009》暨共同农业政策之直接付款共同规定(……)⑧第 21 条以下,就是以减缩或不提供未来数年之补助,当做违反规则的制裁。

(二) 属于广义刑法之制裁

5　　以上制裁,并非每一种都必然具有刑法性质。关于如何界定,其实可以欧洲人权法院裁判为标准,其认为刑事法之权利保障不只适用于传统

---

③　参见 welt-online v. 13. 11. 2008 (http://www.welt.de/welt_print/article2715204/ EU-verhaengt-Rekordstrafe-gegen-Autoglas-Kartell. html)。

④　参见 handelsblatt. com v. 13. 05. 2009 (http://www.handelsblatt.com/unterne hmen/it-medien/milliarden-strafe-eu-legt-intel-an-die-leine/3175858.html)。

⑤　参见如 *Dannecker*, in: Wabnitz/Janovsky, Handbuch, Kap. 2 Rn. 90.

⑥　这是理事会就欧体整体经济计划之财政秩序的施行规则(VO (EWG, EAG) Nr. 1605/2002)。施行规则的相关条文乃由另一规则[Art. 1 Nr. 60 der VO (EWG, EAG) Nr. 478/2007] 所增订,参见 AB1EU 2007 Nr. L 111/13.

⑦　Sieber/Brüner/Satzger/v. Heintschel-Heinegg-*Vogel*, Europ. StR, § 5 Rn. 18 ff.

⑧　VO (EG) Nr. 73/2009 des Rates v. 19. 01. 2009 mit gemeinsamen Regeln für Direktzahlungen im Rahmen der gemeinsamen Agrarpolitik, AB1EU 2009 Nr. L 30/16 最近一次修改是在执委会 2010 年 4 月 27 日《规则 Nr. 360/2010》(AB1EU 2010 L 106/1)。

的犯罪刑法,还及于广义之刑法。⑨ 质言之,当《欧洲人权公约》第 6 条文义的"刑事控诉"要件成立时,即开启权利保障的适用范围。⑩ 若制裁对行为人(至少也)有压制性质(repressive Natur)或造成特别重大之法益损失者,欧洲人权法院尤其会定性为刑事法之制裁(参见第十一章 Rn. 59)。

就上述罚款而言,由于其一贯具有压制性质,故属于广义之刑事法制裁。规范颁布者即使将罚款明文归类于"非刑法类型"(参见《欧体规则 Nr.1/2003》第 23 条第 5 项),也无碍其被认定为刑事法性质。 6

至于其他两种制裁类型,至少在二级法制裁规定的重要范围内,有《欧体、欧洲原子能共同体规则 Nr. 2988/95》⑪可帮助厘清"违规"(Unregelmäßigkeit)的制裁性质。此处所称"违规",是指将经营者作为或不作为的结果,已(/将)损及欧盟经费者,当做违反欧盟法规定。这份规则之目的,在为前述制裁规范提供一个"总则"(Allgemeiner Teil)规范⑫,其中列举了"违规"可能导致的法律效果。对此,这一规则区分"行政法措施"(verwaltungsrechtliche Maßnahme)和"行政法制裁"(verwaltungsrechtliche Sanktion),前者如没入违法利益,后者则如没入欧盟法所提供利益之全部或一部分,即便经营者之违法只是取得部分利益,亦同。 7

被这份规则归类为行政法制裁者,基本上,属于广义刑法概念下具压制性质的制裁。尽管规则于此明文使用"行政法制裁"一词,但对于单纯只以"法律效果"作为制裁的定性基准而言,并无意义,这不过是表现出会员国对欧盟拥有刑事法权限的敏感性。⑬ 8

```
                    ┌─────────┐
                    │  罚款   │
          广义刑法  ├─────────┤
                    │其他经济制裁│
                    ├─────────┤
                    │ 其他失权 │
                    └─────────┘
```

---

⑨ 欧洲人权法院对犯罪刑法与广义刑法之区分,仅见 EGMR, "*Kammerer v. Austria*", v. 12. 05. 2010-32435/06 (Rn. 27) 与 *Vilsmeier*, Tatsachenkontrolle und Beweisführung im EU-Kartellrecht auf dem Prüfstand der EMRK, Diss. München 2012, S. 36 f.

⑩ 参见第十一章 Rn. 59 与裁判总结:*Frowein/Peukert*, Art. 6 EMRK Rn. 41 ff. 另参见 *Klip*, European Criminal Law, S. 158 ff.

⑪ AB1EG 1995 Nr. L 312/1.

⑫ *Tiedemann*, in: Eser u. a.(Hrsg.), Festschrift für Theodor Lenckner, 1998, S. 413.

⑬ *Heitzer*, Punitive Sanktionen, S. 127.

二、欧洲犯罪刑法

(一) 用语

9　　即使普遍认为目前(还)不存在欧洲犯罪刑法(europäisches Kriminalstrafrecht),但欧洲犯罪刑法这个概念到底如何理解,仍相当有疑义,因为每一欧盟国对刑法皆有自己的构想。讲到"欧洲犯罪刑法",必须以一体适用于所有会员国的欧盟法概念来理解,因此尚须精确划定"欧洲犯罪刑法"范围及类型,而基本上,这可借助评价性之法律比较来判断(即探求各欧盟国法律之差异与公因子)。自由刑在国际上被认为是典型的刑罚,有鉴于此,凡以自由刑作为威吓之制裁规定者,必可被归类为(欧洲)犯罪刑法,不完纳财产处罚则易服自由刑者,亦同。⑭ 不过,有一种状况必须扮演核心基准,亦即,由于科处犯罪刑罚在会员国一直带有"社会道德之非价判断",因此在欧洲层次,这项要素对欧盟法理解下的犯罪刑法概念,也应具有决定性。⑮

欧洲人权法院裁判也完全朝此方向发展,其同样有对广义刑法与传统刑法之核心作区分,"关键尤其在犯罪刑法的烙印效果"。就欧洲人权法院来看,这种区分有其意义,因为"只因是广义刑法便适用《欧洲人权公约》的刑事法权利保障,这未必有完全说服力。适用与否,毋宁应依事件性质与烙印化之程度来决定"。⑯

(二) 现行法有欧洲犯罪刑法之法源?

10　　▶ 案例 11:美国人 A 在卢森堡的欧盟法院作伪证。于是,他在德国短暂停留时遭到起诉。试问:德国刑事法官以什么犯罪要件作为有罪判

---

⑭　亦见 *Winkler*, Die Rechtsnatur der Geldbuße, 1971, S. 60;详细亦见 *Asp*, Substantive Criminal Law, S. 61 ff.

⑮　参见欧盟法院佐审官(Generalanwalt) *Jacobs*, in:EuGHE 1992, I-5383-Rs. C-240/90 "Deutschland v. Kommission"(Rn. 11);深入,*v. d. Groeben/Schwarze-Prieß/Spitzer*, Art. 280 EGV Rn. 33 ff.;德国法,参见 BVerfGE 27, 18, 29 ff.; 43, 105; *Wessels/Beulke*, Rn. 403.

⑯　EGMR, "*Kammerer v. Austria*", v. 12. 05. 2010-32435/06 (Rn. 26 f.);亦参见 EGMR, "*Jussila v. Finland*", v. 23. 11. 2006-73053/01 (Rn. 43); EGMR, "*Hüseyin Turan v. Turkey*", v. 04. 03. 2008-11529/02 (Rn. 32);关此,详见 *Vilsmeier*, Tatsachenkontrolle und Beweisführung im EU-Kartellrecht auf dem Prüfstand der EMRK, Diss. München 2012, S. 34 ff.

决的基础？是否必须具备《德国刑法》第 3 条以下刑法适用法要件？（本章 Rn. 13,15）

欧盟一级法通过参照内国刑法条款的立法方式，可否说是欧盟法一般而言（即非例外地）也包含超国家犯罪刑法，仍有论辩。这个问题与一些欧盟一级法规定有关，其命令会员国对于危害欧盟法益之事件，应适用原本保护内国相关法益的内国犯罪要件。[17] 主要例子是《欧盟法院章程》第 30 条[18]，其规定"每一会员国对待于欧盟法院伪证之证人或鉴定人，应如同在其内国民事法院犯下伪证罪。基于本院之告发，会员国应在其管辖法院展开追诉"。 11

目前通说认为，《欧盟法院章程》第 30 条有自动履行（self-executing）效力，乃是可直接适用的欧盟法规，故被定性为欧盟的超国家犯罪刑法。[19] 换言之，借由和各内国刑法典之共同合作，《欧盟法院章程》第 30 条于是成为"超国家的整体犯罪构成要件"（supranationaler Gesamttatbestand）。[20] 从德国法角度观之，《德国刑法》第 154 条处 1 年以上有期徒刑的伪证罪就受《欧盟法院章程》第 30 条参照效力所及，所以尽管德国刑法并未专设"欧盟法院伪证罪"，通过《欧盟法院章程》第 30 条的参照作用也会得出超国家犯罪要件的规定："于欧盟法院伪证者，处一年以上有期徒刑。" 12

果真如此，通说除直接修改《德国刑法》第 154 条内容之外，也造成了扩大德国刑法适用法的后果。详言之，这一在以《德国刑法》第 154 条连结《欧盟法院章程》第 30 条所形成的欧洲整体犯罪构成要件，将适用于所有在欧盟法院之伪证行为，而毋庸考虑德国刑法适用法（《德国刑法》第 3 条以下）的相关性。[21] 可以说，等于在德国刑法引进了一个新的国际刑法连系原则，既不能称为欧洲属地原则[22]，又不可名为欧盟保护原则[23]（相对于国家保护原则），但却取代《德国刑法》第 3 条以下刑法适用法规 13

---

[17] 对于这项"吸收技术"，一般疑虑甚多，特别是明确性原则的问题，参见 *Oehler*, Int. Strafrecht, Rn. 920 ff.；*Satzger*, Europäisierung, S. 196 ff.；*Ambos*, Int. Strafrecht, § 11 Rn. 20 ff.

[18] 《欧盟法院章程》（Satzung des EuGH）因出自《里斯本条约》第 3 号议定书，故属欧盟一级法，参见《欧盟条约》第 51 条。

[19] 证明见 *Satzger*, Europäisierung, S. 192.

[20] *Böse*, Strafen und Sanktionen im europäischen Gemeinschaftsrecht, 1996, S. 108.

[21] 批评详见 *Dannecker*, Jura 2006, 95, 99 f.

[22] *Johannes*, EuR 1968, 63, 71；*Satzger*, Europäisierung, S. 388.

[23] 以此为名者，*Oehler*, Int. Strafrecht, Rn. 913.

定(参见第四章 Rn. 18)。

如依通说,案例 11 会成立以《德国刑法》第 154 条为参照作用的超国家整体伪证罪,依据便是《欧盟法院章程》第 30 条的参照效果,而非基于《德国刑法》第 3 条以下的刑法适用法。

14 惟通说不足相信。通说谓《欧盟法院章程》第 30 条乃属可直接适用的一级法规范,其论证出发点已不恰当。㉔ 根据欧盟法院发展出来的一般论述,欧盟一级法必须符合以下所有条件,始有直接适用效力:法律完整性,即不待进一步具体化便可适用;绝对性,不得附条件;科以会员国某种义务,但此义务不得要求内国立法者或欧盟机关为进一步之执行措施;会员国无裁量空间。㉕

15 《欧盟法院章程》第 30 条自始就无意表现"法律完整性",反而是希望通过不同的内国刑法规范,来补充其在犯罪构成要件(例如主观构成要件)和法律效果方面之不足。内国若没有相关刑法条文,一级法的参照条款即流于空转,换言之,此时会员国进一步的立法执行措施遂成为达成《欧盟法院章程》第 30 条处罚目的之条件。这种情况,在没有规定"未宣誓之伪证罪"的法秩序中最为明显,遇此情形,会员国必须制定适当的犯罪构成要件,参照条款才有意义。最后,伪证犯的评价,尤其是对伪证的非价与相应的刑罚威吓,全取决于可随时修改内国刑法伪证要件及法律效果的会员国,内国立法者裁量空间于此清楚可见。

总之,《欧盟法院章程》第 30 条连欧盟一级法直接可适用性的任何一项要件也没有。因此,《欧盟法院章程》第 30 条这个参照条款(Verweisungsvorschrift)只能理解为:需求助于会员国并要求其规划内国刑法,以使欧洲司法在"证人或鉴定人伪证"一事上的刑法保护如同在各内国之程度。㉖ 德国法早已在《德国刑法》第 154 条实现欧盟这项要求,不但如此,其他类型的伪证罪(尤指《德国刑法》第 153 条未宣誓之伪证罪)也是同样。这是因为,《欧盟法院章程》第 30 条虽未能强迫《德国刑法》伪证罪章(§§ 153 ff.StGB)作出合于欧盟法之解释,但从(加上)会员国的一般

㉔ 亦见 *Rosenau*, ZIS 2008, 9.

㉕ 要件之描述, *Schweitzer/Hummer/Obwexer*, Europarecht, Rn. 168; *Schweitzer*, Staatsrecht III, Rn. 520; *Herdegen*, Europarecht, § 8 Rn. 13.

㉖ *Satzger*, Europäisierung, S. 198 ff.; *Filopoulos*, Europarecht, S. 37.

忠诚义务(Art. 4 III UA 2 EUV)却可得出此解释结果,以确保欧洲审判权的运作功能可如同在德国法院般获得同等保障。㉗ 现在,新增订的《德国刑法》第162条于2008年11月5日生效后,确立了德国伪证罪章也及于在欧盟法院(和其他国际性法院)所为的伪证行为。㉘ 此一新法对于目前讨论的问题当然只是一种厘清而已。

归根究底,德国刑法适用法同样未落后于欧盟所要求的保护水平,即使在外国人所违犯之外国犯罪似乎存在漏洞,但于欧盟法院伪证仍属《德国刑法》第6条第9款空白条款的适用案件(参见第五章 Rn. 76)。㉙ 故依正确见解,案例11中德国法院并不是以超国家犯罪构成要件来判决A,而是应以《德国刑法》第154条连结同法第162条作为定罪条文,惟前提是,仍须符合《德国刑法》第3条以下刑法适用法之相关规定(此指《德国刑法》第6条第9款)。

《欧洲原子能共同体条约》有一项关于违反保密义务的规定(Art. 194 I UA 2 EAGV)㉚,与《欧盟法院章程》第30条情形相当,故承前所述,不同于通说观点,应认为该保密义务规定一样不能建立超国家犯罪刑法。㉛

16

据此,小结如下:虽然有可归类为广义欧洲刑法的制裁规定,但迄今为止,尚无狭义的欧洲刑法。

17

(三) 欧盟的刑法制定权限

如前所述,目前并无超国家之欧盟犯罪刑法,那未来能否以欧盟权限规范为基础来创设欧盟刑法? 这个问题饶富意义。依欧盟与会员国之间的权限分配,欧盟刑法制定权限的问题不能简化地抽象问说:欧盟有无"刑法"之权限?㉜ 应注意,欧盟基础条约与《德国基本法》等不同,前者并未依事物范围划分权责,而是由欧盟一级法根据有限个别授权原则(Gr-

18

㉗ 详见 Satzger, Europäisierung, S. 575 ff.
㉘ 此新规定,可参见第六章 Rn. 3 及 Sinn, NJW 2008, 3526 ff.
㉙ 可见立法理由,StGB E 1962, BT-Drucks. 4/650, S. 110; Satzger, Europäisierung, S. 390 f.
㉚ Vertrag zur Gründung der. Europäischen Atomgemeinschaft (EURATOM).
㉛ Satzger, Europäisierung, S. 198 ff.; Filopoulos, Europarecht, S. 37;但德国联邦最高法院(BGHSt 17, 121 ff.)有不同见解。
㉜ 参见正确观点 Heitzer, Punitive Sanktionen, S. 134.

undsatz der begrenzten Einzel-ermächtigung, Art. 5 I 1, II 1 EUV)[33]让欧盟取得个别行为授权,以实现《欧盟运作条约》设定之特定目的。因此,可否容许欧盟为达成拟定目标而发布超国家的欧洲犯罪要件,必须通过解释个别授权规范与其他欧盟一级法来判断。不过,此处依循欧盟法原则所为之解释,仍应顾及刑法的特殊性。

19 《欧盟运作条约》有一系列权限规定,广义解释其文义的话,绝对可延伸及于犯罪刑法之制裁。

举例:

① 《欧盟运作条约》第 103 条第 2 项第 1 款,允许以罚款来确保遵守条约的市场竞争规范(Art. 101, 102 AEUV)。《欧盟运作条约》第 103 条第 2 项使用"尤其"一词,显示制裁并不限于所列出的各款方式。所以,为了防制违反公平交易法之行为,发布犯罪刑法制裁至少也是可以想象的选项。

② 在欧盟共同交通政策范畴(Art. 90 ff. AEUV),《欧盟运作条约》第 91 条第 1 项第 4 款授权得制定"其他有助于达成目的之条文",交通刑法条文可能也在涵盖之内。

③ 为了实践欧盟环境政策,《欧盟运作条约》第 192 条第 1 项授权可为广泛之"联盟动作"(Tätigwerden der Union)。

④ 《欧盟运作条约》第 352 条"弹性条款"(Flexbilitätsklausel)也是一例,其赋予欧盟所谓"条约圆满化权限"(Vertragsabrundungskompetenz),以补充其他授权基础之不足:依条文文义,只要是为了达到欧盟目标而需要欧盟有所作为,且《欧盟运作条约》未有合适的个别授权时,在经过一定要件后,就可使用补充权限。* 据此,《欧盟运作条约》第 352 条亦可作为发布犯

---

[33] 关此,参见 Streinz, Europarecht, Rn. 539.

* 《欧盟运作条约》第 352 条用意在填补条约漏洞(Vertragslückenschließung)。这虽不至于破坏欧盟法个别授权原则(Art. 5 I EUV),但却显著松动该原则,几乎触及修改条约的红线。德国联邦宪法法院里斯本判决(BVerfGE 123, 267)即认为该条文不但不可理解为"不受限制的扩权条款",还将之视同修改条约,要求在欧盟理事会的德国代表,非经德国立法允许(Art. 23 I GG; §8 IntVG),不得对此提案投下赞成票或弃权不投票。总言之,鉴于《欧盟运作条约》第 352 条本身的严格程序与实体条件,例如欧盟议会同意、理事会一致决、周知各会员国与不得以之调和会员国法律,它并非欧盟得随意动用的权限。相关说明,参见 Herdegen, Europarecht, 15. Aufl., 2013, §8 Rn. 63 f.; Streinz, Europarecht, 9. Aufl., 2012, Rn. 540.——译者注

罪要件的规范基础。

《里斯本条约》生效之前,通说[34]认为刑法题材的特殊性会造成限制解释之必要,这种说法的结论是:刑法制裁条文不得援用《欧盟运作条约》现有的权限条款作为制定基础。通说在过去固然合理,但此争议问题在《里斯本条约》生效后已成多余。

为看出里斯本改革条约的影响力,过去对欧盟欠缺刑法权限这一观点所表达的根本考虑,在今日亦值得注意:

第一,参照缔约国之缔约意思。鉴于1950年代之初,拟将统一军事刑法典之刑罚权托付给欧洲防御共同体的计划遭逢挫败[35],欧洲煤钢共同体之"父"(起草人)——以及稍后的欧体和欧洲原子能共同体之父——对这个刑法问题自是了然于胸。但这些条约对刑法仍只字不谈,就表示在早期共同体层次并无意通过刑法规定。[36]

第二,自《阿姆斯特丹条约》开始,从旧《欧体条约》与《欧盟条约》体系也可得出反对共同体法享有刑法制定权限的论证。因为通过《阿姆斯特丹条约》,既有的第三支柱被尽可能地移植到共同体法(即欧盟的第一支柱),刑事法则维持在此后"强调刑事法"的第三支柱(《阿姆斯特丹条约》因而将第三支柱命名为"警察与司法刑事合作")。所以,刑事法在当时欧盟法的架构下,不应被并入共同体法,而是应继续以跨政府合作方式运作。[37]

第三,欧盟欠缺刑法权限的看法,还可以《阿姆斯特丹条约》新增的两项条文为立论依据:《欧体条约》第135条第2句、第280条第4项第2句。两者均为保留条款,其谓欧盟得采取必要措施,但"不得影响会员国刑法适用及其刑事司法"。由此可见,即使有这样的权限规定(共同体法

---

[34] 参见如 *Griese*, EuR 1998, 462, 476; *Streinz-Satzger*, Art. 280 EGV Rn. 20; *Calliess/Ruffert-Waldhoff*, 3. Aufl., Art. 280 EGV Rn. 3, 19; *Jokisch*, Gemeinschaftsrecht und Strafverfahren, 2000, S. 64; *Müller-Gugenberger*, in: Müller-Gugenberger/Bieneck (Hrsg.), Wirtschaftsstrafrecht, 4. Aufl., 2006, § 5 Rn. 65; *Filopoulos*, Europarecht, S. 19; *Ambos*, Int. Strafrecht, 2. Aufl., 2008, § 11 Rn. 6 ff.;类似者, *Kapteyn/VerLooren van Themaat*, Introduction to the Law of the European Communities, 3. Aufl., 1998, S. 1395.

[35] 参见 *Jescheck*, ZStW 65 (1953), 496 ff.,谓其应在司法议定书第18条达成协议。

[36] *Satzger*, Europäisierung, S. 136 f.

[37] *Satzger*, Europäisierung, S. 141 ff.

其他处亦同),依然是将刑法排除在外。㊳

24 以上反对超国家刑法制定权限的重大理由,经由《里斯本条约》所修改的《欧盟条约》与《欧盟运作条约》清楚重新设计条文后,已失立论基础:

首先,新条约不再像过去一样对刑法条文保持缄默。相反,《欧盟运作条约》中特别是第82条、第83条,详细地在超国家法律基础脉络下处理刑事法。

过去的体系论证不再管用,因为《里斯本条约》已卸除屋梁模式,原第三支柱"警察与刑事司法合作"被并入《欧盟运作条约》的超国家结构里,以致(至少原则上)得适用超国家层次通常的表决模式(尤指欧盟理事会的多数决)。

有关共同体法有刑法保留条款的重要论证,现在也师出无名,因为《欧体条约》第135条、第280条第4项的保留条款在接手的新条文中,即《欧盟运作条约》第33条与第325条,已悉数被删除。㊴虽有一些文献认为,"删除一个仅具宣示性的保留条款,并未改变任何法律状态","由于新制定刑法之法律同化权限,基于此,删除保留条款只是要确保欧盟法秩序的一致性","如要建立刑法之法律制定权限,还需要一个明确的规范"。㊵然而,鉴于对保留条款意义的激烈讨论,以及《欧盟运作条约》上述新条文原原本本采纳了旧条文中保留条款以外的内容,故可认为今日已无一般性的刑法保留条款。此外,《欧盟运作条约》第325条第4项(相当于旧《欧体条约》第280条第4项)为所有"必要措施"提供法律基

㊳ 此见解受到部分文献质疑,仅见 *Tiedemann*, GA 1998, 107, 108 Fn.7; *ders.*, in: Eser u. a.(Hrsg.), Festschrift für Theodor Lenckner, 1998, S. 415; *Delmas-Marty*, in: Delmas-Marty/Vervaele, Implementation, S. 55 ff., 374 ff.; *Bacigalupo*, in: Delmas-Marty/Vervaele, Implementation, S. 369 ff.;类似者, *Moll*, Nationale Blankettstrafgesetzgebung, S. 6 ff.; *Wolffgang/Ulrich*, EuR 1998, 616, 644; *Berg/Karpenstein*, EWS 1998, 77, 81;详见 *v. d. Groeben/Schwarze-Prieß/Spitzer*, Art. 280 EGV Rn. 103 ff.

㊴ *Safferling*, Int. Strafrecht, § 10 Rn. 41 f.; *Hecker*, Eur. Strafrecht, § 14 Rn. 44; *Ambos*, Int. Strafrecht, § 9 Rn. 8.

㊵ 以此方向论述者,*Asp*, Substantive Criminal Law Competence, S. 150 ff.; *Schützendübel*, EU-Verordnungen in Blankettstrafgesetzen, S. 27 ff.; *Krüger*, HRRS 2012, 311, 316 与 *Heger*, ZIS 2009, 406, 416 一样,认为制定超国家犯罪刑法的权限,只能从《欧盟运作条约》第325条连结到第86条第2项第1句推导而出;亦见 *Schuster*, Das Verhältnis von Strafnormen und Bezugsnormen aus anderen Rechtsgebieten, 2012, S. 317; *Sturies*, HRRS 2012, 273, 281.

础,发布(可直接适用之)"规则"(Verordnung)也是措施选项之一,亦可说明原则上可以这些法律基础来制定具刑法性质之规范的可能性。这样的意向,在比较相关的《欧盟宪法条约》第三编第 415 条第 4 项后也可看出,因为其将"欧洲法律"(Europäisches Gesetz)明文列为可采用的法律文件形式,而依《欧盟宪法条约》构想,所谓欧洲法律——如同"规则"——应直接适用于所有欧盟国(Art.I-33 I UA 2 EV)。最后,《欧盟运作条约》第 325 条第 2 项与第 4 项文义扩及对"欧盟之机关、设置或其他单位"的财政有效保护,也表示了刑法之保护不仅限于会员国内,而是也包括在欧盟层次。

因此,(至少原则上)可援引《欧盟运作条约》第 325 条第 4 项对抗诈欺的新条文,来发布直接适用的刑法构成要件。就内容而言,此犯罪要件必须以预防与对抗侵害欧盟经济利益之诈欺行为为限。不过,欧盟此处"诈欺"概念并不仅止于《德国刑法》第 263 条第 1 项定义的诈欺行为,毋宁应以欧洲意义来理解,亦即,对欧洲诈欺之解释应回归现有对抗诈欺的欧洲法,这尤指《保护欧体经济利益公约》第 1 条。㊶ 准此,《欧盟运作条约》第 325 条第 4 项的欧盟权限也及于其他具诈欺性质的行为,特定之伪造文书罪便属适例。㊷

25

同样,以上说明也适用于关税制度之保护。旧《欧体条约》第 135 条第 2 句保护关税的刑法保留条款,如今在《欧盟运作条约》第 33 条之新规定已彻底删除,故《里斯本条约》改革后的一级法在关税保护上,也对创设超国家犯罪构成要件抱持开放态度。

另外,《欧盟运作条约》第 79 条第 2 项第 3 款和第 4 款也可作为超国家犯罪要件的制定依据。㊸ 该条文允许欧盟依普通立法程序(ordentliches Gesetzgebungsverfahren)采取一定措施(即原则上也可发布"规则"),以对抗违法入境或人口贩卖。"对抗"(Bekämpfung)一词是欧洲法在刑法措施脉络下常见之术语,而上述条文提到"对抗"人口贩卖,正可强调这种

26

㊶ PIF-Konvention, ABlEG 1995 Nr. C 316/49.

㊷ *F. Zimmermann*, Jura 2009, 844, 846.

㊸ 参见 *T. Walter*, ZStW 117 (2005), 912, 918 f.(《欧盟运作条约》第 79 条第 2 项第 3 款和第 4 款符合《欧盟宪法条约》第三编第 267 条第 2 项第 3 款和第 4 款);赞同者 *Tiedemann*, Wirtschaftsstrafrecht BT, Rn. 47;不同意见,*Asp*, Substantive Criminal Law Competence, S. 157 ff.

解释空间。㊹ 除此之外,《欧盟运作条约》第 83 条第 1 项也是为对抗人口贩卖,而允许发布"指令"(指令以调和会员国刑法为目的)的一项特别权限规定,这原则上不会阻碍上述对于《欧盟运作条约》第 79 条第 2 项第 3 款和第 4 款的解释㊺,但却显示出《欧盟运作条约》处理刑法时的章法有多么紊乱(参见第九章 Rn. 34 以下)。

27　　总之,至少在以上提到的几个范围内,《里斯本条约》已为狭义欧洲刑法带来突破性发展。㊻ 这些权限规定,即便只允许针对某些领域的特定行为才能采取一定措施,但欧洲刑事立法既已起步,就不(能)只将立法工作局限于创设犯罪要件而已,对这些犯罪类型也会颁布总则规定,例如正犯与共犯或未遂可罚性等,诚属理所当然。㊼

28　　欧盟今日已享有犯罪刑法之制定权限,有鉴于此,严格遵守辅助性原则(Subsidiaritätsgrundsatz, Art. 5 III EUV)和比例原则(Verhältnismäßigkeitsgrundsatz, Art.5 IV EUV)更显重要。关于维护辅助性原则,必须指出,欧盟制定犯罪刑法与会员国之主权呈现紧密关系,是以,必须对于由欧盟层次发动措施的必要性设下特别高度的要求。一份新的《辅助性议定书》(Subsidiaritätsprotokoll)即以此为出发点,提供会员国立法者额外之机会,让其在欧洲层级的立法过程中,可表达对维护辅助性原则所抱持之疑虑。㊽ 至于适用比例原则方面,则须注意由于犯罪刑法带有烙印效果,故始终只可作为所有制裁工具中的最后手段。㊾

29　　如前所述,《里斯本条约》之改革,建立了严格限定内容范围的刑事

㊹　T. Walter, ZStW 117 (2005), 912, 918 f.

㊺　同此见解,Safferling, Int. Strafrecht, § 10 Rn. 44 ff.;相反意见,Heger, ZIS 2009, 406, 416; Krüger, HRRS 2012, 311, 312 f.

㊻　参见 Fromm, StraFo 2008, 358, 365; Rosenau, ZIS 2008, 9, 16; Weigend, ZStW 116 (2004), 275, 288;对权限规范采取相对较为广义之解释,Tiedemann, Wirtschaftsstrafrecht BT, Rn. 44 ff.

㊼　关此,参见 Grünewald, JZ 2011, 972 ff.

㊽　参见《有关适用辅助性原则与比例原则之未来第 2 议定书》第 7 条及第 8 条(Protokolls Nr. 2 über die Anwendung der Grundsätze der Subsidiarität und der Verhältnismäßigkeit, ABlEU 2008 Nr. C 115/205);关此另见 Satzger, KritV 2008, 37; Weber, EuR 2008, 102 f.德国联邦众议院之处理,可见 Semmler, ZEuS 2010, 529 ff.

㊾　此亦见于学者智库"欧洲刑事政策推动联盟"(European Criminal Policy Initiative)的"欧洲刑事政策宣言",ZIS 2009, 697 ff.

立法权限,但于此之外,新条约并未授予得制定犯罪刑法的一般欧盟附属权限(Annexkompetenz)。《欧盟运作条约》第 83 条第 2 项的刑法附属权限(参见第九章 Rn. 38 以下),明确仅要求会员国负担对内国刑法的最低限度之同化义务,这也就是同化权限(Angleichungskompetenz)。所以,既然连要求同化内国附属刑法都需特别授权,那制定直接干预公民自由的超国家刑法作为附属规定者,就更不被允许了。

此外,也有讨论《欧盟运作条约》第 86 条(欧盟检察署条款)是否包含可发布超国家刑法的独立法律基础㊾,所参考的规定是同条文第 2 项。为对抗不利欧盟经济利益之犯罪,欧盟理事会得依特别立法程序,以规则设立"欧盟检察署"(Europäische Staatsanwalt-schaft, Art. 86 I AEUV)。而欧盟检察署规则的规范内容则规定在第 2 项,内文如下:

欧盟检察署,必要时得结合欧盟警察署,负责刑事侦查、追诉及起诉侵害欧盟经济利益犯罪之正犯或共犯;前述经济利益,由第 1 项规则定之。就此犯罪行为,欧盟检察署在会员国管辖法院执行内国检察署任务。(Die Europäische Staatsanwaltschaft ist, gegebenenfalls in Verbindung mit Europol, zuständig für die strafrechtliche Untersuchung und Verfolgung sowie die Anklageerhebung in Bezug auf Personen, die als Täter oder Teilnehmer *Straftaten* zum Nachteil der *finanziellen Interessen* der Union begangen haben, *die* in der Verordnung nach Absatz 1 festgelegt sind. Die Europäische Staatsanwaltschaft nimmt bei diesen Straftaten vor den zuständigen Gerichten der Mitgliedstaaten die Aufgaben der Staatsanwaltschaft wahr.)

如果条文中的"前述经济利益,由第 1 项规则定之",是放入前句的"犯罪"(而非连结到"经济利益"),那主张《欧盟运作条约》第 86 条第 2 项可成为发布超国家刑法之法律基础,以——德文——文法而言,自是可采。但这种理解会有吊诡之处,因为像授权发布超国家犯罪要件如此基本性的问题,怎会由欧盟检察官设立条款中一句不起眼的附加子句来回应呢?其实,关键应在于,许多《欧盟运作条约》的语言版本根本不接受这种理解方式。所以,从句中所指名词的文法属性为阴性来看,在《欧盟检察署规则》中所定义的对象,乃清楚指向"经济利益",而不是指"犯罪"。

㊾ 赞同者,*Heger*, ZIS 2009, 406, 416; *Krüger*, HRRS 2012, 311, 317;反对,如 *Sturies*, HRRS 2012, 273, 278.

以法文版本为例，也是这样解读：… les auteurs et complices d'*infractions* [复数阴性名词] *portant atteinte aux intérêts financiers de l'*Union, *tels que déterminés* [阳性复数名词] par le règlement prévu au paragraphe 1."Oder im Spanischen: los autores y cómplices de *infracciones* [复数阴性名词] que perjudiquen a los intereses financieros de la Unión *definidos* [阳性复数名词] en el reglamento contemplado en el apartado 1".(51)

据此，以上可支持本书见解，即不可将《欧盟运作条约》第86条当做制定超国家实体法的权限条款。

31 总结如下：现在一级法已修改，欧盟至少原则上在对抗诈欺、关税以及(可能还有)违法入境和人口贩卖这些方面，享有制定犯罪刑法之权限。行使此一权限当然应受到辅助性原则与比例原则的拘束，亦即，一来在欧盟层级创设超国家犯罪构成要件所欲追求的目的，必须是在内国层次所无法同样有效达成者；二来犯罪刑法必须在个案显示出制定之必要性。至于发布超国家刑法作为其他超国家条文的附属规定，则仍旧欠缺授权基础，故不得为之。

三、"欧洲刑法"未来计划

32 超国家层次的立法权限，过去清楚地受到否认，今日则须视事物领域而定。尽管今昔有所变化，但关于超国家欧洲刑法的详细方案却一直不曾缺席。这些预备工作可作为未来法律发展的指标与"智库"，重要性不容小觑。

(一)《保护欧盟经济利益刑法规范 Corpus Juris》(Corpus Juris 2000)

33 首先要谈的是《保护欧盟经济利益刑法规范 Corpus Juris》(Corpus Juris strafrechtlicher Regelungen zum Schutze der finanziellen Interessen der EU)，此草案由欧盟议会所推动，经法国学者 *Mireille Delmas-Marty* 女士主持的会员国专家团队拟订而成。(52) Corpus Juris 的修订版(所谓 Corpus

---

(51) 详见 *Muñoz de Morales Romero*, El Legislador Penal Europeo: Legitimidad y Racionalidad, Diss. Castilla-La Mancha, 2010, S. 240 ff.

(52) *Delmas-Marty*, in: Delmas-Marty/Vervaele, Implementation, S. 187 ff.

Juris 2000)总计 39 项条文,是一份兼具实体刑法与刑事诉讼法条文的法典。[53]

Corpus Juris 实体法部分,一方面是规定保护欧盟经济的 8 项犯罪要件条文(Art.1-8 Corpus Juris),相关罪名有:损害共同体财政之诈欺、标案诈欺、受贿与行贿、滥用公权力、违反公职义务、违反职业秘密、洗钱与赃物,以及成立犯罪组织。

另一方面则是有重要意义的总则部分(Art.9-17 Corpus Juris)。总则详尽规定了量刑、故意必要性、构成要件错误与禁止错误、未遂可罚性以及企业经营者和法人的刑事责任。

所有犯罪的主刑,就自然人而言是有期徒刑(上限 5 年,情节重大者则以 7 年为限)和(或)罚金(日额罚金制,每日最高 3000 欧元,最多 365 天),对法人则为以 1000 万欧元为上限的罚金。草案规定的从刑,有公告有罪判决与取消补助款等。其他法律效果则有没收犯罪工具、犯罪所生及所得之物。

以德国学者 *Klaus Tiedemann* 为核心的"欧洲刑法同化工作团队"(Arbeitskreis Strafrechtsangleichung in Europa)民间计划[54],也值得一提。他们通过对各国评价式之法律比较,为共同体特别有关之犯罪起草构成要件,这些所谓的"欧洲犯罪"(Europa-Delikte)将在欧洲未来经济刑法成为核心。这份计划规定的犯罪类型,例如有金融行情诈欺、内线交易、标案限制竞争之协议以及环境犯罪,也有特定范围的总则规定。此计划要转化成实定法,当然还需有进一步的欧盟刑事立法权限[55],惟就作为"模型"而言,"欧洲犯罪"在未来可能仍具有高度重要性。

(二)《保护欧体经济利益与创设欧盟检察署绿皮书》

Corpus Juris 在欧洲立法层次已扮演重要角色。它除了是过去第三支柱内个别法案的标准和模板,也是《保护欧体经济利益与创设欧盟检察

---

[53] 德语版可在网络下载:ec.europa.eu/anti_fraud/green_paper/corpus/de.doc.[Corpus Juris 刑诉部分,可参见"法务部检察司"编译:《〈欧盟刑事法典〉(Corpus Juris)草案摘译——刑事诉讼法部分条文(一至三)》,载《法务通讯》2004 年第 2183—2185 期,第3—6/4—6/4页。——译者注]

[54] *Tiedemann* (Hrsg.), Freiburg-Symposium.

[55] *Satzger*, in: Tiedemann (Hrsg.), Freiburg-Symposium, S. 87.

署绿皮书》⑯的蓝本。在这份绿皮书中,执委会除了提议创设欧盟检察署与增订跨境追诉效率的措施外,并建议会员国依循 Corpus Juris 2000 制定一致的实体法犯罪要件。⑰ 目前而言,执委会似乎不打算制定一个超国家的诈欺犯罪要件;一份执委会 2012 年 7 月的立法提案⑱提到要创设一部欧盟指令,以此来同化各内国的刑法条文。

39  **自我测验**

一、欧盟法有哪三种制裁方式?(Rn. 1 以下)

二、《里斯本条约》生效后,欧盟为何能发布超国家犯罪构成要件? 可到什么程度?(Rn. 20 以下)

三、哪些计划方案是超国家欧洲刑法的重要准备工作?(Rn. 32 以下)

※ **新近文献**

■ 总论:*Böse*, Die Zuständigkeit der Europäischen Gemeinschaft für das Strafrecht, GA 2006, 211 ff.;*Grünewald*, Zur Frage eines europäischen Allgemeinen Teils des Strafrechts, JZ 2011, 972 ff.;*Heger*, Perspektiven des Europäischen Strafrechts nach dem Vertrag von Lissabon, ZIS 2009, 406 ff.;*Köpferl*, Das Badezimmerkartell-Der Vertrag von Lissabon und das deutsche Kartellordnungswidrigkeitenrecht, Jura 2011, 234 ff.;*Nilsson*, 25 Years of Criminal Justice in Europe, EuCLR 2012, 106 ff.;*Rosenau*, Zur Europäisierung im Strafrecht. Vom Schutz finanzieller Interessen der EG zu einem gemeineuropäischen Strafgesetzbuch?, ZIS 2008, 9 ff.;*T. Walter*, Inwieweit erlaubt die Europäische Verfassung ein europäisches Strafgesetz?, ZStW 117 (2005), 912 ff.;*F. Zimmermann*, Die Auslegung künftiger EU-Strafrechtskompetenzen nach dem Lissabon-Urteil des Bundesverfassungsgerichts, Jura 2009, 844 ff.

■ 关于 Corpus Juris:*Braum*, Das "Corpus Juris"-Legitimität, Erforderli-

---

⑯ Grünbuch zum Schutz der finanziellen Interessen der EG und zur Schaffung einer Europäischen Staatsanwaltschaft, KOM (2001) 715 endg.

⑰ 批评参见 *Hecker*, Eur. Strafrecht, § 14 Rn. 39 ff.

⑱ KOM (2012) 363 endg.

chkeit und Machbarkeit, JZ 2000, 493 ff. ; *Hassemer*, "Corpus Juris" -Auf dem Weg zu einem europäischen Strafrecht?, KritV 1999, 133 ff.; *B. Huber* (Hrsg.), Das Corpus Juris als Grundlage eines Europäischen Strafrechts, 2000; *Otto*, Das Corpus Juris der strafrechtlichen Regelungen zum Schutz der finanziellen Interessen der Europäischen Union-Anmerkungen zum materiellrechtlichen Teil, Jura 2000, 98 ff. ; *Wattenberg*, Der "Corpus Juris" -Tauglicher Entwurf für ein einheitliches europäisches Straf-und Strafprozeßrecht?, StV 2000, 95 ff.

第九章　欧洲法影响下的内国实体刑法

一、通则

(一) 刑法无法抗拒欧盟法影响

1　　欧盟的刑事立法权,严格受限于特定领域(尤其是在对抗诈欺与保护关税制度方面)。但扣除这些之后,欧盟其他一体适用且具超国家性质的新犯罪要件,则不能和既有的内国犯罪要件并存或取而代之。不过,欧盟法是否会更广泛地影响会员国刑法的设计和适用,却完全是另一问题。简言之,这涉及内国实体刑法的"欧洲化"(Europäisierung)。"欧洲化"是一个在其他法域早就备受重视的现象。①

2　　就刑法而言,绝大多数领域的刑事立法权仍保留在会员国手上。一旦欧盟法秩序影响到会员国既有的刑法时,就不难想象会员国以国家主权为由,对欧盟提出类似于保留刑事立法权的主张。如此一来,刑法将仍是"欧盟法之禁地""内国法之保护区"。② 这样的观点尽管某些部分未经省思,但广受支持(尤其实务界)却是不争之事。

　　然而,以国家主权保留刑法之说,实难兼容于欧盟及其会员国之间带有目的拘束的权限分配构造:基本上,《欧盟运作条约》有规定所追求之特定目的(例如《欧盟运作条约》第28条以下"商品流通自由"、第101条

---

① 例如早期有"共同体私法"(*Müller-Graff*, Privatrecht und Europäisches Gemeinschaftsrecht, 2. Aufl., 1991, S. 27)或"共同欧洲行政法"(*Schwarze*, in: Schwarze, Das Verwaltungsrecht unter europäischem Einfluss, 1996, S. 17)等说法。

② 参见 *Schack*, ZZP 1995, 47.

以下"市场公平竞争"),并授予欧盟机关在一定形式与实体要件下有发布措施之权限,以助于实现这些目的。基于此目的性,欧盟所有法案皆是针对条约追求之目的而发布。欧盟法案的影响范围,则能遍及会员国内国法秩序的所有法律领域。对此,可称为欧盟层次的动态权限结构(dynamisches Kompetenzgefüge)。

举例:某欧盟国之行政法只要求"外国人"在从事独立职业时,才必须事先取得许可,且该国刑法将"外国人"违反此种许可要求列为犯罪要件。这些规定已抵触《欧盟运作条约》第 49 条第 2 项的歧视禁止。从该国行政法要求许可与施以刑法制裁来看,显然独厚"本国人",这会与欧盟有意建立全面职业自由之目的相矛盾。所以,该国刑法犯罪要件也就落入《欧盟运作条约》的"适用范围"。

与动态权限结构极端相对的,是静态权限分配(statische Zuständigkeitsverteilung)。这可以《德国基本法》对德国联邦与各邦的权限分配为例:《德国基本法》不是以"目的取向"作为联邦和各邦的权限界定基准,而是严格以事物范畴来分配,所以会有将整个法律领域分配给联邦或各邦去规范的现象(例如《德国基本法》第 74 条第 1 项第 1 款提到"民法"和"刑法")。

在"事物取向"的权限结构里,可毫无问题地将某一法领域(例如刑法)专门保留给某一权限拥有者,相同情形套到"目的取向"的法秩序则必定扞格不入。

内国刑法假如为欧盟法之禁地,欧盟法不得过问,则会员国将有机会以刑法为托词,借此侵蚀欧盟法之目的与基本原则。举例来说,德国立法者若制定一刑法条文,规定"非德国籍的其他欧盟国人,无明确许可而过境德国者,处 5 年以下有期徒刑",如果这个限制迁徙自由的刑法手段可不受欧洲法控制的话,无异宣告欧盟共同市场之终结。这是一个绝对无法认同的结局。

因此要先说明,欧盟国的刑法原则上——如同内国其他法领域一样——会受欧洲法的影响,也就是"被欧洲化"了。

(二) 犯罪刑法的特殊性

以上说法固然正确,惟犯罪刑法(Kriminalstrafrecht)——正如在讨论欧盟刑事立法权限时已证明(第八章 Rn. 18 以下)——在会员国法秩序还是具有非常特殊之地位。由于刑法与会员国的国家主权紧密相关,刑

法成为高度敏感的法律领域。对此,德国联邦宪法法院在其"里斯本判决"(Lissabon-Urteil)中也明确强调:

(Rn. 253)刑事司法,此不仅针对可罚性要件,也涵盖公平、适当刑事程序之概念,有其生长于文化、历史并受语言影响的前理解。此外,刑事司法也依存于以审议式民主程序所形成而为各界公共意见认同的选择机制上……社会行为之入刑化,于规范面上,只有限地源自欧洲共同价值与道德前提。是故,关于行为应刑罚性、法益位阶和刑罚威胁之意涵及程度,皆特别委由民主程序决定……③

(Rn. 355)以刑事司法之形态来确保法和平,向来属于国家权力核心任务之一……一个政体要在哪些领域和范围使用刑法作为社会控制之手段,乃属根本性决定。法律共同体服从于由刑法确认价值之行为准则,而依据此共同的法律信念,违反此行为准则对社会共同生活之影响是如此重大与不可忍受,以致有必要施予刑罚……④

法律共同体的社会道德价值乃是刑法的根源⑤,表达社会道德非价评断的犯罪刑法特殊性也源于此。个别犯罪构成要件只能通过一国社会文化之状态来说明,而文化政策与社会政策在刑法的规范连结,则是由这些犯罪构成要件来呈现的。⑥ 例如说,某国法秩序处罚堕胎,这便是该国社会就"未出生之生命"的法益评价后,选择以刑法保护胎儿的讨论结果。《德国刑法》第 130 条第 3 项将"奥斯维辛谎言"(Auschwitz-Lüge)⑦入罪化,成为德国忏悔纳粹历史的一项元素,属于德国特有的刑法条文(惟现在另有对抗种族主义及仇外之欧盟框架决议⑧),从这里也可清楚地看到内国社会文化与其刑法的关联性。尽管不是所有犯罪要件都有寓

---

③ BVerfG NJW 2009, 2267, 2274.(BVerfGE 123, 267 = BVerfG, Urt. v. 30. 06. 2009 – 2 BvE 2/08, 5/08, 1010/08, 1022/08, 1259/08 und 182/09).

④ BVerfG NJW 2009, 2267, 2287.

⑤ 仅参见 *Rüter*, ZStW 105 (1993), 30, 35; *Schubarth*, ZStW 110 (1998), 827, 847; *Greve*, in: Sieber, Europäische Einigung und Strafrecht, 1993, S. 109 f.; *Satzger*, Europäisierung, S. 159 ff.;亦见 *Ruffert*, DVBl 2009, 1197, 1202.

⑥ 参见 *Tiedemann*, in: Kreuzer/Scheuing/Sieber (Hrsg.), Die Europäisierung der mitgliedstaatlichen Rechtsordnungen in der Europäischen Union, 1997, S. 134.

⑦ 参见第五章 Rn. 41, 44, 45。

⑧ ABlEU 2008 Nr. L 328/55.惟有数个例外条文容许内国立法者在符合其他要件下,才可处罚奥斯维辛谎言,参见 *F.Zimmermann*, ZIS 2009, 1, 6 ff.

含内国特性的背景(在经济刑法与附属刑法尤其如此),内国社会文化与刑法关联性之例,仍不胜枚举。⑨

社会道德及社会政策之基本概念,当然不只表现在个别犯罪构成要件上,也会反映在刑事政策,特别像是对犯罪采取"强硬"或"柔和"的态度、刑法在解决社会问题方面被赋予什么角色(关键词:除罪化)等。⑩

越顺应内国环境的会员国刑法及其刑事政策,欧洲化就越成问题:担心欧洲化会有破坏内国社会道德价值的危险,最后可能导致公众无法接受欧洲法。所以,刑法方面的欧洲整合,应尽可能谨慎为之。由于现在并非任何犯罪要件都同样受制于内国特殊性,刑事政策之决定也并非在所有领域都奉社会特质为圭臬。因而,将会员国的犯罪刑法一概从《欧盟运作条约》适用范围抽离的做法,其实欠缺正当性。但另一方面,基于刑法与会员国社会政策和文化特性的关系,于法律政策上至少还是可以要求应维护内国刑法,使其免受欧洲法不合比例的干涉。这种主要在刑事政策的要求,也有法律之依据:《欧盟条约》第 4 条第 2 项第 1 句规定欧盟有义务尊重会员国之国家身份,犯罪刑法所蕴含的社会文化价值概念也属于国家身份之一环。另外,《欧盟条约》第 4 条第 3 项规定"欧盟与会员国履行欧盟基础条约规定之任务时,应依忠诚合作原则互相尊重与协助",此可推导出欧盟对会员国之忠诚义务,重视会员国的正当利益即属此内涵之一。准此,以上可说是法律上相当重要的"刑法特别维护原则"(strafrechtsspezifischer Schonungsgrundsatz)或"尽量不干涉刑法之原则"(prinzip of minimally invasive treatment of criminal law),德国联邦宪法法院现在也认同此项原则。⑪

二、针对内国刑法的欧盟一级法

会员国刑法原则上受到欧盟法影响。紧接着问题是:内国立法者在决定某一行为入罪与否时,欧盟法可给予如何的指示? 对此应注意者有

---

⑨ 详见 *Satzger*, Europäisierung, S. 160 f.; Filopoulos, Europarecht, S. 20 ff.

⑩ 参见 *Filopoulos*, Europarecht, S. 31; *Satzger*, Europäisierung, S. 162; *Safferling*, Int. Strafrecht, § 11 Rn. 10.

⑪ 基础, *Satzger*, Europäisierung S. 166 ff.; 另见 *Eisele*, JZ 2001, 1157, 1160 和 1163; *Hecker*, Eur. Strafrecht, § 8 Rn. 55; Sieber/Brüner/Satzger/v. Heintschel-Heinegg-*Hecker*, Europ. StR, § 10 Rn. 44; *Safferling*, Int. Strafrecht, § 9 Rn. 66 与 BVerfG NJW 2009, 2267, 2274 和 2287。

二：一是由欧盟一级法推导出来的一般指示；二是从欧盟二级法得出的特别指示(本章 Rn. 31 以下)。

关于由欧盟一级法推导出来的原则,欧盟法院裁判已详细强调及使之具体化了,即便《里斯本条约》生效后,这些裁判仍能继续适用而无须变动。对此,应区分成两个基本冲击面向：一方面以欧盟法作为内国刑法之上限,另一方面也作为内国设计刑法的底限。

(一) 以欧盟法作为内国刑法的上限

11　▶ 案例 12⑫：希腊人 *Skanavi*(以下简称 S)持有希腊驾照,但无德国驾照。S 在德国符合长期居留的条件后,疏未于 1 年期限内将希腊驾照换成德国驾照;至于相关换照办法,德国已依当时有效适用之指令(RL 80/1263/EWG)明文规范。S 在德国开车,被依德国《国际汽车交通规则》第 4 条连接《道路交通条例》(StVG)第 21 条第 1 项第 1 款,以无驾驶许可而开车为由,提起公诉。试问：S 在德国开车,是否会因欧洲法影响而不可被判有罪?⑬ (本章 Rn. 18,19)

12　决定哪些行为具应罚性、需罚性以及应否以"刑罚"制裁,原则上是内国立法者的责任。然而,会员国基于《欧盟运作条约》第 4 条第 3 项对欧盟之忠诚义务,任何会员国都必须注意一道界限：不可制定也不可维护违反欧盟法的内国刑法。⑭ 在判断有无违反欧盟法时,必须就所有对会员国形成拘束力之欧盟法通盘考虑,亦即,审查范围不单只是会员国国内可直接适用的所有欧盟规范,还包括针对会员国公布但对人民无直接效力的所有欧盟法案,例如指令(Richtlinie),或针对个别会员国发布的决议(Beschluss)。

13　任何刑法规范都由犯罪成立要件与法律效果所组成,这两方面均可能出现违反欧盟法的情况。

1. 内国犯罪要件违反欧盟法

14　进一步观察会发现：在犯罪要件方面,欧盟法与刑法条文两者之间,其

---

⑫　EuGHE 1996, I-929-Rs. C-193/94"*Skanavi*".

⑬　因驾照指令(RL 91/439/EWG des Rates vom 29. 7. 1991)之故,此法律状态自 1996 年 7 月 1 日已改变,简言之,已达到相互承认而无换照义务的调和化新阶段。

⑭　EuGHE 1977, 1495-Rs. 8/77"*Sagulo*"(Rn. 6).

实完全不会有直接矛盾。原因在于,刑法并不禁止那些受刑罚制裁的行为,而是假设(在刑法以外)有明文或非明文的禁止规定⑮,就此而言,这些规定可称为(刑法外的)原始规范。再者,凡违反原始规范者即受处罚,这样的"若—则—关系"才是以刑法规定而形成的衍生规范。⑯

直接违反欧盟法者,最终只会发生在刑法外之原始规范。而在刑法之外,当然也不可制定违反欧盟法的法律或让其存续。故对刑法而言,只有间接的结果效力。

15

举例:(欧盟法院 *Thompson* 案⑰):在英国有一起刑事案件,数名商人因违法出口硬币而遭控诉,但所出口之硬币于输出时已非英国的流通货币。欧盟法院先肯定本案可适用商品流通自由之规定(今日的《欧盟运作条约》第35条),然系争英国刑法要件由于直接受到该国原始规范影响(输出禁止),故与当时欧体法产生一定程度的矛盾。不过,欧盟法院仍基于(与今日的《欧盟运作条约》第36条内容一致的)旧法规定(保护货币法定形式之公共秩序),认为英国禁止出口具有正当性。故结论上,英国刑法条文并未违反欧洲法。

16

举例:(欧盟法院 *Donner* 案⑱):一位德国籍物流商,因涉嫌《德国著作权法》(UrhG)第106条、第108条之1侵害著作权罪之帮助行为,在德国接受刑事审判。这名商人安排意大利某家具行的商品从意大利波隆纳(Bologna)运到德国。该家具行也贩卖一些受《德国著作权法》保护之"设计款式"的赝品,但意大利并无这类著作权保护。另外,基于意大利实务通说,也不可对赝品制作人主张著作权。欧盟法院亦认本案涉及商品流通自由,但其依《欧盟运作条约》第36条,认为以刑法阻止违法侵害著作权具有正当性。"保护精神财产权是欧盟国的一项正当保护利益。于此,以刑法条文限制商品自由交易,兼具必要性与适当性。欧盟国也可对保护权制定不同的保护期限。据此,欧盟法之适用优先性并未要求不得适

---

⑮ 两者之区分,参见 BVerfGE 71, 108, 118 ff.; *Lagodny*, Strafrecht vor den Schranken der Grundrechte, 1996, S. 77 ff.; *Stächelin*, Strafgesetzgebung im Verfassungsstaat, 1998, S. 111; *Höltkemeier*, Sponsoring als Straftat, 2004, S. 68; *Satzger*, Europäisierung, S. 223 ff.

⑯ 参见如 *Freund*, Strafrecht, Allgemeiner Teil: personale Straftatlehre, 2. Aufl. 2009, §1 Rn. 27; *Vogel*, Norm und Pflicht bei den unechten Unterlassungsdelikten, 1993, S. 27 ff.

⑰ EuGHE 1978, 2247-Rs. 7/78 "Thompson".

⑱ EuGH-Rs. 5/11 "Donner".

用德国著作权法的刑事处罚条文。"

2. 内国法律效果违反欧盟法

17 　　内国刑法规范将其犯罪要件连结到内国之原始规范,假如原始规范与欧盟法一致者,此时可能会以为后续的刑罚制裁纯粹由内国立法者裁量,但事实上,内国之制裁仍可能违反欧盟法。据此,在法律效果方面出现的欧洲法影响问题,才是真正的刑法问题。以下将抵触欧盟法的处罚,分成两种连结因素:处罚之程度与类型。

(1) 处罚程度违反欧盟法

18 　　内国法秩序所要处罚的,通常是与行使欧盟基本自由密切相关的行为。如案例12所示,会员国为追求国家利益而科予行政义务(此指外国驾照的换照义务),个人行使欧盟基本自由却因此缩手缩脚。但这些会员国义务仍属合法,只要其可获得欧盟法(明示或可得推知)之准许。在驾照规定还只是逐步调和化的背景下,案例12中的德国立法者要求换照有其正当性,故可认为获得欧盟之"准许"(欧盟法院有相同见解)。

　　合法使用欧盟法准许的控制权限与违法限制欧盟基本自由,两者之间如何分界,欧盟法院通常以比例原则及歧视禁止为判别基准。依此,不合比例或歧视性的处罚均会违反欧盟基本自由。

19 　　可是,欧盟法院并未进一步解释如此区分的正当性。要解开这套"自动作用",唯有审视会员国的原始规范、处罚及其保有之控制权限这三者间的关联性。对此,有必要从内国施加的刑法效果中,分辨出内国法(即内国原始规范)所诫命或禁止者实际上是哪些行为。这有时可推论出:实际上,内国可罚性不只连接到犯罪构成要件明文描述的可罚性条件,还隐含其他偏离条文且入人于罪的构成要件要素。此种构成要件要素就可能抵触欧盟法。

　　于案例12,若与无驾驶许可之人相比,可明显看到S被以《德国道路交通条例》第21条第1项第1款之"违法驾驶罪"等同对待,亦即,视同S完全没有驾驶许可,因此遭受"无照驾驶"之不法归责。惟此一结果,并不符合当时的欧洲法律状态:根据欧盟法院见解,换照义务只不过是行政技术需求,"对于在其他会员国驾驶车辆之正当性并不生决定作用,这毋宁是从迁徙自由相关规定得出之推论"。因而,欧盟法院认为,把违反换照义务比照无驾驶许可来处罚,以欧洲法观点视之,乃欠缺比例性。[19] 欧盟法院的见解诚属正确,因为《德国道路交通条例》第21条第1项第1款的刑罚威吓,一直是以欠缺驾驶许可为成立要件,如将其适用于未依行政规定核发证件(此处指驾照)而与驾驶许可无关的案件,那就是从《德国道路交通条例》第21条第1项第1款罗织出"无(德国)驾照驾驶"之罪名,这将创设偏离条文文义且有违欧洲法的可罚性要件。

类似情况也发生在内国制定涉及欧盟基本自由的刑法条文。此时,只有在符合欧盟法例外要件(特别是《欧盟运作条约》第36条、第51条连结第62条、第52条)所明示或可得推知之范围内为规范者,这些内国法规才具备欧盟法上的正当性。因此,所威吓之刑罚程度与原始规范一样,都必须遵守相同限制。

不过,即便内国法规对欧盟基本自由所造成的限制,乃符合欧盟法准许的例外情形,内国就违法者施加的刑罚程度,也非全无欧盟法上的疑虑。例如,对同一违法行为之处罚,德国人所受之刑度若比其他欧盟国人轻微,便是违反欧盟法的禁止歧视原则。毕竟在这种状况下,(有差别的或不合比例的)处罚程度会得出一项推论:受到刑罚制裁的不法,除构成要件叙述的行为外,至少实质上还有一部分仍是行使欧盟基本自由的合法行为。

依此脉络来理解欧盟法院 Kraus 案。[20] 德国籍被告 Kraus 在其他欧盟国(英国)以学士后学程取得学位,未经德国国内规定的学位认可程序,却在德国使用此学位头衔。Kraus 案主要争点为:对被告施加刑罚是否合法?本案涉及职业自由之限制,但从欧洲法观点,也可能基于"公共福祉之必要理由"(zwingender Grund des Allgemeinwohls)而成为合法的限制手段。要言之,这一无明文规定的例外情形,仅允许内国作成不具歧视性且合乎比例的干预限制。[21] 故循此逻辑,本案处罚程度也必须根据欧盟法之比例原则来审查。

(2)处罚类型违反欧盟法

除处罚程度外,处罚类型之性质若限制欧盟基本自由者,也可能会违

---

[19] EuGHE 1996, I-929-Rs. C-193/94 "Skanavi"(Rn. 34 ff.)连接 EuGHE 1978, 2293-Rs. 16/78"Choquet";关于《第二次驾照调和化指令》的法律状态,OLG Köln NZV 1996, 289.

[20] EuGHE 1993, I-1663-Rs. C-19/92 "Kraus".

[21] 仅参见 EuGHE 1995, I-4165-Rs. C-55/94 "Gebhard"(Ls 6).

反欧盟法。对其他欧盟国人科处自由刑的情形正是如此，因为行为人服刑时，其在欧盟境内自由迁徙或计划去任何地点提供服务的职业自由等，必然遭受阻碍。如果这样和欧盟基本自由的关联性已足够让欧盟法"介入"，那任何以自由刑威吓的刑罚规范似乎都将受到欧盟法控制了。举例而言，《德国刑法》第 211 条对"谋杀罪"处以无期徒刑，是否合乎欧盟法之比例原则，就会是欧盟法院可以审查的欧盟法问题。然而，这样的推论显然过当，但如何有说服力地论证出此一结果，则比较困难。到头来可能必须说，限制欧盟基本自由乃是科处刑罚必然发生且常见的伴随现象，其并不落入《欧盟运作条约》的适用范围。欧盟法院 Friedrich Kremzow 案也有类似结论：欧盟法院表示，对行使一项欧盟基本自由存有"纯粹假设性之期待"，并不足以与欧洲法形成一种得适用欧盟法（当时为欧体法）的紧密关系。㉒

23　　可是，以上绝非表示刑罚类型必定与欧洲法无关。如果（为达刑罚目的之）处罚是以限制欧盟基本自由为基本目标，就不能再主张所生之侵犯只是一种单纯的伴随现象。㉓ 依此观点，例如《德国刑法》第 70 条禁止职业之处罚，其目的在干预受判决人职业自由及提供服务自由，这便须接受欧洲法监督。同理也适用于驱逐出境，倘若内国法将驱逐出境作为一种刑法制裁的话（德国法并未如此立法）。

24　　举例：（欧盟法院 Donatella Calfa 案㉔）：希腊法律规定，其他欧盟国人违反特定毒品犯罪被判决有罪者，自动发生终生驱逐出境的效力。具体案例是，一名意大利女士因取得和持有专供自己吸食的特定毒品，遭希腊法院判处 3 个月有期徒刑及终生驱逐，不得入境希腊。对此，欧盟法院认为驱逐命令妨碍受判决人作为观光客所享有之接受服务自由，亦即驱逐命令限制了（今日）《欧盟运作条约》第 56 条包含的消极服务自由。固然可考虑以《欧盟运作条约》第 62 条连结第 52 条的规定作为干预服务自由的正当化事由，但鉴于当时有效指令里的调和化规定（RL 64/221/EWG；

㉒　EuGHE 1997, I-2629-Rs. C-299/95 "*Friedrich Kremzow/Republik Österreich*" (Rn. 16)；对此亦参见 *Baker*, Crim. L. R. 1998, 375.

㉓　但有反对刑罚效果的欧洲法关联性者，*Kreis*, Die verbrechenssystematische Einordnung der EG-Grundfreiheiten, 2008, S. 200 ff.

㉔　EuGHE 1999, I-11-Rs. C-348/96 "*Donatella Calfa*".

与今日的 RL 2004/38/EG 条文内容相同㉕),也只有在受判决人个人行为对公共秩序形成现在之危险,始得加以限制。因此,欧盟法院认为自动终生驱逐出境的命令并未遵守这项规定,故判决系争希腊法违反欧洲法。

(二) 欧盟忠诚义务(《欧盟条约》第 4 条第 3 项)作为内国刑法一般底限

目前只处理内国刑法的上限,接着要讨论对刑法立法者而言,欧盟法乍看下令人讶异的指示:对内国刑法条文有最低限度之要求。 25

在欧盟保护自身关于经济、人员及事物等法益方面(例如欧盟有所有权及财产权,也是其建物之家宅权人),如何从会员国的欧洲法义务推论出欧盟得规定最低限度处罚的起始点,一直是欧盟的困境。过去,欧盟(欧体)因没有刑法权限,以致无法亲自为自己的法益提供广泛保护,只有在刑法领域有立法权限的会员国才有能力为之。为了在法律层面化解欧盟此困境,《欧体条约》第 10 条(即今日《欧盟条约》第 4 条第 3 项的前身)规定的会员国对欧盟(欧体)负有忠诚义务(Loyalitätspflicht),即具重要意义:依此,会员国的内国制裁法(包含刑法)必须为欧盟效劳,以充分保护欧盟法益。 26

欧盟法院将忠诚义务具体分成两种观点: 27

第一,于抽象指示方面,欧盟法院要求对于任何侵害欧盟法(欧体法)或欧盟法益之案件,会员国应施以有效、符合比例性及发挥吓阻作用的制裁。

"有效"与"发挥吓阻作用"的内容大致相同,指为追求和实现遭侵害之欧洲法规的目标,要求应有一般预防及特别预防之效力。

"符合比例性",指就所追求目的而言,制裁必须充分且与违法程度相符,亦即施加"适当"的制裁。㉖

但实际上选择什么制裁,则始终留给各会员国决定。欧盟法院并不要求"破坏"内国刑法体系,"制裁毋宁须与内国法之基本原则相符"。㉗这其实可看做受到"刑法特别维护原则"(本章 Rn. 9)的影响。

㉕ RL 64/221/EWG 第 2 条第 2 项规定"公共安全与秩序之理由仅可与受裁判人之行为有关";这份指令现已由另一指令(RL 2004/38/EG, ABlEU 2004 Nr. L 158/77)所取代,但新指令第 27 条第 2 项第 1 句与上述内容完全一致。

㉖ 基准之具体说明,参见 Satzger, Europäisierung, S. 368 ff.

㉗ 例如欧盟法院拒绝科以会员国增订法人可罚性之义务,参见 EuGHE 1991, I-4371-Rs. C 7/90"Vandevenne"。

第二，若会员国本身法秩序中，已有（与违反欧盟法行为）可相比拟的内国违法制裁规范时，欧洲法院的要求则比较具体，即对于侵害欧盟法益的案件，会员国应在内国法秩序比照内国违法的制裁规范来处理。这是从《欧盟条约》第4条第3项忠诚义务所推导出来的平等对待诫命，即所谓相似化义务（Assimilierungspflicht）。㉘ 内国假如没有类似制裁，或既有的制裁无法满足第一点提到的基准时，那么无论内国法如何设计，仍须适用前述的抽象最低要求。

说到此，欧盟法院"希腊玉米丑闻案"㉙乃属标杆裁判：1986年5月，一家公司将两艘装载玉米的货轮从希腊出口到比利时，这是欧体执委会在欧盟法院对希腊政府提起违反条约诉讼（今日的《欧盟运作条约》第258条）的导火线。希腊宣称这批玉米产自希腊，有正式申报通关，惟实际产地却是非欧盟国家（前南斯拉夫）。由于申报公文并未显示玉米乃自非欧盟国家进口，希腊与比利时因此未向进出口商课征报缴欧体的农产品关税。对于这些违反欧体法的逃税人员，希腊未依希腊法进行刑事或惩戒措施。执委会确信，希腊公务员不但协助逃税，事后还伪造文书及不实陈述，以尽可能掩蔽逃税事实。执委会要求希腊开启相关追究程序，但希腊无动于衷。

在此案中，欧盟法院对会员国的忠诚义务有详加阐述：

倘共同体条文未特别规定对违反者应施加制裁，或未指示应参照内国法规或行政规范办理，则会员国依《欧体条约》第5条（按：今日之《欧盟条约》第4条第3项）即有义务采取所有适合之措施，以确保共同体法之适用与实效。对此，可选择如何制裁之会员国尤须注意到，对违反共同体法者，应比照同一违反内国法之类型与严重程度，而适用类似之实体或程序规则来制裁。无论如何，所施加之制裁必须有效、符合比例性及发挥吓阻作用。此外，内国机关必须以如同适用相关内国法时之谨慎态度处理违反欧体法之行为。㉚

希腊并未满足以上判决要求。虽无窒碍难行之处，但希腊对应咎责

㉘ 亦参见 *Safferling*, Int. Strafrecht, § 11 Rn. 31 ff.
㉙ EuGHE 1989, 2965-Rs. 68/88 "*Kommission/Griechische Republik*".
㉚ EuGHE 1989, 2965-Rs. 68/88 "*Kommission/Griechische Republik*"（Rn. 23-25）.《欧体条约》第10条的要求，参见 *Satzger*, Europäisierung, S. 360 ff.；详见 *Hecker*, Eur. Strafrecht, § 7 Rn. 55 ff.

者却未进行刑事追诉或惩戒,欧盟法院于是判定希腊违反条约。

欧盟法院"希腊玉米丑闻案"对抗诈欺部分之意见,现已形诸《欧盟运作条约》第 325 条第 1 项及第 2 项(与先前各条约版本)。

《里斯本条约》生效后,即使今日至少在对抗诈欺与保护关税制度方面,原则上已为欧盟敞开超国家犯罪刑法的立法路径,以便欧盟能保护自身经济利益(第八章 Rn. 18 以下),但只要欧盟未行使这些权限,上述会员国最低限度的处罚义务就仍继续具有重要意义。

三、针对内国刑法的欧盟二级法:尤其依《欧盟运作条约》第 83 条发布之指令

(一) 通则与体系

以上所述影响内国刑法的欧盟法,皆来自于欧盟法院裁判具体阐述过的欧盟一级法。除此之外,有些欧盟二级法则以调和会员国刑法为目的。接下来要谈论这些二级法对内国刑法秩序的影响。㉛

早在《里斯本条约》生效,以致根本性修改欧盟一级法之前,欧盟已基于调和会员国实体刑法的目的㉜而发布措施,这主要是指在"警察与司法刑事合作"(PJZS)领域的"框架决议"(Rahmenbeschluss)。㉝ 现在,《欧盟运作条约》第 83 条规定得发布"指令"(Richtlinie)以同化各会员国的实体刑法,该条文成为欧盟同化会员国实体刑法的一般权限规定。在体系上,《欧盟运作条约》第 83 条可区分成特别严重之跨境犯罪的刑法要件调和化(第 1 项),以及在已受欧盟法同化之政策领域里的动态附属权限之刑法调和化(第 2 项)。最后,《欧盟运作条约》第 83 条第 3 项是"紧急煞车条款",当一会员国认为与刑法有关的欧盟指令将触及其内国刑法秩序之基础观点时,得启动此条款,以停止欧盟指令的立法程序。

(二) 对抗跨境犯罪(《欧盟运作条约》第 83 条第 1 项)

1. 对旧欧盟第三支柱之变革

随着国界开放及欧盟公民迁徙因此有增无减的状况,跨境犯罪之危

㉛ 以下所涉及者并非刑事立法,而是刑法同化,两者区别,参见第七章 Rn. 8。
㉜ 旧法下刑事诉讼法调和化之方法,参见第十章 Rn. 56,59,61。
㉝ 关于《里斯本条约》之前的欧盟和"警察与司法刑事合作"结构,可参见第七章 Rn. 6。

险与日俱增。在旧欧盟第三支柱范围内(旧《欧盟条约》第 29 条以下),欧盟公民于自由、安全与法治之区域(Raum der Freiheit, der Sicherheit und des Rechts)里,仍应享有高度的安全保障㉞,现在则成为《欧盟运作条约》第 67 条以下在超国家脉络所追求的目标。以前的(基本上是)各国政府间之合作,在今日被"超国家化"后,刑法调和化的范围也与《欧盟运作条约》第 289 条、第 294 条的普通立法程序(ordentliches Gesetzgebungsverfahren)有关。如此一来,在过去第三支柱领域绝对必要的一致决要求已遭扬弃。从现在起,欧盟议会本于民主正当性之背景,在"自由、安全与法治之区域"的任何指令草案都须经其批准,可见欧盟议会的地位获得强化,这也令人赞赏。㉟ 相反,个别会员国的地位则反遭弱化,其意见不但可被多数决推翻,单一会员国也不再享有独立提案权(依《欧盟运作条约》第 76 条第 2 款,会员国提案至少须达 1/4 会员国数之门槛)。

2. 目前为止发布的法案

33 《里斯本条约》第 36 号过渡条款议定书第 9 条规定,旧法时期发布的法案,在《里斯本条约》生效后仍继续有效适用,所以不可忽视这些法案。不过,这些法律文件不一定有明确的刑事政策路线,有些以刑法调和化为目的的提案,单纯是唱和时事下的产物。㊱ 目前这些法案涉及之领域如下,但先附带一提,这些领域由于"里斯本化"之故(亦即,以《里斯本条约》为法律基础,以"指令"形式进行改革或发布新指令),欧盟执委会提出的(指令)建议案有些正在立法审议中㊲:

a. 损害欧盟经济利益之犯罪[PIF 公约及其议定书;参见欧盟执委会提案:KOM (2012) 363 endg.]㊳;

㉞ 有关在自由、安全与法治区域之刑法,*Meyer*, EuR 2011, 169 ff.,特别是 188 ff.

㉟ *Suhr*, ZEuS 2009, 687, 692; *Sieber*, ZStW 121 (2009), 1, 57 f.; *F. Zimmermann*, Jura 2009, 844.

㊱ 参见 *Satzger*, in: 4. Europäischer Juristentag, S. 220 ff.;类似,*Fletcher/Lööf/ Gilmore*, EU Criminal Law, S. 175 及 194 ff.,其以辅助性原则为背景,特别批评在欧洲层次处理内国问题。

㊲ 深入介绍已发布之框架决议,*Hecker*, Eur. Strafrecht, § 11 Rn. 10 及 *Peers*, EU Justice, S. 783 ff.;另参见 *Vogel*, GA 2003, 314, 322 ff.;事实上造成内国条文同化之批评,*Peers*, CMLR 2004, 5, 29 ff., 33.

㊳ ABlEG 1995 Nr. C 316/49 (PIF-Übereinkommen), ABlEG 1996 Nr. C 313/2 (1. Protokoll), ABlEG 1997 Nr. C 221/12 (2. Protokoll).

b. 公职人员贪污[PIF 公约及其第 1 议定书；参见欧盟执委会提案：KOM（2012）363 endg.]；

c. 私营部门贪污（框架决议 ABlEU 2003 Nr. L 192/54）；

d. 组织犯罪（共同措施[39] ABlEG 1998 Nr. L 351/1；已由框架决议 ABlEU 2008 Nr. L 300/42 所取代并局部扩大）；

e. 洗钱（框架决议 ABlEG 2001 Nr. L 182/1）；

f. 保护欧元，以对抗伪造货币（框架决议 ABlEG 2001 Nr. L 329/3）；

g. 诈欺及伪造非现金之付款工具（框架决议 ABlEG 2001 Nr. L 149/1）；

h. 恐怖主义（两份框架决议 ABlEG 2002 Nr. L 164/3 与 ABlEU 2008 Nr. L 330/21）[40]；

i. 人口贩卖（指令 2011/36/EU, ABlEU 2011 Nr. L 101/1）；

j. 对儿童性剥削、儿童情色文物（指令 2011/93/EU, ABlEU 2011 Nr. L 335/1）[41]；

k. 人口偷渡（框架决议 ABlEG 2002 Nr. L 328/1）[42]；

l. 毒品交易（框架决议 ABlEU 2004 Nr. L 335/8）；

m. 计算机犯罪[框架决议 ABlEU 2005 Nr. L 69/67；参见欧盟执委会提案：KOM（2010）517 endg.]；

n. 种族主义与仇外（框架决议 ABlEU 2008 Nr. L 328/55）；

o. 环境犯罪（框架决议 ABlEU 2003 Nr. L 29/55，但被欧盟法院宣告无效[43]）；

p. 海洋污染（框架决议 ABlEU 2005 Nr. L 255/164，同样被欧盟法院宣告无效[44]）。

---

[39] 这种行为方式在《阿姆斯特丹条约》之前，规定在旧《欧盟条约》第 K-3 条第 2 项第 2 句第 2 款。共同措施的拘束力一直都饱受争议，HK-*Hailbronner*，Art. K Rn. 92 ff.

[40] 欧盟对抗恐怖主义之概览，*Ambos*，Int. Strafrecht，1. Aufl.，§ 12 Rn. 11 ff.，以及 *Peers*，EU Justice，S. 784 ff.；另参见 Sieber/Brüner/Satzger/v. Heintschel-Heinegg-*Kreß/Gazeas*，Europ. StR，§ 19 Rn. 1 ff. 关于最新之框架决议，参见 *Zimmermann*，ZIS 2009，1 ff.

[41] ABlEU 2012 Nr. L 18/7 统计报告。对此指令之批评，参见 *Ziemann/Ziethen*，ZRP 2012，168 ff.

[42] 此框架决议由一份关于定义帮助违法入出境和违法停留之指令（所谓"跨支柱措施"）所取代。

[43] EuGHE 2005，I-7879-Rs. C-176/03 "*Umweltstrafrecht*".

[44] EuGHE 2007，I-9097-Rs. C-440/05 "*Meeresverschmutzung*".

3.《欧盟运作条约》第 83 条第 1 项要件

34 与过去以第三支柱为基础的情形一样,欧盟现在根据《欧盟运作条约》第 83 条第 1 项,只能制定最低限度条文(Mindestvorschrift),而且,也只有在为对抗特定犯罪领域之跨境犯罪有所必要时,始可为之。㊺《欧盟运作条约》第 83 条第 1 项的适用范围,仅限于同项第 2 段所列举的"现代犯罪"(moderne Kriminalität)。㊻ 若与《里斯本条约》之前的法律状态相比,新条约其实有不小的限缩,因为依通说对旧《欧盟条约》第 29 条第 2 项、第 31 条第 1 项第 5 款的正确理解,旧条约原则上容许对所有犯罪领域进行刑法调和化。㊼

关于种族主义与仇外的刑法最低限度条文(例如 2008 年发布的一份框架决议内容㊽),碍于这项犯罪领域并未列于《欧盟运作条约》第 83 条第 1 项第 2 段的清单中,故欧盟现在无法制定这类犯罪的最低限度条文。㊾ 此外,《欧盟运作条约》第 67 条第 3 项因属于纲领性质,故也不能作为种族主义与仇外领域的法律制定条款,否则,第 83 条(及其第 3 项紧急煞车条款)的特殊要求均可被规避。

《欧盟运作条约》第 83 条第 1 项第 2 段犯罪清单里,并未列出狭义之犯罪要件,只是模糊地描述某些犯罪领域,诸如恐怖主义、贩卖人口、对妇女与儿童之性剥削、毒品与武器之非法交易、贪污或组织犯罪。㊿ 当然,不能要求欧盟一级法的权限条文必须达到如同对内国刑法要件所要求的明确性。(51) 即便真的如此要求,意义也不大,因为会员国们不是欠缺相关犯罪要件,就是彼此的规范设计截然不同。尽管如此,犯罪清单被批评为不够明确(52),仍有一定的道理。因为,欧盟基于《欧盟运作条约》第 83 条第

㊺ *Hecker*, Eur. Strafrecht, § 11 Rn. 4.

㊻ *Tiedemann*, Wirtschaftsstrafrecht BT, Rn. 37.

㊼ 细节参见 *Satzger*, Internationales und Europäisches Strafrecht, 3. Aufl. 2009, § 8 Rn. 52 f.

㊽ ABlEU 2008 Nr. L 328/55.

㊾ *Suhr*, ZEuS 2009, 687, 706;不同意见 *Hecker*, Eur. Strafrecht, § 11 Rn. 4.

㊿ 对犯罪清单更详细之解释,参见 *Tiedemann*, Wirtschafsstrafrecht BT, Rn. 37 ff.与 Grabitz/Hilf/Nettesheim-*Vogel*, Art. 83 AEUV Rn. 53 ff.

(51) 对此参见 Vedder/Heintschel v. Heinegg-*Kretschmer*, EVV, Art. III-271 Rn. 7; *Tiedemann*, Wirtschaftsstrafrecht BT, Rn. 41; *T. Walter*, ZStW 117 (2005), 912, 927 f.

(52) *Ambos/Rackow*, ZIS 2009, 397, 402; *Braum*, ZIS 2009, 418, 421; *Weigend*, ZStW 116 (2004), 275, 285 f.;欧盟逮捕令框架决议犯罪目录有类似的内容模糊问题,可见 *Schünemann*, StraFo 2004, 348.

1项之权限规范,究竟可把内国实体刑法同化到什么程度,几乎无从预见。若要获得前后一贯的结论,则在欧洲刑事政策脉络里,应有可供遵循的明确指引,例如由欧洲学界组成的"欧洲刑事政策推动联盟"(European Criminal Policy Initiative)[53] 所发表之《欧洲刑事政策宣言》[54](本章 Rn. 55,56)。

《欧盟运作条约》第 83 条第 1 项第 3 段规定,经欧盟理事会一致决议并取得欧盟议会同意之后,同项第 2 段列举的犯罪清单可"根据犯罪之发展"(je nach Entwicklung der Kriminalität)扩大到其他犯罪领域。只不过,第 83 条第 1 项第 2 段的犯罪类型已属广泛,有鉴于此,同项第 3 段"扩大条款"(Erweiterungsklausel)将发挥什么重大实益,殊值怀疑。[55] 35

但值得注意者,对于这个"扩大条款",德国联邦宪法法院"里斯本判决"正确地将之解读为更改欧盟基础条约的一项(暗桩)条款。其理由在于,根据《欧盟条约》第 5 条第 1 项第 1 句、第 2 项规定的有限个别授权原则,欧盟只能在会员国本于基础条约所转让的权限界限内行使职权,欧盟并无所谓"权限之权限"(Kompetenz-Kompetenz;即以权限之名再创设新权限),这在《欧盟条约》第 5 条第 2 项第 2 句已有明文。准此,就德国立场而言,"里斯本判决"强调《德国基本法》第 23 条第 1 项第 2 句的国会保留。[56] 因"里斯本判决"而制定的《德国国会履行欧盟事务整合责任法》(IntVG)[57],其第 7 条第 1 项规定,德国的欧盟理事会代表只能在德国相关形式之法律生效后,始能对《欧盟运作条约》第 83 条第 1 项第 3 段的扩大决议投下赞成票。[58]

另外,《欧盟运作条约》第 83 条第 1 项适用范围内的法律同化权限,只针对"特别严重之犯罪"(besonders schwere Kriminalität),且必须具有"跨境规模"(grenzüberschreitende Dimension)。[59] 这一权限界定基准的用 36

---

[53] 网址:http://www.crimpol.eu.

[54] Manifest zur europäischen Kriminalpolitik, ZIS 2009, 697 ff.;导言,*Satzger*, ZIS 2009, 691 ff.;另参见 *F. C. Schroeder*, FAZ v. 05. 03. 2010, S. 10.

[55] *Folz*, ZIS 2009, 427, 430.

[56] BVerfG NJW 2009, 2267, 2288 (Rn. 363).

[57] Integrationsverantwortungsgesetz, BGBl. I 2009, 3022,最近有修正(Art. 1 Gesetz v. 01. 12. 2009, BGBl. I, 3822)。

[58] 整合责任之具体概念,*Nettesheim*, NJW 2010, 177 ff.

[59] 参见 Grabitz/Hilf/Nettesheim-*Vogel*, Art. 83 AEUV Rn. 40 ff.;亦见 *Safferling*, Int. Strafrecht, § 10 Rn. 49 f.

语虽然相当模糊[60]，却应认真看待。可确定的是，某一犯罪的社会损害程度与同条项第2段列举的犯罪类型可相比拟时，才能认定为"特别严重之犯罪"。但无论如何，相关政策意思的形成，并不足以证立为"有在一共同基础上对抗犯罪的特殊必要性"（第83条第1项的适用要件）。[61]

有疑问的是，如果调和化指令是针对《欧盟运作条约》第83条第1项第2段明列的犯罪领域，是否仍须审查第1项第1段"跨境规模""特别严重之犯罪"这些要件？[62] 第2段条文"这些犯罪领域如下：……"（Derartige Kriminalitätsbereiche sind …）之文义似乎反对再为审查，因为文义（字面上）表达出这些一般要求已经具备了。然另一方面，条约的其他语言文本则不如乍看之下那样清楚[63]；再者，就条文体系以观，《欧盟运作条约》第83条第1项第1段这些特殊基准只与同条项第3段的扩大条款有关，乃是第3段的适用要件。倘若第2段列举的犯罪领域可直接推论其符合第1段这些条件，而无须再行审查，那这些条件其实不必放在第1段，直接规定在第3段即可。故第1段之条件在第2段列举的犯罪领域再行审查，有立法体系上的意义。[64] 更何况，第1段之特别基准若可适用于第2段，这至少理论上具有重要功能，因如此一来，可确保《欧盟运作条约》第83条的所有适用范围都遵守辅助性原则。[65] 据此，《欧盟运作条约》第83条第1项第1段"跨境规模""特别严重之犯罪"仍是第2段犯罪领域的适用前提。惟须承认，第2段提及的犯罪领域，通常会符合第1段标示的要件。[66]

37　　最后，欧盟只有在"必要"（erforderlich）时，才可以调和各会员国的实体刑法。"必要性"这个要件，并未明文规定在《欧盟运作条约》第83条第1项，而是（略隐）在第67条第3项。在此关联下，必要性基准一方面

---

[60]　*Ambos/Rackow*, ZIS 2009, 387, 402; *Weigend*, ZStW 116 (2004), 275, 283.

[61]　德国联邦宪法法院见解，NJW 2009, 2267, 2288；对此可见 *Ambos/Rackow*, ZIS 2009, 397, 402; *Heger*, ZIS 2009, 406, 412; *Meyer*, EuR 2011, 169, 178; *F. Zimmermann*, Jura 2009, 844, 849 f.

[62]　区分处理者，Grabitz/Hilf/Nettesheim-*Vogel*, Art. 83 AEUV Rn. 52.

[63]　例如这一段条文文字在荷兰语版是"Het betreft de volgende vormen van criminaliteit …"，至少是可从宽理解。

[64]　正确见解，*F. Zimmermann*, Jura 2009, 844, 847。

[65]　Vedder/Heintschel v. Heinegg-*Kretschmer*, EVV, Art. III-271 Rn. 4.

[66]　对此参见 BVerfG NJW 2009, 2267, 2288 (Rn. 363)："具备跨境要素是'典型状态'"。

是《欧盟条约》第5条第1项第2句及第3项辅助性原则的表现(67),亦即,若单纯在内国层级即可有效对抗相关犯罪者,则不可由欧盟为之;另一方面,必要性基准也以创造“自由、安全与法治之区域”为目的取向。是以,为达成高度保障安全之目的,欧盟的调和化措施必须是相对最轻微的手段。于此,刑法也是欧洲脉络里所能动用的“最后手段”(ultima ratio)。

(三) 附属权限(《欧盟运作条约》第83条第2项)

1. 权限条文的附属特性

《欧盟运作条约》另在第83条第2项规定概括权限条款,允许以“指令”就会员国刑法条文进行最低限度之同化。这项规定的要件在于:在欧盟已采取调和化措施的某政策领域,刑法之调和化是在该领域推行欧盟政策的绝对必要手段;换言之,辅以刑法调和化后,在所谓的“有效原则”(effet utile)下更有效地落实欧盟政策。就此而言,刑法不过单纯被“利用”来当做欧盟其他政策的实行工具。依《欧盟运作条约》第83条第2项发布的相关刑法措施,其本身的附属特性(Annexcharakter),也可从其共同使用非刑事法之调和措施的立法程序看出(参见《欧盟运作条约》第83条第2项第2句)。但是,这也造成某些领域因第83条第2项第2句而不适用通常立法程序(不同于第1项),连带使欧盟议会只取得有限的立法参与权。(68) 依德国联邦宪法法院观点,《欧盟运作条约》第83条第2项意谓“重大扩张刑事司法权限”,并无法与个别授权原则及民主原则“本身”兼容。(69) 也因此,德国联邦宪法法院在此关联下提醒应对《欧盟运作条约》第83条第2项作限缩解释。 38

2. 过去法律状态

早在《里斯本条约》生效前,就有激烈争执:“当时的欧体可否以《欧体条约》为基础,通过发布指令,吩咐会员国们以刑法制裁违反欧体法的 39

---

(67) 参见 Grabitz/Hilf/Nettesheim-*Vogel*, Art. 83 AEUV Rn. 44.

(68) 详见 Vedder/Heintschel v. Heinegg-*Kretschmer*, EVV, Art. III-271 Rn. 17。

(69) BVerfG NJW 2009, 2267, 2288 (Rn. 361);另见 *Ambos/Rackow*, ZIS 2009, 397, 403:“入侵到正当性不足之刑法调和化的最宽阔隘口,即可能潜藏于此”;*Weigend*, ZStW 116 (2004), 275, 284:“内容完全不设防的附属条款”;不同见解,Grabitz/Hilf/Nettesheim-*Vogel*, Art. 83 AEUV Rn. 73.

特定行为?”还是说,这样的刑法同化仅在第三支柱范围内才有可能,故须以“框架决议”为之?尤其是欧盟法院在2005年(70)和2007年(71)两则饱受批评、结论也不能令人信服的裁判,就已先采取现今才生效之条约改革:欧盟法院当时忽略反对欧体刑法权限的论点(参见第八章Rn. 18以下),反而赞成对《欧体条约》进行以“有效目的”为导向的扩张解释方法。于是,在《里斯本条约》生效之前,欧盟法院已在一定限制之下(72),肯认欧体有发布调和刑法之指令的(附属)权限。

基于欧盟法院上述裁判见解,欧体过去几年发布了几则内容与刑法有关的指令:

a. 刑法保护环境指令(73);

b. (修正)船舶污染海洋指令(74);

c. 对雇用无合法居留权之第三国(指非欧盟国)人民之雇主,施以最低限度制裁与处分指令。(75)

40 值得注意者,欧盟法院在认知到(当时尚属未来式的)《欧盟运作条约》第83条第2项的背景下,以《欧体条约》为基础而发展出法律同化权限,以致当时已可预见,即使在欧盟不断进行整合之际,也只在具有绝对必要性,且特别是必须赋予每一会员国紧急煞车权限的状况下,刑法附属

---

(70) EuGHE 2005, I-7879-Rs. C-176/03“环境刑法”;持反对意见者,Hefendehl, ZIS 2006, 161 ff.; Heger, JZ 2006, 307, 310 ff.; Kaiafa-Gbandi, ZIS 2006, 521, 523 ff.; Pohl, ZIS 2006, 213 ff.; Braum, wistra 2006, 121 ff.; Šugmann-Stubbs/Jager, KritV 2008, 57 ff.; Ambos, Int. Strafrecht, § 11 Rn. 33;但有赞同此判决者,Böse, GA 2006, 211 ff.; Frenz/Wübbenhorst, wistra 2009, 449, 450; Hecker, Eur. Strafrecht, § 8 Rn. 30 f.; Suhr, ZEuS 2008, 45, 57 ff.; Peers, EU Justice, S. 771 ff.

(71) EuGHE 2007, I-9097-Rs. C-440/05“海洋污染”;关此,F. Zimmermann, NStZ 2008, 662 ff.; Fromm, ZIS 2008, 168; Eisele, JZ 2008, 251, 252 f.; Satzger, KritV 2008, 17, 22 ff.; Šugmann Stubbs/Jager, KritV 2008, 57, 59 ff.

(72) EuGHE 2007, I-9097-Rs. C-440/05“海洋污染”,欧盟法院禁止欧体就刑法制裁种类与程度作出指示。

(73) RL 2008/99/EG, ABlEU 2008 Nr. L 328/28,关此F. Zimmermann, ZRP 2009, 74 ff.;国际规定的启发意义,参见Ruhs, ZJS 2011, 13, 14 ff.;此一指令转化成德国法,参见Heger, HRRS 2012, 211 ff.

(74) 略微修改的指令(RL 2009/123/EG)刊印在ABlEU 2009 Nr. L 280/52,原先之指令(RL 2005/35/EG)则是在ABlEU 2005 Nr. L 255/11.

(75) RL 2009/52/EG, ABlEU 2009 Nr. L 168/24.关于大致上获得采纳的执委会提案,参见*F. Zimmermann*, ZIS 2009, 1, 8 ff.

权限才有可能被会员国们接纳。就此而言,欧盟法院(当时不无疑义)的裁判见解,今日因《欧盟运作条约》第 83 条第 2 项明文规定而显过时。(76) 因此,一般性“有效原则”之考虑,若其超出《欧盟运作条约》第 83 条第 2 项的允许范围,于现在并不能再作为创设刑法相关同化权限的理由了。

原则上,《欧盟运作条约》第 83 条第 2 项的刑法附属权限,适用于任 41
何欧盟已发布规定的政策领域。(77) 因此,依第 83 条第 2 项文义,对会员国刑法条文进行同化之时,却同时是刑法外之初次法律同化者,则不适用该规定。至于政策领域既有的调和化应达到何种程度,始得动用刑法附属权限,第 83 条第 2 项并无明文指示,故不排除这项规定未来在操作上(可能)发生浮滥的状态。(78)

《欧盟运作条约》第 83 条第 2 项附属权限,(理论上)可借由其条文文义所要求刑法同化之要件作为限制,亦即,对会员国刑法加以同化,只限于是有效实施欧盟政策所“不可或缺”的手段。(79) 另外,德国联邦宪法法院强调,“必须证明实际上存在执行落差,且仅能通过刑罚威吓去除此落差”(80),也同样显示此附属权限的潜在限制性。以上对《欧盟运作条约》第 83 条第 2 项的限缩理解,虽可无条件赞同(81),但仍须先证明是否基于“不可或缺基准”(Unerlässlichkeitskriterium)而应实际上对条文限缩适用。对此,欧盟法院必须挥别过去见解,表现出其愿意严谨审查欧盟是否确实别无他法,才不得不对刑法措施进行同化。

但在此期间,欧盟执委会也动用了如今规范在一级法中的刑法附属权限,提出一份处罚内线交易与市场操控的市场滥用行为之指令草案。(82)

---

(76) 对此,亦见 *Asp*, Substantive Criminal Law, S. 136; *Heger*, ZIS 2009, 406, 413.欧盟法院裁判与新同化权限之竞合,另参见 *Mitsilegas*, EU Criminal Law, S. 108 f.

(77) 举例可见 Vedder/Heintschel v. Heinegg-*Kretschmer*, EVV, Art. III – 271 Rn. 20. 亦见 *Schützendübel*, EU-Verordnungen in Blankettstrafgesetzen, S. 39 ff.

(78) 批评, Vedder/Heintschel v. Heinegg-*Kretschmer*, EVV, Art. III – 271 Rn. 19; 亦见 *T. Walter*, ZStW 117 (2005), 912, 929 要求在欧盟层次必须已先发布非刑法的禁止条文。

(79) 关此 Grabitz/Hilf/Nettesheim-*Vogel*, Art. 83 AEUV Rn. 82 ff.; *Hecker*, Eur. Strafrecht, § 8 Rn. 48; *Meyer*, EuR 2011, 169, 186 ff.; *Safferling*, Int. Strafrecht, § 10 Rn. 57 f.

(80) BVerfG NJW 2009, 2267, 2288 (Rn. 362).

(81) 相同, *Ambos/Rackow*, ZIS 2009, 397, 403; *F. Zimmermann*, Jura 2009, 844, 850; *Suhr*, ZEuS 2009, 687, 713.

(82) KOM (2011) 654 endg.在伦敦银行同业拆息(Libor)和欧元间银行同业拆息(Euribor)的货币操控曝光后,执委会在原始草案又加入了“基准化分析”之操控[KOM (2012) 420 final]。

(四）最低限度调和化之权限

42　　最低限度调和化（Mindestharmonisierung）之限制，首在表示，通过会员国的转化动作来确保处罚的最低限度。但反面言之，欧盟指令规定的最低限度条文并不会阻止会员国超出其指示，亦即，会员国可进一步将其他行为入罪化，或施加更严厉的刑罚。相较于此，欧盟法并未规定以法律同化进行除罪化的权限。[83] 通过这样的单向操作，不当地助长了刑法在欧洲的严厉程度。[84]

43　　最低限度同化的客体，首指犯罪构成要件方面，只要欧盟法案除了规定某一行为的核心概念之定义外（例如"恐怖组织"），还描述该行为绝对具有可罚性者，该行为即成为被最低限度同化的犯罪构成要件。例如说，《对抗私营部门贪污框架决议》第 2 条规定[85]："任何会员国为确保于业务过程实行以下故意行为乃属犯罪行为，应采取必要措施：直接或间接通过第三人对在私营部门担任主管或其他职务之人，为使其违反义务作为或不作为，而对本人或他人允诺、提供或满足不正利益者……"

　　　　这一条文规范并不限制内国刑法只能局限于上述犯罪构成要件。故从这项条文也可清楚地看到，最低限度调和化的方法，会导致会员国朝向单向加强刑法处罚性的趋势发展。[86]

44　　另外，目前已发布的刑法相关调和化措施中，经常是与刑法总则有关的规范，诸如未遂可罚性、共犯可罚性或法人责任。像这样零星的调和化，其"弱点"在于："未遂"与"共犯"等概念在目前欧洲层次并无统一规定，会员国只能将这些概念转化到内国法自己的分类。[87] 也因此，何时是未遂时点、可否成立免刑的中止犯等，一概取决于内国法。由此观之，如此调和化所获得的"成果"，最终只局限于术语上的象征意义。[88]

45　　法律效果方面，旧法时期发布的法案如有更详细的制裁指示，就

---

[83] *Heger*, ZIS 2009, 406, 415; *Hefendehl*, in: Schünemann, Gesamtkonzept, S. 212 f.

[84] *Schünemann*, ZIS 2007, 528, 529 f.; *Satzger*, ZIS 2009, 691, 692.

[85] ABlEU 2003 Nr. L 192/54.

[86] 正确批评，*Hefendehl*, in: Schünemann, Gesamtkonzept, S. 212 f.

[87] 亦见 *Hecker*, Eur. Strafrecht, § 11 Rn. 6.

[88] 另见 *Satzger*, in: 4. Europäischer Juristentag, S. 226; *Ambos*, Int. Strafrecht, § 11 Rn. 11. 批评刑法分则条文调和化之限制，*Peers*, EU Justice, S. 758, 797.

会对欧盟国制定所谓"至少最高刑罚/最高刑罚之低标"（Mindesthöchststrafe）。㉘ 举例来说，一份框架决议命令内国刑法对某一行为所施加的最高刑罚，至少应介于 1 至 3 年有期徒刑之间。㉙

迄今为止，欧盟理事会对于"至少最高刑罚"所依循的制裁体系，原则上是按照犯罪严重程度分成 4 个群组（最高刑度：1 年以上，3 年以下；2 年以上，5 年以下；5 年以上，10 年以下；10 年以上）。㉛ 但因会员国的量刑规定一直十分歧异，某一犯罪要件所规定的最高刑度，在个案具体量刑时的意义自然也有不同。因此，在未同步调和各国量刑法下㉜，"至少最高刑罚"几乎只是徒有象征意义的调和而已。㉝

《里斯本条约》生效后，欧盟立法者继续使用"至少最高刑罚"这样的立法技术。例如《对抗人口贩卖指令》（RL 2011/36/EU über die Bekämpfung des Menschenhandels）第 4 条与《对抗儿童性剥削指令》（RL 2011/93/EU über die Bekämpfung des sexuellen Missbrauchs von Kindern）第 3 条以下，均有"至少最高刑罚"的规定。另外，执委会在 2012 年一份保护欧盟经济利益的指令草案㉞中第一次使用全新的方法：除"至少最高刑罚"外（此规定刑罚上限），执委会还针对详细列举的严重案件，首次规定以 6 个月有期徒刑作为真正的最低刑罚（Mindeststrafe）。因此，这类指令也会在刑罚下限方面，制定出起码应达到的最低处罚程度。这种做法与《欧盟运作条约》第 83 条第 1 项文义相符，因为始终还在"最低限度条文"的文义之内㉟；会员国在此限度内，既可处以高于最低刑罚的刑罚程度，亦可在"至少最高刑罚"内处以较高的刑罚。㊱ 通过"最低刑罚"这种立法方式，若与只限制在"至少最高刑罚"相较起来，前者可达到的调和化

㉘ *Hecker*, Eur. Strafrecht, § 8 Rn. 38, § 11 Rn. 7.

㉙ 对此参见 Grabitz/Hilf/Nettesheim-*Vogel*, Art. 83 AEUV Rn. 37 ff.

㉛ Schlussfolgerungen des Rates vom 25./26. 4. 2002,参见 Ratsdokument 9141/02.此一体系之制定背景, *Zeder*, ÖAnwBl. 2008, 249, 254.

㉜ 但"在新刑事程序考虑其他欧盟国有罪裁判之框架决议"（Rahmenbeschluss 2008/675/JI, ABlEU 2008 Nr. L 220/32）（某程度）有往这一方向规定。

㉝ 参见 *Satzger*, in: 4. Europäischer Juristentag, S. 226 f.; *Fletcher/Lööf/Gilmore*, EU Criminal Law, S. 203 f.

㉞ KOM (2012) 363 endg.

㉟ 亦见 Grabitz/Hilf/Nettesheim-*Vogel*, Art. 83 AEUV, Rn. 38.

㊱ 参见 Streinz-*Satzger*, Art. 83 AEUV Rn. 33.

效果当然有更显著的提升。不过,对那些内国刑法体系并无最低刑罚规定的会员国而言,这类的刑罚指示却成为重大问题。⑨ 由此清楚地看到,不管这份具体的指令草案最终是否如此发布,于法律效果的调和化方面,欧盟立法者有必要保持最大的敏感度(关于所谓连贯性原则,亦见本章 Rn. 56)。

(五)《欧盟运作条约》第 83 条第 3 项紧急煞车条款

1. 基本构想与程序

47 《欧盟运作条约》第 83 条第 1 项及第 2 项的权限界定条件,实务是否会严谨限缩操作,固然可疑。但另一方面,第 83 条第 3 项的"紧急煞车"(Notbremse)⑱蕴含巨大的筑堤阻挡能量⑲,以求有效防范调和化权限泛滥成灾。各会员国均有启动紧急煞车条款的机会,以自我保护,免于受到其他会员国以(加重)多数决强迫其放弃内国本身刑事政策的基础原则。这个"典型妥协条款"⑩授予每一会员国否决权,等于限制住多数决。亦即,只要有会员国认为系争法案涉及"其刑法秩序之基础观点"(grundlegender Aspekt seiner Strafrechtsordnung),便得启动煞车,阻挡发布"指令"(《欧盟运作条约》第 83 条第 3 项第 1 段)。基于会员国相关申请,欧盟立法程序便应依第 83 条第 3 项第 1 段第 2 句暂时停止,改由欧盟高峰会审议此指令草案。如果争议在高峰会能合意解决,原立法程序则继续行之,否则应宣告法案制定失败。不过,根据第 83 条第 3 项第 2 段规定,其他会员国仍得以加强合作程序坚持系争法案,让法案于愿意参与合作的会员国生效(Art. 20 ff. EUV i. V. m. Art. 326 ff. AEUV)。

48 在德国层次,德国联邦宪法法院将紧急煞车程序链接到其所要求的"德国立法者应更加强化整合责任"⑩。据此,前述(本章 Rn. 35)的《德国国会履行欧盟事务整合责任法》第 9 条第 1 项现在规定,只要德国众议院以决议作出指示,德国的欧盟理事会代表就必须依《欧盟运作条约》第 83

---

⑨ Streinz-*Satzger*, Art. 83 AEUV Rn. 33.
⑱ 对此概念,仅见 *Folz*, ZIS 2009, 427, 429; *Schünemann*, ZIS 2007, 535, 536; *Sieber*, ZStW 121 (2009), 1, 56; *T. Walter*, ZStW 117 (2005), 912, 923;详见 *Hecker*, Eur. Strafrecht, § 8 Rn. 56 ff.
⑲ *Mitsilegas*, EU Criminal Law, S. 43 认为此是"一种主要的政策机制"。
⑩ *Suhr*, ZEuS 2009, 687, 708.
⑪ BVerfG NJW 2009, 2267, 2289 (Rn. 365);批评,*Suhr*, ZEuS 2009, 687, 709.

条第 3 项第 1 段"煞车条款"向欧盟高峰会申请审议;倘涉及德国各邦权限领域者,则德国联邦参议院亦有指令权(vgl. §§ 9 II,5 II IntVG)。

2. 内容要求

如何理解煞车要件所称的"会员国刑法秩序之基础观点",其实是个疑问。若要回答,首先应澄清"到底必须采取欧洲的或单一会员国的观点?"其区分实益在于欧盟法院司法审查权的介入程度。若赞同欧洲角度的评价,可能理由是其涉及欧洲概念,也因此是欧盟一级法的解释问题,而欧盟一级法的解释无疑正是欧盟法院的审判权限(《欧盟运作条约》第 267 条第 1 项第 1 款)。然而,《欧盟运作条约》第 83 条第 3 项煞车条款的宗旨,正在于维护会员国身份及保护内国刑法秩序,故应保留给会员国至少不可太过狭隘(且不受欧洲法司法审查的)判断弹性空间。但是,会员国使用紧急煞车,若明显是用来追求事物本质外之目的,则会逾越此判断空间的界限。此时,滥用紧急煞车必然瘫痪欧盟立法,会员国便欠缺保护必要性。[102] 准此,仍不可放弃欧盟法院对会员国滥用紧急煞车的司法监督。

49

哪些内国刑法原则实际上会构成"基础观点",细节尚待厘清。德国联邦宪法法院在"里斯本判决"举出罪责原则为例,并强调依据宪法,罪责原则在欧洲层次也不可被牺牲。[103] 无论如何,欧洲调和化实务越是以特定的刑事政策方针为依归,在认定不容放弃的内国刑法原则上的争议就会越少(参见本章 Rn. 55,56)。就德国而言,引进"社团可罚性"之义务便属触动争议之例。其他可想象的争议,还有关于刑法总则方面的规范(例如强制引进单一正犯概念,或大幅削弱共犯之从属性),即会触发德国"拉起紧急煞车"。[104]

50

在此脉络值得一提者,德国联邦最高法院刑事第三庭于 2009 年提醒说,《德国刑法》第 129 条"犯罪组织"延续至今的概念意涵,"如因出于友善欧洲法的目的而修改,由于会与帮派概念失去分界性,且单纯的帮派成员身份亦欠缺可罚性,将会引发危害德国实体刑法结构协调性的风险"。[105]

---

[102] *Heger*, ZIS 2009, 406, 415; *F. Zimmermann*, Jura 2009, 844, 848; *Safferling*, Int. Strafrecht, § 10 Rn. 64; *Asp*, Substantive Criminal Law, S. 140.

[103] BVerfG NJW 2009, 2267, 2289 (Rn. 364).

[104] 以瑞典基于新闻自由之要求而使用煞车条款的举例,参见 *Asp*, Substantive Criminal Law, S. 140.

[105] BGHSt 54, 216 (Rn. 30).

(六)《欧盟运作条约》第 83 条以外的调和化权限

1. 权限基础

51 根据正确、但有争议的见解,推动会员国内国刑法条文之同化,除了《欧盟运作条约》第 83 条的一般刑法调和化权限外,原则上——在遵守辅助性原则与比例原则之下——也可援引欧盟基础条约某些允许制定超国家刑法的条文(参见第八章 Rn. 24 以下)。这类条约规范,特别是在《欧盟运作条约》第 325 条第 4 项的对抗诈欺犯罪领域与第 33 条的关税制度保护。

理由在于,这些条文的用语并未将欧盟于该处的行为可能性,限制为仅可发布"规则"(Verordnung)。质言之,上述条文只提到可采取"措施",但未限定只能采取哪一种措施。依此而论,"指令"及用来同化会员国内国刑法条文的典型法案方式,也都属于上述"措施"之一。[106] 况且,欧盟一级法的法律基础既然都已赋予在特定领域订定可直接适用之犯罪要件的权限,那么,允许在该领域指示会员国同化内国规范就更无不妥。因此,依本书见解,《欧盟运作条约》第 325 条第 4 项与第 33 条,尤其有被赋予对抗诈欺与保护关税制度的独立之调和权限。欧盟执委会于 2012 年拟定的《保护欧盟经济利益指令提案》[Richtlinienvorschlag KOM (2012) 363 zum Schutz der finanziellen Interessen der Union],基本上[107]即完全正确地以《欧盟运作条约》第 325 条第 4 项为制定依据。

惟不同见解认为[108]:"从《欧盟运作条约》之体系可得知,只有《欧盟运

---

[106] 如本书见解,参见 *Ambos*, Internationales Strafrecht, 3. Aufl.2011, § 11 Rn. 10; *Grünewald*, JZ 2011, 972, 973 f.; *Hecker*, Eur. Strafrecht, 4. Aufl. 2012, § 14 Rn. 44; *Safferling*, Int. Strafrecht, § 10 Rn. 41.; *Vogel*, in: Ambos (Hrsg.), Europäisches Strafrecht post-Lissabon, 41, 48(但 *Vogel* 想排除规则)。

[107] 提案也包括其他犯罪之可罚性(洗钱、贪污和滥用欧盟经费、财物),但均不涉及诈欺,故与《欧盟运作条约》第 325 条第 4 项无关(参见第八章 Rn. 25)。

[108] 采此见解且有正反详细申论,*Asp*, Substantive Criminal Law, S. 147 ff.;相同者,*Böse*, ZIS 2010, 76, 87 指出,德国联邦宪法法院在"里斯本判决"并未引用《欧盟运作条约》第 325 条第 4 项作为刑法权限基础(同此方向,另有 *Schuster*, Das Verhältnis von Strafnormen und Bezugsnormen aus anderen Rechtsgebieten, Berlin 2012, S. 316 f.)。对此见解应予反驳,因为德国联邦宪法法院并非《欧盟运作条约》的解释机关,其只能审查有无逾越依《德国基本法》第 23 条第 1 项所移转之主权。

作条约》第 83 条才可作为刑法之法律同化措施的依据,否则,该条文对行使权限要件的特别规定将有被架空的危险。"这种见解,如果将《欧盟运作条约》第 83 条理解为是条约中其他法律基础的特别规定,自值赞同。但问题是,《欧盟运作条约》第 83 条的条文性质并不可笼统地一概而论,正确而言,应就《欧盟运作条约》第 83 条第 1 项、第 2 项分别以观:

《欧盟运作条约》第 83 条第 1 项针对一定的犯罪领域,规定了法律同化的特别要件及其特别立法程序。对于第 83 条第 1 项列举的刑法领域而言,本条文即为限定的特别规范。因而,即使——如同本书——认为《欧盟运作条约》第 79 条第 2 项第 4 款乃是对抗人口贩卖的刑法权限(参见第八章 Rn. 26),也绝对不可规避第 83 条第 1 项(该项第 2 段明文提到"人口贩卖")专为刑法调和化之权限规范所设计的特别条件。所以,就人口贩卖的刑法同化而言,《欧盟运作条约》第 83 条第 1 项是一项特别规定。

相对的,《欧盟运作条约》第 83 条第 2 项则是完全一般性的附属权限,其针对的是于《欧盟运作条约》中已采取其他调和化措施的政策领域。这一规定,是对《欧盟运作条约》中所有有名无实(指条文冠上权限名称,条文内容却未进一步指出所容许的刑法措施)之条文的特别规定而来(参见第八章 Rn. 19 举例)。在这些情形若欲进行实体刑法之同化,只能依《欧盟运作条约》第 83 条第 2 项(更为严格的)要件为之("不可或缺基准"、先前有采取调和化措施、紧急煞车)。另外,由于第 83 条第 2 项此时的从属性质,故该处指令的立法程序本来就与发布非刑事法的调和化法案没有不同(参见第 83 条第 2 项第 2 句)。反之,《欧盟运作条约》里有少数规范已充分清楚地表示在明确划定的范围内,可采取《欧盟运作条约》第 83 条以外的刑法措施,于此,第 83 条第 2 项的一般性附属权限即不可作为这些条约规定的特别条款。[109]

2. 类推适用"紧急煞车条款"

从权限检验来看,仍有一个问题有待讨论:《欧盟运作条约》第 83 条第 3 项"紧急煞车条款",是否也可(类推)适用于《欧盟运作条约》第 325 条第 4 项(若是,煞车条款也必须类推适用于第 33 条)。

---

[109] 该争点结论上其实不如乍看之下来得有意义,参见本章 Rn. 54(关于类推《欧盟运作条约》第 83 条第 3 项)。

先说明者,从《欧盟运作条约》第 83 条第 3 项"紧急煞车保留"作为妥协产物的例外特性观之,对此条款应采取严格解释。其次,理想做法应是以《欧盟运作条约》第 325 条第 4 项权限规范为基础,区分法律制定(Rechtssetzung)与法律同化(Rechtsangleichung)来讨论:

53 在发布超国家刑法(Erlass von supranationalem Strafrecht)方面,紧急煞车并无任何意义可言。会员国此时虽可能声明超国家犯罪要件与内国犯罪要件并行的结果,会波及表现内国刑法文化独特性的刑法秩序之"基础观点"[110],但仍不可忽略内国利益在此种情况下,并无相似的保护价值。制定超国家犯罪要件与刑法调和措施,是完全不同的课题:当超国家刑法与内国刑法并存,固然可能引发矛盾,例如超国家刑法也规定总则问题,然而,这只是两个自主独立之法秩序并存的必然结果。纯从形式来看,内国刑法秩序依然保有完整性。内国立法者维护其内国刑法秩序完整性及一贯性的利益,并未受有如同欧盟发布调和化指令时的类似影响,因为调和化指令的目标正在于(多半是局部的)改变内国刑法,而超国家刑法却非如此。

54 相较之下,《欧盟运作条约》第 83 条第 3 项类推适用到以第 325 条第 4 项(与第 33 条)为制定基础的刑法同化指令(strafrechts-angleichende Richtlinie),则于理有据[111],因为这些指令会迫使内国刑事立法者按照指令之规定,修改内国刑法体系。《欧盟运作条约》第 33 条、第 325 条第 4 项此时发挥与第 83 条第 2 项概括附属权限一样的效果,但前两者却没有如同后者附有紧急煞车的规定。法律之类推适用,其前提为存在违反立法计划的规范漏洞。鉴于《欧盟运作条约》第 325 条所保护的欧盟财政是欧盟的原始自身利益,若说第 325 条第 4 项存在这种违反计划的立法漏洞,可能会令人怀疑。紧急刹车条款也不应被用来阻止欧盟发布超国家犯罪要件,这也是本书见解。但是,如果欧盟在《欧盟运作条约》第 325 条第 4 项保护欧盟经济的"措施",是选择发布"刑法同化指令",则单单法律制定的类型与方式(就如同在第 83 条第 2 项)就可干预内国立法者的形成自由,会员国也就可能(与第 83 条第 2 项一样)认为其刑法秩序之基础观点受到侵害。据此,以《欧盟运作条约》第 325 条(或第 33 条)为基础所

---

[110] 关于《欧盟宪法条约》,参见 T. Walter, ZStW 117 (2005), 912, 924.

[111] 不同意见,Vogel, in: Ambos (Hrsg.) Europäisches Strafrecht post-Lissabon, 41, 49,其依据为欧盟会员国对欧盟负有忠诚义务。

发布的刑法同化指令,结论上应可类推适用第 83 条第 3 项的紧急煞车条款。也因此,在"紧急煞车"的使用可能性一事上,《欧盟运作条约》第 83 条第 2 项对条约其他条文的特殊性之争议(本章 Rn. 51)便可得到缓和。

(七) 补充:欧洲刑事政策构想

1. 背景基础

长久以来,欧洲立法者的法案影响着会员国刑法。于是,欧盟借此推动刑事政策,但这却不是欧盟已承认的一项政策。《里斯本条约》更强化了刑事政策上的影响可能性,通往超国家犯罪要件之门已局部开启。《欧盟运作条约》第 83 条第 2 项附属权限也制造出"刑法工具化"的危险,即刑法被纯粹当做实现条约目标的手段。⑫ 欧盟层级的刑法活动有不少是以时事为背景,迄今为止,还看不到欧盟有清晰的刑事政策路线。与刑事法相关的欧盟个别法律文件,并非完全遵循同一构想,而内国的必要转化措施,有时也会破坏会员国原本多少有协调一致的传统刑事体系。

在此背景下,以刑事政策之基本原则来指引欧盟立法者的必要性,与日俱增。因此,一群欧洲刑事法学者特别组成了"欧洲刑事政策推动联盟"(European Criminal Policy Initiative),并提出了《欧洲刑事政策宣言》⑬,其中建言的刑事政策基本原则均源自欧洲法之基础。目前欧盟层级也察觉到未充分讨论欧洲刑事政策的问题,欧盟高峰会特别在 2009 年"斯德哥尔摩计划"提醒使用刑法要遵守比例原则。⑭ 此外,欧盟司法专员 *Viviane Reding* 女士也多次表态,赞成以法律原则为基础的连贯刑事政策构想有其必要性。⑮ 欧盟机关,特别是欧盟理事会⑯、执委会⑰与欧盟议

55

---

⑫ 相关批评,参见 *Satzger*, in: 4. Europäischer Juristentag, 2008, S. 216; *ders.*, ZIS 2009, 691, 692; *Kaiafa-Gbandi*, ZIS 2006, 521, 524;欧洲过去立法历程,参见《欧洲刑事政策宣言》第 2 部, ZIS 2009, 697, 699 ff. 以及 *Satzger* 导言, ZIS 2009, 691 ff.

⑬ ECPI, ZIS 2009, 695, 697 ff.;导言, *Satzger*, ZIS 2009, 691 ff.;对此亦见 *F. C. Schroeder*, FAZ v. 5. 3. 2010, S. 10;另有网址 http://www.crimpol.eu.

⑭ Ratsdokument 17024/09, S. 29.

⑮ 参见如 *Reding*, EuCLR 1/2011, 5 f. 以及 2010 年 3 月 12 日德国 Trier 法律学会谈话,载 http://ec.europa.eu/commission_2010-2014/reding/multimedia/speeches/index_ de.htm.

⑯ Ratsdokument 16542/09.

⑰ KOM (2011) 573 endg.;亦见 *Reding*, EuCLR 2011, 1 ff.

会[118],目前也处理此议题,并通过相似内容的声明——绝大部分明确引用"欧洲刑事政策推动联盟"的《欧洲刑事政策宣言》。

2. 欧洲刑事政策个别原则

56 《欧洲刑事政策宣言》建言的刑事政策准则,要求在调和内国刑法时,应特别遵守以下的欧洲法基本原则[119]:

a. 正当保护目的之必要性。基于欧洲比例原则的特殊性,只在有助于维护欧盟一级法所规定的欧盟基础利益,且不抵触《欧盟基本权利宪章》及会员国宪法传统,再加上该违法具有特别的社会损害性时,才能对一违法行为施以刑罚。

b. 最后手段性。刑法作为国家制裁的最严厉方式,只能在无较轻微之手段可供使用时,才可发动刑法,这也是欧洲比例原则的另一种表现。

c. 罪责原则。罪责原则要求不可对无可归责的个人过错行为处以刑罚。此外,施加刑罚也须合于罪责程度,以维护人性尊严。

d. 罪刑法定原则。罪刑法定原则使欧盟立法者承担多面向义务。第一,可罚行为的明确性方面,立法者必须让受规范者能事先预见刑法禁止的射程距离;第二,禁止溯及既往,即禁止回溯修改刑法而造成人民不利益,但新修法依从轻原则结果有利于行为人者,则属例外(参见《欧盟基本权利宪章》第 49 条第 1 项第 3 句);第三,作为对个人自由权利干预最严重的刑法条文,必须特别符合民主正当性。准此,形塑内国刑法之欧盟法规,其制定、通过需有欧盟议会的积极参与。就此言之,欧盟议会现在因扩大了共同决定程序而强化身为立法者的角色,值得赞许。

e. 辅助性原则。根据《欧盟条约》第 5 条第 3 项,除非是欧盟的专属权限,否则,就只能在会员国无法充分实现某措施之目标,而基于该措施的规模或效果,在欧盟层次为之能更佳实现目的者,欧盟于此领域才能行使权限。这项总则性规定对刑法而言,也特别意味着内国刑事政策必须优先于欧洲刑事政策。在措施的"效果"方面也必须考虑到,内国刑法制度乃是会员国国家身份的象征(依《欧盟条约》第 4 条第 2 项规定,欧盟必须尊重会员国之国家身份)。欧盟只要仍有意采取行动,就必须详细评估措施的必要性。

---

[118] Parlamentsdokument 208/2012,网址 http://www.europarl.europa.eu.

[119] 以下强调的原则只能概述,详见《欧洲刑事政策宣言》,ZIS 2009, 695, 697 ff.以及 EuCLR 2011, 86 ff.(2011 年版)。

f. 连贯性原则。由于刑法制裁的干预特殊严重性,立法者(不只在欧洲层次)应重视刑法规范彼此之间的连贯性。对此,立法者应依社会的抽象正义概念决定刑罚之程度,创造社会能接受的整体刑法体系。欧洲立法者在法律制定过程中必须注意,不得以违反体系的方式来干扰内国法制度的这种平衡(垂直连贯性)。同时也必须注意,各法律文件应持续先前法律文件所设定的欧洲规范意旨。简言之,欧盟层级的各种调和措施本身也必须协调一致(水平连贯性)。

四、内国刑法条文参照欧盟法规

▶ 案例13:假设德国法第 X 条规定:"违反欧盟规则 Nr. Z/2011(欧盟官方公报:Nr. L 123 v. 15. 12. 2011, S. 345)第 1 条标示义务者,科处……刑罚。"A 在 2012 年 5 月 10 日犯下前揭犯罪。《欧盟规则 Nr. Z/2011》到了 2012 年 6 月 1 日被《欧盟规则 Nr. Y/2012》取代,而与本案相关的条文内容则维持不变。德国立法者随即尽速修改第 X 条的参照条款,但新法碍于必要的立法程序,直到 2012 年 6 月 2 日才生效。试问:此一立法迟延对 A 之可罚性有无影响?(本章 Rn. 74,75)

57

(一)前言

当德国刑法明白规定欧洲法之禁止或诫命要求时,法律条文本身也许就是德国刑法"欧洲化"的最佳证明。内国刑法直接连结欧洲法的立法设计,有其必要性,因为欧盟实体法权限与刑法制裁权限多半各自分散。只要欧盟迄今没有刑事立法权限,无法对违反欧盟法的行为发布超国家刑法条文,那就只能由内国犯罪要件填补此项"漏洞"。也因此,这会促成内国刑法与欧洲法必要的合作。

58

规范上如何设计这样的合作关系,主要视内国法引用的行为条文是出自欧盟"指令"或"规则"而定。

1. 在"指令"的行为条文

以内国刑法维护欧盟"指令"(《欧盟运作条约》第 288 条第 3 项)所规定的禁止或诫命规范,对内国法秩序并没有什么特殊问题。为了对个人发挥拘束力,规定在欧盟指令内的行为条文终究须先转化成为内国法。有所不同者,只在于指令例外具有直接效力的情形。但是,由于相关指令之内容

59

对人民而言必属不利益[120]，也就可概括排除此种例外可能性。准此，如果指令的行为条文终须(以原始规范之形式)规定在内国法，违反此——内国的——原始规范者，(作为衍生规范的)内国刑法条文便能涵盖之。

举例：若某指令规定，会员国应于某一期日之前禁止在食品中使用一特定的添加物，则每一会员国必须先在食品法明文禁止使用该添加物。然后，内国立法者即可以相关刑法条文——与违反内国其他禁止规定一样——处罚违反这项(内国)禁止规定的行为。

2. 在"规则"的行为条文

60　　　相反，如果行为条文是规定在可直接适用的"规则"(《欧盟运作条约》第288条第2项)，做法则明显棘手。虽可考虑比照"指令"的做法，亦即，先发布一条只是重复欧盟"规则"内容的内国条文，然后对违反者以内国刑法条文相绳，但这条路径基于欧洲法之理由，其实是行不通的：将可直接适用的欧洲法条文(重复)转化到内国法不但多此一举，欧洲法也不会允许。因为一旦如此，将掩盖行为命令的超国家来源，而这又会引发欧盟规则在各会员国解释与适用不一的危险。[121]

然而，内国立法者假如必须放弃将特有的行为条文纳入其内国法秩序，那就只剩下直接以——作为(欧盟法)原始规范的——欧盟行为规范作为内国犯罪要件的基础这种做法了。简言之，即内国通过"空白刑法"的立法方式，以欧盟规则作为空白规范的参照内容。

(二) 与欧盟有关的空白刑法立法问题

61　　　为了清楚看出使用空白刑法所引发的宪法问题，简单假设一个构成要件为例："《德国刑法》第Z条：故意违反《欧盟规则 Nr. Y/9999》第X条者，处3年以上有期徒刑。"这条文可称做空白刑法，因为它虽有完整的刑罚规定，但构成要件之描述却(甚至完全)存在于其他法规(指《欧盟规则

---

[120] 这是"反向垂直效力"；有关其违法性，参见 EuGHE 2005, I-3565-verb. Rs. C-387/02, C-391/02 und C-403/02 "*Berlusconi*"; Streinz-*Schroeder*, Art. 288 AEUV Rn. 115; Calliess/Ruffert-*Ruffert*, Art. 249 EGV Rn. 83.

[121] 参见 EuGHE 1973, 981-Rs. 34/73 "*Variola*" (Rn. 9 ff.)；欧盟法院佐审官 *Capotorti* 也有清楚表示，EuGHE 1977, 152-Rs. 50/76 "*Amsterdam Bulb*"; Satzger, Europäisierung, S. 199; Streinz-*Schroeder*, Art. 288 AEUV Rn. 58.

Nr. Y/9999》）。⑫

1. 参照效果与解释问题

上述假设的《德国刑法》第 Z 条内容所参照者为欧盟规则，即欧盟法中一种具有普遍效力又可直接适用的法案形式（参照《欧盟运作条约》第 288 条第 2 项）。为了判断哪些行为可罚，法律适用者必须将该《欧盟规则 Nr.Y/9999》第 X 条之内容，当成《德国刑法》第 Z 条的构成要件来解读。

62

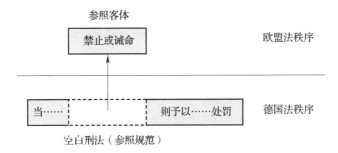

参照的效果，在于可使参照对象的条文免于重复规定。形式上观之，参照客体（Verweisungsobjekt）在参照范围内已融入参照规范而"并成一体"，成为参照规范的构成部分。⑫ 于是，欧盟禁止或诫命就可根据参照规范（此指《德国刑法》第 Z 条）的适用命令，在参照适用范围内发生效力。就形式而言，欧盟禁止或诫命成为德国空白刑法条文整体不可缺少之构成部分。

63

欧盟法的禁止或诫命（此指假设的《欧盟规则 Nr. Y/9999》第 X 条）仍维持在欧洲法脉络。现在只是形式上将此参照客体并入内国刑法规定，但实质上仍是欧盟法的一项规定。所以，在解释内国空白刑法之目的时，参照客体也须依循欧洲法的规定来理解。否则，就可能会发生一种后果，即欧盟法之禁止或诫命将视其为"内国（空白）刑法的原始规范"或"原本的欧洲法禁止或诫命"，而有不同意义。确切言之，内国空白刑法所参照的欧盟法规必须依欧洲法来解释：此时正涉及两个自主独立之法

64

---

⑫ 关于被理解为参照条款下位类型的空白刑法定义，参见 *Moll*, Nationale Blankettstrafgesetzgebung, S. 46 ff.；*Tiedemann*, Wirtschaftsstrafrecht AT, Rn. 99 ff.

⑬ 所谓并入理论（Inkorporierungstheorie），在内国领域可见 BVerfGE 26, 338, 368；47, 285, 309 f.；*Karpen*, Die Verweisung als Mittel der Gesetzgebungstechnik, 1970, S. 30 ff.

秩序(欧洲法和内国法)的条文⑭,是以,虽无法以"法秩序一体性"(Einheit der Rechtsordnung)来说明这项结论,但由于内国立法者使用参照条款的目的,正是在维护欧洲法的行为规范,跟随欧洲法同步解读自是理所当然。会员国在参照条款适用范围内,若选择作出偏离欧盟法禁止或诫命的法律解释,最终只会造成内国空白刑法所连结者,是无法与欧盟法对应的一种未明文、却具内国性质的原始规范,而该原始规范的内容上则又偏离欧盟规则。这一让人不乐见的结果可图示如下：

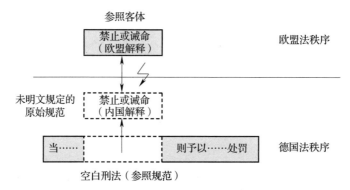

65　　内国参照条款偏离欧盟法解释,将造成"法律四分五裂"的危险。事实上,会员国空白刑法在参照条款适用范围内,若对欧盟规则内容有不同的解读,将会违反《欧盟条约》第4条第3项忠诚义务与欧盟法优先原则。有鉴于此,欧盟参照客体尽管形式上并入了德国空白刑法,实质上仍是欧盟法。⑮

以上的认知,对参照条款的解释具有重要意义。详言之,被并入的参照客体实质上若仍是欧盟法,其内容便应遵循欧盟法的解释原则。⑯ 如此一来,首先意味着欧盟"规则"不能单单以德语版本为解释基础,毋宁要以欧盟所有官方语言(24种)来探求法规文义。⑰ 其次,进行规范解释

---

⑭ 关于共同体法秩序之特性,EuGHE 1964, 1251-Rs. 6/64 "Costa/ENEL"(Rn. 8 ff.);另见 BVerfGE 22, 293, 296.

⑮ 参见 Satzger, Europäisierung, S. 230 ff.

⑯ 另见欧盟法院佐审官 Capotorti in EuGHE 1977, 152-Rs. 50/76 "Amsterdam Bulb"

⑰ 对此参见 EuGHE 1996, I-5105-Rs. C-64/95 "Konservenfabrik Lubella Friedrich Bueker GmbH & Co KG/Hauptzollamt Cottbus"(Rn. 17)。欧盟官方语言种类：http://europa.eu/about-eu/facts-figures/administration/index_de.htm.

时要注意欧盟解释原则,尤其要重视"有效"原则,即最能达成欧盟条约目的之解释,应享有解释的优先性。[128]

2. 与明确性原则的冲突

整个空白刑法条文(连同被并入的欧盟参照客体)毕竟(至少形式上)是德国法,故应受到《德国基本法》的宪法拘束,特别是《德国基本法》第 103 条第 2 项罪刑明确性原则。[129]

(1) 明确性的一般要求

德国联邦宪法法院正确强调,《德国基本法》第 103 条第 2 项明确性原则追求两项目的[130]:一是国会立法者负有决定处罚条件之义务,不得委由行政权或司法权行之。二是明确性原则具有确保自由权的内涵,亦即,人民有依刑法条文之明白叙述来决定其举措的权利,避免刑上其身。[131]不过,立法者仍有一定程度的类型化空间,所以在评价明确性时,不能单以各个具体受规范者为判断基准,而应以"理性之法律受规范者"为准。[132]这样的理性公民是否实际上可从刑法条文充分辨别某一行为的可罚性,乃是"法律发现行为"(Rechtsfindungsakt)的结果。可罚性要件如果相对精准、且贴近口语(例如《德国刑法》第 303 条毁损罪),"法律发现行为"就只需稍稍"动脑筋"就有答案了。但是,"法律发现行为"也可能是"理性公民"亦难以胜任的任务,在有参照条款、概括条款及专业概念的附属刑法就经常如此。无论如何,在判断"法律发现"的难度及其期待可能性时,应另外注意这些问题多半发生在"专家刑法"(例如在葡萄酒刑法或食品刑法)。倘若行为人是这些刑法规范指称的"专家",就可对他要求更高的"理解力"。[133]但仍应注意,"理性专家"的标准并非专指职业团体内的"经验老练之人",毕竟无经验之人,甚至只是这类职业团体的潜在成员,也应遵守刑法。

66

67

---

[128] 仅见 *Streinz*, Europarecht, Rn. 614.

[129] 参见 *Moll*, Nationale Blankettstrafgesetzgebung, S. 61 f., 75 ff.;与欧洲法明确性原则之一致性,参见 *Satzger*, Europäisierung, S. 238; *Böse*, Strafen und Sanktionen im europäischen Gemeinschaftsrecht, 1996, S. 436;亦见 *Safferling*, Int. Strafrecht, §11 Rn. 61 ff.

[130] BVerfG wistra 2010, 396, 402 (Rn. 54);另见 SSW-*Satzger*, §1 Rn. 13 ff., 17 ff.

[131] 德国联邦宪法法院争议裁判,如 BVerfGE 25, 269, 285; 75, 340 f.

[132] 参见 BVerfGE 78, 374, 389.

[133] 参见 BVerfGE 48, 48, 57; 75, 329, 345 及 BVerfG wistra 2010, 396, 402 (Rn. 55).

68　　　在空白刑法方面,上述原则只需做微调。关于空白刑法明确性问题,无论所参照者是德国内国法或欧盟"规则",德国联邦宪法法院都要求空白刑法本身与所填补之条文,均应充分明确。[134] 若考虑到两项规范本来就应共同解读的话,德国联邦宪法法院的要求其实理所当然。但一样重要的,还有同属空白刑法明确性的另一个要求:充分清楚地辨识所参照的对象。[135] 换言之,受法律规范者应完全依前述期待可能性标准,使其有能力原则上无须借助特别知识,即可理解相关法规及其规范内涵。

69　　　(2)"参照欧盟法"之特殊性

如前所述,欧盟参照客体尽管已并入德国法,却仍应依循欧盟法的解释原则。对于法官或受法律规范者而言,此一状况使法律适用更形复杂,因为必须考虑欧盟所有官方语言。这对于一名刑庭法官已属近乎不可能完成的要求了,遑论一般受规范者。

德国联邦宪法法院于2009年时,也就欧盟参照客体之解释,探讨过官方各式语言的考虑问题。其认为,欧盟法虽有多种具拘束力的语言版本,但不可以之概括反对空白刑法参照欧盟法的合法性。可是,德国联邦宪法法院也未一概认为这种状况不重要,裁判只说"'至少就现况而言',不能从多语系推导出反驳观点,因为多语系造成不明确性的具体根据既未表现出来,也非清楚可见"。[136] 这种说法其实启人疑窦,因为多语系造成不明确性的"根据",只有在个案中相互比较众多语言版本后始能看见,但这却正是明确性问题的出发点。况且,欧盟法案多语系造成刑法适用的不明确性也非个案现象,即便语言版本的实际内容歧异也许毋宁是例外状况,然歧异的可能性始终存在,因为这是制度本身的固有问题。受规范者由于不识欧盟全部官方语言,通常不会或不能去比较所有官方语言法规文本。因此,每位理性公民必须评估到一种风险,即:从其个人语言能力阅读欧盟法案某一官方语言版本后认知的可罚性要件,可能并非最终(以所有官方语言相互参照)正确解释法案后的可罚性关键要件。在众多案例虽然绝对可能发生考虑所有官方语言后,依然获得同一解释结论的情形,正如同受规范者通常只能凭借母语以及有时仰赖其熟悉的

---

[134]　BVerfGE 23, 265, 270;亦见 *Baumann/Weber/Mitsch*, AT, §9 Rn. 28.
[135]　BVerfGE 48, 48, 55;BVerfG wistra 210, 396, 402 (Rn. 56);另参见 SSW-*Satzger*, §1 Rn. 54.
[136]　BVerfG wistra 2010, 396, 404 (Rn. 66).

语言来理解欧盟规范,但这种先天结构的规范内容不确定性,也不会有丝毫改变。受规范者对欧盟法规内容的推测即便正确,《德国基本法》第103条第2项仍要求应让理性公民(而不是只针对有多种语言能力的受规范者)能实际预见哪些行为是规范所禁止之行为,而非只是让其推测而已。[137] 据此,不同于德国联邦宪法法院见解,在解释空白刑法所参照的欧盟规范客体时,考虑所有欧盟官方语言之必要性确实是一个普遍的(结构性)问题。

除此之外,还有一种情况也会造成"法律发现"的困难:空白刑法此处的参照条款,不是发生在同一法秩序的两个条文之间的参照,而是参照另一个自主独立之法秩序。这造成了受法律规范者必须向不同的公布机关咨询,也必须分析法案以及与内国不一致的规范技术。于此,今日应注意到,除了内国法外,欧洲法秩序也适用于欧盟公民。因此,当从德国空白刑法可以精确得知与什么文本的哪一参照客体有关时[即所谓"静态参照"(statische Verweisung)[138]],例如条文确切指出欧盟官方公报出处者,就不可将原则上并立于两个法秩序之间的参照指示,评价为是一种法律发现过程的重大困难情况。

与之相对的,是较为常见的"动态参照"(dynamische Verweisung)。这是指内国刑法条文(明文或可得推知)所参照的欧盟规则,是依该规则"各次生效适用之法律文本",此时自然无法指出欧盟官方公报出处。欧盟机关假如修正规则,德国空白刑法的参照客体也会随之自动更换,但是从《德国刑法》条文文字看不出欧盟规则的修正。动态参照立法技术的诱人之处,正在于可随着经常大量又快速的欧盟法修正而主动调整。

要民众每次都自己取得参照客体的最新条文文本,无疑是苛求,这在参照客体单纯为德国法时,就可能非常复杂了。正确见解遂主张,对国内之动态参照也应该设下非常严格的明确性标准。[139] 欧洲法由于有大量修正与只局部合并的林林总总法案[140],整体而言,显然是更加错综复杂的法域,

---

[137] 参见 BVerfGE 75, 329, 341(裁判定见)。

[138] 德国法的参照形态,参见 Sieber/Brüner/Satzger/v. Heintschel-Heinegg-*Satzger*, Europ. StR,§9 Rn. 24 ff.

[139] 关此,*Satzger*, Europäisierung, S.253 ff.; MK-*Schmitz*,§1 StGB Rn. 51.

[140] 所谓合并是指声明式的法典,其目的在将数个有效适用的法律文本集结成一份不具拘束力的版本,参见 *Grams*, Zur Gesetzgebung der EU, 1998, S. 268 f.

即使交由一位再怎么理性的公民来判断,欧洲法的法律发现也是更高难度的问题。如果再加上(其实常见的)多项参照指示(也包括欧盟法在内),通常就不得不将"参照紊乱"(Verweisungswirrwarr)的现象,评价为不可期待民众知悉规范内涵,进而认定违宪(违反明确性诫命)。⁽¹⁴¹⁾这样的评价结果,顶多在微不足道之制裁与特别是在上述的专家刑法领域,才可能有所不同。

另一个明确性问题的来源则是《里斯本条约》。《里斯本条约》生效后,欧盟虽取代欧体(参见《欧盟条约》第 1 条第 3 项第 3 句),但德国空白刑法构成要件被设计成动态参照欧洲法者,却大部分仍旧(一如往常)提及"欧体法",例如《德国食品与饲料法》(LFGB)的旧法第 58 条规定(新规定见 Rn. 72)。这些空白刑法如果是参照未经修改而继续适用的欧体规则(EG-Verordnung),自然不成问题。反之,参照客体如已修法且改称为欧盟规则(EU-Verordnung),则内国空白规范所谓的参照"欧体法"(Recht der EG),是否有包括欧盟规则在内,不无疑问。⁽¹⁴²⁾此际,德国立法者为配合《里斯本条约》,已修法调整"联邦营养、农业经济暨消费者保护部"(Bundesministeriums für Ernährung, Landwirtschaft und Verbraucherschutz)管辖的联邦法律⁽¹⁴³⁾,至少让在这领域(目前出现)的德国刑法条文可配合自 2011 年 1 月 1 日起生效的新法律状态。

(3)内国法规命令的交互参照条款

72 德国立法者为了让人容易查出所参照的欧洲法规,多半在空白刑法使用"交互参照"(Rückverweisung)的立法技术。详言之,空白刑法本身并没有参照欧洲法特定行为条文的规定,充其量只是在刑法内容(粗略地)描述什么可能被考虑作为参照客体,但在立法者刻意让法律条文模糊的情况下,却有授权法规命令的订定者详细决定"哪些欧盟法之禁止与诫命"才应以刑罚来维护。借由"交互参照"这种立法技术,德国法便可通过订定法规命令的方式,快速调整、配合欧盟法的修正。以德国食品刑法一项重要条文来举例说明,将有助于理解这种情况:

⁽¹⁴¹⁾ 结论同 OLG Koblenz NStZ 1989, 188 f.;类似者(与外贸法有关),BVerfG NJW 2004, 2213, 2218;关税刑法,*Bender*, wistra 2006, 41;另见 *Dannecker*, Jura 2006, 95, 101;持保留态度者,*Böse*, Strafen und Sanktionen im europäischen Gemeinschaftsrecht, 1996, S. 439;*Moll*, Nationale Blankettstrafgesetzgebung, S. 154;不同意见,*Streinz*, WiVerw 1993, 1, 33.

⁽¹⁴²⁾ 对此问题启发性说明,*Köpferl*, Jura 2011, 234, 237.

⁽¹⁴³⁾ BGBl. I 2010, 1934.

《德国食品与饲料法》(LFGB)第58条
第1项 有下列行为之一者,处3年以下有期徒刑或罚金:
    第1款 违反第5条第1项第1句制作或加工食品者。
    第2款 违反第5条第2项第1款在食品使用某一材料……
……
第3项 有以下情形者,亦罚之:
    第1款 违反欧体或欧盟有直接适用效力之法案规定,而其内容与第1项第1款至第17款所列之诫命或禁止相符,如依第62条第1项第1款订定之法规命令有对一特定构成要件指示参照本条文者
……

《德国食品与饲料法》第62条
第1项 实施欧体或欧盟法案必要时,联邦营养、农业经济暨消费者保护部得不经联邦参议院同意,以法规命令规定下列各款之构成要件:
    第1款 依第58条第3项、第59条第3项第1款或第2款第1目处罚之犯罪行为
……

然而,这种交由德国行政法规补充的规范技术,却存在重大缺陷。就结论而言,不只违反《德国基本法》第103条第2项"罪刑明确性",也违反同法第80条第1项第2句法规命令之"法律授权明确性"。[144] 理由在于,到头来,哪些欧盟法的禁止或诫命才应该受到德国空白刑法之保护,等于是由法规命令的订定者独自决定。鉴于《德国基本法》第103条第2项要求的法律保留(罪刑法定),唯有限制授权范围方属合法[145],但这里的命令订定者却未被限制在纯粹的授权范围。究其实,在"交互参照"技术下以空白刑法保护的行为规范,其重要内容并不是出自法律条文本身,而是来自法规命令所参照的欧体或欧盟法律文件。从《德国基本法》第80条第1项第2句对法规命令的要求来看,《德国食品与饲料法》第58条第

---

[144] 基础说明,*Volkmann*, ZRP 1995, 220 ff.;另参见 *Hecker*, Eur. Strafrecht, §7 Rn. 94 ff.;不同意见,*Chr. Schröder*, in: Hiebl/Kassebohn/Lilie, Festschrift für Volkmar Mehle, 2009, S. 609.

[145] 参见 BVerfGE 14, 174, 185 f.

3项第1款通过"准用条款"(内容准用……)描述了立法者所预设的行为规范,以致授权目的最起码具有可预见性,但这并非常态,毕竟不是所有空白刑法都有这样的准用条款(例如《德国牛肉表示法》第10条第1项、《德国鱼类表示法》第8条第1项第4款)。此外,准用条款换来的好处也代价过高,因为准用基准会降低犯罪构成要件的明确性程度。[146]

(4) 可罚性漏洞与从轻原则

74 《德国刑法》第2条第3项规定"从轻原则"(Lex-mitior-Grundsatz)[147],意指刑法在行为人行为时至裁判时之间有法律变更者,原则上[148]适用其中最有利之刑法;不仅如此,无刑罚性的状态也可视为"较有利之刑法"。法律事后变更造成可罚性漏洞的情形,也可能发生在空白刑法的参照条款,这对被告而言是一项防御利多。具体言之,如果德国空白刑法参照指示在犯罪行为时与法院裁判时之间,即便只是短暂"真空",于此时点便会发生《德国刑法》第2条第3项所谓"较有利之刑法"的状态,导致行为人的行为因事后欠缺刑罚性,而不可罚之。这样(暂时)无刑罚性的状态,在静态参照或动态参照欧盟法都可能会发生。

75 静态参照方面,德国刑事立法者遇到欧盟参照客体更替时,必须及时调整参照指示,使德国刑法可随欧盟法修正而同步参照新法案。德国立法者若只事后跟跄追赶欧盟修法进度,空白刑法的参照条款至少会暂时连结到已失效的欧盟参照客体,造成处罚真空的状态。[149]

案例13是静态参照的立法例(特征:条文具体指出欧盟官方公报出处)。德国立法者的配合修法动作延误一天,导致2012年6月1日出现无刑罚性状态,故依《德国刑法》第2条第3项,德国不可处罚A之行为。

76 动态参照方面(只要被视为是合法的立法技术),由于其特色是自动配合各次生效适用的法律文本,因此,内国立法者的迟误修法,不致引发

---

[146] 批评亦见 Hecker, Eur. Strafrecht, §7 Rn. 100 f.
[147] 广泛综览,Satzger, Jura 2006, 746, 752.
[148] 《德国刑法》第2条第4项的限时法(Zeitgesetz)是例外,来此仅见 Tiedemann, Wirtschaftsstrafrecht AT, Rn. 160 ff.
[149] 解释上,静态参照通常只应指向有效适用的欧体法或欧盟法而已,参见 Satzger, Europäisierung, S. 270.

可罚性漏洞。不过,只要欧盟参照客体短暂失效,内国参照条款也会跟着(暂时)进入真空状态。此外,假如欧盟规则有修正或被另一规则取代,且行为人之行为依新规则也是违法者,从轻原则的问题将比较复杂。对此,只要空白刑法自动连结到新规定,就应视该空白刑法是否体现一种全新的不法类型而定。答案如为肯定,原先参照客体所体现的非价,便因新法而发生事后之无刑罚性,故不可以新法状态来处罚行为人。反之,若不法类型在新、旧参照客体之间有延续性者,参照条款就没有真空状态可言,行为人之可罚性依旧存在。[150]

举例:自1997年6月1日起,欧盟所有会员国跨境交易保育动植物一事,由《欧体规则Nr. 338/97》[151]统一规定。然而,《德国联邦自然保护法》(BNatSchG)及其参照欧体法条款却在配合新欧体法上发生严重迟误[152],以致形成处罚漏洞。[153]例如说,《德国联邦自然保护法》旧法第30条之1第1项、第2项连结第30条第1项第4款及第21条第1项起先所参照的《欧体规则Nr. 3626/82》,已在1997年6月1日由前述《欧体规则Nr. 338/97》取代,因此,参照条款从这时点开始,一直到德国物种保护法(它是联邦自然保护法的一个章节)延迟修法的期间,便处于法律真空状态。易言之,这时候出现"无刑罚状态"的时间,导致过去(依当时有效适用之欧体规则Nr. 3626/82)成立的诸多违法行为,在"从轻原则"[154]的观点下已不得处罚,未来亦是如此。[155]

德国立法者在《德国联邦自然保护法》第39条第2项旧法(事后)增订过渡条款(新法规定在第69条第2项),其不同于《德国刑法》第2条第3项从轻原则。该过渡条款规定,在空白刑法未配合修法致生疏漏之前已构成犯罪的行为,尽管两时点之间因参照条款未配合修正而失去刑罚性,事后仍完全可依行为时点之法律处罚,即依空白刑法原先参照的条

---

[150] 通说,仅见 BGHSt 26, 167, 172 f.; *Jescheck/Weigend*, §15 IV 5 Fn. 49; S/S-*Eser*, §2 StGB Rn. 24;不同意见,SK-*Rudolphi*, §2 StGB Rn. 10; MK-*Schmitz*, §2 StGB Rn. 23.

[151] AB1EG 1997 Nr. L 61.

[152] 参见1998年4月30日《德国联邦自然保护法》第二次修正条文(BGBl. 1998 I, S. 823),自1998年5月9日生效。

[153] 对此,德国《南德日报》(SZ)在1998年2月28日至3月1日第1页说:"走私动物的缺口。罪犯现在因法律漏洞免受重罚。"

[154] 但如认为相关欧体或欧盟规则只是《德国刑法》第2条第4项所谓的限时法,则有不同结论。依此方向论述者,如 *Pfohl*, wistra 1999, 161, 166.

[155] 参见 *Moll*, Nationale Blankettstrafgesetzgebung, S. 174; *Pfohl*, wistra 1999, 161, 165 f.

文版本处罚。此规定虽不违反《德国基本法》第 103 条第 2 项罪刑法定原则（回溯禁止），因为毕竟是适用行为时法，加上从轻原则在德国法还不具备宪法位阶。[156] 但是，这种过渡措施仍有宪法疑虑：事后取消一度已依《德国刑法》第 2 条第 3 项从轻原则建立的无刑罚性（此指自 1997 年 6 月 1 日起，至空白刑法配合调整为止的这段空窗时间），如果这不是极其短暂的时间间隔，便会抵触《德国基本法》所承认的一般信赖原则。[157] 对于一度犯下犯罪的行为人而言，不可强求其应长期考虑到行为后所发生的无刑罚性状态，会因回溯效力而恢复刑罚性。另应注意者，从轻原则在欧洲层级享有最高价值地位：欧盟法院认为从轻原则是旧《欧盟条约》第 6 条第 2 项所称之一般法律原则（allgemeiner Rechtsgrundsatz）[158]，故属欧盟一级法之一部分；至于今日，从轻原则已成为《欧盟基本权利宪章》的一种司法基本权利，明文规定在《欧盟基本权利宪章》第 49 条第 1 项第 3 句。

五、适用内国刑法时尊重欧盟法

（一）前言

78 乍看之下，德国刑事法院只需适用纯粹的内国刑法，惟实际上不可对欧盟法视若无睹。本章开宗明义已说，如同于其他法领域，会员国刑法原则上亦受到欧盟法的"欧洲化"洗礼。

对此，刑法适用者首应注意欧盟法中可直接适用的法规，即所有在欧盟国直接建立权利与义务的欧盟法案。在此脉络，主要是指欧盟"规则"（Verordnung）。但除此之外，欧盟"指令"（Richtlinie）也可能符合这种资格，只要依欧盟法院所建立的原则判断后，可认为系争指令对人民发挥"主观直接效力"者。这些原则是指：指令内容绝对性（即不得附条件）、充分精确、转化期限届至仍无成果，以及指令有利于个人。[159] 此外，若指令满足上述除"有利于个人"以外的所有条件时，法院（与行政机关）基于

---

[156] 仅见 BVerfGE 81, 132, 138; BVerfG StraFo 2008, 465 f.; OLG Düsseldorf NJW 2008, 930 ff.

[157] 正确说明亦见 LK-*Dannecker*, § 2 StGB Rn. 59 ff.; 亦见 *Pfohl*, wistra 1999, 161, 166; *Chr.Schröder*, in: Hiebl/Kassebohn/Lilie, Festschrift für Volkmar Mehle, 2009, S. 604.

[158] EuGHE 2005, I-3565-verb. Rs. C-387/02, C-391/02 und C-403/02 "*Berlusconi*" (Rn. 68 f.).

[159] 这些条件的总结，可见 Calliess/Ruffert-*Ruffert*, Art. 249 EGV Rn. 77 ff.

指令的"客观直接效力",也必须适用指令。⑯⓪

在解释内国法时,欧盟法在(刑事)法律适用上也可能出现重要性,但这完全与欧盟法的可直接适用性和效力无关。后面还会说明(本章 Rn. 88 以下),内国法院在所谓"符合欧盟法"之解释(以前称为"符合欧体法之解释")范围内,也应考虑其他不可直接适用的欧盟法。

(二) 不予适用效力

▶ 案例 14: *Ratti*(以下简称 R)因违反《意大利溶剂表示法》(Nr. 245 v. 5.3.1963),被意大利法院判决有罪。被告并未否认触犯意大利法,但强调已遵守欧洲经济共同体调和化指令(73/173/EWG)充分明确的规定。惟意大利在该指令规定的转化期限届满,仍未转化成内国法。试问:此判决是否因为意大利未转化指令而受影响?(本章 Rn. 81)

▶ 案例 15:德国人 D 在德国巴伐利亚邦 L 营业处为一家伦敦公司 U 提供运动赌博,U 持有英国赛马职业的特许执照。D 接受赌客签注的彩券,通过网络传送到英国并在自己营业处支付彩金,但 D 这项职业却未(依巴伐利亚邦的国家彩券法)取得必要的(德国)行政法许可。试问:D 是否成立德国赌博罪(§284 I StGB)?(Rn. 82 以下)

德国犯罪构成要件抵触欧盟法时,基于欧盟法优先于内国法⑯①,德国犯罪构成要件会被"中立化"(Neutralisierung),即不予适用。此所称"中立化",指具体案件将不得适用德国犯罪构成要件,换言之,德国刑法此时不具"适用优先性"(Anwendungsvorrang)⑯②,故而,不存在符合德国犯罪构成要件之行为。⑯③ 由此可知,欧盟法优先于内国法的意义,并非表示欧盟法纯粹只是一种阻却违法事由而已。⑯④

79

80

---

⑯⓪ 采此说者,如 *Streinz*, Europarecht, Rn. 487;指令"直接效力"仍有部分尚未厘清之问题,参见 Streinz-*Schroeder*, Art. 288 AEUV Rn. 101 ff.

⑯① 关于欧体法优先性的欧盟法院基础裁判,EuGHE 1964, 1251 - Rs. 6/64 "*Costa/ENEL*"(Rn. 8 ff.)。

⑯② 依适用优先的通说见解,与欧盟法抵触的内国法律(对其他案件之)适用效力仍不受影响,参见 *Jarass*, DVBl 1995, 958 f.; *Streinz*, Europarecht, Rn. 222.

⑯③ *Hecker*, Strafbare Produktwerbung, S. 286; Satzger, Europäisierung, S. 506 ff.

⑯④ 不同意见,*Kreis*, Die verbrechenssystematische Einordnung der EG-Grundfreiheiten, 2008, S. 170 ff.;相关意见也出现在有关《意大利刑法》第 51 条的意大利文献,如 *Pedrazzi*, in: Università di Parma, Droit communautaire, 1981, S. 57 f.

惟内国法不予适用的发生要件,必限于欧盟法与内国刑法两者间存在真正冲突:可直接适用之欧盟法规必须与德国构成要件互相冲突。[165] 这种冲突,在犯罪构成要件层面与法律效果层面均可能发生。

至于德国刑法与非可直接适用之欧盟法规抵触者,鉴于德国宪法要求的法与法律之拘束义务(《德国基本法》第20条第3项),德国法院仍应适用德国法。在这种仅仅是假象冲突的情形,顶多可以或必须借助"符合欧盟法之解释"来考虑非可直接适用之欧盟法(参见本章Rn. 89以下)。

1. 犯罪构成要件层面的真正冲突

81　当内国刑法所禁止的行为,却是可直接适用之欧盟法所容许的行为时,内国法与欧盟法即在犯罪构成要件层面发生冲突。人民此时面对两个互不协调的规范命令,用欧盟法院的话来说,"内国法与欧盟法抵触者,内国机关不可因人民未遵守该内国规定而施加处罚"[166]。欧盟法适用优先性从有利于欧盟法的立场,化解了这样的规范冲突,结果是内国刑法要件不可适用于该个案,换言之,内国法被"中立化"了。因此,案例14中的R可援用直接有效的欧盟指令规定,阻止意大利法院依据与该指令冲突的意大利刑法作出有罪判决。[167]

应注意者,意大利法院判决R有罪时,如果指令转化期限尚未届满者,本案将因欠缺有直接效力之欧盟法,而未与意大利法出现(真正)冲突,意大利犯罪要件也就不存在不予适用的条件。

82　由于每一可直接适用之欧盟法都可能与内国刑法发生冲突,《欧盟运作条约》保障内部市场之基本自由(即商品流通、劳工迁徙自由、职业自由和提供服务自由、资金流通自由),也可能造成内国刑法中立化效力。[168] 但此处仍须注意,欧盟一级法对这些基本自由在欧盟法上设有例外限制[169],而为了"公共福祉之必要理由",也对基本自由另有(未明文的)保留

---

[165]　参见 *Satzger*, Europäisierung, S. 479 ff.
[166]　EuGHE 1977, 1495-Rs.8/77 "*Sagulo*" (Rn. 6).
[167]　参见 EuGHE 1979, 1629-Rs. 148/78 "*Ratti*" (Rn. 23).
[168]　其他例证,*Hecker*, Eur. Strafrecht, §9 Rn. 24 f., 33 ff., 36 f.; 同样会跟《欧盟基本权利宪章》产生冲突,参见 EuGH v. 26. 2. 2013-Rs. C-617/10 "*Åkerberg Fransson*" (Rn. 45).
[169]　例如《欧盟运作条约》第36条、第45条第3项(连结第62条)。

限制。⑩ 受刑法维护的行为规范,虽然经常就是"公共秩序"之一或可涵摄于"公共福祉之必要理由",惟应注意,例外规定之范围(特别是比例原则的问题)原则上乃由欧盟法决定。

例如,《德国刑法》第287条第1项、第2项除了处罚未经行政机关许可而经营彩券外,甚至连刊登相关广告也予以处罚。⑪ 如果有英国彩券业者未经德国许可,在德国刊登彩券广告,将彩券寄到德国,亦即营业触角伸入德国领域,德国对该彩券业者的刑事诉讼会面临一个问题:有无可能依《德国刑法》第287条判决有罪? 还是说,这类行为因受欧盟基本自由之保护,所以德国赌博罪被不予适用? 欧盟法院近来曾多次就类似案情作出裁判。⑫ 欧盟法院认为,跨国经营彩券或运动赌博,原则上可涵摄于《欧盟运作条约》第57条的(广义)提供服务概念之内,而《欧盟运作条约》第56条以下规定除了禁止会员国采取歧视措施外,原则上也不许内国采取任何妨碍提供服务自由(Dienstleistungsfreiheit)之行使,或使之较无诱因的措施。⑬ 依此标准,德国刑法处罚彩券广告和寄送彩券,当然是(重大)妨碍彩券业者的提供服务自由。然而,非歧视性的限制提供服务自由,仍可依欧盟法基准而合法,亦即,这些限制可因公共利益之必要事由与符合比例原则而正当化。⑭ 依欧盟法院见解,道德、宗教和文化等特殊性,以及赌博伴随对个人、社会之道德、财产损害后果,均使会员国评估彩券和赌博的裁量具有正当性。循此以观,会员国可对赌博广泛限制、甚至全面禁止。只不过,限制必须与所追求之目的符合比例原则,也不可对其他会员国的服务提供商造成歧视性限制。⑮

上述说明套用到德国(刑事)法现况后可看出,《德国刑法》第287条

---

⑩ 参见 EuGHE 1995, I-4165-Rs. C-55/94 "Gebhard"(Rn. 37);综览另见 Streinz, Europarecht, Rn. 838 ff.

⑪ 参见第六次刑法改革法,BGBl. 1998 I, S. 164 ff.;关于《德国刑法》第287条第2项广告禁止新规定,另见 Wrage, ZRP 1998, 426.

⑫ EuGHE 1994, I-1039-Rs. C-275/92 "Schindler"; EuGHE 2003, I-13031-Rs. C-243/01 "Gambelli"; EuGHE 1999, I6067-Rs. C124/97 "Markku Juhani Läärä"; EuGHE 1999, I-7289-Rs. C-67/98 "Zenatti"; EuGHE 2007, I-1891-Rs. C-338/04 "Placanica".

⑬ EuGHE 1974, 1299-Rs. 33/74 "Van Binsbergen"(Rn. 10 ff.);参见 Streinz-Müller-Graff, Art. 49 AEUV Rn. 85.

⑭ EuGHE 1995, I-4165-Rs. C-55/94 "Gebhard"(Rn. 37).

⑮ EuGHE 2007, I-1891-Rs. C-338/04 "Placanica".

刑罚连结到单纯的许可保留,如果有助于将赌博活动导入可受监督的轨道,以预防犯罪或诈欺横行,那么可说是合适的限制手段;此外,若未歧视性地核发赌博许可,则未违反欧盟法。[176] 不过,欧盟法院在 *Gambelli* 案的保留说法,却指出这项结论绝非于任何个案都畅行无阻。欧盟法院说道,"内国法院必须考虑到,在赌博仅限特许经营的国家,大幅开放赌博的政策,如果是以增加收入为目的者,内国援用'公共利益之必要事由'便值怀疑。再者,也需特别审查处罚与所追求目的之间的比例原则"。[177]

在案例15,D是运动赌博的经营者,由于他让公众有参与运动赌博的机会,因此是《德国刑法》第284条第1项所称的赌博经营者。[178] 但因D未取得德国行政机关许可证,故原则上成立该赌博罪。可是,本案依此条文所为之处罚,却违反欧洲法,原因是对欧盟公民的服务提供自由造成限制。这项限制无法通过必要之公共利益而合法化,因为巴伐利亚邦《国家彩券法》自始就不以民间私人为许可对象,其目的在确保国家可独占经营运动赌博。换言之,追求国家财政利益才是立法背景,而与许可保留宣称的目的——"对抗赌瘾"——并不一致。有鉴于此,慕尼黑高等法院未判决D有罪,理由是:欧盟法可直接适用之服务提供自由,已使《德国刑法》第284条第1项不予适用。[179]

慕尼黑高等法院的结论固然恰当,不过正确而言,其应可借由——优先性的——"符合欧盟法"之解释(Rn. 89 以下) 作出同一结论,而不是以内国法与欧盟法抵触,进而宣告前者不予适用。详言之,《德国刑法》第284条第1项"行政机关许可"的条文文义,若不单只以内国法角度来解读,而是以基于避免与欧盟法服务提供自由抵触,放大视野从欧盟法来理解的话,则于其他欧盟国取得营业许可一事(本案指英国的许可执照),亦应属《德国刑法》第284条第1项所称的"行政机关许可",故D不成立德国赌博罪。[180]

---

[176] 欧盟法院已确认此观点,EuGHE 1999, I-6067-Rs. C-124/97 "*Markku Juhani Läärä*" und EuGHE 1999, I-7289-Rs. C-67/98 "*Zenatti*"。

[177] EuGHE 2003, I-13031-Rs. C-243/01 "*Gambelli*" (Rn. 68 ff.); *Walz*, EuZW 2004, 523。

[178] *Lackner/Kühl*, § 284 Rn. 11 m. w. N.

[179] OLG München NJW 2006, 3588 ff.; 赞同者, 如 *Mosbacher*, NJW 2006, 3259, 3532; *Lackner/Kühl*, § 284 StGB Rn. 12 m. w. N.

[180] 已见于 *Satzger*, JK 3/07, StGB §284/1. 另见 *Heine*, in: Wohlers (Hrsg.), Neuere Entwicklungen im schweizerischen und internationalen Wirtschaftsstrafrecht, 2007, S. 12 f.,其以此领域仍缺乏调和化而对承认外国许可一事抱持怀疑。

2. 刑罚效果层面的真正冲突

欧盟法对刑罚效果也有设下界限(本章 Rn. 17 以下),所以,欧盟法和内国刑罚效果同样可能发生规范矛盾。 85

刑罚效果的规范冲突有两种情形。第一种是科处之内国刑罚逾越欧盟法上限,这一上限在欧盟基本自由适用范围内,乃由歧视禁止与比例原则所建构。任何歧视或不合比例原则的刑罚都会侵害基本自由,欧盟法院已赋予这些基本自由直接适用效力[181],是故,此处是一种与可直接适用之欧盟法有关的规范冲突。德国刑法规定的刑罚,假如(例外地)不能通过符合欧盟法之解释去除其歧视效力或缩减成符合比例原则的刑罚程度(本章 Rn. 111 以下),则整个犯罪构成要件将被不予适用,亦即根本不得施以刑罚。 86

举例:德国刑法条文规定,受雇人未履行特定保险义务者,处 3 个月以下有期徒刑或罚金,对其他欧盟国人则应处 6 个月以上有期徒刑。这是明显歧视的刑法规定,且因明文规定对其他欧盟国人的最低刑罚程度,故无法借由(符合欧盟法之)解释使该规定与欧盟法相符(本章 Rn. 114)。因此,这一刑法规定因违反歧视禁止而不得适用于其他欧盟国人(惟不影响对德国人的适用效力)。

反之,若案例规定正好相反,对德国员工比其他欧盟国人不利者,就形成所谓歧视本国人的问题。德国人比其他欧盟国人处于较不利之地位,这是否合法,完全交由内国宪法决定(特别是《德国基本法》第 3 条平等权、第 12 条职业自由)。[182]

刑罚效果冲突的第二种情形,是内国的刑罚性质抵触可直接适用之欧盟法。这可以回想到欧盟法院 Donatella Calfa 案:希腊法规定毒品犯应终生驱逐出境(本章 Rn. 24),此时会发生希腊法因抵触欧盟法而不予适用的效力。[183] 87

3. 与欧盟法的假象冲突

欧盟法院 Berlusconi 案[184]的案情基础,是一种(欧盟法院未看出的)假 88

---

[181] 仅见 *Herdegen*, Europarecht, §8 Rn. 14.
[182] 此问题目前尚未厘清,仅见 *Streinz*, Europarecht, Rn. 819 ff. 有不少文献例证。
[183] 不同意见,*Kreis*, Die verbrechenssystematische Einordnung der EG-Grundfreiheiten, 2008, S. 189 ff.
[184] EuGHE 2005, I-3565-verb.Rs. C-387/02, C-391/02 und C-403/02 "Berlusconi".

象冲突。时任意大利总理的 Berlusconi 因伪造财报遭刑事追诉。犯罪行为时的意大利刑法条文,符合当时(欧体)指令关于会员国对违反财报法条文必须施以"适当制裁"的意旨。但在 Berlusconi 行为后、判决之前,意大利立法者修法减轻伪造财报罪责,于是,新法不再符合欧体指令所要求的"适当制裁"。尤其是同一罪名新增其他犯罪构成要件要素及重大性条款,并将伪造财报罪改为"轻罪"(Vergehen),导致缩短追诉时效。修法种种后果,使 Berlusconi 之行为到了意大利法院裁判时点,依新法若不是不可罚之,就是罹于时效。

上述修法后,依意大利刑法从轻原则,适用于 Berlusconi 的法律应不是行为时法,而是行为后较有利于行为人的新法。如此一来,意大利法院应对 Berlusconi 谕知无罪,但意大利法院向欧盟法院提问:可否依意大利法从轻原则适用较有利于行为人的刑法新修正条文,尽管新法违反欧体指令?

欧盟法院结论上赞成意大利适用违反欧体指令的新法,但所采理由,不是欧盟法院早就明白承认为欧体法一般法律原则的从轻原则。[185] 确切言之,欧盟法院认为,提案的意大利法院基于已被承认的共同体法适用优先性结果,"对于未与共同体法适当制裁之要求相符的内国处罚规定,意大利法院原则上虽有义务不予适用,但此处毋宁是一种例外",因为"根据欧盟法院裁判,(未经内国转化的)欧体指令本身并无成立或加重刑事责任之效力"。[186]

欧盟法院结论固然正确,但说理有待商榷。简言之,本案并不存在内国法与欧盟法真正冲突的状况,所以,不会使意大利新法"不予适用"。这些欧体指令只使会员国承担订定"适当制裁"之义务。[187] 由于指令并未进一步描述制裁的特性,因此指令的直接效力,顶多是要求会员国应对违反指令的行为"施以制裁"。[188] 至于如何制裁则由会员国决定,就此而言,指令并未有充分的明确性。于 Berlusconi 案,由于意大利新法未自始排除处罚,而是改成对行为人较有利的规定,所以是意大利新法与非可直接适

---

  [185] 从轻原则今日明文规定在《欧盟基本权利宪章》第 49 条第 1 项第 3 句,而有正式拘束力。

  [186] 主要参见 EuGHE 1987, 3969-Rs. 80/86 "Kolpinghuis Nijmegen" (Rn. 13) 与 EuGHE 2004, I-651-Rs. C-60/02 "X" (Rn. 61)。

  [187] 依正确见解,基于权限理由并不容许详细列出刑罚效果,参见本章 Rn. 27。

  [188] 会员国这种制裁义务——不附条件且内容精确的——规定在指令里。

用之欧体法的冲突。总言之,在这种只是假象冲突的案件,并不生内国新法不予适用的效力,故意大利法院仍可适用新法。意大利法院所应采取者,乃是对新法进行符合指令之解释义务,因为即使只是在假象冲突的案件,也不影响提案法院应就较轻的刑罚作出符合欧盟指令之解释的义务(见下文)。据此,欧盟法院关于"欧体法适用优先基本原则之例外"的说法,于本案既用不上,也无采纳道理。[188]

(三) 符合欧盟法之解释

▶ 案例16:失业教师L虚荣心作祟,在德国柏林冒充欧盟执委会行政专员,假冒行使职权。试问:L行为是否可罚?(本章 Rn. 101)   89

1. 通论

前已提到,对内国法必须进行符合欧盟法(unionsrechts-konform)之解释。借由这种解释方法可达成两项目的: 90

一是被考虑作为解释对象的欧盟法规,若是可直接适用之欧盟法者,符合欧盟法之解释将类似于德国法所熟知的合宪性解释。在此意义下,会员国法院在众多根据内国法可行的解释选项中,必须挑选不抵触欧盟法之解释。所以,通过适当地对德国法之相关解释,可避免德国规范被不予适用。简言之,这是一种借助符合欧盟法解释的"冲突避免"。

二是解释时考虑到整体(可直接适用的及其他的)欧盟法,一方面可确保内国法尽可能与欧盟法目的一致,另一方面也使会员国法律齐步适用。于此,欧盟法发挥客观效力,这在欧盟指令(及内国转化指令所发布之法律)尤具重要性。[190]

符合欧盟法解释的正当性或义务,在内国法及欧盟法均有法律理由: 91

内国的解释理论可以使欧盟法丰富内国法的解释内涵。[191] 据此,有不同解释基准可供利用:文义、体系、立法历史与规范目的。[192] 以德国法

---

[188] 详细批评(也针对欧盟法院佐审官 *Kokott* 所采取之同样不具说服力、结论甚至不同的观点),*Satzger*, JZ 2005, 998 ff.;赞同者,*Hecker*, Eur. Strafrecht, §9 Rn. 19;相关问题,另见 *Gross*, EuZW 2005, 371 ff.; *Dannecker*, ZIS 2006, 309, 312 ff.

[190] 亦见 *Safferling*, Int.Strafrecht, §11 Rn. 15.

[191] 参见 *Hommelhoff*, AcP 192 (1992), 71, 95.

[192] 仅见 *Zippelius*, Juristische Methodenlehre, 11. Aufl., 2012, §8 und §10 II.

转化欧盟指令为例,可看出如何在传统解释规则脉络下考虑欧盟法:内国立法者转化指令时,通常可推测其有正确转化指令之意思。因此,将欧盟指令输入内国法也符合法律意旨与目的。最后,内国法律若使用欧盟指令的用语,也表示文义、体系均支持符合指令之解释。

符合欧盟法解释之义务,乃来自欧盟法本身。基于一般忠诚义务(《欧盟条约》第4条第3项),不单是会员国自己,还包括会员国的所有公权力行使者,都有责任采取适合于实现欧盟义务的所有措施。准此,内国法院也有职责在内国范围内注意欧盟法的统一适用。[193] 但是,为了避免欧盟法适用优先性与符合欧盟法解释这两者的界限模糊,欧盟法院将此义务局限于一定之案例,即该案中,内国法允许内国法院原则上有考虑欧盟法的判断弹性空间。[194]

92 相应于此,从内国法与欧盟法也会得出符合欧盟法解释之界限:

以德国法角度来说,符合欧盟法解释之界限与合宪性解释类似,都在于解释结果一来既不得逾越条文的可能文义,二来也不可背离立法者制定法律的立法目的。否则,法院将不再是适用立法者制定的法律,而是僭越立法者地位自创新法。

欧盟法设定之界限,可参考欧盟法院在 *Kolpinghuis Nijmegen* 案的总结:

符合欧盟法解释(当时仍为欧体法解释)义务的界限,在于"欧体法(现为欧盟法)之一般法律原则,特别是法安定性及禁止溯及既往"。[195]

2. 符合欧盟法之解释与刑法

93 犹如其他所有内国法领域,刑法也受到欧洲化效力之影响,所以上述关于符合欧盟法解释的原则,亦适用于内国刑法。因此,在刑法规范依内国理解均能支持的数个解释选项中,应挑选出与欧盟法最契合的解释。[196] 惟应注意,刑法罪刑法定原则(Gesetzlichkeitsprinzip)会成为解释的特别

---

[193] Heise, Gemeinschaftsrecht und nationales Strafrecht, 1998, S. 93;以《欧盟运作条约》第288条第3项附加作为符合指令解释之理由者,参见 *Chr. Schröder*, Europäische Richtlinien, S. 335(当时是针对《欧体条约》第249条第3项)。关于在过去欧盟第三支柱脉络说明符合框架决议之解释义务,参见 EuGHE 2005, I-5285-Rs. C-105/03 "*Pupino*"(v. a. Rn. 43-45)。

[194] 欧盟法院基础裁判,EuGHE 1984, 1891-Rs. 14/83 "*Von Colson und Kamann*"(Rn. 27 f.)。

[195] EuGHE 1987, 3969-Rs. 80/86 "*Kolpinghuis Nijmegen*"。

[196] 详见 *Satzger*, Europäisierung, S. 549 ff.; *Chr. Schröder*, Europäische Richtlinien, S. 340 ff.; *Dannecker*, in: Wabnitz/Janovsky, Handbuch, Kap. 2 Rn. 117 ff.

界限:刑法条文的文义界限有其特殊意义,限缩了内国法院的"判断弹性空间"。换言之,符合欧盟法之法律续造在其他法领域虽属合法,在刑法却不得为之,至少在对行为人产生不利后果时行不通。这项限制之来源,一方面出自内国法所规定的罪刑法定原则(参见《德国基本法》第103条第2项、《德国刑法》第1条),另一方面则是源于被承认为是欧盟法一般法律原则的刑法明确性原则。[197]

据此,内国犯罪构成要件只有同时具备以下两个要件,才能依欧盟法律文件扩大解释:解释之结果仍与犯罪构成要件之文义相符;欧盟法律文件本身的规定充分明确。[198]

有别于文献的不同意见[199],笔者认为,欧盟法的法安定性诫命与禁止溯及既往尤其不会阻碍所谓"扩大可罚性"之符合欧盟法解释("strafbarkeitserweiternde" unionsrechtskonforme Auslegung)。[200] 详言之,若某一不具直接效力的欧盟指令发布后,造成内国犯罪构成要件必须适用于某一行为,然依内国过去实务惯例,该行为并不在此构成要件涵摄之内者,那么,即使被告地位相较于过去的解释实务而言较为不利,符合欧盟指令的解释也不会违反上述欧盟法界限。

针对上述说法,虽有反对见解主张"必须让人民信赖欧盟指令直到内国完成转化,才可对其生效","扩大可罚性之解释等于违法直接适用不利于人民之指令"。[201] 然而,这里所进行的符合欧盟法之解释,绝未扩大可罚性。何种行为可罚,完全以法律为认定依据,而不是单凭法院的法律解释。是以,较不利之地位仅是与过去实务解释对比而来的结果,但新解释结论的法律基础依然是内国刑法条文本身,欧盟指令于此只是充作内国刑法条文射程距离的探查基准之一。由此观之,变更解释并不是从欧

---

[197] EuGHE 1996, I-6609-verb. Rs. C-74/95 und C-129/95 "*Telecom Italia*" (Rn. 25).

[198] EuGHE 1996, I-6609-verb.Rs. C-74/95 und C-129/95 "*Telecom Italia*" (Rn. 24 f., 31); *Hecker*, Eur. Strafrecht, § 10 Rn. 48 ff.; *Chr. Schröder*, Europäische Richtlinien, S. 387 f.

[199] *Brechmann*, Die richtlinienkonforme Auslegung, 1994, S. 275 ff.;类似者亦见 *Köhne*, Die richtlinienkonforme Auslegung im Umweltstrafrecht-dargestellt am Abfallbegriff des § 326 Abs. 1 StGB, 1997, S. 107 f.

[200] 同见解,*Hecker*, Eur. Strafrecht, § 10 Rn. 61; *Heger*, HRRS 2012, 213.

[201] *Brechmann*, Die richtlinienkonforme Auslegung, 1994, S. 277; *Köhne*, Die richtlinienkonforme Auslegung im Umweltstrafrecht-dargestellt am Abfallbegriff des § 326 Abs.1 StGB, 1997, S. 115.

盟法(回溯)成立可罚性,毋宁是实现作为内国法基础的客观法律意志,直到现在才被"正确"辨识出来。[202] 至少就正确见解而言,单纯信赖一项特定法律解释并不值得予以保护。因此,裁判变更解释随时可能会发生,故不违反禁止溯及既往。[203]

3. 适用案例

96　　通过以下案例类型,可清楚地看出刑法规范在符合欧盟法解释时的适用范围和做法。

（1）对内国刑法采取符合欧盟法之扩张解释,以保护欧盟法益

97　　欧盟拥有许多法益(例如财产权、家宅权、行政运作能力)。目前这些法益的刑法保护(仍)专由会员国为之。基于《欧盟条约》第 4 条第 3 项的忠诚义务,会员国负有以内国刑法为欧盟效劳的义务。不但如此,由于内国机关在其职权范围内也受欧盟忠诚义务的拘束[204],故内国法院亦须对内国犯罪构成要件采取符合欧盟法之(扩张)解释,尽可能地以如同保护内国法益之程度,致力于为欧盟法益提供刑法保护。

98　　当然,如果内国立法者已卸除内国法院这样的任务,即法律条文本身清楚地将欧盟法益与内国法益并列,就不再需要符合欧盟法之解释了。

举例:以《德国刑法》为例,《德国刑法》第 108 条之 5 将欧盟议会议员之贪污与德国联邦众议院和各邦议会议员贪污并列;同法第 264 条第 7 项第 2 款补助款诈欺的补助款概念,也包括欧盟法的公共资金。

99　　此外,若通过传统解释原则,即可将欧盟法益包含在内国犯罪构成要件保护范围之内时,也就无须动用符合欧盟法之解释。本书采用的构成要件保护法益区分原则可见第六章。依此,只有所谓"国内法益"(指构成要件在保护个人法益,受保护对象不区分本国人或外国人,一律当做国内法益),才落在德国犯罪构成要件保护范围,亦即,依传统分类解释,只有欧盟的个人法益(财产权等)才受到德国刑法保护。反之,欧盟公共法益则不属于国内法益,故依传统解释,不将其列入德国犯罪构成要件保护范围之内。

---

[202]　*Satzger*, Europäisierung, S. 555.

[203]　参见 BVerfGE 18, 224, 240; BayObLG NJW 1990, 2833; *Lackner/Kühl*, § 1 StGB Rn. 4; 相同者, *Hecker*, Eur. Strafrecht, § 10 Rn. 60.

[204]　仅见 Streinz-*Streinz*, Art. 10 EUV Rn. 5.

不过,对欧盟存续与功能而言,高权法益绝大多数是基本需求,故应受到特别保护。因此,内国法院对此原则上有采取符合欧盟法解释之义务,但于此必须始终遵守的前提是,应以条文文义允许此种解释空间及不背离立法目的为限。由此可知,德国立法者如将德国刑法条文适用范围清楚限定在德国法益时,就无符合欧盟法之解释的存在空间。 **100**

举例:《德国刑法》局限在德国高权法益者,如第 81 条第 1 项(领土完整性、宪法秩序)或第 105 条、第 106 条(国家机关意思自由)。

内国刑法条文假如不是这种情形,而是"开放性"描述的构成要件时,那就可启动符合欧盟法解释之路径。以案例 16 来说明推论步骤: **101**

L 的行为,可考虑其成立《德国刑法》第 132 条假冒公职务罪(Amtsanmaßung)。这项构成要件的旨意,在避免无权限之人行使公职务或从事只有公职务始可进行的行为。依德国通说见解,这可保护国家及其机关的权威性,该权威性是任何国家行政或司法的运作功能前提。[205] 因此,假冒公职务罪不涉及个人保护法益,运用传统解释规则后,可得出《德国刑法》第 132 条定义的公职务只指内国公职务。[206] 这乍看之下似乎言之成理。为了补强这项结论,有些文献还参照《德国刑法》第 11 条第 1 项第 2 款,指出刑法公务员(Amts-träger)概念限定为德国公务员。[207]

然而,《德国刑法》第 132 条文义并未限定为德国的"本国公务员"。以参照《德国刑法》第 11 条第 1 项第 2 款公务员定义为论据,也欠缺说服力,因为《德国刑法》总则规定的只是"公务员"概念,而非"公职务"(öffentliches Amt)的法律定义。准此,似乎无法自始排除对《德国刑法》第 132 条"公职务"概念的从宽定义,也因此,欧盟公职人员应可涵摄在"公职务"概念内。所以,《德国刑法》第 132 条是可进行符合欧盟法解释的犯罪构成要件。[208]

---

[205] BGHSt 3, 241, 244; 12, 30, 31; *Lackner/Kühl*, § 132 StGB Rn. 1; S/S-*Cramer/Sternberg-Lieben*, § 132 StGB Rn. 1; SK-*Rudolphi/Stein*, § 132 StGB Rn. 2;不同意见,AK-*Ostendorf*, § 132 StGB Rn. 4:"保护人民免于受到假借行使国家权力之自由。"

[206] 采此见解者,特别是 LK-*Krauß*, § 132 StGB Rn. 13; S/S-*Cramer/Sternberg-Lieben*, § 132 StGB Rn. 1, 4; *Fischer*, Vor § 3 StGB Rn. 9;原则上亦如此认为者,SK-*Rudolphi/Stein*, § 132 StGB Rn. 5.

[207] LK-*Krauß*, § 132 StGB Rn. 13.

[208] 明显不同见解,LK-*Krauß*, § 132 StGB Rn. 13,认为不可类推;亦见于 LK-*v. Bubnoff*, 11. Aufl., § 132 StGB Rn. 10.

《德国刑法》第 132 条"公职务"也有必要扩大解释,因为其保护的法益——高权之权威性——对欧盟运作同属不可或缺。鉴于欧盟(行政)权限多元性,无权行使高权职务之人的假冒行为,将导致大众对欧盟失去信赖,严重干扰欧盟执行任务。准此,欧盟同样需要刑法保护,就如同《德国刑法》第 132 条在内国范围提供之保护一样。况且,扩大解释也未扭曲与背离该条文旨意,故未逾越符合欧盟法解释的界限。综合以上,《德国刑法》第 132 条假冒公职务罪必须涵盖欧盟公职务。[209] 因此,《德国刑法》第 132 条通过符合欧盟法之解释后,即可适用于案例 16。

同理,《德国刑法》第 133 条第 1 项的破坏公职务掌管罪(Verwahrungsbruch),也可比照上述推论来进行符合欧盟法之解释。《德国刑法》第 133 条在处罚破坏公职务支配权,第 1 项的保护法益是职务之掌管占有(dienstlicher Verwahrungsbesitz)[210],而职务掌管权则以掌管机关有相关高权为要件。[211] 由于这里不涉及个人法益之保护,运用一般解释规则后,自然认为条文"掌管"的概念必须回归德国高权来理解[212],结果便是《德国刑法》第 133 条第 1 项只保护德国的国内法益。[213]

然而,《德国刑法》第 133 条第 1 项文义并未规定这样的限制。欧盟公职人员或为欧盟工作之第三人在欧盟多样性行政活动范围内,会与受其支配的文书或其他动产形成职务掌管关系,而保护其掌管职务对欧盟运作之重要性,也与在内国层次的保护不相上下。所以,必须对《德国刑法》第 133 条第 1 项进行符合欧盟法之解释。[214] 据此,"掌管"概念若能纳入欧盟法高权,便可认为该当"职务掌管"这一构成要件要素。此外,如此解释也未背离第 133 条第 1 项旨意。

其他《德国刑法》的例子,还有破坏公务员封印(第 136 条第 2 项)、伪造文书(第 267 条以下、第 348 条)以及第 153 条在欧盟法院伪证罪(关

---

[209] 相同结论,SK-*Rudolphi/Stein*, § 132 StGB Rn. 5; LK-*Herdegen*, 10. Aufl., § 132 StGB Rn. 3.

[210] LK-*Krauß*, § 133 StGB Rn. 8.

[211] LK-*Krauß*, § 133 StGB Rn. 8.

[212] *Brüggemann*, Der Verwahrungsbruch, § 133 StGB, 1981, S. 235.

[213] *Fischer*, Vor § 3 StGB Rn. 9.

[214] 正确说法,也见 *Gröblinghoff*, Die Verpflichtung des deutschen Strafgesetzgebers zum Schutz der Interessen der Europäischen Gemeinschaften, 1996, S. 42, 71.

于第 154 条,参见第八章 Rn. 10 以下)。[215]

(2) 个别犯罪构成要件要素的概念从属性

当内国某一刑法条文未明文参照欧盟法(本章 Rn. 57 以下),但个别犯罪构成要件要素需探查其与欧盟法关联性之意义者,符合欧盟法之解释于此也能扮演一定角色。刑法的概念形成,原则上虽具独立性,即刑法条文所使用的概念能自主决定其内涵,同一语言在刑法与在其他法律领域之使用不同,也无不可,但这并不表示刑法不能以其他法律领域所理解的内涵来解释某一刑法概念。这类的概念从属性,可能是基于明文指示,例如《德国刑法》第 330 条之 4 第 3 款"危险物质";也可能从条文上下脉络得出刑法条文某一概念应比照其他法律领域,例如《德国刑法》第 242 条窃盗罪窃取"他人"动产,原则上即连结到物权法的标准。[216] 简言之,这是如何解释的问题。[217]

基于保护消费者之目的起见,欧盟法之概念和价值,于决定刑法构成要件要素方面扮演什么角色,在诈欺可罚性议题上可说讨论日盛。详言之,产品跨境销售属于《欧盟运作条约》第 34 条商品自由流通的保护范围,可是这里面临一个问题:在什么情况下,一种商品的吹捧和广告包装会具有诈欺性质,因而成立《德国刑法》第 263 条第 1 项诈欺罪?根据德国对诈欺概念的释义传统理解,受诈欺之被害人是否特别轻信于人并非重点,以致轻易可识破的不实叙述或错误说明原则上也能成立诈欺。[218] 相反,所谓欧洲之消费者形象(europäisches Verbraucherleitbild)则是建立在"消息灵通又明理之消费者"的想象基础上。[219] 这种不相一致的价值,造成德国对诈欺要件的传统理解与欧盟商品流通自由两者之间的冲突:以处罚(及刑罚威吓)来影响跨境交易,即属《欧盟运作条约》第 34 条所称"与禁止进出口"效果相同的一项措施。依欧盟法院 *Cassis de Dijon* 裁判[220],这项限制措施若想以保护消费者作为成立诈欺可罚性的正当化事由,必因偏离欧洲消费者形象而挫败,此时,诈欺可罚性即抵触欧盟法。

---

[215] 详见 *Satzger*, Europäisierung, S. 571 ff.; *Hecker*, Eur. Strafrecht, § 10 Rn. 68 ff.
[216] 参见 BGHSt 6, 377, 378.
[217] 参见 *Satzger*, Europäisierung, S. 599 ff.
[218] 参见如 BGHSt 34, 201 f.
[219] 参见如 EuGHE 2000, I-117-Rs. C-220/98 "*Lifting Creme*"(Rn. 27).
[220] 基础裁判,EuGHE 1979, 649-Rs. 120/78 "*Cassis de Dijon*".

据此,《德国刑法》第 263 条虽与《欧盟运作条约》第 34 条抵触,但通过对诈欺要件进行符合欧盟法的限制解释,使诈欺概念至少在跨境商品交易犯罪方面,以"消息灵通又明理之消费者"为认定基准,如此还是可以避免《德国刑法》第 263 条被不予适用。㉑

106 在此脉络的另一例子是环境刑法。环境刑法由于从属于行政法之设计,大部分会连结到欧洲法术语,例如《德国刑法》第 326 条的"废弃物"概念。㉒ 2011 年 12 月,德国立法者改革了环境刑法㉓,将欧盟议会与理事会的《刑法保护环境指令》(Richtlinie über den strafrechtlichen Schutz der Umwelt, 2008/99/EG)转化成德国法,同时也指出,现行法既有的犯罪构成要件有落实欧盟法的义务,并应依照欧盟法来解释。㉔ 此外,2006 年德国联邦最高法院一则处理《德国刑法》第 266 条之 1 第 1 项"雇主扣留工资罪"的裁判亦为适例,该犯罪为纯正不作为犯,以雇主在德国负有社会保险费之支付义务为构成要件。若对这项义务要素进行符合欧盟法之解释,当德国依欧洲社会法不能要求雇主在德国缴纳保费时,此犯罪要素便不存在。㉕

(3) 过失犯

107 在概括条款的构成要件要素之解释方面,欧盟法也有关键意义,这在过失犯领域尤为明显。过失犯与欧盟法解释可能产生连结的因素在于,任何过失犯的构成要件,皆以行为人之行为违反注意义务为成立要件。所适用的注意义务,其内涵为对具体行为形成之危险有所认识,并对此危险能正确应对。㉖ 对此,乃是从事前观察危险状况的角度,以谨慎细心之第三人于具体情况以及行为人的社会地位为要求标准,订出注意的种类

㉑ 详见 SSW-*Satzger*, § 263 StGB Rn. 66 f.;基础说明亦见 *Hecker*, Strafbare Produktwerbung, S. 282 ff.; *ders.*, Eur. Strafrecht, § 9 Rn. 33 ff.;另见 *Dannecker*, Jura 2006, 173, 174 f.,但认为这明显是优先适用欧盟法的案件。

㉒ 受欧洲影响的废弃物概念,参见 *Satzger*, Europäisierung, S. 600 ff.; *Heine*, in: Müller-Dietz u. a.(Hrsg.), Festschrift für Heike Jung, 2007, S. 268 ff.欧洲法对环境刑法影响的总论说明,*Hecker*, ZStW 115 (2003), 880 ff.

㉓ BGBl. 2011 I, S. 2557.

㉔ 详见 *Heger*, HRRS 2012, 211, 212(完整概览各项变革)。

㉕ BGHSt 51, 124.德国联邦最高法院这则裁判特别之处在于,其以欧洲证书为基础,只假定欠缺费用支付义务,详见 *F. Zimmermann*, ZIS 2007, 407 ff.;*Hauck*, NStZ 2007, 218, 221 f.

㉖ Wessels/Beulke, Rn. 668.

与程度。㉗由此可知,法官在每一个案都必须借助这些原则,探查行为人本应遵守的客观注意义务。最后,行为人应有之注意会因"容许风险"而有一定程度限缩:某些必然带有危险的行为方式,所制造与其有关而可事先预见的某种风险,基于对其他法益事实上或想象上的效益而被法律许可者,即不认为违反注意义务(例如开车、运转核电厂)。

判断成立过失犯应有的注意内容与注意范围,经常是法官的难题,如果针对应予评价的犯罪事实已有行为准则,即所谓"特别规范"(Sondernorm),则能减轻法官任务。相关行为准则是否以法律形式(例如道路交通法令、毒物规则)或私人准则手册(例如滑雪守则、标准化规范)规定,在所不问,法官可考虑将这些行为准则列为与生活范围有关的"根深蒂固经验"㉘,当做是具体个案中应被遵守的注意义务象征。㉙对这些纯粹事实上之象征效力而言,法律拘束力并非其条件,所以欧盟法律文件以及民间私人的欧洲规则手册,例如非官方的欧洲规范制定者,特别是"欧洲标准化委员会"(CEN)或"欧洲电子标准化委员会"(CENELEC),法官当然能于裁判时纳入考虑。

108

更重要者,通过行为准则,也能确立"容许风险"限缩注意义务的拘束界限,只不过,行为准则必须先经有法律拘束力的方式发布,才有这种效力。因为,若立法者自己容许或要求特定行为,就会连带接受该行为对他人或公众法益典型之附随危险。也因此,已依照相关法定准则行事的任何人,若仍因过失犯而受罚,将自相矛盾,除非所生之危险或侵害不同于立法者的抽象评估,而在系争个案中乃客观可事先预见,才会出现例外。㉚循此逻辑,欧盟机关法案中的行为准则也具有上述之效力。

109

举例:欧盟议会与理事会在 2009 年 6 月 18 日发布《玩具安全指令》(RL 2009/48/EG über die Sicherheit von Spielzeug)㉛,在其附件 2 记载一

㉗ 参见 BGHSt 7, 307; 37, 184; *Jescheck/Weigend*, § 55 I 2 b.

㉘ 类似者,*Kühl*, Strafrecht AT, § 17 Rn. 15.

㉙ 参见 BGHSt 4, 182, 185; 12, 75; OLG Karlsruhe NStZ-RR 2000, 141; *Lackner/Kühl*, § 15 StGB Rn. 39; *Gropp*, AT, § 12 Rn. 25; *Wessels/Beulke*, Rn. 671a; 不同意见, MK-*Duttge*, § 15 StGB Rn. 114.

㉚ *Satzger*, Europäisierung, S. 610 ff.; 完整说明, MK-*Duttge*, § 15 StGB Rn. 135 ff.

㉛ ABlEG 2009 Nr. L 170/1.

些非常具体的安全要求。其中,为保护儿童健康而制定玩具使用有毒物质的极限值,例如液态或黏性玩具的砷含量,每公斤最多只能有0.9公克。若未超出限值,儿童接触玩具所生之健康危害因还在正常值内,生产者的行为就还在容许风险之范围。从而,若意外发生砷中毒的伤害事件,即不能认为是生产者疏忽造成并据此处罚过失伤害罪(《德国刑法》第229条)。准此,解释过失伤害之构成要件时,应注意此指令规定。另外,不是等到立法者将欧盟指令转化成内国法才开始注意,依虽有争议、但属正确的见解,自指令生效之时便应加注意。[22]

110 应说明者,考虑欧盟法的注意义务规定并不会逾越符合欧盟法解释之界限。由于过失犯是"开放性""有待补充"的构成要件(立法者仅以概括条款方式规定过失犯的构成要件行为,刑事法官于是始终承担可观的具体化任务),故可避免违反内国的方法论。但是,法官到了每个个案才必须"决定"过失犯构成要件该当行为,一般会质疑违反《德国基本法》第103条第2项的罪刑明确性诫命。[23] 无论如何,如果准许立法者抱持保留态度,扩大法官面对过失犯构成要件时之解释自由即为必然结果。法官享有较大的解释弹性空间,也使法官在具体阐明注意义务标准时,可更多考虑欧洲规定。就此而言,内国的解释限制(法条文义、旨意)并不成为法官考虑欧洲法的阻碍。

(4) 量刑

111 如前所述,欧洲法规定和内国刑法的法律效果发生冲突时,原则上可导致该刑罚规范不予适用。惟仍应思考到,欧盟法在这些冲突案例完全不会阻碍处罚。整个构成要件不予适用所造成的可罚性漏洞,既不是欧盟法所要求,也抵触内国立法者的处罚决定。对此,亦可通过对量刑法(Strafzumessungsrecht)进行符合欧盟法的解释来找出解决方案,以避免内国刑罚效果与欧盟法界限爆发真正冲突。简言之,用欧盟法院的话来说就是:"内国法院的任务在于行使法官之判断自由,以求作出与欧体法(现为欧盟法)规定之性质与目的相符的制裁。"[24]

---

[22] 关此争点,一般性介绍可参见 Streinz-Schroeder, Art. 288 AEUV Rn. 130;《欧体电子商务指令》方面(E-Commerce-Richtlinie der EG, ABlEG 2000 Nr. L 178/1 ff.),另见 Satzger, CR 2001, 109, 114 f.

[23] 详见 Schlüchter, Grenzen strafbarer Fahrlässigkeit, 1996, S. 18 f.

[24] EuGHE 1977, 1495-Rs. 8/77 "Sagulo" (Rn. 12).

依德国目前量刑法,法官在法定刑范围内科处何种刑罚的职责,并非简单属于法官之"判断自由"。根据《德国刑法》第 46 条第 1 项针对量刑的客观基础规定,科刑毋宁必须始终"与罪责相当"。依通说见解,不是只有某一特定刑度才会与罪责相符,而是存在弹性空间,在该空间内的任一刑罚都可与罪责相符[所谓"弹性空间理论"(Spielraumtheorie)]㉟,而且还应从犯罪预防的观点来考虑,以找出具体刑度。无论如何,未符合罪责相当的刑罚绝对违法。因此,德国法官为了避免与欧盟法冲突,在依《德国刑法》第 46 条第 1 项确定罪责时就必须考虑欧盟法。 112

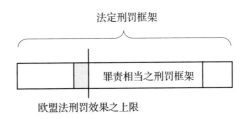

这种所谓"量刑罪责"(Strafzumessungsschuld),包含实现构成要件之不法的可非难性程度,而该程度则表现在行为不法与结果不法。㊱ 换言之,刑罚程度原则上是视行为人之行为扰乱法秩序与破坏法和平的强度来决定。㊲ 如前所述,行为人行为的欧盟基本自由之重要性,会决定欧盟法的刑罚上限,在这种情形的犯罪,其行为非价与结果非价于欧盟法脉络下其实比较轻微。于此,对于法和平被破坏到什么程度的评价问题,会受到欧盟基本自由的影响。所以,就此处关注的议题而言,欧盟法在认定罪责框架方面就已发挥了影响力,而这成为符合欧盟法之量刑(unionsrechtskonforme Strafzumessung)的出发点。准此,为使会员国之科刑符合欧盟法意义,必要时应让内国法院得以在法定刑罚框架内尽可能从轻判 113

㉟ 参见 BGHSt 7, 28, 32; 24, 132, 133; *Schäfer/Sander/v. Gemmeren*, Praxis der Strafzumessung, 4. Aufl., 2008, Rn. 461 ff.

㊱ *Schäfer/Sander/v. Gemmeren*, Praxis der Strafzumessung, 4. Aufl., 2008, Rn. 311; S/S-*Stree*, § 46 StGB Rn. 9a;类似,*Lackner/Kühl*, § 46 StGB Rn. 23; *Bruns*, Das Recht der Strafzumessung, 2. Aufl., 1985, S. 145 f.

㊲ *Frisch*, ZStW 99 (1987), 349, 388; *Schäfer/Sander/v. Gemmeren*, Praxis der Strafzumessung, 4. Aufl., 2008, Rn. 311.

刑。甚至于，为了得出欧盟法容许的量刑，在这些情况也能考虑法无明文的减刑事由。㉘

114　不过，如果德国刑法条文已订定最低刑罚或刑罚种类，却与欧盟法不一致者，情形则比较复杂。简单问：法院可否科处低于法定最低刑度的处罚？举例来说，法定刑是"3个月以上有期徒刑"，那有无可能纯粹为了符合欧盟法意旨，而只科处2个月有期徒刑？又或者，德国法官得否自行科处其他处罚较轻微的制裁种类，特别是逾越《德国刑法》第47条第2项之界限而谕知罚金刑，尽管条文仅规定科处有期徒刑而已？符合欧盟法之解释，仅允许在内国方法论的限度内为之。对个别犯罪所得科处刑罚之规定，其种类和程度完全是内国立法者的责任，法官不可僭越并科处立法机关所未规定的刑罚。因此，当刑罚规范的清楚文义已不给予法官任何弹性空间，也就不能再通过相关解释方法来达成符合欧盟法之结论。可是，刑事法官如果不可科处违反欧盟法的刑罚，结果便是，系争犯罪如无其他或一般性犯罪构成要件可资适用者，即须免予刑罚。

这样的解决方法在法律政策上显然无法服众，未来立法方面应尝试另辟蹊径，使这类情况既能摆脱法定最低刑度之束缚，又不致抵触罪刑法定原则。㉙

（四）框架决议对刑法适用的意义

115　以上关于内国法不予适用与符合欧盟法解释的说明，均完全适用于欧盟未来在超国家架构下发布的所有法案，也同样适用于过去基于欧体法而发布、目前依然有效的法案。然而，对于《里斯本条约》生效前在（基本上属于各国政府间结构的）欧盟第三支柱范围内发布的"框架决议"，上述原则却不能径自套用。依《里斯本条约》第36号过渡条款议定书第9条规定㉔，框架决议继续维持原有的法律效力，因而不能简单比照"欧盟指令"来看待。㉑准此，由于框架决议绝无直接效力（参见旧《欧盟条约》

㉘　这种做法之合法性，参见 LK-*Dannecker*，§1 StGB Rn. 270.
㉙　建议立法草案，参见 *Satzger*, Europäisierung, S. 635.
㉔　ABlEU 2008 Nr. C 115/322.
㉑　例如《里斯本条约》第36号过渡条款议定书第10条就有规定，需等《里斯本条约》生效后5年，才可由欧盟法院通过违反条约程序，来审查框架决议有无落实转化义务。

第 34 条第 2 项第 2 款），所以，无法认为框架决议对内国刑法构成要件产生不予适用效力。

相对的，内国刑法和刑事程序法应继续进行符合框架决议之解释，一如过往。依欧盟法院在 *Pupino* 裁判的说明⑫，符合框架决议之解释义务，乃是从"过去第三支柱也同样建立的会员国对欧盟之忠诚义务"，以及"框架决议与指令具有类似性"，这两者所推导形成。框架决议在《里斯本条约》之后仍被要求继续过渡适用，因而必须认为符合框架决议之解释义务依然存在，但仍应遵守符合欧盟法解释之界限，这自不待言（本章 Rn. 92）。⑬ 所以，绝不可单独以框架决议作为刑事责任的认定依据。⑭ 就结果而言，符合欧盟法之解释和符合框架决议之解释在方法论上其实没有差异。在此脉络下，早期针对"符合框架决议之解释"与"（旧体制的）欧盟法律性质"两者间的兼容性争议问题⑮，于《里斯本条约》生效后已不复存在。

 **自我测验**

一、欧盟国的内国刑法，为何原则上会受到欧洲法影响？（Rn. 1 以下）

二、欧盟国立法者设计欧盟国的内国犯罪要件时，欧盟法设下怎样的界限？（Rn. 11 以下、25 以下、31 以下）

三、为了调和会员国内国实体刑法，欧盟采取了什么措施？（Rn. 33）

四、欧盟在什么条件下，可就会员国的内国实体刑法进行同化？（Rn. 32 以下、38 以下）

五、在何种情况下，欧盟会采取措施来调合刑法的总则规范及法律效果？如何评价这些方法？（Rn. 42 以下）

六、《欧盟运作条约》第 83 条第 3 项"紧急煞车条款"之目的为何？

---

⑫ EuGHE 2005, I-5285-Rs. C-105/03 "*Pupino*"；对此参见如 v. *Unger*, NVwZ 2006, 49; *Hillgruber*, JZ 2005, 841; *Tinkl*, StV 2006, 36, 39; *Safferling*, Int.Strafrecht, §11 Rn. 51 f.

⑬ 亦见 BGH 3 StR 277/09 v. 3. 12. 2009, Rn. 28.

⑭ EuGHE 2005, I-5285-Rs. C-105/03 "*Pupino*"（Rn. 43-45）.

⑮ 仅见 *Rackow*, ZIS 2008, 526, 529 ff.；广泛说明，*Gänswein*, Der Grundsatz unionsrechtskonformer Auslegung nationalen Rechts, 2009, S. 126 ff.有更多例证。

何时可以启动?(Rn. 47,49,50)

七、何谓空白刑法?空白刑法在欧洲法禁止与诫命之规范脉络里有何特殊意义?(Rn. 60 以下)

八、相较于纯粹内国性质的空白刑法规范,指示应参照欧盟法的空白刑法是否会出现比较严重的宪法疑虑?(Rn. 68 以下)

九、内国刑法抵触欧盟法时,内国法官须如何因应?(Rn. 78 以下)

十、何谓内国法与欧盟法的假象冲突?应如何处理?(Rn. 80,88)

十一、符合欧盟法解释之义务从何而来?此义务于刑法领域的界限为何?(Rn. 90 以下)

※ **新近文献**

■ 关于刑法调和化:*Folz*, Karlsruhe, Lissabon und das Strafrecht-ein Blick über den Zaun, NStZ 2009,427 ff.;*Dannecker*, Das materielle Strafrecht im Spannungsfeld des Rechts der Europäischen Union, Jura 2006,95 ff.,173 ff.;*Mansdörfer*, Das europäische Strafrecht nach dem Vertrag von Lissabon, HRRS 2010,11 ff.;*Satzger*, Das europarechtliche Verhältnismäßigkeitsprinzip als Maßstab für eine europäische Kriminalpolitik, Neue Kriminalpolitik 2008, 91 ff.;*ders.*, Das Strafrecht als Gegenstand europäischer Gesetzgebungstätigkeit, KritV 2008,17 ff.;*Suhr*, Strafrechtsharmonisierung in der Europäischen Union-Neue Grenzziehungen und zusätzliche Kontrollaufträge, ZEuS 2008, 45 ff.; *Zimmermann*, Tendenzen der Strafrechtsangleichung in der EU-dargestellt anhand der Bestrebungen zur Bekämpfung von Terrorismus, Rassismus und illegaler Beschäftigung, ZIS 2009,1 ff.

■ 关于德国联邦宪法法院"里斯本判决"之影响:*Ambos/Rackow*, Erste Überlegungen zu den Konsequenzen des Lissabon-Urteils des Bundesverfassungsgerichts für das Europäische Strafrecht, ZIS 2009, 397 ff.;*Böse*, Die Entscheidung des Bundesverfassungsgerichts zum Vertrag von Lissabon und ihre Bedeutung für die Europäisierung des Strafrechts, ZIS 2010, 76 ff.; *Braum*, Europäisches Strafrecht im Fokus konfligierender Verfassungsmodelle, ZIS 2009,418;*Folz*, Karlsruhe, Lissabon und das Strafrecht-ein Blick über den Zaun, ZIS 2009,427 ff.;*Heger*, Perspektiven des Europäischen Strafrechts nach dem Vertrag von Lissabon, ZIS 2009,406 ff.;*Meyer*, Die Lissabon-Entscheidung des BVerfG und das Strafrecht, NStZ 2009, 657 ff.; *Spemann*, Bundesverfassungsgericht zum Lissabon-Vertrag: Überblick unter besonderer Berücksichtigung strafrechtlicher Aspekte, StraFo 2009, 499; *Suhr*, Die polizeiliche und justizielle Zusammenarbeit in Strafsachen nach dem Lissabon-Urteil des Bundesverfassungsgerichts, ZEuS 2009, 687 ff.; *Terhechte*, Souveränität, Dynamik und Integration-making up the rules as we go along?, EuZW 2009, 724 ff.; *F. Zimmermann*, Die Auslegung künftiger EU-Strafrechtskompetenzen nach dem Lissabon-Urteil des Bundesverfassungsgerichts, Jura 2009, 844 ff.

第十章　欧洲刑事追诉

1　　本书第三编"欧洲刑法"到目前为止,主要在说明实体刑法部分。接下来,第十章要概述与泛欧洲跨境刑事追诉有关的最重要机构、发展与问题*。自2001年9月11日纽约世贸中心恐怖袭击后,泛欧洲跨境追诉也成为法律政策关注的重心。

2009年12月1日《里斯本条约》生效,根据随之新修正的《欧盟运作条约》第67条第1项,欧盟要求建立"自由、安全与法治之区域"(Raum der Freiheit, der Sicherheit und des Rechts),而依第67条第3项,欧盟应采取一定措施,以达到可对"安全"提供高度保障的目标。"自由—安全—法治"这三和弦已清楚表达,不得以牺牲"自由"作为追求"安全"的代价,就算只图"多一分"安全也不行,而是应让自由与安全这两个经常对立的要素,始终维持平衡关系。① 如《欧盟运作条约》第67条第3项所示,欧盟采取的措施,其层面涉及警察与刑事司法机关的协调与合作(本章 Rn. 2以下)、刑事裁判(含处分)相互承认(本章 Rn. 24以下),必要时也涵盖刑事法条文之同化(本章 Rn. 53以下)。最后,欧盟境内的跨境禁止双重处罚(一事不再理),现在则成为相互承认原则里既具实务特殊重要性,又有利于被告的表现(本章 Rn. 64以下)。

一、欧盟刑事追诉机构

2　　为了促成各欧盟国警察与刑事司法机关之国际合作,于欧盟层级创

---

* 台湾地区基础文献方面,如林丽莹:《提升跨国犯罪追诉效能的刑事诉讼统合运动——以欧盟对跨国刑事追诉的发展为中心》,载《检察新论》2009年第6期,第49页以下。——译者注

① 参见 KOM (1998) 459 endg., S. 1, 11.

设了常被称为 Europol 的欧盟警察署(Europäisches Polizeiamt)和以 Eurojust 为名的欧盟司法合作组织(Europäische Stelle für justizielle Zusammenarbeit)。此外,为对抗诈欺、贪污及其他不利欧盟的犯罪行为,另有不受欧盟执委会指令拘束的职务单位:欧盟诈欺犯罪防制局(Office européen de Lutte Anti-Fraude),一般简称 OLAF。

(一) 欧盟警察署

欧盟警察署的设立法源,是以《马斯垂克条约》的旧《欧盟条约》第 K.3 条为制定基础、而于 1995 年 7 月 26 日订定的《欧盟警察署公约》(Europol-Übereinkommen)②,乃是位于荷兰海牙的国际组织。③《欧盟警察署公约》在 1998 年 10 月 1 日生效后,Europol 于 1999 年 7 月 1 日开始运作。以国际条约规划或修改法律基础,由于需经所有签约国批准才能生效,既不便又费时。因此,也为了使 Europol 成为《尼斯条约》的规范内容,欧盟理事会改采"决议"(Beschluss)的立法方式(决议之生效,无须所有会员国批准),使 Europol 在欧盟二级法取得新的法律基础。④ 自 2009 年 12 月《里斯本条约》生效后,根据《欧盟运作条约》第 88 条第 2 项,Europol 的组织、运作方式、职务范围及任务,未来将以欧盟规则(Verordnung)定之。⑤

3

Europol 设有两大主要机关:署长(Direktor),负责领导(日常)业务;行政委员会(Verwaltungsrat),由会员国组成,决定日常事务以外的重大问题。

4

---

② ABlEG 1995 Nr. C 316/2; BGBl. 1997 II, S. 2154 (Sartorius II, Nr. 300);该公约后经《欧盟法院预先裁判程序管辖议定书》(全名:Protokoll über die EU betreffend die Auslegung des Übereinkommens über die Errichtung eines Europäischen Polizeiamts durch den Gerichtshof der EG im Wege der Vorabentscheidung, ABlEG 1996 Nr. C 299/2)及《欧盟警察署职员优先权及免诉权议定书》(全名:Protokoll über die EU und von Artikel 41 Absatz 3 des Europol-Übereinkommens über die Vorrechte und Immunitäten für Europol, die Mitglieder der Organe, die stellvertretenden Direktoren und die Bediensteten von Europol, ABlEG 1997 Nr. C 221/2)补充。

③ 关于欧盟警察署之前身:欧盟毒品局(European Drug Unit),参见 Hecker, Eur.Strafrecht, §5 Rn. 57 f.与 de Moor/Vermeulen, CMLR 2010, 1089, 1090 ff.;另见 Sieber/Brüner/Satzger/v. Heintschel-Heinegg-Neumann, Europ. StR, §44 Rn. 1 ff.; Safferling, Int. Strafrecht, §12 Rn. 4.

④ 欧盟理事会 2009 年 4 月 6 日《设立欧盟警察署决议》[全名:Beschluss des Rates vom 6. April 2009 zur Errichtung des Europäischen Polizeiamts (Europol), ABlEU 2009 Nr. L 121/37].

⑤ 欧盟执委会计划在 2013 年提出法案,参见 KOM (2010) 171 endg., S. 33.

5　　《欧盟运作条约》第 88 条第 1 项规定，Europol 管辖权限涵盖组织犯罪、恐怖主义，以及以侵害欧盟政策之共同利益为对象的犯罪形态。《欧盟警察署决议》(Europol-Beschluss) 当年乃是为了成为《尼斯条约》之内容而发布，因此并未连结到《欧盟运作条约》第 88 条第 1 项。《欧盟警察署决议》由于犯罪形态过于广泛，为使之具体化，决议第 4 条第 1 项规定应另参照决议收录的犯罪附录。依附录所示，毒品贩卖、非法入境、人口贩卖、故意杀人、计算机犯罪、贪污、诈欺等，亦均属 Europol 管辖范围。

6　　不过，现阶段的 Europol（还）不是具有执行权限的警察[6]，亦即，不是如同会员国内所熟知的警察。Europol 目前任务，基本上局限于确保会员国警察机关之加强合作与支持会员国刑事追诉。为达成前述目的，每一会员国设立或指派一国内单位[德国是联邦刑事警察局(Bundeskriminalamt)，以下简称 BAK][7]，作为各会员国权责机关与 Europol 之间的唯一联系单位，并由该单位派出"欧盟警察署联络官"(Europol Liaison Officers-ELOs)，驻在 Europol。Europol 联络官，负责畅通内国联系单位与 Europol 之间的信息交换，避免繁文缛节。[8]

7　　Europol 为完成其任务，设置一套自动化信息系统[9]，进行档案搜集和分析，以供会员国使用。这套信息系统储存的个人资料，指以下之人员：涉嫌触犯 Europol 管辖范围内之犯罪者、因这些犯罪曾被判有罪者，或有违犯这些犯罪之虞者(《欧盟警察署决议》第 12 条第 1 项)。各会员国的联系单位将信息输入数据库，如属欧盟以外之第三国提供的信息，或 Europol 自己分析的信息，则由 Europol 建档。可直接进入信息系统输入或下载数据者，限于以下三者：内国联系单位、驻 Europol 联络官，以及被严格定义范围的 Europol 职员(《欧盟警察署决议》第 13 条第 1 项)。

8　　Europol 的主要功能是数据搜集，故《欧盟警察署决议》以不少篇幅谈数据保护。数据保护的法律责任，原则上区分为两类(《欧盟警察署决

---

[6] 《欧盟运作条约》第 88 条第 2 项第 1 段赋予扩大任务的机会。但，即便欧盟警察署原则上被赋予实施侦查及执行措施的权限，《欧盟运作条约》第 88 条第 3 项也已明确表示，欧盟警察署仅可与涉及内国主权的会员国机关共同合作侦查，而且，强制处分仍仅限内国机关始得为之。

[7] 德国《欧盟警察署法》第 2 条之 1。

[8] *Schuster*, Kriminalistik 2000, 74, 78 f.

[9] 《欧盟警察署决议》第 10 条以下；从警察观点详述欧盟警察署信息系统：*Manske*, Kriminalistik 2001, 105.

议》第 29 条第 1 项）：由会员国输入的数据，适用内国数据保护法；由 Europol 输入、处理或传输的数据，其数据保护之规范则有二：一是欧洲理事会 1981 年 1 月 28 日《个人资料自动处理保护公约》⑩（参见《欧盟警察署决议》第 27 条），另一是《欧盟警察署决议》有关数据保护的特别规定。⑪

共同监督机关（《欧盟警察署决议》第 34 条）负责一般性的法律监督。个人申请答复、更正或删除资料而被拒绝者，可依《欧盟警察署决议》第 32 条向共同监督机关提出申诉救济（Beschwerde），其救济决定具有确定力（参见《欧盟警察署决议》第 34 条第 8 项第 2 句连结第 32 条第 1 项）。又，依《欧盟警察署决议》第 34 条第 8 项第 4 句，共同机关此一救济决定不受法院审查；可是，这一针对欧盟警察署决定的权利救济限制，是否仍符合《德国基本法》第 23 条第 1 项连结第 79 条第 3 项的宪法要求，即要求达到与《德国基本法》大致相同的基本权利标准，显有疑问。⑫ 9

其他常被提及的问题，还有 Europol 的民主正当性⑬与司法控制，以及警察署职员的广泛免诉权（《欧盟警察署决议》第 51 条第 1 项连结《欧盟优先权暨免除义务议定书》第 7 条）。⑭ 10

（二）欧盟司法合作组织

依欧盟高峰会于坦佩雷（Tampere，位于芬兰）之协议⑮，司法面向也应设立与欧盟警察署相对应的平行机构。于是，欧盟理事会在 2002 年 2 月 28 日通过决议⑯，设立欧盟司法合作组织（Europäische Stelle für 11

---

⑩ Übereinkommen zum Schutz des Menschen bei der automatischen Verarbeitung personenbezogener Daten，BGBl. 1985 II，S. 538 ff.，德国在 1985 年 10 月 1 日生效（BGBl. 1985 II，S. 1134）。

⑪ 例如《欧盟警察署决议》第 11 条至第 13 条。

⑫ 《里斯本条约》生效后的情况，参见 Calliess/Ruffert-*Suhr*，Art 88 AEUV Rn. 8，14；于《阿姆斯特丹条约》之前即清楚指出问题者，*Frowein/Krisch*，JZ 1998，589.

⑬ 关此，参见欧盟执委会提案：KOM（2010）776 endg.

⑭ Protokoll（Nr. 7）über die Vorrechte und Befreiungen der Europäischen Union，ABlEU 2008 Nr. C 115/266. 关此，Streinz-*Dannecker*，Art. 88 AEUV Rn. 30 ff.；*von Arnauld*，JA 2008，327，332 ff.

⑮ 结论第 46 号。

⑯ 理事会决议 2002/187/JI（ABlEG 2002 Nr. L 63/1），最近一次修正是理事会决议 2009/426/JI des Rates（ABlEU 2009 Nr. L 138/14）；另见 Sieber/Brüner/Satzger/v. Heintschel-Heinegg-*Grotz*，Europ. StR，§ 45 Rn. 1 ff.

justizielle Zusammenarbeit），名为 Eurojust，其具有法人格，同样位于荷兰海牙。⑰ 自《里斯本条约》开始，Eurojust 也取得欧盟一级法的法源基础（《欧盟运作条约》第 85 条）。

12　　　应注意，不可将 Eurojust 混淆误为欧盟司法网络（Europäisches Justitielles Netz，以下简称 EJN）。EJN 是各欧盟国于 1998 年以欧盟"共同措施"（Gemeinsame Maßnahme）⑱设立的内国联络单位之集合体，以有助于简化欧盟国间的司法合作，特别是在司法互助领域。但与 Eurojust 不同，EJN 并不是真正有固定架构的欧洲组织，而只是一种以内国联络单位（例如德国的联邦司法局*）为窗口的网络系统，以进行信息交换和非正式的接触。⑲

13　　　Eurojust 的功能，基本上是扮演简化跨境刑事追诉的"文件单位和交换单位"。⑳ 类似于欧盟警察署，Eurojust 也是由各欧盟国的"国内成员"所组成（法官、检察官或警察）。"国内成员"的地位和权限全依各国法律定之，他们也与国内同仁一样，可以使用国内（刑事）记录。如此一来，不但可确保参与刑事追诉的会员国之间，可利用 Eurojust 这一法律咨询和信息交流效率都迅速、便捷的中央单位，再者，"国内成员"本身就可（尽可能同等地）动用刑诉权限，也有助于简化跨境刑事追诉。㉑ 此外，Eurojust 致力于协调侦查暨追诉措施，以避免重复工作和管辖权限冲突。除了传递信息之外，Eurojust 的任务也包括支持内国机关，例如在开启、实施侦查或司法互助方面给予提议。

14　　　《欧盟运作条约》第 85 条第 1 项规定，重大犯罪如涉及两个以上国家或有必要在共同基础展开追诉时，该犯罪之侦查与追诉才由 Eurojust 管

---

⑰　早在 2001 年 1 月 3 日，当时名为"司法合作临时组织"（vorläufige Stelle zur justitiellen Zusammenarbeit）的 Pro-Eurojust，基于 2000 年 12 月 14 日理事会决议 2000/799/JI（ABlEG 2000 Nr. L 324/2）而开始运作，后来被 Eurojust 取代。参见 *Barbe*，RMC 2002, 5, 7。

⑱　共同措施 98/428/JI（ABlEG 1998 Nr. L 191/4），现已由理事会决议所取代（2008/976/JI，ABlEU 2008 Nr. L 348/130）。

*　德国联邦司法局（Bundesamt für Justiz，官网 http：//www.bundesjustizamt.de）是联邦高级官署，受到联邦司法部（Bundesministerium der Justiz）指挥监督。同时作为中央记录机构的联邦司法局，处理国际司法互助也是其主要任务之一。——译者注

⑲　详细信息，参见 http：//www.ejn-crimjust.europa.eu。

⑳　*Schomburg*，ZRP 1999, 237, 239；详见，*Suominen*，MJECL 2008, 217, 222 ff。

㉑　对此，*Barbe*，RMC 2002, 8。

辖。依《欧盟司法合作组织决议》(Eurojust-Beschluss)第4条(根据《里斯本条约》第36号议定书第9条,该决议于《里斯本条约》生效后仍继续有效),Eurojust所辖犯罪范围链到Europol的管辖清单。此外,《欧盟运作条约》第85条第1项第2段规定,未来得以欧盟规则(Verordnung)订定Eurojust的职务范围等。

Eurojust被授权自动化处理数据,但同时也有数据保护的清楚规定。此外,Eurojust设有一名独立的数据保护专员,还另有一个共同监督机关,其在不妨碍内国权利救济之下,监控个人资料的正确处理及对个人申诉作裁决。 15

建立Eurojust的《欧盟司法合作组织决议》,并不具直接效力,故须由会员国转化成内国法,德国因此订定《欧盟司法合作组织法》(Eurojust-Gesetz)。[22] 惟未来随着《欧盟运作条约》第85条第1项第2段所称的"规则"生效后,Eurojust将具有超国家的法律基础,届时,《德国欧盟司法合作组织法》——至少就此范围而言——即功成身退,不再具有重要意义。 16

Europol未来会逐渐被赋予执行权限,而对其之司法制衡,经常认为是属于Eurojust的基本角色。[23] 因此,Eurojust被视为孕育"欧盟检察署"(Europäische Staatsanwaltschaft)的胚胎细胞。现在,承袭《欧盟宪法条约》相关条文(指Art.III-274 EV)的《欧盟运作条约》第86条第1项第1段,明文规定得设立"以Eurojust为基础"的欧盟检察署。[24] 17

未来在政治层面上,能否对设立欧盟检察署达成共识?何时会有共识?又,欧盟检察署之后在欧洲刑事追诉上应扮演什么角色?[25] 在这些问题的答案现在都还无法预料之下,法律政策的讨论方面已建议改采其他模式。所建议的模式指出,应扩大Eurojust的权限,并赋予其有开启侦查程序的

---

[22] Gesetz zur Umsetzung des Beschlusses (2002/187/JI) des Rates vom 28.02.2002 über die Errichtung von Eurojust zur Verstärkung der Bekämpfung der schweren Kriminalität (Eurojust-Gesetz-EJG),BGBl. 2004 I, S. 902 ff.

[23] 关于Eurojust如何对Europol进行司法监督,参见Grote, in: Gleß/Grote/Heine (Hrsg.), Justizielle Einbindung und Kontrolle von Europol, 2001, S.607;对Eurojust的一般性批评,参见Grabitz/Hilf/*Vogel*, Art. 85 AEUV Rn. 35 f.

[24] 参见Grabitz/Hilf/Nettesheim-*Vogel*, Art. 86 AEUV Rn. 14 ff.

[25] 相关的会议报告:"Eurojust and the Lisbon Treaty: Towards More Effective Action" v. 20.-22.9.2010,刊印在NJECL 2011, 100及Rats-Dok. Nr. 17625/10;来年会议的报告(Tagung v. 15.-17.5.2011):Rats-Dok. Nr. 14428/11.

决定权。其论证主要基础在于:《欧盟运作条约》第 85 条允许 Eurojust 在侦查及刑事追诉上扮演一定角色㉖,虽然在这方面的追诉措施只能由"各会员国权责人员"为之(第 85 条第 2 项),但因会员国派驻 Eurojust 的人员本来就是在内国有权发动追诉措施之人,故扩大 Eurojust 权限,乃于法有据。㉗ 然而,这种建议把 Eurojust 单纯升级成有效率之欧洲刑事追诉机关的模式,在法律上不无疑义。而就算撇开此质疑不谈,Eurojust 扩权的做法是否符合《欧盟运作条约》体系,也是一个问题。无论如何,在让 Eurojust 取得"等同检察署"(staatsanwaltschaftsgleich)的相关意义时,绝不可规避《欧盟运作条约》第 86 条为创设欧盟检察官所规定的条件,尤其是会员国及欧盟议会一致同意的要求(第 86 条第 1 项第 1 段)。㉘

(三) 欧盟诈欺犯罪防制局

18 欧盟诈欺犯罪防制局(Office européen de Lutte Anti-Fraude; Europäisches Amt für Betrugsbekämpfung,以下简称 OLAF),其任务之一是加强对抗贪污、诈欺及其他所有损及欧盟经济利益的违法行为,之二是揭发欧盟职员行使职务时的重大不当行为。㉙ 不同于 Europol 及 Eurojust, OLAF 自己并无独立的法人资格,在组织架构上仅是欧盟执委会的所属单位。OLAF 也与其前身的 UCLAF㉚ 不同。UCLAF 乃执委会于 1988 年单纯为协调对抗诈欺而设之任务编组,但 OLAF 却拥有完整的独立性。1999 年 3 月,由于执委会内部涉有贪污重嫌,导致全体辞职,有鉴于此,要求创设独立局处的呼声高涨。㉛

19 OLAF 由 1999 年 2 月 28 日理事会决议㉜所创立,同年 6 月 1 日开始运作。OLAF 设一名局长为最高首长,经欧盟议会及理事会表决同意后,

---

㉖ *Weyembergh*, NJECL 2 (2011), 75 (91 f.).
㉗ *Weyembergh*, NJECL 2 (2011), 75 (98).
㉘ *Brodowski*, ZIS 2011, 940, 943.
㉙ Art.1 KommissionsbeschlussEG, ABlEG 1999 Nr. L 136/20.调查权限与其性质的详细说明,参见 *Strobel*, Die Untersuchungen des Europäischen Amtes für Betrugsbekämpfung (OLAF), 2012, S. 107 ff.
㉚ 全名:Unité de Coordination pour la Lutte Anti-Fraude.
㉛ 仅见欧盟议会:1996 年 10 月 28 日(ABlEG 1996 Nr.C 320/211)及 1998 年 10 月 7 日(ABlEG 1998 Nr. C 328/95);背景理由,参见 *Gleß*, EuZW 1999, 618.
㉜ 《欧体理事会决议 1999/352》(ABlEG 1999 Nr. L 136/20)。

由执委会任命。㉝ OLAF 局长对欧盟议会、理事会与审计院负有报告义务。㉞ OLAF 的独立性,乃由(欧盟议会、理事会及执委会共同任命的)5名外部独立专家组成的监督委员会所维护㉟,局长若察觉独立性受到威胁,甚至有向欧盟法院控诉之权限。㊱ 为对抗诈欺、贪污及其他所有损害共同体的违法行为,《欧体规则 1073/99》㊲进一步赋予 OLAF 广泛权限。详言之,一方面,OLAF 权限可延伸至实施外部调查,在欧体与欧洲原子能共同体的 2988/95㊳、2185/96㊴ 这两号规则,已授权执委会实施外部调查(尤其是到当地就欧盟经济利益之不受诈欺和其他违法侵害,进行监督和查核);而在诈害欧盟以获致高度利润的领域,OLAF 也已针对各相关产品为任务编组(主要是烟酒或橄榄油)。2011 年 3 月,欧盟执委会提出关于改革 OLAF 的最新方案。㊵

另一方面,从现在起,OLAF 存有合理怀疑时,得就欧盟所有机关、组织局处发动内部行政调查。㊶ 对此,OLAF 可动用诸多调查权限,例如取得所有信息、进入任何空间、检视文件(必要时可扣押保全)与查账。㊷

(四) 欧盟检察署之设置计划

早在《保护欧体经济利益刑法规范 Corpus Juris》㊸,就有创设欧洲追诉机关的规定(Corpus Juris 第 18 条以下)。基于此一构想,执委会在一

㉝ 理事会决议第 5 条、第 6 条。
㉞ 《欧体规则 1073/99》第 12 条(ABlEG 1999 Nr. L 136/1)。
㉟ 《欧体规则 1073/99》第 11 条。
㊱ 《欧体规则 1073/99》第 12 条第 3 项。
㊲ ABlEG 1999 Nr. L 136/6.
㊳ ABlEG 1995 Nr. L 312/1.
㊴ ABlEG 1996 Nr. L 292/2.
㊵ KOM (2011) 135 endg.;关此,*Lingenthal*, ZeuS 2012, 195 ff.
㊶ 1999 年 5 月 25 日《欧体、欧洲原子能共同体理事会 1999/394 决议》及 1999 年 6 月 2 日《欧体、欧洲煤钢共同体、原子能共同体执委会 1999/396 决议》;对此,亦见 1999 年 4 月 25 日《内部组织协议》(ABlEG 1999 Nr. L 136/15)。
㊷ 参见 *Kuhl/Spitzer*, EuR 2000, 671;关于机关及其职员协助义务的问题,参见 Schwarze-Schoo, Art. 280 EGV Rn. 36 ff.
㊸ Corpus Juris zum Schutz der finanziellen Interessen der EG, 刊印于 *Delmas-Marty/Vervaele*, Implementation, S. 189 ff.;详细观点,Sieber/Brüner/Satzger/v. Heintschel-Heinegg-*Killmann/Hofmann*, Europ. StR, § 48 Rn. 1 ff.

份名为《保护欧盟经济利益与创设欧盟检察署绿皮书》⑭的文件中,拟定欧盟检察署(Europäische Staatsanwaltschaft)制度,以供讨论。如前所述(本章 Rn. 17),《欧盟运作条约》第 86 条现已成为创设欧盟检察署的法源基础。原则上,设立欧盟检察署,须经会员国一致同意及欧盟议会通过(《欧盟运作条约》第 86 条第 1 项第 1 段),惟仍有例外,只要有 9 个以上会员国之申请,则得以加强合作模式(《欧盟条约》第 20 条、《欧盟运作条约》第 329 条第 1 项)成立欧盟检察署(《欧盟运作条约》第 86 条第 1 项第 2 段)。目前而言,虽然还不知有无足够数量的会员国愿意参与,也不确定欧盟检察署将如何运作,但欧盟检察署的计划付诸实现,并不因此遥不可及。⑮ 为了评估欧洲法对内国刑事程序法的可能影响,对主要由《保护欧盟经济利益与创设欧盟检察署绿皮书》与欧盟检察署两者共同勾勒的欧洲刑事追诉加以观察,即十分重要。此外,欧盟执委会所起草《欧盟运作条约》第 86 条所称的欧盟检察署规则,已于 2013 年 7 月提出。* 执委会提出保护欧盟经济利益的建议案⑯与一些探讨如何规划欧盟检察署的重要研究⑰,激发法律政策的辩论。尤其是德国联邦律师公会联合会(BRAK)、德国律师公会(DAV),他们在一份共同意见中质疑这样一个超国家刑事追诉机关的存在必要性,并批评刑事被告未受到充分的权利保护。⑱

---

⑭ Grünbuch zum strafrechtlichen Schutz der finanziellen Interessen der EG und zur Schaffung einer europäischen Staatsanwaltschaft, KOM (2001) 715 endg.

⑮ 未来可能创设的欧盟检察署与 Eurojust,双方之关系可见 *Suominen*, MJECL 2008, 217, 229 ff.

* 欧盟 2009 年 12 月 11 日在瑞典首都斯德哥尔摩举行高峰会,通过斯德哥尔摩计划,要求执委会应于 2013 年年底前以"欧盟司法合作组织"为基础,提出设立欧盟检察署的报告[COM (2010) 171, S. 20]。执委会于是在 2013 年 7 月 17 日提出"欧盟检察署规则之建议案"(COM (2013) 534),所规划的《欧盟检察署规则草案》共计 75 个条文(全文查询:http://eur-lex.europa.eu/en/index.htm)。草案简介,参见 *Brodowski*, ZIS 2013, 460-462; *Grünewald*, Der Eine Europäische Staatsanwaltschaft nach den Vorstellungen der Europäischen Kommission, HRRS 2013, 508 ff.——译者注

⑯ KOM(2012) 363 endg. 与准备工作:SWD (2012) 195 endg.

⑰ 尤其是所谓的"模式规则"(Model-Rules),载 www.eppo-project.eu。

⑱ 德国联邦律师公会联合会(BRAK)、德国律师公会在 2012 年 11 月提出一份对于设置欧盟检察署的共同意见(http://www.brak.de/zur-rechtspolitik/stellungnahmen-pdf/stellungnahmen-europa/2012/november/stellungnahme-der-bra k-2012-48.pdf)。从辅助性原则与比例原则的批评,亦见 *Satzger*, NStZ 2013, 206 ff.,建议以"补充性"模式设置欧盟检察署(中译:*Helmut Satzger*:《欧盟检察署的未来设置——为"补充性模式"建言》,王士帆译,载《检察新论》2014 年第 15 期,第 351 页以下)。

欧盟检察署制度的基本构想,是要成立既强大又独立的欧盟检察官。**22**
而依《欧盟运作条约》第 86 条第 1 项,欧盟检察官的首要管辖权限,应仅
针对不利欧盟经济利益之犯罪。此所指涉的犯罪,不只是《欧盟运作条
约》第 325 条第 4 项能以超国家犯罪要件涵盖的"诈欺",确切而言,落入
"不利欧盟经济利益之犯罪"概念者,也包括其他不具诈欺性质的行为,
例如损害欧盟预算的贪污。不过,依《欧盟运作条约》第 86 条第 4 项规
定,欧盟议会同意后,再经欧盟高峰会一致决议,便可将欧盟检察官权限
扩大到所有"具跨境规模之重大犯罪",亦即,可延伸到《欧盟运作条约》
第 83 条第 1 项的适用范围。

欧盟检察官应有权在犯罪辖管范围内,在所有会员国指挥及协调侦
查,特别是,如有起诉者,其应在会员国法院到庭实施检察官之任务(《欧
盟运作条约》第 86 条第 2 项)。关于欧盟检察官实行任务、侦查应遵守的
程序条文、证据能力规定及法院监督等细节,应由欧盟规则(Verordnung)
明确制定(《欧盟运作条约》第 86 条第 3 项)。据此,"欧盟检察署规则"
可理解为是孕育欧洲超国家刑事诉讼法的胚胎细胞。

欧盟立法者未来将如何规划欧盟检察官的职务活动,现阶段虽尚不
确定。但 Corpus Juris 和执委会绿皮书的前置作业仍可提早嗅出端倪,提
供某程度上的雏形:

欧盟检察官实施侦查时,应对有利与不利情形一律注意。欧盟检察
官可指挥、调度内国警察与司法侦查机关,令其在侦查程序执行内国法官
[所谓自由法官(Juge des libertés)]命令或核准的侦查措施。同时,应尽
可能广泛适用相互承认原则,让任一会员国法院核准之所有强制处分,原
则上在其他会员国无须再行审查,即可径予执行(本章 Rn. 24 以下);此
外,在一会员国合法取得,即取证国不生证据使用禁止之所有证据,应不
问起诉地法院国的证据使用禁止规定,即具有证据能力。[49] 2012 年,一群
法律学者组成的团队进行广泛的比较法研究,提出了一份《模式规则》
(Model Rules)[50]:这份规则整整有 67 条的程序规定,其并不是以相互承
认原则为基础,而是规定一套完整的超国家刑事诉讼;此外,它有详尽的
被告权利清单,但另一方面,只在与发现真实利益衡量后才赋予证人拒绝

---

[49] 批评,Grabitz/Hilf/Nettesheim-*Vogel*, Art. 86 AEUV Rn. 58.
[50] 全文载 http://www.eppo-project.eu。

证言权。(51)

23 以上这样的设计,完全通不过法治国考虑。通常而言,欧盟检察官会选择强制处分干预条件最少的会员国法律来实施侦查,此将造成“权限挑选”(Befugnis-Shopping)问题。欧盟各国之内国刑事诉讼法典目前鲜少兼容,但欧盟检察官借由恣意对各国法律局部东拼西凑的合并方式,导致形成无明文规定(更别提再三斟酌),却有大量新奇元素的“混搭刑事诉讼制度”(Patchwork-Strafprozesssystem)。(52) 这后果便是,诉讼法内部的重要保护机制随之流失。除此之外,被告也须到许多国家亲身在场,以及处于极为不同的程序规则下展开辩护。如要达到有效辩护(若做得到的话),可能只有通过在所有参与国实行成本所费不赀的“多重强制辩护”,或在欧洲层次另外创设一个制度化的辩护人组织。(53) 目前已有一个名为“欧洲辩护人”(Eurodefensor)的研议计划,依其构想,乃是由来自全会员国之法律人所组成的机构,其根据具体涉外刑事程序的辩护人需求,提供信息、翻译,或协助辩护人与其他会员国之机关、同业接触。(54) 唯有如此,始能逐渐弥补不利被告防御的欧盟结构。于此,期盼欧盟层次实施没有法治国缺陷的刑事追诉制度之外,也要呼吁其多加重视防御方之强化。(55)

※ 欧盟刑事追诉机构之新近文献

■ 欧盟警察署:*Baldus*, Europol und Demokratieprinzip, ZRP 1999, 263 ff.; *Beaucamp*, Primärrechtsschutz gegen Maßnahmen des Europäischen Polizeiamts, DVBl 2007, 806 ff.; *Böse*, Die Immunität von Europol-ein unterschätztes Verfolgungshindernis?, NJW 1999, 2416 ff.; *de Moor/Vermeulen*, The Europol

---

(51) 批评另见 *Brodowski*, ZIS 2012, 558, 561.

(52) 参见 *Satzger*, StV 2003, 137, 141.

(53) 参见 *Schünemann*, Alternativentwurf Europäische Strafverfolgung, 2004, S. 14 ff. (Art. III-174a des Entwurfs);亦参见 *Salditt*, StV 2003, 136, 137; *Satzger*, StV 2003, 137, 139.

(54) 参见 *Schünemann*, Alternativentwurf Europäische Strafverfolgung, 2004, S. 14 ff. (Art. III-174a des Entwurfs);另见 *Salditt*, StV 2003, 136, 137; *Satzger*, in Schöch u. a. (Hrsg.), FS für Gunter Widmaier, 2008, S. 560.

(55) 采此结论者,亦如 *Radtke*, GA 2004, 1, 21; *Peers*, EU Justice, S. 860; *Hecker*, Eur. Strafrecht, § 14 Rn. 39 ff.; *Safferling*, Int. Strafrecht, § 12 Rn. 33 ff.; *Gless*, Beweisrechtsgrundsätze einer grenzüberschreitenden Strafverfolgung, 2006, S. 171 ff. (关于欧盟检察官,可参见王士帆:《欧盟检察官——初探与预测》,载《检察新论》2010 年第 8 期,第 49 页以下。——译者注)

Council Decision: Transforming Europol Into An Agency of the European Union, CMLR 2010, 1089 ff.; *Freyer*, Europol, Kriminalistik 2003, 80 ff.; *Hölscheidt/Schotten*, Immunität für Europol-Bedienstete-Normalfall oder Sündenfall?, NJW 1999, 2851 ff.; *Kretschmer*, Europol, Eurojust, OLAF - was ist das und was dürfen die?, JURA 2007, 169 ff.; *Manske*, Das "Europol-Informations-System" (Europol-IS), Kriminalistik 2001, 105 ff.; *Ratzel*, Europol - das Europäische Polizeiamt, Kriminalistik 2007, 284 ff.; *von Arnauld*, Die Europäisierung des Rechts der inneren Sicherheit, JA 2008, 327 ff.

■ 欧盟司法合作组织: *Esser*, Der Beitrag von Eurojust zur Bekämpfung des Terrorismus in Europa, GA 2004, 711 ff.; *Fawzy*, Die Errichtung von Eurojust-Zwischen Funktionalität und Rechtsstaatlichkeit, Baden-Baden, 2005; *Gleß/Grote/Heine*, Justizielle Einbindung und Kontrolle von Europol, 2001; *Kretschmer*, Europol, Eurojust, OLAF - was ist das und was dürfen die?, JURA 2007, 169 ff.; *Schomburg*, Justizielle Zusammenarbeit im Bereich des Strafrechts in Europa: EUROJUST neben Europol!, ZRP 1999, 263 ff.; *Suominen*, The Past, Present and the Future of Eurojust, MJECL 2008, 217 ff.; *Weyembergh*, The Developments of Eurojust: Potential and Limitations of Article 85 of the TFEU, NJECL 2011, S.75 ff.; 另见德国联邦司法和消费者保护部(BMJV)所提供具教学意义及清楚实用的入门介绍,网络可下载 http://www.bmjv.de/SharedDocs/Downloads/DE/Fachuntersuchungen/Eurojust_Broschuere.pdf?_blob=publicationFile.

■ 欧盟诈欺犯罪防制局: *Brüner/Spitzer*, Kosmetischer Eingriff oder Großer Wurf?, EuR 2008, 859 ff.; *Braum*, Die Informalität europäischer Betrugsermittlung, wistra 2005, 401 ff.; *Groussot/Popov*, What's wrong with OLAF? Accountability, due process and criminal justice in European anti-fraud policy, CMLR 2010, 605 ff.; *Kretschmer*, Europol, Eurojust, OLAF - was ist das und was dürfen die?, JURA 2007, 169 ff.; *Kuhl/Spitzer*, Das Europäische Amt für Betrugsbekämpfung (OLAF), EuR 2000, 671 ff.; Lingenthal, Die OLAF-Reform-Der aktuelle Änderungsentwurf und dessen Auswirkungen auf die Effektivität der Kontrollen und die Verfahrensrechte der Betroffenen, ZeuS 2012, 195 ff.; *Niestedt/Boeckmann*, Verteidigungsrechte bei internen Untersuchungen des OLAF-das Urteil Franchet und Byk des Gerichts erster Instanz und die Reform der Verordnung (EG) Nr.1073/1999,EuZW 2009,70 ff.

■ 欧盟检察署: *Brüner/Spitzer*, Der Europäische Staatsanwalt – ein Instrument zur Verbesserung des Schutzes der EU-Finanzen oder ein Beitrag zur Verwirklichung eines Europas der Freiheit, der Sicherheit und des Rechts?, NStZ 2002, 393 ff.; *Lingenthal*, Eine Europäische Staatsanwaltschaft "ausgehend von Eurojust"?, ZEuS 2010, 79 ff.; *Nürnberger*, Die zukünftige Europäische Staatsanwaltschaft – Eine Einführung, ZJS 2009, 494 ff.; *Radtke*, Der Europäische Staatsanwalt – Ein Modell für Strafverfolgung in Europa mit Zukunft, GA 2004, 1 ff.; *Satzger*, Strafverteidigung in einem veränderten europäischen und internationalen Umfeld-neue Herausforderungen für einen Berufsstand, in Schöch u.a.(Hrsg.), Festschrift für Gunter Widmaier,2008,S. 551 ff.; *ders.*, Die potentielle Errichtung einer Europäischen Staatsanwaltschaft-Plädoyer für ein Komplementaritätsmodell, NStZ 2013, 206 ff.(中译：*Helmut Satzger*:《欧盟检察署的未来设置——为"补充性模式"建言》,王士帆译,载《检察新论》2014年第15期,第351页以下);*Stiegel*, Grünbuch der Kommission zur Schaffung einer Europäischen Staatsanwaltschaft, ZRP 2003, 172 ff., sowie Drittes Strafverteidigersymposium 2002, StV 2003,115 ff.(mit Beiträgen v.*Schünemann*, *Castaldo*, *Sommer*, *Kempf*, *Madignier*, *Bendler*, *Salditt*, *Satzger*).

二、以相互承认原则为基础的刑事司法合作

(一)总论:相互承认原则

24　　司法互助(Rechtshilfe)是各国之间刑事程序的典型合作方式,迄今以种种双(多)边协议或条约来进行。传统司法互助法是以个别国家之主权为基础,因此,并不适合于以追求一体化之法律区域为目标的国家间(例如欧盟国)之司法合作。举例来说,引渡法若两国坚持双方可罚性与不引渡本国人的传统要求,便难以达成法律区域一体化的目标。㊾ 这样"缩手缩脚""笨拙"的司法互助法,现在逐渐由"相互承认原则"(Prinzip der gegenseitigen Anerkennung)所取代。如前所述,在欧盟检察署规划脉

㊾ 就这点,欧盟逮捕令开启转换范例,参见本章 Rn. 28 以下。

络里也位居核心地位的相互承认原则，于1999年10月坦佩雷（Tampere）欧盟高峰会(57)上，被宣称为民事与刑事司法合作之“基石”。(58) 现在，《欧盟运作条约》第82条第1项也表达相互承认原则的根本重要性。

一开始，相互承认原则是执委会为建立欧体共同市场所发展出来的一项原则，目的是促成商品自由流通，而毋庸经历难以克服又费时的调和化前置作业。(59) 相互承认原则若套用到刑事（诉讼）法，其内容即为，在一会员国合法作成之司法裁判（含处分），在任何其他会员国也须同样予以承认。(60) 此涵义的假设前提在于，“其一，会员国相互信赖彼此的刑事司法制度；其二，任一会员国接受其他会员国适用之刑事法，即使适用其自己之内国法将导出不同结论者，亦非所问”(61)。通过泛欧盟区域承认内国法院裁判，正可卸除司法互助领域既存且耗时的阻碍，促成有效跨境刑事追诉。正如同自由迁徙权利可使“罪犯”穿越国境，来去自如，相对的，相互承认原则也应弥补追诉方原则上因临（国）界止步所遭受之不利益，此外，也开启了通往“真正欧洲法域”的路径。(62)

惟不可忽略，相互承认原则出自共同市场法，以之套用于刑事合作， 25
绝对问题重重(63)：自由化若是建立商品自由流通的自我目的，那刑事诉讼法的最高目的就是实行公平审判程序。实施相互承认机制的后果，如未就各国刑事法体系广泛予以同化，便可能牺牲被告的基础防御权利。(64) 此外，商品自由流通的法律，早就一直有公共秩序保留（Ordre-public-Vorbehalt）的规定，以考虑不同法秩序留下的特异性（参见《欧体条约》第

(57) 此次高峰会主轴是将欧盟区域营造为“自由、安全与法治之区域”。

(58) http://www.consilium.europa.eu/ueDocs/cms_Data/docs/pressData/de/ec/00200-r1.d9.htm（Nr. 33 ff.：会议结论）.

(59) 参见 *Satzger*, StV 2003, 137, 141; *Hecker*, Eur. Strafrecht, §12 Rn. 58; *Safferling*, Int. Strafrecht, §12 Rn. 40; *Fletcher/Lööf/Gilmore*, EU Criminal Law, S. 109, 188 f.

(60) 基础文献，*Böse*, in: Momsen/Bloy/Rackow (Hrsg.): Fragmentarisches Strafrecht, 2003, S. 233 ff.；相互承认原则适用于刑事法领域的期中评估，参见 *Harms/Knauss*, FS Roxin, S. 1479 ff.

(61) EuGHE 2003, I-1345-verb. Rs. C-187/01 “*Gözütok*” und C-385/01 “*Brügge*” (Rn. 33).

(62) 参见 v. d. Groeben/Schwarze-*Wasmeier*, Art. 31 EUV Rn. 23 ff.

(63) 详见 *Mitsilegas*, EU Criminal Law, S. 116 ff.; *Peers*, CMLR 2004, 5, 23 ff.；以《国际刑事法院罗马规约》之合作为比较者，参见 *F. Zimmermann*, in: Burchard/Vogel/Triffterer (Hrsg.), The Review Conference and the Future of the ICC, 2010, S.287 ff.; Grabitz/Hilf/*Vogel*, Art. 82 AEUV Rn. 10.

(64) 关此，亦见 *Erbežnik*, EuCLR 2012, 3 ff.

30条及承袭而来的现行《欧盟运作条约》第36条),但相互承认概念在刑事合作范围却欠缺公共秩序保留条款。内国间非常歧异的刑事(诉讼)法结构,也正是相互承认原则的一大缺陷。(65) 以上这些批评,成为欧洲刑事法学者提出“欧洲刑事司法整体设计”(66)对案的缘由,其基本理念是:跨国刑事程序应始终由一会员国依其刑事程序来进行,而该国对系争跨国刑事程序所适用的内国诉讼法规,原则上便应适用于其他所有会员国。

26 尽管如此,欧盟在警察与司法刑事合作领域发布或订定的所有法案,仍均以相互承认原则为基础。不过,相关的法案并非毫无保留地实现相互承认原则,通常都会另外规定拒绝事由。除了法定拒绝事由外,是否还须承认其他拒绝令状的可能事由,绝对有考虑价值。对此,即涉及一个问题:可否以欧洲公共秩序或内国公共秩序为由,拒绝执行其他会员国的令状?允许被告以将面临核发国违反基本权利、人权的刑事程序之危害为由,拒绝将之移交给其他会员国(即令状核发国),似无不妥。(67) 欧盟法院在2013年裁判的*Radu*案(与欧盟逮捕令有关)(68),该院英国籍佐审官*Sharpston*在提出的法庭意见(Schlussantrag;submission)上,赞成应以(欧洲)人权与欧洲公共秩序作为相互承认原则之限制。另一名法国籍佐审官*Bot*在一件类似的审判案件指出,光是内国的宪法保障,并不能成为重要的拒绝理由。(69) 令人遗憾的是,欧盟法院*Radu*案判决却退回到纯粹法条形式的立场,亦即,只重视欧盟法案所规定的拒绝事由,理由是若不如此,“欧盟逮捕令框架决议规定的移交制度必定受挫,也将因此阻断‘自由、安全与法治之区域’的实现”。(70) 从规范阶层的观点来看,欧盟法院的说法在一种状况下尚属合理:内国宪法的考虑与欧盟法案规定的拒绝事

---

(65) 参见*Gless*, ZStW 115 (2003), 131, 146 ff.; *Satzger*, StV 2003, 137, 141; *ders.*, in Schöch u. a. (Hrsg.), FS für Gunter Widmaier, 2008, S. 557 f.; *Hecker*, Eur. Strafrecht, § 12 Rn. 60 ff.; *Safferling*, Int. Strafrecht, § 12 Rn. 45 f.; *Peers*, CMLR 2004, 5, 35; *Kaiafa-Gbandi*, ZIS 2006, 521, 527 ff.; *Meyer*, GA 2007, 15, 33 ff.; *Kirsch*, StraFo 2008, 449, 453 ff.; *Roxin/Schünemann*, Strafverfahrensrecht, § 3 Rn. 20.

(66) *Schünemann* (Hrsg.), Gesamtkonzept.

(67) 参见*Tinsley*, EuCLR 2012, 338 ff.

(68) EuGH, Rs. C-396/11 “*Radu*”.

(69) EuGH, Rs. C-399/11 “*Melloni*” (Rn. 136).

(70) EuGH, Urt. v. 29.01.2013-Rs. C-396/11 “*Radu*” (Rn. 40).

由相抵触者,此内国考虑将因规范阶层因素而失去重要性。[71] 然而,如果不采纳佐审官 *Sharpston* 的意见,即完全不考虑以共同欧洲人权标准与欧洲公共秩序来修正广泛的相互承认原则的话,欧盟法院这种完全以移交制度之效率为导向(及对提问只是扭曲解释来达到[72])的论证方法,将无法令人信服。[73]

即便《里斯本条约》已生效,之前大多数以相互承认原则为基础所发布的框架决议仍保有重要性:这些框架决议不受变更,继续适用,而在5年过渡期间之后,其将成为超国家之欧盟法律,届时,欧盟法院得以"违反条约之诉"审查框架决议的转化情形(参见《里斯本过渡性条款第36号议定书》第10条第1项)。

27

(二) 现今以相互承认原则为基础的法案

1. 欧盟逮捕令
(1)《欧盟逮捕令框架决议》

以旧《欧盟条约》第31条第1项第1款、第2款及第34条第2项第2款为法源基础的2002年6月13日欧盟理事会《欧盟逮捕令框架决议》,全称为《欧盟国间逮捕令与移交程序框架决议》(Rahmenbeschluss des Rates über den Europäischen Haftbefehl und die Übergabeverfahren zwischen den Mitgliedstaaten,以下简称 RbEuHb)[74],是欧盟刑事法领域第一份具体实现相互承认原则的法案。就此而言,这份框架决议对后续其他法案具有"范本特色"[75]。欧盟逮捕令的目的,在于废除传统处处耗时、笨拙又复

28

---

[71] EuGH, Urt. v. 26.02.2013-Rs. C-399/11 "*Melloni*" (Rn. 44, 47 ff.).

[72] 正确观点,*Brodowski*, HRRS 2013, 54.

[73] EuGH, Urt. v. 29.01.2013, Rs. C-396/11 (Rn. 36 ff.),批评之裁判评释:*Brodowski*, HRRS 2013, 54 ff.,正确指出《德国国际刑事司法互助法》第73条第2句可能因此违反欧洲法,而且,欧盟法院及德国联邦宪法法院可能引发冲突。

[74] Rahmenbeschluss 2002/584/JI, ABlEG 2002 Nr. L 190/5.(关于欧盟逮捕令,可参见柯庆忠:《欧盟引渡制度之新变革——以欧盟逮捕令为逮捕及解送之新制》,载《东吴法律学报》2007年第18卷第3期,第123页以下;郑文中:《欧盟于刑事犯罪上之警政与刑事司法合作初探——兼论欧洲拘捕令架构决议与内国法律转化》,载《台湾国际法学刊》2008年第5卷第4期,第123页以下;新近如洪期荣、陈荔彤:《新欧盟逮捕令及解送程序架构规定与传统国际法引渡制度的比较研究》,载《军法专刊》2011年第57卷第1期,第120页以下。——译者注)

[75] *Rohlff*, Europäischer Haftbefehl, 2003, S. 35.

杂的引渡程序。传统引渡程序,一方面是以两阶程序所组成:先由被请求国法院作合法性审查,例如德国是由邦高等法院(OLG)为之(《德国国际刑事司法互助法》第12条以下);之后,被请求国必须再为政治核定,即所谓准许引渡(Auslieferungsbewilligung),是由政府代表于个案审酌外交政策后,作出合目的性之裁量核定⑯(《德国国际刑事司法互助法》第74条第1项)。而外交核定这一环节,正是大部分引渡程序成效不彰的败因。⑰ 另一方面,"双方可罚性/双重可罚性"(beiderseitige Strafbarkeit)是引渡的传统基本原则。双方可罚性,是指据以请求引渡的行为,不仅依请求国法,也包括依被请求国法,在双方都须是可罚之犯罪行为。换言之,假如某一外国犯罪要件依其类型乃被请求国所未规范者,被请求国得拒绝协助引渡。⑱ 也因此,被追诉者得以大量实体法事由反对引渡,这些异议虽有助于个人保护,但当然让引渡效率大打折扣。⑲

29　《欧盟逮捕令框架决议》对逮捕令明确规定泛欧洲的统一格式。引进欧盟逮捕令之后⑳,传统引渡所要求的政治准许已被彻底放弃,现在起,完全交由司法决定。双方可罚性在一定范围内虽被保留下来,即移交与否,仍可视核发国欧盟逮捕令所针对的行为在执行国是否构成犯罪,但若属《欧盟逮捕令框架决议》第2条第2项列举的32种犯罪之一者,例如恐怖主义、人口贩卖、强制性交、贪污、纵火等,就无须考虑双方可罚性。㉑应注意,这些不适用双方可罚性的列举犯罪,在核发国的最高处罚,至少必须是3年以上的自由刑或剥夺自由之保安处分。此外,犯罪清单也极有问题,一是其犯罪要件只如索引词般地概述,二是由于各内国法应判断

---

⑯ 此处权责机关指德国联邦政府,通常是联邦司法部(BMJ)。

⑰ *Rohlff*, Europäischer Haftbefehl, 2003, S. 41.

⑱ *Oehler*, ZStW 96 (1984), 555, 557;详见如 *Veh*, in: Wabnitz/Janovsky, Handbuch, Kap. 22 Rn. 134.

⑲ 批评双方可罚原则,仅见 *Lagodny*, in: Schomburg/Lagodny/Gleß/Hackner, Internationale Rechtshilfe in Strafsachen, 4. Aufl., 2006, § 3 IRG Rn. 2;*Vogel*, JZ 2001, 937, 942.

⑳ 概括而言,欧盟逮捕令适用范围限于两类,一是依核发国法,系争行为得处12个月以上自由刑或剥夺自由之保安处分的"引渡逮捕令",另一是针对已受4个月以上自由刑之有罪判决的"执行逮捕令",参见《欧盟逮捕令框架决议》第2条第1项。

㉑ 欧盟逮捕令双方可罚性原则及修正,详见 *Pohl*, Vorbehalt und Anerkennung: Der Europäische Haftbefehl zwischen Grundgesetz und europäischem Primärrecht, 2009, S. 136 ff.

是否存在列举之犯罪⑧,一个犯罪行为何时可定性为"计算机犯罪""仿冒""盗版商品""种族主义"或"仇外"等,有时根本难以认定。⑧

《欧盟逮捕令框架决议》在第 3 条及第 4 条设有"必须"(绝对)或"得以"(相对)拒绝执行之事由。强制性的绝对拒绝事由,例如被告在执行国受到特赦、为未成年人,或同一行为已在一会员国裁判有罪确定,且裁判之制裁已执行完毕、正在执行中或依裁判国法律不得再予执行者。⑧ 选择性的相对拒绝事由,除了在非列举之犯罪欠缺双方可罚性之外,尚有其他事由,例如:依执行国法已罹于追诉权时效或行刑权时效,或存在受到禁止再诉之程序中止或确定裁判、处分。⑧ 最后,《欧盟逮捕令框架决议》第 5 条允许将逮捕令执行与否,取决于核发国是否为特定之保证,例如核发国针对执行国国民所发出的逮捕令,可要求核发国判决被告有罪后,应移交回本国执行刑罚。⑧

30

(2) 德国转化《欧盟逮捕令框架决议》

《欧盟逮捕令框架决议》应在 2003 年年底前由各会员国转化为内国法。德国联邦众议院(在否决联邦参议院之异议后)在 2004 年 6 月 16 日批准德国转化之(第一次)《欧盟逮捕令法》(EuHbG),于同年 8 月 23 日生效,其将欧盟逮捕令整并到《德国国际刑事司法互助法》(IRG)的法律术语("引渡""被请求国"与"请求国")与体系。⑧ 然而,在 2005 年 7 月 18 日,德国联邦宪法法院在一件个人宪法诉愿判决申诉人胜诉,并宣告德国(第一次)《欧盟逮捕令法》无效。⑧

31

该案申诉人是一名叙利亚裔德国人,住居德国,乃盖达组织的关键人

---

⑧ 《欧盟逮捕令框架决议》第 2 条第 2 项。

⑧ 批评仅见 *Schünemann*, GA 2002, 501, 507 f.; *Roxin/Schünemann*, Strafverfahrensrecht, § 3 Rn. 21 f.质疑《欧盟逮捕令框架决议》第 2 条第 2 项欠缺内国犯罪要件之调和化者,另见 *Peers*, CMLR 2004, 5, 29 ff.

⑧ 《欧盟逮捕令框架决议》第 3 条第 2 款。对此,参见本章 Rn. 84。至于非欧盟国的裁判,则仅能适用选择性的相对拒绝事由,参见《欧盟逮捕令框架决议》第 4 条第 5 款。

⑧ 广泛说明(针对维护人权之概括保留),*Peers*, EU Justice, S. 708 f.

⑧ 完整说明 *v. Heintschel-Heinegg/Rohlff*, GA 2003, 44; *Böse*, in: Momsen/Bloy/Rackow (Hrsg.): Fragmentarisches Strafrecht, 2003, S. 240 ff.

⑧ 参见 BT-Drucks. 15/1718, S. 1 ff.;批评,见 *Wehnert*, StraFo 2003, 356, 359 f.

⑧ BVerfGE 113, 273;详见 *Satzger/Pohl*, JICJ 2006, 686 ff.;另参见 Sieber/ Brüner/Satzger/ v.Heintschel-Heinegg-*Heintschel-Heinegg*, Europ. StR, § 37 Rn. 16 ff.

物。他涉嫌参与犯罪组织及恐怖主义,西班牙因此对其进行刑事程序,要求将他引渡到西班牙。申诉人被指控的行为,于行为时在德国并不构成犯罪(《德国刑法》第 129 条之 2 支持援助外国恐怖组织罪,是行为后才增订),但由于《欧盟逮捕令框架决议》第 2 条第 2 项规定列举犯罪并不审查双方可罚性,所以德国法不得以系争行为不罚为由,拒绝执行欧盟逮捕令。

德国联邦宪法法院主要以下述两项理由,认为作为引渡法律基础的德国(第一次)《欧盟逮捕令法》违宪,进而宣告整部法律无效:

其一,侵害《德国基本法》第 16 条第 2 项德国国民免于引渡之自由(所谓国民不引渡原则)。德国这项基本权利虽有"加重法律保留"要求,即引渡德国国民只能在"遵守法治国原则"下始得为之(《德国基本法》第 16 条第 2 项第 2 句),若要施加干预,也须依比例原则尽可能维护此基本权利。"因此,德国立法者至少负有义务,以维护基本权利之方式,填补《欧盟逮捕令框架决议》所给予会员国的内国立法之转化空间。"依《欧盟逮捕令框架决议》第 4 条第 7 款,逮捕令涉及之犯罪,如全部或部分是在执行国内国主权领域犯之者,得拒绝执行。德国联邦宪法法院认为,德国立法者若有善用此弹性空间,本须将具有"重要内国因素"(wesentlicher Inlandsbezug)[89]的犯罪行为规定成拒绝执行事由。"德国籍犯罪嫌疑人之犯罪非难,含有此一关键之本国要素者,原则上即应由德国追诉机关在德国境内调查,因为遇此情形,德国国民对于仅须为德国法秩序负责之信赖,应由《德国基本法》第 16 条第 2 项连结法治国原则予以保障;系争行为如依德国法本属不罚者,更不待言。"

其二,德国联邦宪法法院认为违反《德国基本法》第 19 条第 4 项权利救济保障,因为对于准许逮捕之决定,德国(第一次)《欧盟逮捕令法》一如传统引渡程序惯例,未提供受干预人权利救济的机会。"准许程序在德国制定《欧盟逮捕令法》后已具备法律基础,须就拒绝事由作出裁量决定,因此,德国国民在此一阶段应有权请求有效权利保护。"

32 于是,德国联邦众议院在 2006 年 7 月 20 日通过新的《欧盟逮捕令法》,可称为第二次《欧盟逮捕令法》,同年 8 月 2 日生效。新法采纳德国联邦宪法法院上述意旨,在《德国国际刑事司法互助法》第 80 条第 1 项第

---

[89] 依德国联邦宪法法院说法,"行为地及结果地之重要部分位于德国领域"便属一例(BVerfGE 113, 302)。假如行为有部分至少是在德国,而结果发生于外国者,"则有必要个案权衡"。

2款、第2项第2款增订"本国因素"的重要保留条款。不过,这一保留规定由于描述不精确,且取决于不明确的评价,因而,既未提升法安定性,法律适用也未见简化之便。⑩ 另外,《德国国际刑事司法互助法》第 79 条第 1 项虽对准许程序的裁量瑕疵提供裁判审查,该审查程序却出乎意料的复杂。值得推荐的做法,毋宁是对欧盟逮捕令不再区分合法性程序及准许程序:一来不但符合《欧盟逮捕令框架决议》的目标设定,即在欧盟逮捕令适用范围接替传统引渡法;二来能有效进行法院审查,无须衔接有裁量空间的行政机关。⑪ 同样未解决的问题,还有《欧盟逮捕令框架决议》第 2 条第 2 项明文取消双方可罚性的列举犯罪,有部分描述极不明确(本章 Rn. 29)。最后,依《德国国际刑事司法互助法》第 80 条规定不可移交德国国民的情形,依同法第 83 条之 2 第 2 项却可将其他欧盟国人移交到请求国,这从欧洲法禁止歧视原则观之,殊值商榷。⑫

欧盟法院对德国移交其他欧盟国人的规定合法性,起初未置可否⑬,但在 2009 年一则针对荷兰的裁判,宣告荷兰关于拒绝移交已于荷兰合法居留 5 年之外国人的规定,乃符合欧盟法。⑭ 另外,针对法国法有关可拒绝移交本国人、但不适用于外国人的情形,欧盟法院表示:"法律上至少必须有平等对待欧盟国人与本国人的机会。"⑮

(3)其他会员国之转化

欧盟国如何转化《欧盟逮捕令框架决议》,相当不一致。⑯ 特别是框架决议允许内国得拒绝执行逮捕令的事由方面,各国相关转化条文的歧异性最为显著。⑰

一些会员国甚至增订框架决议并未包含的拒绝执行事由。例如英国就规定可基于公共安全,拒绝引渡(《英国引渡法》第 208 条)。《意大利

---

⑩ *Böhm*, NJW 2006, 2592, 2593.

⑪ *Böhm*, NJW 2006, 2592, 2593 称之为"过度包装"。

⑫ 对此一区别之批评,已见诸德国联邦宪法法院判决,*Satzger/Pohl*, JICJ 2006, 686, 696 ff. 另见 *Tinkl*, ZIS 2010, 320 ff.

⑬ EuGHE 2008, I-6041-Rs. C-66/08 "*Kozlowski*",评释:*Böhm*, NJW 2008, 3183 ff.

⑭ EuGH Urt. v. 06.10.2009-Rs. C-123/08 "*Wolzenburg*",评释:*Janssens*, CMLR 2010, 831 ff.

⑮ EuGH v. 05.09.2012-Rs. 42/11 "*Lopes Da Silva Jorge*" (Rn. 51).

⑯ 关于转化问题,可见执委会报告(KOM (2006) 8 endg.);另见 *Fletcher/Lööf/Gilmore*, EU Criminal Law, S. 117 f.;较少批评者,*Peers*, EU Justice, S. 709 f.

⑰ 各国转化条文可在网页 www.eurowarrant.net 的 "country info" 字段浏览。

转化法》亦于第 8 条第 3 项规定,意大利人应被引渡之罪,如涉及禁止错误者,则禁止执行引渡;更有甚者,《意大利转化法》第 8 条第 1 项将《欧盟逮捕令框架决议》第 2 条第 2 项的犯罪目录,直接翻译成内国犯罪要件,因而偏离框架决议放弃双方可罚性的宗旨,因为如此一来,变成只有依意大利法也属犯罪可罚的行为,才能进行引渡,就结论观之,等于事实上仍维持双方可罚性。

34 有些会员国也发生跟德国相似的宪法难题。[98] 波兰以违反禁止引渡波兰国民的宪法诫命,宣告转化法违宪[99];波兰修宪之后,2006 年通过新版转化法,而依新法,移交波兰国民方面仍适用双方可罚性。[100] 在塞浦路斯,其宪法法院以相同理由认为直到修宪之后,《欧盟逮捕令框架决议》才能进行转化。[101] 反之,捷克宪法法院则驳回指摘内国转化法之控诉。[102]

35 比利时的转化法同样遭受抨击。对此,比利时宪法法院(Arbitragehof)向欧盟法院提出 3 个关于《欧盟逮捕令框架决议》有效性的问题:第一,欧盟逮捕令是否本须以"条约"制定,而不是采用框架决议的立法方式?欧盟法院正确响应道,旧《欧盟条约》对此并未规定哪种法案类型的优先采用性。[103] 第二,罪刑法定原则(/法定性原则)属旧《欧盟条约》第 6 条第 2 项的一般法律原则,(广泛)放弃双方可罚性是否仍符合罪刑法定?欧盟法院认为罪刑法定原则已受维护,因为,"即便犯罪行为在执行国并不可罚,逮捕令核发国之法律至少也已明确定义犯罪要件"。一般而言,欧盟法院这样的说法颇有问题,理由是,行为人毕竟未必在任何情况都同样考虑到核发国会对其发动刑法。[104] 第三,只有一些犯罪排除双方可罚性之审查,这是否违反平等与禁止歧视诫命?欧盟法院对此仅表示,目录列举之犯罪,不论依其性质或刑罚威吓程度,均显示可重大危害公共安全与秩序,因此,会员国不可进行双方可罚性存否之审查。

---

[98] 概览,*Satzger/Pohl*, JICJ 2006, 686, 690; *Fletcher/Lööf/Gilmore*, EU Criminal Law, S. 119 f.
[99] http://www.trybunal.gov.pl/eng/summaries/summaries_assets/P_1_05.htm(裁判英译)。
[100] 波兰发展,详见 *Nalewajko*, ZIS 2007, 113 ff.
[101] 2005 年 11 月 7 日判决;英文译本可见 Ratsdokument 14281/05.
[102] 2006 年 5 月 3 日判决(Pl.ÚS 66/04);网页 www.eurowarrant.net 可浏览英文译本,路径为 Country info/Czech Republic/case law.
[103] EuGHE 2005, I-3633-Rs. C-303/05 "*Advocaten voor de Wereld*".
[104] 相同见解,*Braum*, wistra 2007, 401, 404 f.;另参见德国联邦宪法法院对具关键本国因素的行为,所提出之论证(参见本章 Rn. 31)。

比利时宪法法院申请欧盟法院解释的问题,其实不适合深入且彻底地检验欧盟逮捕令的合法性。从欧盟法院对罪刑法定原则(不太令人满意的)分析已可看出,不是所有质疑都可被轻易消除。

2. 欧盟监控令状

《欧盟监控令状框架协议》[105]是在《里斯本条约》生效前不久通过的。欧盟监控令状(Europäische Überwachungsanordnung),目的在确保会员国于侦查程序阶段,就未剥夺犯罪嫌疑人之人身自由、但可避免其逸脱刑事程序的特定保全措施,彼此相互承认,诸如报到义务或指示不得离开特定地点。此外,与《欧盟逮捕令框架决议》一样,欧盟监控令状对许多犯罪也不适用双方可罚性。借由欧盟监控令状的机制,即使无(干预更加严重的)羁押处分(例如通过欧盟逮捕令),也更能确保刑事程序之顺利进行。这种结果在"一体化之法律区域"(einheitlicher Rechtsraum)特别值得赞同,因为以目前来说,内国法院对外国被告经常以其具外国国籍,倾向认为有逃亡之虞而核准羁押(参见《德国刑事诉讼法》第112条第2项第2款)[106],这样的歧视并无法兼容于一体化之法律区域,自不待言。

36

3. 证据司法互助,尤其欧盟证据令状

类似于欧盟逮捕令取代了引渡,证据方面错综复杂的司法互助,也应以相互承认原则为基础来简化。《欧盟执行保全财产或证据之裁判框架决议》[107],就是以承认关于"冻结"证据之裁判为规范对象的法案,借此避免在其他会员国领域的现存证据灭失。但这份框架决议仍只是针对暂时保全措施而设计,并未规定证据移交,所以,传统司法互助规定所具有的缺陷,原则上也随之而来。

37

因此,为寻求弥补之道,历经长期协商,欧盟理事会于 2008 年通过

38

---

[105] 全名:Rahmenbeschluss 2009/829/JI des Rates vom 23. Oktober 2009 über die Anwendung-zwischen den Mitgliedstaaten der Europäischen Union-des Grundsatzes der gegenseitigen Anerkennung auf Entscheidungen über Überwachungsmaßnahmen als Alternative zur Untersuchungshaft, ABlEU 2009 Nr. L 294/20.

[106] 参见 SEK (2004) 1064, S. 75 ff.; *Schünemann*, in: ders.(Hrsg.), Gesamtkonzept, S. 104 f.

[107] 全名:Rahmenbeschluss 2003/577/JI des Rates vom 22. Juli 2003 über die Vollstreckung von Entscheidungen über die Sicherstellung von Vermögens-gegenständen oder Beweismitteln in der Europäischen Union, ABlEU 2003 Nr. L 196/45.

《取得物品、文书与资料供刑事运用之欧盟证据令状框架决议》[108],简称《欧盟证据令状框架决议》。《欧盟证据令状框架决议》的规范结构,与《欧盟逮捕令框架决议》相似。欧盟证据令状(Europäische Beweisanordnung)是以框架决议明确规定格式的特殊文件,请求国之核准机关通过欧盟证据令状,可使执行国依请求国的诉讼取证规定,取得在执行国既存且可直接支配的证据,然后移交给核准欧盟证据令状的请求国。为避免取证规避内国权利保障机制,核发国发布欧盟证据令状的司法机关必须确信,应取得之物品、文书或数据如在本国领域者,于类似状况下亦可取得者为限。此外,依《欧盟证据令状框架决议》第12条,核发国得就证据令状的执行类型给予指示,其基本上可拘束执行机关[法院地法原则(forum regit actum)——依法院地法行事]。借此方式,可大幅预防"混搭刑事诉讼制度"及与此相随的规避被告权利之危险,此不同于例如欧盟检察署的设置提案(本章 Rn. 21 以下)。但与《欧盟逮捕令框架决议》类似,《欧盟证据令状框架决议》在第 14 条第 2 项也设有犯罪清单,凡属这些犯罪者,不经双方可罚性审查即应认可并执行欧盟证据令状。

39 对于欧盟证据令状的犯罪清单,由于受到德国联邦宪法法院深入讨论欧盟逮捕令以及宣告其第一次转化法无效的影响,德国已要求适用"退出条款"(opt-out-Klausel)。于此,德国可就框架决议列举的 6 种语意严重模糊的犯罪,例如"种族主义""破坏活动",坚持审查双方可罚性。虽然此处问题与欧盟逮捕令等没有不同,但现阶段德国已调整成较高的法治国敏感度来处理这些问题。详言之,当请求国声明系争犯罪符合德国事先确立之特定基准者,才应回归例外,即放弃双方可罚性。关于如何"定义"清单里具争议性的犯罪名称,德国已提报欧盟理事会。[109] 这其中,

---

[108] 全名:Rahmenbeschluss 2008/978/JI des Rates vom 18. Dezember 2008 über die Europäische Beweisanordnung zur Erlangung von Sachen, Schriftstücken und Daten zur Verwendung in Strafsachen;关此 *Krüßmann*, StraFo 2008, 458 ff. 对执委会原始草案(KOM [2003] 688 endg.)有详尽且批评之评价,参见 *Ahlbrecht*, NStZ 2006, 70 ff.; *Kotzurek*, ZIS 2006, 123 ff. 以及 *Williams*, in: Vervaele, European Evidence Warrant, S. 69 ff. 另可见 *Gless*, Beweisrechtsgrundsätze einer grenzüberschreitenden Strafverfolgung, 2006, 165 ff.; 对德国刑事程序之影响,*Esser*, FS Roxin, S. 1497 ff. (中译:*Robert Esser*:《欧盟证据令状对德国刑事诉讼的影响》王士帆译,载《月旦法学杂志》2014 年第 226 期,第 169 页以下);相关运作方式与程序,参见 *Sieber/Brüner/Satzger/v. Heintschel-Heinegg-Gless*, Europ. StR, § 38 Rn. 22 ff.

[109] 参见 Ratsdokument 10100/08.

有部分会参照其他框架决议的立法定义,例如"计算机犯罪";有些则需新增定义,例如"诈欺"。虽然在相关犯罪领域的描述上,有时仍值得期待应有更高程度的精确性,但这相较于诸如欧盟逮捕令等毫无说明的犯罪清单而言,无疑是一大进步。

为了进一步接替欧盟国之间的司法互助,欧盟执委会考虑引进取得"其他证据"之相互承认法案。所称"其他证据"有二:一是现时尚未存在,但可径予取得的证据,属于此类者,有讯问被告、证人或鉴定人,以及电话监听或监控账户流动;二是虽然现时已经存在,但若无继续调查或分析,则无法取得的证据,包括调查身体样本(例如 DNA 样本),或其他有必要进一步侦查者,尤其是搜集、检查或分析既有之物品、文书或数据。而依执委会的计划,最后一步是将各种法案统整成一部、也是唯一一部的共同规定。⑩ 在 2009 年,执委会提出一份相关的绿皮书⑪,惟内容遭部分文献批评。⑫ 目前,几个会员国的联合动作在某种程度上已经超越执委会,他们根据《欧盟运作条约》第 76 条第 2 款提出自己的立法议案,现正由欧盟理事会审议中。⑬

40

4. 制裁裁判之执行互助

在执行其他会员国所科处的制裁方面,相互承认原则也能发挥作用。所以,有所谓的《罚金与罚款适用相互承认原则框架决议》⑭,类似的还有裁判没收之相互承认。⑮ 这些法案也都仿效欧盟逮捕令犯罪清单的规

41

---

⑩ 此构想已出现在 KOM (2003) 688 endg., S. 11.

⑪ KOM (2009) 624 endg.

⑫ 参见 *Schünemann/Roger*, ZIS 2010, S. 92 ff.; *Busemann*, ZIS 2010, 552 ff.; *Ambos*, ZIS 2010, 557 ff.及 *Zimmermann/Glaser/Motz*, EuCLR 2011, 70 ff.

⑬ Ratsdokument 9145/10.

⑭ 全名:Rahmenbeschluss 2005/214/JI des Rates vom 24. Februar 2005 über die Anwendung des Grundsatzes der gegenseitigen Anerkennung von Geldstrafen und Geldbußen, ABlEU 2005 Nr. L 76/16.这份框架决议已在德国 2010 年 10 月 18 日法案转化成德国法(BGBl. I 2010, S. 1408),关此,*Hombrecher*, JR 2011, 334 ff.; *Karitzky/Wannek*, NJW 2010, 3393 ff.批评, *Schünemann/Roger*, ZIS 2010, 515 ff.;赞同,*Böse*, ZIS 2010, 607 ff., *Schünemann* 再为回应(ZIS 2010, 735 ff.)。

⑮ 全名:Rahmenbeschluss 2006/783/JI des Rates vom 6. Oktober 2006 über die Anwendung des Grundsatzes der gegenseitigen Anerkennung auf Einziehungsentscheidungen, ABlEU 2006 Nr. L 328/59. (关于德国与欧盟国的刑事执行互助,可参见陈重言:《德国法规范下之国际刑事执行互助基础架构》,载《法学丛刊》2012 年第 228 期,第79—81页。——译者注)

定,就此范围同样不审查双方可罚性。

42　　2008年年底,欧盟理事会通过一份框架决议,规定非判决国的其他会员国(即受判决人之国籍国)可执行某一判决国关于剥夺人身自由之刑罚或保安处分的要件,这称为欧盟执行令状(Europäische Vollstreckungsanordnung)。[116] 据此,若干案件的移交执行,不再以受判决人或其国籍国之同意为必要。欧盟执行令状追求的根本目的,在使被处以自由刑之受判决人易于再社会化:通常来说,在有特殊亲近情感的国家执行刑罚者(如框架决议预设之情形),受判决人基本上较易重新融入社会。

43　　另有《判决与缓刑裁判相互承认框架决议》[117],借此,未来可对缓刑负担及替代制裁之履行进行跨境监控。这项计划的考虑背景,乃在担心对其他欧盟国人处以自由刑时,会单纯因为担心他一旦返回母国,实际上将难以监督其是否仍会遵守缓刑负担,导致法院不愿给予宣告缓刑之机会。[118] 就此而言,这份框架决议的内容明显与欧盟监控令状理念(本章Rn. 36)相结合。

44　　从最后提及的两项框架决议(欧盟执行令状、判决与缓刑裁判相互承认),可清楚地看到相互承认领域有一值得注意之发展。两份原始草案虽都使用常见的犯罪清单立法技术,放弃双方可罚性的审查必要性,惟目前显有改变:最终通过的法律文本,对于是否愿意维持双方可罚性,结论上都完全交由会员国决定。[119]

(三) 相互承认原则之立法:《欧盟运作条约》第82条

45　　在欧洲刑事政策的刑事程序法领域方面,虽自1999年坦佩雷欧盟高

---

[116] 全名:Rahmenbeschluss 2008/909/JI des Rates vom 27. November 2008 über die Anwendung des Grundsatzes der gegenseitigen Anerkennung auf Urteile in Strafsachen, durch die eine freiheitsentziehende Strafe oder Maßnahme verhängt wird, für die Zwecke ihrer Vollstreckung in der Europäischen Union, AB1EU 2008 Nr. L 327/27.原先草案之批评及对案,参见 Satzger, in: Schünemann (Hrsg.), Gesamtkonzept, S. 146 ff.

[117] 全名:Rahmenbeschluss 2008/947/JI des Rates vom 27. November 2008 über die Anwendung des Grundsatzes der gegenseitigen Anerkennung auf Urteile und Bewährungsentscheidungen im Hinblick auf die Überwachung von Bewährungs-maßnahmen und alternativen Sanktionen, AB1EU 2008 Nr. L 337/102.

[118] 参见原始提案理由,Ratsdokument 5325/07, S. 4; Staudigl/Weber, NStZ 2008, 17 f.

[119] 参见《欧盟执行令状框架决议》第7条第4项(本章注116)以及《承认缓刑裁判框架决议》第10条第4项(本章注117)。

峰会开始,欧盟为司法合作议题新发布的所有框架决议,事实上均以相互承认原则为基础,但直到《里斯本条约》生效,相互承认原则才在法律上以欧盟一级法加以规范(《欧盟运作条约》第 82 条第 1 项第 1 段)。现在,《欧盟运作条约》第 82 条第 1 项第 2 段第 1 款及第 4 款成为权限条款,借此可制定对于(以及在)所有欧盟国均有拘束力的规定,要求必须承认欧盟各国的司法裁判(含处分)。

1. 适用范围

《欧盟运作条约》第 82 条第 1 项第 2 段规定,在符合该规定要求的立法程序下,可订定其他所有欧盟国应承认某一欧盟国法院裁判之规定(第 1 款),或在刑事追诉与执行裁判的范围内,简化各国司法机关之间的合作(第 4 款)。这两款的区分标准,主要在于应予承认之裁判或决定是由何者所制定:第 1 款是指法院(Gericht),第 4 款则是指司法机关(Justizbehörde),例如检察官。 46

2.《欧盟运作条约》第 82 条第 2 项法律同化界限

欧盟依《欧盟运作条约》第 82 条第 1 项第 2 段享有的权限基础,原则上不包含对会员国刑事程序法的调和化。之所以有此结论,理由:一来是第 82 条第 1 项第 1 段文义指出,法律条文的同化仅局限于第 2 项所称之范围;二来则是出自第 82 条的整体体系观察。 47

整体观察的理由在于,如果可通过《欧盟运作条约》第 82 条第 1 项第 2 段间接对其他刑事诉讼范围亦进行调和化,则第 82 条第 2 项第 2 段明确限定在列举项目才能订定刑事程序最低限度条文的严格用意,将形同虚设。此外,保护内国刑事诉讼体系免于遭受过分干预的第 82 条第 3 项"诉讼紧急煞车"(prozessuale Notbremse),从条约文义脉络以观,也只是针对第 2 项,而不及于第 1 项第 2 段。

不过,这仍不表示欧盟指令(Richtlinie)绝不可作为《欧盟运作条约》第 82 条第 1 项第 2 段所称之"措施"(Maßnahme),因为不同于第 82 条第 2 项,第 1 项第 2 段并未指定欧盟只能采取特定的法案形式。但是,欧盟如依第 82 条第 1 项第 2 段选择发布指令,由于指令之性质使然,当然会造成内国诉讼法之同化结果。从而,为了有意义地界定第 82 条第 1 项第 2 段与第 2 项各自的适用范围,以第 82 条第 1 项第 2 段为基础所发布的措施,原则上即不可对内国的狭义刑事诉讼法(即刑事诉讼程序)进行任 48

何法律同化。因此,以第 82 条第 1 项第 2 段所称"措施"为基础所发布之指令,基本上,该指令内含的条文即必须与第 82 条第 1 项第 2 段着重的会员国刑事司法合作有关,尤其是司法互助领域。相对的,会员国刑事诉讼法条文如果是单纯适用在内国一刑事程序,而不具有涉外因素者,则不可成为第 82 条第 1 项第 2 段的调和化对象。[120]

《里斯本条约》生效后不久,由 12 个欧盟国联合提案、2011 年 12 月通过的《欧盟保护令指令》(Richtlinie über eine Europäische Schutzanordnung)[121],也符合上述建议的界定基准。这一法案是以《欧盟运作条约》第 82 条第 1 项第 2 段第 4 款为法源依据,目的在确保一会员国采取的保护措施,可在所有会员国获得相互承认。欧盟保护令相互承认的范围,例如命令与受保护者保持特定距离,以避免未来发生犯罪,防患于未然。

(四)信息交换,尤其是可支配性原则

49 《申根施行公约》(SDÜ),起初是于卢森堡的 Schengen 镇签订的非属欧盟架构之国际条约,其直到《阿姆斯特丹条约》时期才并入欧盟法。基于《申根施行公约》第 92 条以下之规定,欧洲设立了中央数据库,即一般所谓的"申根信息系统"(Schengener Informationssystem),可将欲缉捕的完整人别或搜寻物,输入申根信息系统,而有权读取申根数据者,为会员国指定的边防机关或刑事追诉机关。[122] 申根公约大开国界,为与之平衡,申根信息系统正可使签约国的刑事追诉合作更加紧密。[123]

50 与相互承认原则同步并行的,是欧盟稍后在"(荷兰)海牙计划"所引进的信息可支配原则(Grundsatz der Verfügbarkeit von Informationen)。[124] 这项原则的目的,在于允许一会员国机关进入其他会员国现有数据库,而读取权限的范围则等同于其他会员国之机关。早在申根公约签订时,于欧盟架构之外就先有致力于实现信息可支配原则之举。到了

---

[120] 完整说明,Grabitz/Hilf/*Vogel*, Art. 82 AEUV Rn. 47.

[121] 全名:Richtlinie 2011/99/EU des Europäischen Parlaments und des Rates vom 13. Dezember 2011 über die Europäische Schutzanordnung, ABlEU 2011 Nr. L 338/2.

[122] 关于权利保护缺陷,参见 v. Arnauld, JA 2008, 327, 333.

[123] 相关批评,如 *Braum*, KritV 2008, 82, 87 ff.

[124] Haager Programm zur Stärkung von Freiheit, Sicherheit und Recht in der Europäischen Union, ABlEU 2005 Nr. C 53/1, 7 f.

2007 年 5 月 27 日,由有整合意愿的 7 个欧盟国[125],在德国一座小镇"普吕姆"(Prüm)签订《普吕姆条约》(Vertrag von Prüm)[126],使签约国机关可彼此读取数据库,主要是 DNA 样本和指纹。[127] 通过这种方式,签约国现有之资料,可以互通有无及相互校准。而为了后续查明留下迹证线索之人别,移交个人资料固然有其必要性,不过,移交资料的许可性,仍应受被请求国的内国法拘束。后来,另有 9 个会员国表态欲加入《普吕姆条约》,故犹如先前的申根法,《普吕姆条约》的重要规定即被引进欧盟法架构,并入方式为通过欧盟理事会决议[128](此点不同于申根法,申根法是以议定书方式成为欧盟基础条约之内容)。至于其他在数据流通范围提议紧密合作的法案,尤其是执委会一项范围广阔的框架决议案[129],则命运未卜。

可支配性原则,除了在证据的信息交流发挥作用,在《新刑事程序考虑其他欧盟国之有罪判决框架决议》[130]也扮演一定角色。此框架决议的用意在于,会员国特别是在一新刑事程序量刑时,对于被告在其他会员国的有罪前科,应如同该前科发生于本国内一样来仔细考虑。[131]   51

信息可支配原则与相互承认原则类似,前者也是单方面地追求刑事追诉效率,却损及被告权利。据此,为求平衡,绝对有必要扩大数据保护规定。就此而言,《普吕姆条约》的安全机制(参见《普吕姆条约》第 34 条以下),和此刻已通过的《警察与司法刑事合作范围处理之个人资料保护框架决议》[132],至少形成一套重要的保护措施。   52

---

[125] 比利时、德国、西班牙、法国、卢森堡、荷兰与奥地利。
[126] 参见如 Papayannis, ZEuS 2008, 229 ff.
[127] 此外,也可直接取得车籍记录,甚至是上面的个人资料。
[128] ABlEU 2008 Nr.L 210/1.对此做法之批评,Papayannis, ZEuS 2008, 229, 242 f.
[129] KOM (2005) 490 endg.
[130] 全名:Rahmenbeschluss 2008/675/JI des Rates vom 24. Juli 2008 zur Berücksichtigung der in anderen Mitgliedstaaten der Europäischen Union ergangenen Verurteilungen in einem neuen Strafverfahren, ABlEU 2008 Nr. L 220/32.
[131] 一些会员国(德国、法国、西班牙与比利时)甚至进一步整合刑罚记录,参见德国联邦司法部 2005 年 4 月 4 日新闻稿。
[132] 全名:Rahmenbeschluss 2008/977/JI des Rates vom 27. November 2008 über den Schutz personenbezogener Daten, die im Rahmen der polizeilichen und justiziellen Zusammenarbeit in Strafsachen verarbeitet werden, ABlEU 2008 Nr. L 350/60.

※ 相互承认原则之新近文献

■ 相互承认原则：*Bárd*, The Impact of the Lisbon Reform Treaty in the Field of Criminal Procedural Law, NJECL 2011, 9 ff.; *Braum*, Das Prinzip der gegenseitigen Anerkennung-Historische Grundlagen und Perspektiven europäischer Strafrechtsentwicklung, GA 2005, 681 ff.; *Brodowski*, Europäischer ordre public als Ablehnungsgrund für die Vollstreckung Europäischer Haftbefehle?, HRRS 2013, 54 ff.; *Erbežnik*, The Principle of Mutual Recognition as a Utilitarian Soluation, and the Way Forward, EuCLR 2012, 3 ff.; *Fuchs*, Bemerkungen zur gegenseitigen Anerkennung justizieller Entscheidungen, ZStW 116 (2004), 368 ff.; *Gleß*, Zum Prinzip der gegenseitigen Anerkennung, ZStW 116 (2004), 353 ff.; *Heine*, Die Rechtsstellung des Beschuldigten im Rahmen der Europäisierung des Strafverfahrens, 2009, 67 ff.; *Kaiafa-Gbandi*, Aktuelle Strafrechtsentwicklung in der EU und rechtsstaatliche Defizite, ZIS 2006, 521 ff.; *Peers*, Mutual Recognition and Criminal Law in the European Union: Has the Council Got It Wrong?, CMLR 2004, 5 ff.; *Tinsley*, The reference in Case C-396/11 Radu: when does the protection of fundamental rights require non-execution of a European Arrest Warrant?, EuCLR 2012, 338 ff.

■ 欧盟逮捕令：*Böhm*, Das neue Europäische Haftbefehlsgesetz, NJW 2006, 2529 ff.; de *Amicis*, Initial Views of the Court of Justice on the European Arrest Warrant: Towards a Uniform Pan-European Interpretation, EuCLR 2012, 47ff.; *v. Heintschel-Heinegg/Rohlff*, Der Europäische Haftbefehl, GA 2003, 44ff.; *Kretschmer*, Das Urteil des BVerfG zum Europäischen Haftbefehlsgesetz, Jura 2005, 780 ff.; *Mansell*, The European Arrest Warrant and Defence Rights, EuCLR 2012, 36 ff.; *Pohl*, Vorbehalt und Anerkennung: Der Europäische Haftbefehl zwischen Grundgesetz und europäischem Primärrecht, 2009; *Schünemann*, Die Entscheidung des BVerfG zum Europäischen Haftbefehl, StV 2005, 681 ff.; *Tinkl*, Die Ungleichbe-handlung eigener und fremder Staatsbürger im deutschen Auslieferungsrecht, ZIS 2010, 320 ff.; *Vogel*, Europäischer Haftbefehl und deutsches Verfassungsrecht, JZ 2005, 801 ff.

■ 欧盟证据令状：*Allegrezza*, Critical Remarks on the Green Paper on Obtaining Evidence in Criminal Matters from one Member State to another and Securing its Admissibility, ZIS 2010, 569 ff.; *Ambos*, Transnationale Beweiserlangung-10 Thesen zum Grünbuch der EU-Kommission "Erlangung verwertbarer Beweise in Strafsachen aus einem anderen Mitgliedstaat", ZIS 2010, 557 ff.; *Bachmaier/Winter*, European investigations order for obtaining evidence in the criminal proceedings, Study of the proposal for a European directive, ZIS 2010, 580 ff.; *Busemann*, Strafprozess ohne Grenzen? Freie Verkehrsfähigkeit von Beweisen statt Garantien für das Strafverfahren, ZIS 2010, 552 ff.; *Robert Esser*, Auswirkungen der Europäischen Beweisanordnung auf das deutsche Strafverfahren, FS für Claus Roxin, 2011, S. 1497 ff.（中译：*Robert Esser*：《欧盟证据令状对德国刑事诉讼的影响》，王士帆译，载《月旦法学杂志》2014年第 226 期，第 169 页以下）; *Lelieur*, L'application de la reconnaissance mutuelle à l'obtention transnationale des preuves penales dans l'Union europeenne: une chance pour un droit probatoire francais en crise?, ZIS 2010, 590 ff.; *Kotzurek*, Gegenseitige Anerkennung und Schutzgarantien bei der Europäischen Beweisanordnung, ZIS 2006, 123 ff.; *Krüßmann*, Grenzüberschre-itender Beweistransfer durch Europäische Beweisanordnung, StV 2008, 458 ff.; *Roger*, Europäisierung des Strafverfahrens-oder nur der Strafverfolgung?, GA 2010, 27 ff.; *Schierholt*, Stellungnahme zum Grünbuch der Europäischen Kommission zur Erlangung verwertbarer Beweise in Strafsachen aus einem anderen Mitgliedstaat, ZIS 2010, 567 ff.; *Schünemann/Roger*, Stellungnahme zum Grünbuch der EU-Kommission "Erlangung verwertbarer Beweise in Strafsachen aus einem anderen Mitgliedstaat" (KOM [2009] 624 endg.), ZIS 2010, 92 ff.; *Spencer*, The Green Paper on obtaining evidence from one Member State to another and securing its admissibility: the Reaction of one British Lawyer, ZIS 2010, 602.

■ 缓刑处分之相互承认：*Staudigl/Weber*, Europäische Bewährungsüberwachung, NStZ 2008, 17 ff.

■ 被告与被害人权利：*Ahlbrecht*, Strukturelle Defizite Europäischer Verteidigung-Gründe und Möglichkeiten ihrer Überwindung, StV 2012, 491 ff.; *Blackstock*, Procedural Safeguards in the European Union: a Road well travelled?, EuCLR 2012, 20 ff.; *Gless*, Europa-eine Herausforderung für die Strafverteidigung, StV 2010, 400 ff.(中译：*Sabine Gless*：《欧洲：刑事辩护的挑战》，王士帆译，载《检察新论》2011 年第 9 期，第 324 页以下）；*dies.*, OHN(E)MACHT-Abschied von der Fiktion einer Waffengleichheit gegenüber europäischer Strafverfolgung?, StV 2013, 317 ff.(中译：*Sabine Gless*：《告别武器平等？——从"欧洲刑事追诉"谈起（上、下）》，王士帆译，载《司法周刊》2014 年第 1684、1685 期，第 2—3/2—3 页）；*Kirsch*, Schluss mit lustig! Verfahrensrechte im Europäischen Strafrecht, StraFo 2008, 449 ff.; *Kuhn*, Opferrechte und Europäisierung des Strafprozessrechts, ZRP 2005, 125 ff.; *Leutheusser-Schnarrenberger*, Der Europäische Beschuldigte, StraFo 2007, 267 ff.; *Meyer*, Die Aussagefreiheit und das Prinzip der gegenseitigen Anerkennung, GA 2007, 15 ff.; *Vogel/Matt*, Gemeinsame Standards für Strafverfahren in der Europäischen Union, StV 2007, 202 ff.

■ 信息可支配性原则：*Böse*, Der Grundsatz der Verfügbarkeit von Informationen in der strafrechtlichen Zusammenarbeit der Europäischen Union, 2007; *Braum*, Europäischer Datenschutz und Europäisches Strafrecht, KritV 2008, 82 ff.; *Meyer*, Der Grundsatz der Verfügbarkeit, NStZ 2008, 188 ff.; *Papayannis*, Die Polizeiliche Zusammenarbeit und der Vertrag von Prüm, ZEuS 2008, 219 ff.

■ 法律政策观点：*Schünemann* (Hrsg.), Ein Gesamtkonzept für die europäische Strafrechtspflege, 2006; *Weigend*, Der Entwurf einer Europäischen Verfassung und das Strafrecht, ZStW 116 (2004), 275 ff.

三、刑事诉讼法范围之法律同化

53 依《欧盟运作条约》第 67 条第 3 项、第 82 条第 1 项第 1 段，欧盟除了可扩大相互承认原则之外，亦得对内国狭义刑事诉讼法推动最低限度的调和化（本章 Rn. 47、48），而与此有关的具体权限依据是《欧盟运作条约》第 82 条第 2 项。相对于以相互承认（而无法律同化）的方式进行合作，以法律同化所为之合作，毋宁只是协助相互承认原则发挥效能的补充性之辅助工具。《欧盟运作条约》第 82 条第 2 项开宗明义说，"仅于为了简化法院判决与决定之相互承认及警察与司法跨境之刑事合作所必要时",已彰显法律同化的辅助功能。[133] 比较其他条文后也可清楚看出,法律同化始终是达成司法合作领域所设定目标的"最后手段"(参见《欧盟运作条约》第67条第3项"必要时"、第83条第2项"不可或缺")。准此,这正指出也应尽可能维持会员国国内的刑事诉讼法秩序,诉讼法条文之同化只可考虑作为"最后手段"。

(一) 适用范围

根据《欧盟运作条约》第82条第2项第2段,欧盟国刑事诉讼法之同化只限于一定的列举范围,但留有扩张可能性(第82条第2项第2段第4款)。对于法院与司法机关裁判或处分的相互承认,《欧盟运作条约》给予广泛规范的可能性(第82条第1项第2段)。相对的,第82条第2项第2段允许的法律同化,则只能在刑事诉讼法的个别领域局部为之。不过,在第82条第2项第2段列举以外之项目,刑事政策也因此取得进行相互承认,而无须同化的空间。[134]

54

1. 证据容许性(第1款)

《欧盟运作条约》第82条第2项第2段第1款规定"会员国之间证据互相容许性"(die Zulässigkeit von Beweismitteln auf gegenseitiger Basis zwischen den Mitgliedstaaten),是证据法局部调和化的法律基础。处理的问题核心为,在一欧盟国取得之证据,在另一欧盟国的刑事程序是否具有证据能力以及如何使用。第82条第2项第2段第1款——与第1项第2段有所区隔——并不涉及证据移交到其他欧盟国的问题,也因此,《欧盟证据令状框架决议》[135](本章 Rn. 37)的修正并不属于本款规范事项。

55

不同于《欧盟运作条约》第86条第3项的"欧盟检察署规则"(在规范未来欧盟检察官取证之证据使用,参见本章 Rn. 21以下),第82条第2项第2段第1款所涉及者,仅止于内国机关进行的刑事程序,惟法律同化的可能性并不限于特定之犯罪领域,这一点则不同于《欧盟运作条约》第86条欧盟检察官的适用范围。

---

[133] Vedder/Heintschel v. Heinegg-*Kretschmer*, EVV, Art. III-270 Rn. 9; Grabitz/Hilf/*Vogel*, Art. 82 AEUV Rn. 81.

[134] 参见 *Kaiafa-Gbandi*, EJCCLCJ 2005, 495.

[135] ABlEU 2008 Nr. L 350/60.

先前说明欧盟检察官制度时(本章 Rn. 21 以下),已指出一种风险:若强制要求一欧盟国法院使用依其他欧盟国法取得之证据,则欧盟国间原本各有不同的证据取得与证据使用之协调关系,将失去平衡。有鉴于此,欧洲立法者在制定第 1 款相关指令时,应致力于谋求一套在欧盟国间有以法治国为校准的证据法则。[136]

2. 刑事程序之个人权利(第 2 款)

56　　相互承认原则的宗旨是追求刑事追诉效率,但此原则的反面后果,却是让被告丧失防御权利。因为,根据相互承认原则的基础想法,在提供被告权利救济方面,并不是由所有参与国之法秩序赋予救济机会,而是基本上只依(司法互助)请求国之法律为之。《欧洲人权公约》第 6 条第 2 项、第 3 项与《欧盟基本权利宪章》第 47 条至第 50 条,虽然都有最低限度的权利保障,然这些仅是最低绝对值。欧盟残缺的权利漏洞,本应在不久之前通过发布《欧盟境内刑事程序特定权利框架决议》来填补,但起初雄心勃勃的计划[137],历经艰难协商后,徒成可怜的半成品,连最低限度的解决方案都无法达成共识。这再次证明了,欧盟的刑事政策设计大幅朝向不利于被告之一端倾斜。《欧洲人权公约》本身已清楚设定刑事程序权利必须具备的最低标准,欧盟如未同时清楚提供高于《欧洲人权公约》最低标准之权利,就无法创设既无损于法治国、又不辱欧盟声誉的刑事程序。[138]

57　　《欧盟运作条约》第 82 条第 2 项第 2 段第 2 款可改善被告法律地位。[139] 于此,只有直接赋予参与刑事程序之个人(被告、辩护人、证人等)程序权利的内国法条文,才能作为同化对象。否则,由于很多刑事诉讼条文至少都有间接保护个人的效果,如果允许第 2 款对任何保护刑事程序

---

[136]　亦见 Grabitz/Hilf/*Vogel*, Art. 82 AEUV Rn. 85 ff.

[137]　Rahmenbeschluss über bestimmte Verfahrensrechte in Strafverfahren innerhalb der Europäischen Union. 执委会《欧盟境内刑事程序特定权利绿皮书》(KOM (2003) 75 endg.)及以之为基础的框架决议草案(KOM (2004) 328 endg.);对此,*Brants*, in Vervaele (Hrsg.), European Evidence Warrant, 103 ff.

[138]　关此,另见 *Kaiafa-Gbandi*, ZIS 2006, 521, 532; *Satzger*, in: Organisationsbüro der Strafverteidigervereinigungen (Hrsg.), 31. Strafverteidigertag, 2007, S.161 ff.; *Vogel/Matt*, StV 2007, 206 ff.; *Kirsch*, StraFo 2008, 449, 455 ff.但有支持欧盟刑事程序权与《欧洲人权公约》权利保障同步进行者:*Fletcher/Lööf/Gilmore*, EU Criminal Law, S. 129.

[139]　亦见 Grabitz/Hilf/*Vogel*, Art. 82 AEUV Rn. 73, 88.

外第三人之条文(即使是间接保护)进行调和化,第 82 条第 2 项第 2 段限定列举的清单(尤其第 4 款的扩大条款)都将被架空。⁽¹⁴⁰⁾

前述的《欧盟境内刑事程序特定权利框架决议》,尽管命运乖舛,欧盟并没有完全放弃于欧洲层级创造被告防御权最低标准的努力:欧盟高峰会在 2009 年 12 月通过所谓"斯德哥尔摩计划"(Stockholmer Programm)⁽¹⁴¹⁾,其包含一份"强化刑事程序犯罪嫌疑人或被告程序权利之计划表"。⁽¹⁴²⁾这份强化被告权利的计划表,对保护被告的某些措施明订数个落实步骤,尤其是提供书面翻译与口译,告知权利及所指控之罪状,法律扶助与诉讼费用救助,与家属、雇主及领事机关之联络,以及对有保护需要之犯罪嫌疑人或被告提供特别保障。依此,欧盟理事会与欧盟议会在 2010 年 10 月通过的《刑事程序通译与翻译权指令》⁽¹⁴³⁾,是计划表的第一步。根据此份指令,被告在刑事程序及因欧盟逮捕令所生之移交程序,不问程序结果为何,均得享有无偿请求口译,以及要求书面翻译对于实行防御权具有重要性之文件的权利。在 2012 年 5 月,欧盟通过《刑事程序权利告知与通知指令》⁽¹⁴⁴⁾,其调和化的范围主要是被告权利之受告知权、告知指控罪状与无偿阅卷权(例如律师协助、通译权、缄默权),但在法律扶助⁽¹⁴⁵⁾与诉讼费救助方面,由于某些欧盟国欠缺以符合法治国之方式调和被告权利的意愿,未来发展前景不被看好。

然而,无论有无创设刑事程序最低保障的详细权利清单,欧盟迄今为止的举动,有些已间接形成共同保障标准。⁽¹⁴⁶⁾举例来说,于欧盟《尼斯条

⁽¹⁴⁰⁾ 德国联邦最高法院也要求狭义解释,认为"特别明显"涉及刑法与刑事程序规范的民主自我决定[NJW 2009, 2288(Rn. 358)]。

⁽¹⁴¹⁾ Ratsdokument Nr. 17024/09, S. 17 f. 欧盟高峰会之通过记录,参见 Ratsdokument Nr. EU-CO 6/09, S. 9 ff.

⁽¹⁴²⁾ 全名:Entschließung über einen Fahrplan zur Stärkung der Verfahrensrechte von Verdächtigten oder Beschuldigten in Strafverfahren(Text von Bedeutung für den EWR), AB1EU 2009 Nr. C 295/1.

⁽¹⁴³⁾ 全名:Richtlinie 2010/64/EU des Europäischen Parlaments und des Rates vom 20. Oktober 2010 über das Recht auf Dolmetschleistungen und Übersetzungen in Strafverfahren, AB1EU 2010 Nr. L 280/1.

⁽¹⁴⁴⁾ 全名:Richtlinie 2012/13/EU des Europäischen Parlaments und des Rates vom 22. Mai 2012 über das Recht auf Belehrung und Unterrichtung in Strafverfahren, AB1EU 2012 Nr. L 142/1.

⁽¹⁴⁵⁾ 参见欧盟执委会提案:KOM(2011)326.

⁽¹⁴⁶⁾ *Vogel/Matt*, StV 2007, 206, 210.

约》适用时期,因部分会员国推动而通过一份框架决议,要将其他种种框架决议(例如欧盟逮捕令)中的缺席判决之相互承认统一规定。⁽¹⁴⁷⁾据此,其他会员国仅在有限的特定条件下,例如要求相互承认之义务取决于有无遵守特定的告知义务,始能承认缺席判决,通过这样的严格限制,应可维护缺席程序受判决人的基础权利。⁽¹⁴⁸⁾但无论如何,仍不可忽略这项提案的用意在方便承认缺席判决,惟在尽可能有效塑造被告权利之意义之下,其实反而有必要抑制这类缺席判决才对。⁽¹⁴⁹⁾

60　《欧盟运作条约》第 82 条第 2 项第 2 段第 2 款,毫无疑问,主要是为被告权利所量身定做,但其他人权利之调和化也是该条款想象得到的适用对象⁽¹⁵⁰⁾,其中特别是证人保护。⁽¹⁵¹⁾就此处的证人保护而言,《欧盟运作条约》第 82 条第 2 项第 3 段允许会员国对个人维持(或引进)较高的保护水平,可能会出现问题。具体言之,若一会员国对证人的保护水平高于欧盟指令的规定,那就表示,对被告的保护水平可能因此随之下降。

3. 被害人权利(第 3 款)

61　被害人法律地位,也可以是《欧盟运作条约》第 82 条第 2 项第 2 段法律同化之对象。《里斯本条约》生效前,2001 年已发布过一份名为"刑事程序被害人地位"的框架决议⁽¹⁵²⁾,以有助于提供犯罪被害人更佳的权利保护及代理设计,并提供刑事程序之前及之后的协助措施。欧盟法院已在多起"预先裁判程序"(参见《欧盟运作条约》第 267 条)解释过这份法案,例如在裁判表示,对于应作证陈述的性侵被害幼童,须提供适当保护机

⁽¹⁴⁷⁾ 全名: Rahmenbeschluss 2009/299/JI zur Änderung der Rahmenbeschlüsse 2002/584/JI, 2005/214/JI, 2006/783/JI, 2008/909/JI und 2008/947/JI, zur Stärkung der Verfahrensrechte von Personen und zur Förderung der Anwendung des Grundsatzes der gegenseitigen Anerkennung auf Entscheidungen, die im Anschluss an eine Verhandlung ergangen sind, zu der die betroffene Person nicht erschienen ist, ABlEU 2009 Nr. L 81/24.

⁽¹⁴⁸⁾ 权利项目,参见理事会记录之附录:Ratsdokument 5213/08, S. 2 ff.

⁽¹⁴⁹⁾ 因此有非常强烈之批评,如 *Kirsch*, StraFo 2008, 449, 457.

⁽¹⁵⁰⁾ 亦见 Grabitz/Hilf/*Vogel*, Art. 82 AEUV Rn. 90.

⁽¹⁵¹⁾ 德国联邦宪法法院似乎也如此认为,参见 BVerfG NJW 2009, 2267, 2287 (Rn. 353).

⁽¹⁵²⁾ 全名:Rahmenbeschluss über die Stellung des Opfers im Strafverfahren, ABlEG 2001 Nr. L 82/1.

制,诸如于审判期日外陈述的可能性。⁽¹⁵³⁾ 同样,在自诉程序自为追诉的被害人(即扮演检察官角色),必须让其自身陈述有成为证据之机会。⁽¹⁵⁴⁾ 除此之外,欧盟法院还阐述,系争框架决议所订定最低限度保护之条文,只在针对自然人(另参见《刑事程序被害人地位框架决议》第 1 条第1 款)。⁽¹⁵⁵⁾

此刻,欧盟执委会已使用过《欧盟运作条约》第 82 条第 2 项第 2 段第 3 款的权限条款。例如在《对抗性侵害及儿童性剥削与儿童色情文书指令》⁽¹⁵⁶⁾,除了含有关于实体刑法的同化规定之外,还有协助及照料犯罪被害人,以及目的在契合刑事诉讼被害人需求的调和化措施等规定。《对抗性侵害及儿童性剥削与儿童色情文书指令》的规定中,有些是承接前述《刑事程序被害人地位框架决议》条文,像是不公开与(以空间区隔之)隔离讯问(参见《对抗性侵害及儿童性剥削与儿童色情文书指令》第 20 条),有些则超越该框架决议:刑事追诉不再取决于有无提出告诉(见《对抗性侵害及儿童性剥削与儿童色情文书指令》第 15 条)、排除被害人自己因被迫参与犯罪而成立之可罚性(见《对抗性侵害及儿童性剥削与儿童色情文书指令》第 14 条);此外,也有规定预防措施,例如对潜在犯罪行为人备妥有效的介入计划(见《对抗性侵害及儿童性剥削与儿童色情文书指令》第 22 条),或者移除、封锁儿童色情文书网页(见《对抗性侵害及儿童性剥削与儿童色情文书指令》第 25 条)。类似的被害人保护条文,也出现在《对抗人口贩卖与被害人保护指令》。⁽¹⁵⁷⁾ 在 2011 年,执委会接着提出《犯罪被害人最低标准权利与保护及协助被害人指令》提案⁽¹⁵⁸⁾;目前于政治层面上,欧盟议会与理事会已对此草案建立共识⁽¹⁵⁹⁾。但无论如何,还

⁽¹⁵³⁾ EuGHE 2005, I-5285-Rs. C-105/03 "*Pupino*".欧盟法院这则裁判在另一脉络备受瞩目:第一次提出符合框架决议之解释义务,详见第九章 Rn. 115。

⁽¹⁵⁴⁾ EuGHE 2008, I-7697-Rs. C-404/07 "*Katz*"。

⁽¹⁵⁵⁾ EuGHE 2007, I-5557-Rs. C-467/05 "*Dell'Orto*"。

⁽¹⁵⁶⁾ 全名:Richtlinie zur Bekämpfung des sexuellen Missbrauchs und der sexuellen Ausbeutung von Kindern sowie der Kinderpornografie sowie zur Ersetzung des Rahmenbeschlusses 2004/68/JI des Rates, ABlEU 2011 Nr.L 335/1(已由 ABlEU 2012 Nr.L 18/7 更正法案编号)。

⁽¹⁵⁷⁾ 全名:Richtlinie zur Verhütung und Bekämpfung des Menschenhandels und zum Schutz seiner Opfer sowie zur Ersetzung des Rahmenbeschlusses 2002/629/JI des Rates, ABlEU 2011 Nr. L 101/1.

⁽¹⁵⁸⁾ Vorschlag für Richtlinie über Mindeststandards für die Rechte und den Schutz von Opfern von Straftaten sowie für die Opferhilfe, KOM(2011) 275 endg.

⁽¹⁵⁹⁾ PE-CONS 37/12 (http://www.consilium.europa.eu)。

没有通过一份可接替前述《刑事程序被害人地位框架决议》的指令。

4. 刑事程序其他特别面向（第 4 款）

62 《欧盟运作条约》第 82 条第 2 项第 2 段第 4 款是概括条款。通过该概括条款，理论上，调和化权限的适用范围虽可及于内国刑事程序法的任一条文[160]，然依第 4 款文义中的"刑事程序其他特别面向"（sonstige spezifische Aspekte des Strafverfahrens）来看，则只能就刑事程序的「特别面向」创设同化权限，故无法进行全面的法律同化。[161] "特别面向"的具体范围，由欧盟议会同意后，经欧盟理事会一致决之决议来划定。

依《欧盟条约》第 48 条第 7 项"过桥条款"（Brückenklausel），若经欧盟高峰会一致同意，便可将《欧盟运作条约》中要求的欧盟理事会一致决改为加重多数决。如此一来，此过桥条款也就包括了《欧盟运作条约》第 82 条第 2 项第 2 段第 4 款的欧盟理事会一致决。针对《欧盟条约》第 48 条第 7 项从一致决过渡到加重多数决的调整决议，德国联邦宪法法院已要求德国国会应参与决议。[162] 有鉴于此，现行《德国国会履行欧盟事务整合责任法》（IntVG，以下简称《德国整合责任法》）第 4 条第 1 项已考虑宪法法院此一要求。

惟撇此不谈——在参照类似的《欧盟运作条约》第 83 条第 1 项第 3 段扩权条款下——当应依《欧盟运作条约》第 82 条第 2 项第 2 段第 4 款作成决议时，通常会要求德国众议院参与。[163] 只不过，此处要求国会参与的观点，并非德国联邦宪法法院之见解，也因此，《德国整合责任法》第 7 条并未要求德国代表表决《欧盟运作条约》第 82 条第 2 项第 2 段第 4 款时，须先经德国国会立法才能投下赞成票，但对条约第 83 条第 1 项第 3 段扩权条款则有此明文要求（参见第九章 Rn. 35）。

（二）紧急煞车机制

63 《欧盟运作条约》第 82 条第 2 项规定得以"指令"订定最低限度条

---

[160] 参见 F. Zimmermann, Jura 2009, 844, 850.
[161] Grabitz/Hilf/Vogel, Art. 82 AEUV Rn. 97.
[162] BVerfG NJW 2009, 2267, 2289 (Rn. 366), 2295 (Rn. 419).
[163] 批评如 Hahn, EuZW 2009, 758, 761；关于《欧盟运作条约》第 83 条第 1 项第 3 段，另见 BVerfG NJW 2009, 2267, 2288 (Rn. 363).

文,欧盟行使此一立法权限时,根据第 2 项第 1 段第 2 句规定,有义务考虑会员国法律秩序与法律传统之间的差异性。但犹如《欧盟运作条约》第 83 条第 3 项的设计,依第 82 条第 3 项规定,会员国一旦认为其国内刑事法秩序的基本利益遭受威胁时,便可启动诉讼法的"紧急煞车"机制,阻挡欧盟发布指令,以保护内国刑事法秩序的基础观点。《欧盟运作条约》第 82 条第 3 项"紧急煞车"规定,基本上与第 83 条第 3 项相同,故可对照该处说明(第九章 Rn. 47 以下)。当然,《欧盟运作条约》第 82 条第 3 项所称刑事诉讼法的"基础观点"(grundlegender Aspekt)为何,犹待补充。最后,要再说一次:欧盟越多引进协调一致的刑事政策计划,会员国就越没有"拉起紧急煞车"的动机(参见第九章 Rn. 50)。

※ "刑事诉讼法范围之法律同化"新近文献

参见第九章参考文献

四、一事不再理

▶ 案例 17:德国人 D 住居德国,因在比利时涉嫌伤害罪,在比利时被起诉。同时间,德国波恩检察官也对 D 同一伤害行为,开启侦查程序。德国检察官建议 D 支付 1000 欧元,换取缓起诉处分。D 支付完,德国检察官为缓起诉处分,该处分依法无须德国法院同意(参见《德国刑事诉讼法》第 153 条之 1 第 1 项第 7 句连结第 153 条第 1 项第 2 句:未加重法定最低本刑且犯罪结果轻微时,得不经法院同意)。试问:就 D 同一伤害行为,比利时法院可否判决有罪?(本章 Rn. 73, 74)

64

(一)一事不再理在法秩序内部的基础意义

所有欧盟国都承认禁止双重处罚原则,即"无人可因同一行为受到重复处罚"[164]。用德国联邦宪法法院的话来说,《德国基本法》第 103 条第 3 项保障的一事不再理(ne bis in idem)原则,在"对已被处罚或无罪确定之

65

---

[164] 另参见《欧洲人权公约》第 7 号议定书第 4 条第 1 项,惟非所有公约国均有签署或批准。《德国基本法》有关一事不再理规定的历史发展,参见 Stalberg, Zum Anwendungsbereich des Art. 50 GRC, S. 5 ff.

行为人,提供免于因同一行为再次受到追诉或处罚之保护"。⑯ 因此,依德国法的理解,第一次刑事判决之实体确定力的效果,会对同一行为可能发生的后续刑事程序形成全面之程序障碍。⑯ 基于欧盟国之普遍承认,一事不再理已属于欧盟法的一般法律原则⑯,而在今日,也明文规定在《欧盟基本权利宪章》第 50 条。

即使现今德国法与欧洲法均承认禁止双重处罚,但这并不意味着,同一行为在某一会员国受到制裁后,就可阻止其他会员国再次判决有罪。同样,欧盟机关以违反法规(例如公平交易法)所施加的制裁,也不会自动成为内国的追诉或处罚障碍。有鉴于各国法秩序的自主性,一事不再理原则只被赋予法秩序内部之意义。准此,只可将《德国基本法》第 103 条第 3 项理解为用以化解德国自身刑事裁判竞合的冲突而已⑯,而作为欧盟法一般法律原则的一事不再理,原则上也只在表示排除第二次的欧盟法制裁而已(例如因同一行为被重复处以罚款)。但无论德国法或欧洲法,由于受到比例原则的影响,均要求再一次量处制裁时,应考虑先前依其他各国法秩序所宣告之第一次制裁。⑯

因此,欧盟法院过去在公平交易法的重要范围,一直允许对于违反公平交易法之同一行为,同时在欧洲与内国层次进行处罚程序,其理由是欧盟执委会与内国机关在适用不同公平交易法时,并不是以同一观点作出处罚决定。⑰

欧盟法院前述见解,经过欧洲公平交易法的改革(参见《欧体规则

---

⑯ BVerfGE 12, 62, 66.

⑯ 仅见 *Roxin/Schünemann*, Strafverfahrensrecht, § 52 Rn. 6.

⑯ 参见 EuGHE 1966, 178-verb. Rs. 18/65 und 35/65 "*Gutmann*"; EuGHE 1984, 4177-Rs. 78/83 "*Usinor*" (Rn. 12 ff.); *Lenaerts*, EuR 1997, 17, 21.

⑯ 德国联邦宪法法院自 BVerfGE 12, 62, 66 一贯见解,新近如 BVerfG NJW 2012, 1202, 1203,亦见 *Satzger*, FS Roxin, 2011, S. 1517.

⑯ 德国法,可参见《德国刑法》第 51 条第 3 项;欧盟法,则有一般核准裁量及比例原则,EuGHE 1969, 1-Rs. 14/68 "*Walt Wilhelm/Bundeskartellamt*" (Rn. 11);亦见 Art.6 VO (EG, EAG) 2988/95.

⑰ EuGHE 1969, 1-Rs. 14/68 "*Walt Wilhelm/Bundeskartellamt*" (Rn. 11).这尤其适用于违反公平交易法之同一行为,其处罚不是在某一欧盟国,而是在欧盟外之第三国者,参见 EuGHE 2007, I-3921-Rs. C-328/05 "*SGL Carbon*"(美国已有制裁,但欧盟执委会仍处以罚款)。

1/2003》）⑰，现已无立论基础，因为执委会与内国公平交易法机关组成"欧洲竞争网络"（European Competiton Network，以下简称 ECN）并（最广泛地）适用同一公平交易法，以致此范围也适用一事不再理。⑫

（二）数欧盟国对同一行为之制裁

1. 泛欧洲一事不再理原则的必要性及其塑造

内国和欧洲的一事不再理，由于只有法秩序内部的关联性，对其他欧盟国的有罪判决并无适用余地。⑬ 因此，已执行完毕的外国刑罚，最多只能发生折抵效果（以德国为例，规定在《德国刑法》第51条第3项）。⑭ 但是，随着欧盟将欧洲创造成一体化之法律区域的目标迈进，已出现全面性跨国一事不再理的需求。⑮ 依此，任何欧盟国作成的有罪判决，会在其他欧盟国成为进一步刑事程序的障碍，或至少是再为判决之障碍。换言之，于欧盟境内，一国的确定力效力被其他各国所承认，这正是相互承认原则。而在一事不再理脉络下，此处的相互承认原则则是一种有利于被告的表现。⑯

66

只要每一欧盟国有自己的刑法适用法，加上在欧洲对于实施刑事程序没有清楚设计的权限分配⑰，权限冲突造成双重处罚的危险就自始形影不离。另外，基于《欧盟条约》第4条第3项内国刑事法有为欧盟效劳的忠诚义务，欧盟国设计刑法适用法时，应尽可能确保违反欧盟法的行为可受内国制裁。这导致了目前跟国家领域有关的属地原则，逐渐被扩大为"欧洲属地原则"（europäisches Territorialitätsprinzip），《德国刑法》第6条第8款"德国刑法于在国外犯下列犯罪行为者，不问犯罪地之法律为

67

---

⑰ ABlEG 2003 Nr. L 1/1.

⑫ 详见 *T. Streinz*, Jura 2009, 412 ff.；另参见 *Klees*, WuW 2006, 1222, 1226；*Soltész/Marquier*, EuZW 2006, 102 ff.

⑬ 仅见 BVerfGE 12, 62, 66.

⑭ 更为放宽的规定是《奥地利刑法》第65条第4项第2款："可罚性仍可取消……当行为人与犯罪地之国家判决无罪确定或已免予追诉权。"

⑮ 清楚介绍，Sieber/Brüner/Satzger/v. Heintschel-Heinegg-*Eser*, Europ. StR，§36 Rn. 4 f.

⑯ 仅见 *Satzger*, FS Roxin, 2011, S. 1520.

⑰ 对此，参见刑事程序权限冲突与一事不再理原则绿皮书（KOM［2005］696 endg.）及 *Schünemann*（Hrsg.），Gesamtkonzept.

何,亦适用之:补助款诈欺罪"即属适例。⁽¹⁷⁸⁾ "欧洲属地原则"的结果,便是双重处罚之危险有增无减。⁽¹⁷⁹⁾ 刑事司法的欧洲化越向前一步,以及通过调和化动作越是弭平各内国法秩序的歧异,则越可见到跨国一事不再理的需求。

68 欧盟国之间尝试以缔结国际条约的方式,希望达到全面的禁止双重处罚⁽¹⁸⁰⁾,其中以 1995 年生效的《申根施行公约》(Schengener Durchführungsübereinkommen,以下简称 SDÜ)⁽¹⁸¹⁾最为重要。⁽¹⁸²⁾《申根施行公约》第 54 条规定如下:"经本公约签约国裁判确定之人,其他签约国不得就该人之同一行为再次追诉。但为有罪判决者,以制裁已执行完毕、正在执行中或依判决国之法律不得再予执行者为限。"

69 《德国基本法》第 103 条第 3 项的禁止双重处罚,单纯只在德国国内发挥作用。不同于此,作为跨国一事不再理规范的《申根施行公约》第 54 条,其适用要件除了需有确定裁判外,但书另要求应具备执行要素(Vollstreckungselement)(本章 Rn. 80 以下)。反之,《欧盟基本权利宪章》第 50 条同样规定全面性的跨国一事不再理,但宪章放弃这类执行要素的要求,其条文内容为:"任何人不得因已在欧盟境内依法判决有罪或无罪确定之同一犯罪行为,再次受到刑事追诉或处罚。"

《欧盟基本权利宪章》随着《里斯本条约》生效而开始适用(参见《欧盟条约》第 6 条第 1 项),但《欧盟基本权利宪章》目前对英国和波兰只有局部拘束力(参见第 30 号议定书)。

2.《申根施行公约》第 54 条与《欧盟基本权利宪章》第 50 条的关系

70 《申根施行公约》第 54 条与《欧盟基本权利宪章》第 50 条,这两者相

⁽¹⁷⁸⁾ 参见第五章 Rn. 75。

⁽¹⁷⁹⁾ 参见 *Satzger*, FS Roxin, S. 1518 f.在 2009 年,欧盟虽然发布《避免权限冲突框架决议》(Rahmenbeschluss zur Vermeidung von Kompetenzkonflikten, ABlEU 2009 Nr. L 328/42)而可期待通过(以《欧盟运作条约》第 82 条第 1 项第 2 段第 2 款为基础的)刑事程序移转指令(参见 Ratsdokument 11119/09 及框架决议),但可预期的是,这些法案还不能有效厘清刑事追诉权限与后续衍生的双重处罚禁止。

⁽¹⁸⁰⁾ 除此之外,希腊在 2003 年 4 月主动提出适用一事不再理的理事会框架决议提案(ABlEU 2003 Nr. C 100/24)。

⁽¹⁸¹⁾ BGBl. 1993 II, S. 1010 (Sartorius II, Nr. 28)。

⁽¹⁸²⁾ 1987 年 5 月 25 日的《欧体一事不再理公约》(EG-"Ne-bis-in-idem"-Übereinkommen)也有相关一事不再理规定,但未经所有会员国批准,详见 *Satzger*, Europäisierung, S. 694.

互处于什么关系,尚未终局厘清。有认为,《欧盟基本权利宪章》第 50 条会限缩《申根施行公约》第 54 条,以致不应以"执行要素"作为跨境禁止双重处罚的适用要件。⑱ 相关说法还有,在一个罚金、缓刑和自由刑均相互承认的领域,"亦即可在裁判国之外的其他国家执行这些刑罚者,便不需要执行要素",⑱"行为人为规避刑罚,潜逃到其他会员国,此一令人疑虑的逃避制裁风险,可通过欧盟逮捕令制度消除,至少在适用欧盟逮捕令之时,应无此疑虑"。⑱

将欧洲想象成一体化之法律区域,在此区域内可如同《德国基本法》第 103 条第 3 项一样放弃执行要素,这种想象至少就目前而言,仍是一个错觉。个别的相互承认法案还(尚)未协调到形成无漏洞之体系。比如说欧盟逮捕令,不是欧盟国凭着任何有罪判决都能发动欧盟逮捕令,行为人若逃离到其他会员国,就可能发生不愿乐见的情势;如果完全放弃执行要素,单单因为"有罪判决之存在"这一事实,即可阻碍在逃亡国之刑事程序。⑱

执行要素不只在法律政策深具意义,即使《欧盟基本权利宪章》第 50 条现已生效,法律上亦有理由说明,禁止双重处罚的要件为何终须遵循《申根施行公约》第 54 条及其目前之解释。不过,这不能推论为,《欧盟基本权利宪章》第 50 条无法适用于禁止跨国双重处罚问题。根据《欧盟基本权利宪章》第 51 条第 1 项第 1 句,宪章适用于"欧盟组织、机构(……)",而"会员国仅于实施欧盟法时"始适用之,就后者而言,任何内国法院适用相互承认原则时,毕竟也是在"实施"欧盟法,尤其是相互承认原则已明定于《欧盟运作条约》第 82 条第 1 项。

另外,也不能以参照《欧盟基本权利宪章》第 52 条第 2 项,作为援用《申根施行公约》第 54 条保障范围的理由。《欧盟基本权利宪章》第 52 条第 2 项规定"行使本宪章承认且在欧盟基础条约有规定之权利,应遵守欧盟基础条约设定之条件与界限",立法目的虽在于使"欧盟基础条约"

---

⑱ 例如 Heger, ZIS 2009, 406, 408; ders., HRRS 2008, 413, 415 及 Anagnostopoulos, FS Hassemer, 210, 1136 f.; Reichling, StV 2010, 237;另见 Böse, ZIS 2010, 607, 612 及 GA 2011, 504 ff.

⑱ 也因此批评执行要素者,Fletcher/Lööf/Gilmore, EU Criminal Law, S. 138.

⑱ Safferling, Internationales Strafrecht, §12 Rn. 84 f.,想从功能上解决此问题。他主张,对于欧盟境内那些还无法以泛欧盟措施确保顺利执行制裁的地方,则应承认"执行要素"的重要性。

⑱ 执行要素的背景,亦见 Satzger, FS Roxin, S. 1520.

所担保且又由宪章法典化的权利,并不应因宪章规定而改变权利的保障范围。[187]但《欧盟基本权利宪章》第52条第2项所称"欧盟基础条约",仅指欧盟一级法[188],而《申根施行公约》毋宁应定性为欧盟二级法,而非一级法,故不适用《欧盟基本权利宪章》第52条第2项。于《阿姆斯特丹条约》时期,《申根议定书》将申根法之法律面及制度面均输入欧盟架构,《申根议定书》第2条第1项第2段规定,理事会可依欧盟基础条约相关规定,为任何构成申根法内容的规定或决议订定法律基础。因此,申根法的规范效力位阶明显低于欧盟基础条约,同样,《申根施行公约》第54条以下规定也就属于欧盟二级法。[189]

回到开头问题,《申根施行公约》第54条与《欧盟基本权利宪章》第50条相互关系为何,解铃关键仍是后者。《欧盟基本权利宪章》第50条将一事不再理承认为是一种司法基本权利,采取典型的基本权利描述方式,保护范围则从宽设定。相较于此,《申根施行公约》第54条则另外加上执行要素,其扮演《欧盟基本权利宪章》第50条的(普通法律之)"限制规定"。[190]这样见解的法源依据是《欧盟基本权利宪章》第52条第1项,其规定"对行使本宪章承认之权利与自由所造成之任何限制,须以法律定之,且尊重权利与自由之本质内容。在维护比例原则之下,仅于必要时,并且符合欧盟承认、有帮助于公共福祉之目的或有必要保护第三人权利与自由时,始得实行上述限制"。《欧盟基本权利宪章》第52条第1项近

---

[187] 参见《欧盟基本权利宪章之注释》(Erläuterungen zur Charta der Grundrechte),"立法者"针对《欧盟基本权利宪章》第52条立法意向(AblEU 2007 Nr. C 303/33)。

[188] 德国联邦最高法院在BGHSt 56, 11(BGH, Beschl. v. 25.10.2010 -1 StR 57/10, Rn. 15)也讨论过,《欧盟基本权利宪章》第52条第2项是否也适用于禁止双重处罚这一欧盟法院发展出来的一般法律原则。德国联邦最高法院采否定见解,认为《欧盟基本权利宪章》第52条第2项不适用于这项法律原则。其实,德国联邦最高法院忽略了欧盟法院只在同一法秩序之内部承认一事不再理,而直到通过《申根施行公约》第54条才创造跨国性的禁止双重处罚(本章 Rn. 65)。(关于BGHSt 56, 11,可参见王士帆:《欧洲跨国一事不再理——德国联邦最高法院刑事裁判BGHSt 56, 11译介(上/下)》,载《司法周刊》2013年第1636、1637期,第3/2—3页。——译者注)

[189] 欧盟法院对于《申根施行公约》第54条以下规定,过去是以旧《欧盟条约》第34条及第31条为法律基础,参见 EuGHE 2003, I-1345, verb. Rs. C-187/01 "*Gözütok*" und Rs. C-385/01 "*Brügge*" (Rn. 3 ff.)。

[190] 结论同 LG Aachen, StV 2010, 237 评释; *Reichling*;深入讨论且值得一读者, *Burchard/Brodowski*, StraFo 2010, 179, 184.亦见 *Hecker*, Europäisches Strafrecht, §13 Rn. 38 ff.; *Hackner*, NStZ 2011, 425, 429。

似于在描述干预基本权利保护范围的"限制之限制"(Schranken-Schranken),特别是指比例原则与本质内容之保障,而且,完全以欧盟二级法作为《欧盟基本权利宪章》基本权利的限制。⑲ 据此,欧盟境内的跨国一事不再理原则,始终取决于《申根施行公约》第 54 条之保障范围及与此相关的欧盟法院裁判。⑫ 换言之,《申根施行公约》第 54 条可理解为《欧盟基本权利宪章》第 52 条第 1 项所称的"限制之限制"。最后,通案而言,《申根施行公约》必须依《欧盟基本权利宪章》第 50 条的基本权利规定来阐述。⑬ 在 2010 年 10 月,德国联邦最高法院刑事第一庭参照规范形成史(但却违反向欧盟法院提案之义务),接受以上见解⑭;而 2010 年 12 月,前述 Aachen 地方法院的判决被上诉到德国联邦最高法院后,也获得受理的该院刑事第二庭之维持。⑮

3.《申根施行公约》第 54 条要件与适用

依《申根施行公约》第 54 条,一事不再理效力的生效要件有三:第一,会员国作出确定裁判;第二,所追诉之行为与被判决确定者为同一行为;第三,满足执行要素。

表面看来再清楚不过的《申根施行公约》第 54 条,由于种种欧盟国语言版本及各国不一之刑事诉讼体制,引发了庞大的解释问题,这很快反应在实务方面。在《阿姆斯特丹条约》第 2 号议定书(所谓《申根议定

---

⑲ 此见解已见于 *Mansdörfer*, Das Prinzip des ne bis in idem im europäischen Strafrecht, 2004, S. 242.

⑫ 基础说明 *Burchard/Brodowski*, StraFo 2010, 179, 184;相同意见, *Hecker*, Europäisches Strafrecht, § 13 Rn. 38; *Satzger*, FS Roxin, S. 1524.不同见解, *Radtke*, NStZ 2012, 479, 481; Stalberg, Zum Anwendungsbereich des Art. 50 GRC, S. 170 ff.(……"《申根施行公约》第 50 条违反欧盟一级法……")。

⑬ 结论同 LG Aachen, StV 2010, 237.

⑭ BGHSt 56, 11, Rn. 13 f.;关于本则裁判及其错误运用"行为清楚法则",可参见 *Satzger*, FS Roxin, S.1525(中译:*Helmut Satzger*:《欧盟刑事法一事不再理——迈向"欧洲确定力"之路?》王士帆译,载《检察新论》2013 年第 13 期,第 344 页以下)。德国联邦最高法院此处不当引用欧盟法院建立的"行为清楚法则"(acte-clair-Doktrin);关此,EuGHE 1982, 3415 – Rs. C - 283/81 "CILFIT".提案义务之例外,详见 *Streinz*, Europarecht, Rn. 689 f. 德国联邦宪法法院针对指摘联邦最高法院未提案的宪法诉愿予以驳回,认为联邦最高法院的解释可值采纳(BVerfG, Beschl. v. 15. 12. 2011. – 2 BvR 148/11)。

⑮ BGH, Beschl. v. 01. 12. 2010, 2 StR 420/10.

书》）[196]将申根法引进欧盟制度与法律架构之前，《申根施行公约》第 54 条的解释权责全在各会员国内国法院，造成过去规范适用既不统一，又无章法可循。

举例：《德国刑事诉讼法》第 153 条第 1 项的刑事程序中止决定（检察官微罪便宜不起诉处分），在德国虽不具刑事控诉用尽（Strafklageverbrauch）之效果，即不生起诉权消灭之结果，但比利时 Eupen 的第一审法院仍认为德国该程序中止决定是《申根施行公约》第 54 条所称的"确定裁判"[197]。执行要素方面，德国 Landshut 地方法院认为葡萄牙缓刑是一种"正在执行中"的刑罚。[198] 相对的，德国 Saarbrücken 高等法院则主张，被告在比利时受自由刑之宣告及并科处罚金，但尚未缴纳罚金者，不适用一事不再理。[199]

72 　　2009 年 12 月《里斯本条约》生效后，根据《欧盟条约》第 19 条第 3 项第 2 款连结《欧盟运作条约》第 267 条第 1 段第 2 款，现在乃由欧盟法院通过预先裁判程序（Vorabentscheidungsverfahren）进行《申根施行条约》第 54 条之法律解释。

（1）确定裁判

73 　　从欧盟法院裁判可看出，欧盟法院阐述《申根施行公约》第 54 条时，明显倾向于有利于被告的广义解释。就欧盟法院而言，一事不再理关系到人民迁徙自由之基本权利；在一会员国已受一次裁判之人，唯当其有把握在另一会员国无须担心受到再次追诉程序时，才能有效行使在欧洲之迁徙自由权利。

案例 17 是以欧盟法院第一则关于"确定裁判"之裁判案情为基础的案例，欧盟法院在"确定裁判"要素方面，清楚指出一事不再理与迁徙自由的关系。[200] 本案是比利时法院的提案，欧盟法院表示："《申根施行公约》第 54 条创立的禁止双重处罚，适用于造成刑事控诉用尽（即起诉权

---

[196] Sartorius II, Nr. 280b.
[197] 参见 wistra 1999, 479.
[198] LG Landshut 1 KLS 45 Js 4018/92（未公开），转引 *Wolf*, in: Organisationsbüro der Strafverteidigervereinigungen（Hrsg.）, 22. Strafverteidigertag, 1999, S. 71.
[199] 参见 *Sommer*, StraFo 1999, 37, 39.
[200] EuGHE 2003, I-1345-verb. Rs. C-385/01 "*Gözütok*" und C-187/01 "*Brügge*"；对此，另见 *Vogel/Norouzi*, JuS 2003, 1059; *Radtke/Busch*, NStZ 2003, 281.

消灭)的程序……这程序也包括在一会员国的被告履行特定条件,特别是支付检察官指定的金额后,由该国检察官在无法官参与之下,对已开启之刑事程序为不起诉处分。"

尽管《申根施行公约》第 54 条文义是"(终局)确定的""裁判",欧盟法院仍认为"无法院参与"以及未具备"裁判形式"的程序中止决定等情况(本案为检察官微罪便宜不起诉),仅仅是"程序法上的形式观点"。欧盟法院毋宁是根据欧洲法解释原则,赋予条文目的与"有效性"(有效原则:达到条约目的的最大效益)最高意义。欧盟法院认为,在一个保障人民自由移动的自由、安全与法律之区域内,当在一会员国对个人进行之刑事追诉已终局结束时,就应尽可能维护其迁徙自由之权利。

自欧盟法院此判决见解总结来说,无论有无具备裁判形式,只要同时符合以下三要件者,即属"确定裁判"[201]:   74

  a. 由参与刑事司法之权责机关,所作成的终结刑事程序之决定[202];

  b. 此裁判必须具有制裁效果;

  c. 该刑事控诉依内国法须已终局用尽,即内国本身不得再行追诉。

欧盟法院在同一审判程序还表示,根据以上这些原则,应逻辑一贯地认定荷兰检察官与被告之侦查协商(transactie),虽无法官介入,但属已终结侦查程序的一项程序做法,也符合《申根施行公约》第 54 条所称"确定裁判"。除此之外,被欧盟法院归类为确定裁判的,另有(在一会员国)证据不足的无罪判决[203],或某会员国以犯罪行为因追诉时效完成而作出的"无罪判决"[204]。   75

反之,欧盟法院也正确表示,Y 会员国检察官以同一案件在 X 会员国已进入侦查程序为由,故放弃刑事追诉,则 Y 国法院因此所作出中止程序之裁判,此裁判从 X 国观点而言并非"确定裁判"[205]。理由在于,若不采   76

---

  [201] *Vogel/Norouzi*, JuS 2003, 1061;关于不明确性与一直存在的问题,参见 *Stein*, NJW 2003, 1162.

  [202] 但警察机关为中止决定后,若事后仍得续行调查,则该决定不生跨国刑事控诉用尽之效力,参见 EuGHE 2008, I-11039-Rs. C-491/07 "*Turanský*" (Rn. 40 ff.)。

  [203] EuGHE 2006, I-9327-Rs. C-150/05 "*van Straaten*",批评见 *Kühne*, JZ 2007, 247.

  [204] EuGHE 2006, I-9199-Rs. C-467/04 "*Gasparini*"。

  [205] EuGHE 2005, I-2009-Rs. C-469/03 "*Miraglia*"。

此见解,将导致禁止双重处罚有违自身基本理念,阻碍任何一方之处罚。

77　　某些欧盟国大量使用法院外终结程序的手段。对于从这些国家出来的人民而言,欧盟法院对《申根施行公约》第 54 条采取广义解释,亦即不是只有法官作成的裁判才会阻碍这些国民的迁徙自由。欧盟法院见解可资赞同,否则,这些国家的人民必会担心,到了另一亦主张有内国刑罚权的会员国后,将受到再次追诉。⑳ 但无论如何,对于刑事程序中止决定之终结效力的要求条件,不可过于低设。㉑

《欧盟逮捕令框架决议》第 3 条第 2 款与《申根施行公约》第 54 条规定类似,欧盟法院 2010 年 11 月在一则关于前者的裁判继续表示,判断裁判的确定力应依裁判之欧盟国法律定之。㉒ 撇开该案情节的特殊性不谈(既是有罪判决国,同时是申请逮捕国㉓),也许还无法将本案当做欧盟法院一般性地偏离以往对《申根施行公约》第 54 条之裁判路线。欧盟法院若真有这样的裁判变更,也欠缺正当性,因为《申根施行公约》第 54 条之要件解释属于欧盟法的自主概念,并不受内国法或内国见解之拘束㉔;再者,基于《欧盟基本权利宪章》第 50 条规定,禁止双重追诉目前在欧盟境内也受到基本权利般的保护。㉕

（2）同一行为

78　　▶ 案例 18:1999 年 5 月 31 日,E 从欧盟国 X 输出毒品,隔日运输到欧盟国 Z。E 在 Z 国因"违法输入毒品罪",遭判有期徒刑。提早释放后,E 返回 X 国,又因上述毒品被控诉"违法输出毒品罪"。试问:X 国之刑事追诉,是否合法?（本章 Rn. 79）

79　　《申根施行公约》第 54 条的(同一)行为概念,问题特别棘手。这是因为,欧盟各国一事不再理原则的概念设计出入甚大,例如在德国刑事诉

---

　　⑳　亦见 *Hecker*, Eur.Strafrecht, §13 Rn. 33 强调,若非如此,在实务不可放弃的非属判决形式的程序终结方式将失去作用。对欧盟法院所表示《申根施行公约》第 54 条与自由行动权利关系的批评,*Lööf*, EJCCLCJ 2007, 324 ff.

　　㉑　亦见 *Ambos*, Int.Strafrecht, §10 Rn. 114,认为仅有在开启新程序需有新事实或新证据的要件时,才属于"确定裁判"。

　　㉒　Rs. C-261/09 "*Mantello*" (Rn. 46),评释:*Böse*, HRRS 2012, 19 ff.

　　㉓　详见欧盟法院佐审官 *Bot* 的法庭意见(Rs. C-261/09 "*Mantello*", Rn. 72 ff.)。

　　㉔　在欧洲法自主概念之解释架构里,第一次追诉国之法秩序如何处理,必要时会有(强大的)判断价值,参见 *Satzger*, FS Roxin, S. 1534。

　　㉕　*Böse*, HRRS 2012, 19, 21。

讼法的刑事控诉用尽乃是及于"单一历史事件"[212]，但其他会员国则是连结到犯罪行为与(或)保护法益之法律评价的同一性。[213]

相对之下，欧盟法院提出独立的欧洲法犯罪行为概念。由于各国刑法条文欠缺调和化，对有追诉意愿的双方会员国所提出的同一行为评价，欧盟法院原则上拒绝采为判断标准，洵有其理。确切而言，欧盟法院要求的是个人举止"实质上"显示为一种犯罪行为，"这是指，某一事件从时间与空间之观点及犯罪之目的而言，构成彼此连结而无法分割的整体犯罪事实"。[214] 这一路线，欧盟法院稍后在一则非常类似的案例中再度确认。[215] 另外，欧盟法院也表示，单一故意本身(即无时空关联性)尚不足以将数行为结合成为《申根施行公约》第54条所称之"同一行为"[216]。

欧洲法与《德国刑事诉讼法》的犯罪行为概念，互为独立之概念性质，这点虽毋庸置疑，但两者在结论上几无差别。[217] 不过，欧盟法院如果能依相互承认原则，以发生裁判确定力的第一次追诉国为准，就能避免发展独立之犯罪行为概念所伴随的不确定性。[218]

在案例18中，毒品从X国输出，接着输入Z国，两者均是毒品从X国运输到Z国的不可分割部分。在X国和Z国的法律评价虽不同(一是"输出"，另一是"输入")，但如前所述，法律评价非关键所在。因此，输出与输入，成为"从时间与空间之观点及犯罪之目的而言，构成彼此连结而无法分割"的犯罪事实，即欧洲法意义下的一个犯罪行为，也是同一犯罪行为。据此，X国的再次追诉，违反《申根施行公约》第54条。

---

[212] 对此，仅见 Beulke, StPO, Rn. 512 f.

[213] 像是捷克政府在欧盟法院 van Esbroeck 案之陈述(EuGHE 2006, I-2333-Rs. C-436/04 "van Esbroeck", Rn. 26)，以及佐审官 Colomer 在同一案件的法庭意见(Rs. C-436/04, Rn. 43)。

[214] EuGHE 2006, I-2333-Rs. C-436/04 "van Esbroeck". 关于适用欧洲人权法院有关刑罚是否存在的判断基准，参见欧盟法院 Åkerberg Fransson 案：EuGH v. 26.2.2013-Rs. C-617/10 "Åkerberg Fransson" (Rn. 35). 对此，参见第十一章 Rn. 59, 60。

[215] EuGHE 2006, I-9327-Rs. C-150/05 "van Straaten". 依此裁判意见，为了构成实体犯罪，输出、输入的毒品分量甚至不需要相同。

[216] EuGHE 2007, 6619-Rs. C-367/05 "Kraaijenbrink" (Rn. 29).

[217] Satzger, JK 9/06, SDÜ Art. 54/1.

[218] Satzger, Europäisierung, S. 691; Hecker, Eur.Strafrecht, §13 Rn. 55; 相似观点，Ambos, Int. Strafrecht, §10 Rn. 116; 反之，结论与欧盟法院相同者，Böse, GA 2003, 744, 758 ff.

(3) 执行要素

80　　如前所述(本章 Rn. 70)，虽然《欧盟基本权利宪章》第 50 条现已具有法律拘束力，但《申根施行公约》第 54 条的执行要素[219]仍保有重要性。《申根施行公约》第 54 条执行要素包含三种类型：

第一种类型是制裁"已执行完毕"，这是指执行已结束，譬如说服满自由刑、缓刑期满或完纳罚金。

81　　第二种类型是制裁"正在执行中"，指刑罚之执行已开始，但尚未结束。这里的特殊问题是自由刑受缓刑之宣告者。[220] 受这类判决的被告，刑罚痛苦虽绝对远低于未受缓刑宣告的受判决人，但前者在缓刑期间的行动自由，仍因(在所有欧盟国均普遍存在的)缓刑条件而受到限制，例如缓刑期间再次受到刑罚之宣告，导致缓刑撤销，则必须从头执行自由刑。被宣告缓刑的被告，就好比欧盟法院佐审官 Sharpston 在 Kretzinger 案的生动形容：头顶上方悬挂着"达摩克利斯之剑"，生活如坐针毡。[221] 换言之，只要被告还在履行缓刑条件，即属(缓刑之)刑罚"正在执行中"。此一见解，不但获得欧盟法院的支持[222]，也深具说服力，因为执行要素之目的，只在针对借由逃亡到其他会员国而逃避执行刑罚之人，拒绝给予一事不再理的保护，但缓刑期间持续中者，并无法与之相比拟。[223]

82　　第三种类型是制裁"依判决国之法律不得再予执行者"，常举之例是行刑权时效在判决国已告完成。有问题的是，《申根施行公约》第 54 条一般是否以曾经于某一时点有执行刑罚之可能性为要件？《申根施行公约》第 54 条文义[224]("不得再予执行者")显示以存在执行可能性为必要，这乍看之下似乎不成问题。2008 年时，欧盟法院在 Bourquain 案[225]面临此一争议：一名任职于法国外籍军团的德国籍被告 B，由于射杀部队同事及逃兵，在缺席审判下，于 1961 年被法国在阿尔及利亚的法院判决有罪确

---

[219] 详见 Hecker, Eur.Strafrecht, § 13 Rn. 37 ff.; Safferling, Int. Strafrecht, § 12 Rn. 100 ff.; Schomburg, StV 1997, 383 ff.; Satzger, Europäisierung, S. 690 f.

[220] 对此，德国 Saarbrücken 高等法院起初反对此符合执行要素，参见本章 Rn. 71。

[221] Sharpston 在 2006 年 12 月 5 日法庭意见(Rs. C-288/05, Rn. 49)。

[222] EuGHE 2007, I-6441-Rs. C-288/05 "Kretzinger"(Rn. 42 ff.)。

[223] 正确见解，Hecker, Eur. Strafrecht, § 13 Rn. 44; Ambos, Int.Strafrecht, § 10 Rn. 120; Safferling, Int. Strafrecht, § 12 Rn. 102.

[224] 文义解释仍非绝对，参见 EuGH, Urt. v. 11. 12. 2008-Rs.C-297/07 "Bourquain"(Rn. 47)。

[225] EuGHE 2008, I-9425-Rs. C-297/07 "Bourquain" 评释：Hecker, JuS 2010, 176.

定。然依法国法规定,缺席判决之被告,若无被告在场而践行新程序者,则不可执行该缺席判决;此外,若于收到缺席判决 5 日内未提出异议,则视为在场判决。反之,若未收到缺席判决,则于 20 年行刑权时效消灭之前,受判决人得对系争缺席判决提出异议,此段异议期间内不得执行缺席判决之刑罚。本案情形,判决过后 20 年,都未逮捕到 B,B 的判决后来因罹于行刑权时效,而不得再执行。㊝ 总而言之,基于以上法国法规定,B 的刑罚自始至终均无执行的可能性。

若先就《申根施行公约》第 54 条"不得再予执行"之文义观之,可能会以为一事不再理的保障不适用于本案,但这种结论不足为信。《申根施行公约》第 54 条乃以相互承认为基础,用以确保于一体化之法律区域内,曾被一会员国判决有罪之人,无须担心被其他会员国再次判决有罪,而阻碍其于欧盟境内的迁徙自由。在此背景下可知,《申根施行公约》第 54 条之适用,并不以被判决科处的刑罚是否于某一时点曾存在执行可能性为要件。㊜

执行要素之解释,也与如何评价大赦(Amnestie)或特赦(Begnadigung)有关。大赦或特赦都相对容易被《申根施行公约》第 54 条文义所涵摄,但欧盟法院佐审官 Colomer 却以这些做法具有浓厚政治性质,反对这类司法行为的相互承认义务。㊞ 欧盟法院在具体关涉此问题的案件,由于欠缺裁判显著重要性,故(尚)未表达立场。究其实,大赦或特赦也应适用《申根施行公约》第 54 条:解释《申根施行公约》第 54 条跨国性一事不再理规定时,如果将欧盟基本自由最佳保障之目的置于核心地位,结论必然是,赦免也可阻止其他欧盟国开启新一次的刑事程序。此外,所谓赦免等主要是出于政策决定的说法,的确无误,但不表示在跨国一事不再理脉络下完全具有说服力:在敏感的刑法领域,每项规定实际上都溯源自整体社会之思考,尽管如此,也不应据以阻碍其他领域的相互承认义务。欧盟逮捕令放弃双方可罚性之必要性,即属适例(参照本章 Rn. 29),在欧盟逮捕令脉络下,一会员国就要接受其他会员国对于某一行为入罪化的(政

㊝ 由于 20 年期满,该有罪判决至少已"不得撤销"(尽管不得执行),就欧盟法院而言,也发生确定裁判的效果,参见 EuGHE 2008, I-9425-Rs. C-297/07 "Bourquain"(Rn. 43)。

㊜ EuGHE 2008, I-9425-Rs. C-297/07 "Bourquain"(Rn. 49 f.);另参见佐审官 Colomer 在 2008 年 4 月 8 日的法庭意见(Rn. 69 ff.)。

㊞ 参见 2008 年 4 月 8 日关于 Bourquain 案(Rs. C-297/07)的法庭意见(Rn. 82 f.)。

策)决定。在有利于被告的一事不再理规定,并未显示有与上述说明不同适用的理由,故被告经一欧盟国大赦或特赦后,便属于"依判决国之法律不得再予执行者",具有《申根施行公约》第 54 条一事不再理效力。

(4) 以禁止双重处罚作为欧盟逮捕令之执行障碍

84　　欧盟法的"一事不再理"原则,除了可作为欧盟法、泛欧洲适用的程序障碍之外,还可——结果必然地——阻止以欧盟逮捕令移交被告。㉙依《欧盟逮捕令框架决议》第 3 条第 2 款,"当被请求国的司法机关依所持有的信息,得知被逮捕人因同一行为已被一会员国判决有罪确定,且判决之制裁已执行完毕、正在执行中或依判决国之法律不得再予执行者",被请求移交的司法机关必须拒绝执行逮捕令。《欧盟逮捕令框架决议》第 3 条第 2 款的条文叙述,除了"判决有罪"一词不同外(并非"裁判"而已),其余大致延用《申根施行公约》第 54 条的文字。鉴于两个规定有着共同之目的,所以如同欧盟法院于 Mantello 案明确表示㉚,《欧盟逮捕令框架决议》第 3 条第 2 款应比照《申根施行公约》第 54 条来解释(本章 Rn. 77)。但是,这种解释方法还未厘清一个问题:判断《欧盟逮捕令框架决议》第 3 条第 2 款的要件是否存在,究竟由哪一国(核准国或执行国)的司法机关决定？基于对这些要件概念必要的自主性解释,应可认为欧盟法院虽定义了法律概念,但如何进行涵摄,则留由被请求移交的执行国法院为之,因为,执行国法院一定要审查执行国为落实《欧盟逮捕令框架决议》而制定的国内法律要件成立与否。然而,前述的欧盟法院 Mantello 案却走了另一条路:交由请求国法院判断。该案为意大利 Catania 法院请求德国将一名涉嫌加入犯罪组织与违法毒品交易的意大利人,移交给意大利。对此,德国斯图加特的邦高等法院(OLG Stuttgart)考虑《欧盟逮捕令框架决议》第 3 条第 2 款规定后,认为移交予意大利存有疑虑,因为被告在意大利法院所称的犯罪期间内,已曾受过一次有罪判决。于是,斯图加特法院就犯罪同一性概念提问于欧盟法院,由欧盟法院说明本案有无存在一个有罪确定判决,以及此是否应完全遵照请求移交国司法机关的判断(此指意大利法院)。被告已被意大利判决有罪,但在意大利仍面临受

㉙ 欧盟法院佐审官 Bot 也清楚采此见解,见其于 Mantello 案的法庭意见:EuGHE 2010, I-11477 "Mantello" (Rn. 78)。

㉚ EuGHE 2010, I-11477-Rs. C-261/09 "Mantello" (Rn. 46)。

另一有罪判决的危险,这是本件案情特殊之处。如照欧盟法院见解,由意大利法院判断是否符合一事不再理要件,当可于意大利刑事诉讼法范围内作出一致的认定。然而,《欧盟逮捕令框架决议》并未作这样的设计[21];再者,欧盟法院见解虽同时实现了纯粹形式的相互承认原则,但却忽略禁止双重处罚所具有的个人保护内涵(如《欧盟基本权利宪章》第50条)。[22]此外,在被请求移交之会员国的被告,也因欧盟法院的见解,导致其在停留国本可享有的司法权利保护机会遭受限制。

※ 一事不再理原则新近文献

Biehler, Konkurrierende nationale und internationale strafrechtliche Zuständigkeit und das Prinzip ne bis in idem, ZStW 116（2004）, 256 ff.;*Böse*, Der Grundsatz "ne bis in idem" und der Europäische Haftbefehl:europäischer ordre public vs. gegenseitige Anerkennung, HRRS 2012, 19 ff.;*Böse*, Der Grundsatz "ne bis in idem" in der Europäischen Union, GA 2003, 744 ff.;*Burchard/Brodowski*, Art. 50 Charta der Grundrechte der Europäischen Union und das europäische ne bis in idem nach dem Vertrag von Lissabon, StraFo 2010, 179 ff.;*Hackner*, Das teileuropäische Doppelverfolgungsverbot insbesondere in der Rechtsprechung des Gerichtshofs der Europäischen Union, NStZ 2011, 425 ff.;*Kische*, Zum Tatbegriff des Art 54 SDÜ bei einer Schmuggelfahrt, wistra 2009, 162 ff.;*Klip*, European Criminal Law, S. 231 ff.;*Kniebühler*, Transnationales "ne bis in idem", 2005;*Lööf*, 54 CISA and the Principles of ne bis in idem, EJCCLCJ 2007, 309 ff.;*Radtke*, Der strafprozessuale Tatbegriff auf europäischer und nationaler Ebene, NStZ 2012, 479 ff.;*Radtke/Busch*, Transnationaler Strafklageverbrauch in der Europäischen Union, NStZ 2003, 281 ff.;*Satzger*, Auf dem Weg zu einer „europäischen Rechtskraft"?, FS Roxin, 2011, S.1515 ff.（中译：*Helmut Satzger*:《欧盟刑事法一事不再理——迈向"欧洲确定力"之路?》,王士帆译,载《检察新论》2013年第13期,第344页以下）

---

[21] 佐审官 *Bot* 于 Mantello 案之法庭意见,参见 EuGHE 2010, I-11477 "Mantello"（Rn. 83）。
[22] 佐审官 *Bot* 在 Mantello 案的法庭意见,参见 EuGHE 2010, I-11477 "Mantello"（Rn. 76）;相同者,Böse, HRRS 2012, 19, 21.

85 自我测验

一、欧洲层级目前有哪些刑事追诉机构？（Rn. 3 以下、11 以下、18 以下）

二、欧盟检察署的设置计划，已进展到什么程度？欧盟检察官的功能为何？（Rn. 21 以下）

三、何谓"相互承认原则"？其适用于刑事追诉措施时，存在哪些问题？（Rn. 24, 25）

四、目前为止，相互承认原则已落实到刑事合作的哪些领域？（Rn. 28 以下、36, 37 以下、41 以下）

五、转化《欧盟逮捕令框架决议》的德国法规，于什么条件下才符合《德国基本法》第 16 条第 2 项第 2 句不引渡德国人之规定？（Rn. 31）

六、《里斯本条约》为相互承认原则带来什么改变？（Rn. 45 以下、53 以下）

七、欧洲为了便利数据交换，有通过哪些计划？这些做法以什么原则为基础？（Rn. 49 以下）

八、欧盟在什么条件及什么范围内，才可对会员国的刑事诉讼法进行同化？（Rn. 53 以下）

九、目前有哪些使欧盟国刑事诉讼法欧洲化的做法？（Rn. 56 以下）

十、一事不再理原则，基本上也适用于不同欧盟国间的数个有罪判决吗？（Rn. 65）

十一、《欧盟基本权利宪章》第 50 条与《申根施行公约》第 54 条，两者保障范围是否不同？（Rn. 70）

十二、欧盟法院在解释《申根施行公约》第 54 条时，有何考虑？（Rn. 79）

十三、如何理解《申根施行公约》第 54 条的行为概念？（Rn. 79）

十四、在一欧盟国判处自由刑而受缓刑宣告者，为何其他欧盟国不得就同一案件再次判决？（Rn. 81）

十五、当一欧盟国之有罪判决，基于大赦而不得再执行者，是否发生泛欧盟的一事不再理效力？（Rn. 83）

第十一章 《欧洲人权公约》

欧洲理事会通过的刑事实体法或诉讼法性质之公约，为数不少。这些公约均属（广义）欧洲刑法的重要部分。① 其中居于核心地位的，尤指《欧洲人权公约》（EMRK），以及解释、适用该公约的欧洲人权法院（EGMR）裁判*。《欧洲人权公约》属于国际条约，仅限欧洲理事会会员国与现在的欧盟才有资格加入该公约。② 过去数十年来，《欧洲人权公约》持续影响公约国的内国刑事法体系。如前所述，《欧洲人权公约》与欧洲人权法院对公约的诠释，因具有欧洲"公共秩序"（europäischer ordre public）③的地位，也在欧盟扮演重要角色（参见第八章 Rn. 5 与第十章 Rn. 56）。此外，与《里斯本条约》同时生效而广泛取得法律拘束力的《欧盟基本权利宪章》（第十章 Rn. 69），也以《欧洲人权公约》与欧洲人权法院裁判为解释依归。

1

---

① 本章所有欧洲理事会公约（官方德文版）之概览，参见 http://conventions.coe.int/Treaty/GER/v3DefaultGER.asp。

* 欧洲人权法院裁判近来受到包括欧洲国家以外的各国宪法法院重视，例证可参见 *Jens Meyer-Ladewig/Herbert Petzold*：《欧洲人权法院五十年》，王士帆译，载颜厥安、林钰雄主编：《人权之跨国性司法实践——欧洲人权裁判研究》，2012 年版，第 6-7 页。台湾地区对欧洲人权法院裁判的具体研究成果，如颜厥安、林钰雄主编：《人权之跨国性司法实践——欧洲人权裁判研究》，目前出版 4 册（2007 年 I、2008 年 II、2010 年 III、2012 年 IV）尤值一提者，"司法院"自 2008 年起选译欧洲人权法院裁判，非常有助于拓展台湾地区人权视野，链接方式：http://www.judicial.gov.tw→出版品→出版品电子书→《欧洲人权法院裁判选译》，至 2013 年年底出版 3 册（2008 年 I、2010 年 II、2013 年 III）。——译者注

② 所谓闭锁公约（geschlossene Konvention），参见《欧洲人权公约》第 59 条。

③ 有此说法者，*Meyer*, Charta, Art. 2 Rn. 3.

一、欧洲理事会

2　　比起欧体与欧盟,欧洲理事会(Europarat)更早涉足于国际刑法。欧洲理事会于1949年5月5日以真正的国际组织形式而成立,是当今欧洲最广泛的国家结盟组织④,惟不可将欧洲理事会与欧盟高峰会(Europäischer Rat)混淆,后者乃是欧盟最高决策机构(《欧盟条约》第15条)。自欧洲理事会成立至今,维护法治国一直是会员国的共同义务,这一点也见诸《欧洲理事会章程》(EuRat)⑤第3条第1句。

(一) 欧洲理事会属于国际组织

3　　欧洲理事会之机关,正可反应理事会的国际组织性质:由具国际法主体地位的会员国派出代表与会。尽管与会讨论事项大多涉及个人权利,国家仍是个人的"媒介",换言之,个人并未独立享有权利与承担义务的法律地位。就此而言,欧洲理事会机关的运作方式,符合传统国际法观点所理解的国与国间之组织制度。⑥

4　　部长委员会(Ministerkomitee)⑦是欧洲理事会的决策机关。由各会员国的外交部长或常设代表人出席开会,审查相关措施(例如国际协议)、澄清欧洲理事会所有组织性问题,以及对遵守与执行欧洲人权法院裁判(《欧洲人权公约》第46条、《欧洲人权法院程序规则》第43条第3项第3句⑧)进行监督(《欧洲理事会章程》第13条至第21条)。因为设立法源毕竟在于国际法,部长委员会的某些决议乃以一致决为必要,决议类型包括针对会员国所发出而特别有拘束力的"建议"(Empfehlung; Recommendation),但其名称易令人误解(《欧洲理事会章程》第15条第2项)。

议会大会(Parlamentarische Versammlung)扮演咨询机构的角色(《欧洲理事会章程》第22条至第35条),大会有318位成员,由各国国会选任

---

④　目前有47个会员国,其中包括土耳其及28个欧盟国。公约国与批准状态,参见http://www.coe.int/aboutCoe/index.asp? page=47pays1europe&l=de。欧盟加入公约及其与欧洲理事会的关系,参见 Mader, AVR 2011, 435, 448 ff.

⑤　Sartorius II Nr. 110 (http://conventions.coe.int/Treaty/ger/Treaties/Html/001.htm)。

⑥　参见 Epping, in: Ipsen, Völkerrecht, §7 Rn. 1 ff.

⑦　部长委员会可采用的制裁方式包括暂时停止代表权及要求退出委员会。

⑧　Sartorius II Nr. 137.

或任命；大国（俄罗斯、法国、意大利、英国、德国）各有 18 席次，最小的会员国则有 2 个席次。

《欧洲理事会章程》第 10 条所称的理事会机关，只有部长委员会与议会大会，秘书处不在其中，其乃为前两者提供职务协助；秘书处之秘书长由议会大会选任。此外，另有作为咨询单位的欧洲乡镇地区代表大会，代表乡镇市等地方政府之利益。应注意，欧洲理事会是以公约所创设的机构，并非欧洲理事会的机关，而是各公约的机关。举例来说，欧洲人权法院是《欧洲人权公约》的机关，反酷刑委员会是《欧洲反酷刑公约》的机关。

欧洲理事会的工作，主要是推动与拟定国际协议或建议，这些统统属于国际法的法案，也因此，须获得全体会员国同意，直到全部批准后，才在内国产生拘束力。

（二）欧洲理事会与刑事法有关之活动

改善欧洲理事会会员国在刑事追诉方面之合作，是理事会的一项工作重点。例如，1957 年由部长委员会建立的欧洲犯罪问题委员会（European Committee on Crime Problems，以下简称 CDPC），负责协调所有与刑事法有关的工作，迄今为止所发布的决议案或建议案已逾百则。[9] 在欧洲犯罪问题委员会主持之下，通过了许多致力于协调刑事追诉的公约，例如 1957 年《欧洲引渡公约》（Europäisches Auslieferungsübereinkommen）或 1959 年《欧洲刑事司法互助公约》（Europäisches Übereinkommen über Rechtshilfe in Strafsachen）。在此脉络下最重要、最著名的，当然是《欧洲人权公约》。

二、《欧洲人权公约》

在过去，典型国际法是指一种主权国家之间的协调法（Koordinationsrecht），至于如何对待本国国民，并不在协调之内，亦即"对待国民"属于各国的"保留领域"。[10] 这一观点，自从联合国大会于 1949 年 12 月 10 日通过《世界人权宣言》后，发生重大转折。联合国宣言固属无拘束力的纯粹理念

---

[9] 至 2010 年 2 月 12 日止。最新说明，参见官网 http://www.coe.int/t/DGHL/STANDARD-SETTING/CDPC/default_en.asp。

[10] L/R-*Esser*, Einf. MRK Rn. 4 ff.

宣言⑪,然而,1950年11月4日在罗马通过的《欧洲人权公约》,却是一份有意将《世界人权宣言》在欧洲转化成有法律拘束力的多边国际条约。⑫

《欧洲人权公约》经10个会员国⑬批准后,于1953年9月3日生效。《欧洲人权公约》是欧洲理事会会员国之间的一份独立条约,惟从两个面向来看,公约与欧洲理事会仍有紧密关联:一是《欧洲人权公约》过去只开放给欧洲理事会会员国签署;二是要加入欧洲理事会,又以签署《欧洲人权公约》为条件。因而,今日欧洲理事会47个会员国,同时也是《欧洲人权公约》之公约国。⑭ 自从俄罗斯国会批准《欧洲人权公约》第14号议定书后,现在不但是欧洲理事会会员国,连欧盟也可通过缔结条约之方式,成为《欧洲人权公约》的成员。⑮

(一)《欧洲人权公约》在各法秩序的意义

8　　作为国际条约的《欧洲人权公约》,在诸多公约国的内国法秩序里有着不同地位、意义,全视内国法赋予国际条约如何的法律位阶而定。

1. 以有利原则为出发点

9　　如《欧洲人权公约》第53条清楚所示,公约创设的人权标准,只是每一公约国所承认之基本权利的最低标准。基于此有利原则(Günstigkeitsprinzip),不论公约在内国法位阶为何,内国(或在其他国际条约)所保障的权利若超越公约基本权利之标准者,自始就不受《欧洲人权公约》的低标限制。⑯

2. 对内国法意义——特别论述德国法

10　　《欧洲人权公约》对公约国的直接拘束力(unmittelbare Bindungswirkung),

---

⑪ L/R-*Esser*, Einf. MRK Rn. 12.
⑫ 因有确保和平的功能而属于"国际关心之事物"的人权,是否不在内国的保护范围,此问题一直未彻底厘清,参见 L/R-*Gollwitzer*, 25. Aufl., Einf. MRK Rn. 5 Fn. 14 m. w. N.
⑬ 批准国包括德国(Gesetz v. 07.08.1952, BGBl. II, S.685, berichtigt S. 953)。
⑭ *Ambos*, Int.Strafrecht, §10 Rn. 7.但《欧洲人权公约》议定书则有不同,除了第11号及第14号议定书之外,其余均属任择议定书。
⑮ 参见本章 Rn. 14 以下。
⑯ *Meyer-Ladewig*, EMRK, Art. 53 Rn. 2.

意指他们必须对处于其主权管辖内之个人提供公约的权利保障⑰；在内国法另外明文加入公约已规定之权利，则非必要之举。⑱ 作为国际条约的《欧洲人权公约》，是交由公约国决定内国转化方式，也让其决定公约于内国法的规范位阶。⑲ 但也因此，《欧洲人权公约》在公约国法秩序的法律位阶极不一致。

在荷兰、卢森堡、比利时和瑞士，国际法和国内法构成单一法律体系（所谓一元论），两者冲突时，应优先适用国际法。据此，《欧洲人权公约》在结论上甚至优先于内国宪法。同样采用一元体系的奥地利，则赋予公约宪法位阶。在某些国家，如法国和西班牙，公约却是介于宪法与法律的"中间位阶"（Zwischenrang）。⑳   11

位阶问题在德国现行法虽不无争议，但从《德国基本法》观之，则仅可考虑介于宪法与联邦法律的中间位阶，或者只属普通法律之地位。就前一选项而言，依《德国基本法》第 25 条之规定，《欧洲人权公约》能成为中间位阶的条件，在于公约之权利乃属国际法一般规则的法典化，亦即公约权利原本已属国际习惯法。㉑ 惟正确而言，《德国基本法》第 25 条的条件并不存在，因为公约权利并不属国际习惯法。因此，现在只剩后一选项的普通法律地位可以考虑。根据《德国基本法》第 59 条第 2 项，国际条约在德国规范阶层享有转换法（Transformationsgesetz）的普通法律位阶。㉒ 据此，《欧洲人权公约》乃根据《德国基本法》第 59 条第 2 项通过立法者之法律（Gesetz）㉓才输入德国法，所以公约仅具有普通联邦法律的规范位阶。㉔   12

德国上述位阶分配，引发新法优先于旧法适用（lex posterior）的问题。   13

---

⑰ 《欧洲人权公约》对于境外行使主权的适用性问题，参见 *Esser/Fischer*, JR 2010, 514 f.

⑱ *Meyer-Ladewig*, EMRK, Einleitung Rn. 28.

⑲ BVerfGE 111, 307, 316 f.；*Meyer-Ladewig/Petzold*, NJW 2005, 16.

⑳ 参见 *Ambos*, Int. Strafrecht, § 10 Rn. 2；*Grabenwarter/Pabel*, EMRK, § 3 Rn. 3 ff.

㉑ 参见 L/R-*Esser*, Einf. MRK Rn. 171 Fn. 171 举出文献意见；另参见 *Meyer-Ladewig*, EMRK, Einleitung Rn. 33.

㉒ *Schweitzer*, Staatsrecht III, Rn. 447；*Ambos*, Int. Strafrecht, § 10 Rn. 2.

㉓ Gesetz v. 07. 08. 1952, BGBl. II, S.685, berichtigt S. 953.

㉔ BVerfGE 111, 307, 316 f.；赞成归类为更高规范阶层者，*Sternberg*, Der Rang von Menschenrechtsverträgen im deutschen Recht unter besonderer Berücksichtigung von Art. 1 Abs. 2 GG, 1999, S. 231.

详言之,法规内容与《欧洲人权公约》抵触的旧法,固然因公约具有内国法律位阶而不得适用,但制定在后却与公约抵触的新法,若须本于"法律从新原则"而较公约优先适用,将造成公约内涵在德国法受到相对化的限缩结果。㉕ 不过,这一相对化的危险,其实徒有理论意义。㉖ 因为,尽管《欧洲人权公约》只有普通法律位阶,德国联邦宪法法院仍赋予公约在德国规范阶层享有特殊重要性:基于与国际法友善解释原则(Prinzips der völkerrechts-freundlichen Auslegung)的影响,德国机关应依《欧洲人权公约》解释整体德国法,亦即,在既有的解释暨权衡空间之框架内,应优先考虑符合公约之解释结论。㉗ 一是符合公约解释的要求也适用于任何新法,换言之,生效在后的普通联邦法无法在任何时点限缩公约保障;二是对《欧洲人权公约》友善解释之原则(Grundsatz der EMRK-freundlichen Auslegung),甚至也获得基本权利与宪法本身之承认:"只要不致违反公约之本意(参照《欧洲人权公约》第53条)而限制或降低《德国基本法》之基本权利保障,则公约文本……可在宪法层次作为解释辅助,以决定《德国基本法》基本权利与法治国原则之内涵及有效范围。"㉘

为了避免违反国际法,德国必须注意《欧洲人权公约》的价值,只要此在论证方法上有所依据且符合《德国基本法》,不过,仍无须将《德国基本法》的基本权利规定机械式地对比《欧洲人权公约》。德国联邦宪法法院在2011年的裁判表示,欧洲人权法院裁判如造成德国联邦宪法法院裁判有事实状态与法律状态的重大改变者,即具有法律重大性,可据此破除联邦宪法法院裁判的确定力,亦即,可向德国联邦宪法法院再次提出宪法诉愿。㉙

就宪法法院权利保护而言,这表示《欧洲人权公约》虽只是普通法

㉕ *Ambos*, Int. Strafrecht, §10 Rn. 2 m. w. N.

㉖ *Peters/Altwicker*, EMRK, §1 Rn. 7.

㉗ 参见 *Meyer-Ladewig*, EMRK, Einleitung Rn. 33;*Ambos*, Int. Strafrecht, §10 Rn. 2;另可参见第九章 Rn. 89 以下符合欧盟法解释作为对照。

㉘ BVerfGE 113, 307, 317.

㉙ 这是德国联邦宪法法院有关保安监禁(Sicherungsverwahrung)的裁判,参见 BVerfG v. 04.05.2011-2 BvR 2365/09, 2 BvR 740/10, 2 BvR 2333/08, 2 BvR 1152/10, 2 BvR 571/10, 2 BvR 2365/09, 740/10, 2333/08, 1152/10, 571/10;对此,参见 *Grabenwarter*, EuGRZ 2012, 507 ff.;关于欧洲人权法院与德国联邦宪法法院的关系,*Kirchhof*, NJW 2011, 3681 ff.

律,而非属宪法位阶,因而无法直接以违反公约作为宪法法院的权利救济理由。㉚ 然而,德国法院若未讨论或未充分讨论公约规定及欧洲人权法院对公约之解释,仍会违反符合公约解释之义务。此时,便可通过宪法诉愿,主张侵害基本权利暨法治国原则,以开启德国联邦宪法法院的救济途径。㉛

3.《欧洲人权公约》对欧盟法的意义

(1) 欧盟加入《欧洲人权公约》

所有欧盟国都是《欧洲人权公约》签约国,均受公约权利保障的直接拘束。至于欧盟自己,不论过去或现在,主要碍于法律因素而尚未加入《欧洲人权公约》㉜,虽然如此,2009年12月与2010年1月已先除去两项基本障碍。一是欧盟方面,欧盟《里斯本条约》现在不只明文创设加入《欧洲人权公约》的法律可能性,还科予欧盟加入之义务(欧盟《里斯本条约》第6条第2项)。二是《欧洲人权公约》,俄罗斯国会在2010年1月15日通过表决,赞同批准《欧洲人权公约》第14号议定书。随后,俄罗斯将批准文件提交给欧洲理事会秘书长,《欧洲人权公约》第14号议定书正式生效,开始适用新公约(即2010年6月1日)。因而,欧盟现在原则上也能加入《欧洲人权公约》。

《欧洲人权公约》第14号议定书生效之前,《欧洲人权公约》第59条第1项第1句仅容许欧洲理事会会员国加入公约。但欧洲理事会方面,依《欧洲理事会章程》第4条规定,入会资格却限于欧洲"国家"。相对于此,第14号议定书开启新局,其为《欧洲人权公约》第59条新增第2项:"欧盟……得加入本公约"。

可是,即便《欧洲人权公约》第14号议定书已生效,仍有其他门槛有待克服:

第一,欧盟必须与公约国签署一份"加入条约"(Beitritts-vertrag)。目前,一个非正式的工作小组(名称:CDDH-UE)已向欧洲理事会的部长委员会提出一份草案,名为《欧盟加入〈欧洲人权公约〉之条约草案》。依草案内容,欧盟不只应加入《欧洲人权公约》,还应签署《欧洲

㉚ 参见 Roller, DRiZ 2004, 337 及该文所引裁判。
㉛ BVerfGE 111, 307, 316;Roller, DRiZ 2004, 337.
㉜ EuGHE 1996, I-1759-Gutachten 2/94.

人权公约》第 1 号、第 6 号议定书,至于其他公约议定书,则由欧盟选择是否加入。*

第二,《欧洲人权公约》本身也有修改必要,例如欧洲人权法院与欧盟法院的关系㉝、在《欧洲人权公约》的权利保护体系(即欧洲人权法院)加入一名欧盟法官,又如公约国对欧盟主张国家申诉(Staatenbeschwerde)的容许性。㉞

第三,《里斯本条约》在《欧盟运作条约》第 218 条关于缔结加入条约的规定,让欧盟需历经一套复杂的加入程序。依《欧盟运作条约》第 218 条第 6 项,欧盟高峰会必须通过一份缔结加入条约的决议。一方面,依《欧盟运作条约》第 218 条第 6 项第 2 句第 1 款第 2 目,缔结加入条约需事前获得欧盟议会同意;另一方面,也是更显复杂的程序,即为依第 218 条第 8 项之规定,欧盟理事会须对加入条约达成一致决之决议,况且,还需所有欧盟国批准,决议始能生效。这些条件完成后,《欧洲人权公约》方可直接并入欧盟法中;届时,《欧洲人权公约》将以其国际条约之地位,在欧盟法位阶虽低于欧盟基础条约与《欧盟基本权利宪章》,但仍高于欧盟二级法。㉟

《欧洲人权公约》介于欧盟一级法与二级法之间的效力位阶,已见诸《欧盟运作条约》之规范体系。承此,依《欧盟运作条约》第 216 条第 2 项之规定,欧盟签订的条约对其机关与欧盟国均有拘束力。再者,根据《欧盟运作条约》第 218 条第 11 项,欧盟国、欧盟议会、欧盟高峰会与执委会有机会于批准条约之前的缔约程序,请求欧盟法院就拟定中的条约与欧

---

* 关此中文文献,可参见吴志光:《欧洲联盟加入〈欧洲人权公约〉的意义与影响——以欧洲人权法院面对之问题为核心》,载颜厥安、林钰雄主编:《人权之跨国性司法实践——欧洲人权裁判研究》,2012 年版,第 63 页以下;吴志光:《多层次人权保障机制的竞合与合作——以欧洲联盟加入〈欧洲人权公约〉为核心》,载《宪政时代》,2013 年,第 8 卷第 4 期,第 449 页以下。欧盟与欧洲理事会系统的(刑事)人权发展,可参见林钰雄:《欧洲人权保障机制之发展与挑战》,载《刑事程序与国际人权》,2007 年,第 1 页以下。——译者注

㉝ 关于实际效果,亦参见欧盟法院 2010 年 5 月 5 日的反应报告,载 http://curia.europa.eu/jcms/upload/docs/application/pdf/2010-05/convention_de.pdf。

㉞ *Mader*, AVR 2011, 435, 440 ff.; *Pache/Rösch*, EuR 2009, 769, 781.

㉟ Calliess/Ruffert-*Schmalenbach*, Art. 218 AEUV Rn. 22 与 3. Aufl. Art. 300 EGV Rn. 82 m. w. N.;持不同见解,*Nettesheim*, EuR 2006, 762,将国际法规范(也包括《欧洲人权公约》)定位为有欧盟二级法位阶的国际法条约,但对与之抵触的内部欧盟法则有排除效力(Derogationskraft)。

盟基础条约之兼容性问题作出法律意见。㊱

　　欧盟何时会加入《欧洲人权公约》，今日还未能预料。但不论有无加入，就目前而言，《欧洲人权公约》已对欧盟发挥重要意义。

　　（2）《欧盟基本权利宪章》与《欧盟条约》第 6 条第 3 项

　　自《里斯本条约》生效后，《欧洲人权公约》与欧洲人权法院裁判至少通过同时生效的《欧盟基本权利宪章》可间接拘束欧盟。《欧盟基本权利宪章》虽未成为欧盟基础条约之部分，但依《欧盟条约》第 6 条第 1 项，《欧盟基本权利宪章》仍立于与欧盟基础条约同等之地位，可拘束欧盟。此外，基于《欧盟基本权利宪章》第 51 条定义的适用范围，《欧盟基本权利宪章》不但适用于欧盟机关与机构，于欧盟国实施欧盟法时亦有适用。再者，《欧盟基本权利宪章》前言亦揭示应参照《欧洲人权公约》与欧洲人权法院裁判，而《欧盟基本权利宪章》第 52 条第 3 项则规定连贯条款（Ko-härenzklausel），依此，宪章权利应有与相关《欧洲人权公约》权利保障"相同之意义与射程距离"。

　　此外，依《欧盟条约》第 6 条第 3 项（类似旧条约第 6 条第 2 项），《欧洲人权公约》规定的基本权利属于欧盟法之一般法律原则（allgemeine Rechtsgrundsätze des Unionsrechts）。这在结论上与欧盟法院早已使用的论证方法相符，即借由"评价式法律比较"（wertende Rechtsvergleichung）来适用对所有欧盟国有同等拘束力的《欧洲人权公约》，以之作为法源。㊲

　　（3）欧盟法院与欧洲人权法院之关系

　　通过上述——间接的——方式，《欧洲人权公约》主要在欧盟机关适用欧盟法的行为上取得重要性。但问题是，在欧盟加入《欧洲人权公约》之前，只有欧盟法院才有资格在欧盟体系内解释公约保障，以致产生欧盟法院与欧洲人权法院裁判相互歧异的危险。目前为止可确定的是，欧洲人权法院与欧盟法院在各自裁判实务面对《欧洲人权公约》时，均应致力

㊱ 参见 A. Huber, Der Beitritt der Europäischen Union zur EMRK, S. 117.
㊲ Glauben, DRiZ 2004, 129, 131.

于与公约之阐释同步。㊳

18　　同样,欧洲人权法院与欧盟法院,两者在欧盟国机关(行政部门或法院)适用或执行欧盟法方面,目前至少形式上存在着基本权利保护之管辖权冲突。㊴ 此冲突也许要到欧盟加入《欧洲人权公约》才能彻底化解。下一个问题是,与欧盟机关一样,欧盟国内国机关适用欧盟法时也须遵守欧盟法基本权利,因此受到《欧洲人权公约》权利保障之拘束(参见《欧盟基本权利宪章》第51条)。因为是在适用欧盟法之脉络,这些内国机关行为的基本权利合致性之审查,便由欧盟法院取得管辖权。然而,欧盟国内国机关同时也是直接受《欧洲人权公约》拘束的公约国机关,于是形成以下问题:欧洲人权法院于此最终是否仍有管辖权? 又,可否以《欧洲人权公约》的标准审查内国机关适用或执行之欧盟法?㊵ 欧洲人权法院2005年一则裁判——以务实方式——缓和了这些疑义,其表示:"公约国即使在履行国际条约之义务(此指《欧盟运作条约》及《欧盟条约》),也应负责使国内机关之行为遵守《欧洲人权公约》"。依《欧洲人权公约》第1条,公约国对于在其主权管辖下的个人,本即应确保其受公约保护之权利与自由。㊶ "不过,当国际组织(指欧盟法院)有保护基本权利,且其保护至少可视为与《欧洲人权公约》之保护'等价'(gleichwertig),亦即'可比拟'(vergleichbar)即可,无须'同一',公约国在国际组织架构下履行公约保护个人义务之行为,便具正当性。于此,乃推定公约国有遵守《欧洲人权公约》之要求。但是,若国际组织提供之基本权利保护显然不足时,仍可

㊳ 仅以欧洲人权法院 Pellegrin 案[v.08.12.1999, RJD 1999-VIII (Rn. 60-71)]及欧盟法院 Krombach 案(EuGHE 2000, I-1935-Rs. C-7/98)为例,两法院互有引用彼此裁判。(欧洲人权法院与欧盟法院对公约之同步解释,可参见王士帆译:《欧洲人权法院与欧盟法院2011年1月24日共同声明——关于〈欧盟基本权利宪章〉与〈欧洲人权公约〉之"同步并行解释",以及欧盟加入〈欧洲人权公约〉》,载《司法周刊》2011年第1547期,第3页。——译者注)

㊴ Glauben, DRiZ 2004, 129, 131.

㊵ 对此,一般说明及对人权委员会裁判与欧洲人权法院裁判之发展,参见 Peters/Altwicker, EMRK, §4 Rn. 4。

㊶ EGMR, *Bosphorus Hava Yollari Turizm ve Ticaret Anonim Sirketi v. Ireland*, v. 30.06.2005, Nr. 45036/98, NJW 2006, 200.(*Bosphorus* 案评释,参见张文贞:《跨国法院的权力争逐与对话——欧洲人权法院及欧盟法院二件判决评析》,载颜厥安、林钰雄主编:《人权之跨国性司法实践——欧洲人权裁判研究》,2010年,第53页以下;吴志光:《欧洲联盟加入〈欧洲人权公约〉的意义与影响——以欧洲人权法院面对之问题为核心》,载颜厥安、林钰雄主编:《人权之跨国性司法实践——欧洲人权裁判研究》,2012年,第73页以下。——译者注)

推翻此推定。"㊷

所以,欧洲人权法院认为欧盟法院提供的基本权利保护与自己所提供者,具有"等价性"。两欧洲法院建立了这样的关系,让人回忆起德国联邦宪法法院在"只要裁判"(Solange-Rechtsprechung)一案对欧盟法院的立场㊸,现在已可推测未来几乎不会发生什么争议。

(二) 公约国与欧洲人权法院对公约之解释

《欧洲人权公约》之解释,对内国法律适用者而言,不成太大问题。《欧洲人权公约》既然为国际条约,就要依循《维也纳条约法公约》(WVRK)㊹第31条(或相同之国际习惯法)所规定的国际条约解释原则。据此,文义、宗旨目的以及体系解释都是最重要的解释原则,而历史解释只居于完全次要、补充之地位(参见《维也纳条约法公约》第32条)。如果《欧洲人权公约》文本的用语具有重要性时,由于公约最后条款(Schlussbestimmung)规定官方文本是英语及法语,所以只能参照英语与法语的公约文本。㊺ 此外,与解释《欧盟运作条约》及《欧盟条约》类似,条约设立目的之考虑《维也纳条约法公约》第32条第1项)也对公约解释居于中心地位。

另外,欧洲人权法院在其裁判脉络提到《欧洲人权公约》是"富有生命力的法律文件"(living instrument),"即解释公约时,须考虑当代经济、社会与道德的演变"。这使追求最佳人权保护又可兼顾创造一致性最低标准的统一解释,不易形成。最后,欧洲人权法院对公约采取自主解释,并不依凭内国法秩序观点,内国法的概念理解只当参考根据而已,以避免公约国通过内国法操纵、规避公约保障。㊻

㊷ EGMR, *Bosphorus Hava Yollari Turizm ve Ticaret Anonim Sirketi v. Ireland*, v. 30.06.2005, Nr. 45036/98, NJW 2006, 197 (Ls 7).

㊸ BVerfG NJW 1987, 577.

㊹ Wiener Vertragsrechtskonvention, Sartorius II Nr. 320.

㊺ *Gless*, Int. Strafrecht, Rn. 53.

㊻ *Meyer-Ladewig*, EMRK, Einleitung Rn. 37, 44.

(三) 刑事(程序)权利担保

1.《欧洲人权公约》保障之总论
(1) 补充性的基本权利保护

20　　如《欧洲人权公约》第13条及第35条所示,《欧洲人权公约》的权利保护体系仅具补充性:维护公约所承认之权利,责任首先在内国机关与法院,换言之,这是一种合作制度。[47]《欧洲人权公约》只提供补充性的基本权利保护,这会产生四种效果[48]:

　　a. 在实体方面,《欧洲人权公约》适用有利原则(Günstigkeitsprinzip),因而,公约权利保障仅是最低标准而已,并不限制内国提供高于公约标准之权利保障(《欧洲人权公约》第53条)。(本章 Rn. 9)

　　b. 程序方面,欧洲人权法院之受理权限,以申诉人用尽内国法律救济途径为前提(《欧洲人权公约》第35条第1项)。

　　c. 人权法院解释公约时,给予内国机关比较宽广的裁量空间,此亦在表达尊重内国主权。

　　d. 人权法院克制地行使裁判权限,实际上只有大约5%的申诉案件被判定违反公约。

21　　准此,可得出以下重要结论:

　　一是欧洲人权法院所采取的是一种限缩的审查标准,既不审查内国法有无被正确适用,亦不审查内国法院已认定之案情事实。就此而言,欧洲人权法院并非扮演"超级法律审"(Superrevisionsinstanz)角色。[49] 但是,人权法院审判的程序客体若是公约条文,而条文本身规定参照内国法来判断者,情况则不同。

　　举例:《欧洲人权公约》第5条第1项提到"法律规定"和"合法剥夺行动自由"。

22　　二是因违反公约而受害之被害人,其在《欧洲人权公约》第34条的被害人地位(Opfereigenschaft)事后可能遭到取消。详言之,内国机关和

---

[47] Meyer-Ladewig, EMRK, Einleitung Rn. 36, Art.35 Rn. 7.
[48] Peters/Altwicker, EMRK, § 2 Rn. 2 ff.
[49] EGMR, "García Ruiz v. Spain", v. 21.01.1999, Nr. 30544/96, RJD 1999-I (Rn. 28).

法院在实践《欧洲人权公约》时,对于已发生之违反公约情事也享有优先补偿权。[50] 若内国层次已行补偿,人权法院也就认定申诉人非《欧洲人权公约》第 34 条所称之被害人。若仍提出个人申诉(Individualbeschwerde),则申诉自始不合法;先前如为合法申诉,之后却受公约国补偿者,亦属申诉不合法[51],倘已通过合法性审查,法律效果则为申诉无理由。准此,申诉人是否(仍)能主张是所称违反公约权利的被害人,会影响欧洲人权法院所有程序阶段。[52]

公约国为避免未来发生类似的公约违反而采取一般性措施者,尚不构成补偿,正确言之,内国须同时满足以下两项条件:

一是被告国明白或实质上承认违反公约;

二是并且,被告国必须对违反公约作出适当弥补。[53] 付款赔偿损害只是次要手段[54],尤其要考虑的做法是对违反公约之人施以刑事制裁(本章 Rn. 40)。

(2)享有公约权利者与承担义务者

《欧洲人权公约》第 1 条规定,所有签署公约的国家皆有义务确保公约所保障之权利与自由。据此,在公约国主权领域的任何人,无论其居住地何在或国籍为何,原则上一律享有公约权利。[55] 法人也享有公约之保障,而本身属公法人,但未达到"国家"程度者,只要公约该权利保障非专属于自然人者(类似德国法规定,参见《德国基本法》第 19 条第 3 项),亦同(例如大学、教会)。除此之外,在《欧洲人权公约》第 33 条国家申诉(Staatenbeschwerde)的情形,公约国彼此有义务维护其他公约国之权利保障。

各公约国都是承担义务者(参见《欧洲人权公约》第 1 条),涵盖层面及于行政、立法与司法的所有高权行为,只要其影响公约保障,对此,公约国之责任并不问有无过失。

私人并不直接承担《欧洲人权公约》的义务。可是,公约保障不只

---

[50] EGMR, "*Gäfgen v. Germany*", v. 30.06.2008, Nr. 22978/05, NStZ 2008, 700 (Rn. 76).
[51] 参见 *Esser*, NStZ 2008, 657, 660.
[52] EGMR, "*Siliadin v. France*", v. 26.10.2005, Nr. 73316/01, RJD 2005-VII (Rn. 61).
[53] EGMR, "*Eckle v. Germany*", v. 15.07.1982, Nr. 8130/78, Series A, 51 (Rn. 66).
[54] 如此解读者,*Esser*, NStZ 2008, 657, 660.
[55] 这些只在禁止引渡才有关联性,参见《欧洲人权公约》第 4 号议定书第 3 条。

局限于个人享有对抗国家的防御权。与《德国基本法》的基本权利相似,公约毋宁也建立客观价值秩序("宪法文件")。因此,公约国在一定情况下有义务采取措施,以防止源于私人的基本权利干预行为,就此而言,公约保障发挥出间接第三人效力。但这类保护义务的射程距离,仍有待澄清,而且会因个别权利保障而异。㊼ 附带一提,基于与国际法友善解释之诫命,《欧洲人权公约》客观法秩序的说法,会连带影响内国法。

2. 公约相关刑事权利保障及其审查

26 《欧洲人权公约》保障之权利,可分为以下四类㊽:

a. 自由权(《欧洲人权公约》第 2 条、第 3 条、第 8 条、第 9 条、第 12 条,以及第 1 号议定书第 1 条,与第 2 条);

b. 平等权(《欧洲人权公约》第 14 条、第 7 号议定书第 5 条、第 12 号议定书);

c. 政治权(《欧洲人权公约》第 10 条、第 11 条和第 1 号议定书第 3 条);

d. 司法权(《欧洲人权公约》第 5 条、第 6 条)。

27 在刑事法脉络特别重要的公约权利,须进一步阐述者,计有:

a.《欧洲人权公约》第 2 条:生命权;

b.《欧洲人权公约》第 3 条:禁止酷刑、禁止侮辱之惩罚;

c.《欧洲人权公约》第 5 条第 1 项:人身自由权利;

d.《欧洲人权公约》第 5 条第 2 项至第 5 项:被拘捕人之权利;

e.《欧洲人权公约》第 6 条第 1 项及第 3 项:公平审判权利及该原则之个别保障;

f.《欧洲人权公约》第 6 条第 2 项:无罪推定;

g.《欧洲人权公约》第 7 条:罪刑法定原则(法定性原则);

h.《欧洲人权公约》第 8 条:尊重私人生活与家庭生活权利;

i.《欧洲人权公约》第 7 号议定书第 2 条第 1 项:刑事案件之救济

㊼ *Peters/Altwicker*, EMRK, § 2 Rn. 33; *Meyer-Ladewig*, EMRK, "Art. 1 Rn. 10; EGMR, "A. v. the U. K.", v. 23. 09. 1998, Nr. 25599/94, RJD 1998-VI (Rn. 22); "*Verein gegen Tierfabriken v. Switzerland*", v. 28. 06. 2001, Nr. 24699/94, RJD 2001-VI (Rn. 45, 46)."

㊽ *Ambos*, Int. Strafrecht, § 10 Rn. 10; *Peters/Altwicker*, EMRK, § 1 Rn. 15 ff.

权利；

j.《欧洲人权公约》第 7 号议定书第 4 条第 1 项：一事不再理

在公约权利的审查步骤上,视该权利属性为防御权或司法权(亦称程序权)而有区分实益。审查防御权时,刑事法脉络下尤指《欧洲人权公约》第 2 条(生命权)、第 5 条第 1 项(人身自由权)与第 8 条(尊重私人生活与家庭生活权),其方法近似于德国审查基本权利,采取三阶段方式㉘：

a. 开启保护范围：定义适用范围；

b. 干预：某一特定、可归属于签约国的措施,是否限制相关权利之行使；

c. 干预之正当化事由：

a)一般限制：《欧洲人权公约》第 15 条至第 17 条(特别是紧急状况)；

b)特别限制(仅在《欧洲人权公约》第 8 条至第 11 条,各条文之第 2 项)；

c)公约虽无明文约束,却存在内在限制之权利：

- 限制之正当目的；
- 比例原则；
- 尊重权利核心。

《欧洲人权公约》第 3 条禁止酷刑条款虽然也属防御权,但基于该条文本身及《欧洲人权公约》第 15 条第 2 项均未容许限制,故地位特别,并不放在上揭审查公式。

相反,司法权与程序权(刑事法脉络下尤指《欧洲人权公约》第 5 条第 2 项、第 6 条、第 7 条,《欧洲人权公约》第 7 号议定书第 2 条第 1 项与第 4 条第 1 项)的审查架构,则严格取决于各权利的设计方式。审查步骤,大略如下：

a. 开启保护范围：定义适用范围；

b. 国家机关行为与各自(详细规定)公约保障规定之一致性(只例外才进行"干预—正当化"之审查公式)。㉙

㉘ 审查公式,*Grabenwarter/Pabel*, EMRK, §18 Rn. 1 ff.; *Peters/Altwicker*, EMRK, §3 Rn. 1 ff.

㉙ 例如《欧洲人权公约》第 6 条第 1 项(使用法院之权利),参见 *Grabenwarter/Pabel*, EMRK, §18 Rn. 31.

3. 生命权:《欧洲人权公约》第 2 条第 1 项

29 ▶ 案例 19:雅贼 D 为窃取油画,侵入知名艺品收集者 K 的别墅。就在从画框取下画作捆卷之际,被 K 发觉,D 遂携画逃出。K 立刻开枪,以阻止画作遗失。但 D 不理会示警射击,K 只好朝 D 开枪。即使此射击会导致 D 死亡,K 主观上仍"容任"此结果发生。果然,K 射中 D 头部,D 随即死亡。试问:K 可否成立正当防卫?(本章 Rn. 33)

30 任何已出生的个人生命,均在《欧洲人权公约》第 2 条第 1 项保护范围,并无疑问。有疑义的是,未出生之生命是否也在前揭保护范围? 若特别从条文的英文文义 "*Everyone*'s right to life shall be protected by law" 以观,即可将未出生之生命涵摄到公约生命权保障之内,由此便可能衍生生命权与内国堕胎法的潜在冲突。对此,欧洲人权法院承认公约国享有裁量空间或有权定义何谓生命之开始,如此一来,可缓和前述冲突。⑥

《欧洲人权公约》第 2 条第 1 项不只禁止公约国故意杀人,而且包含积极的保护义务,亦即要求公约国负有义务采取积极措施,以保护该国主权管辖下之人民。申言之,公约国的义务内涵,不仅在制定相呼应的法律条件,以遏阻危害生命法益,也包括设置相关司法和行政机关,以处罚或预防违反相关规定的行为。⑥ 在公约国阻止第三人犯罪行为方面,只有当国家机关已知或本须知悉某特定个人遭受第三人犯罪行为之威胁,却未采取任何于其权限内且可合理期待的措施时,公约国始违反国家保护义务。⑥ 如果个人处于国家监禁的状态,却发生例如被拘禁人受伤或消失等,则会成立加重保护义务。⑥

生命权的保障范围虽始于个人出生、终于死亡,但是,从《欧洲人权公

---

⑥ EGMR, "*Vo v. France*", GrK v. 08. 07. 2004, Nr. 53924/00, RJD 2004-Ⅷ (Rn. 81, 82).(*Vo* 案节译,可参见许耀明:《欧洲人权法院裁判选辑》,2008 年,第 207 页以下;评释参见许耀明:《生命的起点? 从 2004 年欧洲人权法院 *Vo v. France* 判决谈起》,载颜厥安、林钰雄主编:《人权之跨国性司法实践——欧洲人权裁判研究》,2010 年,第 83 页以下。——译者注)

⑥ EGMR, "*Usta and Others*", v. Turkey, v. 07. 07. 2008, Nr. 57084/00 (Rn. 45);*Rantsev v. Cyprus and Russia*, v. 07. 01. 2010, Nr. 25965/04, NJW 2010, 3003 (Rn. 218);亦参见 *Giuliani and Gaggio v. Italy*, v. 24. 03. 2011, Nr. 23458/02, NVwZ 2011, 1441 (Rn. 298 ff.).

⑥ EGMR, "*Rantsev v. Cyprus and Russia*", v. 07. 01. 2010, Nr. 25965/04, NJW 2010, 3003 (Rn. 219).

⑥ EGMR, "*ER and Others v. Turkey*", v. 31. 07. 2012, Nr. 23016/04 (Rn. 66 ff.).

约》第 2 条第 1 项仍无法导出"尊严死"（würdiger Tod）的权利，即个人并无（消极）终结生命的自由。[64] 不过，如果公约国不处罚自杀及其共犯（例如德国），这是否与《欧洲人权公约》第 2 条第 1 项保护义务相符，欧洲人权法院虽尚无见解，但曾就相反情形（即处罚加工自杀之共犯）表示符合公约。[65] 国家任何杀害行为，无论是否有目标针对性，都会构成生命权之干预，即便非出于有意之杀害，也是一种干预。[66] 另外依人权法院一贯见解，为使《欧洲人权公约》第 2 条发挥实际效益，"受害者"的家属当然也可指摘违反《欧洲人权公约》第 2 条。[67]

31 《欧洲人权公约》第 2 条第 1 项第 2 句是对生命权的特别限制条款，其规定得执行死刑判决。目前，几乎所有公约国都已批准"绝对禁止死刑"的《欧洲人权公约》第 13 号议定书，而少数未批准该议定书的公约国，至少也都批准了第 6 号议定书。[68] 这些只有批准第 6 号议定书的少数国家，就只剩下在战争时期执行死刑判决，才有干预生命权的正当性。

32 除此之外，《欧洲人权公约》第 2 条第 2 项允许三种干预生命权的情形，分别是："保护任何人免受不法暴力"（第 1 款）、"合法逮捕或阻止被拘捕之人脱逃"（第 2 款），以及"依法平息暴动或叛乱"（第 3 款）。以上三种允许限制，都要求内国制定法律基础（"合法""依法"为之），并绝对遵守比例原则的严格界限（"绝对必要"之程度）。[69]

33 案例 19 问题在于，到底有无涉及《欧洲人权公约》第 2 条第 2 项。初看之下，这是可依德国刑法成立正当防卫的"一般"案例：既有正在进行的不法侵害，开枪射击尽管可能致死，却是唯一剩下的防卫必要手段。由于未有应进行一般性比例原则审查的规定，所以，纯粹依德国法之理解，

---

[64] EGMR, "*Pretty v. the U. K.*", v. 29.04.2002, Nr. 2346/02, RJD 2002-III (Rn. 40).

[65] EGMR, "*Pretty v. the U. K.*", v. 29.04.2002, Nr. 2346/02, RJD 2002-III (Rn. 41).

[66] 另参见 *Ambos*, Int. Strafrecht, § 10 Rn. 75；*Eisele*, JA 2000, 424, 428；不同意见，如 *Roxin*, AT I, § 15 Rn. 78.

[67] *Meyer-Ladewig*, NVwZ 2009, 1531, 1532.

[68] 所有公约国——除俄罗斯外——都有批准的第 6 号议定书，乃在废除平常时期之死刑。（关此，参见廖福特：《生命权与废除死刑——欧洲理事会观点之分析》，载《政大法学评论》2006 年第 92 期，第 49 页以下。——译者注）

[69] EGMR, "*Salman v. Turkey*", GrK v. 27.06.2000, Nr. 21986/93, RJD 2000-VII (Rn. 98).

即便是为了保护财产，K 引发死亡的射击也会因符合正当防卫而合法。⑩

然有文献认为，依《欧洲人权公约》第 2 条第 2 项第 1 款之文义，只能是为了保护"任何人"免受暴力侵害才可故意杀人，而非为了保护"人"以外的其他法益（例如财产法益）；此外，该限制生命权的规定也应直接适用于私人关系。⑪ 反之，德国目前通说则持反对见解⑫，认为《欧洲人权公约》第 2 条第 2 项仅在规范国家与人民之间，私人关系只能依内国正当防卫规定处理，换言之，案例 19 与《欧洲人权公约》第 2 条第 2 项完全无关。上述正、反观点，在这起一般性的案例均不足相信：一方面，《欧洲人权公约》并无直接适用于私人的效力；另一方面，也不能自始即排除，以《欧洲人权公约》第 2 条第 2 项第 1 款（原则上可能存在的）间接第三人效力（本章 Rn. 25）来论证系争案件成立正当防卫。详言之，内国为了保护公约之生命权，也有义务设计正当防卫条款，即不容许因保护财产利益而杀人之正当防卫，以符合《欧洲人权公约》第 2 条第 2 项第 1 款界限。⑬ 诚然，从——作为公约客观价值之表现的——《欧洲人权公约》第 2 条第 2 项第 1 款推论出正当防卫的容许范围，是否不只适用于国家行为，也能（同等⑭）适用于私人关系，仍有疑问。

但是，即便采取同等适用于私人关系的观点，也需进一步解释：《欧洲人权公约》第 2 条第 1 项文义所称蓄意（intentionally）杀人，是否只针对意图（Absicht）或直接故意，或者也适用于间接故意（正当防卫案例大部分如此）？⑮ 假如《欧洲人权公约》第 2 条适用范围局限于意图或故意杀人⑯，而未包含间接故意杀人的话，那案例 19 正当防卫之限制自始就不存在，因为防卫者 K 开枪之际充其量只有间接故意。

---

⑩ 仅见 BGHSt 48, 207（BGH, Urt. v. 12.02. 2003 - 1 StR 403/02）；Wessels/Beulke, Rn. 340, 343.

⑪ Frister, GA 1985, 533, 564 f.；Koriath, in：Ranieri（Hrsg.）, Die Europäisierung der Rechtswissenschaften, 2002, S. 47.

⑫ 例如 Eisele, JA 2000, 424, 428；Jescheck/Weigend, § 32 V；Fischer, § 32 StGB Rn. 40；S/S-Lenckner/Perron, § 32 StGB Rn. 62；MK-Erb, § 32 StGB Rn. 13 ff.

⑬ 在《欧洲人权公约》第 3 条有相似之案例，参见 EGMR,"A. v. the U. K.", v. 23.09. 1998, Nr. 25599/94, RJD 1998-VI（Rn. 22）.

⑭ 私人范围（合于公约解释）的不同标准，如 MK-Erb, § 32 StGB Rn. 18.

⑮ 对此，参见 Ambos, Int. Strafrecht, § 10 Rn. 75.

⑯ 持充分说理的反对见解，如 Eisele, JA 2000, 424, 428.

反之,在警察法作为最后手段之救援射杀(finaler Rettungs-schuss; fatal shot as last resort),即以开枪射杀作为最后救援手段者,则是(至少属直接故意的)国家杀人行为,其落入《欧洲人权公约》第2条第2项第1款自无问题,因此须依人权法院的严格标准来审查。⑰

4. 禁止酷刑、禁止侮辱之惩罚:《欧洲人权公约》第3条
(1) 保护领域规定与绝对禁止酷刑

对《欧洲人权公约》第3条保护范围之干预有二:一是非人道或侮辱之处遇或惩罚;二是——重大侵害权利的——酷刑。非人道处遇,是指个人被故意施以引起恐惧及自我贬抑感觉的严重身体或心理痛苦。⑱ 与之相较,同样会违反《欧洲人权公约》第3条但较轻微的,是"只有"侮辱之处遇或惩罚。侮辱的概念不在强调施加痛苦,所着重的是给予羞辱,亦即以羞辱相对人为目的的一种严重行为,始为侮辱。⑲ 于此,行为人可能存在的羞辱意图是一项应予考虑的因素,但即使没有这种意图,也可能成立侮辱行为。⑳

举例:将受刑人赤裸关在约8平方公尺大的安全牢房7天,构成非人道与侮辱之处遇㉑;被告在长达21天的审判过程中被关在公众可目睹的金属牢笼里,但并无被告具有特殊危险性的依据,欧洲人权法院认为这种做法是侮辱之处遇。㉒

酷刑与非人道或侮辱之处遇有所不同。一方面是客观差异,即行为的严重程度不同㉓,酷刑必须能引起非常严厉和残暴的痛苦。关于此点,未侵害身体完整性却造成巨大心理痛苦者,亦是酷刑。㉔ 另一方面则与主观有关,对相对人施加严厉和残暴的痛苦必须存有特定目的,尤指刑求

---

⑰ 关于士兵的最后手段之救援射杀,EGMR,"*McCann and Others v. the U. K.*", v. 27.09.1995, Nr. 18984/91, Series A, 324 (Rn. 147–214);依公约规定为解答者,在 *Peters/Altwicker*, EMRK, § 5 Rn. 22.

⑱ EGMR, "*Kalashnikov v. Russia*", v. 15.07.2002, Nr. 47095/99, RJD 2002-VI (Rn. 95).

⑲ EGMR, "*Yankov v.Bulgaria*", v. 11.12.2003, Nr. 39084/97, RJD 2003-XII (Rn. 104).

⑳ EGMR, "*Stanev v. Bulgaria*", v.17.01.2012, Nr. 36760/06 (Rn. 203).

㉑ EGMR, "*Hellig v. Germany*", v. 07.07.2011, Nr. 20999/05, HRRS 2011 Nr.97 (Rn. 56 f.). 人权法院认为,扣留衣服如果有(未详尽描述)的充分理由,即不可定性为非人道或侮辱之处遇,对此参见 Pohlreich, JZ 2011, 1059 ff.

㉒ EGMR, "*Piruzyan v. Armenia*", v.26.06.2012, Nr. 33376/07 (Rn. 69 ff.).

㉓ *Grabenwarter/Pabel*, EMRK, § 20 Rn. 28.

㉔ 另见 *Frowein/Peukert*, EMRK, Art. 3 Rn. 6 EMRK 有更多说明。

取得自白。⑧⑤ 准此，酷刑是非人道与侮辱处遇的加重形态，欧洲人权法院对酷刑的认定，尤其着重在烙印因素。⑧⑥ 酷刑与非人道或侮辱处遇的区别实益在于，人权法院对"酷刑"与"非人道或侮辱处遇"取证区分不同证据效果。简言之，对于违反《欧洲人权公约》第 3 条、但低于酷刑门槛的不法行为，是否自动产生证据使用禁止之效力，人权法院目前明显保持开放态度，但其却承认酷刑取证应证据使用禁止。在此脉络下值得注意者，欧洲人权法院认为法院使用违反《欧洲人权公约》第 3 条取得之证据，并非违反《欧洲人权公约》第 3 条，而是违反公约第 6 条第 1 项公平审判权利(本章 Rn. 71)。⑧⑦

举例：巴勒斯坦垂吊(囚犯双手捆绑于背后，架起囚犯手臂，直到双手麻痹)⑧⑧及警察之性侵⑧⑨，均成立酷刑。

36 《欧洲人权公约》第 3 条并无干预正当化条款，而依《欧洲人权公约》第 15 条第 2 项，即使处于紧急状况，也不允许酷刑、非人道或侮辱处遇，故不适用"干预保护范围——正当化"的审查模式。由于连《欧洲人权公约》第 2 条生命权本身也有干预正当化条款，乃引发《欧洲人权公约》第 3 条其实不是绝对权利，而讨论其是否存在未明文之内在限制的问题。不过，一来，《欧洲人权公约》第 3 条正因没有这类例外条款，故可反面推论为该条文权利绝不受限制；二来，依《欧洲人权公约》第 15 条第 2 项文义，早就明白排除限制《欧洲人权公约》第 3 条的可能性。由此可知，禁止任何违反《欧洲人权公约》第 3 条之处遇行为，其范围可谓既全面又绝对⑨①——纵然在对抗恐怖主义的时代，《欧洲人权公约》第 3 条也是重要

---

⑧⑤ 参见 EGMR, "*Selmouni v. France*", v. 28.07.1999, Nr. 25803/94, RJD 1999-V (Rn. 96)；另参见 Ambos, Int. Strafrecht, § 10 Rn. 77.

⑧⑥ 如 EGMR, "*Ireland v. the U. K.*", v. 18.01.1978, Nr. 5310/71, Series A, 25 (Rn. 167)："打上特殊烙印。"

⑧⑦ *Warnking*, Strafprozessuale Beweisverwertungsverbote in der Rechtsprechung des EGMR und ihre Auswirkungen auf das deutsche Recht, 2008, S. 82.

⑧⑧ EGMR, "*Aksoy v. Turkey*", v. 18.12.1996, Nr. 21987/93, RJD 1996-VI (Rn. 64).

⑧⑨ EGMR, "*Aksoy v. Turkey*", v. 25.09.1997, Nr. 21987/93, RJD 1997-VI (Rn. 86).

⑨⓪ 参见 Ambos, Int. Strafrecht, § 10 Rn. 80；*Safferling*, Jura 2008, 100 f.；不同意见，*Peters/Altwicker*, EMRK, § 6 Rn. 3, 从欧洲人权法院裁判清楚所示及《欧洲人权公约》第 15 条第 2 项规定可知，难以采纳存在内在固有限制的说法。

⑨① EGMR, "*Gäfgen v. Germany*", v. 30.06.2008, Nr. 22978/05, NStZ 2008, 700 (Rn. 70).

且令人赞同的规定!

但是,由于《欧洲人权公约》第 3 条欠缺任何容许限制条款,为求某种"平衡"之故,人权法院认为,凌虐行为必须达到一定严重程度,才能构成《欧洲人权公约》第 3 条的干预行为。对此,成立上述最低程度之要素与否,乃依个案情况而定,处遇行为的时间长短与被害人身心影响程度、性别、年龄及健康状态,尤具指标性。⑨² 综上,《欧洲人权公约》第 3 条的审查顺序如下:

a. 开启保护范围:定义适用范围;

b. 干预:系争措施,是否达到干预《欧洲人权公约》第 3 条的严重程度?(不审查"干预—正当化",参照《欧洲人权公约》第 15 条第 2 项)

此外,任何公约国须保护在其影响区域内之个人,免于遭受酷刑、非人道或侮辱处遇,即使出于私人所为亦同,《欧洲人权公约》第 3 条于此发挥间接第三人效力(本章 Rn. 25)。⑨³ 根据这项保护义务,当国家对合理可信其存在的不法处遇,不予追诉或未适当侦查者,也会违反《欧洲人权公约》第 3 条。⑨⁴ 此保护义务的目的,一是在确保有效实施保护基本权利的法律;二是国家干预行为违反《欧洲人权公约》第 3 条时,也让相关机关承担责任。⑨⁵ 于此脉络下,受酷刑之被害人若下落不明,其家属也能成为非人道或侮辱处遇的被害人。对此,是否已超出必要之最低严重程度,乃以家属所受到的心理痛苦为准。为了判断严重之程度,人权法院会特别考虑:家属与实际被害人的近亲关系、家属是否为虐待行为的目击者、家属为得知家庭成员遭遇所付出之心力,以及国家机关对此遭遇的反应。⑨⁶ 这些状况给予家属的痛苦强度,必须超过其家庭成员遭受违反人权对待时所必要之程度。⑨⁷ 而国家机关在这类案情的不作为,会对家属

37

38

---

⑨² 参见 EGMR, "*Tekin v. Turkey*", v. 09.06.1998, Nr. 22496/93, RJD 1998-IV (Rn. 52 f.); "*Jalloh v. Germany*", v. 11.07.2006, Nr. 54810/00, RJD 2006-IX (Rn. 67); "*Hellig v. Germany*", v. 07.07.2011, Nr. 20999/05, HRRS 2011, Nr. 97.

⑨³ EGMR, "*A. v. the U. K.*", v. 23.09.1998, Nr. 25599/94, RJD 1998-VI (Rn. 22).

⑨⁴ EGMR, "*Labita v. Italy*", v. 06.04.2000, Nr. 26772/95, RJD 2000-IV (Rn. 130-136, insbes. Rn. 131):"Otherwise, the general legal prohibition of torture and inhuman and degrading treatment would, despite its fundamental importance, be ineffective in practice …".

⑨⁵ *Grabenwarter*, NJW 2010, 3128, 3129.

⑨⁶ EGMR, "*Magamadova und Iskhanova v. Russia*", v. 06.11.2008, Nr. 33185/04 (Rn. 105).

⑨⁷ EGMR, "*Cakici v. Turkey*", v. 08.07.1999, Nr. 23657/94, RJD 1999-IV (Rn. 98).

构成违反《欧洲人权公约》第 3 条。⑱

(2) 状况 1:威胁刑求

39 ▶ 案例 20:G 涉嫌绑架一名德国法兰克福银行家之子 J。警察 V 警询时,G 拒绝透露 J 的下落。警局副局长 D 于是命令 V 威胁 G,如果坚决不透露,会惹来巨大身体痛苦。此时,D 与 V 认为 J 还活着,只是有生命危险。其后,威胁手段奏效,G 作出自白,警方循线却只找到被害人尸体;早在 G 被捕之前,被害人已遭杀害。G 于再次警询及检察官讯问时,也都为相同自白。G 后来在审判期日,被法庭告知警询时受暴力威胁下所为之自白,以及后续于检察官讯问时再次确认之自白,均无证据能力。然而,G 于法庭仍再次自白,终在 2003 年 7 月 28 日被法兰克福地方法院判决谋杀罪,处无期徒刑。

另一方面,D 与 V 也因对 G 的讯问手段接受刑事调查。2004 年 12 月 20 日,V 与 D 分别被判处强制罪及教唆强制罪,但法院在可能的制裁之中,却选择最轻微的罚金刑,并给予"附保留刑罚之警告"*;D 后来被调任为警察总局的科技、后勤及行政部门领导人。G 在用尽德国救济程序后,于 2005 年 6 月 15 日向欧洲人权法院提出申诉,主张德国政府违反《欧洲人权公约》第 3 条、第 6 条第 1 项。这个案例引起公众高度关注,警察对 G 的手段得到广泛支持。试问:G 主张德国违反《欧洲人权公约》第 3 条,有无理由?(本章 Rn. 40)

40 在案例 20,人权法院先表示,单纯威胁将动用《欧洲人权公约》第 3 条所禁止的手段,只要相对人充分感受到威胁的真实性与逼临,也会超过最低严重程度,故可构成《欧洲人权公约》第 3 条之干预。对个人单纯威胁将施以刑求(警察威胁 G 将使用令其痛苦的对待方式,如实际成真,即可构成刑求),在某些情况下威胁本身虽甚至能成立酷刑,但无论如何,至少已是非人道处遇。⑲ 于本案,人权法院未将威胁刑求之讯问手段认定

---

⑱ EGMR, "Tahsin Acar v. Turkey", v. 08. 04. 2004, Nr. 26307/95, RJD 2004-III (Rn. 238).

* 德国《刑法》第 59 条附保留刑罚之警告(Verwarnung mit Strafvorbehalt),参见 Hans-Jürgen Kerner:《德国刑事追诉与制裁》,许泽天、薛智仁译,2008 年,第 12—13 页。——译者注

⑲ EGMR, "Gäfgen v. Germany", v. 30. 06. 2008, Nr. 22978/05, NStZ 2008, 698, 700 (Rn. 67);欧洲人权法院大法庭现已确认此说法,EGMR, "Gäfgen v. Germany", v. 01. 06. 2010, Nr. 22978/05, NJW 2010, 3145 ff.(人权法院第五庭的 Gäfgen 案裁判节译,请参见李佳睿、许丝捷:《欧洲人权法院裁判选辑》,2013 年,第 166 页以下。——译者注

为"酷刑",理由是威胁行为持续时间过于短暂,尽管如此,仍基于该手段之影响力而定性为《欧洲人权公约》第 3 条的非人道干预。在此脉络下,人权法院的清楚说法值得注意,即"禁止违反《欧洲人权公约》第 3 条的处遇行为(三种类型均在内),乃具绝对效力,也不问被干预人所为犯罪为何,就算遭逢'国家生死存亡'的公共紧急危难,甚至个人生命遭受重大之威胁,皆无不同"。[100]

不过,人权法院第 5 庭基于上述补充性原则(本章 Rn. 20 以下),认为不应判决德国败诉。第五庭表示,G 在系争案件遭遇下的《欧洲人权公约》第 34 条被害人地位,"已在内国层次被取消",从两件事可看出德国已做到取消被害人地位所需具备要件:首先,德国明确承认违反公约。第一,法兰克福地方法院在 G 之判决,对于警察为取得自白而威胁将施加 G 痛苦一事,已认定除了违反德国刑诉法禁止不正讯问规定之外,另违反《欧洲人权公约》第 3 条,且赋予自白证据使用禁止效力。第二,实施威胁的警察 V 与 D 也因此各被判决强制罪及教唆强制罪。其次,德国有做到充分补偿,因为"尽管大众赞同警方手段,德国法院仍对两名警察判决有罪,更可看做是充分补偿"。无论如何,"G 乃禁止虐待行为之被害人,并无疑义",只是不再具备《欧洲人权公约》第 34 条的被害人申诉地位。

但后来,G 上诉到欧洲人权法院大法庭。大法庭就补偿违反公约方面作出与第五庭不同的见解。大法庭表示,德国机关与法院所为措施,虽可视为明白承认德国违反《欧洲人权公约》第 3 条[101],"但仍不足以补偿 G 所受之侵害",因为有效追诉违反《欧洲人权公约》第 3 条而应负责之人,才有助于补偿。而有效性的判断基准,为追诉迅速、程序长短,以及调查暨后续刑事程序之结果,也包括行政惩处在内。[102] 对于德国就警察 V 与 D 的刑事程序迅速性,人权法院大法庭并无挑剔;惟迥别于人权法院向来的节制态度(Zurückhaltung,即原则上尊重内国法院对罪责程度之决定),

---

[100] 此说法先出现在人权法院第五庭(EGMR, "*Gäfgen v. Germany*", v. 30.6.2008, Nr. 22978/05, NStZ 2008, 698, 700, Rn. 69),大法庭继之确认(EGMR, "*Gäfgen v. Germany*", v. 01.06.2010, Nr. 22978/05, NJW 2010, 3145, 3146, Rn. 107)。

[101] EGMR, "*Gäfgen v. Germany*", v. 01.06.2010, Nr. 22978/05, NJW 2010, 3145, 3146 (Rn. 120-122)。

[102] EGMR, "*Gäfgen v. Germany*", v. 30.06.2008, Nr. 22978/05, NStZ 2008, 698, 700 (Rn. 76)。

大法庭将 V 与 D 被科处之刑罚列入观察。⑩ 大法庭表示,"公约不是只想保障纯属理论而不具实际效用的权利,人权法院依《欧洲人权公约》第19条之规定,必须确保公约国善尽其《欧洲人权公约》第1条之义务"。⑭ 据此,大法庭特别指摘德国对违反公约之警察所为的有罪判决,科处只具象征意义的罚金(各60日及90日的罚金,每日60欧元及120欧元),还给予附保留刑罚之警告,这样的刑罚根本欠缺吓阻效力,"不但不符合《欧洲人权公约》第3条基本权利之重要性,也无法防止再犯"。尤其是 D 于本案后来的待遇(被调任警察总局的科技、后勤及行政部门领导人),大法庭认为德国对违反《欧洲人权公约》第3条之反应,完全欠缺必要的适当性。⑮

(3) 状况 2:对被逮捕人或拘禁者之医疗干预

41　　案例21:德国警察发现 J 从口中取出细小塑料包装物,每次持之与他人现金交易。警察认定这些塑料包内有毒品,于是趋前逮捕,J 被捕时吞下某些东西。值勤检察官为避免危及侦查成果,在警局命令将 J 送往医院喂食催吐剂,打算让 J 从口中吐出证物。到了医院,J 拒绝服用催吐剂,警察遂固定 J 身体,J 动弹不得,再由在场医生使用胃管强制插入 J 鼻腔,灌入催吐剂导进胃部。随后,J 痛苦地吐出一塑料包,内有0.2公克可卡因。试问:本案有无侵害 J《欧洲人权公约》第3条规定的权利?(本章 Rn. 43)

42　　《欧洲人权公约》第3条最低严重程度有一特殊问题,即违反被拘禁人意愿而对其实行医疗干预。于此,《欧洲人权公约》第3条科予内国确保被拘禁人身体完整性的义务,尤其是提供必备的医疗照护。某一医疗措施,若依公认之医学原则认为是治疗上所必要者,原则上就不视为非人道或侮辱干预,特别像是强制喂食绝食中的受刑人,以救助其生命。⑯ 某项医疗措施即使不具治疗意义,《欧洲人权公约》第3条原则上也不禁止

---

⑩ Grabenwarter, NJW 2010, 3128, 3129.

⑭ EGMR, "Gäfgen v. Germany", v. 01.06.2010, Nr. 22978/05, NJW 2010, 3145, 3146 (Rn. 123).

⑮ EGMR, "Gäfgen v. Germany", v. 01.06.2010, Nr. 22978/05, NJW 2010, 3145, 3146 f. (Rn. 124 f.);依人权法院见解,充分补偿应是对被指控刑求的公务员,于调查期间停职,若被判有罪,则予撤职,参见 EGMR, "Ali and Ayse Duran v. Turkey", v. 08.04.2008, Nr. 42942/02 (Rn. 64);批评参见 Grabenwarter, NJW 2010, 3128 ff.

⑯ EGMR, "Jalloh v. Germany", v. 11.07.2006, Nr. 54810/00, RJD 2006-IX (Rn. 69). (Jalloh 案节译,请参见王士帆:《欧洲人权法院裁判选辑》,2010年,第160页以下。——译者注)

违反被告意志,将该措施用来取得证明被告犯罪之证据,因此,抽血与唾液采样原则上都属合法。但在重大干预身体的措施,则须在上述整体权衡(Gesamtabwägung;本章 Rn. 37)内注意几项基准,诸如犯罪嫌疑程度、可选用的侦查方法、受干预人健康受损之虞、身体痛苦、术后医疗照护,以及干预对健康所造成的实际后果。[107]

于案例 21,人权法院以有利于受干预人 J 的考虑作出判决。人权法院虽认为毒品交易属于重罪,但 J 所违犯的《德国毒品危害防制条例》(BtMG)相关条文仅具低度可罚性,而非足够严重之犯罪。此外,"德国机关也未考虑其他可选用的侦查措施",例如本案的毒品"塑料包"(俗称"泡泡"),"就可等待毒品从人体自然排出"。就《欧洲人权公约》第 3 条各种禁止类型而言,人权法院认为本案已构成其中的非人道处遇,因为"对申诉人所进行之干预,造成其身心痛苦",即便这并非干预 J 身体之本意。 43

观察人权法院审查是否成立干预《欧洲人权公约》第 3 条的做法,可看出人权法院采用整体权衡,这与德国法审查手段本身比例性近似。据此,如果是"合于比例"的措施,便未超过构成干预《欧洲人权公约》第 3 条措施的最低门槛。人权法院于此之所以采取整体权衡,乃因《欧洲人权公约》第 3 条欠缺干预正当化的判断阶层使然。 44

(4) 状况 3:驱逐出境与引渡

▶ 案例 22:涉嫌谋杀的德国人 S,从美国(犯罪地)逃到英国;英国准许美国的引渡请求。若 S 被引渡回美国且被判决有罪,将可能被处以死刑,S 于用尽英国内国救济途径后,向人权法院提出申诉,并申论英国准许将其引渡美国乃违反《欧洲人权公约》第 2 条生命权及第 3 条。试问:公约之规定可否阻止 S 被引渡到美国?(本章 Rn. 47) 45

以《欧洲人权公约》第 3 条作为广泛的驱逐出境障碍及引渡障碍一事上,有特殊重要性:人权法院从《欧洲人权公约》第 3 条得出的禁止驱逐出境,不只适用于被驱逐人一旦归返,将面临他国国家机关之追诉,也包括将遭遇民兵等非国家单位的酷刑。[108] 这里的禁止驱逐出境,适用范 46

---

[107] EGMR,"*Jalloh v. Germany*", v. 11. 07. 2006, Nr. 54810/00, RJD 2006-IX (Rn. 71-74).
[108] 参见 EGMR,"*Chahal v. the U. K.*", v. 15. 11. 1996, Nr. 22414/93, RJD 1996-V (Rn. 74, 98, 99, 107),人权法院认为将申诉人 *Chahal* 从英国引渡出去,违反《欧洲人权公约》第 3 条,因为在印度,信奉锡克教者会遭受来自 Punjab 地区的民兵于 Punjab 管辖区域外的追捕,并加诸非人道对待。

围广大:即使第三国国民先被驱逐到同属公约国之国家(作为中途停留的过境国),为驱逐处分之公约国也必须确保被驱逐人在过境国时,得就后续之驱逐向当地法院提出权利救济,并使其享有申请《欧洲人权法院程序规则》(EMRK-VerfO)第 39 条暂时处分的机会。[109]

47　　在案例 22 中[110],人权法院扩大《欧洲人权公约》第 3 条作为引渡障碍的适用范围:鉴于《欧洲人权公约》第 2 条第 1 项第 2 句的文义(指允许执行死刑判决),并无法阻止本案的引渡。如依今日英国法律状态,英国现已如同其他公约国批准"平时废除死刑"的第 6 号议定书,该议定书的禁止死刑要求,便能阻止引渡。但人权法院裁判该案时,英国尚未批准第 6 号议定书,故对英国不生效力,从当时时点而言,自然无法以第 6 号议定书得出引渡障碍。换言之,只剩下"违反《欧洲人权公约》第 3 条"可考虑作为引渡障碍的理由。S 若被引渡到美国,预料将被科以死刑,虽然"死刑"本身未侵害《欧洲人权公约》第 3 条的权利保障,因为如何解释该条文的"非人道"或"侮辱",都必须在当时有效适用的《欧洲人权公约》第 2 条第 1 项第 2 句背景下来解释,因而,死刑并未满足"非人道"或"侮辱"的要件。可是,人权法院仍认为引渡到美国乃违反《欧洲人权公约》第 3 条,原因是,恐惧不确定执行死刑时点的"死囚(室)症候群"与行刑前的处境,至少可构成非人道处遇。[111] 此外,人权法院这一见解另有深意,因为借此证实了公约国于自己领域之外,也须承担维护公约权利的国际法责任,这对于公约国的司法互助而言,自然有重大意义。该实际个案上,英国在美国承诺不科处死刑之后,才将 S 引渡到美国。

5. 剥夺人身自由之条件:《欧洲人权公约》第 5 条

48　　▶ 案例 23:德国人 M,于 2002 年 7 月 25 日被德国区法院认定有逃

---

[109] EGMR, "K. R. S. v. the U. K.", v. 02. 12. 2008, Nr. 32733/08, NVwZ 2009, 965, 967.

[110] EGMR, "Soering v. the U. K.", v. 07. 07. 1989, Nr. 14038/88, Series A, 161.(关于 Soering 案,可参见赖志豪:《人权法之新开展——论 Soering 案对引渡法之影响》,载《月旦法学杂志》2004 年第 108 期,第 94 页以下。欧洲人权法院通过 Soering 案对跨国引渡所建立的人权共同标准,可参见 Sabine Gless:《共同之人权标准——谈〈欧洲人权公约〉、〈公民权利和政治权利国际公约〉与跨境刑事追诉》,王士帆译,载《月旦法学杂志》2014 年第 224 期,第 266—268 页。——译者注)

[111] 在被请求引渡的公约国,如已批准第 6 号议定书者,该议定书第 1 条即可阻止引渡到将面临死刑的国家。

亡与灭证危险而核准逮捕,以行羁押。*区法院在一份大约只一页半的羁押命令中,认定 M 于 1996 年至 2002 年 6 月间,有犯下约 20 件未申报佣金的逃税重大嫌疑。羁押令状内记载相关犯罪事实之指控与公司名称,而犯罪嫌疑的建立基础则仅有从 M 家所扣押的文件。检察官以涉及侦查策略为由,拒绝辩护人阅卷(《德国刑事诉讼法》第 147 条第 2 项)。2002 年 8 月 7 日,M 申请羁押审查,被区法院驳回,后来抗告于邦地方法院,又被驳回。M 向 Düsseldorf(杜塞尔多夫)高等法院提出再抗告,于 2002 年 10 月 14 日以《德国基本法》第 103 条第 1 项之听审权未受维护为由,撤销下级审之羁押审查裁定(但非撤销 2002 年 7 月 25 日的羁押逮捕令),发回区法院审理。杜塞尔多夫高等法院表示,"如不予阅卷,则羁押令状必须特别描述细节,以使被告及辩护人通过自己答辩或提出证据来对抗羁押决定"。于是,区法院基于检察官之申请,且于听取被告方意见后,在 2002 年 10 月 29 日核准一份 4 页之多的新羁押命令,里面详载了犯罪指控之基础。2002 年 11 月 28 日,M 的辩护人首次被许可阅卷。试问:本案是否违反《欧洲人权公约》第 5 条?(本章 Rn. 53 以下)

《欧洲人权公约》第 5 条作为一种防御权,其除了规定剥夺自由的要件(第 1 项)外,也规定被拘禁人的个别权利(第 2 项至第 4 项;第 5 项为损害赔偿请求权)。

《欧洲人权公约》第 5 条第 1 项的保护范围,涵盖由一地到另一地的身体行动自由。[112] 国家机关之"任何剥夺自由"(Freiheitsentziehung; deprivation of liberty),均干预《欧洲人权公约》第 5 条,必须符合以下要件才具正当性:

a. 存在内国以法律规定之程序;

b. 这一程序在个案中未遭恣意适用;

c. 存在《欧洲人权公约》第 5 条第 1 项第 2 句第 1 款至第 6 款的列举拘捕事由;

d. 内国法本身与公约一致,尤指法安定性原则。

---

* 德国羁押原则上是"先核准为羁押目的之逮捕令,以完成羁押",即检察官申请法院核发羁票,核准后,再由检警逮捕到庭,由法官决定是否羁押,参见 Beulke, Strafprozessrecht, 12. Aufl., 2012, Rn. 221.——译者注

[112] 参见 Trechsel, EuGRZ 1980, 515.

解释内国法原则上虽属内国机关职责,但基于《欧洲人权公约》第 5 条第 1 项文义("依法律规定"),人权法院得且应审查内国有无遵守《欧洲人权公约》第 5 条权利。[113] 于此,当人权法院特别强调遵守法安定性原则,即意指内国关于容许剥夺自由的法律规定,必须具有充分的可得知性与准确性,以避免造成恣意的危险;对于一名受法律规范者而言,必须可根据个案的每个情况——必要时,征询司法意见——得以预见某一特定行为所生之后果。[114] 于此也应注意,公约只是设下最低要求,内国法倘有更严格的干预合法化要件,例如《欧洲人权公约》第 5 条第 1 项第 2 句第 3 款规定的羁押要件为足够犯罪嫌疑(hinreichender Tatverdacht),但《德国刑事诉讼法》第 112 条则要求更高门槛的"重大之犯罪嫌疑"(dringender Tatverdacht),则须尊重内国法,否则,就属未遵守内国之法定程序。[115]

只要有人被剥夺行动自由,却与《欧洲人权公约》第 5 条第 1 项第 2 句第 1 款至第 3 款列举事由无关,以致违反公约第 5 条第 1 项者,为了终止被拘禁人自由受限制的持续状态,则唯有考虑加以释放。这是从《欧洲人权公约》第 1 条具体展现的终止义务(Beendigungspflicht)。[116]

50　依《欧洲人权公约》第 5 条第 2 项,被拘捕人享有信息权,得知悉对其拘捕的事实与法律理由。这些信息必须以被拘捕人所理解的语言,立即使其知悉。

51　《欧洲人权公约》第 5 条第 3 项第 1 句前段规定,依第 1 项第 2 句第 3 款被拘捕者,有权立即(即最多 4 天之内[117])被带往/解交法官或可相比拟

---

[113]　仅见 EGMR, "*X. v. Finland*", v. 03. 07. 2012, Nr. 34806/04 (Rn. 144 ff.);"*Benham v. the U. K.*", v. 10. 06. 1996, Nr. 19380/92, RJD 1996-III (Rn. 41).(《欧洲人权公约》第 5 条与刑事逮捕、羁押之审查,可参见杨云骅:《欧洲人权法院对逮捕、羁押刑事被告的审查重点介绍》,载颜厥安、林钰雄主编:《人权之跨国性司法实践——欧洲人权裁判研究》,2008 年,第 143 页以下。——译者注)

[114]　总结,EGMR, "*Piruzyan v.Armenia*", v. 26. 06. 2012, Nr. 33376/07 (Rn. 79 ff.).

[115]　关于有利原则,参见本章 Rn. 9;"*Meyer-Ladewig*", EMRK, Art. 5 Rn. 37.

[116]　*Grabenwarter*, JZ 2010, 857, 861.

[117]　"最多 4 天"(Maximum of four days),参见 EGMR, *McKay v. the U. K.*, v. 03. 10. 2006, Nr. 543/03, RJD 2006-X (Rn. 47);时间超过者,则只有在极特殊状况才有考虑空间,参见 *Esser/Fischer*, JR 2010, 513, 522 f.,专就德国军方在索马里半岛逮捕索马里海盗的说明。(McKay 案节译,参见林钰雄、施育杰:《欧洲人权法院裁判选辑》,2010 年,第 265 页以下。——译者注)

之公务员面前。所谓"带往"(Vorführen),指被拘捕人现身在法官面前,由法官进行讯问并决定是否拘禁(含羁押)。[118]《欧洲人权公约》第5条第3项第1句后段乃规定被拘禁人的迅速请求权(Beschleunigungsanspruch),就保护范围的时间而言,直到其被释放之前均有适用。在被告被羁押的刑事程序,原则上应优先及迅速进行。[119] 再者,拘禁的理由不(再)存在时,受拘禁人得请求释放。对此,《欧洲人权公约》第5条第1项第2句第3款所称"足够犯罪嫌疑"只是一种拘禁或羁押之初的充分因素,随着时间经过,为了让剥夺自由持续正当化,则必须加入其他拘禁或羁押事由,例如逃亡之虞。[120]

《欧洲人权公约》第5条第4项,为第1项剥夺自由的所有类型建立法官保留。被干预人有权申请法官审查剥夺自由之合法性,而且非仅只一次机会,原则上可重复为之,即出现新事证而事后质疑剥夺自由之合法性时,便得再次请求审查,例如羁押事由已消失或嫌疑程度降低。《欧洲人权公约》第5条第4项的羁押审查,必须允许受干预人能在适当的时间间隔内提出申请,而且在申请后的短暂期限内,即由法官作出决定。在认定违法剥夺人身自由后,必须命令撤销羁押。[121] 另外,有鉴于剥夺自由的严重效果,羁押审查还必须满足《欧洲人权公约》第6条第1项公平审判程序之要求[122],例如保障辩护人充分的阅卷权。[123] 提供认定具有犯罪嫌疑的部分卷证予辩护人阅览,便属充分保障阅卷权。[124]

在案例23中,人权法院先依《欧洲人权公约》第5条第1项,审查有无依内国"法律规定"之方式剥夺M的自由,而这实际上是指德国法。对

---

[118] *Esser/Fischer*, JR 2010, 513, 522.

[119] 《欧洲人权公约》第6条第1项迅速原则以及因取消过长程序期间的被害人地位之补偿,参见本章Rn.64以下。

[120] EGMR, "*Clooth v. Belgium*", v. 12.12.1991, Nr. 12718/87, Series A, 225 (Rn. 48).(关于欧洲人权法院延长羁押之审查,可参见杨云骅:《延长羁押被告与人权保障》,载颜厥安、林钰雄主编:《人权之跨国性司法实践——欧洲人权裁判研究》,2008年,第161页以下;施育杰:《延长羁押的理由与羁押期间——以欧洲人权法院裁判为借镜》,载颜厥安、林钰雄主编:《人权之跨国性司法实践——欧洲人权裁判研究》,2012年,第87页以下。

[121] EGMR, "*S. T. S. v. the Netherlands*", v. 07.06.2011, Nr. 277/05, NJW 2012, 2331 ff. m. w. N.

[122] *Esser/Gaede/Tsambikakis*, NStZ 2011, 78, 81.

[123] EGMR, "*Garcia Alva v. Germany*", v. 13.02.2001, Nr. 23541/94, NJW 2002, 2018 ff.

[124] *Esser/Gaede/Tsambikakis*, NStZ 2011, 78, 82.

此,德国法院与人权法院裁判见解类似。依德国裁判,羁押令状某些程序瑕疵,例如在本案未充分记载犯罪嫌疑重大与羁押原因的认定事实(§114 II Nr.4 StPO)便属一例,此时虽有法律瑕疵,但不至于无效。⑭ 反之,绝对无效的情形,只可能发生在重大明显抵触《德国刑事诉讼法》的瑕疵,这是出于法院裁判权威、信赖乃有助于法安定之必要性,以及特定权利救济体系对裁判瑕疵的更正必要性使然。⑯ 一份仅是瑕疵而非无效的羁押令状,(再)抗告法院在羁押审查程序可借由撤销瑕疵之羁押令状或核准一份新令状而被治愈。⑰ 人权法院审查羁押命令时,则考虑案件所有情节(尤其是内国裁判)⑱,并得出与德国法院相同的结论。亦即,人权法院审查内国法时,区分显然无效与初步、表面上(prima facie)有效的羁押命令。如果羁押命令之瑕疵重大且明显,例如逾越管辖权限,那就是显然无效。⑲ 相反,瑕疵若非重大且明显,则可由内国(再)抗告法院之法院审查程序给予治愈⑳,案例 23 情形也是如此。

54　依人权法院见解,该案适用的德国法也与《欧洲人权公约》之原则一致,特别是法安定性原则。依此,"犯罪嫌疑重大及羁押原因所依据的事实,在羁押令状内未充分叙述者,仅是存有瑕疵,而非羁押无效",这项德国法院一贯见解,即符合法安定性。因而,M 当时已可预见系争羁押非属无效的结果。㉑

55　最后,人权法院判决本案未恣意剥夺 M 的行动自由,因为羁押令状所述之犯罪指控、犯罪行为时点、羁押原因及指示所适用的法律条文,并未使 M 对其逮捕、羁押一无所知。㉒ 人权法院判断恣意性的另一基准是迅速性(Zügigkeit),即内国法院尽速替换已生效或有法律瑕疵的羁押命令。在案例 23,从高等法院 2002 年 10 月 14 日作出撤销判决,到区

---

⑭　OLG Karlsruhe NStZ 1986, 134 f.
⑯　BGH NStZ 1984, 279 (BGH, Urt. v. 24.01.1984-1 StR 874/83).
⑰　OLG Karlsruhe StV 2001, 118.
⑱　EGMR, "*Mooren v. Germany*", v.09.07.2009, Nr. 11364/03, EuGRZ 2009, 566, 574 (Rn. 86).(*Mooren* 案此处所标示者为人权法院大法庭裁判,其前审——即第五庭——裁判节译,可参见林丽莹、杨云骅:《欧洲人权法院裁判选辑》,2010 年,第 848 页以下。——译者注)
⑲　EGMR, "*Marturana v.Italy*", v. 04.03.2008, Nr. 63154/00 (Rn. 78).
⑳　EGMR, "*Mooren v. Germany*", v. 09.07.2009, Nr. 11364/03, EuGRZ 2009, 566, 573 (Rn. 75).
㉑　EGMR, "*Mooren v. Germany*", v.09.07.2009, Nr. 11364/03, EuGRZ 2009, 566, 574 (Rn. 91).
㉒　EGMR, "*Mooren v.Germany*", v. 09.07.2009, Nr. 11364/03, EuGRZ 2009, 566, 575 (Rn. 94).

法院 2002 年 10 月 29 日核准一份新羁押命令,仅历时 15 天[133];再者,核准新羁押命令的区法院还有进行包括讯问参与人在内的开庭程序,也有助于法安定性。鉴于以上两项理由,人权法院认为德国有迅速替换羁押命令。[134]

但在《欧洲人权公约》第 5 条第 4 项审查方面,人权法院则以羁押令状未有充分叙述,又拒绝被告方阅卷,故有损武器平等原则,因此判定违反《欧洲人权公约》第 5 条第 4 项。[135]

最后,《欧洲人权公约》第 5 条第 5 项规定,对于遭到违反公约的被拘捕人,公约国应给予被害人损害赔偿请求权,不管国家机关有无过失责任。

6. 公平审判权利:《欧洲人权公约》第 6 条第 1 项、第 3 项

▶ 案例 24:德国公务员 U 因逃税、诈欺与背信罪,1991 年 1 月被通知开始侦查程序,在 1995 年被管辖之区法院判处监禁刑。U 因接受侦查,在 1991 年遭停职减薪。区法院一审判决后,后续的上诉二审及三审进行到 2000 年,U 于是以程序期间过长为由,提起宪法救济。然而,德国联邦宪法法院以不合法驳回,理由是 U 未充分证实受到侵害。U 转向欧洲人权法院提起个人申诉。试问:本案是否违反《欧洲人权公约》第 6 条第 1 项?(本章 Rn. 64)

《欧洲人权公约》第 6 条,实际上是整部公约最重要的人权保障条款[136],有众多属于任何法治国刑事程序基础所必备的最低权利担保。《欧洲人权公约》第 6 条第 1 项除了有对法院程序及适用法院的根本要求之外,条文的规范核心乃在基础性的公平审判权利(Recht auf ein faires Verfahren;或称公平程序权利)。《欧洲人权公约》第 6 条第 3 项各款例示性的数项被告权利,则是此公平审判原则的表现,其中有些还超过《德国刑

---

[133] EGMR, "*Minjat v. Switzerland*", v. 28. 10. 2003, Nr. 38223/97 (Rn. 48, 56);人权法院于此认为,原先的羁押命令开始生效到抗告法院发回下级法院重新核准新羁押命令,之间间隔少于 1 个月,并不构成恣意。

[134] EGMR, "*Mooren v. Germany*", v. 09. 07. 2009, Nr. 11364/03, EuGRZ 2009, 566, 575 (Rn. 96).

[135] EGMR, "*Mooren v. Germany*", v. 09. 07. 2009, Nr. 11364/03, EuGRZ 2009, 566, 578 (Rn. 124);另参见 EGMR, "*Lamy v. Belgium*", v. 30. 03. 1989, Nr. 10444/83, Series A, 151 (Rn. 29).

[136] Sieber/Brüner/Satzger/v. Heintschel-Heinegg-*Kreicker*, Europ. StR, § 51 Rn. 14.

事诉讼法》提供的权利保障,故《欧洲人权公约》第 6 条第 3 项在德国实务中也有特殊重要性。[137]

(1) 保护范围

59　　就刑事法脉络而言,《欧洲人权公约》第 6 条第 1 项及第 3 项的保护范围,囊括了所有刑事程序。对此,《欧洲人权公约》第 6 条第 1 项所谓"刑事控诉"(strafrechtliche Anklage),并不以(已进行到)特定之程序阶段为必要。如此一来,便无公约国可通过对违法程序"更换名称"来规避《欧洲人权公约》第 6 条第 1 项与第 3 项保障。换言之,刑事程序存在与否,基本上并非取决于内国法,毋宁是由人权法院从下述基准(原则上乃择一基准)为考虑,自主解释何谓"控诉"概念[138]:

a.内国法已将系争措施归入刑事法。

b.违法行为的本质,具有"刑事法"意义,即对该行为的制裁具有预防与压制性质。

c.依照吓阻或施加制裁的种类与严重程度,对被告造成重大后果者。自由刑(包括相关的易刑处分)构成"刑事控诉",当无疑义;如为罚金刑,则至少要在一定数额以上,难以一概而论。

举例:依人权法院见解,德国社会秩序法的罚款(Geldbuße)及瑞士处罚逃税程序科处的秩序罚款(Ordnungsbuße),都会符合前述条件。此外,交通违规的刑罚点数也被归类为《欧洲人权公约》第 6 条第 1 项、第 3 项的刑事法。相对于此,公职人员的惩处程序、职业警告(例如律师法庭核发的处分)、申请特赦以及引渡程序等,皆不具必要的刑事法性质。同样如此的,还有法院程序的措施(例如秩序罚款)、受刑人被安置在惩戒室,或申请法官回避之程序。[139]

60　　从时间因素来看,人权法院认为,只要申诉人收到来自权责机关有关

---

[137] 例如从《欧洲人权公约》第 6 条第 3 项第 2 款或第 3 款推论出,不得扣押被告为准备辩护所制作的文书,参见 OLG München NStZ 2006, 300 ff.;关于第 4 款的质问权,参见 BGH NStZ 2007, 166 f.

[138] 所谓 *Engel* 基准,出自 EGMR, "*Engel and Others v. the Netherlands*", v. 08.06.1976, Nr. 5100/71, 5101/71, 5102/71, 5354/72, 5370/72, Series A, 22 (Rn. 82)。

[139] *Peters/Altwicker*, EMRK, § 19 Rn. 19.

指控其犯罪之官方通知,即存在《欧洲人权公约》第 6 条第 1 项的"刑事控诉"。⑭ 由此可知,《欧洲人权公约》第 6 条第 1 项的保护范围始于侦查程序通知罪责、终于救济程序终结。此外,另一开启《欧洲人权公约》第 6 条第 1 项保护范围的条件,是有对申诉人造成不利益负担(Beschwere),如在刑事程序,尤指有罪裁判所给予之不利益。暂时权利保护之处分、费用负担、权利救济之合法性审查程序、一般性的中间裁判,及开启再审与否之裁判,由于均欠缺不利益负担,故不属《欧洲人权公约》第 6 条第 1 项的刑事程序。⑭

(2) 对法院及法院程序之要求

《欧洲人权公约》第 6 条第 1 项要求,所有刑事程序应由独立、公正且依法律设置之法院来裁判。这也包括实际使用、接近此类法院的权利。于此,公约国有义务设置有效的权利保护体系。因而,公约国尤须提供个人必要时也可无偿请求律师协助的机会,但国家对此仍有广大的规范形成空间。⑭

使用法院或称接近法院(Zugang zu Gericht)的权利,已因务实考虑而蕴含某些限制。这类限制若是追求正当目的、合乎比例性且未掏空使用权之核心时,才具合法性。⑭ 在此背景下,例如可于比例原则的架构内,合法引进律师强制代理、设定期限或程序规定。反之,人权法院曾认为法国上诉限制规定侵害使用法院权利,该案为:《法国刑事诉讼法》当时规定,一审被判监禁刑的被告如欲上诉到第二审事实审,只能于监禁之 5 日内为之。然而,第一审判决正因不具确定力,国家执行刑罚的利益也就无足够的重要性,使用上诉二审事实审法院权利之核心于该案因此遭到掏空。⑭

61

62

---

⑭ 人权法院一贯见解,始于 EGMR,"*Deweer v. Belgium*",v. 27.02.1980, Nr. 6903/75, Series A, 100 (Rn. 46):"The charge … could be defined as the official notification given to an individual by the competent authority of an allegation that he has comitted a criminal offence."

⑭ 关于再审,参见 *Meyer-Ladewig*,EMRK,Art. 6 Rn. 164 ff.;L/R-*Gollwitzer*,25. Aufl., Art. 6 MRK Rn. 13.

⑭ 参见 *Grabenwarter/Pabel*,EMRK,§ 24 Rn. 48.

⑭ 基础裁判:EGMR,"*Ashingdane v. the U. K.*",v. 28.05.1985, Nr. 8225/78, Series A, 93 (Rn. 57).

⑭ EGMR,"*Omar v. France*",v. 29.07.1998, Nr. 24767/94, RJD 1998-V (Rn. 34-44).

63　《欧洲人权公约》第 6 条第 1 项的公开权利（Öffentlichkeitsgarantie），不只针对言词审理，也包括宣示裁判。排除公开的正当化事由规定在第 6 条第 1 项第 2 句，计有公共秩序、国家安全、少年保护、隐私保护及司法利益。无论如何，这些事由虽允许审判不公开，但绝未准许宣示判决不公开。

64　人权法院最常收到的申诉案由，是指摘公约国违反合理程序期间之诫命（Gebot angemessener Verfahrensdauer）*。《欧洲人权公约》第 6 条第 1 项规定：法院应于"合理时间内"（within a reasonable time）为裁判。这一方面在促进法院权利救济的效率，但另一方面，法院程序之加速进行会与程序担保产生冲突，因为程序权众多的结果，多半会更拖长程序期间。⑮刑事程序的期间计算，始于第一次刑事侦查（非始于起诉！于案例 24 乃指收到开启侦查之通知⑯），终于最后审级之终局裁判。程序期间是否适当，虽依个案情节判断，惟以下四项基准相当具决定性⑰：

a. 系争案件对申诉人之重要性：羁押案件尤具特殊性，须快速审理。

b. 案情复杂性：事实面及（或）法律面存在特殊困难者，例如牵连甚广的经济犯罪，以较长的程序期间审理仍属合理。

c. 申诉人行为：申诉人拖延行为造成较长程序期间者，内国并不违反公约。不过，若申诉人利用其合法权利才导致期间过长者，则不可将"迟延"之不利益归于申诉人，毕竟不得要求刑事被告与刑事追诉机关积极合作。⑱

d. 机关行为：刑事追诉机关过长时间的不作为，会成为不适当的程序迟延。

在案例 24 中，人权法院以程序期间历时 9 年，认定违反《欧洲人权公

---

*　参见何赖杰《论刑事审判之"合理期间"》、吴志光《适当期间接受裁判权之实践——以欧洲人权法院 Kudła v. Poland 案暨相关裁判为核心》，载颜厥安、林钰雄主编：《人权之跨国性司法实践——欧洲人权裁判研究》，2007 年，第 39 页以下及 1 页以下；林钰雄：《合理程序期间之审查基准与个案运用——一则本土案例的人权观察报告》，载《刑事程序与国际人权》，2012 年，第 441 页以下。——译注

⑮　*Grabenwarter/Pabel*, EMRK, §24 Rn. 69.

⑯　EGMR, "*Uhl v. Germany*", v. 10.02.2005, Nr. 64387/01, StV 2005, 475 ff.

⑰　总结，见 EGMR, "*Bock v. Germany*", v. 29.03.1989, Nr. 11118/84, Series A, 150 (Rn. 38); *Gless*, Int. Strafrecht, Rn. 75.

⑱　EGMR, "*Eckle v. Germany*", v. 15.07.1982, Nr. 8130/78, Series A, 51 (Rn. 82).

约》第 6 条:首先,全案在法律面与事实面都不特别复杂;其次,案件结果(特别是停职)对 U 有显著重要性;最后,申诉人 U 并未拖延程序之进行。[149]

人权法院从迅速原则(Beschleunigungsgrundsatz)推导出,每一公约国有义务为确保合理程序期间而组织内国审判权系统。[150] 这样的要求影响深远,因为就此而言,人权法院判决的射程距离,不再局限于确认个人公约权利是否遭受侵害而已。

65

于过长程序期间之案件,德国联邦最高法院过去从内国法层次认为,"违反迅速原则者,量刑时予以减轻量处即属补偿"。[151] 可是,按人权法院裁判见解,唯有内国法院做到:明白承认违反迅速原则,并且提供合理补偿,才可能取消申诉人之公约被害人地位(本章 Rn. 22)。[152] 德国联邦最高法院的量刑方案,在无法从轻量刑,因而不能以减刑补偿违反公约的时候,正好就行不通。详言之,德国某些罪名因法律明订刑罚范围或采取绝对的刑罚威吓而无量刑空间,故无从减轻刑罚(例如谋杀罪法定刑只有无期徒刑)。[153] 除此之外,在应受宣告之刑尚未考虑已发生的明显诉讼迟延时,即达到刑罚下限者,也无法往下减轻。[154] 基于《德国基本法》第 20 条第 3 项司法权应受法律拘束的规定,德国法院只能在法定刑界限内为刑之宣告,是以,在上述无法减轻刑罚的情况,必须找出跳脱量刑的解决方案。也因此,德国联邦最高法院刑事大法庭在 2008 年发展出所谓(折抵)执行方案(Vollstreckungslösung)。[155]

66

依执行方案的构想,违反法治国的程序迟延,不再以减轻量刑作为补偿方法,而是在判决主文谕知为补偿程序期间过长之缺失,被宣告的刑罚

---

[149] EGMR, "*Uhl v. Germany*", Urt. v. 10. 02. 2005, Nr. 64387/01, StV 2005, 475 ff.

[150] EGMR, "*Philis v. Greece Nr.2*", v. 27. 06. 1997, Nr .19773/92, RJD 1997-IV (Rn. 40);"*Metzger v. Germany*", v. 31. 05. 2001, Nr. 37591/97, NJW 2002, 2856, 2857 (Rn. 42);"*Eckle v. Germany*", v. 15. 07. 1982, Nr. 8130/78, Series A, 51 (Rn. 80).

[151] 所谓"量刑方案"(Strafzumessungslösung),其从德国联邦最高法院刑事裁判 BGHSt 24, 239 开始采用。

[152] EGMR, "*Dzelili v. Germany*", v. 10. 11. 2005, Nr. 65745/01, StV 2006, 474, 479 (Rn. 103).(*Dzelili* 案节译,可参见何赖杰:《欧洲人权法院裁判选辑》,2008 年,第 697 页以下。——译者注)

[153] 关此,*Satzger*, JK 2/07, StGB § 46/2 zu BVerfG, NStZ 2006, 680 ff.

[154] 例如德国特别加重纵火罪(§306b II StGB)的法定刑下限为 5 年。

[155] BGHSt 52, 124 (BGH, Beschl. v. 17. 01. 2008-GSSt 1/07).

中有一经估算之部分,视为已执行完毕(类推《德国刑法》第 51 条)。[154] 另外,折抵执行方案还有一个优点:由于原先的完整刑罚已被正式宣告,其他法律效果之决定(例如缓刑、保安监禁、褫夺任公职之权利)就不会被制度外的量刑减轻,误判为可以适用。[155] 不过,折抵执行方案仍留下一个问题:程序期间过长,但审判结果却谕知无罪时,因无刑罚之宣告,执行方案也就无适用余地。于此,为了补偿《欧洲人权公约》第 6 条第 1 项之侵害,内国仍应考虑金钱补偿,至于数额的适当性应以《欧洲人权公约》第 41 条为标准,且不可显不适当。[156]

67　　本章 Rn. 51 已指出,《欧洲人权公约》第 5 条第 3 项也包括合理程序期间的权利。换言之,被告一旦在押,就同时适用《欧洲人权公约》第 5 条与第 6 条第 1 项;如被释放,则合理程序期间之认定仅依《欧洲人权公约》第 6 条第 1 项为准。[159] 所以,《欧洲人权公约》第 5 条第 3 项的时间适用范围明显短于《欧洲人权公约》第 6 条第 1 项,但就判断"程序期间之适合性"而言,《欧洲人权公约》第 5 条第 3 项则通常较第 6 条第 1 项严格。

(3) 公平审判程序之要求

68　　▶ 案例 25:英国国民 B 在伦敦开车,被雷达测速器"拍到"时速 69 英里[160](速限是 40 英里)。3 天后,B 以登记车主之身份收到一封通知信,内容为"车号×××之驾驶人……超速 29 英里",且他被怀疑为超速当时的驾驶者。依英国《1988 年道路交通犯罪条例》(Road Traffic Offenders Act 1988)第 172 条第 2 项,车主有义务在通知信附上的表格上,说明超速驾驶的驾驶人姓名、地址,或至少给予可推论驾驶人身份的信息;"若未履行前述说明义务,依同法第 172 条第 3 项,车主将受刑事追诉,罚金可到

---

[154]　见解一致者,Esser/Gaede/Tsambikakis, NStZ 2011, 140, 141;欧洲人权法院目前可能也同意折抵执行方案,参见 EGMR, "Kaemena and Thöneböhn v. Germany", v. 22.01.2009, Nr. 45749/06, 51115/06 (Rn. 53);该案虽涉及陈年旧案,但人权法院仍有审查执行方案,并称其与《欧洲人权公约》第 6 条相符。(Kaemena 案节译,可参见吴絮琳、简铭昱:《欧洲人权法院裁判选辑》,2013 年,第 366 页以下。——译者注)

[155]　Satzger, JK 9/08, StGB § 46/4; Kraatz, JR 2008, 189 ff.

[156]　EGMR, "Ommer v. Germany", v. 13.11.2008, Nr. 10597/03, StV 2009, 519 (Rn. 69). (Ommer 案节译,可参见刘建志:《欧洲人权法院裁判选辑》,2013 年,第 262 页以下。——译者注)

[159]　Grote/Marauhn-Dörr, Kap. 13 Rn. 58;总结,可见 EGMR, "Bock v. Germany", v. 29.03.1989, Nr. 11118/84, Series A, 150 (Rn. 38).

[160]　Mph 是每小时英里(Miles per hour)的简称,1 英里约等于 1.6 公里。

1000 英镑以及记录 6 至 8 点之交通刑罚点数"。但设有例外,即同法第 172 条第 4 项规定车主因不知情而无法说明者,免除说明义务。B 据实填写表格,于是,被以测速照片与表格上之自白遭判处超速罪,罚金 100 英镑、交通刑罚点数 6 点并吊销驾照。关于表格上自白作为证据使用一事,B 已依程序法相关机制提出异议,但指摘无效。试问:B 被科予交代驾驶人身份的说明义务,是否侵害其《欧洲人权公约》第 6 条第 1 项不自证己罪的权利?(本章 Rn. 72)

《欧洲人权公约》第 6 条第 1 项所称的公平审判程序,其保障内涵只能从人权法院就《欧洲人权公约》第 6 条所理解之个别权利的整体观察来推论、界定。公平审判程序的内涵也包含《欧洲人权公约》第 6 条第 3 项标示的权利,使公平审判程序更为具体,但公平审判程序的权利范围,并不以《欧洲人权公约》第 6 条第 3 项标示者为限。[161] 应注意者,《欧洲人权公约》第 6 条第 3 项标示的各种权利,乃是最低限度权利(Mindestrecht),而非用来对《欧洲人权公约》第 6 条第 1 项进行整体观察(刑事程序整体是否公平)的考虑因素。[162] 依此,人权法院的审查步骤如下:第一阶段,先认定是否侵害特定程序权,如有违反,并不自动判定为违反公平审判,还要进行第二阶段审查,亦即,以程序之整体评价(整体观察)认定是否整体而言显示不公平。[163]

从《欧洲人权公约》第 6 条第 1 项公平审判可得出以下三项权利担保,简单以关键词来说:

  a. 武器平等原则(本章 Rn. 70);

  b. 听审权及与其有关的信息权、主动权限(本章 Rn. 73);

  c. 请求对审之权利(本章 Rn. 74)。

从《欧洲人权公约》第 6 条公平审判原则推导出来的,首先是要求武器平等(Waffengleichheit)。[164] 今日的武器平等原则已被欧洲人权法院扩

---

[161] EGMR, "*Kovač v. Croatia*", v. 12.07.2007, Nr. 503/05(Rn. 23).

[162] *Esser/Gaede/Tsambikakis*, NStZ 2011, 140, 148.

[163] EGMR, "*Haas v. Germany*", v. 17.11.2005, Nr. 73047/01, JR 2006, 289, 291.(Haas 案节译,可参见杨云骅:《欧洲人权法院裁判选辑》,2008 年,第 738 页以下。——译者注)

[164] 完整说明,参见 *Safferling*, NStZ 2004, 181 ff.(关于欧洲武器平等原则,可参见 *Sabine Gless*:《刑事程序之公平审判原则——以武器平等为中心》,王士帆译,载《成大法学》2014 年第 27 期,第 165 页以下。——译者注)

大,申言之,不只意味着被告与原告之间的形式平等,还赋予任一方当事人为维护其立场,而不因此于面对他造时遭致不利益的权利。双方必须有影响法院裁判的均等机会,为此,对于程序运作重要之信息,也须有同等的取得管道。在职权调查原则下固然可能有不同设计,惟关键仍在于,双方当事人于整体程序过程是否享有维护利益的对等机会。[165] 不自证己罪(nemo-tenetur)原则,即保护免于强制自我指控,也是武器平等的一项重要结果。不自证己罪尤其在保护缄默权,被告也无须担心诉讼过程因保持缄默而遭不利推断。[166] 再者,不自证己罪并不限于有罪自白或直接之不利陈述;被告之陈述起初不生不利影响,但在后续程序却被用以弹劾被告可信度者,倘其取得未经合法践行告知义务的话,作为证据使用便是侵害不自证己罪。[167] 另外,不自证己罪也表示刑事案件的控方必须证明被告罪责,而且,不得倚赖以强制或威胁违反被告意志所取得之证据。[168] 不过,任何目的在使受干预人主动(aktiv)自我入罪的强制手段,并非皆违反《欧洲人权公约》第6条第1项。

71   是否侵害不自证己罪权利,人权法院以下列因素为判断[169]:
   a. 取证之强制类型与严重程度;
   b. 追诉犯罪行为与处罚被告对公共利益之重要性:此处关键是行为人所实现的不法性,人权法院以所预期的刑罚程度来判断;
   c. 存在适当之程序保障:对此,对程序保障的判断扮演重要角色的,除了允许发动强制处分之规定外,还包括对强制处分本身的挑战、指摘机会;

---

[165] L/R-*Esser*, Art. 6 MRK Rn. 202 ff.

[166] 详细讨论缄默权射程距离,参见 EGMR, "*O'Halloran and Francis v. the U. K.*", v. 29.06.2007, Nr. 15809/02, 25624/02, NJW 2008, 3552(含不同意见)。(*O'Halloran and Francis* 案节译,请参见王士帆:《欧洲人权法院裁判选辑》,2010年,498页以下。欧洲法脉络下的不自证己罪,参见林钰雄:《论不自证己罪原则》,载《刑事程序与国际人权》,2007年,第275页以下。——译者注)

[167] EGMR, "*J. B. v.Switzerland*", v. 03.05.2001, Nr. 31827/96, RJD 2001-III (Rn. 64);宣誓会真实陈述之义务,可能违反不自证己罪原则,参见 EGMR, "*Brusco v. Italy*", v. 14.10.2010, Nr. 1466/07.

[168] EGMR, "*Aleksandr Zaichenko v. Russia*", v. 18.02.2010, Nr. 39660/02 (Rn. 54-60).

[169] 这样见解始于 EGMR, "*Jalloh v. Germany*", v. 11.07.2006, Nr. 54810/00, RJD 2006-IX (Rn. 117-121);后经人权法院确认:"*O'Halloran and Francis v. the U. K.*", v. 29.06.2007, Nr. 15809/02, 25624/02, NJW 2008, 3549, 3552 (Rn. 55).(*Jalloh* 案节译,请参见王士帆:《欧洲人权法院裁判选辑》,2010年,第160页以下。——译者注)

d. 取得证据后的证据使用。

以上是人权法院在判断有无违反不自证己罪时，相互衡量的因素。[170] 但是，对于使用违反《欧洲人权公约》第3条取得的证据，必须注意以下特殊性：以违反《欧洲人权公约》第3条任一禁止类型取得"自白"者，如以之作为证据，则整体程序将被视为不公平，而不论该自白对有罪判决之形成是否具有关键性。[171] 唯有系争自白未被作为证据使用，而且，遭受违反《欧洲人权公约》第3条对待之被害人有被加重告知自白无证据能力，该刑事程序始能整体而言未显示为不公平。[172]

反之，在违反《欧洲人权公约》第3条直接取得的"身体证据"，则有必要区分是违反《欧洲人权公约》第3条哪一种禁止手段（本章 Rn. 35），因为影响不同：直接以酷刑取得的身体证据，如以之作为证据，将使刑事程序整体而言不公平[173]，抵触《欧洲人权公约》第6条第1项。至于使用以侮辱或非人道处遇取得的证据，是否必然使刑事程序整体而言不公平，进而违反《欧洲人权公约》第6条第1项，人权法院对此问题明确保持开放，尚无定论。[174]

在案例25中，英国《1988年道路交通犯罪条例》第172条第2项要求的填写表格义务（如未履行则会面临刑事追诉），人权法院认为该义务已有强制主动自证己罪的性质。[175] 然而，人权法院话锋一转表示，基于驾

---

[170] 批评此一衡量方法与违反《欧洲人权公约》第3条之关系，参见 Grabenwarter, NJW 2010, 3128, 3132.

[171] EGMR, "Gäfgen v. Germany", v. 01.06.2010, Nr. 22978/05, NJW 2010, 3145, 3148 (Rn. 173).

[172] 采此结论者，至少有 EGMR, "Gäfgen v. Germany", v. 01.06.2010, Nr. 22978/05, NJW 2010, 3145, 3148 ff. (Rn. 169 ff.).

[173] EGMR, "Jalloh v. Germany", v. 11.07.2006, Nr. 54810/00, RJD 2006-IX (Rn. 107); 同意旨，新近如 EGMR, "Bykov v. Russia", v. 10.03.2009, Nr. 4378/02, NJW 2010, 213, 215. (Bykov 案节译，请参见王士帆：《欧洲人权法院裁判选辑》，2013年，第557页以下。——译者注)

[174] 在 Gäfgen 案（本章 Rn. 39）中，被告G的德国有罪判决乃以其审判程序之自白为裁判唯一依据，所以人权法院大法庭对上述问题无须表态，参见 EGMR, "Gäfgen v. Germany", v. 01.06.2010, Nr. 22978/05, NJW 2010, 3145, 3148 ff. (Rn. 169 ff.) 在 Jalloh 案则不同，人权法院虽认为该案仅构成非人道处遇，但基于个案情节（为取得吞入体内的毒品证据，而强制喂食催吐剂），该刑事程序整体已显示不公平，参见 EGMR, "Jalloh v. Germany", v. 11.07.2006, Nr. 54810/00, RJD 2006-IX (Rn. 106 ff.).

[175] EGMR, "O'Halloran and Francis v. the U.K.", v. 29.06.2007, Nr. 15809/02, 25624/02, NJW 2008, 3549, 3552 (Rn. 58-60).

驶动力车辆对其他交通参与人身体与生命所带来的潜在风险,车主应接受揭露交通违规驾驶人身份的义务。行为危险性本身绝不可成为例外不适用不自证己罪的理由,否则,这项重要保障会在众多刑事案例中失其保护效力。但是,人权法院于本案另有参照其他因素:首先,未揭露驾驶人身份所受到的刑罚威吓极为轻微,故不存在严重的强制形态;其次,英国《1988年道路交通犯罪条例》第172条第4项有免除车主揭露义务的例外规定,而且依英国法,可对表格之自白作为证据一事提出异议(案例之B有提出,只是不见成效),人权法院据此认为同样存在适当之程序担保;最后,B的有罪判决并非仅以驾驶人身份之自白为裁判基础,另有超速相片为凭。综合以上,人权法院认为本案未违反不自证己罪,"系争程序整体而言,仍不可视为不公平"。

73　听审保障(Garantie des rechtlichen Gehörs)及与其有关的信息权(Informationsrecht)与主动权限(Aktivbefugnis),是《欧洲人权公约》第6条公平审判原则推导出来的第二种权利保障。这些权利原则上包括审判在场权、对法院有以文书或口头表达意见之机会,以及提供有效辩护⑯(另参见《欧洲人权公约》第6条第3项第3款)。所谓提供有效辩护,则包括被告享有由律师在任何程序阶段(尤指初次警询)为其有效辩护的权利⑰,或被告有辩驳证据真实性及对该证据之使用提出异议的机会。⑱ 最后,法院的告知义务与照料义务也是源自公约第6条第1项听审权。⑲

74　人权法院从《欧洲人权公约》第6条第1项推导出来的第三种保障,是请求对审程序权(Anspruch auf ein kontradiktorisches Verfahren),其至少在表示,控辩双方必须知悉他方声明、所提证据,并能对此表达意见。⑳ 由此可见,请求对审权并未指定、亦未排除某一特定之诉讼制度(英美当事人程序或如德国之职权调查程序)。《欧洲人权公约》第6条第3项第4款保障被告质问权,亦即,被告有面对不利证人的机会,以对其发问并质疑证词的可信度。㉑ 不过,质问权的保障并非毫无界限,而是有就被告

---

⑯ 参见 Sieber/Brüner/Satzger/v. Heintschel-Heinegg-*Kreicker*, Europ. StR, § 51 Rn. 25 ff.
⑰ EGMR, "*Salduz v. Turkey*", v. 27. 11. 2008, Nr. 36391/02, NJW 2009, 3707, 3708.
⑱ EGMR, "*Gäfgen v. Germany*", v. 30. 06. 2008, Nr. 22978/05, NStZ 2008, 702 (Rn. 98).
⑲ L/R-*Esser*, Art. 6 MRK Rn. 197.
⑳ EGMR, "*Öcalan v. Turkey*", v. 12. 03. 2003, Nr. 46221/99, EuGRZ 2002, 420, 427 (Rn. 166).
㉑ *Dehne-Niemann*, HRRS 2010, 189, 191.

对证人的发问容许性加以控制。㉒ 质问权虽是武器平等原则最重要的展现，但违反质问要求，并不自动造成程序之不公平，仍须进行整体观察，以判断系争程序就整体而言是否仍属公平。审查方法为以下三步骤（三阶审查公式）㉓：

第一步骤：法院首先审查欠缺质问一事，有无存在人权法院裁判所认可的事由（即限制质问权之正当化事由）；答案如为否定，系争程序整体就可认为不公平。人权法院认可限制质问权的事由，例如：证人事实上或法律上不可能到庭、保护性侵案件之被害证人、危害证人安全㉔、证人行使拒绝证言权，以及考虑国安理由。㉕

第二步骤：只要存有上述限制质问权之事由，人权法院接着会审查内国司法对此一防御权限制，是否有予充分补偿。㉖ 补行质问自然是补偿的一种可能性㉗；在德国法当然也可考虑以《德国刑事诉讼法》第247条之1影音视讯讯问当做直接补偿手段*，但若只是有声无影的传输，人权法院认为并不构成充分补偿。㉘ 于此，法院必须向证人至少提交一份由被告或其辩护人协助准备的问题清单㉙，但有罪判决若以证人陈述为唯一或主要裁判基础者，则提交这种清单就不算充分补偿，因为防御方在无

㉒ EGMR, "*Judge v. the U. K.*", v. 08. 02. 2011, Nr.35863/10, HRRS 2011 Nr. 473（Rn. 27 ff.），该案涉及性侵犯罪，质问权被限制。

㉓ EGMR, "*Edwards and Lewis v. the U. K.*", v. 27. 10. 2004, Nr. 39647/98, 40461/98, RJD 2004-X（Rn. 52 ff.）.（关此说明，参见林钰雄：《证人概念与对质诘问权——以欧洲人权法院相关裁判为中心》，载《刑事程序与国际人权》，2007年，第187页以下；陈钰欣：《从证人保护观点论对质诘问权之保障与运用限制——以欧洲人权法院裁判及德国法为例》，载颜厥安、林钰雄主编：《人权之跨国性司法实践——欧洲人权裁判研究》，2012年，第163页以下。——译者注）

㉔ EGMR, "*van Mechelen and Others v. the Netherlands*", v. 23. 04. 1997, Nr. 21363/93, 21364/93, 21427/93, 22056/93, StV 1997, 617, 619.

㉕ 其他举例，参见 KK-Schädler, Art. 6 EMRK Rn. 54.

㉖ EGMR, "*Doorson v. the Netherlands*", v. 26. 03. 1996, Nr. 20524/92, RJD 1996（Rn. 72）.

㉗ EGMR, "*Kostovski v. the Netherlands*", v. 20. 11. 1989, Nr. 11454/85, Series A, 166（Rn. 41）.

* 参见林钰雄：《对质诘问之限制与较佳防御手段优先性原则之运用——以证人保护目的与视讯讯问制度为中心》，载《台大法学论丛》，2011年第40卷第4期，第2323页以下；德国指标裁判为BGHSt 45,188，可参见王士帆：《德国联邦最高法院刑事裁判》，载《军法专刊》2009年第55卷第3期，第152页以下。——译者注

㉘ EGMR, "*van Mechelen and Others v. the Netherlands*", v. 23. 04. 1997, Nr. 21363/93, 21364/93, 21427/93, 22056/93, StV 1997, 617, 619.

㉙ EGMR, "*Lüdi v. Switzerland*", v. 15. 06. 1992, Nr. 12433/86, Series A, 238（Rn. 49 f.）.

亲自质问下并无机会挑战证人的可信度。⑩ 另外,就算被告有权自己提出证据及审查其他证人之证词来自我辩护,也不构成补偿平衡。⑪

77　第三步骤:假如限制质问权有予充分补偿,接下来,判断程序公平与否的第三步骤,是审查内国法院有无尽可能谨慎且克制地评价不利证人之陈述。于此,不利证人在警察或侦查法官面前的陈述也有一定影响力,如果辩护人或被告不管在侦查阶段或审判程序中,均未能面对不利证人而质问者,法院绝不可以该证人证词作为判决的唯一依据。⑫ 换言之,就形成判决而言,其他证据的重要性必须超过未经质问取得之证词。⑬

78　值得注意者,尽管人权法院对判定公平审判与否采用整体观察,然从该院上述三阶段审查仍可看出,在特别重要的公约权利(例如此处的质问权)于权衡时必须设下特定限制条件,一般的公平审酌做法尚嫌不足。⑭ 例如说,关键不利证人接受警询时,被告或辩护人均未在场,而证人在审判期日又行使拒绝证言权,以致被告方从头到尾未曾有质问机会。内国法院最后以该警询笔录作为证据时,人权法院便认为此举有违质问权。⑮

79　另一重要且备受讨论的案情,是警察诱捕的陷害教唆或称犯罪挑唆(Tatprovokation),这乃是一种实务手法,尤见于对抗毒品犯罪。特别是,对于本身虽有潜在但无具体犯罪倾向的人,警察的诱陷者引发其犯罪决意时⑯,后续刑事程序是否符合《欧洲人权公约》第 6 条第 1 项,便是问题

---

⑩ EGMR, "Lüdi v. Switzerland", v. 15.06.1992, Nr. 12433/86, Series A, 238 (Rn. 76).

⑪ EGMR, "Al-Khawaja and Tahery v. the U. K.", v. 20.01.2009, Nr. 26766/05, 22228/06 (Rn. 42,46).

⑫ EGMR, "Haas v. Germany", v. 23.11.2005, Nr. 73047/01, JR 2006, 291,评释:Gaede.

⑬ KK-Schädler, Art. 6 EMRK Rn. 60 有更多例证。

⑭ 因此,这里的"整体观察"非如德国联邦最高法院有所瑕疵的继受操作,正确理解为审查方法的上位概念,参见 Dehne-Niemann, HRRS 2010, 189, 195.

⑮ EGMR, "Unterpertinger v. Austria", v. 24.11.1986, Nr. 9120/80, Series A, 110 (Rn. 28 ff.);此案的警询笔录,可以《德国刑事诉讼法》第 252 条作为证据使用禁止的依据,参见 Beulke, StPO, Rn. 418 ff.

⑯ 如 EGMR, "Teixeira de Castro v. Portugal", v. 09.06.1998, Nr. 25829/94, RJD 1998-IV (Rn. 38) 及 2008 年的 EGMR, "Ramanauskas v. Lithuania", v. 05.02.2008, Nr. 74420/01, NJW 2009, 3565, 3567 (Rn. 356).(Teixeira de Castro 案评释,参见林钰雄:《"国家机关"挑唆犯罪之认定与证明》,载《刑事程序与国际人权》,2007 年,第 81—86 页;Ramanauskas 案节译,参见黄靖珣:《欧洲人权法院裁判选辑》,2013 年,第 42 页以下。——译者注)

所在。以陷害教唆手段开启的刑事程序,人权法院称"自始"(von Anfang an)就不公平,认定违反公平审判原则。⑲⁷ 从而得出,陷害教唆的法律效果会是禁止国家动用刑罚,亦即构成程序障碍,要不然,最起码也应将陷害教唆所得之证据宣告证据使用禁止。⑲⁸ 被告如主张警察教唆犯罪,审判法院必须调查系争指摘。⑲⁹ 有别于人权法院之裁判,德国联邦最高法院则是(不顾人权法院见解)对国家挑唆犯罪仅依"量刑方案"(Strafzumessungslösung)考虑减轻被告之刑罚⑳⁰,并借此当做——使用挑唆证据而违反《欧洲人权公约》第 6 条第 1 项的——补偿措施。德国有部分文献支持量刑方案,但同时要求发生极端案例者,则应采取"排除罪责事由"(Schuldausschließungsgrund)。⑳¹ 最近有部分文献主张,针对程序迟延所发展出来的折抵执行方案(本章 Rn. 66),也应适用于警方诱饵安排的陷害教唆。⑳² 然而,不管是德国联邦最高法院目前的立场或套用折抵执行方案的说法,均无法符合《欧洲人权公约》的规范意旨。依人权法院见解,对抗重大犯罪的公共利益,也不能正当化警察挑唆取证的证据使用。⑳³ 对一个本无犯罪倾向之人,促成其犯罪,如果有罪判决是以挑唆手段取得的证据为裁判依据者,那这绝对是一个"极端案件",结论上必须排除被挑唆者的刑事处罚。

7. 无罪推定:《欧洲人权公约》第 6 条第 2 项

《欧洲人权公约》第 6 条第 2 项的无罪推定(Unschuldsvermutung),只

80

---

⑲⁷ EGMR,"*Teixeira de Castro v. Portugal*", v. 09. 06. 1998, Nr. 25829/94, RJD 1998-IV (Rn. 39);这也适用于间接陷害教唆,参见 EGMR,"*Pyrgiotakis v. Greece*", v. 21. 02. 2008, Nr. 15100/06 (Rn. 21,22)。

⑲⁸ 参见 *Ambos*, Int. Strafrecht, § 10 Rn. 23,其援用 EGMR,"*Edwards and Lewis v. the U. K.*", v. 22. 07. 2003, Nr. 39647/98, 40461/98, StraFo 2003, 360, 362 f. (Rn. 49);另见 *Esser/Gaede/Tsambikakis*, NStZ 2011, 140, 142。

⑲⁹ EGMR,"*Ramanauskas v. Lithuania*", v. 05. 02. 2008, Nr. 74420/01, NJW 2009, 3565, 3567 (Rn. 71)。

⑳⁰ 如 BGHSt 45, 321 (BGH, Urt. v. 18. 11. 1999-1 StR 221/99)。(BGHSt 45, 321,中译见黄靖珣:《德国联邦最高法院裁判对欧洲人权法院在犯罪挑唆案件的回应》,载《军法专刊》2010 年第 2 期,第 206 页以下。——译者注)

⑳¹ 仅见 *Beulke*, StPO, Rn. 288 更多说明。

⑳² 如 *Kraatz*, JR 2008, 189, 194;*Winkler*, jurisPR-StrafR 8/2008, Anm. 1。

⑳³ EGMR,"*Edwards and Lewis v. the U. K.*", v. 22. 07. 2003, Nr. 39647/98, 40461/98, StraFo 2003, 360, 362 f. (Rn. 49)。

适用于刑事案件。法院于作出终局有罪裁判之前,无罪推定应保护被告免于来自社会大众(非正式的)或法院程序的有罪预断及推定罪责。无罪推定权利,主要与法院程序的证明负担分配有关:控方原则上必须证明行为人罪责,有疑时,则利于被告(罪疑唯轻;in dubio pro reo)。不过,假如犯罪之重要性已受到适当考虑,而且充分维护防御权时,则转换证明负担本身并不违反公约。[204]

8. 罪刑法定原则(无法律即无刑罚、禁止回溯):《欧洲人权公约》第7条

81 ▶ 案例 26:1957 年出生的 M,在监狱服刑。M 在德国多次因重罪遭受判刑,最近一次则是因未遂谋杀与强盗竞合,在 1986 年被判 5 年有期徒刑。神经学与精神医学鉴定报告指出 M 是危险行为人,有暴力倾向,德国法院有鉴于此,令 M 于执行徒刑完毕后施行保安监禁(Sicherungsverwahrung)*。于此一时点,保安监禁期间依法以 10 年为上限,但期间上限在 1998 年遭修法删除。M 徒刑执行完毕及多次申请暂缓执行保安监禁之后,地方法院于 2001 年又一次驳回相关申请,并再依德国法(§67d III StGB i.V.m.Art.1a III EGStGB)命令对 M 延长保安监禁,整体监禁期间总计超过 10 年。后来,邦高等法院也认可这项延长命令,M 遂提出宪法诉愿。德国联邦宪法法院于 2004 年 2 月 5 日判决驳回[205],反驳 M 所指称的保安监禁抵触刑法禁止溯及既往(Art.103 II GG)。试问:本案是否违反《欧洲人权公约》第 7 条第 1 项? (本章 Rn. 87)

82 《欧洲人权公约》第 7 条第 1 项规定了内国法常见的罪刑法定原则:无法律规定即无犯罪、无法律规定即无刑罚(如《德国基本法》第 103 条

---

[204] 基础裁判:EGMR,"*Salabiaku v. France*",v. 07.10.1988, Nr. 10519/83, Series A, 141-A (Rn. 28);深入说明, Barrot, ZJS 2010, 701 ff. (可参见林钰雄:《无罪推定作为举证责任及证据评价规则——欧洲人权法院相关裁判及评析》,载《刑事程序与国际人权》,2012 年,第 49 页以下(*Salabiaku* 案说明,第 58—62 页)。——译者注)

* 德国刑法规定三种干预人身自由的监禁措施,即令入精神医院、教养院或保安监禁(§§ 61 ff. StGB)。保安监禁,乃依照行为人性格的危险性,受刑人在服毕与罪责相符的刑罚后,命令其继续进入监禁机构,以确保社会大众安全。参见卢映洁:《德国安全管束监禁制度之介绍》,载《成大法学》2009 年第 17 期,第 127 页以下。——译者注

[205] BVerfGE 109, 133.

第 2 项、《刑法》第 1 条),以保护人民免予受到恣意追诉、判决及处罚。[206]公约赋予罪刑法定原则绝对保障,就跟《欧洲人权公约》第 3 条禁止酷刑、非人道或侮辱处遇一样,不容许存在例外(参照《欧洲人权公约》第 15 条第 2 项),由此可看出这项实体法权利在公约中的重要地位。

(1) 保护范围

《欧洲人权公约》第 7 条第 1 项的"刑罚"(Strafe)概念,与第 6 条所称"刑事程序"一样,都应采取自主解释。人权法院为认定某一措施可否成为《欧洲人权公约》第 7 条的"刑罚",以下述基准为考虑选项(择一即可)[207]:

a. 基于某一犯罪行为或至少因犯罪之故,遭判有罪之后,所紧接施加的措施[208];

b. 措施之性质与目的具有刑罚特性,例如拘禁刑;

c. 内国法规定系争措施具有刑事法性质;

d. 系争措施是在刑事程序之诉讼范围所科予者;

e. 制裁措施的严重程度;但只凭此一标准,还不能构成《欧洲人权公约》第 7 条的"刑罚"。

举例[209]:意大利人 S 在意大利南部 Bari 城市取得在 Punta Perrota 海岸兴建购物中心的建筑执照。然因建造设计涉及风景保护区的法令,该建筑核准因此存有法律瑕疵而应属无效。建筑若无施工核准,在意大利乃是犯罪行为。S 误认取得合法建照而施工,虽然实现犯罪要件,但由于不可避免之禁止错误(在意大利法是减免罪责事由),最后获判无罪。可是,意大利刑事法院仍命令扣押建筑物。这项措施虽规定在意大利刑法,惟依意大利内国法理解,却是定性为行政处分。尽管如此,人权法院仍将"扣押建筑物"认定为《欧洲人权公约》第 7 条第 1 项之"刑罚",理由是:

---

[206] EGMR, "S. W. v. the U. K.", v. 22. 11. 1995, Nr. 20166/92, Series A, 335-B (Rn. 34-36)及"C. R. v. the U. K.", v. 22. 11. 1995, Nr. 20190/92, Series A, 335-C (R. n 32-34);总结可参见 EGMR, "Streletz, Kessler and Krenz v. German", v. 22. 03. 2001, Nr. 34044/96, 35532/97, 44801/98, RJD 2001-II (Rn. 50).

[207] EGMR, "Welch v. the U. K.", v. 09. 02. 1995, Nr. 17440/90, Series A, 307-A (Rn. 28).

[208] EGMR, "Welch v. the U. K.", v. 09. 02. 1995, Nr.17440/90, Series A, 307-A (Rn. 28)还要求某一措施需是因犯罪被判有罪所科处之效果。此外,人权法院将此基准扩大到第二种类型,则是在后来的"Sud Fondi SRL v". Italy, v. 20. 01. 2009, Nr. 75909/01.

[209] EGMR, "Sud Fondi SRL v. Italy", v.20. 01. 2009, Nr. 75909/01.

它是因犯罪而引起,且在刑事诉讼范围所科予的措施。[210]

(2) 明确性诫命

84 　　罪刑法定原则要求刑罚权必须有明确之法律基础。对此,乃是以内国法及国际法为审查基准。与《欧洲人权公约》其他条文用语所称的"法律(规定)"(Gesetz)一样(参见《欧洲人权公约》第 8 条至第 11 条,各条文第 2 项),《欧洲人权公约》第 7 条所称"法律",除了包括成文法外,也涵盖(特别是在普通法国家有其意义的)非成文法。[211] 无论如何,内国必须确保法律是人民所能接近、理解,且对刑罚有预见可能性。于此,人权法院其实采取宽松标准,好让人权法院裁判继续发展,并随关系之变化而调整。[212] 下述之例,可看出人权法院标准的宽松程度。

举例[213]:S 在英国因对他太太强制性交,遭判有罪。但"丈夫豁免权"乃是英国传统公认的原则(英国当时仍属立法改革讨论的议题),根据普通法,婚姻里的强制性交并不可罚。然而,人权法院认为系争有罪判决未违反《欧洲人权公约》第 7 条第 1 项,因为"刑事法本来也就容许法官的法律续造,只要结论与犯罪本质相符且可被合理预见",而"废除丈夫豁免权,乃是从英国新近裁判可辨识及可预见的趋势,故未违反《欧洲人权公约》第 7 条第 1 项"。

总而言之,人权法院对刑法明确性所要求的必要程度,因案而异,随整体规范结构与受规范者人数及地位而有弹性修正,尤其是对于职业生活中习惯采取谨慎措施的受规范者而言,"可期待其利用法律咨询"[214]。最后,刑罚法律效果亦适用明确性要求(参见《欧洲人权公约》第 7 条第 1 项第 2 句)。

---

[210] EGMR, "*Sud Fondi SRL v. Italy*", v. 20.01.2009, Nr. 75909/01(尤其 Rn. 115)。

[211] EGMR, "*Kononov v. Latvia*", v. 17.05.2010, Nr. 36376/04, NJOZ 2011, 226 (Rn. 185);亦参见 *Peters/Altwicker*, EMRK, § 23 Rn. 4.

[212] 在逾越东德边界的围墙射杀案中,欧洲人权法院认为德国有罪判决符合公约,参见 EGMR, "*Streletz, Kessler and Krenz v. Germany*", v. 22.03.2001, Nr. 34044/96, 35532/97, 44801/98, RJD 2001-Ⅱ (Rn. 46-114),评释 *Rau*, NJW 2001, 3008.(柏林围墙射杀案,可参见李建良:《转型不正义? 初论德国法院与欧洲人权法院"柏林围墙射杀案"相关裁判》,载颜厥安、林钰雄主编:《人权之跨国性司法实践——欧洲人权裁判研究》,2008 年,第 189 页以下。——译者注)

[213] EGMR, "*S. W. v. the U. K.*", v. 22.11.1995, Nr. 20166/92, Series A, 335-B.

[214] EGMR, "*Cantoni v. France*", v. 15.11.1996, Nr. 17862/91, RJD 1996-Ⅴ (Rn. 35);亦参见 *Peters/Altwicker*, EMRK, § 23 Rn. 7 进一步例证.

(3) 禁止类推

《欧洲人权公约》第7条第1项也包含禁止类推(Analogieverbot):逾越合法解释及法律续造的(明显)程度者,就不得对行为人作出不利的类推结论。诚然,如何精确界定仍有问题。

(4) 禁止溯及既往

《欧洲人权公约》第7条第1项也禁止溯及既往(Rückwirkungsverbot):行为人之行为必须于行为时已有可罚性。依此,制定回溯或事后加重刑罚的刑法条文,乃违反公约。此外,《欧洲人权公约》第7条第1项亦保障处罚较轻的刑法条文可回溯适用。[215] 在合法的法官法律续造方面,也应注意到,行为人于行为时必须可预见行为有被处罚之可能。[216]《欧洲人权公约》第7条是实体法的权利保障,所以,并不排除刑事诉讼法条文为不利于行为人之法律变更。[217] 关于延长时效期限,人权法院认为,至少在原时效于修法延长时点时尚未届满的情况,乃符合公约,因行为人于行为时已具有可罚性。[218]

在案例26中,M的保安监禁从上限10年被延长成不定期限,人权法院认为已违反《欧洲人权公约》第7条第1项第2句禁止回溯加重处罚的规定。[219] 依德国法理解,保安监禁并非刑罚,而是一种保安处分(《德国刑法》第61条第3款);又依德国联邦宪法法院见解,"《德国基本法》第103条第2项禁止溯及既往只针对刑罚,并不适用于保安处分"[220],因为保安处分不同于刑罚,前者与行为人罪责无关,主要乃涉及行为人对公众之危

---

[215] EGMR, "*Scoppola v. Italy*", v. 17.09.2009, Nr. 10249/03, NJOZ 2010, 2730 (Rn. 109).关于这则裁判变更对《德国基本法》第103条第2项的可能影响,参见 Bohlander, StraFo 2011, 169 ff.

[216] 对此,参见 L/R-*Esser*, Art. 7 MRK Rn. 11.

[217] L/R-*Esser*, Art. 7 MRK Rn. 33.

[218] EGMR, "*Coëme and Others v. Belgium*", v. 22.06.2000, Nr. 32492/96, 32547/96, 32548/96, 33209/96, 33210/96, RJD 2000-VII (Rn. 142 ff.);德国联邦宪法法院类似方法,参见 BVerfGE 25, 269, 284 ff.

[219] 对此,参见 EGMR, "*M. v. Germany*", v. 17.12.2009, Nr. 19359/04, JR 2010, 218 ff. (*M.*案节译,参见李建良:《欧洲人权法院裁判选辑》,2013年,第802页以下。*M.*案评论,参见 Helmut Satzger:《〈欧洲人权公约〉对德国刑法及刑事诉讼法之影响——探讨基础理论与重要问题》,王士帆译,载颜厥安、林钰雄主编:《人权之跨国性司法实践——欧洲人权裁判研究》,2012年,第57—59页。——译者注)

[220] BVerfGE 109, 133, 167 ff.

险性，故以纯粹预防为目的。[221] 然而，人权法院并不受德国内国见解之拘束，在《欧洲人权公约》第 7 条第 1 项毋宁也是依循前述基准（本章 Rn. 83）进行自主解释，故判定德国保安监禁是《欧洲人权公约》第 7 条第 1 项之"刑罚"。人权法院表示：首先，关键因素在于，1986 年命令 M 执行保安监禁是接续在法院有罪判决后才科处的措施。其次，保安监禁本质如同自由刑，都在限制人身自由；实施保安监禁也与执行自由刑有类似性，因为被宣告保安监禁者被安置在一般监狱，保安监禁无论在事实上或法律上的执行规划，均与执行自由刑无重大差异。另外，《德国监狱行刑法》（StVollzG）只有少数几个条文专门规范保安监禁之执行，其余的，都是准用自由刑的执行规定（§130 StVollzG）。实际上，德国自由刑和保安监禁的功能有所重叠：两者都在于保护大众安全免于遭受行为人侵害，以及让受刑人或被监禁者重返自由后过着有社会责任的生活（§§2, 129 StVollzG）。最后是审查非属唯一关键基准的"制裁措施之严重程度"，人权法院认为保安监禁并无期间上限，释放与否，完全取决于鉴定人对行为人的危险性评估，故将保安监禁定性为最严重的可能制裁。人权法院基于上述所有观点，正确地认定德国保安监禁属于《欧洲人权公约》第 7 条所称的"刑罚"。[222]

就 M 犯罪行为时点而言，依当时德国保安监禁的法律规定，最多只能对 M 监禁 10 年，所以，延长保安监禁是《欧洲人权公约》第 7 条第 1 项所理解的额外刑罚，而不只是一种执行"最多 10 年保安监禁"的制裁模式。[223]

循此以解，人权法院也就认为事后延长保安监禁是一种真正的回溯刑罚。其理由是，德国法院以 1998 年才增订、因而是在 M 行为后才生效的新法（§67d III StGB i.V.m.Art.1a III EGStGB），于 2001 年命令延长 M 保安监禁，使整体留置期间超过 10 年，这已是科处额外刑罚。[224]

为了响应欧洲人权法院的裁判，德国立法者先修改了保安监禁法

---

[221] 参见如 Kindhäuser, LPK-StGB, §61 Rn. 1.
[222] EGMR "M. v. Germany", v. 17.12.2009, Nr. 19359/04, JR 2010, 218, 224 f. (Rn. 127 ff.).
[223] EGMR, "M. v. Germany", v. 17.12.2009, Nr.19359/04, JR 2010, 218, 225 (Rn. 135).
[224] EGMR, "M. v. Germany", v. 17.12.2009, Nr. 19359/04, JR 2010, 218, 223 (Rn. 123).

律。㉕但后来仍被德国联邦宪法法院宣告新法违宪。㉖德国联邦宪法法院虽未将保安监禁涵摄到德国刑罚概念之内,"但特别鉴于欧洲人权法院对《欧洲人权公约》第7条第1项的评价",宪法法院要求"执行保安监禁与执行自由刑之间,应保持适当距离",即所谓"距离诫命"(Abstandsgebot)。"而目前情况却非如此,因此,保安监禁对自由权所生之干预,必须认定为违反比例原则。"㉗

在M案后,人权法院又出现好几个关于德国保安监禁的裁判。㉘在这些裁判中,除《欧洲人权公约》第7条之外,《欧洲人权公约》第5条也扮演着重要角色。依《欧洲人权公约》第5条之规定,对人身自由之限制是否符合公约,必视有无《欧洲人权公约》第5条第1项第2句各款列举拘禁事由之一而定。据此审视下来,以上案例并不符合任何一款拘禁事由:

首先,《欧洲人权公约》第5条第1项第2句第1款要求,在起初的有罪判决(或宣告罪责)与事后命令(或延长)实施保安监禁之间,必须有充分的因果关联。但这些案件事后实施的保安监禁与原先判决并无这样的因果关系。㉙

㉕ BGBl. I 2010, S. 2300 Gesetz zur Neuordnung des Rechts der Sicherungs-verwahrung und zu begleitenden Regelungen vom 22. Dezember 2010.

㉖ BVerfGE 128, 326 (NJW 2011, 1931 ff.)及 Beschl. v. 20.06.2012-2 BvR 1048/11,德国联邦宪法法院表示,此次修正法最多适用到2013年5月31日,而一些与《欧洲人权公约》关系特别紧张之处则受到限制,参见 *Esser/Gaede/Tsambikakis*, NStZ 2012, 554, 557。欧洲人权法院对德国联邦宪法法院裁判明白表示欢迎:EGMR, "*Schmitz v. Germany*", v. 09.06.2011, Nr. 30493/04, NJW 2012, 1707 ff.;关此, *Hörnle*, NStZ 2011, 488 ff.

㉗ BVerfGE 128, 326, 372 ff.;此外,针对事后延长保安监禁而超过10年期限与事后核准保安监禁,德国联邦宪法法院均认为未符合(与从《德国基本法》第2条第2项第2句连结第20条第3项推导出来的)信赖保护原则,BVerfGE 128, 326, 388 ff.

㉘ EGMR, "*Kallweit v. Germany*", v. 13.01.2011, Nr. 17792/07, EuGRZ 2011, 255;"*Mautes v. Germany*", v. 13.01.2011, Nr.20008/07;"*Schummer v. Germany*", v. 13.01.2011, Nr. 27360/04, 42225/07;"*Haidn v. Germany*", v. 13.01.2011, Nr. 6587/04, NJW 2011, 3423 ff.;"*Jendrowiak v. Germany*", v. 14.04.2011, Nr. 30060/04, DÖV 2011, 570;"*O. H. v. Germany*", v. 24.11.2011, Nr. 4646/08, 4646/08;„*Kronfeldner v. Germany*" ", v.19.01.2012, Nr. 21906/09;"*B. v. Germany*", v. 19.04.2012, Nr. 61272/09;对此,参见 *Esser/Gaede/Tsambikakis*, NStZ 2012, 554, 555.

㉙ 关于事后延长保安监禁:EGMR, "*M. v. Germany*", v. 17.12.2009, Nr. 19359/04, JR 2010, 218, 221 f. (Rn. 97 ff.);亦参见 EGMR, "*Mork v. Germany*", v. 09.06.2011, Nr. 31047/04, 43386/08, NJW 2012, 2093 ff.;事后命令实施保安监禁:BVerfGE 128, 326, 395;亦见 *Renzikowski*, ZIS 2011, 531, 535.

其次,《欧洲人权公约》第 5 条第 1 项第 2 句第 3 款也被排除适用,因为并无具体的危险犯罪行为可作为剥夺人身自由的法律基础。[⑳]

再者,也无法主张《欧洲人权公约》第 5 条第 1 项第 2 句第 5 款,因为并不存在该款规定的精神疾病,德国原规定的保安监禁也未符合该款的公约要求。[㉑]

因此,人权法院在上述案例中除了宣告德国违反《欧洲人权公约》第 7 条之外,也认定违反《欧洲人权公约》第 5 条。[㉒]

德国联邦宪法法院以欧洲人权法院的评价为基础,为旧法设下最多适用到 2013 年 5 月 31 日的落日条款,并认为直到立法者颁布新法之前,旧法的事后延长保安监禁以致超过原先法律规定的 10 年上限与事后核准执行保安监禁,均只在以下情况始能为之:从被留置者的人格具体状况与行为,可推导出其具有最严重之暴力犯罪与性犯罪的高度危险性,并且,被留置者患有《欧洲人权公约》第 5 条第 1 项第 2 句第 5 款所称的精神障碍,而此精神障碍的条件,应具体规定在《德国治疗留置法》(Therapieunterbringungsgesetz,以下简称 ThUG)第 1 条第 1 项第 1 款。[㉓] 自 2012 年以来,德国立法者已通过多次修法,试着将德国联邦宪法法院上述意旨落实在保安监禁新法。[㉔]

88 《欧洲人权公约》第 7 条明文包括由国际法所创设的刑罚在内。从条文第 1 项第 1 句得出,如行为时已至少依国际(实体)刑法(参见第十二章 Rn. 1 以下)具有可罚性者,便可合法回溯适用内国法。[㉕]《欧洲人权

---

⑳ EGMR, "*M. v. Germany*", v. 17. 12. 2009, Nr. 19359/04, JR 2010, 218, 222 (Rn. 102 ff.).

㉑ 参见如 EGMR, "*B. v. Germany*", v. 19. 04. 2012, Nr. 61272/09, EuGRZ 2012, 383, 390 f. (Rn. 77 ff.).

㉒ 基础裁判:EGMR, "*M. v. Germany*", v. 17. 12. 2009, Nr. 19359/04, JR 2010, 218, 222 (Rn. 92 – 105);德国联邦宪法法院接受欧洲人权法院意见方面,参见 BVerfG, v. 04.05.2011- 2 BvR 2365/09, 2 BvR 740/10, 2 BvR 2333/08, 2 BvR 1152/10, 2 BvR 71/10, 2 BvR 2365/09, 740/10, 2333/08, 1152/10, 571/10;对此,亦参见 *Esser/Gaede/Tsambikakis*, NStZ 2012, 554, 555 f. ;*Pösl*, ZJS 2011, 132 ff. ; *Payandeh/Sauer*, Jura 2012, 289 ff.

㉓ BVerfGE 128, 326, 332, 406 f.

㉔ 德国政府提出的《联邦法律落实保安监禁法距离诫命法案》(Gesetzes zur bundesrechtlichen Umsetzung des Abstandsgebots im Recht der Sicherungsverwahrung, BT-Drucks.17/9874)的草案,已在 2012 年 11 月 8 日获得德国众议院通过(BR-Drucks.689/12),新法于 2013 年 6 月 1 日生效。

㉕ *Grabenwarter/Pabel*, EMRK, § 24 Rn. 139;深入说明者,*Kleinlein*, EuGRZ 2010, 544 ff.

公约》第 7 条第 2 项乃是考虑纽伦堡国际军事法院审判(参见第十三章 Rn. 5 以下)而引进,德国原先以《德国基本法》第 103 条第 2 项因素而对该条项声明保留㉞,但已在 2000 年撤销保留。*《欧洲人权公约》第 7 条第 2 项适用情形基本上与第 1 项重叠,故显得多余。㉟

因此,以《欧洲人权公约》第 7 条比较德国的罪刑法定原则,可看出两点差异:其一,禁止习惯法并不属于《欧洲人权公约》第 7 条保障内容。其二,人权法院宽松的可预见性基准,造成较不严格的明确性要求。究其实,鉴于《欧洲人权公约》第 7 条之出发点,在于也能涵盖不成文法及(甚至条文已清楚的)国际法等可作为可罚性基础的法律,终究不可避免地造成明确性原则相对化的后果。

89

9. 尊重私人与家庭生活权利:《欧洲人权公约》第 8 条

▶ 案例 27:B 是俄罗斯国民,来自该国 Krasnojarsk。在 2000 年 9 月,他委托一名杀手 V,计划杀害原生意合伙人 G。但 V 未执行任务,反而向俄罗斯情报局告发,交出由 B 交付的手枪。于是,检察官在 2000 年 9 月 21 日对 B 开启侦查程序,调查授意谋杀一事。2000 年 9 月 29 日,警方以所谓"行动试验"(operatives Experiment),策划一出假戏码:在 G 家发现一具尸体,再向媒体发布该尸体即为 G。数日后,V 接受警方指挥与指示,于 2000 年 10 月 3 日前去拜访 B,谎称已顺利执行杀人任务。V 身上同时安装隐藏麦克风,借此可将两人谈话传输到在 B 家外等候的警察并录音。隔日,B 被逮捕。2002 年 6 月 19 日,B 被判处预谋杀害罪,定罪证据主要是前述秘密录音。试问:本案是否侵害《欧洲人权公约》第 8 条第 1 项尊重隐私领域之权利?(本章 Rn. 93)

90

《欧洲人权公约》第 8 条第 1 项包含四种权利类型:私人生活、家庭生活、居家与通讯。这一权利担保除了要求国家原则上禁止干预之外,

91

㉞ BGBl. 1954 II, S. 14;《德国基本法》第 103 条第 2 项与国际法明确性原则的关系,参见 *Satzger*, JuS 2004, 943 ff.及第十七章 Rn. 31。

* 撤销理由为,德国政府先指出对于与《欧洲人权公约》第 7 条第 2 项相同内容的《公民权利和政治权利国际公约》第 15 条第 2 项并未声明保留;再者,上述这两部公约的相同规定,只是允许回溯处罚,但不是规定应如此不可,故德国即便未声明保留,仍可自由决定是否回溯处罚。基于此,德国撤回《欧洲人权公约》第 7 条第 2 项之保留。Vgl. *Meyer-Ladewig*, EMRK, 3. Aufl., 2011, Art. 7 Rn. 24.——译者注

㉟ 采此正确说法者,*Grabenwarter/Pabel*, EMRK, §24 Rn. 140。

也科予国家应采取积极措施以尊重上述权利的义务。㉘迄今为止,人权法院并未对《欧洲人权公约》第 8 条第 1 项私人生活作出最终定义。无论如何,人权法院认为若将此一概念局限于个人生活的自我内在范围,则过于狭隘。正确而言,"私人生活在一定程度上也会涵盖与其他人之关系",人权法院于此认为,职业或工作生活的人我接触也属于私人生活范畴。㉙关于"家庭"方面,人权法院以事实上存在家庭生活为判断标准,依据例如有共同住宅、关系之类型与时间长久、与伴侣的利益及约束,相反,婚姻并非成立《欧洲人权公约》第 8 条"家庭"概念的必要因素。㉚

92 对《欧洲人权公约》第 8 条第 1 项权利的干预,只能在符合第 2 项的条件,始有正当性。据此,法律基础是干预的绝对必要条件,除此之外,为防御这些权利,同时须创设程序法之担保。㉛以干预电信通讯及私人生活为例,法律条文必须明确到足够给予人民清楚指示:国家在什么条件之下,才可从事干预这些权利之措施。㉜这样的要求,在受干预人或外界无法查知的秘密监听,又意味着裁量范围与干预类型必须明确。否则的话,就无法评价为《欧洲人权公约》第 8 条第 2 项所称之有依"法律规定"的干预。㉝

某一处罚如果干预《欧洲人权公约》第 8 条权利,为使干预正当化,此刑罚必须具有在民主社会的必要性。原则上,当涉及私人生活或特殊身份方面的特别重要观点时,人权法院只会给予公约国非常紧缩的裁量空间。此时,只能考虑以存有重大事由作为干预之正当性。相反,若所涉利益和最佳保护等的意义方面,缺乏欧洲基本共识者,人权法院则给予公

㉘ 这起源于人权法院将《欧洲人权公约》理解为"宪法文件",参见本章 Rn. 25.

㉙ EGMR, "*Niemietz v. Germany*", v. 16. 12. 1992, Nr. 13710/88, Series A, 251-B (Rn. 29).

㉚ EGMR, "*Elsholz v. Germany*", v. 13. 07. 2000, Nr. 25735/94, NJW 2001, 2315 (Rn. 43); "*K. and T. v. Finland*", v. 12. 07. 2001, Nr. 25702/94 NJW 2003, 809 (Rn. 150); Grabenwarter/Pabel, EMRK, § 22 Rn. 16 ff. m. w. N.人权法院最近也将同性配偶纳入"家庭"概念中,而不再只是放在"私人生活"阐释,参见 EGMR, "*Schalk and Kopf v. Austria*", v. 24. 06. 2010, Nr. 30141/04, NJW 2011, 1421 (Rn. 94 f.).

㉛ Meyer-Ladewig, EMRK, Art. 8 Rn. 4.

㉜ EGMR, "*Malone v. the U. K.*", v. 02. 08. 1984, Nr. 8691/79, Series A, 82 (Rn. 67).[参见林钰雄:《论通讯之监察——评析欧洲人权法院相关裁判之发展与影响》,载《刑事程序与国际人权》,2012 年,第 231 页以下(*Malone* 案说明,第 257—258 页)。——译者注]

㉝ EGMR, "*Bykov v. Russia*", v. 10. 03. 2009, Nr. 4378/02, NJW 2010, 213 f.

约国比较广泛的裁量空间。这种情况尤指伦理与道德问题,因为内国机关更适合评断这类问题,特别像是处罚血亲性交的问题。⑳

依人权法院所见,案例 27 已构成国家对 B 私人生活之干预:尽管 B 与 V 之谈话是由 V 所进行,但警察毕竟是安排窃听两人互动的始作俑者。㉕ 人权法院进而表示,系争"行动试验"并未符合上述就使用通讯科技监听时,所应具备的相关程序法律基础的要求。"职是之故,内国使用监听设备,由于欠缺明确与清楚的法律规定,并未赋予相对人适当的权利保障以对抗国家滥用权力,故无法依《欧洲人权公约》第 8 条第 2 项判定系争干预具有正当性。"㉖

93

10. 刑事案件救济权:《欧洲人权公约》第 7 号议定书第 2 条第 1 项

《欧洲人权公约》第 7 号议定书是任择议定书,《欧洲人权公约》之签约国并不负有批准义务。所以,第 7 号议定书尽管规范内容有根本重要性,但公约国若像德国一样有签署但未批准者,则对国内不生效力。第 7 号议定书第 2 条第 1 项并未要求应进行完整权限的事实复审制,也就不以上诉审自为新判决为必要,但法律监督上至少须有撤销权限,亦即可撤销下级审裁判并发回(交)前一审级。准此,第 7 号议定书第 2 条第 1 项规定内容还多于《欧洲人权公约》第 6 条第 1 项。㉗

94

11. 一事不再理:《欧洲人权公约》第 7 号议定书第 4 条第 1 项

▶ 案例 28:G 在奥地利一起汽车事故中,撞死一名脚踏车骑士,被判过失杀人。另调查认定,G 于事故时点的血液酒精浓度低于 0.8‰,所以未以酒驾因素加重刑罚。可是另一份新医学鉴定报告指出,G 事故时的

95

---

⑳ EGMR,"*Stübing v. Germany*",v. 12. 04. 2012,Nr. 43547/08,HRRS 2012,Nr. 434(Rn. 59 ff.). [*Stübing* 案在德国经德国联邦宪法法院于 2008 年驳回后(BVerfGE 120, 224),被申诉到人权法院。该案的德国联邦宪法法院裁判,中译本参见许丝捷:《血亲性交的可罚性——BVerfGE 120, 224 Geschwisterbeischlaf》,载《军法专刊》2013 年第 59 卷第 3 期,第 150 页以下;对欧洲人权法院裁判之评析,可参见黄舒芃:《人权保障与价值共识之间的冲突——从欧洲人权法院之血亲相奸案判决谈起》,载《宪政时代》2013 年第 38 卷第 4 期,第 489 页以下。——译者注]

㉕ 关此,亦参见 EGMR,"*M. M. v. the Netherlands*",v. 08. 04. 2003,Nr. 39339/98,StV 2004, 1, 2(Rn. 36 ff.).

㉖ EGMR,"*Bykov v. Russia*",v.10. 03. 2009,Nr. 4378/02,NJW 2010, 213, 214(Rn. 78 ff.).

㉗ Peters/Altwicker, EMRK, § 24 Rn. 3 ff.; Meyer-Ladewig, EMRK, Art. 2 7. ZP Rn. 3.

血液酒精浓度达到 0.95‰,数月之后,地方行政机关以 G 酒醉驾驶为由,科予处罚命令(一种行政制裁)。试问:这一处罚命令是否抵触第 7 号议定书第 4 条第 1 项一事不再理权利?(本章 Rn. 98)

96　《欧洲人权公约》第 7 号议定书规定的禁止双重处罚,法条用语几乎与《公民权利和政治权利国际公约》相关规定[248]及《德国基本法》第 103 条第 3 项一致。与这些条文一样,《欧洲人权公约》所禁止的范围,也只是局限于同一国家内的多重追诉,并未建立跨国"一事不再理"(transnationales "ne bis in idem"),这点有别于《申根施行公约》第 54 条(参见第十章 Rn. 68 以下)。此外,在众多公约国间相互折抵外国裁判刑罚(参见《德国刑法》第 54 条第 3 项),也非出于《欧洲人权公约》第 7 号议定书第 4 条第 1 项的要求。

97　裁判何时确定与形成禁止双重追诉及处罚,《欧洲人权公约》一样没有规定,而是取决于内国诉讼法。有问题的是,何时才能认定成立《欧洲人权公约》第 7 号议定书第 4 条第 1 项所称的"(同一)行为"?对此,原则上有两种方法(参见第十章 Rn. 79)可考虑成立犯罪同一性:一是第二次追诉以同一犯罪要件(idem crimen)为发动基础;二是第二次程序所针对的对象,乃是于第一次程序已裁判过的同一行为(idem factum)。

98　人权法院过去在案例 28 的裁判中[249],采取与德国一事不再理概念类似的广义犯罪事实概念,亦即,唯一关键在于,两次处罚是否都以同一实际上之行为为基础。于案例 28,由于仅有一次的酒醉驾驶,人权法院因此认为奥地利后来对 G 科处的处罚命令,违反《欧洲人权公约》第 7 号议定书第 4 条第 1 项。但人权法院这则裁判见解,今日看来显已过时。[250] 人权法院现在所持标准为:行为人是否因同一实际上之行为(同一行为之要素),被以同一条文,或虽不同条文,但两者基本要素(wesentliche Elemente)相同的条文(同一犯罪要件之要素),所加以处罚。[251] 据此,同一行为的想象竞合犯,应成为不同的犯罪事实(例如,超速驾驶违反社会

---

[248] 《公民权利和政治权利国际公约》第 14 条第 7 项规定:"任何人依一国法律及刑事程序经终局判决判定有罪或无罪开释者,不得就同一罪名再予审判或科刑。"

[249] EGMR, "Gradinger v. Austria", v. 23. 10. 1995, Nr. 15963/90, Series A, 328-C (Rn. 55).

[250] EGMR, "Oliveira v. Switzerland", v. 30. 07. 1998, Nr. 25711/94, RJD 1998-V (Rn. 22-29).

[251] EGMR, "Franz Fischer v. Austria", v. 29. 05. 2001, Nr.37950/97 (Rn. 24 ff.);后又再次确认,EGMR, "Sailer v. Austria", v.06. 06. 2002, Nr.38237/97 (Rn. 25).

秩序法,但另一方面,因超速驾驶酿成过失伤害的交通事故)。⁵² 依人权法院目前所采见解,案例 28 由于两次处罚成立要件(过失杀人、酒醉驾驶)在基本要素上并不一致,无法涵盖同一刑事不法,乃欠缺同一犯罪要件之要素,故不违反《欧洲人权公约》第 7 号议定书第 4 条第 1 项。

(四)程序权与机关组成

1. 欧洲人权法院是《欧洲人权公约》之机关

欧洲人权法院是《欧洲人权公约》规定之机关,而非欧洲理事会的机关(本章 Rn. 5)。在《欧洲人权公约》第 11 号议定书于 1998 年 11 月 1 日生效之前,主要是由欧洲理事会的两个机关——欧洲人权委员会、部长理事会——负责监督公约国有无遵守公约,同时,欧洲人权法院审判权所适用的是"选择性加入"(opting-in)原则(即签约国必须明确表达服从人权法院之审判权)。惟今日,欧洲人权法院则是受理所有申诉案件的全权法院(Vollgericht)⁵³,形式上独立于欧洲理事会之外。⁵⁴ 不过,仍不容否认欧洲人权法院与欧洲理事会之间的连结性:47 名人权法院法官(一法官代表一公约国,参见《欧洲人权公约》第 20 条)乃由欧洲理事会之议会大会选任(《欧洲人权公约》第 22 条)⁵⁵、部长委员会监督人权法院裁判之执行(《欧洲人权公约》第 46 条第 2 项)⁵⁶,以及由欧洲理事会确保人权法院之财务(《欧洲人权公约》第 50 条)。⁵⁷

人权法院的裁判机关⁵⁸,在《欧洲人权公约》第 14 号议定书生效之后(该议定书的目标,除了开创欧盟加入公约的可能性之外,尤在减轻人权

---

⁵² EGMR, "*Oliveira v.Switzerland*", v. 30. 07. 1998, Nr. 25711/94, RJD 1998-V.

⁵³ L/R-*Esser*, Einf. MRK Rn. 45.

⁵⁴ 早期的权利救济机制,参见 *Meyer-Ladewig*, EMRK, Einleitung Rn. 6 f.

⁵⁵ 在欧盟加入《欧洲人权公约》后,可能出现一名"欧盟法官"(EU-Richter),以及欧盟议会的代表参加欧洲理事会之议会大会,参见 *Mader*, AVR 2011, 435, 446 f.与 *Obwexer*, EuR 2012, 115, 138 f.

⁵⁶ 关于部长理事会的其他任务与欧盟加入的效果,参见 *Obwexer*, EuR 2012, 115, 139 ff.;*Mader*, AVR 2011, 435, 443, 447.

⁵⁷ L/R-*Esser*, Einf. MRK Rn. 43;另参见 Art. 8 CDDH-UE (2011) 16 zur finanziellen Beteiligung der EU für den Fall des Beitritts zur EMRK (http://www.coe.int/t/dlapil/cahdi/source/Docs%202011/CDDH-UE_2011_16_final_fr.pdf.)

⁵⁸ 欧洲人权法院程序流程,详见 *Meyer-Ladewig/Petzold*, NJW 2009, 3752 f.

法院负担㉙)、分成独任法官、3 名法官组成的(法官)小组、7 名法官组成的分庭(《欧洲人权法院程序规则》所称的 Sektion),与 17 名法官的大法庭(《欧洲人权公约》第 26 条第 1 项)。依《欧洲人权法院程序规则》第 49 条第 1 项,《欧洲人权公约》第 34 条个人申诉案通常先交给独任法官承办。依《欧洲人权公约》第 27 条第 1 项,独任法官得在审查相关数据后,宣告申诉不合法;同条文第 3 项规定,独任法官如认定申诉合法,则将全案提交法官小组或者分庭,以作进一步审查。在法官小组,可以一致决宣告个人申诉案有无合法性(Zulässigkeit),倘申诉案涉及人权法院一贯见解者,也可以一致决裁判该申诉为有理由(Begründetheit)。若非以上情形,个人申诉案与国家申诉案的申诉合法性及有无理由则交给分庭裁判(《欧洲人权公约》第 29 条第 1 项)。惟有出现公约解释的重大问题时,分庭得考虑将案件提交给大法庭审判(《欧洲人权公约》第 30 条:歧异提案原则)。㉚ 除此之外,当事人对于分庭裁判得上诉于大法庭(《欧洲人权公约》第 31 条第 1 款、第 43 条),另外,大法庭也必须制作《欧洲人权公约》第 47 条的鉴定报告(《欧洲人权公约》第 31 条第 3 款)。

2. 个人申诉与国家申诉

101　　欧洲人权法院最重要的程序类型是《欧洲人权公约》第 34 条个人申诉案(Individualbeschwerde)。任何个人用尽内国权利救济途径之后㉛,享有转向人权法院寻求救济的机会,这是直到《欧洲人权公约》第 11 号议定书(1994 年 5 月 11 日制定、1998 年 11 月 1 日生效)才强制公约国承认的审判制度。申诉要件是,申诉人应主张其于公约或议定书所享有之权利,受到公约国行政机关或法院之行为所侵害,以致成为违反公约权利的被害人。人权法院的法律审查范围,并不以申诉人的指摘事项为限,而是可在能想象得到的公约权利观点之下,审查全案有无违反公约。㉜

㉙　另参见本章 Rn. 7, 14. (关于《欧洲人权公约》第 14 号议定书,参见廖福特:《因为成功而改革,但是改革未完成——欧洲人权法院改革方案之分析》,载颜厥安、林钰雄主编:《人权之跨国性司法实践——欧洲人权裁判研究》,2008 年,第 87 页以下。——译者注)

㉚　*Meyer-Ladewig*, EMRK, Einleitung Rn. 16.

㉛　德国的用尽权利救济,也包括宪法救济在内,参见 *Grabenwarter/Pabel*, EMRK, § 13 Rn. 26.

㉜　*Meyer-Ladewig*, EMRK, Einleitung Rn. 40;欧盟加入《欧洲人权公约》后的可能后果,参见 *Mader*, AVR 2011, 435, 437 ff.

102 如果损害有无法弥补的危险,依《欧洲人权法院程序规则》第 39 条之规定,人权法院可能建议、指示当事国为暂时处分(vorläufiger Maßnahme)。实务上,暂时处分只发生在指摘违反《欧洲人权公约》第 2 条(生命权)、第 3 条(禁止酷刑等)及第 8 条(尊重私人及家庭生活权利),且绝大多数与引渡外国人有关。㉖ 人权法院就暂时处分之建议、指示有无拘束力,有所争议:今日认为,未遵守建议或指示乃违反《欧洲人权公约》第 34 条,但过去则以为并无拘束力。无论如何,实务上通常会遵守人权法院之建议或指示。

103 第二种申诉类型是国家申诉(Staatenbeschwerde)。公约国也有申诉权,得主张其他公约国违反公约。有鉴于个人申诉数量不断攀升(1955 年 138 件,到 2009 年约有 57 100 件)㉔,造成人权法院持续负担过重,国家申诉案也就较不显眼,只有遇到重大政治意义之事件,才会被申诉到人权法院(例如土耳其因塞浦路斯控告希腊、英国因北爱尔兰控告爱尔兰)。㉕

3. 判决类型(当事人间生效之确认判决)

104 人权法院的判决是确认判决(Feststellungsurteil),只在确认公约权利是否遭受侵害。㉖ 准此,人权法院判决既无撤销效力(即不触及内国既有之判决)㉗,也无对世之绝对效力:人权法院判决只在参与程序的当事人之间生效(《欧洲人权公约》第 46 条第 1 项),而当事国有遵守人权法院判决的国际法义务。㉘ 人权法院判决主要在公开谴责违反公约,并不能提供申诉人直接的个人保护。㉙ 不过,《欧洲人权公约》第 41 条对合法且有理由的申诉案,有规定人权法院可在被控告国未依内国法为完整补偿时(实务通常如此),判予申诉人"适当赔偿"(gerechte Entschädigung);此时人权法院之判决,则属于给付判决(Leistungsurteil)。㉚

㉓ *Meyer-Ladewig*, EMRK, Einleitung Rn. 29.
㉔ *Meyer-Ladewig*, EMRK, Einleitung Rn. 6.
㉕ *Meyer-Ladewig*, EMRK, Art. 33 Rn. 2.
㉖ *Gless*, Int.Strafrecht, Rn. 49; *Meyer-Ladewig*, EMRK, Einleitung Rn. 27.
㉗ *Glauben*, DRiZ 2004, 129; *Meyer-Ladewig*, EMRK, Einleitung Rn. 18.
㉘ *Meyer-Ladewig*, EMRK, Einleitung Rn. 27.
㉙ *Glauben*, DRiZ 2004, 129, 130.
㉚ *Meyer-Ladewig/Petzold*, NJW 2005, 15, 16.

4. 判决对公约国之效力

105 《欧洲人权公约》第46条第1项规定签约国败诉时,有义务遵守人权法院判决。从国际法观点来看(pacta sunt servanda:"应遵守国际条约")[271],违反公约的内国规定、行政处分,与侵害申诉人而被其成功指摘的内国法院判决,均应被撤销。人权法院判决作为国际法院之判决,只是使内国承担国际法之义务,该院判决对于公约国的内国行政机关、法院或其他机构并无直接的内国效力。换言之,一国内部如何善尽国际法义务,大致交由内国决定。[272] 在德国,《欧洲人权公约》借由普通法律之转换立法,仅取得普通联邦法律的规范位阶(本章 Rn. 12),也因此,公约建构的欧洲人权法院对德国内国法院而言,并无较高之位阶。因而,德国过去实务很长一段时间乃推论出"德国法院对《欧洲人权公约》或国内基本权利进行解释时,不受人权法院裁判之拘束",必要时才把人权法院裁判实务作为解释辅助。[273]

106 在2004年,德国联邦宪法法院令人欣喜地清楚反对上述德国传统实务见解。整体而言,德国联邦宪法法院明显扩大了《欧洲人权公约》与欧洲人权法院裁判对德国的重要性[274]:

"欧洲人权法院裁判之拘束力及于所有国家机关,原则上亦要求其在不违反依法律与法(Gesetz und Recht)之拘束下《德国基本法》第20条第3项,有义务在权限范围内终止持续违反《欧洲人权公约》,并建立合于《欧洲人权公约》之状态……

欧洲人权法院裁判,对属于国际条约之《欧洲人权公约》具有特殊意义,因人权法院裁判反映了公约及其议定书的最新发展……人权法院裁判之拘束力,视国家各机关之权限范围及相关法规而定。内国行政机关及法院不得援引人权法院裁判而主张不受法治国权限规范及《德国基本法》第20条第3项受法律拘束之约束。然而,于方法论上可接受之法律

---

[271] 这是国际法一般原则,另参见《维也纳条约法公约》第26条。

[272] EGMR, *Papamichalopoulos and Others v. Greece*, v. 31.10.1995, Nr. 14556/89, Series A, 330-B (Rn. 34).

[273] *Glauben*, DRiZ 2004, 129, 131.

[274] 以下引自 BVerfGE 111, 307, 316, 319, 323 f. (BVerfGE 111, 307,中译可参见周培之:《德国联邦宪法法院裁判 BVerfGE 111, 307——德国法院对欧洲人权法院裁判之尊重》,载《军法专刊》2010年第56卷第2期,第212页以下。——译者注)

解释范围内,对《欧洲人权公约》之保障及欧洲人权法院裁判加以考虑,也属于受法律与法拘束这一原则之内。因此,无论是未讨论欧洲人权法院裁判,或违反上位法规范之情况下机械性僵化'执行'欧洲人权法院裁判,均能违反基本权利暨法治国原则。"

但是,德国联邦宪法法院也指出考虑界限:尽管有与国际法友善原则,惟仍可能不须遵守欧洲人权法院裁判,"当唯有通过此方式才可避免违反宪法基本原则时"。德国联邦宪法法院表示,对此仍应注意:"于国内范围应考虑欧洲人权法院裁判,亦即,行政机关或法院应明显讨论欧洲人权法院裁判,必要时并合理论证为何仍不遵循国际法之法律见解。"

德国联邦宪法法院虽认为欧洲人权法院裁判的拘束力有其界限,但德国新近裁判在宪法法院前揭意旨下,若仍未讨论人权法院裁判,还是可能违反法治国原则,甚至也违反基本权利。据此,德国所有公权力机关负有注意欧洲人权法院判决之义务。㉕ 也因此,欧洲人权法院判决提供内国一项自我审查契机,让内国立法者审查是否应配合欧洲人权法院见解而调整内国法。㉖

德国行政处分违反《欧洲人权公约》者,有可能于欧洲人权法院判决后,依《德国行政程序法》(VwVFG)第48条撤销。在刑事法方面,被欧洲人权法院宣告违反公约的刑事确定判决,一直到1998年《德国刑事诉讼法》修法之前,胜诉的申诉人都没有开启再审的机会。现在,《德国刑事诉讼法》第359条第6款则将这种情形规定为再审事由。惟应注意,该再审事由只适用于实际提出个人申诉而获胜诉的个案受判决人。㉗ 除此之外,《德国民事诉讼法》(ZPO)第580条第8款也有规定类似的再审机会。㉘

107

108

㉕ *Meyer-Ladewig/Petzold*, NJW 2005, 15, 17.
㉖ BVerfGE 111, 307, 325.
㉗ Meyer-Goßner, §359 StPO Rn. 52.
㉘ 德国除上述普通审判权之外,其他专业审判权也有类似再审的救济规定,参见《行政法院法》(§153 I VwGO)、《社会法院法》(§177 I SGG)、《劳动法院法》(§79 ArbGG)及《财政法院法》(§134 FGO)。[德国是否要新增欧洲人权法院裁判的再审事由,过去争议极大,直到1998年,也就是德国加入欧洲理事会超过40年之后才增订。由此可见,欧洲人权法院裁判的重要性与落实必要性,历经数十年才获得德国立法者认同。参见 Christoph Gusy:《欧洲人权法院裁判对德国之影响(上)》,王士帆译,载《司法周刊》2010年第1478期,第3页。——译者注]

 **自我测验**

一、何谓有利原则？有利原则对内国权利保障与《欧洲人权公约》之权利关系,有何意义？(Rn. 9)

二、《欧洲人权公约》在德国法处于什么规范位阶？在各公约国为何有不同位阶？(Rn. 10 以下)

三、欧洲人权法院对《欧洲人权公约》法律概念的自主解释,有何重要性？请举例说明。(Rn. 19,59,60)

四、欧洲人权法院的诉讼被害人地位,为何事后可被取消？条件为何？如已向欧洲人权法院起诉,会产生什么程序效果？(Rn. 22,39,40,66)

五、《欧洲人权公约》之保障,在什么情况下包括非国家行为？(Rn. 25,33,38)

六、《欧洲人权公约》在刑事法方面最重要的权利保障是哪些？(Rn. 27)

七、《欧洲人权公约》第3条规定的禁止酷刑、非人道与侮辱处遇,应如何理解？为何要区分酷刑与非人道及侮辱处遇？欧洲人权法院如何审查是否侵害这些保障？(Rn. 35 以下)

八、相较于公约其他大多数权利保障,《欧洲人权公约》第5条第1项的审查有何特殊性？(Rn. 49,53)

九、何谓《欧洲人权公约》第6条第1项公平审判程序？欧洲人权法院如何审查有无违反公平审判程序？(Rn. 69 以下)

十、何谓《欧洲人权公约》第6条第3项第4款质问权？什么要件下可限制质问权？(Rn. 74 以下)

十一、如何理解《欧洲人权公约》第7条第1项的"刑罚"？(Rn. 83)

十二、欧洲人权法院判决在公约国有什么效力？在德国如何？(Rn. 105 以下)

十三、于德国受有罪判决之人,得否直接向欧洲人权法院申诉,以求撤销有罪确定判决？德国法如何修正违反《欧洲人权公约》的判决？(Rn. 104,108)

※ **新近文献**

Dehne-Niemann,"Nie sollst du mich befragen"-zur Behandlung des Rechts zur Konfrontation mitbeschuldigter Belastungszeugen (Art. 6 Abs. 3 lit. d EMRK) durch den BGH, HRRS 2010, 189 ff.; *Diehm*, Die Menschenrechte der EMRK und ihr Einfluss auf das deutsche Strafgesetzbuch, 2006; *Eisele*, Die Bedeutung der EMRK für das deutsche Strafverfahren, JA 2005, 390 ff.; *ders.*, Die einzelnen Beschuldigtenrechte in der EMRK, JA 2005, 901 ff.; *Esser*, Die Umsetzung der Urteile des EGMR im nationalen Recht–ein Beispiel für die Dissonanz völkerrechtlicher Verpflichtungen und verfassungsrechtlicher Vorgaben, JZ 2005, 348 ff.; *ders.*, EGMR in Sachen Gäfgen v. Deutschland (22978/05), Urt. v. 30. 6. 2008, NStZ 2008, 657 ff.; *Esser*, Sicherungsverwahrung, JA 2011, 727 ff.; *ders./Gaede/Tsambikakis*, Übersicht zur Rechtsprechung des EGMR in den Jahren 2008 bis Mitte 2010-Teil I NStZ 2011, 78 ff. – Teil II NStZ 2011, 140 ff.; *ders.*, Deutscher Brechmitteleinsatz menschenrechtswidrig: Begründungsgang und Konsequenzen der Grundsatzentscheidung des EGMR im Fall Jalloh, HRRS 2006, 241 ff.; *ders.*, Rückwirkende Sicherungsverwahrung-Art. 7 I 2 EMRK als andere gesetzliche Bestimmung im Sinne des § 2 VI StGB, HRRS 2010, 329 ff.; *Grabenwarter*, Androhung von Folter und faires Strafverfahren-Das (vorläufig) letzte Wort aus Straßburg, NJW 2010, 3128 ff.; *Kadelbach*, Der Status der Europäischen Menschenrechtskonvention im deutschen Recht-Anmerkungen zur neuesten Rechtsprechung des BVerfG, Jura 2007, 480 ff.; *Kraatz*, Die neue "Vollstreckungslösung" und ihre Auswirkungen, JR 2008, 189 ff.; *Letsas*, The Truth in Autonomous Concepts: How to Interpret the ECHR, EJIL 15 (2004), 279 ff.; *Kleinlein*, Der EGMR und das Völkerstrafrecht im Rahmen von Art. 7 EMRK, EuGRZ 2010, 544 ff.; *Mader*, Der Beitritt der EU zum Europarat? Institutionelle Aspekte der Entwicklung des europäischen Grundrechtsschutzes nach Lissabon, AVR 2011, 435 ff.; *Meyer-Ladewig*, Der Europäische Gerichtshof für Menschenrechte und der Kampf gegen Terrorismus und Separatismus, NVwZ 2009, 1531 ff.; *Meyer-Ladewig/Petzold*, 50 Jahre Europäischer Gerichtshof für Menschenrechte, NJW 2009, 3749 ff. (中译参见 Jens Meyer-Ladewig/Herbert Petzold:《欧洲人权法院五十年》,王士帆译,载颜厥安、林钰雄主编:《人权之跨国性司法实践——欧洲人权裁判研究》, 2012 年,第 3 页以下); *Pache/Rösch*, Die neue Grundrechtsordnung der EU nach dem Vertrag von Lissabon, EuR 2009,

769 ff.; *Pösl*, Die Sicherungsverwahrung im Fokus von BVerfG, EGMR und BGH, ZJS 2011, 132 ff.; *ders./Dürr*, Germany's System of Preventive Detention Considered Through the European Court of Human Rights and the German Federal Constitutional Court, EuCLR 2012, 158 ff.; *Pohlreich*, Die Rechtsprechung des EGMR zum Vollzug von Straf- und Untersuchunugshaft, NStZ 2011, 560 ff.; *Quarthal*, Nachträglich verlängerte Sicherungsverwahrung und der EGMR – zur innerstaatlichen Rechtswirkung der Europäischen Konvention für Menschenrechte, Jura 2011, 495 ff.; *Safferling*, Verdeckte Ermittler im Strafverfahren – deutsche und europäische Rechtsprechung im Konflikt?, NStZ 2006, 75 ff.; *ders.*, Die zwangsweise Verabreichung von Brechmittel: Die StPO auf dem menschenrechtlichen Prüfstand, Jura 2008, 100 ff.; *Satzger*, Der Einfluss der EMRK auf das deutsche und das europäische Strafrecht-Grundlagen und wichtige Einzelprobleme, Jura 2009, 759 ff. (中译并更新内容参见 *Helmut Satzger*:《〈欧洲人权公约〉对德国刑法及刑事诉讼法之影响——探讨基础理论与重要问题》,王士帆译,载颜厥安、林钰雄主编:《人权之跨国性司法实践——欧洲人权裁判研究》,2012年,第25页以下); *ders.*, Sicherungsverwahrung – Europarechtliche Vorgaben und Grundgesetz, StV 2013, 243 ff.; *Schramm*, Die fehlende Möglichkeit zur konfrontativen Befragung nach Art. 6 Abs. 3 lit. d EMRK und ihre Auswirkungen auf die Beweiswürdigung, HRRS 2011, 156 ff.; *Ullrich*, Die Immunität internationaler Organisationen von der einzelstaatlichen Gerichtsbarkeit, ZaöRV 2011, 157 f.; *Warnking*, Strafprozessuale Beweisverwertungsverbote in der Rechtsprechung des Europäischen Gerichtshofs für Menschenrechte und ihre Auswirkungen auf das deutsche Recht, 2008.

第四编

国际刑法

可在本书中文版网址（www.satzger-chinese.info）
浏览本书引用的所有重要法院裁判、法案及其他文件

第十二章 国际刑法基础

一、国际刑法概念

（狭义）国际刑法（Völkerstrafrecht）结合了国际法与刑法两个法律领域的元素。国际刑法对个人行为科以刑罚，故属于刑法。另一方面，国际刑法的法源是国际法，所以国际刑法也属于国际法。故而，国际刑法可称为国际共同体之刑法（Strafrecht der Völker-gemeinschaft）。

所有依国际法建立直接可罚性的规范，都可被归类为国际刑法。① 亦即，国际刑法的内容与范围完全由国际法决定。② 惟不可因此误解了"国际刑法"的概念，误以为其与作为原始国际法主体的国家有关。易言之，国际刑法并不涉及国家的可罚性③，其毋宁是直接规范自然人的个人刑事责任。对国际性的刑事法院而言，国际刑法因具有国际法性质而可直接援用。但内国法院则不同，除非内国宪法另有规定，否则内国法院原则上不能直接适用国际刑法。

德国认为，国际刑法也被赋予法益保护（Rechtsgüterschutz）的功能，如同一般刑法之情形。④ 因此，国际刑法的正当性与需求性，乃来自于实

---

① *Triffterer*, in: Gössel (Hrsg.), Gedächtnisschrift für Heinz Zipf, 1999, S. 500.
② *Eisele*, JA 2000, 424 ff.,其亦将内国法秩序列入考虑（参见《国际刑事法院规约》第21条第1项第3款），包括内国法对国际犯罪之处罚，参见第十七章。
③ 参见 *Safferling*, Int. Strafrecht, §4 Rn. 1.
④ 如 *Werle*, Völkerstrafrecht, Rn. 93 ff.; *Ambos*, Int.Strafrecht, §5 Rn. 3;但另有 *Bassiouni*, Introduction, S. 31 ff.然而，法益对其他国家的法秩序却是一个陌生概念，尤其是英美法，参见 *Bantekas/Nash*, Int. Criminal Law, S. 6; *Safferling*, Int. Strafrecht, §4 Rn. 66.类似用语. *Cassese*, Int. Criminal Law, S. 11,提到对保护国际社会有重要性的"价值"。

际存在的特定法益,这些法益不是指仅由个人或单一国家享有的法益,而是还包括以整体国际社会为对象的法益。循此逻辑,这些超国家法益之保护,便不能单独委诸各国为之。虽不排除内国法也保护这些法益,但超国家法益终究也要受国际社会之法律——即国际法——所保障,这才是关键。特别是在国家权力公然、暗中参与或带有政治色彩的犯罪,尤见国际刑法的重要性。因为在这种情况下,涉有犯行的国家,尤易发生不履行追诉犯罪之国际法义务的危险。准此,属于刑事实体法的国际刑法,主要包括(但不以此为限)所谓总体犯罪(Makrokriminalität)。⑤ 总体犯罪,是指在组织架构、权力机器或其他集体活动关联之内,所进行的制度性、事件性的犯罪行为⑥,通常是国家参与其中或"国家加强的犯罪"⑦。

3　　鉴于各内国刑法秩序之多样性,若要精确定义国际刑法所保护的法益,即不能只从单一文化区域的价值共识为出发点,国际刑法的犯罪要件也不是以某一文化区域的价值共识为基准。⑧ 职是,国际刑法的犯罪要件仅限于举世承认之最低标准的犯罪,即所谓"核心犯罪"(core crimes)。就此而言,可以纽伦堡国际军事法庭(IMG)对纳粹主要战犯的审判为例,其追诉的犯罪为⑨:战争罪、危害人类罪及破坏和平罪。

　　这些犯行的应刑罚性已获得一致肯认,且正如其名,均属最严重的犯罪。但之后还会说明,目前的共识也仅止于这些犯行原则上具有应刑罚性,至于如何定义,尚有歧见。举例来说,1998 年罗马会议所拟定的《国际刑事法院规约》(IStGH-Statut)或简称《罗马规约》(Rom-Statut)⑩,其设有常设性的国际刑事法院,这是一份攸关国际刑法未来发展的重大法案,但它也未就破坏和平罪(即侵略罪)之定义达成共识。各国于 2010 年 5 月 31 日至 6 月 11 日在乌干达首都坎帕拉(Kampala)召开审查会议,虽妥协得出侵略罪的定义,但最快也要到 2017 年 1 月 2 日才生效(参见第十六章 Rn. 80 以下)。除上述犯罪外,灭绝种族(Genozid)当年在纽伦堡国

---

⑤　*Werle*, Völkerstrafrecht, Rn. 88.
⑥　参见 *Jäger*, in: Lüderssen, Kriminalpolitik III, S. 122 f.
⑦　*Naucke*, Die Privilegierung staatsverstärkter Kriminalität, 1996; *Kreß*, NStZ 2000, 626.
⑧　*Ambos/Steiner*, JuS 2001, 9, 10;以共谋为例, *Cassese*, Int. Criminal Law, S. 227.
⑨　共谋罪方面,参见第十三章 Rn. 6。
⑩　BGBl. 2000 II, S. 1394 f.(也有英文及法文官方版本);德文翻译:Sartorius II, Nr. 35。《罗马规约》,参见第十四章 Rn. 2。

际军事法庭仍属危害人类罪的下位类型⑪,但自从联合国在1948年通过《防止及惩治灭绝种族罪公约》后⑫,灭绝种族罪也成为独立的"核心犯罪"之一。

4　如《罗马规约》前言第3段所明言,国际刑法是在保护国际社会的最高法益,即"世界之和平、安全与福祉"。⑬ 于此,各犯罪要件有不同的侵害方向:以蓄意消灭特定群体为手段的灭绝种族罪,所侵害的是世界和平⑭;危害人类罪因其系统性、大规模侵害平民的基本人权,故威胁世界和平、安全与福祉;战争罪则是因其激烈的暴力程度以及武装冲突,会波及平民而危害和平。⑮

5　当成文或不成文的国际法规范决定某一行为的可罚性时,就得依国际刑法的原则来处罚。对此,《国际法院规约》(IGH-Statut)⑯第38条标示的所有国际法法源,均可考虑作为建立可罚性基础的法源⑰,尤其是:

a. 国际条约⑱,指国际法主体(主要指国家)之间就特定国际法效果,达成一致合意的协议。

b. 国际习惯法,指"被普遍承认是法律的一种实务表现"。⑲

c. 文明国家所承认的一般法律原则,即各内国法秩序一致承认的原则。

6　就德国司法而言,以习惯法作为可罚性的建立基础,乍看之下可能无法理解。但本书之后会说明,如不采纳国际习惯法,根本无法发展出国际刑法(参见第十五章 Rn. 13)。

---

⑪　参见 *Cassese*, Int. Criminal Law, S. 127.

⑫　UN General Assembly Resolution 3/260.

⑬　除集体法益之外,个人法益也可以是国际刑法保护的对象,亦见 *Ambos*, Int. Strafrecht, §5 Rn. 3;狭义观点,*Safferling*, Int. Strafrecht, §4 Rn. 65 f.认为只保护集体、超国家法益。

⑭　MK-*Kreß*, §220a StGB/§6 VStGB Rn. 4 f.

⑮　关于以国际刑法达成和平之议题,参见 *Safferling*, Politische Studien 2008, S. 82 ff.

⑯　BGBl. 1973 II, S. 505(也有英文及法文官方版本);德文翻译:Sartorius II, Nr. 2.

⑰　*Eisele*, JA 2000, 424;*Engelhart*, Jura 2004, 734, 735;*Damgaard*, Individual Criminal Responsibility for Core International Crimes, 2008, S. 30;*Cryer/Friman/Robinson/Wilmshurt*, International Criminal Law and Procedure, 2007, S. 9.国际刑法可使用且适用国际法法源,乃普遍共识,仅参见 ICTY, "*Kupreškič et al.*"(TC), Judgment, 14.01.2000, Rn. 539 f.

⑱　《罗马规约》于此具有重大意义,其第21条将可适用的法律予以层级化,参见 *Safferling*, Int.Srafrecht, §4 Rn. 86 ff.

⑲　参见 *Schweitzer*, Staatsrecht III, Rn. 109, 236, 258.

二、实现国际法刑罚权之模式

7　　源自国际法本身的刑罚权,其可能的实现模式有二[20]:一是"间接实现模式"(Indirect Enforcement Model);二是"直接实现模式"(Direct Enforcement Model)。

8　　"间接实现模式"指国家通过相关内国法之设计,使内国机关有刑事追诉权限,得依其内国法实现国际刑法。

在间接模式下,内国刑事立法者乃意在制定可涵盖国际不法犯行的犯罪要件,行为人有罪与否始终以其内国法之犯罪要件为准。间接实现模式的缺点在于,国际犯行将视各国差异而适用不同的实体法及诉讼法规定[21],也就达不到刑罚的国际一致性。此外,内国若不追诉、制裁国际犯罪,间接实现模式其实束手无策,因为总是有国家不愿将国际刑法的犯罪要件转化到内国法,或因其他理由而未对国际犯行发动追诉。

举例(间接实现国际刑法):

① 在纳粹时期担任德国帝国安全总局(Reichssicherheits-hauptamt)高阶领导人的 *Adolf Eichmann*,因职务期间之犯行,被以色列的耶路撒冷地方法院以危害人类罪与战争罪等罪名判决有罪[22],最后经以色列最高法院判决定案。[23]

② 纳粹时期,盖世太保设于法国里昂分部的领导人 *Klaus Barbie*,同样因危害人类罪被法国 Rhône 重罪法院(Cour d'assises du département du Rhône)判决有罪,后经法国最高法院(Cour de Cassation)[24]维持而定案。[25]

③ *DuškoTadić*,涉嫌参与 1992 年 6 月在波斯尼亚与黑塞哥维那的 Prijedor 城市,对波斯尼亚的穆斯林施以酷刑与灭绝种族。他现身德国

---

[20] 参见 *Bassiouni*, Introduction, S.333 ff., 387 ff.
[21] *Seidel/Stahn*, Jura 1999, 14.
[22] *Eichmann* 的审判程序,参见 *Arendt*, Eichmann in Jerusalem. Ein Bericht von der Banalität des Bösen, 2006.
[23] ILR 36, 277 ff.
[24] JCP 1988 II Nr. 21149;英文版本,ILR 100, 330 ff.
[25] 另参见 *Ambos*, Völkerstrafrecht AT, S. 190 ff.

后,于 1994 年 2 月经德国检察总长申请而被德国法院羁押,并依上述罪名审判。㉖ 但在 1995 年,由于前南斯拉夫问题国际刑事法庭(ICTY)之申请(参见《前南斯拉夫问题国际刑事法庭规约》第 9 条第 2 项),*Tadić* 被解送到该法庭,后来被判处有期徒刑。㉗

④ 两名阿富汗退役将军在阿富汗内战期间因实施酷刑,于 2005 年在荷兰被判处无期徒刑,该判决于 2007 年经荷兰法律审法院维持而定案。㉘

⑤ *John Demjanjuk* 与 *Heinrich Boere* 二人,因纳粹时期之犯罪,2009 年在德国法院受审。*Demjanjuk* 在 2011 年 5 月被慕尼黑地方法院判处 5 年有期徒刑,检察官与辩护人均上诉法律审,但 *Demjanjuk* 于 2012 年 3 月 17 日死亡,德国联邦最高法院因此裁定不受理。㉙ *Boere* 则于 2010 年 3 月被判谋杀罪,处无期徒刑。㉚

⑥ 自 2011 年 1 月起,卢旺达人 *Onesphore Rwabukombe* 在德国法兰克福(Frankfurt am Main)高等法院受审,这是德国法院首次审判卢旺达 1994 年的灭绝种族案件。㉛ 由于被控诉的犯罪是在《德国国际刑法》(VStGB;参见第十七章)生效之前发生,审判程序因此以旧法为基础(指《德国刑法》已删除的第 220 条之 1 灭绝种族罪)。

⑦ 德国第一件以《德国国际刑法》为基础的诉讼,是自 2011 年 4 月起在斯图加特(Stuttgart)高等法院受审的两名卢旺达人:*Ignace Murwanashyaka* 与 *Straton Musoni*。他们被指控在所谓上级责任之范围内,在刚

㉖ *Wilkitzki*, Erläuterungen zum Gesetz über die Zusammenarbeit mit dem Internationalen Strafgerichtshof für das ehemalige Jugoslawien, Einl. Nr. 2.

㉗ ICTY, "*Tadić*" (AC), Judgment in Sentencing Appeals, 26.01.2000, Rn. 76.

㉘ 关此与其他在荷兰法院之国际刑法案件,参见 *van Sliedregt*, LJIL 2007, 895 ff.

㉙ 相关信息,参见 http://www.spiegel.de/thema/john_demjanjuk;本案关于德国刑法可适用性之问题,参见 *Burchard*, HRRS 2010, 132 ff.

㉚ LG Aachen, Urt. v. 23.03.2010, 52 Ks 45 Js 18/83-10/09;参见 *Swoboda*, JICJ 2011, 243 ff.本案有关欧洲一事不再理原则的适用范围争论,参见第十章 Rn. 65 及 *Burchard/Brodowski*, StraFo 2010, 179 ff.

㉛ 相关信息,参见 http://www.hmdj.hessen.de/irj/OLG_Frankfurt_am_Main_Internet?rid = HMdJ_15/OLG_FrankfurtamMain_Internet/sub/317/317501b4-d258-9d21-f012-f31e2389e481,,,11111111-2222-3333-4444-100000005003%26overview=true.htm.

果民主共和国犯下危害人类罪及战争罪。[32]

9　　相反,"直接实现模式"是指由国际机关直接进行刑事追诉,例如上述 *Tadic* 案,便是由前南斯拉夫问题国际刑事法庭审判。于直接模式,行为人的有罪判决依据不是内国法,而是依照国际法本身规定的犯罪要件。

现在即使已设置常设性国际刑事法院,直接模式毋宁仍属例外。[33] 举例来说,至目前为止,有以下国际性法庭进行国际刑罚权的刑事追诉:

a. 纽伦堡国际军事法庭(IMG,1945-1946),是第二次世界大战后,由战胜国对德国主要战犯所进行的审判。

b. 东京远东国际军事法庭(IMGFO,1946-1948),对日本军人与政治人物进行战争犯行之审判。

c. 在荷兰海牙的前南斯拉夫问题国际刑事法庭(ICTY,1993—)[34],审理自1991年起在前南斯拉夫地区违反国际法的罪行。

d. 在坦桑尼亚 Arusha 的卢旺达问题国际刑事法庭(ICTR,1995—)[35],其仿照前南问题法庭而设立,审判1994年间卢旺达大屠杀的国际犯罪。

e. 国际刑事法院(IStGH)在2011年第一次判决被告有罪(*Lubanga* 案[36];关于国际刑事法院,参见第十四章)。

不过,根据联合国针对特设法庭所通过的《完成工作战略》(completion strategy;参见第十三章 Rn. 19,30),最迟自2010年起,可将较不重要的案件移交给内国法院审判,间接模式因此又取得重要地位。[37] 惟另一方面,随着"混合"法庭的建置数量持续上升(参见第十三章 Rn. 31),"直接模式"与"间接模式"的分界已渐趋模糊。

---

[32] 参见 *Safferling/Kirsch*, JA 2012, 481, 485 f.

[33] *Ferdinandusse*, Direct Application of International Criminal Law in National Courts, 2006, S. 1.

[34] 联合国安理会1993年5月25日第827号决议。

[35] 联合国安理会1994年11月8日第955号决议。

[36] IStGH, "*Lubanga*" (TC I), Judgment pursuant to Article 74 of the Statute, 14.03.2012 与 IStGH, "*Lubanga*" (TC I), Decision on Sentence pursuant to Article 76 of the Statute, 10.07.2012.

[37] 关于从国际法庭将案件移交到内国法院,亦参见 *Norris*, Minnesota Journal of International Law 2010, S. 201 ff.; *Lindemann*, Referral of Cases from International to National Criminal Jurisdictions, 2013.

三、国际刑法与国家之国际责任法

如前所述,国际刑法是建立自然人的个人可罚性。[38] 然而,违反国际法之行为可对个人产生直接法律效果,对传统国际法而言是一个陌生的概念。[39] 依传统国际法的理解,国际法的权利主体仅限于国家或国际组织,若违反国际法之行为可归责于一国际法主体(也包括因自然人的犯行所导致者),该国际法主体就必须依国际不法行为法负责,即根据所谓国际责任法(völkerrechtliches Deliktsrecht;law of state responsibility)而负责。循此,实际犯罪的行为人并不会出现在国际法层次,他已由其母国"居间斡旋"了。[40] 所以,国家之国际责任与个人刑事责任是两个本质不同的体制,两者只在某些部分产生重叠。[41]

10

简言之,唯有国际法主体才对可归属于己之违反国际法,承担国际法责任,有无罪责并非重点。国际法上应负责的国际法主体,必须恢复符合国际法之状态。[42] 国际刑法的责任则与国际法责任不同:国际刑法乃对直接从事国际犯行的行为人,建立其个人刑事责任,亦即对个人施予刑事制裁。某一国际犯罪行为,(至少理论上)不只可因行为人的个人身份而被施以国际刑事制裁,也可因行为人为国家从事犯行,使国家本身承担国际法责任[43],侵略罪便是一例。[44]

11

四、以国际法为基础的刑法——所谓"条约犯罪"

应与国际刑法区隔的,是所谓"条约犯罪"(treaty crimes)[45],又称为"以条约为基础之犯罪"(treaty based crimes)或"国际关注之犯罪"(crimes of international concern)。"条约犯罪"的名称易生误会,因为此处

12

㊳ 在纽伦堡审判同样遭控诉的组织犯罪,即军事法庭认为应处罚被其认定为犯罪组织之成员(参见 1945 年《纽伦堡国际军事法庭宪章》第 10 条),此后并无相似规定,参见 *Werle*, Völkerstrafrecht, Rn. 20;另参见第十四章 Rn. 6.

㊴ 仅参见 *Werle*, Völkerstrafrecht, Rn. 119.

㊵ *Schweitzer*, Staatsrecht III, Rn. 533.

㊶ *Bianchi*, in:Cassese (Hrsg.), Companion, S. 18;*Werle*, Völkerstrafrecht, Rn. 121.

㊷ *Ipsen*, in:Ipsen, Völkerrecht, § 39 Rn. 14.

㊸ 对此参见 *Cassese*, Int. Criminal Law, S. 7 f.

㊹ 参见第十六章 Rn. 76 以下。

㊺ 术语讨论,参见 *Werle*, Völkerstrafrecht, Rn. 130.

某一行为的可罚性,并非直接由国际条约所规定。正确而言,“条约犯罪”的可罚性,实际上是建立在内国法的犯罪要件,而这些内国规定之所以形成,乃是国家为践行相关国际法义务才立法制定的。㊻ 由此观之,“条约犯罪”的可罚性及展开刑事追诉与否,全取决于各内国法,恐怖主义㊼、毒品交易及海盗行为㊽都是常举之例。㊾

“条约犯罪”之主要目的,在于能有效对抗与制裁跨境犯罪。㊿ 这些作为“条约犯罪”形成背景的国际条约,其会科予缔约国制定相关犯罪要件的立法义务,且通常不只如此。举例来说,为了顾及刑事追诉效率,条约也可能加入司法互助及采取共同预防措施的协议。(51)

“条约犯罪”若在保护国际社会的共同利益,而缔约国之间对此又有充分协议的话,“条约犯罪”也可能发展成为国际习惯法。此时,“条约犯罪”才能成为(真正的)国际刑法犯罪要件之出发点。(52)

13 **自我测验**

一、何谓(狭义)国际刑法?(Rn. 1)
二、国际刑法有哪些法源?(Rn. 5)
三、有哪些模式可实现国际刑法?(Rn. 7 以下)
四、国际刑法与国家之国际责任法有何区别?(Rn. 10,11)
五、何谓“条约犯罪”?“条约犯罪”和国际刑法有何差异?(Rn. 12)

※ 新近文献

Ambos, Judicial Creativity at the Special Tribunal for Lebanon: Is There a

---

㊻ *Boister*, in: Cassese (Hrsg.), Companion, S. 540 ff.

㊼ 黎巴嫩特别法庭(STL)2011 年 2 月 16 日裁定(STL-11-01/I/AC/R176bis)将恐怖主义构成要件当做习惯法上一种可罚的国际犯行;对此批评,*Ambos*, LJIL 2011, 655 ff.; *Kirsch/Oehmichen*, ZIS 2011, 800 ff.; *Werle*, Völkerstrafrecht, Rn. 126 ff.

㊽ 关于海盗行为,*Safferling*, Int. Strafrecht, § 4 Rn. 9 f.

㊾ 其他例证:*Werle*, Völkerstrafrecht, Rn. 123 u. 129.

㊿ *Werle*, Völkerstrafrecht, Rn. 124.

(51) *Boister*, in: Cassese (Hrsg.), Companion, S. 541.

(52) 例如习惯法承认,《罗马规约》也有规定的灭绝种族罪,一开始也是规定在国际条约(1948 年联合国《防止及惩治灭绝种族罪公约》),参见 *Boister*, in: Cassese, Companion (Hrsg.), S. 540.

Crime of Terrorism under International Law?, Leiden Journal of International Law 2011, 665 ff.; *Boister*, Treaty-based Crimes, in: Cassese (Hrsg.), Companion.S.540 ff.; *Cassese*, The Rationale for International Criminal Justice, in: Cassese, Companion, S.123 ff.; *Cryer/Friman/Robinson/Wilmshurst*, An Introduction to International Criminal Law and Procedure, 2010, S. 1 ff.; *Damaska*, The Henry Morris Lecture: What Is The Point of International Criminal Justice? Chicago-Kent Law Review 2008, 329 ff.; *Gaeta*, International Criminal Law, in: Cali, International Law for International Relations, 2010, S. 258 ff.; *Lindemann*, Referral of Cases from International to National Criminal Jurisdictions, 2013; *Kirsch/Oehmichen*, Die Erfindung von "Terrorismus" als Völkerrechtsverbrechen durch den Sondergerichtshof für den Libanon, ZIS 2011, 800 ff.; *Ku/Nzelibe*, Do International Criminal Tribunals Deter or Exacerbate Humanitarian Atrocities? Washington University Law Review 2006, 777 ff.; *Murphy*, Political Reconciliation and International Criminal Trials, in: May/Hoskins (Hrsg.), International Criminal Law and Philosophy, 2009, S. 224 ff.; *Neubacher*, Strafzwecke und Völkerstrafrecht, NJW 2006, 966 ff.; *Safferling*, Möglichkeiten der Befriedung durch Völkerstrafrecht, Politische Studien 2008, S.82 ff.; *Sarkin*, The Origins of International Criminal Law: Its Connection to and Convergence with Other Branches of International Law, Hague Justice Journal 2009,5 ff.

第十三章 国际刑法之历史发展

一、1919 年以前之发展

1　　国际刑法可说是国际法的"晚产儿"。19 世纪末前,国际刑法在国际条约与国际法实务上只初见雏形,还不算稳固。① 之所以如此,缺少适用机会是一项主因:在当时,武装冲突的战争结束之后,会因和平条约的赦免条款或事实上之赦免而未展开刑事追诉,就算追诉了,也绝不是以国际法或超国家规范为启动依据。

2　　最早为倡议建立国际刑事审判权奔走的,是红十字国际委员会主席 *Gustave Moynier*(1826—1910)。普法战争(1870—1871)后,交战的普鲁士与法国互相指责对方违反战争法。*Moynier* 则认为纯粹的道德制裁显有不足,他要求设立国际刑事法院,除审判普、法两国的战争犯行外,也应追诉违反 1864 年 8 月 22 日《改善战地武装部队伤者境遇之日内瓦公约》之人。当时若有一所国际刑事法院,就可客观审查这些指控,并由中立机关处罚犯罪者。② 然而,*Moynier* 的初步提议并未获得政治响应。往昔在民族国家的时代,似乎还无法接受"主权国家之行为应可接受司法检验"的想法。尽管如此,*Moynier* 的要求,仍为红十字国际委员会日后长期致力于建立一座国际刑事法院的工作揭开序幕,许多非政府组织(NGO)相继追随。③ 总之,不可低估非政府组织对国际刑法的重大意义。

---

①　对此,参见 *Meron*, AJIL 2006, 551 ff.
②　参见 *Däubler-Gmelin*, in: Arnold u. a. (Hrsg.): Festschrift für Albin Eser, 2005, S. 718 f。
③　许多重要的非政府组织,例如国际特赦组织(Amnesty International)、人权观察(Human Rights Watch)等,在 1995 年组成"国际刑事法院联盟"(Coalition for the International Criminal Court),其今日成员有来自 150 个国家的大约 2 500 个组织(http://www.coalitionfortheicc.org)。

二、凡尔赛战犯审判与莱比锡战犯审判

（一）《凡尔赛和约》

鉴于第一次世界大战带来的恐惧，与违反诸如1899年及1907年《(陆战法规与惯例之)海牙公约》(以下简称《海牙陆战法规》)等战争国际法的残暴行径，敌对状态结束后，Moynier当年鼓吹国际刑事审判权的理念再度兴起。根据1919年6月28日签署的《凡尔赛和约》④第227条，德国皇帝威廉二世应为引发第一次世界大战在国际法庭受审。⑤然而，此一法庭的审判规则并不是依(战争)国际法为之，而是依《凡尔赛和约》第227条第3项所称的"国际政治之最高原则"(höchste Grundsätze der internationalen Politik)。因此，这并非司法审判，毋宁只是一种政治工具。但威廉二世逃亡到荷兰，荷兰也承认他的政治难民身份，拒绝将他引渡受审，审判于是告吹。⑥

此外，《凡尔赛和约》第228条以下规定，协约国（即第一次世界大战的战胜国）有权在内国军事法院审判"违反战争之规则与惯例"(gegen die Gesetze und Gebräuche des Krieges)的德国人，《凡尔赛和约》第228条第2项还为此规定了引渡义务。但实践上却令出不行，因为这些规定遭到德国各阶层所有政治阵营的强力反弹。协约国依《凡尔赛和约》第228条第2项请求引渡大约900名德国人，德国政府则多次以"寻无愿意执行拘捕及引渡的德国机关，碍难照准"，拒绝引渡。这大致符合当时的德国社会实情，因为连德国的自由派都强烈反对将德籍战犯交由国际法院或外国法院审判。⑦再者，德国政府拒绝引渡也于(德国)法有据：当时的1871年版德国《帝国刑法》第9条规定，不可因追诉或处罚之目的，将德

---

④ Versailler Friedensvertrag, RGBl. 1919, S. 981-983；关此，*Ambos*, Int.Strafrecht, 1. Aufl., §6 Rn. 1 ff.；完整说明，*Engelhart*, Jura 2004, 734 ff.
⑤ 他被指控"对国际道德及条约之神圣犯下最严重之侵犯"，由此显见，这一刑事程序之目的与其说是给予刑事判决，不如说是道德审判。
⑥ 背景成因，另见 *Bantekas/Nash*, Int. Criminal Law, S. 496.
⑦ 详细参见 *von Selle*, ZNR 1997, 193, 194.

国人引渡到外国政府。⑧

协约国最后在庞大压力下让步。德国政府表示会由帝国法院(德国联邦最高法院前身)对可疑战犯进行审判程序,这也是协约国妥协的主因。但协约国的让步并非毫无保留,如果德国没有令人满意的诉讼过程,则仍须回归《凡尔赛和约》第 228 条以下规定。于是,国际间首次认真欲在战后建立国际刑事审判权的企图,无疾而终。

(二) 莱比锡战犯审判

4　在协约国放弃对德籍战犯刑事追诉之前,德国帝国议会已于 1919 年 12 月 18 日通过《战争罪犯追诉条例》(Kriegsverbrecherverfolgungsgesetz)⑨,其第 1 条规定,对于德籍战犯在第一次世界大战的罪行,帝国法院有第一审及最终审之管辖权。但同法第 2 条规定,战犯之行为唯有依德国法属可罚者,才适用之。

1921 年春天,德国在莱比锡(Leipzig)开始审判 45 个案件,协约国有意借此检视德国司法部门的追诉意愿。⑩ 接续又追加其他程序,新增被告全在协约国呈交的一串名单上,计有 896 人。除此之外,另有 837 个刑事程序是帝国检察官自行侦查而开启的。⑪ 然而,绝大多数的侦查程序都获得不起诉,只有 13 个案件进入审判。其中,又只作出 9 个判决(含共同被告),6 名被告获判无罪,另有 6 名被告被依《德国军刑法》(Militärstrafgesetzbuch)判决有罪。⑫ 有罪判决之执行方面,有的仅执行了刑之一部分,有的则完全未执行。

德国帝国法院显然无意进行妥适的刑事程序⑬,这让协约国有可乘

---

⑧ 关于从《帝国刑法》第 9 条规范结构来论证司法见解的妥当性,可参见 *Hankel*, Die Leipziger Prozesse, 2003, S. 51 f.德国法概括性禁止引渡德国国民,一直到 2000 年配合《国际刑事法院规约》修法才获得解禁,参见第十七章 Rn. 3, 4。

⑨ RGBl. 1919, S. 2125 f.

⑩ 失败者司法(Verliererjustiz)的问题,仅见 *Müller*, Oktroyierte Verliererjustiz nach dem 1. Weltkrieg, AVR 2001, 202 ff.

⑪ 详见 *Ahlrecht*, Geschichte, S. 42;*Hankel*, Die Leipziger Prozesse, 2003;*Wiggenhorn*, Verliererjustiz. Die Leipziger Kriegsverbrecherprozesse nach dem Ersten Weltkrieg, 2005.

⑫ *Ahlrecht*, Geschichte, S. 43;*von Selle*, ZNR 1997, 193, 196 ff.

⑬ 当时的法国总理 Briand 说德意志帝国审判是"闹剧、司法讽刺与丑闻"(转引 *von Selle*, ZNR 1997, 193, 198)。

之机,于是再次请求引渡德籍战犯。至于德国的反应,一样是坚决拒绝引渡。后来,协约国暂停这些程序,其虽未以军事力量强行引渡,但也从未正式放弃引渡。另外,有个别判决是法国法院、比利时法院在德国被告不在场情况下作出的,惟因德国政府拒绝引渡,判决落得无法执行。这些尝试以司法途径处理第一次世界大战战犯的企图心,遂逐渐消退。

三、纽伦堡国际军事法庭

德国国家社会主义(纳粹)统治时期引发的第二次世界大战,暴行(尤其是屠杀犹太人)规模和强度,远远超过第一次世界大战。国际刑事审判权的议题,终于在第二次世界大战彻底发酵。于第二次世界大战期间,后来战胜的同盟国早已开始讨论应如何处置在纳粹体制下的犯罪者。在1943年11月1日所谓《莫斯科宣言》(Moscow Declaration)中,美国、英国与苏联达成以司法解决的共识。这份宣言,推翻了英国当时力主对德国政治及军方领导人"立即处决"的要求。另一关键法律文件,是英、法、美、苏四国于1945年8月8日签署的《关于追诉与处罚欧洲轴心国主要战犯及国际军事法庭宪章》之伦敦四国协议(Londoner Viermächteabkommen,以下简称《伦敦协议》)。[14]

(一)法庭结构

1. 管辖权

依《纽伦堡国际军事法庭宪章》(IMG-Statut,以下简称《纽伦堡宪章》)*第6条,欧洲轴心国的"主要战犯"(Hauptkriegsverbrecher)[15]应由

5

6

---

[14] 关于纽伦堡审判文件,可参考纽伦堡高等法院(OLG Nürnberg)网页(http://www.justiz.bayeRn.de/gericht/olg/n/imt)与美国耶鲁大学法学院 Avalon 计划(http://avalon.law.yale.edu/subject_menus/imt.asp)。

* IMG-Statut 原文为 Statut für den Internationalen Militärgerichtshof,名称虽无"纽伦堡"(Nürnberg),实为纽伦堡审判之直接规范。为避免与其他法规混淆,故译为《纽伦堡国际军事法庭宪章》。同理,IMG 是"国际军事法庭"的德文简称(英文为 IMT,International Military Tribunal),在国际法脉络,亦专指纽伦堡国际军事法庭。——译者注

[15] "战犯"一词在此脉络下并无严格的法律概念意义,《纽伦堡宪章》在其他犯罪要件也称为"战犯"。

纽伦堡国际军事法庭审判。所谓主要战犯，尤指在不特定地理区域犯罪的行为人。而对主要战犯以外之人的刑事追诉，根据《伦敦协议》，则另分配给依属地原则取得管辖权之国家（属地原则，参见第四章 Rn. 5, 6）。《纽伦堡宪章》并未提到时间管辖（适用什么行为时点之犯罪），惟实际上，由于犯罪构成要件上被要求与战争存在关联性，故受判决的犯行只限于 1939 年至 1945 年间的犯罪行为。[16] 事物管辖（适用哪些犯罪）方面，主要是以《凡尔赛和约》为参照范本，共计 3 种犯罪要件：破坏和平罪、战争罪及危害人类罪。与现代国际性之刑事法院规约不同的是，《纽伦堡宪章》因受"普通法"（Common Law）影响，也把共谋（Verschwörung；conspiracy）侵略战争当做一项独立的犯罪要件。[17]

2. 审判法庭组织

7 纽伦堡国际军事法庭，由战胜国——英国、美国、法国及苏联——共同组成（其他同盟国则在 1945 年 8 月后才批准加入宪章，惟未参与审判）。这 4 个战胜国，各推派 1 名法官、1 名代理法官与 1 名控诉检察官共同参与审判（参见《纽伦堡宪章》第 2 条、第 14 条）。

（二）程序法

8 纽伦堡法庭的程序规则，以英美刑事诉讼法为基础架构，但也受到欧陆法的重要影响，尤其是因为法庭不采陪审制，为陪审制配套设计的诸多英美程序法规因而无法运转，例如法庭可不必亲自讯问所有证人，而是允许宣读检察官讯问证人或其他陈述人之笔录。依《纽伦堡宪章》第 24 条，法庭得自由决定是否采用证据，故对双方提出之证据，法庭得以"非属重要之证据资料"为由驳回。此外，《纽伦堡宪章》第 19 条规定，法庭不受英美法的严格证据规则拘束。依《纽伦堡宪章》第 18 条规定，法庭应迅速审判。最后，被告可自由选任辩护人。[18]

---

[16] 参见 Safferling, Int.Strafrecht, §4 Rn. 30; Ahlbrecht, Geschichte, S. 69 将德意志帝国 1945 年 5 月 8 日投降日当做时间界线。

[17] 关于共谋犯罪要件在今日之意义，Werle, Völkerstrafrecht, Rn. 671f.; Safferling, KritV 2010, 65 ff.

[18] 完整见 Bárd, in Bárd/Soyer (Hrsg.), Internationale Strafgerichtsbarkeit, 2005, S. 53.

(三) 判决

历经 10 个月审理,纽伦堡法庭在 1946 年 9 月 30 日、10 月 1 日宣示判决。法律效果方面,《纽伦堡宪章》第 27 条规定得处以死刑或其他法庭认为适当的刑罚。依此,法庭作出以下判决:3 个无罪[19]、12 个死刑[20]、3 个无期徒刑[21],以及 4 个有期徒刑。[22]

前揭判决宣示后,法庭进入"休庭期"。以美国及苏联各自为首的"冷战"对抗局势揭幕后,其他未决案件就不再由各国法官所组成的国际法庭来审判。

有 12 个所谓纽伦堡后续诉讼(Nürnberger Folgeprozess)的审判,在美国军事法院进行,但它其实仍被视为国际法院,只不过不是以《纽伦堡宪章》为基础,而是以盟军监督委员会通过的《第 10 号法律》为裁判依据。同样以《第 10 号法律》为法律基础的其他类似审判,也在法国占领区的 Rastatt(位于德国西南部)、英国占领区的 Lüneburg(位于北德),与苏联占领区(德东)陆续进行。最后是前东德(DDR)于 1950 年 4 月底到 7 月中,在德东地区 Waldheim 小镇举行的审判[23],超过 3 300 名被告经由迅速程序判处长期监禁。东德 Waldheim 审判之目的,非在依《纽伦堡宪章》追究战争罪或其他犯行之责任,而是甫立国的东德欲借此展示其反纳粹的证明,故未带动国际刑事审判权之进展。[24]

(四) 纽伦堡审判之批评

纽伦堡审判是成王败寇的写照,其被冠上"胜利者司法"(Siegerjustiz)之名,借以否定纽伦堡审判在道德上及法律上的正当性。其中,战胜国的战争犯行竟无一遭受追诉,例如对毫无军事攻击必要性的德国东部大城德累

---

[19] 被告:*Fritzsche*, *Schacht*, *von Papen*.
[20] 被告:*Bormann*, *Frank*, *Frick*, *Göring*, *Jodl*, *Kaltenbrunner*, *Keitel*, *Rosenberg*, *Sauckel*, *Seyß-Inquart*, *Streicher*, *von Ribbentrop*.
[21] 被告:*Funk*, *Heß*, *Raeder*。
[22] 被告:*Dönitz*, *Speer*, *von Neurath*, *von Schirach*.
[23] Waldheim 审判,参见 *Burchard*, JICJ 2006, 800, 818 f. 及该文引用文献。
[24] 亦见 *Werle*, JZ 2012, 373, 374.

斯顿(Dresden)大轰炸,也在当时饱受抨击。㉕ 另外,军事法庭的法官选任全由战胜国一手包办,也受到指责。而多数法官又曾广泛参与《纽伦堡宪章》的草拟会议,加上无法以偏颇为由申请法官回避,一些评论家便质疑纽伦堡审判法官的中立性与独立性。㉖ 最后,常言道"昨是,不可今非",军事法庭违反刑法禁止溯及既往原则也是常见的批判理由。㉗

(五) 结论

12　纽伦堡审判的明确目的,一方面是裁判纳粹犯行,以儆效尤。另一方面为了吓阻任何人或政府重蹈纳粹覆辙,应制定适用具普遍拘束效力的国际刑法,以取代德国、法国、美国或其他国家的内国法,为未来建立一套可获得国际承认的刑事法体系。㉘ 因此,《纽伦堡国际军事法庭宪章》成为国际刑法的发轫,可视为国际刑法的"出生证明书"㉙。

四、东京远东国际军事法庭

13　纽伦堡法庭成立之后,在日本东京亦设立仿效的远东国际军事法庭(IMGFO),以审判日本主要战犯。东京法庭的设立法源,乃是战胜国盟军最高统帅麦克阿瑟(MacArthur, 1880—1964)所颁布的《特别通告》(Special Proclamation)。这个"国际法上难以归类的单方作为"㉚,虽可为东京法庭本身提供正当性基础,但文献至今仍批评其正当性尚不充足。㉛

14　《远东国际军事法庭宪章》的规定内容,大致和《纽伦堡宪章》相同,便不再赘述。值得一提者,比起纽伦堡法庭,东京法庭的判决严厉多了:

㉕ 原则上不允许不法者主张"你不也一样!"(tu quoque)的指摘方式,参见 ICTY, "*Kupreškić et al.*"(TC), Decision on Evidence of the Good Character of the Accused and the Defence of tu quoque, 17.02.1999, Erwägungsgrund 4.

㉖ 相关批评的描述,参见 *Burchard*, JICJ 2006, 800 ff.; *Tomuschat*, JICJ 2006, 830 ff.;对纽伦堡国际军事法庭的批评及反驳之汇整,参见 *Ipsen*, in: Ipsen, Völkerrecht, § 42 Rn. 22 ff.

㉗ 关于国际刑法上的罪刑法定原则,参见第十五章 Rn. 13。

㉘ *Ostendorf*, in: Lüderssen (Hrsg.), Kriminalpolitik III, S. 185.

㉙ *Werle*, ZStW 109 (1997), 808, 809.

㉚ *Ahlbrecht*, Geschichte, S. 105.

㉛ 仅参见 *Ahlbrecht*, Geschichte, S. 105 ff.

所有被告都被判有罪。㉜

五、冷战与"转折点"

《纽伦堡宪章》与1946年10月1日宣示的纽伦堡法庭判决,于1946年12月11日获得联合国大会全体一致之认可。㉝ 不过,认可的效力仅在承认战胜国的做法,联合国大会并不能、也无意创造有拘束力的国际法。㉞ 1948年12月9日,联合国大会通过《防止及惩治灭绝种族罪公约》(以下简称《灭绝种族公约》),于1951年初生效。该公约有拘束力,其明示依国际法,灭绝种族乃属犯罪行为,所有签约国均有义务防止及处罚此类犯行。德国也签署了《灭绝种族公约》,并依该公约第5条转化义务的规定,在《德国刑法》第220条之1增订相关罪名(旧法)。㉟

稍后,联合国大会委托其"国际法委员会"(ILC)编纂纽伦堡法庭裁判之原则,并以此为基础制定一部维护世界和平及国际安全的刑法典。这个将"纽伦堡原则"法典化的工作,于1950年完成。㊱ 另外,联合国大会的一个特别委员会也拟定《国际刑事法院规约草案》,而前述编写完成的国际刑法典草案,则在1954年提交到联合国大会。㊲

之后国际局势进入冷战期。此一时期,大多数国家不愿为设立一座国际刑事法院而放弃部分主权,成立国际刑事法院一事遂无重大进展。特别是未参与联合国早期活动的社会主义国家,不断鼓动主权至上这样的"教条"。㊳

后来,由于国际毒品犯罪日趋严重,波斯湾战争(1990—1991)、洛克比空难之恐怖事件(1988)、前南斯拉夫(1991—1992)及卢旺达(1994)各自战端等催化之下,国际社会明显意识到缺少国际刑事法院的坏处。转

㉜ 判处7个死刑、16个无期徒刑、2个有期徒刑(20年及7年),参见 Werle, Völkerstrafrecht, Rn. 33.

㉝ 联合国1946年第1届大会第95号决议(UN General Assembly Resolution 1/95)。

㉞ Jescheck, GA 1981, 49, 52.

㉟ BGBl. 1954 II, S. 729;德国现在对灭绝种族的处罚,规定在《德国国际刑法》(VStGB)第6条,参见第十七章 Rn. 15.

㊱ http://untreaty.un.org/ilc/texts/instruments/english/draft%20articles/7_1_1950.pdf.

㊲ http://untreaty.un.org/ilc/texts/instruments/english/draft%20articles/7_3_1954.pdf.

㊳ Grebing, GA 1976, 97, 107.

折点是 1989 年,当时的特立尼达和多巴哥共和国总理 Robinson 在联合国大会发表演说,请求协助阻止国际毒品交易。于是,联合国大会做了一个跌破许多观察家眼镜的动作:它委请国际法委员会重新研究设立国际刑事法院的问题。㊴ 这一决议原本虽只限于处理国际毒品交易问题㊵,但委托案却发展出自己的方向,这一发展在国际法委员会 1990 年的报告中达到首波高潮。在 1994 年,国际法委员会向联合国大会提出国际刑事法院规约之草案,称为《国际法委员会草案》(ILC Draft Statute),法院的管辖权范围除了《纽伦堡宪章》之犯罪外,还包括恐怖主义和毒品犯罪。㊶ 就在相关编制小组缓慢但稳定作业之际,这些准备工作却赶不上前南斯拉夫、卢旺达的突发情势,以致需要国际社会迅速作出响应。㊷

六、前南斯拉夫问题国际刑事法庭

18 ▶ 案例 29:T 因战争罪等犯行,在前南斯拉夫问题国际刑事法庭受审。他反对法庭享有管辖权,主张"前南斯拉夫问题国际刑事法庭并无国际条约之设立基础,《联合国宪章》也无任何设立国际刑事法庭的法律依据"。试问:T 之异议有无理由?(本章 Rn. 27, 28)

19 为了因应前南斯拉夫军事冲突及与此有关的屠杀平民事件(特别是在波斯尼亚 Srebrenica 地区的屠杀穆斯林),联合国安理会根据《联合国宪章》第七章"对于和平之威胁、和平之破坏及侵略行为之应付办法"㊸(参见本章 Rn. 28),于 1993 年以第 808 号决议设立追诉前南斯拉夫重大战争犯罪之国际战犯法庭。此国际战犯法庭属于安理会的附属机关,可称为前南斯拉夫问题国际刑事法庭(ICTY,以下简称前南法庭)。紧接着,安理会再通过附有《前南斯拉夫问题国际刑事法庭规约》(以下简称《前南法庭规约》)的第 827(1993 年)号决议。㊹ 由联合国安理会设置国际性法庭,在当时是一项司法新创举。这是安理会首次使用真正的裁判

㊴ 联合国 1989 年第 44 届大会第 39 号决议(UN General Assembly Resolution 44/39)。
㊵ 联合国 1989 年第 44 届大会第 39 号决议第 1 点(UN General Assembly Resolution 44/39, Nr. 1)。
㊶ http://untreaty.un.org/ilc/texts/instruments/english/draft%20articles/7_4_1994.pdf.
㊷ 关此,另见 Bantekas/Nash, International Criminal Law, S. 535 f.
㊸ Sartorius II, Nr. 1.
㊹ http://www.un.org/Docs/scres/1993/scres93.htm.

功能,不论从宪政或制度观点来看,都更加扩大了安理会自己在联合国体系架构下的权限。[45] 1993年11月17日,前南法庭在荷兰海牙召开第一次工作会议,此后开始审理大量案件。[46]

现在,前南斯拉夫解体后成立的一些共和国,由于其司法制度已能一定程度地正常运作,前南法庭于是以联合国安理会1053(2003年)号、1534(2004年)号决议通过的所谓《完成工作战略》(completion strategy)[47],主动、逐步结束法庭工作。因此自2004年年底起,前南法庭不再开启新的侦查程序。后续的新案,将由前南斯拉夫地区的各国法院审理。前南法庭原本虽计划在2008年年底前完成所有第一审程序,而所有上诉案件则应在2010年以前结束。但是,这两个期限都无法遵期履行,因为后来在2008年逮捕塞族共和国(Srpska)前总统 *Radovan Karadžićs*、2011年5月逮捕前将军 *Ratko Mladićs*,以及2011年7月逮捕塞尔维亚克拉伊纳共和国(Serbian Krajina,1991—1995)前总统 *Goran Hadžić*。[48] 最后,由联合国安理会第1966(2010年)号决议所通过的"刑事法庭余留事项国际处理机制"(Mechanism for International Criminal Tribunals),简称"余留机制"(Residualmechanismus)[49],其下设"卢旺达问题国际法庭分支"和"前南问题国际法庭分支"两个分支机构,后者自2013年7月1日开始,作为前南法庭的后续机关,接手目前的工作。[50]"前南问题国际法庭分支"的任务

---

[45] *Hollweg*, JZ 1993, 981.

[46] 清楚概览,参见 *Ambos*, Völkerstrafrecht AT, S. 259 ff.;裁判概述,*Ambos*, NStZ-RR 2001, 225 ff.;*Ambos/Wenning*, NStZ-RR 2002, 289 ff.;裁判评释, in: *Klip/Sluiter*(Hrsg.), Annotated Leading Cases of International Criminal Tribunals;相关裁判,可参见《国际刑事司法杂志》(JICJ)的分类"Current developments at the ad hoc International Criminal Tribunals"及前南法庭网页(http://www.icty.org/action/cases/ 4)。

[47] http://www.icty.org/x/file/Legal%20Library/Statute/statute_1503_2003_en.pdf 与 http://www.icty.org/x/file/Legal%20Library/Statute/statute_1534_2004_en.pdf.

[48] http://www.icty.org/sid/10016;关于《完成工作战略》,参见 *Dieckmann*, ICLR 2008, 87 ff.;发交给内国法院方面,*William*, CLF 2007, 177 ff.;*Schabas*, Max Planck Yearbook of United Nations Law 2009, 29 ff.,*Riznik*, AVR 2009, 220 ff.与 *Lindemann*, Referral of Cases from International to National Criminal Jurisdictions, 2013.

[49] http://www.un.org/ga/search/view_doc.asp? symbol=S/RES/1966(2010).

[50] 在卢旺达问题国际刑事法庭方面,"余留机制"设立的"卢旺达问题国际法庭分支"已在2012年7月1日接手工作。"余留机制"在组织上将前南法庭与卢旺达法庭合并,但两法庭仍继续分开运作。

在于结束前南法庭未终结的案件,但直到接手之前,被告已被拘禁超过12个月的案件则不在接手范围内;此外,也不可向"前南问题国际法庭分支"提起新诉讼。[51]

(一) 审判法庭

1. 管辖权

20　　前南法庭仅行使有限之管辖权,限制表现在人事时地(行为人、实体法之犯罪评价、犯罪时间、犯罪地)4个面向。

　　时间管辖上,法庭只对1991年起的犯罪才有管辖权。被告方面,受追诉者仅限于自然人。犯罪地的管辖,专指在前南斯拉夫社会主义联邦共和国(1945—1992)领域内之犯罪。犯罪事实方面,则限于《前南法庭规约》第2条至第5条规定之犯罪,即"严重违反"《日内瓦四公约》[52]、战争罪、灭绝种族罪及危害人类罪。

21　　再者,《前南法庭规约》第9条第1项规定,前南法庭与内国刑事法院两者管辖权竞合。惟第2项另规定,前南法庭的管辖权具有优先性,详言之,即便案件竞合,前南法庭仍可不问任何程序阶段,随时请求内国法院将案件移送出来,由其依《前南法庭规约》进行后续审判。[53] 前南法庭在运作之初就行使过这项案件移送权,即涉嫌在波斯尼亚对穆斯林施加酷刑和灭绝种族的 *Duško Tadić* 案: *Duško Tadić* 在1994年2月在德国巴伐利亚邦高等法院受审,后来基于前述规定,被移送到前南法庭进行后续审判。[54]

2. 审判法庭之组成与结构

22　　前南法庭由独立之法官团所组成,共有16名常任法官及最多可达9名的所谓项目法官(ad litem judge),后者代表全球主要的法律体系。除此之外,还有负责起诉的独立控诉机关,其并得准备国际逮捕令及请求引渡。

23　　诉讼程序由3个一审法庭(Trial Chamber,以下简称TC)公开审理。

---

[51]　关于"余留机制",参见 *Acquaviva*, JICJ 2011, 789 ff.
[52]　参见第十六章 Rn. 55。
[53]　参见 BayObLG NJW 1998, 395.
[54]　参见第十二章 Rn. 8。

一审法庭的法官人数,原则上各有 3 名常任法官,再加上最多 6 名项目法官。一审法庭可分成 3 名法官组成的分庭(section),实务运作也常如此。对一审判决,得上诉于兼具事实审与法律审的上诉法庭(Appeals Chamber,以下简称 AC),其由 5 名常任法官组成合议庭。前南法庭的院长,目前⑤⑤是美国籍的 *Theodor Meron* 法官,检察首长则是比利时籍的 *Serge Brammertz*。

刑事被告、被害人与证人的权利,规定在《前南法庭规约》第 21 条及第 22 条。以刑事诉讼观点而言,这些规定符合国际法人权文件揭诸的普遍标准。⑤⑥

3. 法律效果

《前南法庭规约》第 24 条规定的刑罚种类,有自由刑与没收犯罪所得(以归还合法拥有人),但无死刑。

(二) 前南法庭适用之犯罪要件

设立前南法庭时,国际上还没有普遍承认又可有效适用的刑法典。因此,在选择哪些犯罪要件属于前南法庭审判权范围时,必须以稳定的国际习惯法为依据⑤⑦,以避免违反罪刑法定原则(国际刑法也同样适用罪刑法定原则,参见第十五章 Rn. 13, 14)。当时之时空背景,基本上是以《纽伦堡国际军事法庭宪章》规定的犯罪种类,视为国际法上承认的犯罪,即违反战争法或战争惯例、危害人类、灭绝种族,以及严重违反 1949 年《日内瓦四公约》。

不过,上述最后一种犯罪类型,即"严重违反《日内瓦四公约》",并非出自《纽伦堡宪章》。因为《日内瓦四公约》于 1949 年 8 月 12 日才签订,所以 1945 年的《纽伦堡宪章》当然无从考虑在内。另外,《前南法庭规约》犯罪类型中并无破坏和平罪,这是因为国际社会当时尚未就侵略战争

---

⑤⑤ 2013 年 12 月。

⑤⑥ 《前南法庭规约》第 21 条及第 22 条,字义上几乎等同于《公民权利和政治权利国际公约》第 14 条所规定的公平审判程序最低标准,参见 *Bair*, The International Covenant on Civil and Political Rights and its (First) Optional Protocol, 2005, S. 56。

⑤⑦ 因此,联合国委托工作小组拟定《前南法庭规约》时,联合国秘书长要求只可采纳国际习惯法中完全不存疑虑的犯罪要件。

之定义获致共识。㊾ 最后,自联合国 1948 年通过《灭绝种族公约》、1951 年生效以来(附带一提,前南斯拉夫还是第一批加入此公约的国家),灭绝种族一直被国际间承认为是具习惯法效力的独立犯罪要件,这与《纽伦堡宪章》将之列为危害人类罪的下位类型不同。

(三) 审判法庭合法性

27　　联合国安理会以第 808(1993 年)号、第 827(1993 年)号决议,先后设立前南法庭及其规约。然而,传统观点却认为,国际法庭之设立应以国际条约为依据,所持理由是:刑事追诉权限属于一国之固有主权,原则上不得未经相关国家之同意而让渡出去。也因此,有部分文献质疑前南法庭的设立合法性。㊿

惟上述质疑站不住脚。正确而言,当国际法犯罪要件的国际刑罚权实际上已成立时,相关国家就同一犯罪的刑罚权其实只居于备用地位。换言之,唯有国际上不存在国际法院时,内国法院始能接手实行国际法的刑罚权。一旦设有国际法院,例如此处的前南法庭,国际法院的管辖权也就成立,并无干预内国主权的问题。所以,此时并不需要签订有关主权放弃的国际条约。⑥

28　　反驳的第二个理由,也与(个案)特设法庭(Ad-hoc Tribunal)的法律基础有关。联合国安理会以《联合国宪章》第七章(精确地说,是《联合国宪章》第 41 条、第 42 条*)作为前南法庭的设立依据,理由为:"《联合国宪章》虽未明确允许设立此类特设法院,但对违反国际人道法者,如施以刑事追诉之实际威吓,将有助于'恢复国际和平与安全'(《联合国宪章》

㊾ 侵略罪要件,参见第十六章 Rn. 76 以下。

㊿ 例如 *Graefrath*, NJ 1993, 433.

⑥ 仅见 ICTY, "*Tadić*"(AC), Decision on the Defence Motion for Interlocutory Appeal on Jurisdiction, 02.10.1995, Rn. 28 ff., 50 ff.;关此问题,详见 *König*, Die völkerrechtliche Legitimation der Strafgewalt internationaler Strafjustiz, 2002, S. 28 ff.

* 《联合国宪章》第 41 条:"安全理事会得决定所应采武力以外之办法,以实施其决议,并得促请联合国会员国执行此项办法。此项办法得包括经济关系、铁路、海运、航空、邮、电、无线电及其他交通工具之局部或全部停止,以及外交关系之断绝。"第 42 条:"安全理事会如认第 41 条所规定之办法为不足或已经证明为不足时,得采取必要之空海陆军行动,以维持或恢复国际和平及安全。此项行动得包括联合国会员国之空海陆军示威、封锁及其他军事举动。"——译者注

第 39 条*)。"准此,因个案而特别设立国际性的刑事法庭,乃是《联合国宪章》第七章许可的措施。

再者,为了"恢复国际和平与安全",都可根据《联合国宪章》第七章采取军事强制动作了,相形之下,设立特设法庭显得"小巫见大巫"。前南法庭在 Tadic 裁判指出,《联合国宪章》第 41 条并未就"应采武力以外之办法"列出清单设限,况且,"前南法庭之设立,是出于不受司法审查的联合国安理会之政治决议"。因此,前南法庭自己并不质疑本身的裁判权。[61]

于案例 29,如上所述,前南法庭有权裁判 T 的国际法犯行。T 质疑联合国设立特设法庭的合法性,并无理由。总言之,前南法庭对前南斯拉夫地区的国际法犯行有管辖权,目前已获承认。

七、卢旺达问题国际刑事法庭

联合国安理会依照前南法庭的模式,于 1994 年 11 月 8 日以第 955 号决议设立"追究 1994 年 1 月 1 日至 1994 年 12 月 31 日期间,在卢旺达境内或卢旺达国民在邻国严重违反国际人道法"的卢旺达问题国际刑事法庭(ICTR,以下简称卢旺达法庭)。[62] 借此,安理会在因应卢旺达胡图族(Hutu)对属于少数民族的图西族人(Tutsi)的残暴屠杀,受害死亡人数在极短时间内即超过 80 万人。又依安理会 1995 年 2 月 22 日第 977 号决议,卢旺达法庭设在非洲坦桑尼亚的 Arusha。 29

卢旺达法庭和前南法庭有诸多相同之处。卢旺达法庭的法律基础,也是来自《联合国宪章》第七章。所不同者,是卢旺达的国家领导人主动请求联合国设立卢旺达法庭,并在卢旺达担任联合国安理会非常任理 30

---

* 《联合国宪章》第 39 条:"安全理事会应断定任何和平之威胁、和平之破坏或侵略行为是否存在,并应作成建议或抉择依第 41 条及第 42 条规定之办法,以维持或恢复国际和平及安全。"——译者注

[61] ICTY, "*Tadić*" (AC), Decision on the Defence Motion for Interlocutory Appeal on Jurisdiction, 02.10.1995, Rn. 28 ff.

[62] http://www.un.org/Docs/scres/1994/scres94.htm. 相关裁判,参见 *Schabas*, Northwestern University Journal of International Human Rights 6 (2008), 382 ff.; *Mugwanya*, Northwestern University Journal of International Human Rights 6 (2008), 415 ff.; *Klip/Sluiter* (Hrsg.), Annotated Leading Cases of International Criminal Tribunals, 与专栏:"Current developments at the ad hoc International Criminal Tribunals" des JICJ.

国时,积极促成通过第 955(1994 年)号决议。最后,《卢旺达问题国际刑事法庭规约》(以下简称《卢旺达法庭规约》)规定的事物管辖范围与《前南法庭规约》不同,前者并未将战争罪列入管辖范围。《卢旺达法庭规约》排除战争罪的理由在于,卢旺达种族屠杀是一种内国冲突,而战争罪要件的国际习惯法效力可否适用于内国冲突(非国际冲突)的问题,在该卢旺达事件发生时点仍不明朗(对此,参见第十六章 Rn. 56,58 以下)。前已提到的《完成工作战略》也与卢旺达法庭有关,但《完成工作战略》起初对各个程序阶段预告的结案日期,也一样未如期完成。作为卢旺达法庭后续机关的联合国"刑事法庭余留事项国际处理机制"(MICT),自 2012 年 7 月 1 日开始接手卢旺达法庭之审判工作(参见本章 Rn. 19)。

八、混合法庭

31　　除了卢旺达法庭和前南法庭这两个特设法庭之外,对罪大恶极犯行的追诉日益国际化,也表现在另外一种数量持续成长的法庭模式上。这种法庭模式,除了同时以内国法及国际法为设置之法律基础外,法官组织与控诉机关也是由内国及国际司法人员共同组成。这种在人员组织与法律适用都结合内国法及国际法元素的新模式,可称为"混合法庭"或"混合法院"(hybrides Gericht)。[63]

举例:

① 东帝汶民主共和国(East Timor)在司法重建期间,联合国过渡政府在首都 Dili 的地方法院设立法庭(panel),承审例如灭绝种族、战争罪、危害人类罪、谋杀或酷刑等最严重的犯行。[64] 现在已停止运作。

② 塞拉利昂特别法庭(Special Court for Sierra Leone,以下简称

---

[63] 混合法庭,详见 Linton, Criminal Law Forum 2001, 185 ff.; Dickinson, AJIL 2003, 295 ff.; Romano u.a.(Hrsg.), Internationalized Criminal Courts: Sierra Leone, East Timor, Kosovo and Cambodia, 2004; von Braun, Internationalisierte Strafgerichte.Eine Analyse der Strafverfolgung schwerer Menschenrechtsverletzungen in Osttimor, Sierra Leone und Bosnien-Herzegowina, 2008; Ruhs, Hybride Gerichte, rescriptum 2012, 46 ff.

[64] 相关裁判,参见 Klip/Sluiter (Hrsg.), Annotated Leading Cases of International Criminal Tribunals.

SCSL),以联合国与塞拉利昂共和国政府缔结的国际条约为设立基础[65],法庭任务是对1996年11月30日起严重违反国际人道法及塞拉利昂内国法之人进行追诉与审判(参见《塞拉利昂特别法庭规约》第1条)。所审理案件中,最受瞩目的,莫过于对利比里亚爱国阵线联盟前领导人 Charles Taylor 的审判,除了因为他是利比里亚前总统身份特殊之外,也因为这是一场对拥有邻国国籍之人(Taylor 为利比里亚籍)进行的审判。基于安全理由,这个案件后来移至国际刑事法院所在地的荷兰海牙审理(利用国际刑事法院场地)。塞拉利昂特别法庭之一审法庭对 Taylor 的全部11个起诉案件,在2012年4月26日都被判决有罪,同年5月30日并判决执行50年有期徒刑。经检辩上诉,塞拉利昂特别法庭之上诉审于2013年9月26日维持原审判决而定案,于10月15日将 Taylor 移送到英国执行。[66]

③ 柬埔寨法院之特别法庭(Extraordinary Chambers in the Courts of Cambodia,以下简称 ECCC),是依柬埔寨王国和联合国签署的双边协议所设立[67],自2006年起,以刑事司法处理红色高棉时期(Khmer Rouge,1975年4月17日至1979年1月6日)犯行的内国司法体系,以处罚违反柬埔寨内国法或国际法的犯行。在2010年7月26日,Kaing Guek Eav (别名 Duch)成为第一个被判决有罪的被告,刑期为35年,但经检辩上诉后,特别法庭于2012年2月3日将刑度提高为无期徒刑。此外,2012年7月又对红色高棉的其他4名成员开始审判程序。[68]

④ 伊拉克高等法庭(Iraqi High Tribunal),由美国占领机关所建立,2003年12月10日经伊拉克政府委员会核准,也可定性为混合法庭。该法庭组织上独立于伊拉克司法体系之外,审判伊拉克人于1968年7月17

---

[65] http://www.sc-sl.org. 此措施之合法性问题,参见 SCSL,"*Fofana*" (AC), Decision on Preliminary Motion on Lack of Jurisdiction Materiae: Illegal Delegation of Powers by the United Nations, 25.05.2004, Rn. 12 ff.;相关裁判,参见 *Klip/Sluiter* (Hrsg.), Annotated Leading Cases of International Criminal Tribunals。(简说可参见邓衍森:《Charles Taylor 案对国际刑事司法发展之影响》,载《月旦法学教室》2012年第119期,第33页以下。——译者注)

[66] http://www.sc-sl.org/LinkClick.aspx? fileticket=rHbdqmtDjKg%3d&tabid=53.

[67] http://www.unakrt-online.org/Docs/Court%20Documents/Agreement_between_UN_and_RGC.pdf.

[68] 更多信息,详见 http://www.eccc.gov.kh/en.

日至 2003 年 5 月 1 日间之犯行;伊拉克法官适用的是国际程序法。高等法庭审理的最重要被告是伊拉克前总统 *Saddam Hussein*(海珊),已经判处死刑,于 2006 年 12 月 30 日执行完毕。[69]

⑤ 波斯尼亚和黑塞哥维那(Bosnia and Herzegovina)的"战争罪法庭"(War Crimes Chamber,以下简称 WCC)[70],其任务在延续前南法庭的工作,本身也属混合法庭。不同于前述各国法庭,波国的战争罪法庭完全并入内国司法,因为该法庭之设立目的,还兼及应强化当地的法治国原则。[71] 这一功能,也可从自战争罪法庭成立以来,该法庭国际法官与波国国内法官人数比例之消长清楚看出。一开始,波国的内国法官在 3 人合议的审判庭仍属少数,今日则居于多数。如此一来,战争罪法庭将逐渐褪下混合法庭的色彩。

⑥ 最近成立的混合法庭(至 2013 年 3 月止),是联合国与黎巴嫩共和国签署协议而设立的"黎巴嫩特别法庭"(Special Tribunal for Lebanon,以下简称 STL)。[72] 由于黎巴嫩国会未批准黎巴嫩特别法庭及作为其法律依据的法庭规约,联合国安理会于是通过第 1757(2007 年)号决议[73],以《联合国宪章》第七章所称之"措施"来要求设置法庭及其规约,并于 2007 年 6 月 10 日正式生效。特别法庭受理的主要案件是 2005 年 2 月 14 日造成黎巴嫩总理 *Hariri* 死亡的攻击事件。除此之外,2004 年 10 月 1 日至 2005 年 12 月 31 日间的犯罪,只要是与 2005 年 2 月 14 日攻击事件有关者,也都在特别法庭的管辖范围内。职是之故,黎巴嫩特别法庭是第一个为审判恐怖攻击事件而设立的法院。

这些混合法庭的共通点,除了"混合"的结构外,还有其法庭地址原

---

[69] 从伊拉克观点看伊拉克高等法院,参见 Al-Ani, The Trial of Saddam Hussein, 2008.(可另参见林雍升:《从国际刑法理论检视海珊审判程序》,载《台湾国际法季刊》2010 年第 7 卷第 2 期,第 207 页以下。此外,国际刑法历史发展,亦可参见林雍升:《从国际刑法的发轫到国际刑事法院的成立——兼述〈罗马规约〉的主要内容》,载《台湾国际法季刊》2005 年第 2 卷第 2 期,第 282—297 页。——译者注)

[70] http://www.sudbih.gov.ba/?jezik=e.

[71] 参见 *von Braun*, Internationalisierte Strafgerichte. Eine Analyse der Strafverfolgung schwerer Menschenrechtsverletzungen in Osttimor, Sierra Leone und Bosnien-Herzegowina, 2008, S. 341 f.

[72] http://www.stl-tsl.org;关于黎巴嫩特别法庭,可参见 *Mettraux*, JICJ 2009, 911 ff.; *Kirsch/Oehmichen*, ZIS 2011, 800 f.

[73] http://www.un.org/Depts/german/sr/sr_07/sr1757.pdf.

则上均设于犯罪地所在国,这点与个案特设法庭不同。⑭ 这些设立于内国的混合法庭(无论其形态是内国司法体系之一部分,抑或与内国体系结合的特别法庭),不只适用国际刑法之"核心犯罪"(即以《罗马规约》为范本的犯罪要件),也各自适用其内国刑法。⑮

 **自我测验**

一、纽伦堡国际军事法庭遭受哪些批评?(Rn. 11)

二、为何《纽伦堡国际军事法庭宪章》可称为"国际刑法之出生证明书"?(Rn. 12)

三、前南斯拉夫问题国际刑事法庭与卢旺达问题国际刑事法庭,各自法律设立的基础为何?(Rn. 19,28 以下)

四、纽伦堡国际军事法庭、前南斯拉夫问题国际刑事法庭及卢旺达问题国际刑事法庭,这些法庭的国际审判权与各国法院之审判权间的关系为何?(Rn. 6,21,30)

五、混合法庭的特色为何?其与个案特设法庭差异何在?其中,黎巴嫩特别法庭又有何特殊之处?(Rn. 31)

※ **新近文献**

Acquaviva, Was a Residual Mechanism for International Criminal Tribunals Really Necessary?, JICJ 2011, 789 ff.; *Boister/Cryer*, The Tokyo International Military Tribunal, 2008; *Engelhart*, Der Weg zum Völkerstrafgesetzbuch-eine kurze Geschichte des Völkerstrafrechts, Jura 2004, 734 ff.; *Griech-Polelle*, The Nuremberg War Crimes Trial and its policy consequences today, 2009; *Jones*, The Courts of Genocide, 2010; *Hassel*, Kriegsverbrechen vor Gericht.Die Kriegsverbrecherprozesse vor Militärgerichten in der britischen Besatzungszone unter dem Royal Warrant vom 18.Juni 1945(1945－1949), 2009; *Jones/Carlton-Hanciles/Kah-Jallow/Scratch/Yillah*, The Special Court for Sierra Leone, JICJ

---

⑭ 例外是黎巴嫩特别法庭,其基于安全考虑而设于荷兰的 Leidschendam;塞拉利昂特别法庭审理的 *Charles Taylor* 案也是例外,其在海牙进行。

⑮ 混合法庭可否成功达到国际刑法的目的,此问题可参见 *Mendez*, Criminal Law Forum 2009, 52 ff.

2004, 211 ff.; *Kaufmann/Marschner*, Eine kritische Bestandsaufnahme aktueller Entwicklungen der Außerordentlichen Kammern an den Gerichten von Kambodscha, ZIS 2011, 811 ff.; *Knowles*, The Power to Prosecute: The Special Court for Sierra Leone from a Defence Perspective, ICLR 2006, 387 ff.; *Magnarella*, The Background and Causes of the Genocide in Rwanda, JICJ 2005, 801 ff.; *Margetts/Hayden*, Current Developments at the "Ad hoc" International Criminal Tribunals, JICJ 2012, 447 ff.; *McDonald*, Problems, Obstacles and Achievements of the ICTY, JICJ 2004, 558 ff.; *Mendez*, The New Wave of Hybrid Tribunals: A Sophisticated Approach to Enforcing International Humanitarian Law or an Idealistic Solution with Empty Promises?, CLF 2009, 52 ff.; *Meron*, Cetennial Essay: Reflections on the Prosecution of War Crimes by International Tribunals, AJIL 2006, 551 ff.; *Mettraux*, The Internationalization of Domestic Jurisdictions by International Tribunals: The Special Tribunal for Lebanon Renders Its First Decisions, JICJ 2009, 911 ff.; *Møse*, Main Achievements of the ICTR, JICJ 2005, 920 ff.; *Rautenberg*, In Memoriam Nürnberger Juristenprozess: Die Auseinandersetzung mit dem NS-Justizunrecht in den beiden deutschen Teilstaaten, GA 2012, 33 ff.; *Riznik*, Die voraussichtliche Schließung des ICTY im Jahre 2013 – Ein Freibrief für flüchtige Kriegsverbrecher?, AVR 2009, 220 ff.; *Ruhs*, Hybride Gerichte, rescriptum 2012, 46 ff.; *Scharf*, The Iraqi High Tribunal: A Viable Experiment in International Justice?, JICJ 2007, 258 ff.; *Schomburg*, Die Ad-hoc-Strafgerichtshöfe für das ehemalige Jugoslawien und Ruanda - Ihre immanenten Grenzen auf der Suche nach der Wahrheit, Betrifft Justiz 2009, 108 ff.; *Swoboda*, Didaktische Dimensionen internationaler Strafverfahren – dargestellt am Beispiel der UN ad hoc-Tribunale, ZIS 2010, 100 ff.; *Warburton/Culp*, Can Domestically Seated War Crimes Tribunals Generate Positive Externalities? A Case Study of the Special Court for Sierra Leone, in: Anderopoulos et al., International Criminal Justice: Critical Perspectives and New Challenges, 2011, 169 ff.; *von Selle*, Prolog zu Nürnberg – Die Leipziger Kriegsverbrecherprozesse vor dem Reichsgericht, ZNR 1997, 193 ff.

第十四章　国际刑事法院

▶ 案例 30：M 国是《国际刑事法院规约》的缔约国。该国 2003 年发生危害人类犯行，在政界有十足影响力的 G 将军涉嫌重大。

a. M 国追诉机关对 G 进行侦查，但进度极为缓慢，历时 5 年仍无具体程序结果。

b. 经过短暂的刑事程序后，M 国法院以 G 在相关事件有帮助伤害及过失致人死亡，判决有罪，科处 1 年有期徒刑并宣告缓刑。

国际刑事法院检察官初步侦查认为，G（于上述 a 与 b）应由国际刑事法院受审，故拟进一步侦查。试问：国际刑事法院检察官可否径自继续侦查？（本章 Rn. 23,38）

第二次世界大战后的纽伦堡法庭和东京法庭，过去就经常被批评为"胜利者司法"。近期以联合国安理会决议所设立的"特设法庭"（前南斯拉夫问题国际刑事法庭、卢旺达问题国际刑事法庭），也同样难以免除责难，因为"安理会设置特设法庭，已逾越自身权限"。除此之外，这些特设国际刑事法庭之审判权，也一直被批评"只非常选择性地追诉某些国际犯行"。① 联合国加快在荷兰海牙设立常设性国际刑事法院（International Criminal Court，以下简称 ICC）的步调，也是为了响应这些批评。借由国际刑事法院之设立，内国刑事追诉将由一个有效运作且审判中立的国际性法院从旁适当辅助。

于是，先后成立的筹备委员会（ad hoc-Committee 与 Preparatory Committee），以联合国 1994 年《国际法委员会规约草案》（ILC Draft Statute）为底本，草拟出《国际刑事法院规约草案》（Draft Statute for the International

---

① 完整说明，*Ahlbrecht*, Geschichte, S. 73 ff., 330 ff.

Criminal Court)。② 经联合国不同小组的准备作业后,草案审议有大幅进展。联合国大会在 1997 年 12 月决议,于 1998 年 6 月 15 日至 7 月 17 日在意大利罗马召开各国全权代表外交会议。③ 这次会议,计有 160 个国家、17 个国际组织与 250 个非政府组织与会。经过费力且冗长的协商,终于在最后一刻,也就是会议最后一天,才表决通过《国际刑事法院罗马规约》(Rome Statute of the International Criminal Court)④,以下简称《罗马规约》(Rome Statute)或《国际刑事法院规约》(International Criminal Court Statute),为国际社会成立第一所独立常设刑事法院奠立了基石。表决结果,120 个国家投票赞同《罗马规约》,7 国反对,21 国弃权。⑤ 反对的国家形成不寻常"结盟":美国、中国、伊拉克、以色列、也门、卡塔尔及利比亚。*

德国于 1998 年 12 月 10 日签署《罗马规约》,2000 年 12 月 11 日批准,成为第 25 个缔约国(另参见第十七章 Rn. 1 以下)。

3 《罗马规约》的生效条件,是至少 60 个国家以有国际法拘束力之方式接受《罗马规约》(参见《罗马规约》第 126 条第 1 项)。这个条件在 2002 年 4 月 11 日达成,明显早于预期。因此,规约于 2002 年 7 月 1 日正式生效。缔约国大会(Assembly of State Parties)现有 122 个缔约国组成(2013 年年底)。⑥ 欧盟国中最后一个加入《罗马规约》的是捷克,其于 2009 年 7 月加入。

一、法规结构

4 《罗马规约》分为前言与 13 编,共 128 个条文。为概览法典结构,以

---

② ICC Draft Statute, UN Doc. /A/CONF. 183/2/Add. 1.;另见第十三章 Rn. 17。
③ 联合国 1997 年第 52 届大会第 160 号决议(UN General Assembly Resolution 52/160)。
④ Sartorius II, Nr. 35.[《国际刑事法院罗马规约》有简体中文版,是规约作准文本之一(参见《罗马规约》第 128 条),可参照附录二。值得一读的《罗马规约》简介,如赵彦清:《国际刑法与国际刑事法院常设化之新发展》,载《月旦法学杂志》2001 年第 76 期,第 206 页以下。——译者注]
⑤ 已达到《维也纳条约法公约》第 9 条第 2 项规定的 2/3 条约表决数。
* 当日投票采无记名方式,在各国发表声明时才知投票立场,参见李世光、刘大群、凌岩主编:《国际刑事法院罗马规约(上册)》,北京大学出版社 2006 年版,第 17 页(本书有丰富的罗马会议记事与讨论经过,极具考证价值)。——译者注
⑥ 缔约国名单:http://treaties.un.org/Pages/ViewDetails.aspx? src = TREATY& mtdsg_no = XVIII-10&chapter=18&lang=en。

下列出各编编名及条号范围:

第一编:法院设立(Establishment of the Court, Art. 1-4)

第二编:管辖权、可受理性和适用的法律(Jurisdiction, admissibility and applicable law, Art. 5-21)

第三编:刑法的一般原则(General principles of criminal law, Art. 22-33)

第四编:法院组织(Composition and administration of the Court, Art. 34-52)

第五编:正式侦查和起诉(Investigation and prosecution, Art. 53-61)

第六编:审判(The trial, Art. 62-76)

第七编:刑罚(Penalties, Art. 77-80)

第八编:上诉、抗告和再审(Appeal and revision, Art. 81-85)

第九编:国际合作和司法协助(International cooperation and judicial assistance, Art. 86-102)

第十编:执行(Enforcement, Art. 103-111)

第十一编:缔约国大会(Assembly of States Parties, Art. 112)

第十二编:财务事项(Financing, Art. 113-118)

第十三编:最后条款(Final clauses, Art. 119-128)

二、法院职责

国际刑事法院的主要职责,在于将犯有严重罪行,且因犯行之复杂性而不只涉及直接被害人,更及于整个国际社会的个别犯罪人,绳之以法。[7]   5

个人在国际间的犯罪行为,是否可当做国家违反国际法,而成为可归责于国家之国际责任的问题(第十二章 Rn. 10, 11),并不在国际刑事法院管辖权之内。[8] 对国家责任方面的国际法争讼,乃是由同样位于荷兰海牙的国际法院(IGH)管辖,其应与国际刑事法院严格区分。

---

[7] 参见《罗马规约》前言第4段"对于整个国际社会关注的最严重犯罪,绝不能听之任之不予处罚";详见 Triffterer-*Triffterer*, Rome Statute, preamble Rn. 12 ff.

[8] *Seidel/Stahn*, Jura 1999, 14, 15.

三、管辖权

(一) 行为人管辖

6 《罗马规约》只规定自然人的可罚性,即属人管辖(Zuständigkeit "ratione personae";《罗马规约》第25条第1项"个人刑事责任")。⑨ 法国曾建议涵盖私法人及非法人团体,但未获采纳。但如同前述,这种追诉个人刑事责任的规定,不影响国家依国际法所应承担的责任(《罗马规约》第25条第4项)。

《罗马规约》第26条规定,18岁以上有责任能力。但应注意,这并非一般性地界定国际法上的刑事责任年龄。之所以限制在满18岁,实际考虑背景,毋宁是罗马会议与会者短期内对少年国际刑法难以达成共识。⑩ 对此,《罗马规约》第26条想出一个"聪明的"解决方案,其规定对于犯罪时未满18岁之人,"本法院不具有管辖权",亦即并不排除未成年人的刑事责任,而仅是将国际刑事法院管辖权限于满18岁的行为人。⑪

7 依《罗马规约》第27条,内国法的刑事豁免权(例如《德国基本法》第46条第2项的国会议员不受逮捕权)并不妨碍国际刑事法院行使审判权,内国这种规定并不具重要性。依此,就如《罗马规约》第27条第1项所强调的,国家或政府元首的公职身份也无法免除《罗马规约》之刑事责任,亦不构成减刑事由。⑫

(二) 事物管辖

8 国际刑事法院的事物管辖(Zuständigkeit "ratione materiae"),限于四种与整体国际社会有关的特别严重之"核心犯罪"(另参见第十二章 Rn. 3):灭绝种族罪、危害人类罪、战争罪以及侵略罪。

《罗马规约》将这些复合犯罪细分成将近70个犯罪行为。应强调者,这些犯罪要件规定是以管辖权条款(Zuständigkeitsvorschrift)的立法方

---

⑨ 关此及罪责原则,参见 *Gless*, Int. Strafrecht, Rn. 689 ff.
⑩ *Kreß*, Humanitäres Völkerrecht-Informationsschriften 1999, 5.
⑪ 相反,例如在"塞拉利昂特别法庭"(SCSL;参见第十三章 Rn. 31),其法庭规约第7条甚至规定可起诉15岁至18岁之少年,这在实务尚无前例。
⑫ 豁免权,参见第十五章 Rn. 45 以下。

式为之,尤其可从《罗马规约》第 5 条第 1 项第 2 句看出,其规定国际刑事法院之审判权(Gerichtsbarkeit;jurisdiction)包括上述犯罪。⑬

关于侵略罪部分,国际刑事法院目前还不能行使管辖权,因为 1998 年的罗马会议未能就侵略罪要件的内涵描述达成共识。2010 年夏季(5 月 31 日至 6 月 11 日),《罗马规约》的缔约国大会在乌干达首都坎帕拉(Kampala)召开审查会议(Review Conference),会中虽就侵略罪之定义及国际刑事法院行使管辖权的前提达成共识,但依协议,这项决议最快在 2017 年 1 月 2 日才生效(参见第十六章 Rn. 76 以下)。准此,国际刑事法院管辖权现阶段仍只限于灭绝种族罪、危害人类罪和战争罪。

(三) 土地管辖与"连系因素"

如将上述犯罪要件当做在保护整体国际社会的所有法益,那么土地管辖合理的连系因素就应该是世界法原则。⑭ 果真如此,即意味着在非规约国的领域,由一非缔约国之国民对另一非缔约国之国民犯罪者,也在国际刑事法院管辖范围内。然而,这种世界法原则的应用本身虽然合理,但最终则碍于主权考虑而未获《罗马规约》采纳。

9

除非是联合国安理会提案,而可不问土地管辖外(参见《罗马规约》第 13 条第 2 款),否则依见《罗马规约》第 12 条第 2 项,国际刑事法院仅对发生于缔约国领域内之犯罪(属地原则)以及缔约国国民所犯之罪(积极属人原则)有管辖权。与世界法原则一样,个人保护原则在罗马会议中也未获采用。无论如何,由于采取属地原则,原则上即有可能使非缔约国的国民也受国际刑事法院管辖,而此可能性在罗马会议上遭到美国代表团主席强力抵制。但将连系因素限缩在积极属人原则与属地原则,其结果是导致非缔约国之政府在对自己国民犯下国际法犯行时,将不受国际刑事法院管辖。

尽管如此,《罗马规约》第 12 条第 3 项仍规定所谓的选择性加入条款(Opt-in-Klausel),即一国可个案(ad hoc)承认国际刑事法院的管辖权,而

10

---

⑬ 国际刑事法院德国籍 Kaul 法官在 IStGH,"*Ruto, Kosgey and Sang*" (PTC II),Decision on the Prosecutor's Application for Summons to Appear,15.03.2011,Rn. 7 不同意见书表示,在判断事物管辖时必须采取高标准。

⑭ 世界法原则,参见第四章 Rn. 3 以下与第十七章 Rn. 38,39。

无须事先具备缔约国之资格。依此规定,不属于规约缔约国的国家,亦可将个案提交国际刑事法院审理。对于曾受蔑视人权的独裁者统治,以致拒绝加入《罗马规约》的国家而言,这种个案承认机制在其脱离独裁统治后,欲将该独裁者送交国际刑事法庭审判时尤具重要性。⑮ 此时,相关国家如欲开启国际刑事法院对个案的属地管辖权者,只要作出简单的声明即可。

(四) 时间管辖

11　　时间管辖(Zuständigkeit "ratione temporis")方面,《罗马规约》第11条规定,只适用于规约生效后(2002年7月1日)发生之犯罪。在《罗马规约》生效后才缔约的国家,国际刑事法院只能就规约对该国生效后所发生的犯罪行使审判权。不过,如该国自己另向国际刑事法院书记官长提交声明,表示国际刑事法院对该国缔约前之犯罪亦得行使管辖权时,国际刑事法院则可管辖先前之犯罪(参见《罗马规约》第11条第2项、第12条第3项)。

四、开启法院运作(启动机制)

12　　国际刑事法院不会单纯因为符合其管辖权,便自动执行职务,而是须有《罗马规约》第13条"启动机制"(所谓 trigger mechanisms)列举的3种情形之一存在时,才会开启法院运作。⑯

　　与德国刑事诉讼不同的是,国际刑事法院不是自始只调查一个或数个特定犯罪行为或案件。正确言之,国际刑事法院启动机制所针对的是一项"情势"(Situation)。所谓情势,是指于一个国家发生的所有法律与事实事件之整体,而对有意启动国际刑事法院运作者而言,可怀疑这些事件已违犯《罗马规约》规定的犯罪。国际刑事法院倘受理而开始侦查,便会从地域、时间和个人(即所有可能的行为人与被害人)广泛调查这些事件。调查后,就会得出可各自独立起诉及成为审判客体的具体案件。⑰

---

⑮　*Ntanda Nsereko*, Criminal Law Forum 1999, 87, 106.
⑯　详细介绍,参见 *Olásolo*, The Triggering Procedure of the International Criminal Court, 2005.
⑰　参见 *Olásolo*, ICLR 2005, 121, 125 f.; *Rastan*, Criminal Law Forum 2008, 435 ff.;"情势"与"案件"之区分,亦可见《罗马规约》第13条与第17条不同的描述方式。

(一) 国家申诉(缔约国提交情势)

国家申诉(Staatenbeschwerde),是指缔约国向国际刑事法院检察官提交特定"情势",请求调查特定之人是否犯有受国际刑事法院管辖的犯罪(《罗马规约》第13条第1款、第14条)。由于国家申诉程序有造成两国外交严重纠纷之虞,可预期这类申诉案在国际刑事法院实务应较为罕见。有相似机制的欧盟(参见《欧盟运作条约》第259条)和《欧洲人权公约》(参见《欧洲人权公约》第33条),其实务经验也指出,欧盟国或公约国几乎不使用国家申诉程序。[18] 国家申诉只有在缔约国提交本国情势而请求国际刑事法院检察官调查,即所谓自我提交(self referral)的情况下,才有较大的重要性。"自我提交"在《罗马规约》制定会议上几乎未受重视[19],今日实况却显示这才是启动国际刑事法院运作的核心机制。[20]

13

举例:缔约国以自我提交方式而被国际刑事法院受理者,目前共有4件[21]:

① 乌干达共和国总统 *Museveni* 在 2003 年 12 月,向国际刑事法院检察官提交一份国内情势,请求发动侦查。该情势显示,可能存在一起或多起违犯国际刑事法院所管辖之犯罪。[22]

② 刚果民主共和国于 2004 年 3 月提交了一份类似情势给国际刑事法院检察官,同年 6 月展开首次侦查程序。2009 年 1 月开始对前叛军首领 *Thomas Lubanga* 进行审判程序,第一审法庭在 2012 年年底对他判处 14 年有期徒刑。[23]

---

[18] Hoffmeister/Knoke, ZaöRV 1999, 785, 793;欧盟国主动对违反条约诉讼(《欧盟运作条约》第259条)较无实际重要性。欧体时代之规定为《欧体法》第 227 条,仅见 Streinz-Ehricke, Art. 259 AEUV Rn. 3;《欧洲人权公约》方面,相较于个人申诉案,《欧洲人权公约》第 33 条国家申诉案的重要性显得微不足道,参见第十一章 Rn. 101 以下与 Peters/Altwicker, EMRK, §36 Rn. 1.

[19] 但在罗马会议有讨论"自我提交",参见 Robinson, JICJ 2011, 355, 361 ff.

[20] 关于"自我提交",参见 Kreß, JICJ 2004, 944 ff.; Schabas, Introduction, S. 164 f.

[21] 相关情势与所形成之案件,均引自国际刑事法院网页: http://www.icc-cpi.int/en_menus/icc/situations and cases/situations/Pages/situations index.aspx.

[22] 乌干达的情势,参见 Apuuli, Criminal Law Forum 2005, 391 ff.; Zeidy, ICLR 2005, 83 ff.

[23] IStGH, "Lubanga" (TC I), Judgment pursuant to Article 74 of the Statute, 14. 03. 2012 与 IStGH, "Lubanga" (TC I), Decision on Sentence pursuant to Article 76 of the Statute, 10. 07. 2012;对此参见 Barthe, JZ 2013, 88 ff.

③ 中非共和国在 2005 年 1 月、马里共和国在 2012 年 7 月分别向国际刑事法院提交国内情势。

14　　由于《罗马规约》对于自我提交并无明确规定，究竟可否以《罗马规约》第 13 条第 1 款为法源依据，遂生争议。㉔ 反对者认为，至少在提交国法律制度有一定程度以上的完善运作者，如由内国自己审理，将有助于强化该国法律制度；再者，也令人疑虑提交国乃是利用自我提交，为自己的追诉义务开启冠冕堂皇又简便的规避途径。㉕ 但从另一个角度来看，"自我提交"的情况可说是符合《罗马规约》第 17 条补充性条款的要件，即内国对自行追诉案件欠缺意愿或欠缺可能性时，由国际刑事法院行使管辖权即具备合法性。㉖ 以目前实务来说，国际刑事法院 Lubanga 案的第一预审分庭（Vorverfahrenskammer I）已认为自我提交符合规约规定。㉗

（二）检察官独立侦查

15　　国际刑事法院检察官得依职权主动侦查（即所谓 proprio motu，参见《罗马规约》第 13 条第 3 款、第 15 条第 1 项），即所谓 proprio motu（拉丁文，意思是"自行为之"）。罗马会议期间，这项启动机制在克服部分质疑国际刑事法院的与会国强烈反对后，终获通过。另一方面，检察官所开启的独立初步侦查会连结到国际刑事法院预审分庭的核可，亦即，检察官须经预审分庭授权，才可进入正式侦查：《罗马规约》第 15 条第 4 项规定，由预审分庭审查是否存有进行侦查的充分根据，以及侦查之案情是否属于国际刑事法院审判权的案件。

举例：

① 国际刑事法院第一任检察官 *Luis Moreno Ocampo*（任职到 2012 年

㉔ 参见 *Robinson*, JICJ 2011, 355 ff.

㉕ *Burke-White*, Harv. Int. LJ 2008, 53, 62 f.；*Jurdi*, ICLR 2010, 73, 95 f.

㉖ *Schabas*, ICC, S. 148；然而，至少在欠缺意愿的情形（《罗马规约》第 17 条："无意愿"）会有某程度的矛盾，因为规约国主动提交情势给国际刑事法院，正表达了其希望处理这些事件的意愿，参见 *Jurdi*, ICLR 2010, 73, 78 ff.

㉗ IStGH, "*Lubanga*" (PTC I), Decision concerning Pre-Trial Chamber I's Decision of February 2006 and the Incorporation Documents into the Record of the Case, 24.2.2006, Rn. 35；另参见 *Werle*, Völkerstrafrecht, Rn. 295；批评"自我移交"的合法性与过度适用，*Müller/Stegmiller*, JICJ 2010, 1267 ff.

6月中),在2009年11月26日申请第二预审分庭授权对肯尼亚共和国的情势展开正式侦查。该情势是关于肯尼亚2007年12月总统大选争议,而在2007年与2008年之交引发的动乱。2009年7月,在肯尼亚进行调查的国际 Waki 委员会向检察官提出情势之资料。第二预审分庭于2010年2月18日表示,检察官必须就该情势提出进一步数据,分庭才有可能许可侦查。最后,该分庭于2010年3月31日授权正式侦查。㉘

② 科特迪瓦共和国在2010年年底总统选举后,爆发武装冲突,国际刑事法院检察官 *Luis Moreno Ocampo* 主动开启初步侦查;全案经第三预审分庭核准而进入正式侦查。㉙ 本件情势值得注意之处为,科特迪瓦共和国当时并非《罗马规约》缔约国,而是根据该国政府已于2003年4月18日依《罗马规约》第12条第3项提出"选择性加入"声明(选择性加入,参见本章 Rn. 10),国际刑事法院才因此对本案有管辖权。现在,科特迪瓦共和国已于2013年2月15日批准《罗马规约》,成为第122个缔约国。

国际刑事法院成立之初,国际刑事法院检察署收到大量"情报",即含有可能情势的私人信件(例如关于伊拉克、巴勒斯坦的情势),请求其开启侦查。但检察署当时拒绝受理这些举报。㉚

(三) 联合国安全理事会决议

启动机制的最后一项,是联合国安全理事会得依《联合国宪章》第七章以决议方式,向国际刑事法院检察官提交特定之情势,以请求侦查(《罗马规约》第13条第2款),所涉国家是否为《罗马规约》之缔约国,在所不问。因此,这项"联合国安理会提交"条款,对国际刑事法院的有效运作极具重要性。㉛ 惟仍不可忽略,目前为止,尤其是安理会常任理事国

㉘ IStGH(PTC II), Decision Pursuant to Article 15 of the Rome Statute on the Authorization of an Investigation into the Situation in the Republic of Kenya, v. 31. 03. 2010.

㉙ IStGH(PTC III), Decision Pursuant to Article 15 of the Rome Statute on the Authorisation of an Investigation into the Situation in the Republic of Côte d'Ivoire, 03. 10. 2011.

㉚ 批评:*Schabas*, CLF 2011, 493, 506.

㉛ 另见 *Kaul*, Humanitäres Völkerrecht-Informationsschriften 1998, 138, 139.

之一的美国,还对国际刑事法院抱持怀疑甚至敌对的立场。[32] 因此,安理会常任理事国的否决权[33]将导致此一理论上重要的启动机制,于实务意义相对弱化。

虽然有上述否决权问题,安理会在 2005 年 3 月 31 日仍通过第 1593 (2005 年)号决议[34],将苏丹共和国 Darfur 地区的情势提交给国际刑事法院。美国在表决时弃权[35],但其有此举动的关键在于,该项决议附带一项保留条件,即非缔约国的国民(尤其是美国人)毋庸担心遭到国际刑事法院追诉。[36] 这项限制虽属必要的政治妥协,但其实有违《罗马规约》第 13 条第 2 款法理,也不符合国际刑事法院整体构想。2008 年 7 月,国际刑事法院检察官作出令全球瞩目的举动,就是向国际刑事法院申请逮捕苏丹共和国任职中的总统 Omar Al Bashir,国际刑事法院在 2009 年 3 月核准逮捕令[37];2010 年 7 月 12 日又发出第二张逮捕令,罪名是灭绝种族罪。[38]

---

[32] 美国对国际刑事法院的态度,参见 Kindt, KritJ 2002, 427 ff. 及 Ipsen, in: Ipsen, Völkerrecht, §42 Rn. 29. [美国迄今未接受《罗马规约》,因为对美国人可被国际刑事法院追究刑责一事,至感不满。《罗马规约》通过的初期,美国就有强烈的反应:美国制定一部法案,禁止国内机关与国际刑事法院合作,并授权美军得前往海牙,"解救"被国际刑事法院控诉且关押之美国国民,执行必要时并可使用武力,于是这一法案被讥称为"海牙入侵法案"(Hague Invasion Act)。再者,美国要求,联合国安理会所通过的维和行动决议中,对于参与行动的美国人部分,应有明文保障其等享有豁免权的条款(Christian Tomuschat:《国际刑事法院十周年》,王士帆译,载《月旦法学杂志》2013 年第 222 期,第 199 页);另参见陈荔彤:《国际刑事法院的诞生与美国主张豁免管辖的国际法实践》,载《月旦法学杂志》2003 年第 92 期,第 92 页以下。——译者注]

[33] 安理会常任理事国之否决权,参见《联合国宪章》第 27 条第 3 项:"安全理事会对于其他一切事项之决议,应以 9 个理事国之可决票包括全体常任理事国之同意票表决之;但对于第六章及第 52 条第 3 项内各事项之决议,争端当事国不得投票。"

[34] UN Security Council Resolution 1593: http://www.iccnow.org/documents/SC1593.31March05.Fr.pdf.

[35] 参见 Bassiouni, JICJ 2006, 421, 425.

[36] Kurth, Das Verhältnis des Internationalen Strafgerichtshofs zum UN-Sicherheitsrat, 2006, S. 73 f. [该决议第 6 点表示"没有加入《国际刑事法院罗马规约》的苏丹境外派遣国的国民、现任或前任官员或人员因安理会或非洲联盟在苏丹建立或授权的行动而产生的或与其相关的所有被控行为或不行为,皆应由该派遣国对其实施专属管辖权,除非该派遣国已明确放弃此种专属管辖权"(官方中文)。——译者注]

[37] 逮捕罪名是战争罪、危害人类罪(http://www.icc-cpi.int/iccdocs/doc/doc639078.pdf);批评,Nguyen, HRRS 2008, 368 ff.

[38] IStGH (PTC I), Second Warrant of Arrest for Omar Hassan Ahmad Al Bashir, 12.07.2010 (http://www.icc-cpi.int/iccdocs/doc/doc907140.pdf).

尽管国际刑事法院动作频频，*Al Bashir* 仍是自由身，继续行使苏丹总统之职务。㊴

2011 年 2 月 26 日，联合国安理会又一次使用《罗马规约》第 13 条第 2 款的提交权限，以安理会第 1970(2011 年)号决议㊵，通过将利比亚情势提交给国际刑事法院。所提交的情势内容，是 2011 年 2 月 15 日起在利比亚因民主运动而使平民遭受侵害的事件。值得注意者，这是联合国安理会第一次以一致决通过提案予国际刑事法院。㊶ 2011 年 6 月 27 日，国际刑事法院第一预审分庭根据该院检察官之申请而核发逮捕令，欲缉捕利比亚时任总统 *Muammar Gaddafi* 与其子 *Saif Al-Islam Gaddafi* 及该国情报头目 *Abdullah Al-Senussi*。㊷ *Muammar Gaddafi* 于 2011 年 10 月 20 日死亡，故国际刑事法院于同年 11 月 22 日中止对他的追诉程序。至于停留在利比亚的另两名被告，利比亚新政府目前仍拒绝将他们引渡到国际刑事法院。㊸

与部分文献疑虑相反的是，《罗马规约》第 13 条第 2 款其实未造成安理会扩权，因此也就不存在修改《联合国宪章》的必要性。实际上，安理会现在向国际刑事法院提交情势的法律基础(《联合国宪章》第七章)，正是过去用以设置特设国际刑事法庭的基础。㊹ 通过这样的提交方式，可避免安理会于国际刑事法院之外，还须另外因个案问题而新成立特设法庭(参见第十三章 Rn. 27,28)。

㊴ *Al Bashir* 任职苏丹总统期间，以这些逮捕令拘捕他的合法性并非毫无争议，参见 *Blommestijn/Ryngaert*, ZIS 2010,428 ff.；*Hoven*, ZIS 2011, 230, 232 f.

㊵ UN Security Council Resolution 1970(2011).

㊶ 详见 *Frau*, AVR 2011, 276 ff.；*ders.*, ZIS 2011, 784 ff.（也有讨论安理会超出国际习惯法而对个人制定刑事立法权限的问题）。

㊷ IStGH(PTC I), Decision on the Prosecutor's Application Persuant to Article 58 as to *Muammar Mohammad Abu Minya Gaddafi*, *Saif Al-Islam Gaddafi* and *Abdullah Al-Senussi*, 27.06.2011(http://www.icc-cpi.int/iccdocs/doc/doc1099314.pdf).

㊸ 国际刑事法院为此还与利比亚新政府爆发争执，争执最高潮是 4 名国际刑事法院人员在 2012 年 6 月被利比亚官员短暂囚禁。2013 年 2 月 6 日，国际刑事法院第一预审法庭命令将 *Al-Senussis* 立即移交到国际刑事法院[IStGH(PTC), Decision on the "Urgent Application on behalf of Abdullah Al-Senussi for Pre-Trail Chamber to order the Libyan Authorities to complay with their obligation and the orders of the ICC", 06.02.2013]；关于利比亚情势，另见 *Stahn*, JICJ 2012, 325, 332 ff.；*Redlefsen*, JR 2012, 497 ff.

㊹ *Hoffmeister/Knoke*, ZaöRV 1999, 785, 790.

五、补充性原则

17 依《罗马规约》设计，内国刑事法院的审判权，优先于国际刑事法院审判权(但由联合国安理会提案者，则有争议，参见 Rn. 22)。详言之，内国刑事程序正进行中或已终结者，即便是最严重之犯行，国际刑事法院原则上也不可行使审判权。惟有两项重要例外：若涉案国"不愿意"或"不能够"切实进行刑事追诉(《罗马规约》第 17 条)，或者完全不进行追诉时，国际刑事法院仍得行使其审判权。这一原则称为补充性原则(Grundsatz der Komplementarität)。㊺

国际刑事法院的事物管辖(《罗马规约》第 5 条)及行使审判权(《罗马规约》第 12 条)，是以补充性原则为区分基础。就某一具体犯罪事实，若内国法院与国际刑事法院均有事物管辖权时，即应以补充性原则决定何者得优先行使审判权。于此，国际刑事法院于任何程序阶段均应职权调查自己是否(仍)可行使审判权。如认为某国因内国刑法规定而有管辖权，且正切实进行刑事追诉或追诉已告终结者，国际刑事法院则应以不受理来终止自身的系属程序(《罗马规约》第 17、18 条)。

何时才可合法行使审判权的问题，对国际刑事法院至关重要。对实务而言，如何认定缔约国"不愿意"或"不能够"切实进行刑事追诉，会成为将来的法律难题。

18 若国家只虚假进行刑事程序，即进行所谓虚假程序(sham proceedings)，便可判定其欠缺《罗马规约》第 17 所称的切实追诉意愿。于此，内国追诉机关所关切的，实际上根本不是定罪，而是包庇相关人士，使其免予国际刑事法院之追诉。缺乏切实追诉意愿的判断基准，由于带有主观性，显然不易证明。再者，未充分处罚也应列入考虑，惟对于"如何"处罚，最终还是不得不留给各国一定的裁量空间。准此，《德国国际刑法》(VStGB)㊻当年草案理由认为"内国刑法对国际法犯罪科处的刑度，只要不是太过轻微以致明显失当时，即与《罗马规约》相

㊺ 对此原则广泛说明：*Lafleur*, Der Grundsatz der Komplementarität–Der Internationale Strafgerichtshof im Spannungsfeld zwischen Effektivität und Staatensouveränität, 2011 及 *Ratzesberger*, The International Criminal Court. The Principle of Complementarity, 2006.

㊻ 《德国国际刑法》，参见第十七章 Rn. 6 以下。

符",洵有其理。㊼

若一国原则上有意愿追诉犯罪嫌疑人,但却因事实上、客观上的理由而无法实行,例如该国司法体系已因内战而崩溃,就应认为国家欠缺刑事追诉能力。

举例:(中非共和国情势)因战争罪与危害人类罪被起诉的 Jean-Pierre Bemba Gombo 援用《罗马规约》第 17 条,主张国际刑事法院应终止程序,理由是中非共和国对其进行的刑事程序已结束,而该案于内国再审时,国际刑事法院却受理了本件情势。对此主张,国际刑事法院审判分庭于 2010 年 6 月 24 日之裁定表示,无论依《罗马规约》第 17 条哪一种类型检验,国际刑事法院受理系争中非情势均属合法,因为"内国现在未进行刑事程序,中非共和国自身也不能够切实侦查与追诉,内国对该案件并无终局判决,而案件又有足够的严重程度"。㊽

另一可认为欠缺追诉能力的情况,是内国虽原则上有完整的司法体系,但该国刑法条文却无法涵盖到国际法犯行。此处问题尤其在于,一国若未将《罗马规约》的国际法犯罪要件转化为内国法,如《德国国际刑法》,而仅仅将其当做"一般犯罪"(如杀人、强制性交或伤害罪)来裁判时,这是否可满足补充性条款的要求? 对此,有认为《罗马规约》并未建立内国的转化义务㊾,反而是尊重内国法律制度,因此,不法者若被内国科以适当刑罚,国际刑事法院便不可行使管辖权。然而,重要的反对见解认为,若以一般犯罪(例如强制性交)来裁判危害人类罪,将无法凸显侵害国际法益的特殊不法内涵,也就是说,内国即使有适当刑罚,也无法彰显行为人犯行的不法程度。㊿

举例:卢旺达茶叶管理局前局长 Bagaragaza 被指控犯灭绝种族罪。卢旺达国际刑事法庭于 2006 年即以上述理由否决了将他移送到挪威法

㊼ 德国政府草案的立法理由: BR-Drucks. 29/02, S. 38.

㊽ IStGH, "Bemba", (TC III), Decision on the Admissibility and Abuse of Process Challenges, 24. 6. 2010.

㊾ 对此批评, Akhavan, JICJ 2010, 1245 ff.

㊿ 不同意见, Lafleur, Der Grundsatz der Komplementarität-Der Internationale Strafgerichtshof im Spannungsfeld zwischen Effektivität und Staatensouveränität, 2011, S. 254 f.;因为《罗马规约》第 20 条与第 17 条的文义几乎相同,因此这个问题也要与禁止双重处罚的问题一起处理,参见 Liu, Chinese Journal of International Law 2007, 789 ff.

庭的申请,因为当时挪威并无关于灭绝种族罪的规定,挪威只能以谋杀罪起诉之(挪威现已新增此规定)。[51]

20 国际刑事法院不行使审判权的另一事由,是《罗马规约》第 17 条第 1 项第 4 款所谓最低限度条款(minima-Klausel),即"案件缺乏足够的严重程度",以致国际刑事法院"无采取进一步行动的充分理由"。依此,案件的严重程度成为关键所在。国际刑事法院起初采取非常严格的解释,其结果,只能追诉政界或军方的层峰人物。[52] 但现在则不同,国际刑事法院预审分庭只进行消极审查,即审查有无证据指出系争案件例外地未达到此最低门槛。[53] 这种新的解释方式值得肯定,也应较符合缔约国设立国际刑事法院之目的。

21 国际刑事法院因补充性原则之故,追诉结构明显有别于迄今的其他国际性刑事法庭。在纽伦堡审判与东京审判,相关国家对主要战犯并无自行司法究责的机会,而特设法庭(例如前南斯拉夫国际刑事法庭)却规定有优先于内国法院的审判权。相较之下,国际刑事法院的主要角色则是担任"最后手段的法庭",仅能补充性地行使审判权。[54]

22 国际刑事法院有权自行判断《罗马规约》第 17 条的要件是否存在(参见《罗马规约》第 18、19 条),故不可低估法院角色。就此而言,国际刑事法院拥有创造权限之权限(Kompetenz-Kompetenz;于此指创造自己审判权的权限)。此外,由补充性原则产生一项法律政策上的重要动力:对国家施以政策压力,使其建构出适当的刑法体系,以便内国法院能追诉国民或在本国领域内所犯之罪。换言之,只要国际刑事法院展开诉讼,这永远也有弦外之音,意味"谴责"那些依国际刑法之原则享有管辖权的国家,因为他们被当做不能够或不愿意裁判国际法之犯行。

补充性原则是否也适用于联合国安理会的提交情势(本章 Rn. 16),

---

[51] ICTR, "*Bagaragaza*" (TC), Decision on the Prosecution Motion for Referral to the Kingdom of Norway, 19.05.2006, Rn. 16.

[52] IStGH, "*Lubanga*" (PTC I), Decision concerning Pre-Trial Chamber I's Decision of February 2006 and the Incorporation Documents into the Record of the Case, 24.02.2006, Rn. 35, 50.

[53] 此情形第一次出现在 IStGH, "*Lubanga*" (AC), Judgement on the Prosecutor's appeal against the decision of Pre-Trial Chamber I entitled, Decision on the Prosecutor's Application for Warrants of Arrest, Article 58, 13.07.2006, Rn. 36 ff., 最近则在 IStGH, "*Al Bashir*" (PTC II), Warrant of Arrest, 04.03.2009.

[54] *Philips*, Criminal Law Forum 1999, 61, 64.

尚有争议。(55) 无论如何,从《罗马规约》第 53 条第 2 项可得知,对安理会提交的情形也应注意补充性原则。依该项规定,国际刑事法院检察官依《罗马规约》第 17 条补充性原则之要求,以不合法而拒绝追诉安理会提交之情势时,必须向安理会附具理由。(56)

在案例 30a,国际刑事法院检察官乃依职权主动侦查(所谓 Proprio-motu-Ermittlung)。国际刑事法院检察官为了能继续侦查,必须由预审分庭依《罗马规约》第 15 条第 4 项授权开始正式侦查(本章 Rn. 30),预审分庭同时也须审查国际刑事法院有无管辖权及行使审判权之条件。于此,面临的问题会是补充性原则(《罗马规约》第 17 条):只有当 M 国显示“不愿意或不能够”切实追诉犯罪时,才会开启国际刑事法院的审判。侦查程序如果拖沓逾 5 年而无具体成果,显然只是为了包庇相关人免于国际刑事法院介入的虚假程序。这些迹象显示了 M 国无意切实追诉 *G* 涉嫌犯下的国际法犯罪。因此,国际刑事法院得行使审判权,基本上亦得授权检察官进行侦查。 23

六、内部组织

国际刑事法院是一所坐落于荷兰海牙(Den Haag)(57)的常设国际机构,为实现《罗马规约》托付的任务,《罗马规约》第 4 条第 1 项赋予国际刑事法院在国际法上的权利主体地位。依该规定,国际刑事法院享有为行使职责和实现其宗旨所必要的国际法之权利能力(Rechtsfähigkeit)。由此点及其常设性的要素可看出,国际刑事法院明显不同于前南斯拉夫问题国际刑事法庭或卢旺达问题国际刑事法庭,后二者是联合国安理会的辅助机关,只是基于特定因素而(暂时)催生的特设法庭。国际刑事法院与联合国的关系,乃由相关的特别协议定之,借此凸显国际刑事法院的威信与全球性。(58) 不过,国际刑事法院的组织结构,则普遍仿照上述两间 24

---

(55) 否定者,*Philips*, Criminal Law Forum 1999, 61, 65; *Safferling*, Int. Strafrecht, § 7 Rn. 26;赞同者,*Cassese*, Int. Criminal Law, S. 344; *Politi* in: Politi/Nesi(Hrsg.), Rome Statute, S. 13; *Ambos*, Int. Strafrecht, § 8 Rn. 10 m. w. N.

(56) *Kurth*, Das Verhältnis des Internationalen Strafgerichtshofs zum UN-Sicherheitsrat, 2006, S. 62.

(57) 德国纽伦堡也表达有意成为国际刑事法院的院址,但国际刑事法院最终选在号称“世界法院之城”(Weltgerichtsstadt)的海牙。

(58) *Seidel/Stahn*, Jura 1999, 14, 15.

特设法庭。

《罗马规约》第 34 条规定,国际刑事法院由下列机关所组成:

院长会议(Presidency):由院长、第一副院长及第二副院长,共 3 位全职法官组成(《罗马规约》第 38 条)。

预审庭(Pre-Trial Division):由至少 6 名法官组成,但预审分庭(Pre-Trial Chamber,以下简称 PTC)由预审庭中的 3 名或 1 名法官组成(《罗马规约》第 39 条第 1 项、第 2 项第 3 款)。

审判庭(Trial Division):由至少 6 名法官组成,但审判分庭(Trial Chamber,以下简称 TC)则由审判庭中的 3 名法官组成(《罗马规约》第 39 条第 1 项、第 2 项第 2 款)。

上诉(暨抗告)庭(Appeals Division):上诉庭由院长和 4 名其他法官组成,上诉分庭(Appeals Chamber)由上诉庭全体法官组成。

检察署(Office of the Prosecutor),规约中文为检察官办公室。

书记官处(Registry)。

(一) 法官

国际刑事法院共有 18 名法官(《罗马规约》第 36 条第 1 项),各具备其国籍国最高司法职位的任命资格(《罗马规约》第 36 条第 3 项第 1 款)。国际刑事法院的法官,是由《罗马规约》之缔约国提名法官候选人后,经缔约国大会以秘密投票选出(《罗马规约》第 36 条第 6 项)。推选法官时,必须注意刑事法学者与国际法学者的人数均衡,以及世界主要法系的代表性与全球区域平衡性(《罗马规约》第 36 条第 3 项第 2 款、第 8 项)。[59] 国际刑事法院法官与检察官均有职务独立性,不受指令拘束(《罗马规约》第 40 条、第 42 条),与执行职务有关的活动亦享有不受内国审判之豁免权,且任期结束后,仍继续享有豁免权(《罗马规约》第 48 条第 2 项)。国际刑事法院第一任院长是加拿大籍的 Philippe Kirsch,自 2009 年 3 月起,韩国籍 Sang-Hyun Song 接任第二任院长之职。法官任期 9 年,为确保职务独立性,原则上不得连任(《罗马规约》第 36 条第 9 项)。[60]

---

[59] 推选程序,参见 Ambos, Int. Strafrecht, § 6 Rn. 25 m. w. N.

[60] 详见 Cassese/Gaeta/Jones-Jones, Rome Statute, S. 246.

（二）书记官处

国际刑事法院书记官处，主要在处理非司法部分的法院行政工作（《罗马规约》第 43 条）。书记官长由国际刑事法院法官们依缔约国大会建议名单，以秘密投票选出，任期为 5 年，可连任一次。书记官处设有"被害人和证人股"(《罗马规约》中文)，以提供保护、咨询和其他援助(《罗马规约》第 43 条第 6 项；被害人权利，参见本章 Rn. 35)。 26

（三）检察官（原告）

国际刑事法院设有独立性的检察署，其特别权限在于得主动展开侦查(《罗马规约》第 13 条第 3 款、第 15 条)。[61] 缔约国大会在 2003 年 4 月 21 日选出的第一任国际刑事法院检察官，是阿根廷籍的 *Luis Moreno Ocampo*，他已于 2012 年 6 月中卸任。第二任检察官是冈比亚籍的 *Fatou Bensouda* 女士，由缔约国大会于 2011 年 12 月 12 日选出，2012 年 6 月 15 日任职。国际刑事法院检察官任期为 9 年。 27

（四）财务

国际刑事法院的经费，由联合国与缔约国摊款支付(《罗马规约》第 115 条)，日本及德国则是财务主要支持国。[62] 此外，也接受各国政府、国际组织、个人或其他团体的自愿捐款(《罗马规约》第 16 条)。 28

七、刑事程序

《罗马规约》规定的刑事程序，以国际条约来说，可谓非常详尽。[63] 另外，缔约国大会还根据《罗马规约》第 51 条，另制定一份独立但内容比 29

---

[61] 国际刑事法院检察官角色的详细介绍，见 *Rost/Ruegenberg*, ZStW 111(1999), 297 ff.（另可参见杨云骅：《〈国际刑事法院罗马规约〉下检察官的地位与职权》，载《检察新论》2010 年第 8 期，第 33 页以下。

[62] 亦见 *Ambos*, Int. Strafrecht § 6 Rn. 29；*Schabas*, ICC, S. 1153. ［国际刑事法院目前每年开销总计约 1.1 亿欧元。各缔约国摊款比例，所占最高的是日本（18.6%），德国则排第二（11.9%），第三是英国（9.8%）。以上参见 *Christian Tomuschat*：《国际刑事法院十周年》，王士帆译，载《月旦法学杂志》2013 年第 222 期，第 201—202 页。——译者注］

[63] 对此程序法的基础介绍，*Safferling*, Towards an International Criminal Procedure, 2. Aufl., 2003.

《罗马规约》更为广泛的程序规则,即《程序与证据规则》(Rules of Procedure and Evidence)。

(一)侦查程序

30 依《罗马规约》第53条,在受理依《罗马规约》第13条提交的"情势"后,国际刑事法院检察官会先审查有无开始侦查程序的合理依据(reasonable basis)。此时,检察官应调查所掌握的资料,是否足以认为发生国际刑事法院管辖之犯罪,以及倘进行侦查,会否触犯补充性原则和公正考虑。检察官也可能在考虑所有情况后,以"无助于实现公正"为由,而不予追诉(《罗马规约》第53条第2项),特别是另有解决纠纷的替代机制时,例如已设立真相调查委员会。⁶⁴ 如由检察官主动进行初步侦查,亦即依《罗马规约》第13条第3款、第15条第1项依职权调查者(另参见本章Rn. 15),其必须取得预审分庭开启正式侦查的授权(参见《罗马规约》第15条第3项)。这项对检察官独立性的限制,是针对某些国家在罗马会议协商时,自始至终强烈反对检察官初步侦查制度及其享有广泛之独立性所作出的妥协。

检察官有客观侦查之义务,致力于查明实体真实(《罗马规约》第54条第1项第1款)。以德国刑事诉讼法观之,《罗马规约》关于检察官客观义务的规定也许看来理所当然(参见《德国刑事诉讼法》第160条第2项),但对"普通法系"的当事人刑事诉讼而言,则与控诉方仅负单方侦查义务的模式不同。⁶⁵

31 带有干预性质的强制处分,例如《罗马规约》第56条搜索、第58条逮捕令或到庭传票,仅能由预审分庭核准。反之,不具干预性的侦查措施(搜集证据、请求他国合作、讯问证人等),检察官可自行为之(《罗马规约》第54条第3项)。就此观之,预审分庭在许多方面都类似于德国刑事

---

⁶⁴ 困难的界定问题,参见 *Maged*, ICLR 2006, 419, 424 f.; *Rodman*, LJIL 2009, 96, 99 ff. 以及 IStGH, Office of the Prosecutor, Policy Paper on the Interests of Justice, September 2007, ICC-OTP-2007, S. 7 f.(将此机制视为补充性方案)

⁶⁵ 仅见 *Roxin/Schünemann*, Strafverfahrensrecht, §9 Rn. 10 f.;详细如 *Sprack*, Emmins on Criminal Procedure, 2002, S. 278 ff.; *Kirsch*, ICLR 2006, 275, 285 f.

程序的侦查法官(Ermittlungsrichter)。*

(二) 起诉审查程序:确认听审

犯罪嫌疑人被移交到国际刑事法院或自动到院后,由预审分庭依《罗马规约》第61条举行名为"确认听审"(Confirmation Hearing)的言词审理庭,审查检察官对被告的指控。⑥ 于此阶段,检察官与被告均可提出证据及反驳证据。预审分庭自行裁量决定是否确认指控(Bestätigung der Anklage),如为肯定,则将被告移交审判分庭进行审判程序;反之,则以欠缺充分证据而驳回指控(或称拒绝确认)。检察官的指控若遭驳回,以后仍可提出其他证据,再次要求确认该项控诉(参见《罗马规约》第61条第8项)。此外,对于预审分庭的裁定,得主张不服之救济(《罗马规约》第19条第4项、第82条第1项第1款)。最后,预审分庭也得延展庭期,及要求检察官提出新证据或变更指控罪名。

由此观之,国际刑事法院的"确认听审",具有类似于德国起诉审查程序(或称中间程序)的功能⑥,但仍有一项明显差异:对"确认听审"之结果作出认定的是预审法庭,而不是承审本案审判程序的法庭(比较:德国起诉审查法庭就是本案之后的审判法庭)。就此而言,《罗马规约》在形式上将"确认听审"归于侦查程序,应属合理。⑥

举例:

① *Thomas Lubanga* 案(刚果民主共和国情势),2007年1月29日结束起诉审查程序。同年夏季,第一审判分庭(Trial Chamber I)从预审分庭接手审理。

② *Germain Katanga* 与 *Mathieu Ngudjolo Chui* 案(同样是刚果民主共和国情势),第二审判分庭自2009年11月24日正式进入审判程序。

③ 在 *Callixte Mbarushimana* 案(也是刚果民主共和国情势),预审分

---

* 德国侦查法官,参见 Helmut Satzger:《法官在刑事侦查程序之角色——以德国与法国为例》,王士帆译,载《检察新论》2012年第11期,第314页以下。——译者注

⑥ 对此起诉审查的批评,Schabas,CLF 2011, 493, 497 ff.

⑥ 参见 Beulke, StPO, Rn. 352 ff. (德国起诉审查程序,参见林钰雄:《论中间程序——德国起诉审查制的目的、运作及立法论》,载《月旦法学杂志》,2002年第88期,第69页以下。——译者注)

⑥ 采此归类者,Gless, Int. Strafrecht, Rn. 891.

庭拒绝确认检察官的指控。[69]

④ *Bemba* 案(中非共和国情势),起诉审查程序于 2009 年 6 月 15 日结束,部分指控遭驳回。[70]

⑤ *Bahar Idriss Abu Garda* 案(苏丹共和国 Dafur 情势),先被第一预审分庭认为证据不充分,于 2010 年 2 月 8 日驳回全部指控。检察官对此裁定提起抗告,亦未获许可[71],全案因此确定。

(三) 审判程序

33 依《罗马规约》第 61 条第 11 项,在预审分庭确认指控后,案件便移交到审判庭。[72]《罗马规约》第 64 条第 7 项规定,审判应公开审理。审判庭可要求提出为发现真实所必要的所有证据。到此阶段为止,审判程序整体看来较符合欧陆刑事诉讼法,而非普通法系的刑事诉讼法。不过,《罗马规约》第 65 条第 5 项含蓄地承认辩护方与检察官之间有进行"协商"(Absprachen)的可能性,让人联想到英美法的"认罪协商"(guilty plea)。[73]但在同一条项,却又指示审判庭不受检辩协商拘束,又回到欧陆法系的传统。[74] 所以,审判庭在证据调查阶段扮演主动、积极之角色。也因此,不同于前南斯拉夫国际刑事法庭或卢旺达国际刑事法庭,国际刑事法院审判程序整体而言,是适用受欧陆法影响的职权调查原则,而非英美法的处分权原则。[75]

(四) 上诉与再审

34 检察官与被告均得利用审级救济程序,依《罗马规约》第 81 条以下

---

[69] IStGH, "*Mbarushimana*" (PTC I), Decision on the Confirmation of Charges, 16. 12. 2011.

[70] 2010 年 11 月 22 日对 *Bemba* 开始审判程序。

[71] IStGH, "*Bahar Idriss Abu Garda*" (PTC I), Decision on the "Prosecution's Application for Leave to Appeal the Decision on the Confirmation of Charges", 23. 04. 2010.

[72] 国际刑事法院第一次审判程序,是 2009 年年初的 *Thomas Lubanga Dyilo* 案(参见本章 Rn. 13)。

[73] 国际刑法的协商: *Bulaty*, Schweizerische Zeitschrift für Strafrecht 2008, 214 ff.

[74] 德国协商之概览,参见 *Satzger*, in Bockemühl (Hrsg.), Handbuch des Fachanwalts Strafrecht, 5. Aufl., 2011, 8. Teil Kapitel 3.(《罗马规约》第 65 条第 5 条规定,检察官和辩护方之间就修改指控、认罪或判刑所进行的任何协商,对国际刑事法院不具任何约束力。——译者注)

[75] 参见 *Lagodny*, ZStW 113(2001), 800, 811.

规定指摘国际刑事法院的裁判。欲对终局判决提出救济者,程序错误、认定事实错误或适用法律错误均是上诉理由(《罗马规约》第 81 条第 1 项第 1 款第 1 目至第 3 目、第 2 款第 1 目至第 3 目),检察官亦得为被告利益以前揭理由提起上诉(《罗马规约》第 81 条第 1 项第 2 款)。* 另外,被告还可以"任何影响诉讼程序或裁判之公正性或可靠性的其他理由"提起上诉(概括条款),而检察官也得以此一概括理由为被告利益上诉(《罗马规约》第 81 条第 1 项第 2 款第 4 目),但此不可作为不利被告的上诉理由,单就这一点的不对称上诉限制,是受到"普通法"影响。除此之外,检察官与被告亦得以罪刑不相当为由,对原判决之刑罚部分提出上诉(《罗马规约》第 81 条第 2 项)。

最后,再审程序规定在《罗马规约》第 84 条。有 3 种再审事由,其一是事后发现审判时无法取得的新证据,所谓新证据是指"审判时无法得到的,而且无法得到该证据的责任不应全部或部分归咎于提出申请的当事方"(《罗马规约》第 84 条第 1 项第 1 款)。

(五) 特别规定:被害人权利

国际刑事法院之追诉程序,特别值得注意且具重要性的,是被害人与其家属的权利。⑯ 他们依《罗马规约》所享有积极参与诉讼程序的机会,明显大于个案特设法庭的设计。在国际刑事法院,被害人并非只有单纯的证人地位,如其向书记官处申请以被害人身份参与诉讼程序,经法庭认可者,即可于程序任何阶段陈述意见和关切,以供法庭审酌(《罗马规约》第 68 条第 3 项)。⑰ 只要申请者是因国际刑事法院辖下之犯罪而受害的

---

* 这再次显示《罗马规约》所构想的国际刑事法院检察官如同一些欧陆国家之刑事诉讼法,对真实与正义负有客观义务。See *Staker*, in: Triffterer(eds), Commentary on the Rome Statute of the International Criminal Court, 2nd edition, 2008, p. 1453; *Safferling*, International Criminal Procedure, 2011, p. 534.——译者注

⑯ 被害人在国际刑事法院的地位,参见 *Abo Youssef*, Die Stellung des Opfers im Völkerstrafrecht, 2008, S. 103 ff.; *Bock*, ZStW 119(2007), 664 ff.; *ders.*, Das Opfer vor dem Internationalen Strafgerichtshof, 2010.(至于"被告"在《罗马规约》之权利,可参见郑文中:《被告于国际刑事法院程序之权利——以德国法上之公正程序原则为中心》,载《华冈法粹》2009 年第 45 期,第 109—116 页。——译者注

⑰ 《罗马规约》第 68 条第 3 项的进一步具体化,在《程序与证据规则》第 89 条至第 93 条。

自然人,管辖法庭即可认定其为"被害人"。⑱ 被害人可由律师代理之。被害人原则上得参与所有程序阶段,《罗马规约》第 15 条第 3 项及第 6 项规定自预审程序便可参与⑲,亦得积极参加审判程序(《罗马规约》第 19 条第 3 项、第 68 条第 3 项)。于此,被害人得提出证据、询问证人、以证人地位作证,以及指摘证据的证据能力。⑳ 此外,国际刑事法院已在判决肯认被害人参与上诉救济程序之权。㉑

这些被害人权利并非来得理所当然。㉒ 若在广泛以英美诉讼法为导向的情况下(特设国际刑事法庭便是例子),被害人原则上仅被赋予证人地位,因英美法认为原告(即检察官)利益与被害人利益基本上相同,前者可完全代表后者。㉓

被害人寻求补偿的利益与被告速审权之间,会因被害人积极参与而呈现紧张关系。对此,《罗马规约》第 68 条第 3 项规定一项办法,即由法院依个案决定被害人参与的具体范围,以解决此紧张关系。㉔

除被害人参与之外,被害人保护在国际刑事法院也有重要地位。尤其是因为国际刑法的犯罪行为人经常人数众多,被害证人(指出庭作证的被害人)在国际刑事法院作证,会比起在纯粹的内国程序,更容易遭到逍遥在外之共犯的报复危险。㉕ 为此,《罗马规约》第 68 条及《程序与证据规则》均有保护证人的规定。举例来说,为保护证人,法院讯问证人得实行不公开审理,或改以科技设备调查证据(《罗马规约》第 68

---

⑱ 法人只有在符合《程序与证据规则》规则 89 第 1 项条件下,可例外取得被害人地位。

⑲ 国际刑事法院 *Lubanga* 案(AC, Decision on the Applications For Participation in the Proceedings of VPRS1, 17.01.2006)甚至表示,被害人在检察官申请逮捕令之前就可参与程序。关于被害人在 *Lubanga* 程序的参与情形,参见 *Ambos*, ZIS 2012, 313 ff.; *Ehlers/Markard*, KritJ 2012, 273 ff.

⑳ IStGH(TC II), Decision on the Modalities of Victim Participation at Trial, 22.01.2010;被害人提出不利证据与被告公平审判权利的冲突,参见 IStGH, "*Katanga*" (AC II), Judgment on the Appeal of Mr Katanga Against the Decision of Trial Chamber II of 22 January 2010 Entitled "Decision on the Modalities of Victim Participation at Trial", 16.07.2010.

㉑ IStGH, "*Lubanga*" (AC), Decision on the participation of victims in the appeals, 20.10.2009.

㉒ 批评被害人过度广泛参与者, *Safferling*, ZStW 2010, 87, 113 ff.

㉓ *De Hemptinne* in: Cassese(Hrsg.), Companion, Teil B, S. 562 f.

㉔ 对此冲突,参见 *Zappalà*, JICJ 2010, 137 ff.

㉕ *Bock*, ZStW 2007, 664, 676 f.; *Safferling*, ZStW 2010, 87, 105.

条第 2 项）。⑧⑥

《罗马规约》第 75 条规定被害人之赔偿。⑧⑦ 以被害人为核心地位的鲜明象征是被害人信托基金（Trust Fund for Victims，以下简称 TFV），其同样设立于国际刑事法院，但非法院之机关，被害人赔偿金即通过信托基金来支付（《罗马规约》第 79 条）。赔偿和信托基金有助于弥补与国际刑法有关的利益，亦即应报与恢复原状。因此，国际刑事法院是第一所可以判决个人对他人金钱赔偿的国际法院。接受赔偿者也可以是被害团体。不过，国际刑事法院如何妥善调和这两个截然不同的目标（一方面是调查认定个人应否对过去犯行负起刑责，另一方面是着眼于未来的损害赔偿），仍有待观察。⑧⑧

（六）结论

整体而言，国际刑事法院的诉讼法大部分受到欧陆刑事程序的启迪，但也含有英美普通法的元素。由此观之，《罗马规约》明显不同于前南斯拉夫问题国际刑事法庭及卢旺达问题国际刑事法庭的程序规则，后两者主要是依循英美刑事诉讼法。⑧⑨ 哪一种制度最终还会继续被使用，而成为"存活中的诉讼法"，则留待实务验证。

八、刑罚及执行

《罗马规约》的各个犯罪条文，并未规定刑罚程度，而是在《罗马规约》第 77 条制定一般性的刑罚范围。《罗马规约》未规定死刑，其第 77 条设有无期徒刑，以犯罪极为严重且被告个人情况证明有此必要者为限，

---

⑧⑥ 关于证人保护，参见 Bock, ZStW 2007, 664, 678 f.

⑧⑦ 《罗马规约》第 75 条规定各赔偿方式，参见 Bock, ZStW 2007, 664, 678 f.

⑧⑧ 关此冲突，参见 Zegveld, JICJ 2010, 79 ff. ［国际法学者 Tomuschat 在 2012 年年底指出，TFV 的主要来源，应是国际刑事法院裁判之罚金或没收违法取得之财产（《罗马规约》第 79 条第 2 项），当然也接受捐款，德国的捐款即高居世界第一。但国际刑事法院直到 2012 年才作出第一则有罪判决，这却不是罚金判决，加上未来也难以预料会有许多被告被判处罚金，因此，显然不太能以罚金作为基金主要收入。再者，TFV 在 2011 年收到的捐款约 330 万欧元，却付出 120 万欧元的基金管理费，不免让人怀疑基金在这种情况下还有无存在正当性。参见 Christian Tomuschat：《国际刑事法院十周年》，王士帆译，载《月旦法学杂志》2013 年第 222 期，第 211—212 页。——译者注］

⑧⑨ Kirsch, ICLR 2006, 275 ff.

另外还有上限可达 30 年的有期徒刑。除自由刑外,国际刑事法院也可科处罚金(《罗马规约》第 77 条第 2 项第 1 款),甚至得命令"没收"直接或间接通过犯罪行为所得之收益、财产和物品,但不得妨碍善意第三人的权利(《罗马规约》第 77 条第 2 项第 2 款)。在作出刑事判决时,审判庭另可依《罗马规约》第 75 条,命令行为人向被害人或家属赔偿,"包括归还、补偿和恢复原状"⑩。

执行自由刑方面,由国际刑事法院从表达愿意接受受判决人的国家名单中,指定一国执行(《罗马规约》第 103 条第 1 项;《程序与证据规则》第 200 条)。该判决之执行,应受国际刑事法院监督(《罗马规约》第 106 条)。

九、时效与判决确定力

38 　《罗马规约》第 29 条规定,规约犯罪不适用任何时效。*国际刑事法院判决一旦形成确定力,不但自己不可再行追诉同一犯行,也可阻止缔约国法院再次追诉(《罗马规约》第 20 条第 1 项、第 2 项),此即一事不再理(ne bis in idem)。同理,内国刑事法院的裁判确定力,原则上也可阻碍国际刑事法院对同一犯行之处罚,例外则是从补充性原则的逻辑,导出同一行为虽经内国裁判确定,国际刑事法院仍得行使审判权的两种例外(《罗马规约》第 20 条第 3 项):

(1)系争内国刑事程序用意在包庇被告,使其免受国际刑事法院追诉。

(2)系争内国刑事程序,未以独立或中立之方式,依循国际法承认的正当程序原则为之。

在案例 30b,国际刑事法院享有管辖权,也得行使审判权:由于 G 在

---

⑩　详见 *Safferling*, ZStW 115(2003), 352, 379 ff.; *Henzelin/Heiskanen/Mettraux*, CLF 2006, 317 ff.

*　德国学者 Ambos 指出,《罗马规约》本来就没有规定各规约犯罪的追诉权期间与行刑权期间,《罗马规约》第 29 条似属多余,唯一实际意义,应该是国际刑事法院请求缔约国司法互助时,缔约国即不能以时效消灭为由拒绝协助(*Ambos*, Internationales Strafrecht, 3. Aufl., §7 Rn. 79 Fn. 376)。惟另一方面,缔约国若对某些规约犯罪设有时效规定,时效期满后,国际刑事法院可否基于补充性原则行使审判权也是问题,《德国国际刑法》第 5 条时效规定正有此状况,参见第十七章 Rn. 24。——译者注

M 国仅受到刑度极轻的判决,所以并不妨碍国际刑事法院基于补充性原则再次追诉,因为一如案例 30a,M 国追诉机关的动作,目的乃在使 G 免受国际刑事法院的究责(参见《罗马规约》第 20 条第 3 项第 1 款)。据此,M 国判决并不会阻碍国际刑事法院预审分庭依《罗马规约》第 15 条第 4 项授权检察官进一步侦查。

十、法律政策评价

国际社会设立国际刑事法院,等于是传递了一个明确且值得推崇的讯息:不愿继续对全世界最严重的犯行袖手旁观。但对于这样的法庭,如期待其(也)能发挥出预防效果⑨,则应以法庭之有效运作为前提。对此须注意,国际刑事法院在许多方面需仰赖世界各国协助,诸如执行逮捕令、提出证据或许可在当地侦查。⑨ 但棘手的是,国际刑事法院需要仰赖的,正是那些不具追诉意愿或欠缺追诉能力之国家的合作,因为只有在内国无意愿或无能力追诉时,国际刑事法院才能依补充性原则开启自身的审判权限。国际刑事法院此时面临的取证难题,不言而喻。在此种状况下,国际刑事审判权中、长期的实际运作成效如何,尽管仍有待观察,但从国际刑事法院成立的这十多年来(自 2002 年 7 月 1 日开始),已可看出:国际刑事法院除了本身不容否认的重要象征意义外,至少也有能力有效进行国际层次的刑事追诉。毋庸置疑,设立国际刑事法院是往正确的方向迈出了一大步。

不过,国际刑事法院检察官或法庭精力充沛的追诉动作,例如对苏丹共和国现任总统 *Al Bashir* 发出逮捕令(本章 Rn. 16),未必有助于以外交手段改善战区人民的困苦状态,甚至反而可能更为恶化。换言之,不可低估国际刑事法院的动作所引发的政治效果。因此,为了证明国际刑事法院审判权举世公认的伟大成就,国际刑事法院和其检察官在已系属或未来的刑事程序中,有效利用其法律权限虽是职责所在,但仍不可不计(政

---

⑨ 参见《罗马规约》前言第 5 段及 Trifferer-*Trifferer*/*Bergsmo*, Rome Statute, preamble Rn. 15.

⑨ 例如对乌干达 *Joseph Kony* 与在利比亚的 *Ali Muhammad Ali Abd-Al-Rahman* 和 *Ahmad Muhammad Harun* 都无法执行逮捕令,就是很好的例子。[国际刑事法院 2010 年至 2011 年年报指出,该院发出的逮捕令中,至少有 11 份未被执行;更甚者,2012 年,国际刑事法院人员在利比亚执行职务时竟被拘捕,囚禁数周(从 2012 年 6 月 7 日到 7 月 2 日;另见本章脚注 43)。——译者注]

治)代价。

早先针对成立国际刑事法院所表达的疑虑,已证明是杞人忧天。尤其是在今日,不同于国际刑事法院的初期活动,联合国安理会所有常任理事国均不再排除与国际刑事法院合作,例如以一致决通过第 1970(2011年)号决议,将叙利亚情势提交到国际刑事法院,便是明证。再者,《罗马规约》陆续获得各国批准,这也说明了全球绝大多数国家接受国际刑事法院。

尽管如此,仍不可忽略一个越来越多人提出的批评:"国际刑事法院只是一座'非洲法院'"国际刑事法院现在处理很多非洲国家的情势,(几乎)所有非洲情势不是由国家"自我提交",就是联合国安理会决议提交的。[93] 案源集中在非洲的现况,虽然很难挑剔说有什么弊端,但国际刑事法院检察官对非洲以外地区的潜在情势,却鲜少主动依职权开启调查。检察官这种挑选区域情势的保守态度殊值商榷[94],若不加以改善,中长期下来将引发国际刑事法院正当性与接受度的问题。

40  自我测验

一、请简述国际刑事法院管辖权。(Rn. 6 以下)

二、区分国际刑事法院管辖权及其行使审判权之权限,重要性何在?(Rn. 17)

三、如何启动国际刑事法院之审判权?这些机制中,哪一项最具实务重要性?(Rn. 12 以下)

四、何谓《罗马规约》的补充性原则?(Rn. 17)

五、就制度观点而言,国际刑事法院与前南斯拉夫问题国际刑事法庭或卢旺达问题国际刑事法庭,有何共通之处?又有何不同?(Rn. 24)

六、请简述国际刑事法院的程序流程。(Rn. 29 以下)

七、在国际刑事法院诉讼程序上,被害人角色有何独特之处?(Rn. 35)

---

[93] 参见 *Ntanda Nsereko*, CLF 2011, 511, 517 f.
[94] 对挑选情势的批评: *Schabas*, CLF 2011, 493, 501 ff.

※ 新近文献

Abass, The International Criminal Court and Universal Jurisdiction, ICLR 2006, 349 ff.; *Ambos*, Das erste Urteil des Internationalen Strafgerichtshofs (Prosecutor v. Lubanga) – Eine kritische Analyse der Rechtsfragen, ZIS 2012, 313 ff.; *Bitti*, Article 21 of the Statute of the International Criminal Court and the Treatment of Sources of Law in the Jurisprudence of the ICC, in: Stahn/Sluiter(Hrsg.), The emerging practice of the International Criminal Court, 2009, S.285 ff.; *Bulaty*, Plea-Bargaining-Tendenzen im Völkerstrafrecht: ist eine fünfjährige Freiheitsstrafe für 70-fachen Mord angemessen?, Schweizerische Zeitschrift für Strafrecht 2008, 214 ff.; *Cárdenas Aravena*, Wann darf der Internationale Strafgerichtshof ermitteln oder verfolgen? Das Verhältnis der internationalen Strafgerichtsbarkeit zu nationalen Gerichten, in: Hankel (Hrsg.), Die Macht und das Recht: Beiträge zum Völkerrecht und Völkerstrafrecht am Beginn des 21. Jahrhunderts, 2008, S.127 ff.; *Conso*, The Basic Reasons for US Hostility to the ICC in Light of the Negotiating History of the Rome Statute, JICJ 2005, 314 ff.; *Ferstmann/Goetz*, Reparations before the International Criminal Court: the Early Jurisprudence on Victim Participation and its Impact on Future Reparations Proceedings, in: dies. (Hrsg.), Reparations for victims of genocide, war crimes and crimes against humanity: Systems in place and systems in the making, 2009, S.313 ff.; *Frau*, Das Völkerstrafrecht in der jüngsten Praxis des VN-Sicherheitsrates, ZIS 2011, 784 ff.; *Gropengießer/Meißner*, Amnesties and the Rome Statute of the International Criminal Court, ICLR 2005, 267 ff.; *Hoven*, Frieden versus Gerechtigkeit? Zur Aussetzung der Ermittlungen gegen Omar Hassan al-Bashir nach Art. 16 IStGH-Statut; ZIS 2011, 230 ff.; *Kirsch*, The Trial Proceedings Before the ICC, ICLR 2006, 275 ff.; *ders.*, The Role of the International Criminal Court in Enforcing Criminal Law, American University International Law Review 2007, 539 ff.; *Kreß*, 'Self – referrals' and 'Waivers of Complementarity': Some Considerations in Law and Policy, JICJ 2004, 944 ff.; *Nirmal*, Material, Personal and Temporal Jurisdiction of the International Criminal Court revisited, in: Dixit (Hrsg.), International Law: Issues and Challenges, 2009, S.399 ff.; *Olásolo*, The Triggering Procedure of the International Criminal Court, Procedural Treatment of the Principle of Complementarity, and the Role of Office of the Prosecutor, ICLR 2005, 121 ff.; *Robinson*, The Controversy over Territorial State Referrals and Reflections on ICL Discourse, JICJ 2011, 355 ff.; *SàCouto/Cleary*, The Gravity Threshold of the International Criminal Court, American University International Law Review 2008, 807 ff.; *Schabas*, Prosecutorial Discretion v. Judicial Activism at the International Criminal Court, JICJ 2008, 731 ff.; *ders.*, The International Criminal Court at Ten, CLF 2011, 493 ff.; *Stahn*, Complementarity, Amnesties and Alternative Forms of Justice: Some Interpretative Guidelines for the International Criminal Court, JICJ 2005, 695 ff.; *ders.*, How is The Water? Light and Shadow in The First Years of The ICC, CLF 2011, 175 ff.; *Takemura*, A Critical Analysis of Positive Complementarity, in: Manacorda/Nieto(Hrsg.), Criminal Law between War and Peace, 2009, S.601 ff.; *Tomuschat*, Zehn Jahre Internationaler Strafgerichtshof, EuGRZ 2012, 673 ff.(中译: *Christian Tomuschat*:《国际刑事法院十周年》,王士帆译,载《月旦法学杂志》2013 年第 222 期,第 192 页以下); *Zappalà*, The Rights of Victims v. the Rights of the Accused, JICJ 2010, 137 ff.; *Zegveld*, Victims' Reparations Claims and International Criminal Courts: Incompatible Values? JICJ 2010, 79 ff.

第十五章 国际刑法总则

在过去,无论是《纽伦堡国际军事法庭宪章》《远东国际军事法庭宪章》,或《前南斯拉夫问题国际刑事法庭规约》《卢旺达问题国际刑事法庭规约》,几乎都不见国际刑法的总则章节,也就是没有像《德国刑法》总则编的故意、违法性与罪责要件等条文。这种现象其实是当时有意造成的立法空缺,因为上述特设国际法庭的法官都是经验老练的法律人,有专业能力从自己的内国法经验来处理总则问题。更何况,不可忘记这些临时法庭是在急迫时间压力下仓促成军的,自无法周详拟定总则规定。于此背景下,特设法庭的法官们适用总则规范时,拥有很大的弹性空间。惟今非昔比,《罗马规约》已对此弹性空间作出大幅限制:《罗马规约》第三编(第 22 条至第 33 条)规定总则的基本架构,编名为"刑法的一般原则"(General Principles of Criminal Law)。本章将说明国际刑法总则的几处重要架构(当然会有别于德国刑法的释义学区分①),特别会对照在这方面也十分进步的《罗马规约》。

一、法源依据

(一) 国际刑法的一般法源

国际刑法是国际法的一部分,故原则上,国际法之一般法源也是国际刑法的法源。如同《国际法院规约》(IGH-Statut)第 38 条第 1 项指出,国际法之一般法源,包括国际条约、国际习惯法及文明国家所承认的一般法律

---

① 关此,参见 *Ambos*, Völkerstrafrecht AT; *Werle*, Völkerstrafrecht, Rn. 388 ff.

原则。② 这三类法源,还可以所谓法认识源(Rechtserkenntnisquelle)来补充,即法官裁判与"各国顶尖国际法学者之学说"。此处所谓"法官裁判",并不限于国际法院的裁判,内国法院适用国际法而作出的裁判,也是法认识源之一。

国际法的法源之间,原则上并无效力位阶关系。不过从现代实务可看出,国际条约与国际习惯法的规范密度渐增,造成一般法律原则的重要性相对式微。③ 但是,至少在国际刑法领域,国际条约与国际习惯法仍继续扮演重要角色,尤其在刑法总则方面的问题。至于国际习惯法的界限何在,这本来就是流动而不固定的。④

(二) 国际刑法的特别法源

3 　　就国际刑法的法源来说,在国际条约层次位居核心地位者,当属《纽伦堡国际军事法庭宪章》和现在的《罗马规约》——包括补充《罗马规约》的两项法律文件:《犯罪要件》(Elements of Crimes)及《程序与证据规则》(Rules of Procedure and Evidence)。

国际刑事法院的《犯罪要件》,是一份广泛的犯罪定义清单,详细解释《罗马规约》所规定的犯罪要件,此有助于国际刑事法院解释及适用《罗马规约》第6条以下的罪名(参见《罗马规约》第9条第1项)。不过,《犯罪要件》只是一种解释辅助工具,其如与《罗马规约》抵触时,自应优先适用《罗马规约》(参见《罗马规约》第9条第3项)。

《程序与证据规则》也有相似情形。《程序与证据规则》,顾名思义,有补充国际刑事法院程序与证据规则的效力,可拘束国际刑事法院与缔约国,惟当其与《罗马规约》的程序规定冲突时,规约有优先适用效力(《罗马规约》第51条第4项)。

4 　　除上述以条约形式出现的国际刑法原则外,《远东国际军事法庭宪章》《前南斯拉夫问题国际刑事法庭规约》及《卢旺达问题国际刑事法庭规约》,这三者虽非国际条约,但其大部分规定亦成为今日的国际习惯法(Völkergewohnheitsrecht)。其次,《罗马规约》的内容,撇开其因国际条约

---

② 另见第十二章 Rn. 5。
③ 参见 *Heintschel v. Heinegg* in: Ipsen(Hrsg.), Völkerrecht, §17 Rn. 8.
④ 参见 *Werle*, Völkerstrafrecht, Rn. 161 ff.

地位所生之拘束力不谈,也成为一种国际习惯法,几处的处罚规定甚至比目前国际习惯法还先进(但规约有些规定则明显未跟进国际习惯法⑤)。附带一提,以国际条约形式规定的国际刑法,只要被承认为是一种习惯法,也就适用于非签约国。

其他同样具国际习惯法效力,且成为实体国际刑法重要法源的国际条约,是 1907 年的《海牙陆战法规》(全名《陆战法规与惯例公约》)、1949 年《日内瓦公约》与其 1977 年的两份附加议定书,以及 1948 年的联合国《防止及惩治灭绝种族罪公约》。⑥

过去迄今的国际性之刑事法庭裁判(纽伦堡审判、东京审判、前南法庭与卢旺达法庭),绝对是重要的国际刑法之法认识源。⑦ 而且,这些特设法庭裁判有建立国际习惯法的"自身规范性分量",直接影响国际法发展。⑧ 同样,内国法院裁判如涉及国际刑法之犯罪,也一样会有法认识源的性质。再者,这类内国法院裁判可以表达法确信及内国实务,故亦有助于形成习惯法或作为一般法律原则的证明。⑨

《罗马规约》第 21 条规定国际刑事法院所适用之法律(见下图),其第 1 项第 3 款颇为特殊:国际刑事法院于适当时,亦得适用对系争犯罪有管辖权之国家的内国法一般法律原则,但这些原则不得违反《罗马规约》、国际法和国际承认的规范和标准。由此可见,国际刑事法院显然可依个案而适用不同法律,例如视犯罪地所在国而决定所适用之法律。如此后果,必然造成法律适用的不一致。虽非乐见这项缺失,但它却是罗马会议时为求顺利通过《罗马规约》所不得不作的妥协。⑩

---

⑤ 特别是于"非国际武装冲突"使用禁用武器的入罪化方面,参见 Werle, Völkerstrafrecht, Rn. 167.

⑥ 此外,国际法院已明白承认联合国 1948 年的《防止及惩治灭绝种族罪公约》具习惯法效力,参见 ICJ-Rep. 1951, 15.

⑦ 国际刑事法院解释《罗马规约》时,如何考虑特设法庭裁判的问题,详见 2010 年国际刑事法院法官 Kaul 针对肯尼亚情势的不同意见书:IStGH (PTC II), Decision Pursuant to Article 15 of the Rome Statute on the Authorization of an Investigation into the Situation in the Republic of Kenya, v. 31. 03. 2010.

⑧ Ambos, Völkerstrafrecht AT, S. 49 引用前南法庭 Erdemović 案裁判。

⑨ Werle, Völkerstrafrecht, Rn. 183.

⑩ 此说法亦见 Triffterer-McAuliffe de Guzman, Rome Statute, Art. 21 Rn. 14,文中提到当时有两派阵营,一派主张应可直接适用内国法,另一派则主张一般原则应与内国法体系完全分离。

另外,《罗马规约》第21条第2项规定国际刑事法院可适用自己的裁判先例所阐释的法律原则,即承认该法院的法官造法可作为裁判法源。这在先前国际法庭的裁判早是如此,所以上揭规定只纯属宣示性质。应注意,对于由裁判先例发展出来的法律原则,国际刑事法院只是选择加以适用,而无必须适用之义务。这样一来,国际刑事法院自不禁止变更裁判见解。

8 《罗马规约》针对国际刑事法院应考虑的法源有清楚阶层(《罗马规约》第21条),如下图所示:

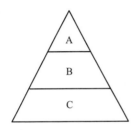

A.《犯罪要件》与《程序与证据规则》为《罗法规约》的补充规定(《罗马规约》第21条第1项第1款)
B.国际条约+国际习惯法(尤其国际武装冲突法)(《罗马规约》第21条第1项第2款)
C.一般法律原则:世界各法系的国内法+有管辖权之国家的内国法(《罗马规约》第21条第1项第3款)

二、解释规则与罪刑法定原则

(一) 国际法之解释规则

9 解释国际条约,依《维也纳条约法公约》(Vienna Convention on the Law of Treaties)⑪第31条以下之规定为之。这些规定由于获得国际习惯法的承认,故拘束世界所有国家。⑫《维也纳条约法公约》第31条第1项规定一般性的解释规则,其谓:"条约应依其用语,按其上下文并参照条约之目的及宗旨所具有之通常意义,善意解释之(官方中文)。"⑬

10 所以,解释国际条约的基础,应是对条约文本采取"客观方法"(objektiver Ansatz),而非依循条约制定者的历史意思。⑭ 准此,首应考虑的,是条约文本字义的通常含义,这同时是解释起点。其次,在解释时还要考

---

⑪ Sartorius II, Nr. 320.
⑫ IGH, "*Kasikili/Sedudu*", ICJ-Rep. 1999 II, Rn. 18.
⑬ 官方语言文本,参见《维也纳条约法公约》第85条第1项"本公约之原本应送请联合国秘书长存放,其中文、英文、法文、俄文及西班牙文各本同一作准"。
⑭ 参见 *Heintschel v. Heinegg*, in: Ipsen(Hrsg.), Völkerrecht, §11 Rn. 4 f.

虑条约的前后关联,即条约相关部分的体系解释。最后,则是探求条约规定的意义与目的(目的性解释)。⑮ 除了上述在解释内国法时已熟知的重要方法外,另有本书欧洲刑法编提过的"有效原则"(effet utile)。"有效原则"是从目的性解释发展出来的原则,指所有解释方法都须依循条约目的为之,并以能持续促进条约目的为准(第九章 Rn. 64)。

国际条约之解释,着重在"客观方法",因此,根据《维也纳条约法公约》第 32 条,研拟条约的准备工作(所谓 travaux préparatoires)及缔约情况均属"补充性的解释方法",在解释上只具补充意义。唯有在使用《维也纳条约法公约》第 31 条的 3 种解释方法后,国际条约的规定内容仍不明确或难以理解,或所获致之解释结果荒谬、不合理时,方得借助条约当年准备工作及缔约情况来探求条约意旨。不过,特别是在国际实体刑法领域,事前的准备资料通常富含启发性,可揭示制定者采取什么样的刑法基本构想,以及如何理解其使用的刑法概念。⑯

11

(二) 国际刑法的解释

上述一般性的解释规则,原则上也适用于与国际刑法有关的条约,尤其是《罗马规约》。⑰ 就《罗马规约》的体系解释而言,主要应考虑的是《犯罪要件》(参见《罗马规约》第 9 条第 1 项)。

12

国际刑法也一样有解释界限,即国际习惯法所承认的"无法律,即无犯罪"(nullum crimen sine lege)。详言之,行为仅于行为时已有法律规范建立可罚性者,才可予以处罚。⑱ 于国际刑法,自然无法要求以成文法(lex scripta)的法典方式规定犯罪行为,也无法要求其刑法规范内容的法律明确性(lex certa)可如同内国刑法。如前所述,国际实体刑法源于国际习惯法,国际习惯法在国际法领域(有别于内国法)乃是最重要法源之

13

---

⑮ 关于国际条约之解释,参见 *Doehring*, Völkerrecht, 2. Aufl., 2004, Rn. 387 ff.
⑯ *Ambos*, Völkerstrafrecht AT, S. 380.
⑰ 即便并非以国际条约设立的前南斯拉夫问题国际刑事法庭和卢旺达问题国际刑事法庭,也适用《维也纳条约法公约》的解释规则,参见 ICTY, "*Tadić*"(AC), Judgment, 15.07.1999, Rn. 295.
⑱ 被告行为时若仅不知其国家已加入《罗马规约》,据此认为行为不在《罗马规约》犯罪要件的适用范围者,并不影响罪刑法定原则。国际刑事法院(正确)驳回 *Lubango* 案辩护人提出的此项异议,参见 IStGH, "*Lubanga*"(PTC I), Confirmation of Charges v.29.01.2007, Rn. 302;亦见 *Weigend*, JICJ 2008, 474.

一。因此,国际法的犯罪要件,不是由虚构的立法者所创设的"伟大作品",而是自始一步步积沙成塔且契合国际当代情况孕育成形的法律规范。就此而言,内国法所熟知的罪刑法定原则,会在国际法层次受到一定程度的限制。⑲ 不过,仍可从国际法的罪刑法定原则推导出以下衍生效果:

　　a. 明确性原则:涵摄系争行为的国际刑法规范,至少应依国际法标准呈现出足够明确的适用范围。⑳

　　b. 类推禁止:国际刑法之犯罪要件,如无法涵摄系争行为,则既有的犯罪要件不得通过类推扩大适用于类似案件,造成行为人的不利益。除了这种内国法也熟知的类推禁止外㉑,《罗马规约》第 22 条第 2 项还在罪刑法定原则加入对犯罪要素的严格解释原则:遇有法律解释疑义时,也应对行为人为有利之解释。㉒ 因此,《罗马规约》对法律解释有疑时的处理方式与德国法不同,德国法的罪疑唯轻仅适用事实问题,而不及于法律解释不明的情况。

　　c. 回溯禁止:国际刑法犯罪要件必须于行为时已取得国际法的适用效力,这项原则规定在《罗马规约》第 24 条。亦即,对国际刑事法院而言,《罗马规约》并不适用于规约生效(2002 年 7 月 1 日生效)前之犯罪。应说明者,国际习惯法所承认的犯罪要件,如于系争行为实施之前已存在者,则仍可建立可罚性,只是国际刑事法院不得援用该国际习惯法来追诉系争行为而已。

14　　再者,国际刑法也适用"无法律,即无刑罚"(nulla poena sine lege)㉓,《罗马规约》第 23 条亦有明文。基于与犯罪成立要件的同一理由,对于刑罚的明确性要求同样不可过高。据此,《罗马规约》第 77 条只设下一般总则性的刑罚范围,而未在个别罪名进一步规定精确的法定刑。

---

⑲　详见 *Satzger*, JuS 2004, 943 ff.;亦见 ICTY, "*Delalić et al.*" (TC), Judgment, 16. 11. 1998, Rn. 402 ff.,有关国际实体刑法对罪刑法定原则之限制及影响。

⑳　例如,1915 年亚美尼亚种族大屠杀的国际刑事追诉,即因(较不严格的)罪刑法定原则的国际(刑事)法门槛而挫败,参见 *Kittichaisaree*, Int. Criminal Law, S. 15 f.另参见第十七章 Rn. 31 以下。

㉑　德国法方面,参见 *Wessels/Beulke*, Rn. 53 ff.

㉒　*Werle/Burghardt*, ZIS 2012, 271, 274 f.

㉓　有争议,反对承认此项原则者,如 *Cassese*, Int. Criminal Law, S. 51.

三、个人责任

如前述(第十四章 Rn. 6),国际刑事法院乃针对个人为裁判,而非针对国家或组织。那么,行为人在国际法上负有个人责任就应是合理的前提。这一原则于纽伦堡国际军事法庭的审判过程首次被清楚确立,目前则已获得国际习惯法承认,《罗马规约》第 25 条则再次确认。

四、国际犯罪行为之架构

▶ 案例 31:A 国与 B 国交战,两国是邻国,且均是《罗马规约》缔约国。A 国军队占领 B 国的 O 村庄等地。某日于 O 地,A 国军人 X 故意射杀 B 国穿着传统服饰的平民 Z,而 Z 被射杀前正在开汽水罐。X 从远处看去,以为 Z 拉开手榴弹保险插销,误判 Z 下一刻将向他的方向投掷。(本章 Rn. 20,28,31,43)

无论过去或现在,在制定所有国际犯罪所共同适用的结构要素时,主要会面临两大法系的互相对立:欧陆法和普通法。德国刑法理论在欧陆法系扮演重要角色,故基本上,欧陆法亦采取三阶层犯罪概念,将犯罪阶层区分为"构成要件该当性""违法性"与"罪责"。反之,在以诉讼法为取向的英美国家等普通法系,基本上则对所有犯罪规定两项要素:

一是"offences",这是指成立刑法责任的情况,包括外在犯罪层面(所谓 actus reus[24])或内在犯罪层面(所谓 mens rea[25])。

另一是"defences",乃是一种所有可排除责任事由的总括概念,故也包括诉讼法的追诉障碍,例如时效消灭。

英美法这种以两阶层建构的犯罪行为概念,对于证明要求格外重要,理由粗略来说,即控方必须举证叙明 offences 之存在,而辩方则须在审判程序中提出可能的 defences。其后,控方原则上须再证明这些 defences 不存在。[26]

以往的几个国际性刑事法庭大致遵循英美法的犯罪行为概念。[27]

---

[24] 即外在行为要素。
[25] 即内在行为要素。
[26] 详见 *Sprack*, Emmins on Criminal Procedure, 2002, S. 244.
[27] *Ambos*, Völkerstrafrecht AT, S. 360.

《罗马规约》则相反,并不偏采哪一模式,而是有自己独立的国际刑法犯罪概念。因此,一开始起草《罗马规约》时,就避免使用那些被各内国"占据"的法律概念(例如 actus reus[28]、mens rea[29] 或 defence[30])。《罗马规约》形式上虽采取创设刑责事由与排除刑责事由的二元模式(这点与普通法一致),而不区分诸如阻却违法事由与宽恕罪责事由(或称减免罪责事由)的阶层模式。但是,《罗马规约》这样的结构,并不会得出其采取普通法当事人程序的诉讼结论(特别是证据法效果)[31],毋宁仍是适用受欧陆影响的职权调查原则。[32] 根据职权调查原则,刑事追诉机关有义务依职权主动调查犯罪事实,亦即,应发现犯罪事实的实际过程(所谓实体真实)。[33]

19 《罗马规约》之规定总结来说,实质上就是三阶层[34]的国际法犯罪之结构:

　　a. 外在犯罪面向或称客观犯罪要素;
　　b. 内在犯罪面向或称主观犯罪要素;
　　c. 排除刑事责任的理由(规约中文)。

审查阶层采用这些命名,是要自始避免与其他类似、但不全等的概念混淆(例如德国刑法理论中的主、客观构成要件)。惟有如此,才能跳脱内国刻板影响而发展出国际刑法之犯罪概念(völkerstrafrechtlicher Verbrechensbegriff)。

(一) 一般客观犯罪要素

20 《罗马规约》的可罚性客观要素,是指成立国际法犯罪的所有外在现象。[35] 于此,个人行为是基本要素。其次,该行为(至少在大多数犯罪)必须造成一定之结果,这可以是实害结果,也可能只是危险结果(例如危害

---

[28] 《罗马规约》第 30 条第 1 项:物质要件(material elements)。
[29] 《罗马规约》第 30 条标题"心理要件"(mental element)。
[30] 《罗马规约》第 31 条:排除刑事责任的理由。
[31] 《罗马规约》第 54 条第 1 项第 1 款、第 66 条第 2 项、第 67 条第 1 项第 9 款。
[32] *Lagodny*, ZStW 113(2001), 800, 811; *Kirsch*, ICLR 2006, 275 ff.
[33] 对此参见 *Beulke*, StPO, Rn. 21.
[34] 相同说法, *Werle*, Völkerstrafrecht, Rn. 404 ff.;相反的, *Safferling*, Int. Strafrecht, § 5 Rn. 12 主张只有两阶层,他将外在犯罪面向与内在犯罪面向结合在"不法事由"的概念之下。
[35] *Werle*, Völkerstrafrecht, Rn. 413.

健康)。㊱再者,依国际习惯法,行为与结果之间应有因果关系。不过,即便绝大多数情况仅须考虑纯粹的自然因果关系,且《罗马规约》亦无因果关系的明文要求㊲,但从规约内容仍可推论出:不只是条件理论的因果关系,连德国刑法的客观归责理论,都可在《罗马规约》找到类似的思考。㊳客观犯罪要素除了行为与结果之外,通常还有第三种要素,即外在伴随情况(äußerer Begleitumstand)。这一要素对国际刑法尤为重要,因为经常是加上外在伴随情况后,某一犯罪才具备国际法规模。所以,某些"普通的"重罪(例如谋杀、性侵),只当所犯乃是"在广泛或有系统地针对任何平民进行攻击"者,才会构成危害人类罪。㊴

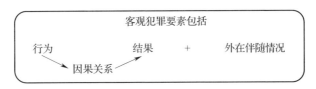

在案例 31 中,X 实现《罗马规约》第 8 条第 2 项第 1 款第 1 目"故意杀害"的客观犯罪要素:X 开枪射击(行为),因此之故(因果关系),造成占领国势力范围内之平民死亡,亦即,受《日内瓦第四公约》第 4 条第 1 项保护之人死亡(结果)。最后,整起事件之发生又与 A、B 两国间的武装冲突有关(外在伴随情况)。

(二) 一般主观犯罪要素

国际习惯法已承认,国际刑法之可罚性,以行为人对犯行具有在主观归责意义下的一定内在态度为要件。㊵许多犯罪要件都规定特殊主

㊱ 参见《罗马规约》第 8 条第 2 项第 2 款第 10 目。
㊲ 但《罗马规约》第 30 条可推导出因果关系的要求,参见 Werle, Völkerstrafrecht, Rn. 417。
㊳ 参见《罗马规约》第 30 条第 2 项第 2 款、第 3 项,从主观观点而言,其构成要件结果乃是"通常因果历程之结果"为成立条件,对此参见 Kreß, Humanitäres Völkerrecht-Informationsschriften 1999, 4, 5 f.;不同意见, Safferling, Int. Strafrecht, § 5 Rn. 15;德国刑法的客观归责,参见 Wessels/Beulke, Rn. 176 ff。
㊴ 参见《罗马规约》第 7 条第 1 项、第 2 项第 1 款。
㊵ Werle, Völkerstrafrecht, Rn. 421.

观要素。⁴¹ 以前的国际性刑事法庭规约并无关于内在犯罪面向的明确规范，在（依德国法分类来说）判断国际刑法之罪名何时要求"意图"（有一定目的之意向），或只需具有间接故意（甚至是有认识过失）即可时，特别容易发生评价不一的结果。⁴² 现在，《罗马规约》第30条尝试填补这一漏洞，故就一般主观犯罪要素作出立法定义。因此，只要《罗马规约》没有其他不同规定，国际刑事法院便应适用《罗马规约》第30条的立法定义。

22　然而，《罗马规约》第30条第1项仍是在普通法、欧陆法各自对内在犯罪层面不同要求下的典型妥协方案⁴³，以致甚难探求其规范意义。《罗马规约》第30条第1项属于一般原则的规定，其谓必须在"故意和明知"（intent and knowledge）的情况下实施客观犯罪要素，但这一开始就有解读问题：当内国（如德国）故意定义里的认知要素本来就包含"明知"，假如将《罗马规约》第30条第1项所称的"故意"，误以为等同于德国法的故意，就不知如何解读《罗马规约》第30条第1项的"明知"了。因此，为了发展独立的（一般）国际刑法，必须放弃使用内国那些表象上以为具有相同内涵的概念用语。⁴⁴ 从德国观点而言，如要避免解释方法落入先入为主或误解，于解释《罗马规约》第30条时，应回归《罗马规约》英文版的文义。

23　此外，分析《罗马规约》第30条时，必须注意该条文第2项及第3项。这两项规定将主观要求的一般定义，"拆散"对应到客观犯罪层面的个别要素。下图可显示此一对应关系：

---

⁴¹　仅参见《罗马规约》第6条"蓄意"，或第8条第2项第1款第1目"故意杀害"、第7条第1项第11款"故意"。

⁴²　前南斯拉夫问题国际刑事法庭和卢旺达问题国际刑事法庭认为，某些情形以间接故意即为已足（本章 Rn. 27），仅参见 ICTY, "*Blaškić*" (AC), Judgment, 29.07.2004, Rn. 42（关于必要之认知与结果发生之高度可能性）; ICTY, "*Stakić*" (TC), Judgment, 31.07.2003, Rn. 587, 642:间接故意即为已足，"轻率"则尚不足够; ICTR, "*Musema*" (TC), Judgment, 27.01.2000, Rn. 215:知悉死亡结果发生之发生可能性即可; ICTR, "*Kayishema and Ruzindana*" (TC), Judgment, 21.05.1999, Rn. 146:"轻率"与"重大过失"均已足够。

⁴³　*Clark*, ZStW 114 (2002), 372, 378; *Satzger*, NStZ 2002, 125, 128 m. w. N.

⁴⁴　*Werle*, Völkerstrafrecht, Rn. 430 及 *Ambos*, Völkerstrafrecht AT, S. 758,为了避免误解，建议另译为"意欲的和认知的"（willentlich und wissentlich）。

A. 故意=有意从事该行为
B. (a)明知+(b)故意
　　(a)意识到事态的一般发展会产生某种结果
　　(b)该人有意造成该结果，或者意识到事态的一般发展会产生该结果
C. 明知=意识到存在某种情况

从图示对照可清楚地看到，只有在对应到各个客观犯罪要素时，才能回答是否存在必要的内在犯罪态度。有鉴于此，必须精确区分各项客观犯罪要素，互相对应者，行为人才具备主观犯罪要素。《罗马规约》第30条第2项、第3项要求如下：

对行为而言，所必要者，仅是行为人"有意从事该行为"（《罗马规约》第30条第2项第1款），并不要求具备有意造成特定目的(!)的相关"蓄意"，因为逻辑结构上无从想象其存在。⑮ 24

对结果而言，此处规定有明显的"不协调性"，因为在"明知"层次⑯和"故意"层次都出现同一基准，即意识到事态如照一般发展会产生该结果（《罗马规约》第30条第2项第2款、第3项）。据此，一方面，行为人（近乎）确知将发生结果者，便存在犯罪结果方面的主观犯罪要素。就此来说，其要求的内在行为态度符合德国的直接故意概念。另一方面，《罗马规约》第30条第2项第2款也将行为人有意造成结果，列为"故意"要素的一种类型，这可说是符合德国法的"意图"要求；但仍应注意，除"有意造成结果"之外，还须同时具备《罗马规约》第30条第3项的"明知"要素，才会构成《罗马规约》第30条第1项。由此观之，这已是意图与直接故意的合并规定，颇为奇特。⑰ 25

---

⑮ *Werle*, Völkerstrafrecht, Rn. 436；但有不同意见，*Ambos*, Völkerstrafrecht AT, S. 767；德国法相似限制，参见 *Satzger*, Jura 2008, 112, 113.

⑯ *Cassese*, Int. Criminal Law, S. 61 ff.表示，欧陆法律人并不熟悉这种将"明知"当成判断标准的方式，因此可能会视情况将之归类为意图或间接故意。可是，《罗马规约》第30条是否也包含间接故意（本章 Rn. 27），*Cassese* 并未说明。

⑰ 正确看法，*Ambos*, Völkerstrafrecht AT, S. 770；不同意见，*Safferling*, Int. Strafrecht, §5 Rn. 23.

如此一来,《罗马规约》的主观犯罪要件规定,明显落后于德国故意概念,因为《罗马规约》并未涵盖间接故意。详言之,《罗马规约》第30条第2项第2款所称“意识到事态的一般发展会产生该结果”,含有(某程度)确定结果之发生,而这正是间接故意所缺少者。㊽《罗马规约》同样未加规定的,还有源自普通法系的“轻率”(recklessness)概念,这是一种介于过失与故意的中间等级。㊾

相对的,国际刑事法院 *Lubanga* 案的预审分庭在参照特设国际刑事法庭裁判见解后(参见本章 Rn. 27),对《罗马规约》第30条进行广义解释。*Lubanga* 案预审分庭认为,《罗马规约》第30条除了意图和直接故意之外,也包括明确属于间接故意的情况,“即行为人已认识到发生结果之风险,却听任或同意结果发生”㊿;“结果之发生有显著可能性,而行为人知悉此风险者,可径自推论其同意发生”,“结果之发生如仅有低度风险,但行为人显然或明确容忍其行为可能满足客观犯罪要素者,则仍成立间接故意”。然而,《罗马规约》第30条的文义并无法支持上述见解,而即使参照特设国际刑事法庭(绝非清楚的)裁判,也不能弥补这一规范缺漏。(51) 因此,*Lubanga* 案预审分庭之见解乃属更正性解释(berichtigende Auslegung)。以目前而言,已有 *Bemba* 案的第二预审分庭与 *Lubanga* 案的审判庭出面反对,所以可以预期,*Lubanga* 案预审分庭采取更正性解释的见解,未来将无法获得实践。(52) 至于文献对《罗马规约》第30条有无包

㊽ 此正确说法,参见 *Werle*, Völkerstrafrecht, Rn. 438, 467 ff.;其他又如 *Gropengießer*, in: Eser/Kreicker(Hrsg.), Nationale Strafverfolgung, S. 273[行为人必须认为结果之发生有高度可能性;亦见 Triffterer-*Piragoff/Robinson*, Rome Statute, Art. 30 Rn. 3,其表示,《罗马规约》第30条应是有意漏掉“轻率”,等等;此外,《德国国际刑法》(VStGB)立法理由(BR-Drucks. 29/02, S. 31)说“极可能知悉”(Wahrscheinlichkeitswissen)即已足够]。

㊾ *Ambos*, Völkerstrafrecht AT, S. 771; *Werle*, Völkerstrafrecht, Rn. 467;关于“轻率”,另见第十六章 Rn. 66。

㊿ IStGH, “*Lubanga*” (PTC I), Confirmation of Charges, 29.01.2007, Rn. 352 ff.; *Weigend*, JICJ 2008, 471, 474.

(51) 采此正确说法者,*Werle*, Völkerstrafrecht, Rn. 439 ff.

(52) IStGH, “*Bemba*” (PTC II), Decision Pursuant to Article 61(7)(a) and(b) of the Rome Statute on the Charges of the Prosecutor Against Jean-Pierre Bemba Gombo, 15.06.2009, Rn. 360 ff.; IStGH, “*Lubanga*” (TC I), Judgment pursuant to Article 74 of the Statute, 14.03.2012, Rn. 1011.

括间接故意的问题，迄今犹莫衷一是。(53)

26 于外在伴随情况，依《罗马规约》第 30 条字义，行为人必须意识到有伴随情况，若仅仅“可能知悉”，则尚属不足。(54) 这项犯罪要素只能单从认知层面来判断，理由很简单，因为纯粹发生的外在伴随情况与行为人意思完全无关。(55) 举例来说，灭绝种族者所杀害的大批民众是否属于宗教团体（参见《罗马规约》第 6 条），便无关行为人意思。

27 如不采取国际刑事法院 *Lubanga* 案预审分庭的更正性解释，而仅就《罗马规约》第 30 条文义来看，条文对主观要件（“故意和明知”），特别是针对犯罪结果方面，其实是设下高门槛的。然而问题是，《罗马规约》对仅具间接故意或“轻率”的行为人，实际上是否一概排除任何有罪判决？这个问题，即使忠实地以《罗马规约》第 30 条的文义解释为基础，其实仍有争议。简言之，关键在于《罗马规约》第 30 条第 1 项较不受人瞩目的一段文字，其谓国际刑事法院“除另有规定外”，否则适用一般主观犯罪要素。在此脉络下，有认为《罗马规约》第 30 条第 1 项所称“另有规定”，只能直接从《罗马规约》第 6 条至第 8 条导出(56)；惟另有认为，《罗马规约》第 21 条有规定国际刑事法院所适用之法律，因而，这些法源若有与《罗马规约》不一致的任何规定，国际刑事法院也须考虑适用。依后者的观点，其可主张依《罗马规约》第 30 条之文义，并未将“另有规定”限制在规约本身（这不同于《罗马规约》第 31 条第 1 项），而此结果便是，借由《罗马规约》第 30 条第 1 项“除另有规定外”的开放条款（Öffnungsklausel），《罗马规约》的犯罪主观要件即能通过《犯罪要件》(57)及国际习惯法进行修正。

---

(53) 赞成者，如 *Jescheck*, JICJ 2004, 38, 45；反对者，如 *Safferling*, Int. Strafrecht, § 5 Rn. 27; *Cassese*, Int. Criminal Law, S. 73 f.未回答此问题。

(54) 相同解读方向者，Triffterer-*Piragoff/Robinson*, Rome Statute, Art. 30 Rn. 26；但《德国国际刑法》立法理由则有不同说法，参见 BR-Drucks. 29/02, S. 31.

(55) 亦参见 *Kühl*, Strafrecht AT, § 5 Rn. 8; *Kudlich*, Strafrecht AT, 3. Aufl, 2009, S. 50(Frage 50b).

(56) *Ambos*, Völkerstrafrecht AT, S. 789; *Safferling*, Int.Strafrecht, § 5 Rn. 20.

(57) 对此，国际刑事法院已明确肯认，见 IStGH, “*Lubanga*” (PTC I), Confirmation of Charges, 29. 01. 2007, Rn. 359: “As a result, the ‘should have known’ requirement as provided for in the Elements of Crimes in relation to articles 8(2)(b)(xxvi) and 8(2)(e)(vii) is an exception to the ‘intent and knowledge’ requirement in article 30 of the Statute”；批评，*Ambos*, Int.Strafrecht, § 7 Rn. 64 Fn. 331；但赞同者，*Werle*, Völkerstrafrecht, Rn. 448 ff.；另参见 *Schabas*, ICC, S. 224 f.关于 *Lubanga* 案对本问题之重要性，另参见 *Weigend*, JICJ 2008, 471, 472 ff.

不但如此,通过开放条款这条路径,也可将国际刑事法院(尤其是个案特设法庭)之裁判纳入考虑[58]:根据特设法庭见解(尚非实务惯例),犯罪行为的主观层面不限于"故意和明知"。[59] 尽管如此,对于国际犯罪主观要件的详细要求,究竟哪一说法才正确,尚无最终答案

举例:依前南斯拉夫问题国际刑事法庭裁判,若行为人轻蔑人命而对被害人施以重大侵害,即符合战争罪的故意杀人要件。[60] 另外,关于下令实施《前南斯拉夫问题国际刑事法庭规约》第 7 条第 1 项的国际法犯罪,新近裁判认为:行为人意识到其命令"极可能"会被实施的,便具备犯罪主观要件。[61]

28　　所以,借由《罗马规约》第 30 条第 1 项"开放条款"这条弯路(但未超出规约文义基础),于一定范围内也可涵盖到间接故意与"轻率"(recklessness)。[62] 但也因此,本来已被《罗马规约》第 30 条排除的较低度之故意形态[63],却会遭受处罚,这似乎背离《罗马规约》第 30 条意旨。惟鉴于《罗马规约》第 30 条整体而言既不出色又含糊的字义,所谓违反立法意旨的批评,实在没有说服力。不过,国际刑事法院 Lubanga 案预审法庭的"更正性解释"(本章 Rn. 25),若能获得普遍承认,即不需再迂回取道于"开放条款"。所以,国际刑事法院有机会以裁判弥补《罗马规约》第 30 条制定过程的疏忽,并据此建立一个可纳入间接故意的稳定规则。

于案例 31,X 有意识地开枪(故意行为),对此射击行为,他(近乎)确知将造成平民 Z 的死亡结果(对结果有故意),也认知到必要的伴随情况(国际武装冲突)。毫无疑问,X 已具备《罗马规约》第 8 条第 2 项第 1 款第 1 目"故意杀害"及第 30 条的主观犯罪要素。

(三) 排除刑事责任的理由

29　　如前所述,《罗马规约》虽未区分阻却违法事由与减免罪责事由(本

---

[58] 亦见 Werle, Völkerstrafrecht, Rn. 457.
[59] 例证参见本章 Rn. 21 注 42。
[60] 仅见 ICTY, "*Mucić et al.*"(TC), Judgment, 16. 11. 1998, Rn. 439.
[61] 对此裁判意见,参见 Werle, Völkerstrafrecht, Rn. 426 m. w. N.
[62] 明确支持尽可能限缩《罗马规约》第 30 条适用范围:Werle, Völkerstrafrecht, 2. Aufl., 2007, Rn. 400.
[63] 对此参见 Triffterer-Piragoff/Robinson, Rome Statute, Art. 30 Rn. 3.

章 Rn. 18），而是将这两者都当成"排除刑事责任的理由"（规约中文）。[64] 从历史比较观之，《罗马规约》对可能存在的排除刑责事由——列出，诚属创举，但若回顾过去，国际刑事法规一直没有刑法总则的规范来看，《罗马规约》此种列举立法就不令人意外了。[65] 由于国际犯罪要件的本质使然，大多数的排除刑责事由——如果发生的话——都与战争罪有关（战争罪，参见第十六章 Rn. 52 以下）。

1. 正当防卫

《罗马规约》第 31 条第 1 项第 3 款规定正当防卫（Notwehr），但同款第 2 句亦明确表示，行为人参与部队所进行的防御行动本身，并不构成正当防卫。 30

依该规定，正当防卫情状，原则上以自己或第三人受到暴力攻击为要件；而对"财产"之攻击，只有在战争罪时，该财产是自己或第三人生存或军事所必要者，才可主张正当防卫。由此可见，《罗马规约》与《德国刑法》第 32 条正当防卫的基本差异在于，前者的防卫法益类型明显较为狭隘。但与德国正当防卫规定一样，《罗马规约》第 31 条第 1 项第 3 款也设有时间要素，即必须是即将发生（imminent）的攻击。这一要素，可对应到《德国刑法》第 32 条所规定的"现在的"（gegenwärtig）不法侵害要素，即解释为即将到来、已开始或持续进行中的攻击。[66] 再者，攻击必须是不法（unlawful）的，换言之，不得对于符合排除刑责事由的攻击行使正当防卫。[67] 然而，这绝非意味不得对《罗马规约》第 31 条第 1 项的任何排除刑责事由主张正当防卫，争议尤其会在其中被德国法（正确地）归类为罪责层次的排除刑责事由，例如《罗马规约》第 31 条第 1 项第 2 款的无归责能力（Unzurechnungsfähigkeit）。 31

于案例 31，X 虽想要抢在 Z 攻击之前，先行下手，但客观上并不存在攻击情状。因此，本案并无正当防卫情状，故不成立正当防卫。

---

[64] 未区别处理的理由，参见 Gilbert, IJHR 2006, 143, 145.

[65] 无论是《纽伦堡国际军事法庭宪章》或《盟军第 10 号管制法》（Kontrollrats-Gesetz Nr. 10），都只承认依命令之行为，但即便如此，也只当做选择性的减刑事由。参见 Gilbert, IJHR 2006, 143,144; Schabas, Introduction, S. 239.

[66] Werle, Völkerstrafrecht, Rn. 590.

[67] Cassese, Int. Criminal Law, S. 259.

32 《罗马规约》的正当防卫,其防卫行为必须具适合性,并与即将发生之危险间具有比例性。值得一提者,德国正当防卫条款未明文规定比例性审查,而且,只在极端案例才有防卫权限滥用的问题。(68) 相较于德国刑法的“大胆”,《罗马规约》的正当防卫则以进行比例原则审查为必要。

33 最后,防卫者必须具有防卫意思(“为防卫本人或他人……以避免即将不法使用的武力”)。(69)

2. 紧急避难

34 普通的紧急避难(Notstand)及强制性紧急避难(Nötigungs-notstand,参见本章 Rn. 37),均属国际刑法审判实务上少数已发挥一定角色的排除刑责事由。(70)《罗马规约》第 31 条第 1 项第 4 款规定紧急避难,但不同于德国法将紧急避难区分为阻却违法及减免罪责两种类型(《德国刑法》第 34 条、第 35 条),《罗马规约》并无此区别,也未区分攻击型和防御型紧急避难。申言之,《罗马规约》第 31 条第 1 项第 4 款乃是将所有(以德国分类来说)包含阻却违法或减免罪责之紧急避难以及强制性紧急避难的情况,均规定在同一规范中。(71)

35 依《罗马规约》第 31 条第 1 项第 4 款,紧急避难情况是指面临即将死亡的威胁,或面临继续或即将遭受严重人身伤害的威胁,至于该避难情况是否为他人或其他非人为因素所能控制者,皆非所问。因此,持续之危险,但随时能转换成实害者,也包括在内。(72) 惟依该款清楚的文义规定,生命及身体以外的其他法益(例如自由、财产),则不具有紧急避难资格。

36 避难行为必须是防止危难所必要者,即所有防止危难手段之中最温和者。此外,避难行为在结果上也须符合比例性:所招致的损害,不得大于避难者所欲避免的损害。《罗马规约》第 31 条第 1 项第 4 款的客观要件,尽管是以纯粹主观描述方式来表达(“无意造成……”),然与德国阻

(68) 参见 *Wessels/Beulke*, Rn. 339 ff.

(69) 同此见解,如 *Werle*, Völkerstrafrecht, Rn. 596,其参照法语版本(“pour … défendre”);不同意见,*Safferling*, Int, Strafrecht, § 5 Rn. 46 使用英文版本,认为认知到正当防卫情况即为已足。

(70) 此说法,亦见 *Werle*, Völkerstrafrecht, Rn. 600, 602;另见美国军事法庭 *Flick* 案,in: Trials of War Criminals Before the Nuernberg Military Tribunals, Bd. VI,以及汉堡地方法院(LG Hamburg)*Veit Harlan* 案(Urt. v. 29. 04. 1950),提及一些早期案例。

(71) *Werle*, Völkerstrafrecht, Rn. 601;德国法状况,参见 *Wessels/Beulke*, Rn. 297 ff., 434 ff.

(72) *Ambos*, Völkerstrafrecht AT, S. 850.

却违法之紧急避难规定并无不同,亦即均要求利益权衡。[73] 但利益权衡下,依规约之文义("无意造成比设法避免的损害更为严重的损害"),当所欲维护的利益与所攻击之利益等价时(如同德国法防御型或减免罪责之紧急避难),仍可成立排除刑责事由。所以,《罗马规约》利益权衡标准明显比《德国刑法》第34条阻却违法之紧急避难还要"大方",从而,杀人行为原则上也可能依规约紧急避难条款而免责。此一结果,与前南斯拉夫问题国际刑事法庭 Erdemović 案以及"普通法"之基本立场[74],均有歧异。[75] 所以说,《罗马规约》在利益等价的紧急避难情况是采取欧陆法传统——如同《德国刑法》第35条减免罪责之紧急避难规定——将此例外情况下因避免危难而杀害他人的避难行为免予处罚。[76]

值得一提的是强制性紧急避难(Nötigungsnotstand),这是指避难者由于他人之强暴、胁迫而被强制为犯罪行为。德国法由于区分阻却违法之紧急避难与减免罪责之紧急避难,强制性紧急避难遂有定位争议。[77] 相对之下,《罗马规约》第31条第1项第4款则包括强制性紧急避难,并无疑义。 37

与正当防卫一样,紧急避难也要求主观要件:行为人必须"为了避免威胁"而为避难行为。《罗马规约》第31条第1项第4款就利益权衡要件的纯粹主观描述("无意造成比设法避免的损害更为严重的损害")[78]明确指出,主观要件也须对应到利益权衡。[79] 此外,行为人如果自招危难,则不成立排除刑责事由,这可从《罗马规约》第31条第1项第4款第2目反面解释得出。但《罗马规约》此处也与《德国刑法》第35条相同,所谓自行"招致"危难,仅指违反义务的招致行为。[80] 38

---

[73] 参见 *Kreß*, Humanitäres Völkerrecht-Informationsschriften 1999, 4, 7; 不同意见, Triffterer-*Eser*, Rome Statute, Art. 31 Rn. 60.

[74] 参见 *Etzel*, Notstand und Pflichtenkollision im amerikanischen Strafrecht, 1993, S. 101 ff.; *Janssen*, ICLR 2004, 88, 89.

[75] ICTY, "*Erdemović*"(AC), Judgment, 07.10.1997, Rn. 19; 但另见 *Ambos*, Völkerstrafrecht AT, S. 859.

[76] 亦见 *Janssen*, ICLR 2004, 88, 89.

[77] 参见 SSW-StGB/*Rosenau*, §34 Rn. 30 m. w. N.

[78] 质疑此一主观定义者: *Werle*, Völkerstrafrecht, Rn. 609.

[79] *Werle*, Völkerstrafrecht, Rn. 609 认为此一要求没有稳定的国际习惯法基础; *Ambos*, Völkerstrafrecht AT, S. 852 f.

[80] 德国法: *Wessels/Beulke*, Rn. 441; 国际刑法: *Ambos*, Völkerstrafrecht AT, S. 856.

3. 依命令之行为

39 依《罗马规约》第 33 条第 1 项,行为人依命令之行为(Handeln auf Befehl),可例外排除可罚性。因而,《罗马规约》显然有别于迄今的其他国际刑事法庭规约,后者都只将依命令之行为于个案作为选择性减刑事由而已。

不过,细读《罗马规约》条文后,很快会发现两者的差异有限。可成立依命令之行为的情形,依《罗马规约》第 33 条第 1 项须同时符合 3 个要件:行为人有服从命令之义务、不知命令不法,且命令之不法性亦不明显,即所谓"显然不法"原则(Prinzip der "manifest illegality")。惟依《罗马规约》第 33 条第 2 项,执行灭绝种族罪或危害人类罪的命令一定是"明显不法",于是,只剩下战争罪可能以"依命令之行为"来排除刑事责任。

4. 错误

40 《罗马规约》第 32 条是关于错误(Irrtum)的规定,区分为事实错误与法律错误。

事实错误,原则上排除可罚性(《罗马规约》第 32 条第 1 项)。[81]

法律错误,原则上不影响可罚性。例外则是重要的法律错误,这是指行为人之法律错误,已否定其构成犯罪所必要的主观要素,此时才生排除刑责的效果(《罗马规约》第 32 条第 2 项)。惟从文义可看出,这一例外条款仍欠缺独立意义;如同《德国刑法》第 16 条构成要件错误的规定到最后已简化成一句话,即"行为人如非故意为行为者,则非故意犯之",《罗马规约》的法律错误也一样,当主观要素(通常是指《罗马规约》第 30 条)不成立时,便例外构成重要之法律错误。此时如以犯罪阶层体系来看,是完全不会进入排除刑责事由阶层的,因为行为人已不具备主观犯罪要素。[82] 此外,若对《罗马规约》第 33 条所称非明显不法之命令的"违法性"(Rechtswidrigkeit)产生错误者,也属重要的法律错误(《罗马规约》第 32 条第 2 项后段)。

---

[81] 这是从《罗马规约》第 32 条第 1 项反面叙述的段落"事实错误只在否定构成犯罪所需的主观构成要件要素时,才可以作为排除刑事责任的理由",所推论出来。

[82] 亦见 Werle, Völkerstrafrecht, Rn. 614. 法律错误的射程距离问题,参见 Heller, JICJ 2008, 419 ff. Safferling, Int. Strafrecht, §5 Rn. 29 认为错误并非排除刑责事由,而是在内在事实层面进行审查。

《罗马规约》事实错误与法律错误的分界线,不同于德国的构成要件错误与禁止错误。原因是,国际刑法并无独立的不法意识类型,故欠缺不法意识不会成立禁止错误。依正确见解,《罗马规约》第 32 条第 1 项的事实错误,乃是针对描述性(deskriptiv)客观要素的错误规定,而第 2 项的法律错误,则是就规范性(normativ)客观要素发生原则上非重大的错误所为之规定。(83) 41

举例:《罗马规约》第 8 条第 2 项第 3 款第 4 目所称"正规组织的法庭",行为人若对法庭组织之要件有错误认识,就属规约意义下的非重要之法律错误。(84)

撇开前述对"非明显不法之命令"的违法性有错误认识不谈(本章 Rn. 39),《罗马规约》其实也未对不可避免之禁止错误赋予排除刑责的效力,这一点不同于《德国刑法》第 17 条第 1 句。《罗马规约》因未考虑到不可避免之禁止错误,故受到从罪责原则而来的严厉批评。(85) 不过,不可避免之禁止错误在国际刑法的实际重要性有限,因为毕竟只可能发生在战争罪(本章 Rn. 39)。而且,德国不可避免之禁止错误规定,即便只是粗略地运用到《罗马规约》,通常也无法想象相关行为人在"应良心不安"(86)之下,还会认为其蓄意消灭某一宗教团体而杀害该团体成员乃是法律所许可。但战争罪则不同,对军人而言,《罗马规约》第 8 条战争罪多如牛毛的各种行为规定,本来就不易懂,发生不可避免之禁止错误并非不可想象。(87) 因此,为维护罪责原则起见,于适用《罗马规约》第 32 条第 2 项时,应承认这种案例可成立排除刑责事由,不然就是使用另一种变通方式,即适用《罗马规约》第 31 条第 3 项所认可的其他排除刑责事由(参见本章 Rn. 49)。 42

(83) 参见 *Werle*, Völkerstrafrecht, Rn. 624。德国法描述性和规范性构成要件要素之区分,参见 *Wessels/Beulke*, Rn. 242 ff.

(84) Triffterer-*Triffterer*, Rome Statute, Art. 32 Rn. 29.

(85) *Werle*, Völkerstrafrecht, Rn. 623.

(86) 检验《德国刑法》第 17 条禁止错误的普遍标准,参见 SSW-StGB/*Momsen*, § 17 Rn. 45 ff.; *Wessels/Beulke*, Rn. 466.

(87) 然而,国际刑事法院只在个案才承认错误的不可避免性,其在"*Lubanga*"(PTC I), Confirmation of Charges, 29.01.2007, Rn. 306, 312-314 明确表示,*Lubanga* 这样的地区政治人物及军事领导人知道法律规定,故不存在不可避免之错误;亦参见 *Weigend*, JICJ 2008, 471, 474.

43 德国法有容许构成要件错误(Erlaubnistatbestandsirrtum),但《罗马规约》亦无明确规定。容许构成要件错误,是指行为人对合法化事由(此处是指规约的排除刑责事由)的事实前提要件有所误认。(88) 依德国文献主流看法,这类错误的法律效果是欠缺故意罪责。(89) 但如前述,《罗马规约》第 32 条第 1 项规定的事实错误,只有在"否定犯罪要件所需要的主观构成要件要素时",才能排除刑事责任。然而,容许构成要件错误与犯罪构成要件的主观层面(知与欲)无关,而是涉及阻却违法事由等合法化要件的主观层面。(90) 依《罗马规约》第 32 条第 1 项文义,规约并未赋予容许构成要件错误排除刑责的效力。因此,若要转圜,当然有一个令人乐见的做法,那便是国际刑事法院以容许构成要件错误与事实错误两者具类似性为由,去类推《罗马规约》第 32 条第 1 项,将容许构成要件错误比照事实错误来处理。(91)

于案例 31,X 以为存在一个合法的正当防卫情况,可使自己的开枪行为依《罗马规约》第 31 条第 1 项第 3 款正当化。所以,X 发生容许构成要件错误,故原则上应类推《罗马规约》第 32 条第 1 项"事实错误"的排除刑责事由。

5. 无归责能力

44 《罗马规约》第 31 条第 1 项第 1 款,将持续性的无归责能力(Unzurechnungsfähigkeit)列为排除刑责事由。至于酒醉引起的暂时性无归责能力,原则上虽可依《罗马规约》第 31 条第 1 项第 2 款而同样排除刑责,但应注意该条款也同时规范原因自由行为(*actio libera in causa*),亦即,行为

---

(88) 德国法的容许构成要件错误,参见 *Wessels/Beulke*, Rn. 467 ff.[容许构成要件错误,可参见林钰雄,《新刑法总则》(第 3 版),2011 年,第 345 页以下;2013 年台上字第 3895 号判决:"事实上本无阻却违法事由之存在,而误信为有此事由之存在,并因而实行行为者,即所谓阻却违法事由之错误。此种错误,其属于阻却违法事由前提事实之错误者,乃对于阻却违法事由所应先行存在之前提事实,有所误认,例如本无现在不法之侵害,而误认为有此侵害之存在而为正当防卫,此即所谓误想防卫,学说称之为'容许构成要件错误'。"——译者注]

(89) 所谓"限制法律效果的罪责理论",仅参见 *Fischer*, § 16 StGB Rn. 22; *Wessels/Beulke*, Rn. 478 f.;《奥地利刑法》第 8 条有相关规定。

(90) 但在主张负面构成要件要素理论者,则有不同。对此一般说法可见 *A. Kaufmann*, JZ 1954, 653 ff.

(91) 已有此见解,参见 *Satzger*, NStZ 2002, 125, 128; *Ambos*, Völkerstrafrecht AT, S. 808 ff.; Triffterer-*Triffterer*, Rome Statute, Art. 31 Rn. 14, 28.

人若自愿醉酒，且明知自己醉酒后将实行规约犯罪或任由自己实行者，则醉酒并不影响可罚性。《罗马规约》对原因自由行为所设定的规范结构，与德国法熟悉的罪责例外模式最为近似。(92)

《罗马规约》第31条第1项第1款的实务重要性可能相当有限。观察国际刑法史，以无归责能力作为有利被告之理由者，尚乏实例。(93) 相比之下，《罗马规约》第31条第1项第2款原因自由行为条款在未来却可能有重大意义。

6. 豁免

45 所有国家主权平等，加上为了确保国际交流畅通，传统国际法乃承认国家豁免原则（Grundsatz der Staatenimmunität），亦即，没有一个国家可被他国告上法院。由此可推论：国际刑法唯一追究的对象——个人（参见《罗马规约》第25条第1项），也可能享有豁免权。外交官豁免权已明定于国际条约(94)，而国际刑法所关注的个人豁免权，主要是指国家元首(95)及其他于外国代表本国的政府人员。于此，对于外国（刑事）审判权可区分为两种不同射程距离的豁免权：

a. 功能豁免权（funktionelle Immunität）：个人基于公职专为国家而为的高权行为，会发生功能豁免权，以公职身份为该职务行为者即免受处罚，卸任后也不予处罚。

b. 个人豁免权（persönliche Immunität）：这是指国家元首、政府领导人或政府成员在“非高权行为”方面的绝对豁免权，但仅限于服公职期间（类似于外交人员），而且适用于世界各国（这一点，又比外交人员豁免权之适用范围为广）。理由在于，某些特定身份之人的行为自由在国际法上享有重要地位，如果行为人具有这种身份，便可获得个人豁免权。惟不同于功能豁免权，个人豁免权并无法终局解除从外国法而

---

(92) 德国刑法的原因自由行为，参见 *Wessels/Beulke*, Rn. 415 ff.; *Satzger*, Jura 2006, 513 ff.

(93) 亦参见 *Werle*, Völkerstrafrecht, Rn. 643，以及 ICTY, “*Delalić et al.*” (AC), Judgment, 20.02.2001, Rn. 573 ff.的驳回理由。

(94) 参见《维也纳领事关系公约》第31条。

(95) 国家元首在国外的私人访问行程，也享有豁免权，参见国际法院“*Congo vs. Belgium*”(“Arrest Warrant Case”), Judgment, 14.02.2002, Rn. 51 ff.；对此，*Cassese*, EJIL 2002, 853, 855.（国际法的国家元首豁免权，可参见林正顺：《国际法上国家首长刑事豁免权的发展趋势》，载《台湾国际法季刊》，2011年第8卷第1期，第125页以下。——译者注）

来的可罚性,它只是在个人服公职期间,让其享有免予追诉的一种诉讼障碍而已。[96]

46　在国际刑事法院裁判国际法犯罪方面,这两种豁免权在很大程度上丧失其重要性。原因,一来《罗马规约》第 27 条第 1 项已排除功能豁免权[97];二来第 2 项(至少就规约国的国家元首和政府人员)设下个人豁免权之例外。[98]

47　然而,由内国刑事追诉机关进行国际犯罪追诉之情形,则有不同。于此,通说主张:为了维持国际关系,仍应承认代表国家的个人豁免权,故不得在其公职期间进行刑事程序。[99]但卸任后,绝大多数人认为内国法院此时可展开追诉,因为于国际法犯罪不生功能豁免权,其论证理由例如国际犯罪始终是个人之犯罪,而非可归属于国家的主权行为[100];但也有认为应从国际习惯法建立豁免权之例外。[101]

最后,《罗马规约》第 27 条第 2 项明文指出,内国法的豁免规定不妨碍国际刑事法院对行为人行使管辖权。这一规定,在德国将《罗马规约》转化成内国法方面,其实潜藏某种程度的风险。[102]在德国,《罗马规约》通过德国《德国与国际刑事法院合作法》(IStGHG)和《德国国际刑法》(VStGB)两部法典而纳入德国法体系(参见第十七章 Rn. 1 以下),德国虽将规约的重要部分完成转化,但却放弃修改《德国基本法》第 46 条(联邦众议院议员的不受逮捕权及言论免责权)。[103] 其后果,举例言之,在德国联邦众议院拒绝取消某议员依《德国基本法》第 46 条第 2 项享有之不受逮

---

[96] Werle, Völkerstrafrecht, Rn. 607; Cassese, EJIL 2002, 533, 864 f.;可参见第十四章 Rn. 7。

[97] Stern, in: Lattimer/Sands(Hrsg.), Justice for Crimes Against Humanity, Oxford/Portland 2003, S. 86 f.

[98] 对非规约国之国家元首和政府成员的追诉问题,特别是对苏丹共和国现任总统 Al Bashir 的逮捕令,可参见 Blommestijn/Ryngaert, ZIS 2010, 428 ff.

[99] 如此见解者,特别是国际法院"Congo vs. Belgium"("Arrest Warrant Case"), Judgment, 14. 02. 2002;亦见 Ruffert, NILR 2001, 184 ff.; Werle, Völkerstrafrecht, Rn. 706 ff.

[100] House of Lords, "Pinochet", Judgment, 24. 03. 1999(http://www.parliament.the-stationery-office.co.uk/pa/ld199899/ldjudgmt/jd990324/pino1.htm);对此, Sands, LJIL 2003, 45 ff.; Akande/Shah, EJIL 2010, 815, 828.

[101] 整体说明,可参见 Ambos, Int. Strafrecht, § 7 Rn. 101 ff.; Kreicker, ZIS 2012, 107, 117 ff.

[102] 相同看法: Kreß, NStZ 2000, 620 ff.

[103] 《德国基本法》第 60 条第 4 项联邦总统之豁免权,也有相同情形。

捕权时,德国对涉案议员便不能进行刑事追诉。这时候,国际刑事法院即可基于补充性原则(参见第十四章 Rn. 17 以下)开启其国际法之审判权,这种后果会背离《德国国际刑法》明确追求的立法目的。[104]

7. 时效

《罗马规约》第 29 条规定,国际刑事法院管辖权内的犯罪不适用任何时效规定。也因此,时效并非排除刑责事由。[105]   48

8. 超法规之排除刑责事由

《罗马规约》第 31 条第 3 项规定,国际刑事法院法官可考虑规约所未提及的排除刑责事由,只要这些事由是以《罗马规约》第 21 条所称之法源为适用依据。[106] 这里扩大适用到超法规之排除刑责事由,因为扩大结果对被告更为有利,故不会抵触《罗马规约》第 22 条罪刑法定原则。   49

五、正犯与共犯

依国际法犯罪的本质,仅在非常例外的情况才会由一人单独犯案。国际犯罪的不法内涵,经常意味着多数行为人各自分工,最终则架构成以一整体形式实施犯罪。这个特征,在以广泛或系统性攻击平民为成立要件的危害人类罪上(参见《罗马规约》第 7 条第 1 项;参见第十六章 Rn. 33),尤为清楚。再者,国际法犯罪之所以经常被贴上总体犯罪(Makrokriminalität)的标签,乃是因为主事者并不会"弄脏自己的双手",相反,他是以"办公桌行为人"(Schreibtischtäter)的身份,在办公室发号施令。因此,有必要依对国际法犯罪的不同参与形式,立法分门别类。所以,国际刑法的总则编必须制定正犯与共犯的归责规则,而不是只让直接实施犯罪之人承担刑责。   50

与以往国际刑法采取形式单一正犯的主流观点不同,今日《罗马规约》第 25 条第 3 项第 1 款至第 3 款将犯罪参与形式清楚区分成三种不同   51

---

[104] 德国政府草案的立法理由:BR-Drucks. 29/02, S. 23.
[105] 参见 *Kreicker*, Humanitäres Völkerrecht-Informationsschriften 2007, 167 ff.;对此亦见 *Gless*, Int. Strafrecht, Rn. 745 ff.
[106] 举例见 *Schabas*, ICC, S. 492 ff.及 *Safferling*, Int. Strafrecht, § 5 Rn. 64.

类型。(107) 这些类型,基本上可分为《德国刑法》熟悉的正犯与共犯。依《罗马规约》第 25 条第 3 项第 1 款,正犯类型计有直接正犯、间接正犯及共同正犯。但规约的共犯类型,于第 25 条第 3 项第 2 款分成命令、唆使及引诱犯罪,而同条项第 3 款则是区分帮助与其他协助,故相较于德国刑法而言,至少从形式上来看,规约的共犯类型似乎比德国法区分得更加细致。值得注意者,《罗马规约》第 25 条第 3 项第 2 款及第 3 款都采用德国法耳熟能详的从属性原则(Akzessorietät),亦即,共犯可罚性成立与否,取决于正犯有无(既遂或未遂)可罚性。另外,从属性要件也适用于连字义都难以理解的《罗马规约》第 25 条第 3 项第 4 款,它是将最弱的共犯形态(即以其他方式支助某一团体实现规约犯罪的参与行为)入罪化的规定。最后是《罗马规约》第 25 条第 3 项第 5 款,乃是源于《防止及惩治灭绝种族罪公约》的公然煽动他人灭绝种族罪,但该煽动行为之可罚性,不以实际发生灭绝种族为必要(参见第十六章 Rn. 9)。

参与形式

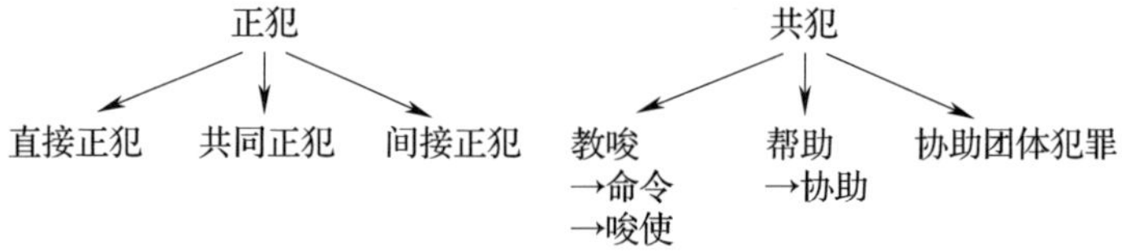

52 《罗马规约》第 25 条第 2 项及第 3 项并未就各种参与类型规定不同处罚。不过,在依《罗马规约》第 78 条第 1 项量刑时,参与类型仍得作为审酌因素,《程序与证据规则》第 145 条第 1 项第 3 款也明文确认此事(“根据第 78 条第 1 项量刑时,本法院应:……除第 78 条第 1 项所提的因素及其他因素外,还考虑造成的损害的程度,尤其是……被定罪人的参与程度……”)。

(一) 正犯

1. 直接正犯

53 首先是《罗马规约》第 25 条第 3 项第 1 款第一类型的直接正犯,其概

(107) 参见 *Ambos*, Völkerstrafrecht AT, S. 543 ff.. 国际刑事法院也重视相关犯罪形式的具体控诉,可参见 IStGH “*Ruto*, *Kosgey*, *Sang*” (PTC II), Decision on the Prosecutor's Application for Summons to Appear, 08. 03. 2011, Rn. 35 f.

念与德国法大致相同:个人亲自犯之者,即为直接之单独正犯。[108]

2. 共同正犯

《罗马规约》的共同正犯(《罗马规约》第 25 条第 3 项第 1 款第二类型:伙同他人),指基于彼此承担犯罪贡献之责任而有共同犯罪计划为成立要件。有争议的是,共同的犯罪计划是否必须以违犯国际法犯罪为目标,或者只要存在某一犯罪的"犯罪要素"即为已足。[109] 于此,国际刑事法院裁判援用德国学者 *Roxin* 的犯罪支配理论,要求必须满足"重要之犯罪贡献"这项客观要件。[110] 由此可见,国际刑事法院的共同正犯归责规则与德国刑法通说相当一致。[111]

54

3. 以"共同犯罪集团"扩大共同正犯?

目前为止的国际性特设法庭规约,并无类似《罗马规约》第 25 条第 3 项第 1 款(共同)正犯的规定。若遇到参与犯众多的案件,这些法庭是以"共同犯罪集团"(Joint Criminal Enterprise,以下简称 JCE)理论来处理。共同犯罪集团是一种广泛的正犯归责概念,该理论的源头,主要是由前南斯拉夫问题国际刑事法庭 *Tadić* 案——援引国际习惯法——发展出来的概念。[112] 于此,《前南斯拉夫问题国际刑事法庭规约》第 7 条第 1 项及《卢旺达问题国际刑事法庭规约》第 6 条第 1 项均提到"犯罪"(commission),而共同犯罪集团被认为是"犯罪"所未直接明文的下位概念;照此说法,数名以共同行动参与违犯国际法犯罪之人,便能以(共同)正犯地位而受

55

---

[108] 参见 Ambos, Int. Strafrecht, §7 Rn. 18.

[109] 国际刑事法院 *Lubanga* 案的预审分庭支持后者,参见 IStGH, "*Lubanga*"(PTC I), Decision on the confirmation of charges, 29. 01. 2007, Rn. 344;这获得 *Lubanga* 案的审判分庭原则上的确认,其要求应有显示将于事物通常流程中进行犯罪的充分危险[IStGH, "*Lubanga*"(TC I), Judgment pursuant to Article 74 of the Statute, 14. 03. 2012, Rn. 984 ff.]。

[110] IStGH, "*Lubanga*"(PTC I), Confirmation of Charges, 29. 01. 2007, Rn. 342 ff., 361 ff., 并经审判分庭确认:IStGH, "*Lubanga*"(TC I), Judgment pursuant to Article 74 of the Statute, 14. 03. 2012, Rn. 999;但 Fulford 法官有不同意见,对此,参见 Ambos, ZIS 2012, 313, 328 ff.;另参见国际刑事法院法官 Van den Wyngaert 于 *Ngudjolo Chui* 案的不同意见[IStGH "*Ngudjolo Chui*"(TC II), Jugement rendu en application de l'article 74 du Statut, 18. 12. 2012.]。

[111] 关于《德国刑法》第 25 条第 2 项:*Wessels/Beulke*, Rn. 524 ff.

[112] 此理论的说理问题,仅见 *Zahar/Sluiter*, International Criminal Law, 2008, S. 223 ff. [可参见林雍升:《JCE(Joint Criminal Enterprise)概念在国际法的实践与罗马规约的规范》,载《台湾国际法季刊》2009 年第 6 卷第 3 期,第 125 页以下。——译者注]

罚。然而,某一不在共同犯罪计划涵盖之内的犯罪——其实就是过剩犯罪(Exzesstat)——若被当做以正犯地位所(共同)违犯,确实不无争议,但共同犯罪集团中牵连最广泛的第三类型(所谓 JCE III)却正是如此。另外,《罗马规约》第 25 条第 3 项第 1 款所称"伙同他人"(其他特设法庭规约也有类似规定),是否也有共同犯罪集团的适用空间,这一问题尚未彻底厘清。所以,在《罗马规约》脉络下,也必须进一步讨论共同犯罪集团理论。

56   个案特设法庭[113]将共同犯罪集团区分成三种类型[114],但皆应同时具备三项客观要件,才能成立共同正犯之归责性:

a. 多数人;

b. 有违犯一个或数个国际法犯罪的共同计划或目的;

c. 对于共同计划有所贡献,但无须到达一定的程度(所谓"重要性程度")。[115]

57   主观要件方面,基本上是依共同犯罪集团三类型而区分:

共同犯罪集团第一类型(JCE I),即 JCE 基础型,是指所有参与者具有共同犯罪故意,共同实现犯罪计划。因此,共同犯罪集团的第一类型,大致就是《德国刑法》的共同正犯(§ 25 II StGB),从而,基于功能分工的执行犯罪计划,所有参与者应对各自贡献彼此承担归责。不过,对促成犯罪之贡献程度仍应设下"重要性"(Wesentlichkeit)门槛,而非仅是低度要求,唯有如此才不生争议,否则只能归类为单纯的帮助犯。[116]

共同犯罪集团第二类型(JCE II)乃 JCE 体制型,大多数视之为 JCE 基础型的变体,典型例子是"集中营案件"。[116] JCE 第二类型不同于第一类型之处,在于前者无须证明参与人就系争犯行有具体的犯罪故意。详言之,参与人主观上只要认识虐待行为的体制设计,且以怀有促使完成之故意(Förderungsvorsatz)行事即可。[117] 再者,这里的故意,应可由参与人在

---

[113] 共同犯罪集团理论在前南斯拉夫问题国际刑事法庭的发展:Haan, ICRL 2005, 167 ff.

[114] 亦参见 Gless, Int. Strafrecht, Rn. 765 ff.

[115] ICTY, "*Kvočka et al.*"(AC), Judgment, 28.02.2005, Rn. 97, 99, 112:"参与者无须实现犯罪构成要件、提供重要之犯罪贡献或现身犯罪地。"早期的不同裁判见解,参见 *Werle*, Völkerstrafrecht, Rn. 489 ff.

[116] 对协助行为之贡献仅为低度要求的问题,参见 *Satzger*, in: Hassemer u. a. (Hrsg.), FS für Volk, 2009, S. 592.

[117] ICTY, "*Tadić*"(AC), Judgment, 15.07.1999, Rn. 220.

体制中的职阶推论而出。[118]

共同犯罪集团第三类型(JCE III)为JCE扩大型,所针对的,是个别团体成员违犯国际法犯罪,但该犯罪却不在共同犯罪计划中的案例。对于这类过剩犯罪,应通过JCE第三类型将之视为同一团体其他成员所"违犯",纵使他们对系争犯罪毫不知情且无任何犯罪贡献,亦然。依照前南斯拉夫问题国际刑事法庭的说法,欲成立JCE第三类型的(共同正犯)可归责性,其要件为参与者必须蓄意促成犯罪集团实现目的,且也须对发生过剩犯罪有主观上之预见,但却仍容任此风险发生。[119]

特设国际刑事法庭自创的共同犯罪集团概念,对正犯与共犯的界定效用显然有限。一如上述,整体而言,特设法庭新近裁判并不太重视犯罪参与的程度,以至于行为人单单基于实现其所属团体之犯罪目的的共同意思,就可被归类为共同正犯。如此一来,共同犯罪集团未能与单纯的帮助犯作出合理区隔(例如《罗马规约》第25条第3项的区分)。反之,如以国际刑事法院*Lubanga*案第一预审分庭所青睐的犯罪支配模式为基础[120],在评价集团成员的犯罪支配问题中扮演关键角色的,则是行为人对实现犯罪的贡献。此外,特别是共同犯罪集团第三类型,其被批评是"缺乏规范基础的新归责模式"[121],可谓言之成理。共同犯罪集团第三类型如果要求行为人应对过剩犯罪始终存在真正的间接故意,则严格言之,根本就不存在过剩犯罪。这样一来,共同犯罪集团第三类型不过就是多余的概念。另一方面,共同犯罪集团第三类型实际上对内在犯罪层面的要求不仅极低,甚至无须与实际发生之犯罪间存有具体关联,而是只要求预见有违犯任何一种犯罪的"风险"即可。这一点,只要从共同犯罪集团第三类型也适用于最广泛且难以界定的庞大集团行动(vast enterprise)即可清楚看出。例如说,卢旺达问题国际刑事法庭将"卢旺达图西族(Tutsi)大屠杀"概括认定为某集团所为,而通过共 58

[118] ICTY, "*Kvočka et al.*" (AC), Judgment, 28.05.2005, Rn. 101; ICTY, "*Tadić*" (AC), Judgment, 15.07.1999, Rn. 203;批评参见*Ambos*, Int. Strafrecht, §7 Rn. 30 m. w. N.

[119] ICTY, "*Tadić*" (AC), Judgment, 15.07.1999, Rn. 220.

[120] 参见注110。

[121] *Ambos*, Int. Strafrecht, §7 Rn. 31;另见*Satzger*, in: Hassemer u. a. (Hrsg.), FS für Volk, 2009, S. 593.

同犯罪集团概念,要求任何参与这一势力扩及全国、又难以描述其具体轮廓的集团成员,应为于此关联性下违犯的国际法犯罪承担(正犯)归责性;所持归责理由在于,"集团成员可预见这类犯罪之发生,且愿意承担、放任相关风险"。[122] 再者,若以共同犯罪集团第三类型来归咎行为人具有特别主观要素,尤其是灭绝种族罪的"蓄意消灭"要素,更是自始难以认同,因为这会降低这类犯罪的主观可罚性门槛。而降低的具体后果便是,以灭绝种族罪的过剩犯罪为例,只要集团成员单单认识到实施逾越犯罪的其他成员有"蓄意消灭"的意图,即可判决他成立灭绝种族罪。[123]

总之,正确来说,在《罗马规约》架构之下,共同犯罪集团概念已无存在空间。[124]《罗马规约》第25条第3项第1款第二类型所称"伙同他人"实施犯罪,乃是(共同)正犯的明确处罚基础。另外,《罗马规约》中最接近共同犯罪集团的犯罪类型,是《罗马规约》第25条第3项第4款的对团体犯罪提供协助,但其并未将协助团体犯罪当做正犯,而仅是作为最弱化的共犯形态[125],所以也符合犯罪支配理论。准此,国际刑事法院正确认为,将共同犯罪集团概念套用到其审判权所辖的犯罪上,既无法律空间,亦无此必要。[126] 相较之下,共同犯罪集团概念在混合法庭(参见第十三章Rn. 31)则有重要地位[127],但是,柬埔寨法院特别法庭(ECCC)的预审分庭在2010年5月20日裁判表示,共同犯罪集团概念(至少对柬埔寨法院特别法庭而言)仅可适用基础型(JEC I)及体制型(JEC II),但不可适用扩

---

[122] 关此,参见 *Satzger*, in: Klip/Sluiter(Hrsg.), Annotated Leading Cases of the International Tribunals, Vol. 24, ICTR, 2009, S. 61 ff.

[123] 但前南斯拉夫问题国际刑事法庭却有裁判采此观点,例如 ICTY,"*Brđanin*"(AC), Decision on Interlocutory Appeal, 19.03.2004, Rn. 6;该院裁判也有反对者:ICTY,"*Brđanin*"(TC), Decision on Motion for Acquittal Pursuant to Rule 98bis, 28.11.2003, Rn. 57; *Ambos*, Int. Strafrecht, §7 Rn. 32; *Satzger*, in: Hassemer u. a. (Hrsg.), FS für Volk, 2009, S. 594 f. m. w. N.

[124] *Werle*, Völkerstrafrecht, Rn. 498 ff.;国际刑事法院的追诉趋势,是以间接正犯(正犯后正犯)模式或组织支配之正犯,取代承认共同犯罪集团概念,参见本章 Rn. 59 及 *Manacorda/Meloni*, JICJ 2011, 159 ff.

[125] 同采此正确说法者:*Werle*, Völkerstrafrecht, Rn. 534.

[126] IStGH,"*Lubanga*"(PTC I), Confirmation of Charges, 29.01.2007, Rn. 338; IStGH, "*Katanga*"(PTC I), Confirmation of Charges, 30.09.2008, Rn. 480;另参见对前一则裁判之评释:*Weigend*, JICJ 2008, 471, 476 ff.

[127] 例如塞拉利昂特别法庭(SCSL)"*Sesay, Kallon, Gbao*"(TC), Judgment, 02.03.2009.

大型(JEC Ⅲ),这有别于前南斯拉夫问题国际刑事法庭 *Tadić*案的见解。(128)

4. 间接正犯

《罗马规约》第 25 条第 3 项第 1 款第三类型规定“通过他人”实施犯 59
罪者,也是一种处罚类型。如以德文翻译此一规定,会是《德国刑法》所熟知的间接正犯(mittelbare Täterschaft, § 25 I Var.2 StGB)。《罗马规约》的间接正犯条款明确表示“通过不论是否负刑事责任的另一人”实施犯罪,故间接正犯的可罚性,并不取决于幕前之他人(即被利用人)是否负有刑责。由此可知,德国学者 *Roxin* 所阐述的“正犯后正犯”(Täter hinter dem Täter)概念(129),已获得《罗马规约》明确肯认,而且,特别是在国际刑法方面扮演重要意义。这样的观点,经国际刑事法院最新裁判阐述后更形稳固:*Lubanga* 案(130)与 *Katanga und Chu* 案(131)的开启审判程序之裁定、对 Al *Bashir* 发布的逮捕令(132),以及对 *Ruto*、*Kosgey* 与 *Sang* 三人的传唤裁判(133),国际刑事法院均以德国释义学的间接正犯概念为论述基础。(134) 由于国际刑事法院之审判主要是集中于间接正犯案件,因此可预期到,间接正犯的违犯类型在未来应会成为《罗马规约》第 25 条第 3 项的核心条款。(135)

---

(128) 柬埔寨法院特别法庭 *Duch et al.* 案[ECCC, “*Duch et al.*” (PTC), Decision on the Appeals Against the Co-Investigative Judges Order on Joint Criminal Enterprise v. 20. 05. 2010];对此及柬埔寨法院特别法庭对共同犯罪集团之阐述,参见 *Gustafson*, JICJ 2010, 1323 ff.

(129) 关此,于国际刑法脉络下讨论:*Roxin*, GA 1963, 193 ff.德国释义学(特别是组织犯罪概念)在国际刑事法院裁判之意义及评释,参见 *Weigend*, JICJ 2011, 91 ff.

(130) IStGH, “*Lubanga*” (PTC I), Confirmation of Charges, 29. 01. 2007.

(131) IStGH, “*Katanga u. a.*” (PTC), Confirmation of charges, 30. 09. 2008, Rn. 514.

(132) IStGH “*Al Bashir*” (PTC), Arrest Warrant, 04. 03. 2009, Rn. 216.

(133) IStGH, “*Ruto*, *Kosgey u. Sang*” (PTC II), Decision on the Prosecutor's Application for Summons to appear, 08. 03. 2011, Rn. 40 ff.

(134) 对此,亦见 *Roxin*, ZIS 2009, 565 ff.;批评,*Weigend*, JICJ 2011, 91, 101 ff.间接(共同)正犯的成立条件,参见国际刑事法院第二预审分庭就 *Ruto*, *Kosgey and Sang* 案在 2011 年 3 月 8 日的传唤裁判,以被告 *Sang* 欠缺相关犯罪支配,认定不成立间接(共同)正犯[IStGH, “*Ruto*, *Kosgey and Sang*” (PTC II), Decision on the Prosecutor's Application for Summons to appear, 08. 03. 2011, Rn. 40]。

(135) 国际刑事法院裁判的间接正犯,参见 *Jessberger/Geneuss*, JICJ 2008, 853 ff.;对共同犯罪集团(JEC)两种正犯形态和间接正犯之比较:*Manacorda/Meloni*, JICJ 2011, 159 ff.,其强调两者的共同目的,都在于纠出更高阶层的应负责者。

（二）共犯

60　《罗马规约》对共犯的分类，一是"命令、唆使或引诱"违犯主行为，另一是"帮助或以其他方式协助"主行为。

1. 教唆犯

61　教唆（inducement; Anstiftung; 规约中文：引诱）违犯主行为，是《罗马规约》第 25 条第 3 项第 2 款的上位概念，其包含命令与唆使。[136] 类似于《德国刑法》第 26 条教唆犯定义，《罗马规约》的教唆概念也可理解为是为了促使他人实行主行为而诱发其犯罪决意。[137] 命令（order），依字义乃以上下级关系为要件，特别是指军方阶级的命令。[138] 因此，命令是一种教唆的特别形态。唆使（solicit），是一种特别清楚的教唆形态[139]，但没有与教唆作精确区隔的必要，因为不论是唆使或教唆，《罗马规约》第 25 条第 3 项第 2 款都等同处理。

主观要件方面，根据《罗马规约》第 30 条，教唆犯对教唆行为及犯罪之主行为皆须具备故意，这与德国法要求的双重教唆故意大致相同。[140]

2. 帮助犯

62　《罗马规约》第 25 条第 3 项第 3 款规定另一种共犯类型：帮助犯。该规定是以协助（assist; Unterstützung）为上位概念（"……或以其他方式协助"），同时强调作为下位概念的帮助（aiding/abetting; Beihilfe）。由于协助或帮助都规定在同一条款，故也无须详细区别。在协助这一上位概念下，涵盖所有便利于实施犯罪或对犯罪有实质效果的行为贡献。[141] 举例来说，对犯罪行为纯粹给予鼓励，某些情况甚至只要现身犯罪地，即构成

---

[136] Cassese/Gaeta/Jones-*Eser*, Rome Statute, S. 796.

[137] 参见 Triffterer-*Ambos*, Rome Statute, Art. 25 Rn. 15.

[138] Triffterer-*Ambos*, Rome Statute, Art. 25 Rn. 14.

[139] Cassese/Gaeta/Jones-*Eser*, Rome Statute, S. 796.

[140] 同见解，参见 Cassese/Gaeta/Jones-*Eser*, Rome Statute, S. 797；略有出入者，*Werle*, Völkerstrafrecht, Rn. 526；关于德国法教唆故意，参见 *Wessels/Beulke*, Rn. 572.

[141] 参见 ICTY, "*Krnojelac*"（TC）, Judgment, 15.03.2002, Rn. 88；*Werle*, Völkerstrafrecht, Rn. 532；类似亦见于 Cassese/Gaeta/Jones-*Eser*, Rome Statute, S. 799.

协助;至于有无因果关系,在非所问。⁽¹⁴²⁾ 整体而言,《罗马规约》的"协助",非常近似于德国法的帮助概念,即《德国刑法》第 27 条帮助犯脉络下的"对主犯罪资以助力"(Förderung der Haupttat)。⁽¹⁴³⁾

帮助犯的主观要件方面,依《罗马规约》第 25 条第 3 项第 3 款,标准要比《罗马规约》第 30 条严格,因为前者规定提供协助,必须是"为了便利实施"主犯罪行为。而是否存在此一主观要素,应依帮助者所贡献的协助效果来判断。⁽¹⁴⁴⁾ 至于其他犯罪要素的主观面向,则回归《罗马规约》第 30 条的要求,简言之,行为人应确实认识到存在这些犯罪要素,始成立帮助犯。至于帮助者仅具间接故意者,是否亦可满足主观要件,则视如何理解《罗马规约》第 30 条而定(参见本章 Rn. 25)。最后,帮助者自己无须具备与主行为人一样的特别意图。⁽¹⁴⁵⁾

3. 协助团体犯罪

《罗马规约》第 25 条第 3 项第 4 款的协助团体犯罪(Unterstützung eines Gruppenverbrechens;规约中文:支助团伙犯罪),是源于 1997 年 12 月 15 日联合国《制止恐怖主义爆炸事件的国际公约》(International Convention for the Suppression of Terrorist Bombings)所规定的参与形态。⁽¹⁴⁶⁾《罗马规约》之所以引进这项规定,主因是 1998 年各国代表在《罗马规约》制定会议上,对于如何描述"共谋"(Verschwörung;conspiracy)意见分歧。在协助团体犯罪的客观要件方面,对犯罪贡献之要求("以任何其他方式……支助")会低于帮助犯,换言之,其他共犯参与形式所未涵盖的任何犯罪贡献,均可满足协助团体犯罪条款的客观要件。⁽¹⁴⁷⁾ 故为求某种程度之均衡,协助团体犯罪的主观要件相较于《罗马规约》第 30 条而言,至少有部

⁽¹⁴²⁾ 参照 ICTY,"*Kvočka*"(TC),Judgment,02.11.2001,Rn. 255;Triffterer-*Ambos*,Rome Statute,Art. 25 Rn. 23.

⁽¹⁴³⁾ 关于德国法规定,参见如 *Wessels/Beulke*,Rn. 582.

⁽¹⁴⁴⁾ 亦见 Cassese/Gaeta/Jones-*Eser*,Rome Statute,S. 801.

⁽¹⁴⁵⁾ 参见 *Kittichaisaree*,Int. Criminal Law,S. 244. 相同见解:ICTY,"*Krstić*"(AC),Judgment,19.04.2004,Rn. 140 m. w. N.

⁽¹⁴⁶⁾ 《制止恐怖主义爆炸事件的国际公约》第 2 条第 3 项第 3 款(UN Doc. A/RES/52/164);联合国中文版:http:// daccess-dds-ny. un. org/doc/UNDOC/GEN/N98/761/16/PDF/N9876116. pdf? OpenElement.

⁽¹⁴⁷⁾ 参见 *Werle*,Völkerstrafrecht,Rn. 535.

分较为严格。依《罗马规约》第 25 条第 3 项第 4 款第 1 目与第 2 目,协助者不能只是为了实现一般主观犯罪要素才提供犯罪贡献,他毋宁还须有促进团体犯罪活动的主观意思,或明知团体(精确说:团体成员)有实施该犯罪的意图。[148]《罗马规约》第 25 条第 3 项第 4 款的基础结构,让人联想到共同犯罪集团模式(参见本章 Rn. 55 以下),但两者的差异清楚可见:不同于共同犯罪集团,协助团体犯罪并不是以正犯之违犯形式来提供贡献,而是一种最微弱的共犯形式。[149] 事实上,协助团体犯罪条款不仅因条文描述不明而招致合理批评,有鉴于规约已有教唆与帮助等"典型的"共犯条款,也令人质疑协助团体犯罪条款有无实务重要性。[150] 所以,协助团体犯罪条款也许是一种违犯形态的截堵规定,主要在规范武器输送及财务援助等其他对国际法犯罪的间接协助行为。[151]

六、上级责任

上级责任(superior responsibility)[152],也是一种原创的国际刑法概念,但可溯源自《日内瓦公约》(参见第十六章 Rn. 54),《罗马规约》则是规定在第 28 条,个案特设法庭之规约也有规定(参见《前南斯拉夫问题国际刑事法庭规约》第 7 条第 3 项、《卢旺达问题国际刑事法庭规约》第 6 条第 3 项)。[153] 借由上级责任之归责模式,军事指挥官或非军职之上级人员若失职违反控制、监督义务,即应为下级人员的国际犯罪(所谓基层犯

---

[148] 具体要件,参见国际刑事法院第二预审分庭就 Ruto, Kosgey and Sang 案于 2011 年 3 月 8 日的传唤裁判,其认为被告 Sang 欠缺犯罪支配,故不成立间接(共同)正犯,但认定适用《罗马规约》第 25 条第 3 项第 4 款协助团体犯罪[IStGH, "Ruto, Kosgey and Sang" (PTC II), Decision on the Prosecutor's Application for Summons to Appear, 08. 03. 2011, Rn. 51]。

[149] 参见 Werle, Völkerstrafrecht, Rn. 534.

[150] Cassese/Gaeta/Jones-Eser, Rome Statute, S. 803,认为协助团体犯罪条款终究还是有象征性价值;Triffterer-Ambos, Rome Statute, Art. 25 Rn. 28.

[151] Vogel, ZStW 114(2002), 403, 421.

[152] 就军事命令发布者而言,可特别称做"指挥官责任"(command responsibility);用语说明,仅见 Werle, Völkerstrafrecht, Rn. 539.关于上级责任的立法形成史,参见 Vogel, in:Jeßberger/Geneuss(Hrsg.), Völkerstrafgesetzbuch, S. 40 ff.

[153] 完整说明,参见 Burghardt, Die Vorgesetztenverantwortlichkeit im völkerrechtlichen Straftatsystem:Eine Untersuchung zur Rechtsprechung der internationalen Strafgerichtshöfe für das ehemalige Jugoslawien und Ruanda, 2008,以及 Weigend, in:Burchard/Triffterer/Vogel, The Review Conference and the Future of the International Criminal Court, 2010, S. 67 ff.

罪)⁽¹⁵⁴⁾负起刑责。换言之,上级人员基于其职务所生之担保责任,负有采取必要且适当对策的义务,否则,即应为违反义务之不作为而受罚。

很清楚,《罗马规约》第 28 条乃是补充性质的参与形式,亦即,属于《罗马规约》第 25 条第 3 项正犯与共犯参与类型以外的特殊规定(《罗马规约》第 28 条:"除根据本规约规定须……负刑事责任的其他理由以外")。准此,案件审查步骤上,应优先审查系争行为是否可被《罗马规约》第 25 条第 3 项涵摄,答案若否,才能继续审查《罗马规约》第 28 条。⁽¹⁵⁵⁾

上级责任的客观要件方面,应具备以下 4 项要件:

第一,必须存在上下级关系。上下级关系并不限于军事阶级,非军职的上级人员,例如行政机关、贸易机构或企业,若拥有同等有效的控制可能性者,亦同(参见《罗马规约》第 28 条第 2 款)。⁽¹⁵⁶⁾

第二,上级人员须有实际(有效)的指挥权和控制权。这些权限不以法律所赋予者为限,只不过,若仅是事实上的控制可能性,而与任何阶层结构无关的话(例如纯粹私人关系),则不属之。⁽¹⁵⁷⁾关于非军职之上级人员在何种行为态样下应承担下级责任,《罗马规约》第 28 条第 2 项第 2 款附加一项限制规定:下级犯罪必须"涉及该上级人员有效负责和控制的活动"。这一附加限制意味着,非军职之上级人员的担保地位不如军职之上级人员广泛,而是受到时间与地点的限制。⁽¹⁵⁸⁾

第三,下级人员之犯罪必须是上级人员疏于控制的结果。《罗马规约》第 28 条可否要求这种因果关系,尚未清楚⁽¹⁵⁹⁾,但个案特设法庭已出现不要求此一条件的裁判。⁽¹⁶⁰⁾

⁽¹⁵⁴⁾ *Ambos*, Int. Strafrecht, § 7 Rn. 55;另参见 *Vogel*, in: Jeßberger/Geneuss(Hrsg.), Völkertrafgesetzbuch, S. 43.

⁽¹⁵⁵⁾ 相同见解: ICTY, "*Blaškić*" (AC), Judgment, 29. 07. 2004, Rn. 91 f.

⁽¹⁵⁶⁾ 有众多裁判,可参见其一的 ICTY, "*Delalić et al.*" (AC), Judgment, 20. 02. 2001, Rn. 193, 248 ff.

⁽¹⁵⁷⁾ *Werle*, Völkerstrafrecht, Rn. 549.

⁽¹⁵⁸⁾ 这会限缩上级责任,例如仅限职务期间,参见 *Werle*, Völkerstrafrecht, Rn. 548.

⁽¹⁵⁹⁾ 赞同者, IStGH, "*Bemba*" (PTC II), Decision Pursuant to Article 61 (7) (a) and (b) of the Rome Statute on the Charges of the Prosecutor Against Jean-Pierre Bemba Gombo, 15. 06. 2009, Rn. 423;批评,如 *Vogel*, in: Jeßberger/Geneuss(Hrsg.), Völkerstrafgesetzbuch, S. 43, 51

⁽¹⁶⁰⁾ 裁判众多,举其中一例: ICTY, "*Delalić et al.*" (TC), Judgment, 16. 11. 1998, Rn. 398 ff.;区分处理,*Safferling*, Int. Strafrecht § 5 Rn. 101.德国教授 *Ambos* 甚至从刑法罪责原则主张不但应有因果关系,还须有保护目的与风险实现之关联性,参见 *Ambos*, Völkerstrafrecht AT, S. 686 f.

第四,必须是上级人员"未采取必要而合理的措施"。国际犯罪如尚未发生,上级人员必须采取预防性(präventiv)措施,以阻止下级人员犯罪。反之,下级犯罪若是在上级未违反作为义务下所发生者,上级人员则须采取追诉性(repressiv)措施,自行处罚应负责任之人或向权责单位告发。在这些情形,上级人员必须采取其可能动用且依客观事前观察后[161],认为"必要且合理"的所有措施。

66 主观要件方面,《罗马规约》第28条依上级人员是否具有军职而作区分:

军职上级人员,"知道"(规约中文用语,即直接故意)或由于当时的情况理应知道部队正在实施或将实施犯罪(参见《罗马规约》第28条第1款第1目)。所谓理应知道,乃指上级人员若依法履行义务,本应知悉犯罪者。[162]

非军职之上级人员,"知道"(规约中文用语,即直接故意)下级人员正在实施或即将实施犯罪。上级人员若不知情(即便不知情乃可受非难),则不能加以处罚,此所要求的是"故意不理会明确反映这一情况的情报"(《罗马规约》第28条第2款第1目),即将过失之程度予以提高。

由此可知,上级人员有无军职身份,具有区分的关键意义。国际刑事法院在第一则关于《罗马规约》第28条的裁判中[163],已指出军职与非军职的区分标准:法律有明文规定者,当然依法律定之,除此之外,对阶层组织(例如反抗军)有指挥权之人,也可依事实认定其属《罗马规约》第28条第1款所称的军职上级人员。

67 借由上级责任的概念,使上级人员应为下级的国际犯罪实际承担刑责。从主观要件的要求可看出,上级人员即使只是过失未采取对策,也应承担下级故意犯罪的责任,这种结果自然会被批评为——现行法无法解

---

[161] Werle, Völkerstrafrecht, Rn. 565.

[162] 对此,参见 Werle, Völkerstrafrecht, Rn. 557:"不只是'本应能知悉'"。个案特设法庭不当地否认此处其实应是过失的标准,例如卢旺达问题国际刑事法庭 Bagilishema 案[ICTR "Bagilishema"(AC), Judgment, 03.07.2002, Rn. 34 f.];同看法亦如 Triffterer in: Prittwitz(Hrsg.), Festschrift für Klaus Lüderssen, 2002, S. 452; Meloni, JICJ 2007, 619, 634 f.

[163] IStGH, "Bemba"(PTC II), Confirmation of Charges, 15.06.2009, Rn. 407 ff.;就此区分亦见 Karsten, JICJ 2009, 983 ff.

七、未遂与中止

《罗马规约》第 25 条第 3 项第 6 款,是国际刑法史上第一次出现未遂犯和中止犯的规定。对实行国际刑事法院管辖犯罪之未遂(Versuch),《罗马规约》明确规定加以处罚,这符合国际习惯法的状况。[165] 德国法对未遂可罚性所设条件是系争犯罪尚未既遂,《罗马规约》与此相同,其条文文字是"犯罪没有发生"。

《罗马规约》第 25 条第 3 项第 6 款虽未明文提及"行为决意"的主观要件,但从条文"实施犯罪,但由于其意志以外的情况,犯罪没有发生"的反面解释一样可推论出,行为人必须具备所有的犯罪主观要素。[166]

《罗马规约》第 25 条第 3 项第 6 款规定的客观要件,是行为人"已经以实际步骤着手采取行动"[中文版;德文:(indem) er eine Handlung vornimmt, die einen wesentlichen Schritt zum Beginn seiner Ausführung darstellt]。从英文版来看("taking action that commences its execution by means of a substantial step"),更能看出条文所表达的认定基准出了什么问题。详言之,对于如何判定未遂之开始,《罗马规约》将两个(通常是)择一基准,不明就里地合并在同一条款。这两个基准基本上分别源于法国法和美国法,一是"开始实行行为"(Beginn der Ausführungshandlung),另一是"实现犯罪构成要件的实际步骤(或称重要步骤)"(wesentlicher Schritt zur Tatbestandsverwirklichung)。[167] 如此一来,未遂之着手时点认定变得更为严格。但尽管文义看似严格,实质上,《罗马规约》并未偏离《德国刑法》第 22 条关于未遂始点的立法定义:《德国刑法》第 22 条通过"直接着手于犯

---

[164] Ambos, Int.Strafrecht, § 7 Rn. 59;完整说明另见 Nerlich, JICJ 2007, 665 ff.;不同意见, Vogel, in: Jeßberger/Geneuss (Hrsg.), Völkerstrafgesetzbuch, S. 47.

[165] Werle, Völkerstrafrecht, Rn. 677.

[166] 赞同者, Safferling, Int. Strafrecht, § 5 Rn. 107.

[167] Ambos, Völkerstrafrecht AT, S. 708; Werle, Völkerstrafrecht, Rn. 588.

71 《罗马规约》第 25 条第 3 项第 6 款第 2 句是"中止犯条款"(Rücktrittsregelung),其与《德国刑法》第 24 条第 1 项文义高度类似,特别是规约也有要求"自愿"中止犯罪,但自愿性标准为何,则跟德国法一样未加规定。此外,规约的中止犯条款提到两种类型,一是放弃继续实施犯罪;另一是防止犯罪完成。准此,规约的中止犯条款,可以德国法熟悉的未了未遂和既了未遂为区分界线,也因此,可以《德国刑法》第 24 条第 1 项的类似规定,来判断系争行为是否属于规约所必要的中止行为。⑯ 未遂条款与中止条款直到最后一刻才被编进《罗马规约》,所以未臻完善,还需国际刑事法院进一步具体深化,例如说,成功的中止未遂在国际犯罪行为阶层上会影响到哪种犯罪阶层(个人解除刑罚事由,或是不成立犯罪?),《罗马规约》第 25 条第 3 项第 6 款第 1 句与第 2 句的体系就未说明白。⑰

八、不作为犯

72 《罗马规约》并无不纯正不作为犯的一般性规定(可对照《德国刑法》第 13 条)。⑰ 但《罗马规约》第 28 条的上级责任,却是纯正不作为犯的规定。除此之外,规约已无其他不作为犯规定,之所以如此,是罗马会议的各国代表对其他不作为犯之可罚性并未达成共识所致。⑰

73  **自我测验**

一、国际刑事法院的刑事程序适用哪些法律?(Rn. 2 以下、8)

二、国际刑事法院的《犯罪要件》,有什么重要性?(Rn. 3)

三、《罗马规约》在实体法方面,与国际特设刑事法庭之规约有何差别?(Rn. 7)

---

⑯ 参见 Triffterer-*Ambos*, Rome Statute, Art. 25 Rn. 37,主要是参考《罗马规约》西班牙文版; Cassese/Gaeta/Jones-Eser, Rome Statute, S. 812.

⑰ 相同意见:Cassese/Gaeta/Jones-*Eser*, Rome Statute, S. 815 f.

⑰ 参见 *Werle*, Völkerstrafrecht, Rn. 684; *Safferling*, Int. Strafrecht, § 5 Rn. 110.

⑰ 《罗马规约》第 25 条第 3 项第 1 款至第 4 款是否可得出法未明文的不纯正不作为犯,此议题详见 *Burghardt*, ZIS 2010, 695, 698 f.

⑰ 参见 Cassese/Gaeta/Jones-*Eser*, Rome Statute, S. 819.

四、《罗马规约》的国际犯罪要件结构为何？（Rn. 19）

五、依《罗马规约》，行为人的主观犯罪要件原则上为何？规定本身有何不一致？（Rn. 21 以下）

六、《罗马规约》中"依法令之行为"，与以往国际特设刑事法庭规约之规定有何不同？（Rn. 39）

七、《罗马规约》有无区分构成要件错误与禁止错误？（Rn. 40,41）

八、《罗马规约》规定了哪些参与犯形态？国际刑法实务又有什么见解？（Rn. 50 以下、55 以下）

九、上级人员对下级人员违犯的国际犯罪，于什么条件下应承担刑责？军职和非军职的上级人员，其责任有无不同？（Rn. 64 以下）

※ 新近文献

Akande/Shah, Immunities of State Officials, International Crimes, and Foreign Domestic Courts, EJIL 21(2010), 815 ff.; *Ambos*, Command Responsibility and Organisationsherrschaft: Ways of Attributing International Crimes to the Most Responsible, in: van der Wilt/Nollkaemper(Hrsg.), System Criminality in International Law, 2009, S.127 ff.; *Badar*, The Mental Element in the Rome Statute of the International Court: A Commentary from a Comparative Criminal Law Perspective, CLF 2008, 473 ff.; *Bogdan*, Individual criminal responsibility in the execution of a "joint criminal enterprise" in the jurisprudence of the ad hoc International Tribunal for the former Yugoslavia, ICLR 2006, 63 ff.; *Burghardt*, Die Vorgesetztenverantwortlichkeit nach Völkerstrafrecht und deutschem Recht(§ 4 VStGB), ZIS 2010, 695 ff.; *ders.*, Modes of Participation and their Role in a General Concept of Crimes under International Law, in: Burchard/Triffterer/Vogel (Hrsg.), The Review Conference and the Future of the International Criminal Court, 2010, S.81 ff.; *Cassese*, The Proper Limits of Individual Responsibility Under the Doctrine of Joint Criminal Enterprise, JICJ 2007, 109 ff.; *Clark*, Drafting a General Part to a Penal Code: Some Thoughts inspired by the Negotiations on the Rome Statute of the International Criminal Court and by the Court's First Substantive Law Discussion in the Lubanga Dyilo Confirmation Proceedings, CLF 2008, 519 ff.; *Danner/Martinez*, Guilty Associations: Joint Criminal Enterprise, Command Responsibility, and the Development of International Criminal Law, California Law Review 2005, 75 ff. ; *Gustafson*, ECCC tackles JCE, JICJ 2010, 1323 ff. ; *Haan*, The Development of the Concept of Joint Criminal Enterprise at the International Criminal Tribunal for the Former Yugoslavia, ICLR 2005, 167 ff. ; *Kreicker*, Die Entscheidung des IGH zur Staatenimmunität-Auswirkungen auf das (Völker-) Strafrecht?, ZIS 2012, 107 ff.; *Manacorda/Meloni*, Indirect Perpetration versus Joint Criminal Enterprise. Concurring Approaches in the Practice of International Criminal Law?, JICJ 2001, 159 ff.; *Martinez*, Understanding Mens Rea in Command Responsibility: From Yamashita to Blaškić and Beyond, JICJ 2007, 638 ff. ; *Olásolo*, Developments in the Distinction between Principal and Accessorial Liability in Light of the first Case Law of the International Criminal Court, in: Stahn/Sluiter (Hrsg.) , The emerging practice of the International Criminal Court, 2009, S. 339 ff. ; *ders.* , Joint Criminal Enterprise and Its Extended Form: a Theory of Co-Perpetration Giving Rise to Principal Liability, a Notion of Accessorial Liability, or a Form of Partnership in Crime? CLF 2009, 263 ff. ; *Satzger*, Die Ausweitung der (Mit-) Täterschaft-Besorgnis erregende Entwicklungen (nur) im Völkerstrafrecht?, in Hassemer u. a. (Hrsg.) , Festschrift für Klaus Volk, 2009, S. 583 ff.; *Shahabuddeen*, Does the Principle of Legality Stand in the Way of Progressive Development of Law?, JICJ 2004, 1007 ff.; *Uerpmann-Wittzack*, Immunität vor internationalen Strafgerichtshöfen, AVR 2006, 33 ff. ; *van der Wilt*, Joint Criminal Enterprise and Functional Perpetration, in: van der Wilt/Nollkaemper (Hrsg) , System Criminality in International Law, 2009, S. 158 ff. ; *Vogel*, Vorgesetztenverantwortlichkeit, in: Jeßberger/Geneuss (Hrsg.) , Zehn Jahre Völkerstrafgesetzbuch-Bilanz und Perspektiven eines "deutschen Völkerstrafrechts", (im Erscheinen 2013) ; *Weigend*, Perpetration through an Organization. The Unexpected Career of a German Legal Concept, JICJ 2001, 91 ff. ; *ders.* , Superior Responsibility: Complicity, Omission or Over-Extension of the criminal Law?, in: Burchard/Triffterer/Vogel (Hrsg.) , The Review Conference and the Future of the International Criminal Court, 2010, S. 67 ff. ; *Williams/Sherif*, The Arrest Warrant for President al-Bashir: Immunities of Incumbent Heads of State and the International Criminal Court, Journal of conflict & security law 2009, 72 ff.

第十六章　国际刑法分则

本章在说明国际刑法分则,焦点放在《罗马规约》规定的国际法犯罪要件,但也会说明规约犯罪要件所未涵盖的国际习惯法部分。此外,德国为配合《罗马规约》实体法规定而制定的《国际刑法》(Völkerstrafgesetzbuch,以下简称 VStGB),也会在相关段落交代大略,详细仍请参见第十七章 Rn. 6 以下。

《罗马规约》规定 4 种核心犯罪:灭绝种族罪、危害人类罪、战争罪及侵略罪。

一、灭绝种族罪

▶ 案例 32:1994 年非洲卢旺达共和国爆发内战。数十万图西族人(Tutsi),遭到人口居多数的胡图族(Hutu)系统性杀害。就连胡图族的政治高层也都出面号召屠杀,公然宣称:让胡图族下一代只能从史书听过以前曾有图西族!图西族人的尸体多被扔到尼罗河支流,"以送他们回发源地"。胡图族人 H 曾多次公开表示,支持让卢旺达成为"没有图西族人"的国家;H 杀害一名图西族人,亲自将尸体弃置尼罗河支流。试问:H 是否触犯灭绝种族罪?(本章 Rn. 12,17,19)

(一) 发展

《罗马规约》规定的国际犯罪中,第一个犯罪类型即是灭绝种族罪(Genozid),此意义之特殊,从卢旺达问题国际刑事法庭将灭绝种族称为"万罪之罪"(crime of crimes),可见一斑。灭绝种族罪——用德国

学者 *Ambos* 的话来说——是一种"最纯正"的国际法上之超国家犯罪。① 惟从形式观之,《罗马规约》规定的 4 种犯罪仍不存在上下阶层关系。②

4 "Genozid"一词,是由波兰犹太学者 *Lemkin* 为了描述纳粹犯行所发明的复合字。他以希腊字"genos"(种族、民族)和拉丁字"caedere"(杀害)的后缀音节"cide"组合成"Genozid"。③ 然而,尽管纽伦堡国际军事法庭检察官的起诉书已使用"Genozid"这个词汇④,但《纽伦堡国际军事法庭宪章》或《远东国际军事法庭宪章》皆未将灭绝种族列为一项独立罪名。今日所理解的灭绝种族罪之行为,在当时只被当做危害人类罪的下位类型来判决。⑤

5 1946 年纽伦堡战犯审判期间,联合国大会宣告灭绝种族是一种国际犯罪。⑥ 灭绝种族罪首次成为有法律拘束力的正式规定,则是联合国大会在第二次世界大战结束后所通过的 1948 年《防止及惩治灭绝种族罪公约》(以下简称《灭绝种族罪公约》)。⑦ 该公约迄今(2013 年年底)已获得 144 个国家批准。⑧ 而早在 1951 年,国际法院(International Court of Justice)在一份法律鉴定意见亦已确认灭绝种族罪具有国际习惯法效力,也因此,禁止灭绝种族之拘束力可及于未签署《灭绝种族罪公约》之国家。⑨ 此外,禁止灭绝种族也是一种"强行法"(ius cogens)⑩,为国际法上的强制规律,故其法律位阶高于其他国际习惯法或国际条约(参见《维也纳条约法公约》第53 条)。

---

① MK-*Ambos*, §6 StGB Rn. 7;另见 ICTR,"*Kambanda*"(TC),Judgment, 04. 09. 1998, Rn. 16.
② *Schabas*, Introduction, S. 94 f.
③ *Lemkin*, Axis Rule in Occupied Europe, 1944, S. 79.
④ 德文可翻译为"大屠杀"(Massenmord),参见 IMT, Bd. 1, S. 47.
⑤ *Gropengießer*, ICLR 2005, 329 ff.
⑥ 联合国 1946 年第 1 届大会第 96 号决议(UN General Assembly Resolution 1/96)。
⑦ Convention on the Prevention and Punishment of the Crime of Genocide of 1948, 78 UNTS 277;该公约在德国于 1955 年 2 月 22 日生效施行(BGBl. 1954 II, S. 730;Sartorius II, Nr. 48)。
⑧ 批准现况:http://treaties.un.org/Pages/ViewDetails.aspx? src = TREATY&mtdsg_ no = IV-1&chapter=4&lang=en.
⑨ ICJ-Rep. 1951, 15;不同意见,*Safferling*, Int. Strafrecht, §6 Rn. 6.
⑩ 参见 IGH, "*Bosnia and Herzegovina v. Yugoslavia*", Preliminary Objections, 11. 07. 1996, ICJ-Rep. 1996, S. 595 ff.;相同见解,*Cassese*, Int. Criminal Law, S. 98;*Selbmann*, Tatbestand des Genozids, S. 148.

《灭绝种族罪公约》第2条是立法定义*，其规范内容不但于《前南斯拉夫问题国际刑事法庭规约》第4条、《卢旺达问题国际刑事法庭规约》第2条再次出现，《罗马规约》第6条也照单全收，且规定在规约犯罪之首，所象征之高度意义不言而喻。1998年罗马会议讨论《罗马规约》灭绝种族罪时，不同于对危害人类罪及战争罪的漫长讨论，与会者很快就对直接沿用《灭绝种族罪公约》的定义达成共识。⑪

6

灭绝种族罪在德国原本规定在《德国刑法》第220条之1（§220a StGB），经微幅修改，现在移置到《德国国际刑法》第6条（§6 VStGB）。该条文字义基本上与德国对《灭绝种族罪公约》的德语官方译本一致，至于歧异之处，则是基于《德国基本法》第103条第2项罪刑法定原则（明确性原则）对德国刑法的高度要求使然。⑫

（二）保护法益

《罗马规约》第6条保护法益为何，至少在以法益概念为指引的德国释义学来看，存有争议。⑬ 灭绝种族罪首要保护的法益，应是"民族、族裔、种族或宗教团体"的——自然的及社会的⑭——生存，即集体法益（kollektives Rechtsgut）。其次，个人法益（尤其是个别团体成员的人性尊严）固然只是灭绝种族罪的次要保护对象，且是通过团体成员之资格所取得的法益，但也在灭绝种族罪要件的保护范围内。⑮

7

---

* 《灭绝种族罪公约》第2条："本公约内所称灭绝种族系指蓄意全部或局部消灭某一民族、人种、种族或宗教团体，犯有下列行为之一者：杀害该团体的成员；致使该团体的成员在身体上或精神上遭受严重伤害；故意使该团体处于某种生活状况下，以毁灭其全部或局部的生命；强制施行办法，意图防止该团体内的生育；强迫转移该团体的儿童至另一团体。"——译者注

⑪ Triffterer-*Schabas*, Rome Statute, Art. 6 Rn. 2.

⑫ *Gropengießer*, ICLR 2005, 329, 332.此处的明确性要求，参见第十七章 Rn. 18以下。

⑬ *Gropengießer*, ICLR 2005, 329, 333.

⑭ 此见解，*Vest*, ZStW 113(2001), 457, 476；关于《德国刑法》第220条之1（旧法），参见BGHSt 45, 81；BVerfG NJW 2001, 1848 ff.；以罪刑法定为不同意见者，参见 ICTY, "*Krstić*" (TC), Judgment, 02.08.2001, Rn. 574 ff.

⑮ MK-*Kreß*, §220a StGB/§6 VStGB Rn. 1 f.，将"国际和平"视为第三种受保护之法益；*Werle*, Völkerstrafrecht, Rn. 761；不同意见，BGH NStZ 1999, 396, 401，表示灭绝种族罪不是用来保护个人法益的刑法规范；同此见解，*Safferling*, Int. Strafrecht, §6 Rn. 9 f.

（三）犯罪要件体系

8 《罗马规约》灭绝种族罪的客观成立要件，是行为人对"民族、族裔、种族或宗教团体"之成员，实施《罗马规约》第6条第1款到第5款所述的其中一项行为。主观方面，行为人除了应有系争行为的故意外，还须另有消灭该团体全部或一部分之意图（规约中文：蓄意），亦即，意图要素为灭绝种族罪的主观特别要件。

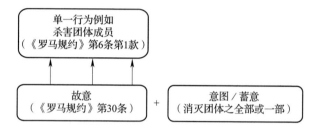

9 此外，《罗马规约》第25条第3项第5款"就灭绝种族罪而言，直接公然煽动他人灭绝种族"，是补充灭绝种族罪的一个独立罪名。这种灭绝种族罪的特殊共犯类型，其文字完全出自《灭绝种族罪公约》第3条第3款"直接公然煽动灭绝种族"[16]。

（四）一般客观要件

10 灭绝种族罪的各类行为（本章 Rn. 18 以下），必须针对"民族、族裔、种族或宗教"团体（规约中文用语）之成员。所谓团体，指有共同特征而长期结合，且可与其他族群区隔的多数人。[17] 灭绝种族罪限制在上述4种团体（尤其未提及政治或经济团体），过去虽已多受批评，但在罗马会议上力主扩大适用"团体"定义的与会代表们，最终也未能如愿。[18]

11 只有稳定的（stabil）团体才属于本条文所称之团体，其特征在于：团体的成员资格通常由出生来决定。换言之，灭绝种族罪所称的团体成员，关键特征是相关人出生时即自动取得成员资格，与其意愿无关，且资格一

---

[16] 参见 Werle, Völkerstrafrecht, Rn. 827 ff.；另参见第十五章 Rn. 51。

[17] LK-*Jähnke*, 11. Aufl., § 220a StGB Rn. 9；关于保护之团体，参见 *Schabas*, Genozid, S. 139 ff.；团体之认定问题，*May*, in: May/Hoskins, International Criminal Law and Philosophy, 2009, S. 91 ff.

[18] 参见 Werle, Völkerstrafrecht, Rn. 753.

经认定,有时甚至不可变更。卢旺达问题国际刑事法庭曾超越其法庭规约列举的团体范围,尝试借由上述的团体定义标准,将任何稳定团体都当做适格的行为客体。⑲ 但此解释结果,不但抵触《卢旺达问题国际刑事法庭规约》及《罗马规约》的灭绝种族罪文义,也背离国际刑法亦应适用的明确性原则。

a. 民族团体,经常指具有同一国籍之多数人。⑳ 有些文献不采取这种形式基准,而改采"历史文化命运共同体"。㉑ 后者的说法,是以不明确的术语取代明确概念,可说毫无必要,甚至不符合对"民族"概念的一般理解。再者,此处采取"同一国籍"见解也不会造成漏洞,因为相关团体若非由共同国籍所组成,则通常会构成一族裔团体,而这也能成为灭绝种族罪的被害客体。

b. 族裔团体,乃以共同文化及语言为特征。㉒

c. 种族团体之特性在于,拥有可表现出特定地理来源的外在遗传特征。㉓

d. 宗教团体,指有同一宗教信仰或遵从同一宗教风俗之多数人。正确地说,纯粹的无神论团体并不符合宗教概念。否则,一来无法与——被刻意排除在"团体"定义外的——政治或其他团体区隔(本章 Rn. 10)㉔;二来这样超越文义的理解也有违"罪刑法定"原则。㉕

前南斯拉夫国际刑事法庭与卢旺达国际刑事法庭均认为,上述 4 种团体之认定并非单独取决于客观基准,"毋宁也须视相关团体成员自己(自我认同)及行为人或第三人(他人认同)而定"。㉖ 因此,这项客观标准便包含了主观要素,亦即将社会对团体观察的归类纳入考虑。㉗

12

---

⑲ ICTR, "*Akayesu*" (TC), Judgment, 02.09.1998, Rn. 516.

⑳ ICTR, "*Akayesu*" (TC), Judgment, 02.09.1998, Rn. 512.

㉑ *Safferling*, JuS 2001, 735, 738;亦见 *Selbmann*, Tatbestand des Genozids, S. 171:"共同的民族起源"。

㉒ ICTR, "*Akayesu*" (TC), Judgment, 02.09.1998, Rn. 513.

㉓ ICTR, "*Akayesu*" (TC), Judgment, 02.09.1998, Rn. 514.

㉔ 亦见 *Werle*, Völkerstrafrecht, Rn. 776;不同意见,I ICTR, "*Akayesu*" (TC), Judgment, 02.09.1998, Rn. 515; *Safferling*, JuS 2001, 735, 738.

㉕ *Selbmann*, Tatbestand des Genozids, S. 175.

㉖ ICTY, "*Jelisić*" (TC), Judgment, 14.12.1999, Rn. 70.

㉗ 也采此正确见解者:*Werle*, Völkerstrafrecht, Rn. 771.

这也是案例 32 的问题：胡图族和图西族两族人有着同一国籍、宗教、文化及语言，也共同生活在同一片土地上。然而，卢旺达国民身份证却有注记国民属于胡图族人或图西族人。此外，卢旺达国际刑事法庭传讯的所有证人，都自发且毫不犹豫地清楚回答两族各自的族裔来源。㉘ 是以，通过主、客观基准之并用，可认定胡图族或图西族均为族裔团体。

13　　一般来说，各团体之间的界线，在个案中可能难以区辨。

举例：1995 年欧洲巴尔干半岛 Srebrenica（斯雷布雷尼察）发生大屠杀。对此，前南斯拉夫国际刑事法庭必须调查系争行为是针对哪一团体而为（前南斯拉夫共和国的穆斯林？波斯尼亚的穆斯林？来自 Srebrenica 地区的波斯尼亚穆斯林？）。最后，法庭认为波斯尼亚的穆斯林是主要被害团体，而 Srebrenica 的波斯尼亚穆斯林则为此团体之局部。㉙

14　　灭绝种族罪不同于危害人类罪，前者并不以"广泛或有系统地针对任何平民人口进行的攻击"（参见《罗马规约》第 7 条第 1 项）为前提要件。㉚ 但撇开个案不谈，如果行为人是一名"灭绝种族狂"，其犯罪主观要件（本章 Rn. 15 以下）可能就难以证明。相反，《犯罪要件》（Elements of Crimes）关于《罗马规约》第 6 条的阐述，却似乎要求应存在针对某一团体采取数个同类行为这样的客观整体犯行。㉛ 但这一要求已明显违反《罗马规约》第 6 条文义及国际习惯法，准此，《犯罪要件》并不能限制规约犯罪的可罚性。㉜ 此外，灭绝种族罪不以国际或非国际武装冲突为要件，和平时期也能成立灭绝种族罪。

（五）一般主观要件

15　　灭绝种族罪的行为，必须是在蓄意消灭某一团体之全部或局部而实施。换言之，除了本应具备的犯罪主观要素之外（《罗马规约》第 30 条；参见第十五章 Rn. 21 以下），还须有灭绝种族所专有的特别故意（dolus

---

㉘ ICTR, "*Akayesu*"（TC）, Judgment, 02.09.1998, Rn. 702.
㉙ ICTY, "*Krstić*"（AC）, Judgment, 19.04.2004, Rn. 15.
㉚ ICTY, "*Jelisić*"（TC）, Judgment, 14.12.1999, Rn. 100.
㉛ 《罗马规约》第 6 条第 1 项"灭绝种族罪——杀害"要件："行为是在明显针对该团体采取一系列类似行为的情况下发生的，或者是本身足以造成这种消灭的行为。"
㉜ 批评亦见 Werle, Völkerstrafrecht, Rn. 802 ff., 表示《犯罪要件》充其量只有界定国际刑事法院管辖权之意义。

specialis），这是指行为人主观意思怀有特定目的，字义上可以德国刑法所谓一级故意的意图（Absicht）来理解。㉝ 行为人唯有具备这样的意图，才能彰显灭绝种族罪的不法核心：灭绝种族罪的特征，不在于犯罪的客观层面（即个别犯罪行为，例如伤害），而是在于行为人有实现客观不法要素的意向。另外，也唯有借由"蓄意"此一特征，灭绝种族罪始能与"一般犯罪"或危害人类罪、战争罪区隔。

行为人行为时之主观意思，若具有在身体上或生物学上（physisch oder biologisch）消灭相关团体的特定目的，即可直接认定存在犯罪意图。但行为人如仅有意消灭特定团体之文化或社会特性，则较难判定其有无灭绝种族的意图。依德国联邦最高法院值得赞同的见解，行为人如为了消灭团体的社会存在（即作为一个社会群体的特性及共同归属感）而行为者，便足认有灭绝种族之意图。㉞

再者，还有一个始终必须存在的要件：行为人必须有消灭某一团体之全部或局部的意图。于此脉络下，所谓"局部"，意指受害团体的本质部分。一方面，可从预期将有庞大之被害人数推论出行为人有此意图；但另一方面，前南斯拉夫问题国际刑事法庭也认为，行为人目的在消灭某一团体中有特殊重要性之部分者，则即使该部分仅属少数人，亦可能认定为消灭团体之本质部分。㉟ 依照这种"挑选性消灭"的观点，于只针对团体中政治精英下手的事件，仍能成立消灭意图。

16

灭绝种族罪意图的特殊问题，在于诉讼上的可证明性。对此，法官通常要仰赖间接证据（Indiz）。已被当做此类证据的情况，例如：歧视行为的严重性、行为背后的相关信念、存有消灭团体的计划或政策、被告相关言论，或仅有某一团体特别遭受攻击，但其他团体却得以幸免。另外，挑选被害人（例如处于生育年龄的平民）或伴随行为（例如毁坏教堂、墓园或损坏尸体等），也会显示灭绝种族之意图。

17

案例 32 中 H 犯罪的整体情节，即计划性且大规模地"消除"图西族，

㉝ *Selbmann*, Tatbestand des Genozids, S. 166；*Gropengießer*, ICLR 2005, 329, 338；ICTR, "*Akayesu*"（TC），Judgment, 02.09.1998, Rn. 498；不同意见，*Greenawalt*, Columbia Law Review 1999, 2259 ff.

㉞ BGH NStZ 1999, 396, 401；赞同者，*Safferling*, Int.Strafrecht, § 6 Rn. 38；不同意见，如 ICTY, "*Krstić*"（TC），Judgment, 02.08.2001, Rn. 574 ff.

㉟ ICTY, "*Jelisić*"（TC），Judgment, 14.12.1999, Rn. 82.

加上其公开言论及充满象征意义的"清除"尸体动作,均可说明 H 有灭绝种族之意图。

(六)灭绝种族行为

18　　行为人必须有《罗马规约》第 6 条列举的 5 款行为之一,才能成立灭绝种族罪。这一规定是封闭性的列举立法,不得扩增其他附加要素。

尤其是发生在前南斯拉夫的"族裔净化"(ethnic cleansing,意思是将特定族裔团体之成员从传统定居地强制驱逐至他处),这本质上并不属于灭绝种族之行为。详言之,唯有驱逐行动同时违犯下列 5 种行为之一,且行为人有灭绝种族意图者,始能成立灭绝种族罪。㊱ 只不过,实际事件经常就是这样发生。

1. 杀害

19　　《罗马规约》第 6 条第 1 款规定"杀害该团体的成员"。所称杀害,依该罪保护目的而言,应只能解释为故意造成他人死亡。㊲

虽然规约对杀害团体"成员"的英文用语是复数形(menbers),故可认为至少须杀害两人,才能成立灭绝种族罪。但相对的,《犯罪要件》针对《罗马规约》第 6 条第 1 款则说明"行为人杀害一人或多人",亦即杀害一人也符合该款要件。由于任何禁止杀人之规定可针对个案为之(此时用单数形),也可泛指一般性的禁止(此时用复数形),因此《犯罪要件》的说明与《罗马规约》文义并无不符。循此逻辑,《德国国际刑法》第 6 条第 1 项第 1 款也只规定杀害团体中的一名成员(ein Mitglied)即为已足。㊳ 因此,案例 32 中 H 虽仅杀害一人,但仍可成立灭绝种族罪。

2. 致使身体或精神遭受严重伤害

20　　《罗马规约》第 6 条第 2 款规定"致使该团体的成员在身体上或精神上遭受严重伤害"。卢旺达国际刑事法庭解释所谓造成严重的身体伤害,

---

㊱ 德国联邦最高法院也采个案认定:BGH NStZ 1999, 396, 402; BGH NJW 2001, 2732, 2733(都是处理《德国刑法》的旧法第 220 条之 1);德国联邦宪法法院有更广义的看法:BVerfG EuGRZ 2001, 79 f.;深入讨论族裔净化,参见 Selbmann, Tatbestand des Genozids, S. 210 ff. m. w. N.

㊲ Triffterer-Schabas, Rome Statute, Art. 6 Rn. 17.

㊳ 同见解,另见 Selbmann, Tatbestand des Genozids, S. 158; Schabas, Genozid, S. 210 f.;但有不同意见,Cassese, Int. Criminal Law, S. 134; Ambos, Int. Strafrecht, §7 Rn. 130.

是指严重危害被害人健康、使之身体残障,或严重伤害内(/外)部器官或感官的一种行为。㊴ 不过,伤害并不以持续存在或不可治愈为限。"致使精神遭受严重伤害",指对被害人精神状态造成非不显著或非暂时性的损害。㊵ 此处之伤害,以达到显著且长期妨碍被害人正常生活之能力为必要。㊶

强制性交或其他性犯罪,目前也被承认为是符合《罗马规约》第 6 条第 2 款"致使身体或精神遭受严重伤害"的可能行为。㊷ 这对于所谓"系统性强制性交"尤具重要性,前南斯拉夫以及卢旺达两国都曾以这种行为作为"武器"。

《德国国际刑法》第 6 条第 1 项第 2 款规定"致使该团体一名成员在身体上或精神上遭受严重伤害,特别是《德国刑法》第 226 条规定之重伤"。这是《德国国际刑法》为了尽力对"伤害"设定更高度的明确性,于是提醒注意《德国刑法》第 226 条重伤结果的例示规定。

3. 故意使一团体处于会毁灭生命的生活状态

《罗马规约》第 6 条第 3 款规定"故意使该团体处于某种生活状况下,毁灭其全部或局部的生命",乃指各种造成"缓慢死亡"之行为。㊸ 所以,断粮、毁灭被害人家园或将之驱离、压榨身体或过分强制工作、抑留基础医疗服务等,均可视为毁灭生命的适格手段。㊹ 设置"集中营"且加以运作者,也属适例。㊺

无论如何,毁灭团体成员生命的手段必须具备适合性(Eignung)。但应注意,这并不以实际产生毁灭生命之结果为必要。㊻ 据此,对毁灭团体之手段适合性存在主观犯罪要素即可。

㊴ ICTR, "*Kayishema and Ruzindana*" (TC), Judgment, 21.05.1999, Rn. 109.

㊵ ICTR, "*Kayishema and Ruzindana*" (TC), Judgment, 21.05.1999, Rn. 110.

㊶ ICTY, "*Krstić*" (TC), Judgment, 02.08.2001, Rn. 513.

㊷ ICTR, "*Akayesu*" (TC), Judgment, 02.09.1998, Rn. 731;经前南斯拉夫问题国际刑事法庭确认: ICTY, "*Furundžija*" (TC), Judgment, 10.12.1998, Rn. 126;亦见 *Kittichaisaree*, Int. Criminal Law, S. 78.

㊸ *Nsereko*, in: Kirk McDonald/Swaak-Goldmann, Substantive and Procedural Aspects of International Criminal Law, Vol. 1, 2000, S. 129.

㊹ 参见 *Kittichaisaree*, Int. Criminal Law, S. 79.

㊺ *Fronza*, in: Lattanzi (Hrsg.), Essays, S. 125.

㊻ 参见《罗马规约》第 6 条第 3 款文义"故意使该团体处于某种生活状况下"及 *Gropengießer*, in: Eser/Kreicker (Hrsg.), Nationale Strafverfolgung, S. 102 f.

有不同见解认为毁灭生命之手段适合性,仅限于主观上认知。换言之,这种见解认为无论毁灭手段于客观上是否具适合性,行为人只要有毁灭团体生命的意图,即成立犯罪。㊼ 可是,行为人本来就应具备灭绝种族的一般主观要素,若采取上述不同见解,则手段合适性这个要素会变得不具独立意义。

4. 阻止生育

22 《罗马规约》第 6 条第 4 款"强制施行办法,意图防止该团体内的生育",包括造成性障碍、绝育、强迫生育控制及隔离男女。

强迫妇女怀孕被当成阻止生育的手段,乍看之下令人费解。泰国学者 Kittichaisaree 于此所持理由,乃是依循卢旺达国际刑事法庭 Akayesu 案关于父权社会之情况,表示"强迫生育下的孩童,出生后便不属于母亲所属团体"。㊽ 这种观点至少在以下情形应予赞同:其一,被性侵之妇女精神受创,造成暂时或长期欠缺受孕或生育能力㊾;其二,妇女因遭性侵,而被所属团体视为"不可接触之人",以致无法再为其团体生育后代。

最后,对于依当事人意愿所实施之堕胎予以合法化者,并不构成"防止生育"。

5. 强迫转移儿童

23 《罗马规约》第 6 条第 5 款将"强迫转移该团体的儿童至另一团体"列为犯罪行为,指的是儿童被长期剥夺与其原生团体之关系,结果是造成儿童疏离原生团体,有害该团体社会层面或生物学层面的存在性。

所谓强迫(forcibly),不仅指实际使用物理强制力,也包括威胁使用物理强制力。㊿ 但在《德国国际刑法》第 6 条第 1 项第 5 款"以强暴手段(gewaltsam)转移该团体的儿童至另一团体"的德文脉络下,却遇到解释问题。详言之,鉴于《德国基本法》第 103 条第 2 项罪刑法定对文义界限

㊼ 例如 Gropengießer, in: Eser/Kreicker (Hrsg.), Nationale Strafverfolgung, S. 103.

㊽ 参见 ICTR, "Akayesu" (TC), Judgment, 02. 09. 1998, Rn. 507; Kittichaisaree, Int. Criminal Law, S. 81.(Kittichaisaree 著有《国际刑法》,书评可参见陈荔彤:《国际刑事法院之法制与机制——评"Kriangsak Kittichaisaree, International Criminal Law"》,载《台湾国际法季刊》,2004 年第 1 卷第 4 期,第 319 页以下。——译者注)

㊾ 亦见 ICTR, "Akayesu" (TC), Judgment, 02. 09. 1998, Rn. 508; Gropengießer in: Eser/Kreicker (Hrsg.), Nationale Strafverfolgung, S. 104; 不同意见, Safferling, Int. Strafrecht, § 6 Rn. 27.

㊿ 参见 Kittichaisaree, Int. Criminal Law, S. 82.

之要求,德国法的“强暴”概念并无法涵摄纯粹之“胁迫”(Drohung)。依德国联邦宪法法院(51)及联邦最高法院(52)见解,所谓强暴乃以对被害人施加物理强制力为绝对要件,而胁迫正好欠缺此一内涵。是以,德国法此处无法完全满足《罗马规约》之规定。(53)

依《犯罪要件》对《罗马规约》第 6 条之说明,儿童是指未满 18 岁之人。这一定义是依循《联合国儿童权利公约》(54)第 1 条年龄定义而来。儿童年龄之界定,于转化为德国法时,同样可能与德国法产生歧异。根据《德国刑法》第 176 条第 1 项儿童性侵罪的立法定义,德国刑法的儿童是指未满 14 岁之人。而依《德国国际刑法》第 2 条“本法规定之行为,适用一般刑法,但第 1 条、第 3 条至第 5 条另有特别规定者,不在此限”,可推论出《德国刑法》第 176 条第 1 项儿童年龄亦适用于《德国国际刑法》第 6 条第 1 项第 5 款;但若真如此,德国法对儿童的保护范围则又不及于《罗马规约》。正确言之,《德国刑法》第 176 条第 1 项乃是侧重于性犯罪脉络的立法定义,所以前述适用推论自非理所当然。《德国刑法》第 236 条第 1 项贩卖儿童罪也可证明这一点,其规定的是“未满 18 岁之儿童”,而非未满 14 岁。因此,可合理说明《德国刑法》第 176 条第 1 项对儿童的定义仅是针对特定领域所为,相对于《德国国际刑法》第 6 条第 1 项第 5 款订定的儿童年龄界限之目的而言,两者分属不同事物,故《德国国际刑法》得自主且采取与《罗马规约》一致的年龄标准。(55) 24

二、危害人类罪

▶ 案例 33:A 国政府推行严厉的反共产主义政策,禁止成立任何共产党,众多共产党党员和支持者被拘禁在饮食与医疗均匮乏的“特别监狱”。大多数被拘禁人死于营养不良及疾病。I 在负责管理监禁的公务机关任职,他已将许多人安置到“特别监狱”,而 I 也预期这些人几乎都将于监狱殒命。试问:I 是否成立危害人类罪?(本章 Rn. 38, 40,42) 25

(51) 仅见 BVerfGE 92, 1, 18 f.

(52) BGHSt 37, 350, 353.

(53) 相同见解,*Werle*, Völkerstrafrecht, Rn. 845.

(54) BGBl. 1992 II, S. 990 (Sartorius II, Nr. 29).

(55) 相同说法,例如 *Gropengießer*, in: Eser/Kreicker (Hrsg.), Nationale Strafverfolgung, S. 104 f.

(一) 发展

26 危害人类罪(crimes against humanity;Verbrechen gegen die Menschlichkeit)的概念,首次出现在法国、英国与俄罗斯三国政府于 1915 年 5 月 28 日的宣言,当时是用来描述土耳其所发动的亚美尼亚大屠杀,也有计划加以追诉(56),但最后无疾而终。第一次世界大战(1914—1918)后,追诉、判决危害人类罪将有违禁止溯及既往的疑虑遽增。(57) 于当时,第一次世界大战的战胜国显然无法精确制定出“人道法”。因此,可视为危害人类罪发展里程碑的,应是第二次世界大战之后的《纽伦堡国际军事法庭宪章》。依《纽伦堡宪章》第 6 条第 3 款,纽伦堡国际军事法庭管辖权也包括“危害人类罪,即在战前或战时,对平民谋杀、消灭、奴役、放逐及其他非人道行为,或基于政治、种族或宗教理由,实施本法庭管辖之犯罪或与之有关之迫害。行为人是否违反犯罪地之国内法,在所不问”。

27 《纽伦堡宪章》对“危害人类罪”的描述考虑背景在于:迄至当时,无论是国际法或内国刑法的机制,皆无一可适当处理德国纳粹的滔天不法犯行。相较于战争罪之可罚性已获得普遍承认,德国纳粹于自己本国内迫害犹太人、社会民主党员、共产主义人士及其他宗教或政治团体,在当年却未能被归类为任何已获承认的国际法犯罪,国际法上甚至找不到禁止这类行为的依据。

虽然这些罪行的一部分(尤其是屠杀犹太人)可归类为灭绝种族罪,但须注意,如前所述,《纽伦堡宪章》并未将灭绝种族列为一种独立的犯罪形态,而是视为危害人类罪的下位类型(本章 Rn. 4)。

28 通过“危害人类罪”的犯罪要件,要处罚的是像纳粹这种针对平民的大规模犯罪。然而,《纽伦堡宪章》的危害人类罪,并不是一种独立的国际法犯罪类型,而仅是一种须与《纽伦堡宪章》其他犯罪(即战争罪或侵略罪)产生关联性下始能实现的犯罪(“……于实施本法庭管辖之犯罪或与之有关联性下所为之迫害”)。就此点而言,危害人类罪以前是被设计成一种具有从属性之国际犯罪,这尤其意味着,只在国际武装冲突脉络下

(56) 参见 *Kittichaisaree*, Int. Criminal Law, S. 85.

(57) *Schabas*, Introduction, S. 107.

才能构成危害人类罪。(58) 虽然有这样的局限性，仍不可低估《纽伦堡宪章》制定危害人类罪之意义：《纽伦堡宪章》仍是危害人类罪后来发展成独立犯罪类型的开端。

纽伦堡审判结束后，战胜国法院及德国法院以《盟军第 10 号管制法》(Kontrollratsgesetz Nr.10)为法源依据，接续审判纳粹“第三帝国”的大量犯行。由于《盟军第 10 号管制法》删除危害人类罪的从属性质，所以，危害人类罪无须连结到《纽伦堡宪章》的其他罪行(59)，而此变革的主要结果是：德国人于德国境内对德国人之犯行，也能以危害人类罪加以裁判。 29

纽伦堡法庭的危害人类罪判决，经联合国 1946 年 12 月 11 日大会及国际法委员会以所谓“纽伦堡原则”确认。(60) 如今，国际习惯法已承认危害人类罪是一种会产生个人责任的国际法犯罪。

《前南斯拉夫问题国际刑事法庭规约》第 5 条及《卢旺达问题国际刑事法庭规约》第 3 条，也都规定了危害人类罪。这两份规约对危害人类罪皆放弃应与其他犯罪具有从属性的要求，但《卢旺达问题国际刑事法庭规约》仍以武装冲突作为危害人类罪的关联要件。 30

危害人类罪与其他国际犯罪完全脱钩的关键发展，一直到《罗马规约》诞生才显露曙光。经过旷日废时的磋商，《罗马规约》第 7 条最终选择放弃任何连结因素，换言之，既不以武装冲突为成立要件，也不要求应与国际刑事法院管辖之其他犯罪具备关联性。但不同于灭绝种族罪已在 1948 年《防止及惩治灭绝种族罪公约》确立完整的犯罪要件，危害人类罪的犯罪要件应如何规定，在罗马会议出现极大争议。(61) 最后，《罗马规约》第 7 条列出数个犯罪行为，而整体涵盖范围则比《纽伦堡宪章》《前南斯拉夫问题国际刑事法庭规约》及《卢旺达问题国际刑事法庭规约》更为扩大。尤其是国际条约所禁止的行为，也被《罗马规约》第 7 条纳入危害人类行为清单，例如于《纽伦堡宪章》时代尚属陌生的“种族隔离”(《罗马规约》第 7 条第 1 项第 10 款)，或者南美洲独裁政权最恶名昭彰的“强迫人

---

(58) *Mesecke*, Verbrechen gegen die Menschlichkeit, S. 20.

(59) 参见 *Ahlbrecht*, Geschichte, S. 96.

(60) 联合国 1946 年第 1 届大会第 95 号决议(UN General Assembly Resolution 1/95)以及纽伦堡审判所承认的国际法原则[纽伦堡原则(Nuremberg Principles)]第 6 点 C(1950, ii Yearbook of the ILC 374-8)。

(61) 参见 *Sunga*, EJCCLCJ 1998, 60, 64; *Blanke/Molitor*, AVR 1998, 142, 153.

员失踪"⁶²(《罗马规约》第 7 条第 1 项第 9 款)。此外,还特别新增"性别犯罪"(gender crimes;《罗马规约》第 7 条第 1 项第 7 款),如此一来,性犯罪也被提升到危害人类罪层次。

31　　但另一方面,《罗马规约》第 7 条引进这些类型亦招来非议,批评规约已跳脱当代之国际习惯法而自创新法。⁶³ 然而,这样的批评其实是空穴来风,因为《罗马规约》之前的其他国际规约已有可涵盖"其他不人道行为"的截堵条款,今日的《罗马规约》只不过是将这些行为明确立法,使之具体化。⁶⁴ 所以,《罗马规约》并未逾越现有国际习惯法。

(二) 保护法益

32　　危害人类罪是直接针对个人的犯罪。不过,个人只是危害人类罪的次要保护对象,因为这类犯罪之所以具有国际刑法之重要性,在于其违犯方式乃是"广泛或有系统地攻击平民"。在这种犯罪规模下,行为人单一行为造成不只一个个人法益受害而已,行为人以其犯行所侵犯的,是全体人类的最低人权标准。因此,全体人类才是危害人类罪的首要保护法益。⁶⁵

(三) 犯罪要件体系

33　　危害人类罪的客观要件,首先是行为人违犯《罗马规约》第 7 条第 1 项列举之(至少其中一款)行为。其次,个别犯行当然还须与整体犯罪(Gesamttat)存在功能性的整体关联。所谓整体犯罪,即所谓帽子(chapeau)条款,意指"在广泛或有系统地针对任何平民人口进行的攻击中"(《罗马规约》第 7 条第 1 项)。至于《罗马规约》第 7 条第 2 项,乃是就第 1 项出现的概念所为之立法定义。最后,行为人主观面必须具备犯罪故意,而且除了针对个别犯行外,《罗马规约》第 7 条第 1 项尚明定行为人必须明知其攻击与整体犯罪存在功能关联性(……"危害人类罪"是指

---

⁶²　相关举例可参见 Ambos, NStZ-RR 1998, 161, 170.

⁶³　中国代表持这一观点,认为《罗马规约》第 7 条是"旧瓶装新酒"[引自 Robinson, in: Lattanzi(Hrsg.), Essays, S. 168]。

⁶⁴　Robinson, in: Lattanzi(Hrsg.), Essays, S. 166.

⁶⁵　亦见 Meseke, Verbrechen gegen die Menschlichkeit, S. 118 ff.;不同见解, Gropengießer, in: Eser/Kreicker, Nationale Strafverfolgung, S. 116 ff.

在广泛或有系统地针对任何平民人口进行的攻击中,在明知这一攻击的情况下,作为攻击的一部分而实施的下列任何一种行为……)。

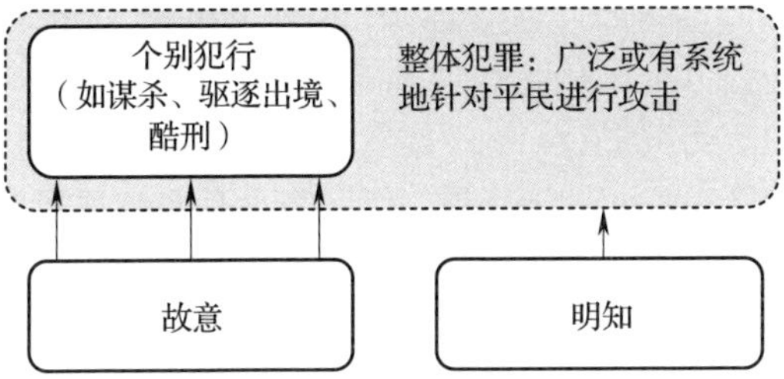

（四）整体犯罪之客观要件

34 《罗马规约》第 7 条第 1 项要求,个别犯行应是“在广泛或有系统地针对任何平民人口进行的攻击中”(整体犯罪)所违犯。《罗马规约》第 7 条第 2 项第 1 款将“针对任何平民人口进行的攻击”定义为,根据国家或组织攻击平民的政策,或为了推行这种政策,针对平民多次实施第 1 项所述犯行的行为过程。于此,所谓组织必须具备长久性、共同目标及某种阶层结构而呈现一定程度的国家性质,才符合第 7 条第 2 项之要件。(66)

“多次”违犯,表示不只是单次行为,而数次行为也不以同一行为人为必要。因此,偶发的谋杀一人(《罗马规约》第 7 条第 1 项第 1 款)并不成立危害人类罪。不过,一名行为人若只犯下一次杀人行为,而该次行为之实施,就功能而言符合在“广泛或有系统地针对平民”之攻击中实施者,则依然能成立危害人类罪。再者,是否属于《罗马规约》第 7 条第 2 项第 1 款定义的国家或组织之“政策”,无须以正式决议文件佐证,毋宁也可从犯罪情况(特别是广泛或系统性的违犯行为)(67)来认定。

35 所谓“广泛或系统性攻击平民”,“广泛”或“系统性”这两者(择一即

(66) 持此见解者至少有国际刑事法院 *Kaul* 法官,他在国际刑事法院 *Ruto*, *Kosgey and Sang* 案针对 2011 年 3 月 15 日传唤裁判之不同意见表示,3 名被告在肯尼亚情势组成的“网络”,并不符合《罗马规约》第 7 条第 2 项第 1 款的要求水平,故认为国际刑事法院并无管辖权[IStGH, “*Ruto*, *Kosgey and Sang*”(PCT II), Dissenting Opinion on the Court's Decision on the Prosecutor's Application for Summons to appear, 15. 03. 2011, Rn. 12, 45]。

(67) ICTY,“*Tadić*”(TC), Judgement, 07. 05. 1997, Rn. 653.国际刑事法院现也采此见解:IStGH(PTC II),Decision Pursuant to Article 15 of the Rome Statute on the Authorization of an Investigation into the Situation in the Republic of Kenya, 31. 03. 2010, Rn. 94 ff.

可)强调的是个别犯罪要达到国际犯罪重要性的数量与质量门槛;这一门槛(只)有部分会超出《罗马规约》第 7 条第 2 项第 1 款就“攻击”所详细定义之要求*,换言之,大部分会跟“攻击”之定义重叠。所谓广泛性,指关于被害人数量的一种可量化基准(68),但究竟要精确到多少人数,则无答案。另外,此处也会与“攻击”的立法定义重叠,因为《罗马规约》第 7 条第 2 项第 1 款将“攻击”定义为“多次”实施犯罪,似已隐含有多数被害人之意思。(69)

从质量观点而言,攻击必须具有系统性特征,即以政策目的、计划或最广义之意识形态为基础。但这一基准,实质上却已存在于《罗马规约》第 7 条第 2 项第 1 款“攻击”定义里的“政策”要素;依第 7 条第 2 项第 1 款规定,攻击本来就应“根据国家或组织攻击平民人口的政策,或为了推行这种政策”而实施。

36 危害人类罪主要是保护集体法益,行为客体因此只能是平民人口(civilian population),不包括针对个人的分别攻击。所谓平民人口,包含所有非参与或不再参与敌对行动之人,亦即,除一般平民之外,也包括那些于行为人行为时已放下武器或“丧失战斗力”(hors de combat)之战斗人员(例如重伤)。(70) 被害人或行为人的国籍并非判断因素,尤其是,攻击本国平民也可成立危害人类罪。借由“平民人口”这项要素,危害人类罪可与战争罪中专对“战斗人员”所为之犯罪作出区隔(本章 Rn. 52 以下)。(71)

危害人类罪的被害人必须是平民,这仅是整体犯罪的条件之一。如果实际被害人并非平民,但整体犯罪的确是针对平民而为,而且整体犯罪与实际犯行之间存有必要关联性者,则仍可成立危害人类罪。(72)

37 从《罗马规约》第 7 条第 2 项第 1 款的清楚文义可看出,攻击无须具

---

* 《罗马规约》第 7 条第 2 项第 1 款“针对任何平民人口进行的攻击”是指根据国家或组织攻击平民人口的政策,或为了推行这种政策,针对任何平民人口多次实施第 1 项所述行为的行为过程。——译者注

(68) ICTY,“*Tadić*”(TC),Judgment,07. 05. 1997,Rn. 648;*Werle*,Völkerstrafrecht,Rn. 875 表示,领域广泛也能具备重要性。

(69) 类似说法,亦见 *Schabas*, Introduction, S. 111.

(70) *Dixon/Khan/May*, Archbold, § 12 Rn. 16.

(71) 参见 *Safferling*, Int. Strafrecht, § 6 Rn. 66.

(72) ICTY,“*Mrkšić and Šljivančanin*”(AC), Judgment, 05. 05. 2009, Rn. 28 ff.;“*Martić*”(AC), 08. 10. 2008, Rn. 307, 311, 313.

备军事性质，国家当局之参与也非不可或缺的要素（虽然实际上通常如此）。事实上，即使是分裂组织之执行政策，也可能发生攻击行为。(73) 因此，行为人不限于政府人员或军人，准军事团体的成员也能是危害人类罪的适格行为人。

案例 33 中计划性且大规模迫害共产主义人士，属于广泛又有系统地攻击平民人口。对此，政府虽以自己平民为主要攻击对象，但并不影响行为人成立犯罪之判断结论。 38

（五）整体犯罪之主观要件

依《罗马规约》第 7 条第 1 项，行为人行为时必须明知整体犯罪之客观要件（“……在明知这一攻击的情况下……”）。但这项主观要件，其实由《罗马规约》第 30 条所要求的一般故意已可得出：依《罗马规约》第 30 条第 3 项，行为人应认知到外在伴随情况。详言之，行为人必须明知其行为可被评价为广泛或有系统地攻击平民行动中之一部分。但是，如果行为人仅认为可能发生这类攻击，则是否还能符合《罗马规约》第 7 条第 1 项的“明知”要件，显有疑义。正确来说，即使想采取国际刑事法院 *Lubanga* 案预审分庭将《罗马规约》第 30 条一般主观规定扩及间接故意的解释（参见第十五章 Rn. 25），《罗马规约》第 7 条第 1 项明确的“明知”要件，也会成为反对预审分庭降低认知要素的正当理由。另一方面，“一般百姓”或“基层士兵”对于攻击规模必须认知到什么细节，极有争议。若要求过高，通常会导致无法解决的证明问题。因此，德国学者 *Eser* 说法完全正确，他表示：当行为人认知自己的行为已并入不人道政策之中，即为已足，无须详知整体计划的范围和结构。(74) 39

---

(73) 支持“类国家单位”的必要性者，*Kaul*, Sondervotum in IStGH（PTC II）, Decision Pursuant to Article 15 of the Rome Statute on the Authorization of an Investigation into the Situation in the Republic of Kenya, 31. 03. 2010, Rn. 51 ff.；现在的通说可能采不同意见，如 *Werle/Burghardt*, ZIS 2012, 271 ff. m. w. N.

(74) *Eser*, in：Courakis（Hrsg.）, Die Strafrechtswissenschaft im 21. Jahrhundert, 2001, S. 351；《犯罪要件》针对《罗马规约》第 7 条之导言，也有类似说明（“不应被解释为必须证明行为人知道攻击的所有特征，或国家、组织的计划或政策的细节”）。另外，前南斯拉夫问题国际刑事法庭 *Milutinovic et al.* 案就如何满足构成要件，要求“在明知客观整体犯罪之人与违犯本身之间，应存在某程度接近关系；知悉整体犯罪之人如仅提供帮助，尚属不足”，参见 ICTY，“*Milutinovic et al.*”（TC）, Judgment, 26. 02. 2009, Rn. 158, 162.

40   不同于灭绝种族罪,《罗马规约》第 7 条危害人类罪的基本主观要件只列出明知要素,并未另外要求特别之意图。此外,《卢旺达问题国际刑事法庭规约》第 3 条还以危害人类罪必须出于"民族、政治、人种、种族或宗教原因"为要件,《罗马规约》则放弃这种要求。《卢旺达问题国际刑事法庭规约》之所以增订这项特别主观要件,是按照卢旺达情势所量身定做,因为当地所有犯行都是出于以上几种动机。[75]

在案例 33 中,关键在于 I 是否明知政府的迫害政策,而无须详知细节。

(六)各项犯罪行为

1. 谋杀

41   《罗马规约》第 7 条第 1 项第 1 款"谋杀",是危害人类罪首先提到的犯行。《犯罪要件》表示,该处"谋杀"是指行为人杀害一人或多人。[76] 就德国用语习惯而言,此处谋杀不以预谋或其他类似概念为必要。

2. 灭绝

42   "灭绝"(《罗马规约》第 7 条第 1 项第 2 款),依《罗马规约》第 7 条第 2 项第 2 款,指"包括故意施加某种生活状况,如断绝粮食和药品来源,目的是毁灭部分的人口"。《犯罪要件》的要求则更具体,其指出"灭绝"是行为人为毁灭人口而杀害一人或多人,而且以此杀害作为大规模杀害之一部分。[77] 但不同于灭绝种族罪,危害人类罪的灭绝概念并不以针对特定团体为必要。[78] 就此而言,假如无法证明行为人存有灭绝种族罪所要求的蓄意消灭特定团体之意图者,便可能判处危害人类罪。[79]

案例 33 中由于系争行为乃针对政治团体,故不存在灭绝种族罪的认定问题(不管有无此罪之意图)。但无论如何,危害人类罪的客观要件——即"灭绝"行为——已经成立。I 借由将被拘禁的共产主义人士安

---

[75] 参见 Ahlbrecht, Geschichte, S. 312。
[76] 《犯罪要件》对《罗马规约》第 7 条第 1 项第 1 款之说明(第 1 点);另参见 Cassese, Int. Criminal Law, S. 74。
[77] 《犯罪要件》对《罗马规约》第 7 条第 1 项第 2 款之说明(第 1 点、第 2 点)。
[78] Selbmann, Tatbestand des Genozids, S. 201。
[79] 参见 ICTY,"Krstić"(TC),Judgment, 02. 08. 2001, Rn. 500。

置到"特别监狱",造成多数人处于生命威胁之中而死亡。相对于直接致死而言,这通常可称为"间接"杀害,已可满足灭绝概念。除此之外,I 的行为是大规模杀害的一部分,而 I 主观上也对存在大规模杀害的情况有所认知。最后,对于被 I 安置之人发生死亡结果一事,I 也有《罗马规约》第 30 条所要求的犯罪故意。综上,I 成立危害人类罪。

3. 奴役

"奴役"(《罗马规约》第 7 条第 1 项第 3 款),《罗马规约》第 7 条第 2 项第 3 款定义为"对一人行使附属于所有权的任何或一切权力"。传统的奴隶制度在全球已遭废除,今日可能不再有实际问题,所以,现代所理解的奴役应是指将人"物化"(Verdinglichung)。⑧ "物化"的形式范围,从人口贩卖、通过强制工作之经济剥削,一直到连续强制性交的长期剥夺自由均有可能。⑧¹

4. 驱逐出境或强行迁移人口

"驱逐出境或强行迁移人口"(《罗马规约》第 7 条第 1 项第 4 款),依《罗马规约》第 7 条第 2 项第 4 款之立法定义,"是指在缺乏国际法容许的理由的情况下,以驱逐或其他胁迫行为,强迫有关的人迁离其合法留在的地区"。另外,《犯罪要件》的说明为"将一人或多人驱逐出境或强行迁移到他国或他地"(《德国国际刑法》第 7 条第 1 项第 4 款也指出"一人"),故迁移一人即可实现此犯罪要件。⑧² 犯罪主观要件方面,仅要求具备《罗马规约》第 30 条规定的故意。现今通说根据规约文义,不再要求行为人须具有将相关人长期驱逐出其地区的意图。⑧³

43

44

---

⑧ Becker, Der Tatbestand des Verbrechens gegen die Menschlichkeit, 1996, S. 192 f.

⑧¹ ICTY,"*Kunarac*"(TC),Judgment,22. 02. 2001,Rn. 515 ff.;对此,亦见 *Werle*,Völkerstrafrecht,Rn. 912 f.

⑧² 这一点,最近已由前南斯拉夫问题国际刑事法庭 *Krajišnik* 案确认:"*Krajišnik*"(AC),17. 03. 2009,Rn. 309."谋杀"的行为类型也有类似问题,参见本章 Rn. 19。

⑧³ ICTY,"*Stakić*"(AC),Judgment,22. 03. 2006,Rn. 278,304 ff.,317;ICTY,"*Brđanin*"(AC),Judgment,03. 04. 2007,Rn. 206;ICTY,"*Krajišnik*"(AC),Judgment,17. 03. 2009,Rn. 304;ICTY,"*Popović*"(TC),Judgment,10. 06. 2010,Rn. 905;*Ambos*,Int.Strafrecht,§ 7 Rn. 205;*Safferling*,Int.Strafrecht,§ 6 Rn. 77;早期裁判采不同意见,如 ICTY,"*Simic*"(TC),Judgment,17. 10. 2003,Rn. 134;ICTY,"*Stakić*"(TC),Judgment,31. 07. 2003,Rn. 687;今日仍拒绝接受此看法者,*Werle*,Völkerstrafrecht,Rn. 930.

强行迁移人口，可以前南斯拉夫问题国际刑事法庭 *Blaškić* 案为例：准军事团体强迫 247 位穆斯林离开家园，带去其他城镇充当人肉盾牌。[84]

5. 违反国际法基本规则之监禁或以其他方式严重剥夺人身自由

45 《罗马规约》第 7 条第 1 项第 5 款规定“违反国际法基本规则，监禁或以其他方式严重剥夺人身自由”，但第 7 条第 2 项并无相关立法定义，《犯罪要件》对此则说明是“行为人监禁一人或多人或严重剥夺一人或多人的人身自由”。另外，拘禁必须违反国际法基本规则，前南斯拉夫问题国际刑事法庭对此表示：“剥夺自由的关键要素，是恣意为之。”[85]因此，若未先经过符合国际法基本规则的程序，就不得剥夺相关人之自由。

6. 酷刑

46 《罗马规约》第 7 条第 1 项第 6 款规定“酷刑”。所谓酷刑，“是指故意致使在被告羁押或控制下的人的身体或精神遭受重大痛苦；但酷刑不应包括纯因合法制裁而引起的，或这种制裁所固有或附带的痛苦”(《罗马规约》第 7 条第 2 项第 5 款)。

若与 1984 年联合国《禁止酷刑和其他残忍、不人道或有辱人格的待遇或处罚公约》(以下简称《联合国酷刑公约》)[86]的酷刑定义相比，《罗马规约》第 7 条第 1 项第 6 款适用范围基本上更为广泛，施加酷刑者也不以国家人员为限。[87]

7. 性犯罪

47 《罗马规约》第 7 条第 1 项第 7 款规定的，除了强制性交外(前南

---

[84] ICTY, “*Blaškić*” (TC), Judgment, 03. 03. 2000, Rn. 549 f.

[85] ICTY, “*Kordić and Čerkez*” (TC), Judgment, 26. 02. 2001, Rn. 302; ICTY, “*Krnojelac*” (TC), Judgment, 15. 03. 2002, Rn. 110.

[86] BGBl. 1990 II, S.246 (Sartorius II, Nr.22). (《联合国酷刑公约》第 1 条：为本公约的目的，“酷刑”是指为了向某人或第三者取得情报或供状，为了他或第三者所作或涉嫌的行为对他加以处罚，或为了恐吓或威胁他或第三者，或为了基于任何一种歧视的任何理由，蓄意使某人在肉体或精神上遭受剧烈疼痛或痛苦的任何行为，而这种疼痛或痛苦是由公职人员或以官方身份行使职权的其他人所造成或在其唆使、同意或默许下造成的。纯因法律制裁而引起或法律制裁所固有或附带的疼痛或痛苦不包括在内。本条规定并不妨碍载有或可能载有适用范围较广的规定的任何国际文书或国家法律。——译者注)

[87] 对特设国际法庭裁判之说明：*Burchard*, JICJ 2008, 159 ff.；另参见《欧洲人权公约》第 3 条酷刑概念(第十一章 Rn. 35)。

斯拉夫与卢旺达两国际刑事法庭规约均有明文[88]),还有性奴役、强迫卖淫、强迫怀孕、强迫绝育,以及严重程度相当的任何其他形式之性暴力(最后的概括规定,乃是鉴于性犯罪多样态所增设的截堵条款)。[89]

"强迫怀孕"[90]首次出现在《罗马规约》,当年罗马会议对此讨论热烈。《罗马规约》第7条第2项第6款将强迫怀孕定义为:以影响任何人口族裔构成为目的,或以进行其他严重违反国际法行为为目的,非法禁闭——不以行为人亲自造成为限的——被强迫怀孕之妇女。另外,由于有些国家在意《罗马规约》会与内国禁止堕胎规定冲突,故该立法定义又附加但书表示:本定义不影响内国有关怀孕之规定("本定义不得以任何方式解释为影响国内关于妊娠的法律")。[91]

8. 迫害

《罗马规约》第7条第1项第8款规定"基于政治、种族、民族、族裔、文化、宗教、第3项所界定的性别,或根据公认为国际法不容的其他理由,对任何可以识别的团体或集体进行迫害,而且与任何一种本项提及的行为或任何一种本法院管辖权内的犯罪结合发生"。而《罗马规约》第7条第2项第7款则将"迫害"定义为"违反国际法规定,针对某一团体或集体的特性,故意和严重地剥夺基本权利"。于此,丧失权利是否出于法律规定(尤其是内国法律),或由对身体之处分或经济措施所导致,皆非判断重点。[92]

迫害的特殊性在于,它使危害人类罪与其他国际犯罪的传统旧有连结再度复苏。详言之,依《罗马规约》第7条第1项第8款,迫害必须与国际刑事法院管辖之其他犯罪结合,或至少与危害人类罪之其他行为态样结合,才能以危害人类罪论处。

迫害的主观要件,也与危害人类罪的其他行为态样不同。亦即,迫害

---

[88] 《前南斯拉夫问题国际刑事法庭规约》第5条第7款、《卢旺达问题国际刑事法庭规约》第3条第7款。

[89] 详见 Ambos, ZIS 2011, 287, 289 ff.

[90] 参见本章 Rn. 22。

[91] 参见 Meseke, Verbrechen gegen die Menschlichkeit, S. 227.

[92] ICTY, "Tadić" (TC), Judgment, 07. 05. 1997, Rn. 710.

除须有一般故意之外,还须具有因被害人属于某一团体或社群("针对某一团体或集体的特性"),才对之攻击的特别意图。[93] 行为人虽为单一行为,但只要具备这种意图,就能该当迫害要件。[94] 就此点而言,迫害形态的危害人类罪其实非常近似于灭绝种族罪。

9. 强迫人员失踪

49 "强迫人员失踪"(《罗马规约》第7条第1项第9款),依第2项第9款的定义是:"指国家或政治组织直接地,或在其同意、支持或默许下,逮捕、羁押或绑架人员,继而拒绝承认这种剥夺自由的行为,或拒绝透露有关人员的命运或下落,目的是将其长期置于法律保护之外。"

强迫人员失踪的行为形态,以往未被认为是危害人类罪的下位类型,今日之所以获得立法认同,主要是为响应拉丁美洲国家的要求:在过去阿根廷、智利两国军事独裁政权期间,强迫人员失踪是独裁政府对人民进行恐怖统治的手段。

主观要件方面,行为人除了一般故意之外,另须有将被害人"长期置于法律保护之外"的特别意图。[95]

10. 种族隔离

50 《罗马规约》第7条第1项第10款规定"种族隔离罪",第2项第8款指出:"种族隔离罪"是指一个种族团体对任何其他一个或多个种族团体,在一个有计划地实行压迫和统治的体制化制度下,实施性质与第1项所述行为相同的不人道行为,目的是维持该制度的存在。《罗马规约》的种族隔离(Apartheid)定义,大致依循联合国1973年11月30日《禁止并惩治种族隔离罪行国际公约》。[96] 最后,种族隔离同样是危害人类罪的新创行为形态,主要是基于南非的要求而增订。

11. 其他性质相同的不人道行为

51 如同所有国际刑事法庭规约,《罗马规约》危害人类罪也有截堵条款之设计,即《罗马规约》第7条第1项第11款:"故意造成重大痛苦,

---

[93] ICTY, "*Blaškić*" (TC), Judgment, 03. 03. 2000, Rn. 235.

[94] ICTY, "*Kupreškić et al.*" (TC), Judgment, 14. 01. 2000, Rn. 624.

[95] 详细可参见 Grammer, Der Tatbestand des Verschwindenlassens einer Person, 2005.

[96] International Convention on the Suppression and Punishment of the Crime Apartheid, 1015 UNTS 243.

或对人体或身心健康造成严重伤害的其他性质相同的不人道行为。”(97) 然而，无论是《前南斯拉夫问题国际刑事法庭规约》还是《卢旺达问题国际刑事法庭规约》，他们的截堵条款都面临相同问题，尤其是明确性原则的检验：两规约均只简单规定“其他不人道行为”（《前南斯拉夫问题国际刑事法庭规约》第 5 条第 9 款、《卢旺达问题国际刑事法庭规约》第 3 条第 9 款），却未说明实际涵摄之范围。因而，这些截堵条款被解读成：危害人类罪的可罚性认定，得以国际人权标准为判断基准。(98) 所谓国际人权标准，乃以一般国际人权公约为认定依据(99)，例如联合国 1948 年《世界人权宣言》(100)或 1966 年《公民权利和政治权利国际公约》。(101)

相较之下，《罗马规约》则将此截堵条款设下两项限制：其一，必须造成重大痛苦，或对身体或心理健康造成严重伤害的行为；其二，如同《犯罪要件》对此截堵条款之说明，所谓其他行为的“性质”，必须与《罗马规约》第 7 条第 1 项其他行为态样具相似性。(102)

三、战争罪

▶ 案例 34：A、B 两国交战时，A 国军官 S 使用“达姆弹”。达姆弹是 52
一种具有高度杀伤力的弹头，会在人体内扩张或压扁。试问：S 是否因此成立战争罪？（本章 Rn. 71）

（一）发展

人类共同生活的根本规范，在战争期间经常“令出不行”。尤其是，53
在符合国际法之军事冲突里，连禁止杀人的诫命也失效。(103) 但仍应承认，

(97) 另参见 *Safferling*, Int. Strafrecht, § 6 Rn. 100：“补充规范”。

(98) 批评此不符合明确性者：ICTY，“*Kupreškić et al.*”（TC），Judgment，14. 01. 2000，Rn. 563 ff.

(99) 参见 *Kittichaisaree*，Int. Criminal Law，S. 127.

(100) General Assembly Resolution 3/217 A.

(101) BGBl. 1973 II S. 1534.

(102) 此处之类似性基准，参见 ICTY，“*Karadzić*”（PTC），Decision on Six Preliminary Motions Challenging Jurisdiction，28. 04. 2009，Rn. 42.

(103) *Werle*，Völkerstrafrecht，Rn. 1023；*Ipsen*，in：Fleck（Hrsg.），Handbuch des humanitären Völkerrechts，1994，Nr. 301；*Safferling*，Int. Strafrecht，§ 6 Rn. 111.

即使是战争时期,也不会是法律空窗期。实际上,所有非用来实现战争真正目的所必要的极端残暴行径,都是战争法(战争期间之法律:ius in bello)[104]有意阻止的行为[105],以尽可能保护处于武装冲突场合的人们。因此,战争法又被称为"国际人道法"。

依此而言,法律意义的战争罪,并不是指任何于战争期间或与战争有关的罪行,而仅指直接根据国际法认定违反国际人道法的可罚行为。[106]准此,战争罪乃从属于国际人道法。

54 依战争罪的历史发展,国际人道法可分成两条轴线来说明:

a. 日内瓦法:主要在保护战争受害人,即失去战斗力的军人与未参与敌对行动之人(尤其平民)。"狭义"国际人道法的发展,乃是由所有在日内瓦通过的公约所推动,这些公约初衷只在保护伤病战斗人员及维护战俘待遇(1864 年及 1929 年《日内瓦公约》),后来则提供更细致之保护,也将保护扩及平民(1949 年日内瓦第一至第四公约)。

b. 海牙法:主旨在保护军人,禁止在战争过程使用特别残忍或危险的某些手段或方法(例如生化毒气)。国际人道法这一分支的规范基础,主要是在荷兰海牙会议磋商完成(1899 年、1907 年),其会议成果特别是所谓的《海牙陆战法规与惯例公约》(The Hague Regulations Respecting the Laws and Customs of War on Land),以下简称《海牙陆战法规》。

严格区分"日内瓦法"和"海牙法"在今日虽无多大意义,尤其是 1977 年通过的《日内瓦公约第一号议定书》首次尝试将两支国际人道法合并开始,更是如此。但这样的区分,仍非常有助于理解战争法。

55 违反国际人道法,起初仅单纯在内国法层次具有刑法上的重要性,不少国家以内国犯罪要件(例如军刑法)处罚这类行为。到 1949 年日内瓦四公约时,明确科·缔约国以下义务:内国应以刑法处罚严重破坏(grave breach)《日内瓦公约》之行为、确保刑事追诉或将行为人移交给引渡请求国。[107]对此,任何缔约国皆得依国内刑法追诉任何严重破坏《日内瓦公

---

[104] "战争法"不同于"开战法"(发动战争之法律:ius ad bellum)。

[105] Dixon/Khan/May, Archbold, §11 Rn. 9.

[106] Werle, Völkerstrafrecht, Rn. 1023.

[107] 参照《日内瓦第一公约》第 49 条、第 50 条;《日内瓦第二公约》第 50 条、第 51 条;《日内瓦第三公约》第 129 条、第 130 条;《日内瓦第四公约》第 146 条、第 147 条。

约》之行为,也就是适用世界法原则。⁽¹⁰⁸⁾

首次以国际刑事法为基础,由国际社会组成法庭来审判战争罪的,是纽伦堡国际军事法庭。《纽伦堡国际军事法庭宪章》第 6 条第 2 款之战争罪,乃以《海牙陆战法规与惯例公约》及 1929 年版本的《日内瓦第二公约》(关于战俘待遇的公约)为依据。于当时,行为人违犯战争罪者,各界虽已承认应依国际法让行为人承担个人责任,但尚未落实于实务层面。

56

长期停滞后,一直到设立前南斯拉夫问题国际刑事法庭及卢旺达问题国际刑事法庭,才又开启"直接实现"(direct enforcement)国际刑法的进展契机。《前南斯拉夫问题国际刑事法庭规约》第 2 条规定严重破坏《日内瓦公约》之行为的可罚性,而第 3 条则规定违反战争法规或惯例的可罚性,但该条文所称违反行为仅属例示,即不以之为限。

相对的,依《卢旺达问题国际刑事法庭规约》第 4 条,卢旺达法庭的战争罪管辖权就只针对严重破坏 1949 年《日内瓦公约》共同第 3 条或 1977 年《第二号议定书》之人。准此,卢旺达法庭规约的战争罪,专指发生于非国际武装冲突之场合(参见本章 Rn. 59)。这一点,从卢旺达法庭自始就只需处理内国性质的冲突来看,即可明了。

最后是《罗马规约》。国际刑事法院对战争罪的裁判管辖权,规定在《罗马规约》第 8 条,该规定涵盖了国际战争法迄今的发展状态。

(二) 保护法益

战争罪首要保护的,是处于武装冲突中的个人基本法益:一方面,保护特定人员免受这类冲突的特殊危险(日内瓦法的保护观点);另一方面,借由限定战争中容许使用的武器或手段,以避免个人法益遭受无谓损害(海牙法的保护观点)。其次,由于战争所致的和平破坏应受到控制,战后也应恢复和平状态并和平共处,所以,属于超个人法益的世界和平也是战争罪之保护法益。⁽¹⁰⁹⁾

57

⁽¹⁰⁸⁾ 参见 *O'Keefe*, JICJ 2009, 811 ff.;将世界法原则扩张到所有战争罪,Triffterer-*Fenrick*, Rome Statute, 1.Aufl., Art. 8 Rn. 1.

⁽¹⁰⁹⁾ *Werle*, Völkerstrafrecht, Rn. 1066;不同意见, *Safferling*, Int.Strafrecht, §6 Rn. 125 ff.,认为只保护集体法益。

(三) 犯罪要件体系

58　战争罪的犯罪要件体系与危害人类罪类似。基于战争罪之从属性要求,某一特定行为唯有显示其与武装冲突具有"功能关联"(funktioneller Zusammenhang),才能构成战争罪。所称武装冲突,可以是国际性规模,也可仅限于国内层次。不过,并非所有发生在这两类型武装冲突的犯罪行为,都同样成立战争罪。

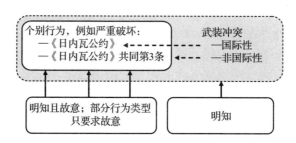

59　因此,《罗马规约》第 8 条第 2 项揭示的行为类型,区分为于国际武装冲突或于非国际(即国内)武装冲突所违犯。换言之,规约此处维持传统所谓的"二分法"(two box approach)⑩:

首先,于国际武装冲突中,严重破坏 1949 年《日内瓦公约》之行为(《罗马规约》第 8 条第 2 项第 1 款)、其他严重违反国际武装冲突所适用法规和惯例的行为(《罗马规约》第 8 条第 2 项第 2 款)。

其次,于非国际武装冲突中,严重违反 1949 年《日内瓦公约》共同第 3 条(《罗马规约》第 8 条第 2 项第 3 款)、其他严重违反非国际性武装冲突所适用法规和惯例的行为(《罗马规约》第 8 条第 2 项第 5 款)。

60　这种以武装冲突是否具有国际特征的基本区分方法,乃源自国际人道法。惟两种冲突类型的规范内容在今日极为近似,似难再有区分的正当理由。以德国为例,德国立法者将《罗马规约》转化为《德国国际刑法》(VStGB)时,《德国国际刑法》第 8 条以下之战争罪已不采用"二分法",而是基本上将两种冲突类型等同处理。2010 年在乌干达首都召开的坎帕拉(Kampala)会议(参见本章 Rn. 75),同样是在同化两种冲突类型的

---

⑩ *Ambos*, Int. Strafrecht, § 7 Rn. 232.

氛围下,决议适度修改《罗马规约》第 8 条。⑪

（四）"武装冲突"客观要件

存在武装冲突是任何一项战争罪的共通上位要件。这种规范方式与危害人类罪的"整体犯罪"要件相似,亦即,个别犯罪行为必须与武装冲突存在一定关系,才能称为战争罪。

所谓武装冲突,在国际脉络下是指国家之间使用武力交战;而在非国际脉络下,则是指单一国家发生的内战,交战双方为政府军与其他武装集团,或两派武装集团彼此之冲突。⑫ 但应注意,国内冲突如果仅是"内部动乱和紧张局势,如暴动、孤立和零星的暴力行为或其他性质相同的行为"(参见《罗马规约》第 8 条第 2 项第 4 款、第 6 款第 1 句),就不具有国际冲突之危害性。国内冲突唯有出现特别强度且交战双方显示一定组织程度者,国际人道法才有介入空间。⑬

举例:德国政府直到 2009 年年底之前,都未将阿富汗内战归类为武装冲突,主要理由是阿富汗境内充斥的暴力程度过于轻微,故只称做"类似战争情势"或"(强力的)维安措施",也因此,德国将阿富汗内战定位为警察措施。其结果之一,便是全依警察法审查武器使用的合法性问题。惟自 2010 年年初,德国国防部与外交部鉴于阿富汗之重大危险局势,遂赞同美国、英国、加拿大等国的观点,认为阿富汗内战属于应受国际人道法约束的武装冲突。此一观点,后来经德国联邦最高法院检察署于侦查德军上校 Klein 一案所确认:2009 年 9 月 4 日凌晨,德军驻阿富汗指挥官 Klein 下令空袭阿富汗 Kunduz 地区的两部油罐车,但该次攻击却造成逾百平民死伤。⑭ 德国检察官认定,此次阿富汗的空袭冲突乃属国际法定义下的"非国际武装冲突"⑮,而德国联邦国防军是以正规战斗人员身份参

---

⑪ Alamuddin/Webb, JICJ 2010, 1219 ff.

⑫ 参见 ICTY,"Tadić"(TC), Judgment, 07. 05. 1997, Rn. 561;详细说明武装冲突概念,参见 Steiger/Bäumler, AVR 2010, 189, 192 ff.

⑬ 参照《罗马规约》第 8 条第 2 项第 6 款第 2 句;ICTY,"Tadić"(TC), Judgment, 07. 05. 1997, Rn. 562;另参见 Ambos, Int. Strafrecht, § 7 Rn. 239.

⑭ 详细新闻载 http://www.spiegel.de/thema/kunduz_affaere/.

⑮ 冲突之所以不具国际性,乃因外国军队是在阿富汗政府这一方做事,故本身属于冲突当事人。

与其中⑯;此一认定的法律效果在于,德国刑法绝对禁止杀人的诫命对该案德国士兵将无适用空间,从而,于武装冲突中杀害平民之手段只要不违反比例原则,也属合法。再者,士兵于武装冲突中也无过失杀人之责任,因为战争罪以具备相关故意为要件,并不处罚过失。⑰ 综合以上,以德国检察官 *Klein* 欠缺相关故意,依《德国刑事诉讼法》第 170 条第 2 项为不起诉处分。⑱

62　国际人道法之效力,开始于武装冲突之发生,终结于经由缔结和平协议而终止敌对状态。若是一国境内之内战,则是终结于和平调停冲突。⑲ 据此,战争罪所列举的个别犯罪行为未必要发生在真正战斗过程中,只要还处于国际人道法行为规则的效力范围内(例如在处置落于己方保护之战俘时),即便冲突暂时停止或结束,仍可能违犯战争罪。⑳

63　个别犯罪行为与武装冲突的必要关联性在于,正是因武装冲突才犯下或能犯下该行为。这是单纯的客观基准,举例来说,当行为人完全因武装冲突或基于冲突的具体形式,而容易实施犯行或才有可能为犯行者,即满足此关联性。又例如,某一犯罪行为可归责于冲突当事人之一方者,也能认定该行为与武装冲突存在必要关联。㉑ 反之,纯粹"偶发"且与武装冲突无关的犯罪行为,则不构成战争罪。

64　《罗马规约》第 8 条第 1 项规定,国际刑事法院对战争罪有管辖权,"特别是对于作为一项计划或政策的一部分所实施的行为,或作为在大规模实施这些犯罪中所实施的行为"。这一项添加规定("特别是……的行

---

⑯　参见德国联邦最高法院检察总长 2010 年 4 月 16 日不起诉处分书:NStZ 2010,581 ff.

⑰　参见德国《明镜周刊》对德国学者 *Kreß* 的访谈,载 http://www.spiegel.de/spiegel/ print/d-67036821.html.

⑱　也不成立《德国刑法》第 222 条过失杀人罪,因为"国际法容许事由"于一般刑法乃属排除归责事由或阻却违法事由,参见德国联邦最高法院检察总长 2010 年 4 月 16 日不起诉处分书(NStZ 2010, 581 ff.);详细另见 *Ambos*, NJW 2010, 1725, 1726 f.;另有不同看法认为,《德国刑法》杀人罪根本不能适用于系争案例,参见 *Hertel*, HRRS 2010, 339 ff. 及 *T. Zimmermann*, GA 2010, 507, 514;《德国刑法》与《德国国际刑法》两部法典处于互斥关系。对侦查过程之批评,参见 *Kaleck/ Schüller/ Steiger*, KJ 2010, 270 ff.

⑲　ICTY,"*Tadić*"(AC), Judgment, 02. 10. 1995, Rn. 70;亦见 *Kreß*, EuGRZ 1996, 638, 644 ff.

⑳　参见增订《德国国际刑法草案》之理由:Entwurf eines Gesetzes zur Einführung des Völkerstrafgesetzbuches v. 22. 06. 2001, S. 56.

㉑　参见 ICTY,"*Kunarac*"(AC),Judgment, 12. 06. 2002, Rn. 58;详见 *Werle*, Völkerstrafrecht, Rn. 1094.

为"),其实不是独立的犯罪要素,也不是限制可罚性的要素。规约之所以出现这一描述,同样是罗马会议的妥协结果,制定的意义仅在于:判断是否针对战争罪开启侦查时,应特别注意该规定所述情况。[122]

(五) 关于"武装冲突"的主观要件

主观要件方面,行为人必须知悉存在武装冲突。至于行为人是否对武装冲突进行相关法律评价,或依国际法将之正确定性为国际或非国际冲突,均非必要。[123]

65

(六) 各项犯罪行为

1. 客观与主观要素

《罗马规约》第 8 条战争罪在国际与国内武装冲突脉络均规定诸多犯罪行为,简言之,各有两大行为群组。这些行为不只应客观存在,也应满足各行为所要求的主观要件。这些行为类型基本上虽也适用《罗马规约》第 30 条(参见第十五章 Rn. 21 以下),但依《罗马规约》第 8 条文义,有些行为仅要求较低标准的主观要素,尤其是规约英文使用"wilfulness"(规约中文:故意)一词时,其主观要求一方面低于"明知与故意"[124],另一方面则又包含英国刑法"recklessness"(轻率)的概念。[125] 以德国分类粗略来看,recklessness 可理解为是总和有认识过失及间接故意的单一类型。[126]

66

举例:《罗马规约》第 8 条第 2 项第 1 款第 1 目"wilful killing"(规约中文:故意杀害),德文——并不十分理想地——翻译成"vorsätzliche Tötung"。一般来说,行为人如已预见其行为近乎确定会造成死亡之结

---

[122] Triffterer-*Fenrick*, Rome Statute, 1. Aufl., Art. 8 Rn. 4.

[123] 参见《犯罪要件》对《罗马规约》第 8 条之导言:"不要求行为人作出法律评价,断定是否存在武装冲突,或断定冲突的国际性质或非国际性质。"

[124] 特别是《罗马规约》第 8 条第 2 项第 1 款第 1 目"故意杀害"、第 3 目"故意使身体或健康遭受重大痛苦或严重伤害"、第 6 目"故意剥夺战俘或其他被保护人应享的公允及合法审判的权利"。

[125] 仅参见 Cassese/Gaeta/Jones-*Bothe*, Rome Statute, S. 392.

[126] 尝试作(稍微)不同的用语,*Werle*, Völkerstrafrecht, Rn. 1104 说"加重的过失"(gesteigerte Fahrlässigkeit);*Safferling*, Int. Strafrecht, § 6 Rn. 158 甚至认为"recknessless"基本上可等同于是间接故意(dolus eventualis)。

果,即具有《罗马规约》第 30 条所称之"故意和明知"(intent and knowledge)。但行为人如只评估到可能会发生结果,却仍为之(例如危害生命之身体伤害),则是否存在《罗马规约》第 30 条的"故意和明知"即有疑义。惟无论如何,系争行为仍是"故意"(wilful)行为。

2. 国际武装冲突中 A 组行为:严重破坏《日内瓦公约》(《罗马规约》第 8 条第 2 项第 1 款)

67 《罗马规约》第 8 条第 2 项第 1 款连结到"严重破坏 1949 年《日内瓦公约》"。《日内瓦公约》是日内瓦第一公约到第四公约的四公约总称,各公约均有保护处于国际武装冲突的不同人员,且不问冲突之严重程度。受《日内瓦公约》保护之人,简言之,乃指从行为人角度观之,凡与敌对国家具有紧密关系,虽未参与或已不再参与武装部队,但受到行为人敌对武力毫无保护地恣意侵害人权之人。[127]

68 个别来说,日内瓦四公约保护以下处于国际武装冲突场合之人员:
a. 陆战之伤者、病者、医务人员及随军宗教人员(《日内瓦第一公约》);
b. 公海之伤者、病者、遇船难者、医务人员及随军宗教人员(《日内瓦第二公约》);
c. 战俘(《日内瓦第三公约》);
d. 平民:在冲突或占领之场合,于任何时点处于敌对势力或占领势力领域内之人(《日内瓦第四公约》)。

69 《日内瓦公约》除了界定受保护人员外,也对"严重破坏"该公约之行为有立法定义[128],并被《罗马规约》第 8 条第 2 项第 1 款所继受。因此,法律适用上始终必须审查:于个案中,行为人对被害人违犯《罗马规约》本条款揭示之行为时,是否构成对日内瓦四公约其中之一的严重破坏。惟应注意,此审查前提是:个案被害人必须属日内瓦四公约特别保护免于遭受系争行为侵害之人。

举例:于非法禁闭(《罗马规约》第 8 条第 2 项第 1 款第 7 目),当侵

---

[127] *Triffterer*, in: Hankel/Stuby (Hrsg.), Strafgerichte gegen Menschheitsverbrechen-Zum Völkerstrafrecht 50 Jahre nach den Nürnberger Prozessen, 1995, S. 179.

[128] 《日内瓦第一公约》第 50 条、《日内瓦第二公约》第 51 条、《日内瓦第三公约》第 130 条与《日内瓦第四公约》第 147 条。

害对象为平民者,始构成严重破坏《日内瓦第四公约》(参见《日内瓦第四公约》第 147 条)。同一非法禁闭行为,若禁闭对象是《日内瓦第三公约》所称之战俘,则不构成该公约之"严重破坏"(参见《日内瓦第三公约》第 130 条),也因此欠缺成立《罗马规约》第 8 条第 2 项第 1 款可罚性的连系因素。

3. 国际武装冲突中 B 组行为:违反国际武装冲突法规和惯例之其他行为(《罗马规约》第 8 条第 2 项第 2 款)

《罗马规约》第 8 条第 2 项第 2 款列出一系列"严重违反国际法既定范围内适用于国际武装冲突的法规和惯例的其他行为"。战争罪于本款共列出 26 种行为,乃分别出自不同法源,这些法源的国际法效力均已获得国际条约或国际习惯法之承认。[129]

本款一方面处罚特定战争方法和使用特定武器,即违反典型"海牙法"之行为(本章 Rn. 54)。

举例:

a. 禁止战争方法:攻击平民或民用物体(第 1 目、第 2 目);攻击无防卫之城镇(第 5 目);将人当做保护盾牌,以保护地区或军队免受攻击(第 23 目);以断绝平民粮食为战争方法(第 25 目)。

b. 禁止武器:毒物(第 17 目)、毒气(第 18 目)、使用造成过分伤害或不必要痛苦之武器(第 20 目)。

在案例 34 中,S 使用"达姆弹",故成立《罗马规约》第 8 条第 2 项第 2 款第 19 目"使用在人体内易于膨胀或变扁的子弹,如外壳坚硬而不完全包裹弹芯或外壳经切穿的子弹"。这种子弹因造成不必要之伤害而被禁止使用,S 的行为又与国际武装冲突存有关联性。此外,可认为 S 知悉使用达姆弹的违法性,他也认知正处于国际武装冲突场合。准此,S 完全符合《罗马规约》第 8 条第 2 项第 2 款第 19 目要件。对这一行为的可罚性而言,是否有人实际被达姆弹所杀或伤,在非所问。换言之,光是使用达姆弹的抽象危险性,便建立行为之可罚性。[130]

另一方面,《罗马规约》第 8 条第 2 项第 2 款也包含其他战争罪,诸如

---

[129] Triffterer-*Fenrick*, Rome Statute, 1. Aufl., Art. 8 Rn. 20.

[130] *Werle*, Völkerstrafrecht, Rn. 1358.

使用童兵,即征募未满 15 岁的儿童加入武装部队(第 26 目),或者"损害个人尊严,特别是侮辱性和有辱人格的待遇"(第 21 目),又如——某程度而言是新创设的——强制性交或其他形式之性暴力犯罪(第 22 目)。将性犯罪作为战争罪行之一,是《罗马规约》的新创举,在此之前,性犯罪未曾如此明确地出现在国际条约。

73　　《罗马规约》第 8 条第 2 项第 2 款引人注目之处,与其说是琳琅满目的 26 种行为,不如说是数量虽不多,但却影响重大的立法漏洞。于 1998 年罗马会议时,尽管当时国际间已有相关的国际条约可作为规范基础,可是,各国代表不但未就使用地雷、细菌武器(生物武器)、燃烧武器或造成失明的镭射武器等特定武器达成处罚共识,也未处罚化学武器之研发、制造及使用。在此氛围下,《罗马规约》并无使用核武器的处罚规定,自然不令人意外,因为当时并无法期待核武器国家会赞同使用核武器的可罚性。[131] 然而,《罗马规约》第 8 条第 2 项第 2 款第 20 目预留了在规约一项附件内新增其他武器的可能性,只不过这仍须符合修改《罗马规约》的条件,即修正案应获得缔约国 2/3 多数通过(参见《罗马规约》第 121 条第 3 项)。

　　4. 国内武装冲突中 A 组行为:严重破坏《日内瓦公约》共同第 3 条(《罗马规约》第 8 条第 2 项第 3 款)

74　　不同于国际武装冲突的情形,《罗马规约》第 8 条第 2 项第 3 款的犯罪要件,仅连结到严重破坏最低限度之人道规定。何谓最低限度之人道规定,以《日内瓦公约》共同第 3 条"非国际性武装冲突"所设标准为依据,而规约所保护的适格之行为客体,仅为"不实际参加敌对行动的人,包括已放下武器的武装部队人员,及因病、伤、拘留或任何其他原因而失去战斗力的人员"。最后,《罗马规约》第 8 条第 2 项第 3 款属于列举规定[132],其包括:对生命与人身施以暴力、损害个人尊严、劫持人质,以及未依法治国裁判之有罪判决和执行。无论是否存在一个长期进行的武装冲突(参见本章 Rn. 75),作为最低限度保障的本条文,均适用于所有的非国际性武装冲突。[133]

---

[131] 印度是例外,印度代表强烈支持将使用核武器列为《罗马规约》第 8 条的处罚行为。
[132] Triffterer-A. Zimmermann, Rome Statute, Art. 8 Rn. 284.
[133] *Safferling*, Int. Strafrecht, § 6 Rn. 141.

5. 国内武装冲突中 B 组行为：违反非国际性武装冲突法规和惯例之其他行为(《罗马规约》第 8 条第 2 项第 5 款)

《罗马规约》第 8 条第 2 项第 5 款也是规定国内武装冲突之战争罪，但未继续局限于"严重破坏《日内瓦公约》共同第 3 条"这个要件，可说是规约的特殊成就。事实上，《罗马规约》第 8 条第 2 项第 5 款与第 2 款之结构大致相似，借此可清楚表达出国际刑法的一般趋势：将"国内武装冲突"等同"国际武装冲突"对待。此外，如《罗马规约》第 8 条第 2 项第 6 款第 2 句：(第 2 项第 5 款)"适用于在一国境内发生的武装冲突，如果政府当局与有组织武装集团之间或这种集团相互之间，长期进行武装冲突"所示，至少于发生"长期进行武装冲突"的情形，即一种外在之显现形象与国际武装冲突相类似的内部冲突，可适用《罗马规约》第 8 条第 2 项第 5 款。[134] 是以，《罗马规约》将"非国际武装冲突"区分成两种不同形态：一方面是《罗马规约》第 8 条第 2 项第 5 款、第 6 款规定的长期进行武装冲突，另一方面是只适用于《罗马规约》第 8 条第 2 项第 3 款、第 4 款的其他国内武装冲突。对于这样重大的区分问题，只单独以"冲突的持续时间"为准，绝对会令人质疑是否适当[135]，但既然这是出于《罗马规约》第 8 条第 2 项第 6 款第 2 句的明文规定，就不能不予理会。[136]

罗马会议代表们对于长期进行之内国武装冲突，是否可完整套用国际武装冲突的规定，也未能达成共识。也因此，《罗马规约》第 8 条第 2 项第 5 款若与第 1 款、第 2 款(国际武装冲突之战争罪)比较，就会发现几处空缺，特别是未提及禁止使用特定武器。惟根据 2010 年的坎帕拉(Kampala，乌干达首都)会议决议(但尚未生效)，国际与国内武装冲突这两类犯罪之行为类型将会大幅同化。所以，于长期进行的非国际性武装冲突之场合，使用毒物或有毒武器、有毒气体以及类似的液体、物质或器件，以及使用在人体内易于膨胀或变扁的子弹，未来将一样可予以处罚。[137]

---

[134] *Safferling*, Int. Strafrecht, §6 Rn. 138.

[135] 参见 MK-*Ambos*, Vor §§ 8 ff. VStGB, Rn. 25 基于冲突持续时间而主张从严解释。

[136] 但 *Werle*, Völkerstrafrecht, Rn. 1076 有意将《罗马规约》第 8 条第 2 项第 6 款第 2 句要件，也套用到第 8 条第 2 项第 3 款的冲突。

[137] 乌干达坎帕拉会议此部分决议内容，详见 *Alamuddin/Webb*, JICJ 2010, 1219 ff.

四、侵略罪

76 ▶ 案例35：1999年3月到6月期间，几个北大西洋公约组织国家以所谓"人道干预"的行动下，空袭前南斯拉夫联邦共和国，以终结科索沃（Kosovo，当时属前南斯拉夫联邦国家）长期的严重侵害人权问题。试问：空袭是否成立国际刑法的侵略罪？（本章 Rn. 78）

（一）国际习惯法之侵略罪

77 《联合国宪章》于1945年通过且生效，其第2条第4款规定"各会员国在其国际关系上不得使用威胁或武力，或以与联合国宗旨不符之任何其他方法，侵害任何会员国或国家之领土完整或政治独立"。最迟自此时开始，战争不再被认为是合法的政治手段。惟依目前国际法状态，并非任何违反国际法武力禁止者，均构成国际犯罪。详言之，《纽伦堡国际军事法庭宪章》第6条第1款及《远东国际军事法庭宪章》第5条第1款相继规定破坏和平罪，且也实际适用于纽伦堡及东京战犯审判，这都为策划、准备、发动或实施侵略战争（Angriffskrieg）等，依国际习惯法建立国际刑法上的可罚性基础[138]；相反，侵略行为的严重程度若低于侵略战争，则不成立国际习惯法之可罚性。由此可知，侵略罪的国际法可罚性射程距离显然比国际法禁止使用武力范围狭隘，亦即，侵略罪仅局限于重大且明显的侵略方式。[139]

78 侵略战争，一方面是指违反国际法的战争，若是国际法容许的武力使用，则自始就不包括在内，例如《联合国宪章》第51条个人或集体之自我防卫*，或联合国依《联合国宪章》第七章实行的强制措施。另一方面，目前国际习惯法确认的侵略战争罪，除了应具备违反国际法之特征外，指挥战争者还须有特别侵略目的，例如并吞其他国家或使之屈服。

---

[138] 国际习惯法的部分，详见 Werle, Völkerstrafrecht, Rn. 1430 ff.

[139] Werle, Völkerstrafrecht, Rn. 1430.

* 《联合国宪章》第51条："联合国任何会员国受武力攻击时，在安全理事会采取必要办法，以维持国际和平及安全以前，本宪章不得认为禁止行使单独或集体自卫之自然权利。会员国因行使此项自卫权而采取之办法，应立向安全理事会报告，此项办法于任何方面不得影响该会按照本宪章随时采取其所认为必要行动之权责，以维持或恢复国际和平及安全。"——译者注案例 35 发生在科索沃的人道干预,尽管该行动之国际法合法性备受争议⑭,但无论如何不会构成国际刑法脉络下的侵略战争。理由是,系争行动目的是阻止在科索沃的阿尔巴尼亚人遭受人权之重大侵害⑭,并不存在可构成侵略罪的特别侵略目的。

最后,侵略战争罪由于以一定规模和严重程度之武力行为为成立要件,故还要求应超过使用武力之最低限度。⑭ 所以,单纯预备行为或规模不大的敌对行为(例如边境小规模冲突),均不在其中。

侵略罪的行为人,必须是军事或政治领导阶层之成员,而且要具备有效影响力 。因此,这是一种所谓"领导阶层犯罪"(Führungsverbrechen)之身份犯。⑭ 主观犯罪要件方面,并不要求具有特定目的之意图,但应有犯罪故意,特别是知悉战争的侵略目的。⑭

(二)《罗马规约》之侵略罪

国际刑事法院依《罗马规约》第 5 条第 1 项第 4 款,虽对侵略罪也有管辖权,但依该条文第 2 项,"在依照第 121 条和第 123 条制定条款,界定侵略罪的定义,及规定本法院对这一犯罪行使管辖权的条件后",国际刑事法院始能行使侵略罪之审判权。回顾罗马会议期间,与会多数意见固然认同于《罗马规约》第 5 条犯罪管辖清单增列侵略罪之必要性,但对追诉的形式与犯罪要件如何详细规范,却莫衷一是。最终只好选择妥协,先制定《罗马规约》第 5 条第 2 项,为将来制定侵略罪犯罪要件预先"卡位"。⑭

罗马会议上针对侵略罪的争议,主要围绕在国际刑事法院与联合国安全理事会的关系。依《联合国宪章》第 24 条第 1 项,维持国际和平之主要责任在于安理会*。因此,《罗马规约草案》原本将发动侵略罪追诉程序的条件,规定为应先由安理会作出侵略罪的基本判定。但反对者认为,由安

---

⑭ 仅参见 *Deiseroth*, NJW 1999, 3084 ff.
⑭ 参见如 *Kreß*, NJW 1999, 3077, 3081.
⑭ 参见 *Ambos*, Int. Strafrecht, 2. Aufl., § 7 Rn. 255.
⑭ *Cryer/Friman/Robinson/Wilmshurst*, Introduction, S. 318.
⑭ *Werle*, Völkerstrafrecht, Rn. 1450.
⑭ *Irmscher*, KritJ 1998, 472, 477.
* 《联合国宪章》第 24 条第 1 项:"为保证联合国行动迅速有效起见,各会员国将维持国际和平及安全之主要责任,授予安全理事会,并同意安全理事会于履行此项责任下之职务时,即系代表各会员国。"——译者注

理会判定侵略行为,某程度上等于在作可罚性之裁判;再者,联合国安理会是政治机关,加上常任理事国还拥有颇成问题的否决权,故将侵略行为交由安理会判定,相当令人疑虑,也担忧会妨碍国际刑事法院的审判独立。⑯

82　　根据罗马会议的最后决议,已先设立负责拟定侵略罪草案的"筹备委员会"。之后,由"侵略罪特别工作小组"(Special Working Group on the Crime of Aggression)接手筹备委员会,从 2003 年至 2009 年继续讨论侵略罪中最重要的问题。⑰ 这些问题中,除了厘清联合国安理会角色外,主要就是讨论未来侵略罪要件的射程距离。多数国家认为,侵略罪的规范范围不但要比照国际习惯法的侵略战争,还应涵盖其他与侵略战争类似严重程度的侵略行为。⑱ 特别工作小组于 2009 年 2 月完成的侵略罪修正案,经列支敦士登候国(Liechtenstein)依《罗马规约》第 121 条第 1 项提交于联合国秘书长后⑲,缔约国已于 2010 年 5 月 31 日至 6 月 11 日在乌干达首都坎帕拉召开审查会议,一般称为坎帕拉会议。⑳

在坎帕拉会议㉑,缔约国就侵略罪定义终于达成共识,未来应于《罗马规约》第 8 条之 1 新增侵略罪(Art.8 *bis*:Crime of aggression),规定内容如下㉒:

---

　　⑯　完整见 *Irmscher*, KritJ 1998, 472, 478; Triffterer-*A. Zimmermann*, Rome Statute, Art. 5 Rn. 18 ff.; *May*, Aggression and Crimes against Peace, 2008, S. 207 ff.

　　⑰　目前成果概述,参见联合国国际刑事法庭筹备委员会之报告(UN-Doc.PCNICC/2002/2/Add.2)。

　　⑱　批评扩大国际习惯法者,例如 *Werle*, Völkerstrafrecht, Rn. 1318.

　　⑲　《罗马规约》第 123 条第 1 项第 1 句规定,规约生效 7 年后,联合国秘书长应召开一次审查会议,审查对规约的任何修正案。

　　⑳　http://www.icc-cpi.int/iccdocs/asp_docs/Resolutions/ICC-ASP-8-Res.6-ENG.pdf.(Kampala 会议,可浏览 http://www.icc-cpi.int/Menus/ASP/Review Conference/。——译者注)

　　㉑　会议过程,参见 *Schmalenbach*, JZ 2010, 745 ff. 及 *Kreß/von Holtzendorff*, JICJ 2010, 1179, 1201 ff.;Kampala 会议的其他修正案,参见 *Marschner/Olma*, ZIS 2010, 529, 533 f.

　　㉒　德国官方翻译,参见《德国修正国际刑事法院罗马规约之同意法草案》第 1 条第 2 项(Art.1 II des Entwurfs des Zustimmungsgesetzes zu den Änderungen des IStGH-Statuts, BT-Drucks. 17/10975, S. 13 f.)。[http://www.icc-cpi.int/iccdocs/asp_docs/Resolutions/RC-Res.6-CHN.pdf(官方简体中文版)。应注意,简体中文版将草案"Art. 8 *bis*"说成"第 8 条之 2","Art.15 *ter*"说成是第 15 条之 3。*bis* 意思是 2(*ter* 则是 3),实际是指于第 8 条之后新增一条号。这种以 *bis*, *ter*, *quarter* 作为新增条号的编排方式,并非独创,例如瑞士早期法典也是如此(现在则改采英文小写字母 a,b,c 等作为新增条号)。惟依台湾地区用法(参见"中央法规标准法"第 10 条第 2 项),译者将"Art. 8 *bis*""Art. 15 *ter*"译为"第 8 条之 1""第 15 条之 2"。Kampala 会议的其他修正案条号,亦照此处理。——译者注]

《罗马规约草案》第 8 条之 1——侵略罪

一、为了本规约的目的,"侵略罪"是指能够有效控制或指挥一个国家的政治或军事行动的人策划、准备、发动或实施一项侵略行为的行为,此种侵略行为依其特征、严重程度和规模,须构成对《联合国宪章》的明显违反。

二、为了第一项的目的,"侵略行为"是指一国使用武力或以违反《联合国宪章》的任何其他方式侵犯另一国的主权、领土完整或政治独立的行为。根据 1974 年 12 月 14 日联合国大会第 3314(XXIX)号决议,下列任何行为,无论是否宣战,均应视为侵略行为:

一国的武装部队对另一国的领土实施侵略或攻击,或此种侵略或攻击导致的任何军事占领,无论其如何短暂,或使用武力对另一国的领土或部分领土实施兼并;

一国的武装部队对另一国的领土实施轰炸,或一国使用任何武器对另一国的领土实施侵犯;

一国的武装部队对另一国的港口或海岸实施封锁;

一国的武装部队对另一国的陆、海、空部队或海军舰队和空军机群实施攻击;

动用一国根据与另一国的协议在接受国领土上驻扎的武装部队,但违反该协议中规定的条件,或在该协议终止后继续在该领土上驻扎;

一国采取行动,允许另一国使用其置于该另一国处置之下的领土对第三国实施侵略行为;

由一国或以一国的名义派出武装团伙、武装集团、非正规军或雇佣军对另一国实施武力行为,其严重程度相当于以上所列的行为,或一国大规模介入这些行为。

1. 犯罪构成要件

《罗马规约草案》第 8 条之 1 第 1 项规定,侵略罪是指策划、准备、发动[153]或实施侵略行为,且此种侵略行为依其特征、严重程度和规模已明显违反《联合国宪章》。[154] 至于侵略行为之定义,则规定在《罗马规约草案》

---

[153] 批评对前阶行为施以处罚,乃"过度入罪化":Ambos, ZIS 2010, 648, 660 f.
[154] 国际刑事法院 RC/Res. 6 决议。

第 8 条之 1 第 2 项, 而且基于法定性原则与明确性要素(即罪刑法定), 应认第 2 项为列举限定规定。[153] 将侵略罪要件限缩在明显违反《联合国宪章》(所谓门槛条款), 目的在于避免让国际刑事法院对任何国与国之间的武力活动均有审判权。[154] 这一门槛条款的要件, 至少依今日通说见解, 必须是客观存在。[155] 对此, 依同样在坎帕拉会议通过的修法之解释[156], 在判定系争侵略行为是否明显违反《联合国宪章》时, "特征""严重程度"和"规模"这三要素必须同时重层存在, 单独其中一个要素并不会实现犯罪要件。不过, 这样的微罪不罚条款(de-minimis-Klausel)非常不利于规范明确性, 受规范者还能否充分预见其行为该当犯罪要件, 显然可疑。[157] 因此, 未来适用侵略罪新规定时, 必须特别考虑《罗马规约》第 22 条第 2 项对"犯罪定义"的解释宗旨: "犯罪定义应予以严格解释, 不得类推延伸。涵义不明时, 对定义作出的解释应有利于被侦查、被起诉或被定罪的人。"[158]

84 依《罗马规约草案》规定, 侵略罪的行为人仅指能有效控制或指挥一国政治或军事行动之人, 故属于身份犯。坎帕拉会议同时通过增订《罗马规约》第 25 条第 3 项之 1(Art.25 III bis)的修正案, 其表示《罗马规约》第 25 条个人刑事责任之规定, 于侵略罪只适用于能够有效控制或指挥一国政治或军事行动之人, 借此新增条款, 下级人员就不能成立帮助犯。换言之, 在《罗马规约》未来将新增的侵略罪脉络下, 《罗马规约》第 25 条个人责任的适用范围, 将仅限于《罗马规约》第 8 条之 1 所称的领导人士。[159] 此外, 能成为犯罪行为主体的领导人士, 并不以形式上领导国家之人为限, 只要其实际上拥有相关的影响力即可。依此, 准军事团体或经济、宗

---

[153] Ambos, ZIS 2010, 649, 657; 亦将《罗马规约》第 8 条之 1 第 2 项之定义认为是列举限定规定者, Schmalenbach, JZ 2010, 745, 747 f.; 不同意见, Clark, GoJIL 2010, 689, 696; ders., EJIL 2009, 1103, 1105; Kreß, EJIL 2009, 1129, 1137.

[154] 参见 Ambos, ZIS 2010, 649, 655; Werle, Völkerstrafrecht, Rn. 1458.

[155] Ambos, ZIS 2010, 656; 关于(值得仔细思考的)附加主观限制标准, 概述参见 Kreß, EJIL 2010, 1129, 1139.

[156] RC/Res. 6 决议附件三。

[157] 相同见解, 亦见 Schmalenbach, JZ 2010, 745, 747; Glennon, YJIL 2010, 70, 101; 反之, 德国学者 Ambos 似认为不可能更精确描述犯罪要件, 所以应改从主观要件加以限制, 参见 Ambos, ZIS 2010, 649, 655 f.

[158] Schmalenbach, JZ 2010, 745, 748 f.

[159] Werle, Völkerstrafrecht, Rn. 1460; 对此批评参见 Ambos, ZIS 2010, 649, 659 f.

教领域的领导人也都能成为侵略罪的行为主体。

《罗马规约草案》第 8 条之 1 并未特别规定主观要件,故回归《罗马规约》第 30 条认定。[162]

2. 审判权(发动机制)

依坎帕拉会议通过的《罗马规约修正案》第 15 条之 1、之 2,国际刑事法院未来得以两种不同管道追诉侵略罪:一是联合国安理会向国际刑事法院提交侵略情势(第 15 条之 2);二是由缔约国提交侵略罪情势或由国际刑事法院检察官依职权主动侦查(第 15 条之 1)——后者即所谓"自行侦查"程序(参见第十四章 Rn. 15)——但相对于安理会提交情势的情形,规约对这两者设定较高之要件(参见第 15 条之 1 第 4 项至第 8 项)。尤其是针对国际刑事法院检察官部分,其如要开启调查,《罗马规约修正案》要求应依第 15 条之 1 第 6 项、第 7 项先由联合国安理会认定有关国家已实施侵略行为,惟安理会若"在通知日后 6 个月内没有作出此项决定",则依第 8 项,"检察官可对侵略罪进行调查,前提是预审庭已根据第 15 条规定的程序授权开始对侵略罪进行调查,并且安全理事会没有根据第 16 条作出与此相反的决定"。于后者情形,为了"强化内部过滤",《罗马规约草案》第 15 条之 1 第 8 项并未规定交由——如同《罗马规约》第 15 条的——"预审分庭"(Pre-Trial Chamber)负责审查,而是由《罗马规约》第 39 条第 1 项的"预审庭"(Pre-Trial Division;至少由 6 名法官组成)。

a.《罗马规约草案》第 15 条之 1——对侵略罪行使管辖权(缔约国提交、检察官自行开始调查)

一、在不违反本条规定的情况下,法院可根据第 13 条第 1 款和第 3 款对侵略罪行使管辖权。

二、法院仅可对修正案获得 30 个缔约国批准或接受 1 年后发生的侵略罪行使管辖权。

三、法院根据本条对侵略罪行使管辖权,但需由缔约国在 2017 年 1 月 1 日后以通过本规约修正案所需的同样多数作出一项决定。

四、法院可以根据第 12 条,对因一个缔约国实施的侵略行为导致的侵略罪行使管辖权,除非该缔约国此前曾向书记官长作出声明,表示不接

---

[162] 参见 *Ambos*, ZIS 2010, 649, 662 f.; *Safferling*, Int.Strafrecht, § 6 Rn. 186 f.

受此类管辖。此类声明可随时撤销,且缔约国需在3年内考虑撤销此类声明。

五、对于本规约非缔约国,法院不得对该国国民或在其领土上实施的侵略罪行使管辖权。

六、如果检察官认为有合理根据对侵略罪进行调查,他(她)应首先确定安全理事会是否已认定有关国家实施了侵略行为。检察官应将法院处理的情势,包括任何有关的数据和文件,通知联合国秘书长。

七、如果安全理事会已作出此项认定,检察官可对侵略罪进行调查。

八、如果在通知日后6个月内没有作出此项决定,检察官可对侵略罪进行调查,前提是预审庭已根据第15条规定的程序授权开始对侵略罪进行调查,并且安全理事会没有根据第16条作出与此相反的决定。

九、法院以外的机构认定侵略行为不妨碍法院根据本规约自行得出的结论。

十、本条不妨碍关于对第5条所指其他犯罪行使管辖权的规定。

b.《罗马规约草案》第15条之2——对侵略罪行使管辖权(安全理事会提交情势)

一、在不违反本条规定的情况下,法院可根据第13条第2款对侵略罪行使管辖权。

二、法院仅可对修正案获得30个缔约国批准或接受1年后发生的侵略罪行使管辖权。

三、法院根据本条对侵略罪行使管辖权,但需由缔约国在2017年1月1日后以通过本规约修正案所需的同样多数作出一项决定。

四、法院以外的机构认定侵略行为不妨碍法院根据本规约自行得出的结论。

五、本条不妨碍关于对第5条所指其他犯罪行使管辖权的规定。

由此可见,国际刑事法院行使侵略罪之审判权,并不以先经联合国安理会认定存在侵略行为为必要条件,这对国际刑事法院本应有免于政治干扰的审判独立性而言,至为关键。[163] 然而,安理会也不是对国际刑事法院毫无影响力。理由是,依《罗马规约草案》第15条之1第6项与第7项设计,国际刑事法院检察官着手调查侵略罪时,被要求应先注意安理会对

---

[163] Schmalenbach, JZ 2010, 745, 749; Ambos, ZIS 2010, 649, 663.

系争情势有无相关决议;甚至于,《罗马规约》第16条照样适用于侵略罪*,亦即,安理会保有要求国际刑事法院检察官停止追诉或长期不追诉系争侵略罪的权限。

对非缔约国而言,坎帕拉决议则是"无害的"。因为不同于现行《罗马规约》第12条第2项第1款,《罗马规约草案》第15条之1第5项乃规定,嫌疑人若属非缔约国国民或系争事件发生于非缔约国之领域者,国际刑事法院即无审判权。《罗马规约》第12条第2项第2款也因此同样不得适用。惟有一项例外,即安理会依《罗马规约》第13条第2款向国际刑事法院检察官提交犯罪情势,以致国际刑事法院对非缔约国开启追诉侵略罪之程序(参见《罗马规约草案》第15条之2);于此情形,安理会可基于《联合国宪章》第七章之授权,将国际刑事法院审判权扩张及于非缔约国。⑭

此外,缔约国也有不受国际刑事法院审判侵略罪的机会,此可参见《罗马规约草案》第15条之1第4项"退出条款"("opt-out"-Klausel;或称脱身条款)。⑮这一发展结果,乍看之下可能令人讶异,但鉴于坎帕拉会议艰困的谈判局势,为了让审查会议终能成功落幕,退出条款是不可避免的妥协条件。⑯

最后,《罗马规约》侵略罪草案对国际刑事法院审判权有太多"例外""例外之例外"的不同规定,要回答国际刑事法院于某一侵略个案是否有权审判的问题,只能说相当难以预料。⑰

3. 生效

坎帕拉会议尽管协商出共识,但所通过的《罗马规约修正案》最终是否生效,目前仍在未定之日,因为生效程序繁杂:除了缔约国要完成《罗马规约》第121条第5项的批准程序之外,《罗马规约草案》第15条之1第3项及之2第3项又规定,于下一届会议时应获得2/3的缔约国通过决

---

* 《罗马规约》第16条:"如果安全理事会根据《联合国宪章》第七章通过决议,向本法院提出要求,在其后12个月内,本法院不得根据本规约开始或进行侦查或起诉;安全理事会可以根据同样条件延长该项请求。"——译者注

⑭ *Kreß/von Holtzendorff*, JICJ 2010, 1179, 1211.
⑮ 此脱身条款的法律性质,参见 *Schmalenbach*, JZ 2010, 745, 750.
⑯ *Marschner/Olma*, ZIS 2010, 529, 534.
⑰ 不同想象案例的说明,参见 *Stahn*, LJIL 23(2010), 875, 878 f.

议,国际刑事法院才可行使侵略罪的审判权。但是,要通过这一启动审判权之决议,还要过了 2017 年 1 月 1 日(after 1 January 2017),即从 2017 年 1 月 2 日开始才可为之。另一个对审判权的时间限制,则是在《罗马规约草案》第 15 条之 1(及之 2)第 2 项,其规定:国际刑事法院——以其管辖权已获启动为前提——仅可对修正案获得 30 个缔约国批准或接受 1 年后发生的侵略罪行使审判权。[168] 截至目前(2013 年年底),计有 13 国批准或接受坎帕拉会议的规约修正案。[169] 德国方面,联邦总统于 2013 年 2 月 20 日签署相关的同意法(Zustimmungs-gesetz)[170],于 2013 年 6 月 3 日向联合国秘书长递交批准书,表示接受规约修正案*。

4. 结论

87　　2010 年坎帕拉会议协商艰辛,缔约国最终却还能就侵略罪之定义达成共识,这已称得上成功了。[171] 此外,国际刑事法院追诉侵略罪的个案发动问题,其实就是联合国安理会与国际刑事法院免于政治干预的自主性两者之间的冲突问题,《罗马规约修正案》对此也顺利协调出"启动机制"这个解决方案。[172] 然而,所有这些成果仍不能掩饰《罗马规约草案》的缺失:侵略罪《罗马规约草案》规定内容广泛,变得难以认定成罪与否,国际刑事法院将来势必承担庞大的规范具体化之工作。但另一方面,侵略罪只规范具国家性质的侵略行为,格局却显狭隘,因为如此一来,恐怖分子

---

[168]　依此一说法,于 2017 年 1 月 1 日以前违犯的侵略罪,也在国际刑事法院管辖范围内,但这样解读却抵触 RC/Res.6 决议附件三的解释协议。依该协议,国际刑事法院仅可对《罗马规约草案》第 15 条之 1 第 3 项之决定作出后,或修正案获得 30 个缔约国批准或接受 1 年后(以较晚者为准),所发生的侵略罪行使管辖权。未来如何处理此处矛盾,由于还取决于个别事件之时间(赞同决议、递交 30 份批准书、侵略罪发生),目前还无法预料。完整说明,参见 *Schmalenbach*, JZ 2010, 745, 752.

[169]　http://treaties.un.org/Pages/ViewDetails.aspx? src = TREATY&mtdsg_no = XVIII - 10 - b&chapter = 18&lang = en.

[170]　BGBl. 2013 II S. 139.

*　坎帕拉决议在德国法的具体转化,新近讨论如 *Zimmermann/Henn*, Das Aggressionsverbrechen und das deutsche Strafrecht: Völker-und verfassungsrechtliche Parameter zur Umsetzung der Beschlüsse von Kampala, ZRP 2013, 240 ff.——译者注

[171]　亦见 *Ambos*, ZIS 2010, 649, 668; *Schmalenbach*, JZ 2010, 745; *Barriga*, ZIS 2010, 644, 647 f.;不同意见,*Creegan*, JICJ 2012, 59 ff.

[172]　亦见 *Kreß/von Holtzendorff*, JICJ 2010, 1179, 1215 f.; *Ambos*, ZIS 2010, 649, 663。

发动的非国家性之攻击问题又被搁置了。⑬ 再者,"退出条款"(缔约国声明不受国际刑事法院审判侵略罪)的效果也无从预测⑭,而缔约国间之政治影响力是否足以防止各国频繁使用"退出条款",答案现在并不明朗。最后,坎帕拉会议的乐观氛围是否有其道理,或者到头来只是一只"纸老虎",要视将来缔约国批准之结果及下届会议之情况,方见真章。

 **自我测验**

一、国际刑事法院管辖哪些犯罪?(Rn. 1,2 以下、25 以下、52 以下、76 以下)

二、灭绝种族罪的主观特别要件是什么?(Rn. 8,15 以下)

三、何谓"族裔净化"?其是否一定成立灭绝种族罪?(Rn. 18)

四、"强迫怀孕"是否构成灭绝种族罪?"强迫怀孕"在国际刑法上还有哪些重要性?(Rn. 22,47)

五、请叙述危害人类罪的犯罪体系(Rn. 33)。

六、哪些人属于《罗马规约》第 7 条第 1 项的"平民"?(Rn. 36)

七、战争罪脉络下所称之"海牙法"或"日内瓦法",各意义为何?(Rn. 54)

八、《罗马规约》战争罪的体系为何?(Rn. 58 以下)

九、侵略是国际法之犯罪?国际刑事法院可否审判侵略罪?(Rn. 77,80 以下)

十、依 2010 年坎帕拉会议结论,侵略罪要件为何?(Rn. 83 以下)

※ **新近文献**

Aires de Sousa, The Legal Interest protected in the Crimes against Humanity, in: Manacorda/Nieto(Hrsg.), War and Peace, S.451 ff.; *Ambos*, Das Verbrechen der Aggression nach Kampala, ZIS 2010, 649 ff.; *ders.*, Sexuelle Gewalt in bewaffneten Konflikten und Völkerstrafrecht, ZIS 2011, 287 ff.; *Byron*, War crimes and crimes against humanity in the Rome Statute of the International Criminal Court, 2009; *Cassese*, On Some Problematical Aspects of the

---

⑬ 对此详见 *Ambos*, ZIS 2010, 649, 658; *Weisbord*, Duke J. of Comp. & Int. L. 2009, 1, 23 ff.

⑭ 对此妥协范围之缺漏的批评,可参见 *Scheffer*, LJIL 2010, 897, 903 ff.

Crime of Aggression, LJIL 2007, 841 ff. ; *Clark*, Amendments to the Rome Statute of the International Criminal Court Considered at the first Review Conference on the Court, GoJIL 2010, 689 ff. ; *Creegan*, Justified Uses of Force and the Crime of Aggression, JICJ 2012, 59 ff. ; *Divac Öberg*, The Absorption of Grave Breaches Into War Crimes Law, International Review of the Red Cross 2009, 163 ff. ; *Dungel*, Defining Victims of Crimes Against Humanity: Martic and the International Criminal Court, LJIL 2009, 727 ff. ; *Gropengießer*, The Criminal Law of Genocide. The German Perspective, ICLR 2005, 329 ff. ; *Jacobs*, The Sheep in the Box: The Definition of the Crime of Aggression at the International Criminal Court, in: Burchard/Triffterer/Vogel (Hrsg.), The Review Conference and the Future of the International Criminal Court, 2010, S. 131 ff. ; *Kreicker*, National Prosecution of Genocide from a Comparative Perspective, ICLR 2005, 313 ff. ; *Kreß*, The Crime of Aggression before the First Review of the ICC Statute, LJIL 2007, 851 ff. ; *Kreß/von Holtzendorff*, The Kampala Compromise on the Crime of Aggression, JICJ 2010, 1179 ff. ; *dies.*, Der Kompromiss von Kampala über das Verbrechen der Aggression, GA 2011, 65 ff. ; *Mundis*, Elements of War Crimes under the Rome Statute of the International Criminal Court, Sources and Commentary, JICJ 2004, 929 ff. ; *Ntanda Nsereko*, The Kampala Review Conference of the Rome System, CLF 2011, 511 ff. ; *Schmalenbach*, Das Verbrechen der Aggression vor dem Internationalen Strafgerichtshof: Ein politischer Erfolg mit rechtlichen Untiefen, JZ 2010, 745 ff. ; *Schmid*, War Crimes Related to Violations of Economic, Social and Cultural Rights, ZaöRV 2011, 523 ff. ; *Van Schaack*, Par in Parem Imperium Non Habet-Complementarity and the Crime of Aggression, JICJ 2012, 133 ff. ; *Werle*, The Crime of Aggression between International and Domestic Criminal Law, in: Manacorda/Nieto (Hrsg.) : War and Peace, S. 405 ff. ; *ders./Burghardt*, Erfordern Menschlichkeitsverbrechen die Beteiligung eines Staates oder einer "staatsähnlichen" Organisation?, ZIS 2012, 271 ff.

第十七章 国际刑法在德国法之转化与落实

《罗马规约》从无到有，一直到罗马会议通过，整个过程都获得德国在国际舞台上的鼎力支持及推动。德国签署《罗马规约》后，不仅要批准规约并将之转化成德国法，为了确实达成规约对内国法秩序之要求，更须修订德国各种法规或颁布新法。① 1

一、《德国罗马规约法》

《德国罗马规约法》(IStGH-Statutgesetz)，是《德国基本法》第 59 条第 2 项针对德国转化国际条约之立法程序所应制定的一种同意法(Zustimmungsgesetz)。就内容而言，《德国罗马规约法》一方面授权德国联邦总统批准《罗马规约》，另一方面，也将《罗马规约》引进德国法。《德国罗马规约法》公布在德国《联邦法律公报》第二部分(Bundesgesetzblatt Teil II)。另外，被《罗马规约》第 128 条列为规约正式语言的英文和法文之规约作准文本，与德国官方德文译本，均同时一并公布。② 规约所谓正式语言，乃表示各文本对法律适用者而言，均具有相同的拘束力(参见《维也纳条约法公约》第 33 条第 1 项)。 2

---

① 概览参见 Wirth/Harder, ZRP 2000, 144 ff.; 关于瑞士转化情况，参见 Gless, Int. Strafrecht, S. 237 ff.

② BGBl. 2000 II, S. 1393；德国于 2000 年 12 月 1 日向联合国秘书长递交批准书。《罗马规约》的正式语言，还有其他联合国官方语言：阿拉伯文、西班牙文、俄文与中文。

二、修订《德国基本法》第 16 条第 2 项

3 《德国基本法》第 16 条第 2 项原规定"不得将德国人民引渡至外国",未设有例外。惟照《罗马规约》规定,凡属国际刑事法院管辖且受理之案件,若德国人有涉嫌者,德国必须可以将之引渡至国际刑事法院(参见《罗马规约》第 89 条第 1 项第 1 句)。此外,《罗马规约》第 120 条也规定缔约国不得对规约作出任何保留条款,因此,概括禁止引渡德国国民的保留条款将违反规约。

4 对此,有一种见解相当可认同,其参照《德国基本法》应本于友善国际法(völkerrechtsfreundlich)之解释方法,主张将德国人民移交至国际刑事法院,并非《德国基本法》第 16 条第 2 项所称"引渡至外国"③。但也有相反见解认为,移交至国际刑事法院应视为"引渡至外国"④。由于存有上述争议,故《德国基本法》第 16 条第 2 项新增第 2 句"但引渡至欧盟国或国际性法院(ein internationaler Gerichtshof)者,于符合法治国原则之下,得以法律为不同规定",亦即,允许在不违反法治国原则之情形下,得将德国人引渡至国际性法院(或欧盟国)。《德国基本法》第 16 条第 2 项的新修正,至少在厘清系争争议一事上值得肯定⑤,其已于 2000 年 12 月 2 日与《德国罗马规约法》同步生效。⑥

三、《德国执行〈罗马规约〉法案》

5 《罗马规约》第 86 条规定,缔约国负有与国际刑事法院广泛合作之义务。所谓的合作,是指国际刑事法院依《罗马规约》第 93 条第 1 项向缔约国请求司法互助时,缔约国原则上有义务履行请求。

德国为履行上揭司法互助义务,同样有调整德国内国法之必要。2002 年 7 月 1 日生效的《德国执行〈罗马规约〉法案》(Gesetz zur Ausführung des Römischen Statuts des Internationalen Strafgerichts-hofes v.17.07.1998)⑦,是一部条款立法(Artikelgesetz;或称包裹立法),

---

③ 仅见 *Bausback*, NJW 1999, 3319 f.
④ 参见 BVerfGE 113, 295(欧盟逮捕令)。
⑤ 相似看法亦见,*MacLean*, ZRP 2002, 260, 262.
⑥ BGBl. 2000 I, S. 1633 ff.
⑦ BGBl. 2002 I, S. 2144 ff.

其核心法规是《德国与国际刑事法院合作法》(Gesetz über die Zusammenarbeit mit dem Internationalen Strafgerichtshof, 以下简称 IStGHG)⑧, 旨在规范德国机关和国际刑事法院的合作, 包括移交犯罪嫌疑人、支持押解过境、协助执行国际刑事法院裁判或命令与其他司法互助事宜⑨。

四、《德国国际刑法》

德国为将《罗马规约》转化到内国法, 立法活动目不暇给, 犹如一幅"法律镶嵌画", 但其中最核心者, 莫过于制定《德国国际刑法》(Völkerstrafgesetzbuch, 以下简称 VStGB)。⑩《德国国际刑法》这部法典"在调整德国实体刑法⋯⋯以配合《罗马规约》", 并且作为一部"独立的规范, 通过处罚违反国际法犯罪, 以反映国际人道法与国际刑法之发展"。⑪《德国国际刑法实施法案》(Gesetz zur Einführung des Völkerstrafgesetzbuches, 以下简称 VStGBEG) 第 1 条, 即是整部《德国国际刑法》,《德国国际刑法实施法案》第 2 条及第 3 条, 则分别规定《德国刑法》与《德国刑事诉讼法》的相关配套修正。⑫《德国国际刑法》是以一群声誉卓著的专家团队拟定之草案为基础, 于 2002 年 6 月 30 日正式生效。⑬

6

（一）立法动机

实现国际刑事法的两种模式——直接模式与间接模式（参见第十二章 Rn. 7 以下）, 也适用于《罗马规约》。但是,《罗马规约》并未明

7

---

⑧ 参见 Nomos Gesetze Strafrecht, 21. Aufl., 2013, Nr. 60.

⑨ 德国政府草案, 可参见: *MacLean*, ZRP 2002, 260 ff.; *Wilkitzki*, ICLR 2002, 195 f. [关于缔约国（尤其德国方面）如何执行国际刑事法院裁判, 可参见陈重言:《德国法规范下之国际刑事执行互助基础架构》, 载《法学丛刊》2012 年第 228 期, 第 82—85 页。——译者注]

⑩ 详见 *Satzger*, NStZ 2002, 125 ff.; *Werle/Jeßberger*, JZ 2002, 725 ff.; *A. Zimmermann*, NJW 2002, 3068 ff.; *ders.*, ZRP 2002, 97 ff.; *Wirth*, JICJ 2003, 151 ff.

⑪ 《德国国际刑法草案》, 参见 BR-Drucks. 29/02.

⑫ 《德国刑事诉讼法》新增第 153 条之 6（§153f StPO）, 参见本章 Rn. 38。

⑬ BGBl. 2002 I, S. 2254.

文要求缔约国有将规约犯罪转化成内国刑法的立法义务。[14] 对此，《德国国际刑法草案》所提及的立法目的之一，是"鉴于国际刑事法院追诉权限的补充性，德国必须确保始终具有自行追诉国际刑事法院所管辖犯罪之能力"。[15] 故而，以下将通过德国法在《德国国际刑法》生效前的几处"短缺"，来说明德国若无相关立法因应活动，德国自身即欠缺追诉规约犯罪的能力，此将导致国际刑事法院因此取得管辖权。

1. 德国刑法在《德国国际刑法》生效前之短缺

8 《德国国际刑法》在 2002 年 6 月 30 日生效，在此之前的德国刑法，若与《罗马规约》的犯罪要件相比较，德国刑法之短缺显而易见。[16]

9 详言之，对比《罗马规约》后，以前的德国刑法确实有几处"真正漏洞"。有鉴于《罗马规约》补充性原则的效力，德国如欲保有对规约犯罪的追诉优先性，便有必要修法填补这些内国漏洞，尤其是下列的规约犯罪[17]：

a. 宣告决不纳降(《罗马规约》第 8 条第 2 项第 2 款第 12 目)；

b. 占领国将部分本国人民以违反国际法之方式，迁移到其占领的领土(《罗马规约》第 8 条第 2 项第 2 款第 8 目)；

c. 剥夺战俘或其他被保护人应享有之公平审判权利(《罗马规约》第 8 条第 2 项第 1 款第 6 目)，尤其当行为人是外国籍时，《德国刑法》第 339 条枉法裁判罪对其便无适用余地。

10 再者，德国刑法整体而言也有"质"方面的短缺，因为《罗马规约》的犯行虽在德国法均定有罚则，但都只被当做"普通"的重罪或轻罪，无法实际反映出国际不法内涵。

举例来说，《罗马规约》第 7 条第 1 项列举的 11 种危害人类罪之犯

---

[14] 亦见 Werle, JZ 2012, 373, 375; Dietmeier in: Graul/Wolf(Hrsg.), Gedächtnisschrift für Dieter Meurer, 2002, S. 335; Kreicker, ICLR 2005, 313, 314 f.; Ambos, Int. Strafrecht, §6 Rn. 34. 唯一例外是《罗马规约》第 70 条第 4 项第 1 款针对破坏国际刑事法院司法健全之犯罪，其规定"对于本条所述的妨害司法罪，如果犯罪在一缔约国境内发生或为其国民所实施，该缔约国应将本国处罚破坏国内侦查或司法程序完整性的不法行为的刑事法规扩展适用于这些犯罪"。

[15] 国际刑事法院补充性原则，参见第十四章 Rn. 17 以下。

[16] 关于种种不足，参见 MK-Werle, VStGB, Einl., Rn. 25 ff.

[17] 亦见 Kreß, Nutzen eines dt. VStGB, S. 12 f.

行,大部分虽同样受到《德国刑法》规范。[18] 但危害人类罪所要求具有的特殊规模,即个别犯行应与"在广泛或有系统地针对任何平民人口进行的攻击中"存有功能关联性(参见第十六章 Rn. 33),《德国刑法》却未提到。[19] 类似情形也发生在战争罪(参见《罗马规约》第 8 条):战争罪因有从属性要求,某一特定行为唯有与"武装冲突"具有功能关联性,并在此脉络下使用组织性之武力,以便利实施该行为者,才能构成战争罪(参见第十六章 Rn. 58,61),这些提高不法内涵的要件也不在《德国刑法》个别罪名的涵摄范围。[20]

最后,德国刑法适用法当年也有短缺之处,即无法适用于所有《罗马规约》犯罪。在《德国国际刑法》生效前,当时以世界法原则为连系因素的《德国刑法》第 6 条,其只在第 1 项第 1 款标示灭绝种族罪(灭绝种族罪当时规定在《德国刑法》第 220 条之 1)。另一方面,依第 6 条第 1 项第 9 款通过签署国际条约,而发生德国刑法适用效力的国外犯罪,也只能在《日内瓦公约》保护武装冲突中之被害人的脉络下,才产生适用于战争罪的刑法效力。[21] 但就《罗马规约》的危害人类罪而言,当时《德国刑法》的世界法原则并不适用之。[22]

2. 无法直接适用依国际习惯法建立之犯罪要件

德国刑法上述短缺之处,德国刑事法院也不能以直接适用国际法之犯罪要件来弥补。国际犯罪要件是国际习惯法的投射成果,而依《德国基本法》第 25 条"国际法一般规则乃属联邦法律之一,其效力优先于法律,并对联邦领域内之人民直接发生权利及义务",国际习惯法属于该条文所称"国际法一般规则",故可直接成为德国法之一环。尽管如此,德国宪法的位阶仍高于国际习惯法。[23] 所以,以国际习惯法为基础背景的国际犯罪要件,也必须符合《德国基本法》第 103 条第 2 项之罪刑法定原则,尤

---

[18] 参见《德国刑法》以下条号:§§ 174a, 176, 176a, 176b, 177, 178, 179, 182, 211, 212, 223, 224, 226, 232, 234, 234a, 239, 240, 340, 343.

[19] 另可见 *Kreß*, Nutzen eines dt. VStGB, S. 14;关此构成要件要素,参见 *Vest*, ZStW 113 (2001), 457, 467 ff.

[20] Gesetzentwurf der Bundesregierung-Völkerstrafgesetzbuch, S. 25.

[21] 参见第五章 Rn. 74。

[22] *Werle*, JZ 2001, 885, 886.

[23] BVerfGE 6, 363.

其是从罪刑法定衍生的禁止以习惯法创设可罚性之要求。因此,德国不可直接基于国际习惯法而进行刑事追诉。[24]

3.《德国罗马规约法》不生直接适用《罗马规约》犯罪要件之效力

13　通过《德国罗马规约法》后,《罗马规约》正式进入德国法秩序(参见《德国基本法》第 59 条第 2 项;本章 Rn. 2),规约内容也就取得德国法上的转换位阶,即普通法律之位阶。[25] 然而,这并不表示规约的犯罪要件能自动成为德国犯罪要件,进而排除了上述漏洞。法理上,真要达到这样的自动效果也无不可,但前提是《罗马规约》的犯罪规定必须具有"自动执行"(self-executing)效力,亦即依犯罪规定之文义、目的及内容,不仅使缔约国负有立法义务,也应可拘束个人,而不问内国规范为何。[26] 但《罗马规约》却非如此,它的犯罪要件条文乃是在规定国际刑事法院之管辖权。[27] 详言之,《罗马规约》第 5 条将特定犯罪之审判交由国际刑事法院管辖[28],从条文文义可看出规约的管辖权规定并非针对个别犯罪行为人,而是针对国际刑事法院。此外,《罗马规约》本身是补充性体系,就规约宗旨与目的来看,规约犯罪要件本来就不应自动改变内国刑法秩序。由此可见,制定《德国国际刑法》,有其事理之必要。

(二)《德国国际刑法》内容

14　就法典结构而言,《德国国际刑法》分为总则和分则两大部分。《德国国际刑法》依循传统法典体系,将第一编定为总则(第 1 条至第 5 条)。《德国国际刑法》总则只规定了《德国刑法》总则与《罗马规约》间不可避免的歧异之处,这明显表现出《德国国际刑法》总则的节制特色。详

---

[24] *Kreß*, Nutzen eines dt.VStGB, S. 10; *Hermsdörfer*, Humanitäres Völkerrecht-Informationsschriften 1999, 22; *Werle*, JZ 2001, 886, 889; *Blanke/Molitor*, AVR 2001, 142, 165.但另一方面,"国际法一般原则"却对违法性问题具有直接意义,对此参见 *Werle*, ZStW 109(1997), 808, 825.

[25] 参见第十一章 Rn. 12。

[26] *Schweitzer*, Staatsrecht III, Rn. 438;《德国国际刑法》方面,另见 *Gropengießer*, in: Eser/Kreicker, Nationale Strafverfolgung, S. 56.

[27] 类似规定亦见于《前南斯拉夫问题国际刑事法庭规约》(第 1 条至第 6 条)和《卢旺达问题国际刑事法庭规约》(第 1 条至第 5 条)。

[28] 《罗马规约》第 5 条:"本法院的管辖权限于整个国际社会关注的最严重犯罪。本法院根据本规约,对下列犯罪具有管辖权:灭绝种族罪;危害人类罪;战争罪;侵略罪。"

言之,《德国国际刑法》第 2 条乃是所谓"中央转换条款"(zentrale Umschaltnorm)[29],其表示《德国国际刑法》规定之犯罪,原则上适用《德国刑法》,但《德国国际刑法》有特别规定者,则不在此限。《德国国际刑法》第 2 条所称特别规定,指《德国国际刑法》第 1 条刑法适用法、第 3 条依命令之行为、第 4 条军事指挥官或其他上级之责任,以及第 5 条的时效。

《德国国际刑法》总则有一段值得注意的立法历程。《德国国际刑法草案》起初还在第 3 条规定了相当于《罗马规约》第 31 条第 1 项第 3 款的正当防卫(参见第十五章 Rn. 30 以下)[30],但在立法过程中"销声匿迹"。《德国刑法》第 32 条正当防卫与《罗马规约》第 31 条第 1 项第 3 款正当防卫相比,后者基本上较为狭隘,两者可能之冲突应如何化解,现在仍不明朗。[31]

《德国国际刑法》第二部分是分则(第 6 条至第 14 条),其比照《罗马规约》条文顺序,条列出各个违反国际法之犯罪:首先,在第 6 条规定灭绝种族罪(原规定在《德国刑法》第 220 条之 1),再于第 7 条规定危害人类罪,最后是第 8 条到第 12 条之战争罪。《德国国际刑法》灭绝种族罪和危害人类罪的构成要件,大致上忠于《罗马规约》文义。但战争罪则有自己的规范体系,明显有别于《罗马规约》,不同之处,特别是《德国国际刑法》的战争罪并未区分"国际"武装冲突或"非国际"武装冲突,而是依循国际刑法的现代趋势,等同对待这两种冲突(参见第十六章 Rn. 59,60)。亦即,《德国国际刑法》的战争罪选择以"日内瓦法"和"海牙法"为区分基准。[32] 据此,《德国国际刑法》第 8 条乃规范侵害人员之战争罪,第 9 条是侵害财产与其他权利,第 10 条则与人道行动及标志有关。另外,第 11 条规定禁止之战争方法,第 12 条则规定禁止使用的战争武器,违反者均成立犯罪。

最后是《德国国际刑法》第 13 条和第 14 条。这两个条文,是处罚上

---

[29] *Werle*, JZ 2001, 885, 886.
[30] BR-Drucks. 29/02.
[31] *Ambos*, Völkerstrafrecht AT, S. 830 f.,主张德国正当防卫权的社会规范限制,也能转用至国际刑法之案例,故认为《罗马规约》与《德国刑法》两者之正当防卫规定结论上并无差异。
[32] MK-*Werle*, VStGB, Einl. Rn. 50 ff.;MK-*Ambos*, Vor §§ 8 ff. StGB Rn. 17;另见《德国国际刑法草案》第 55 页(BR-Drucks. 29/02, S. 55)。

级人员违反监督义务及未通报犯罪之刑事责任的特别规定。

17 《罗马规约》就犯罪法律效果仅为一般性规定，而未对科处的刑罚有特别指示。[33] 相较之下，《德国国际刑法》则就各个犯罪一一制定明确刑罚范围，从其处罚刑度可彰显国际犯罪所具有的特殊不法内涵。[34]

（三）在规约补充性原则与《德国基本法》之间的《德国国际刑法》

18 如前所述，《罗马规约》补充性原则虽未造成内国立法义务，但却形成法律政策上的一种强制力，使德国立法者在制定《德国国际刑法》犯罪要件时，会尽可能涵盖国际刑事法院管辖的犯罪类型，以便德国法院能够一律（优先）行使规约犯罪之裁判权。然而，《德国国际刑法》致力于尽可能在条文字义上采纳《罗马规约》文本，力求使用宽松用语来表达德国的犯罪要件时，仍会面临与德国其他刑法法典相同的界限问题：德国法律应遵守某些宪法诫命，特别是必须符合《德国基本法》第 103 条第 2 项明确性原则（此处要求的明确程度，国际上算较为严格[35]）。德国立法者一方面要费心涵盖所有《罗马规约》之犯罪要件，另一方面要遵守合宪性诫命，这样的双向要求，使制定《德国国际刑法》犹如行走高空钢索般艰难。[36] 《罗马规约》的犯罪要件规定，依德国标准而言太过模糊，一部满足《德国基本法》诫命的国际刑法法典，必然不会全面跟进《罗马规约》规定之犯罪。但此影响是，这一经过"修改式转化"（modifizierende Umsetzung）[37] 的实体国际刑法，若与《罗马规约》文本相对照，就会看出漏洞。从而，依《罗马规约》的补充性原则，《德国国际刑法》由于存在处罚漏洞，将使国际刑事法院取得德国法所未涵盖之犯罪类型的审判权，然而这却正是德国制定一部国际刑法法典所欲避免的结果。

---

[33] 参见《罗马规约》第 77 条、第 78 条及第 110 条。此外，国际刑事法院的《程序和证据规则》另有补充规定。

[34] *Gropengießer*, ICLR 2005, 329, 340.

[35] 亦参见 *Werle*, JZ 2001, 885, 889.

[36] 德国转化《罗马规约》可能存在的宪法问题，详见 *Duffy*, Duke Journal of Comparative and International Law 2001, S. 5 ff.

[37] *Werle*, JZ 2001, 885, 889; *Gropengießer*, ICLR 2005, 329, 340.

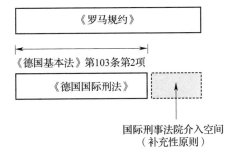

有鉴于这些复杂的基础背景,《德国国际刑法》不可能均等地符合各方要求,甚至也不打算满足某些部分的要求,这点实在不令人意外。因此,《德国国际刑法》有诸多之处的原本设定目的,即在自始排除国际刑事法院管辖权,可是最终并未能实现。另一方面,《德国国际刑法》其他处则有合宪性疑虑,以下例示几处问题。 19

1.《德国国际刑法》未满足《罗马规约》之处
(1)《德国国际刑法》总则

《德国国际刑法》第 2 条指出,《德国国际刑法》规定之犯罪,原则上应适用"一般刑法"(allgemeines Strafrecht),亦即包括适用《德国刑法》总则规定。换言之,德国的阻却违法事由及减免罪责事由也就连带进入《德国国际刑法》,这将引发补充性原则之问题:《罗马规约》第 31 条虽有诸多排除刑事责任事由,但与《德国国际刑法》比较起来,两者涵盖范围并不完全相同。 20

举例来说,《德国刑法》第 33 条是防卫过当免除刑罚的规定,其通过《德国国际刑法》第 2 条"中央转换条款"连结到国际刑法领域,会导致《国际刑法》之犯罪行为可本于《德国刑法》防卫过当而免刑,但《罗马规约》并无防卫过当得免除刑罚的规定。《罗马规约》与《德国国际刑法》对防卫过当的分歧评价结果,可以想见有些案件依《德国国际刑法》连结《德国刑法》总则后,结果是不予处罚,但国际刑事法院根据《罗马规约》却存有处罚空间。㊳ 21

㊳ MK-*Weigend*,§2 VStGB, Rn. 19,却指出国际刑事法院在这类案件"并无行使审判权之利益";亦参见 Triffterer-*Eser*, Rome Statute, Art. 31 Rn. 12 有详细举例。

不过,这样的分歧危险,可借由《罗马规约》第 31 条第 3 项获得一定程度的缓和。该规定授权国际刑事法院于审判时,除了可考虑《罗马规约》第 31 条第 1 项列举的排除刑责事由外,亦得考虑以《罗马规约》第 21 条(本法院应适用的法律依次为……)所称国际刑事法院适用之法律作为排除刑责事由(参见第十五章 Rn. 49)。

22　再者,错误理论也不排除有不一致的情况,这在容许构成要件错误尤为清楚。由于《罗马规约》并未规定容许构成要件错误,所以容许构成要件错误在《罗马规约》与《德国国际刑法》或《德国刑法》会得出不同的法律效果。惟如依本书所建议,容许构成要件错误的情形应可类推《罗马规约》第 32 条第 1 项(参见第十五章 Rn. 43),如此一来,德国的刑法和国际刑法两者于此便能相容。㊉

23　同样情形也发生在不可避免之禁止错误。《德国刑法》第 17 条有规定不可避免之禁止错误,但于《罗马规约》,则只能通过"解释修正"《罗马规约》第 32 条第 2 项,以涵盖不可避免之禁止错误(参见第十五章 Rn. 42)。㊊

24　《德国国际刑法》与《罗马规约》间关于时效规定的明显漏洞,也可能使国际刑事法院取得审判权。《罗马规约》第 29 条规定"本法院管辖权内的犯罪不适用任何时效"。相对之下,《德国国际刑法》第 5 条同样有排除时效之规定,惟仅限于重罪(Verbrechen)。此处所谓重罪,依同法第 2 条参照《德国刑法》观之,乃指《刑法》第 12 条第 1 项所定义的"最轻法定本刑一年以上有期徒刑之罪"。准此,《德国国际刑法》第 13 条违反监督义务(故意违反者,处低于 5 年有期徒刑,过失者处低于 3 年有期徒刑)及第 14 条未通报犯罪(处低于 5 年有期徒刑),由于仅属轻罪(Vergehen),而非上述定义之重罪,故不适用排除时效之规定。换言之,《德国国际刑法》第 13 条违反监督义务、第 14 条未通报犯罪回归适用《德国刑法》第 78 条追诉时效期间。这样解读下来,就可能产生于补充性原则之下,令人不乐见的结果:违反《德国国际刑法》第 13 条、第 14 条之行为,基于德国时效规定而不得追诉时,但国际刑事法院对同一

㊉ 对此参见 MK-*Weigend*,§ 2 VStGB Rn. 13.

㊊ 此处的歧异,实际较不具重要性,参见 MK-*Weigend*,§ 2 VStGB Rn. 12; *Safferling*, Int. Strafrecht,§ 8 Rn. 11.

行为却因规约无时效问题而得为裁判。《德国国际刑法》第 5 条排除重罪时效的立法理由表示,同法第 13 条、第 14 条由于犯罪程度轻微,将之适用《德国刑法》时效规定,这样的区分对待乃属"实质正当"(sachgerecht)[41]。由此亦可看出,在《德国基本法》第 3 条第 1 项"法律之前人人平等"的背景下,《德国国际刑法》的立法者对于《德国国际刑法》轻罪与《德国刑法》轻罪若有不同的时效规定,即让前者排除时效适用的话,显有疑虑。

然而,德国若依《罗马规约》要求,而对《德国国际刑法》之轻罪作出排除时效的规定,是否真的抵触《德国基本法》第 3 条第 1 项,仍非无疑。理由在于,此处所涉乃国际法犯罪(尽管犯罪程度轻微),亦即属于国际刑事法院(补充性之)管辖范围,德国立法者将《德国刑法》时效适用于这些轻罪,当罹于追诉时效时,于国际层次上,国际刑事法院仍能对之追诉。这样的后果,就足以作为同样是轻罪,在《德国刑法》与《德国国际刑法》却为不同时效规定的正当化之"实质理由"[42]。

最后一例是《德国国际刑法》第 4 条、第 13 条军事指挥官或其他上级责任之规定,德国立法者于此乃刻意、清楚地不跟进《罗马规约》第 28 条。首先是《德国国际刑法》第 4 条,其将(军事)上级人员的刑事责任等同下级人员刑事责任处罚之情形,仅限于上级故意不阻止下级违犯《德国国际刑法》犯罪,且对下级之犯罪行为同样具有犯罪故意为前提。相较之下,《罗马规约》同等论处的范围则不限于此,上级仅过失疏忽下级之犯罪或未加阻止,也会成立上级责任。[43] 再者,《德国国际刑法》第 13 条的上级违反监督义务罪,虽也处罚过失,但只当做轻罪(Vergehen)看待。总言之,当上级人员只有过失时,却被与下级人员之故意犯罪等同处罚者,将不符合《德国刑法》体系。理由是,《德国刑法》仅在第 13 条不作为犯或第 357 条特别规定"上级引诱下级犯罪"之要件下,才承认上级人员之可罚性。也就是说,德国法要求欲建立上级人员之可罚性者,其本身应具

---

[41] BR-Drucks. 29/02, S. 41.

[42] 相同见解,Kreicker, ZRP 2002, 371;对此问题未表态者,Kreß, Nutzen eines dt. VStGB, S. 29 Fn. 86;不同见解,MK-Weigend, § 5 VStGB, Rn. 10.

[43] 对此,参见 Ambos, Criminal Law Forum 1999, 1, 16 ff.

有犯罪故意。㊹

26 　　惟须指出，《德国国际刑法》就上级责任范围的认定范围，虽与《罗马规约》存在差异，仍非意味《德国国际刑法》存在可罚性漏洞，这点有别于时效等先前提到的其他歧异处。由于《德国国际刑法》第 13 条至少也有处罚上级过失疏忽监督下级犯罪，是以，《罗马规约》所有类型的上级责任都可在德国法找到处罚依据，这点并不成问题。只不过，《德国国际刑法》对上级责任的不法评价并未跟上《罗马规约》的标准。尽管如此，德国司法绝对是"有意愿且有能力"切实进行国际犯罪之刑事追诉（参见《罗马规约》第 17 条）。因此，德国法院如以《德国国际刑法》为裁判之论罪基础，依《罗马规约》第 20 条一事不再理规定，即得排除国际刑事法院之审判权。最后，《罗马规约》第 20 条第 3 项第 1 款虽设有缔约国包庇犯罪之一事不再理例外（为了包庇有关的人，使其免负本法院管辖权内的犯罪的刑事责任），而使国际刑事法院于缔约国判决之后仍可进行追诉（参见第十四章 Rn. 18）。㊺ 但撇开该包庇条款不明确之基准不谈，仍不能以上述《德国国际刑法》上级责任与《罗马规约》第 28 条存有歧异，进而推断德国司法有滥用一事不再理，遂行包庇国际犯罪之意。

（2）《德国国际刑法》分则

27 　　《德国国际刑法》分则方面，首先说明的，是一种就补充性原则观之并无问题的歧异。《德国国际刑法》中，有一系列犯罪的可罚性是以犯罪有一定的严重性（Erheblichkeit；importance）为要件，但《罗马规约》相对应的犯罪要件并无相关要求。㊻ 这类小插曲，并不能说成德国有意不跟进《罗马规约》标准。理由是，国际刑事法院管辖权依《罗马规约》第 5 条第 1 项第 1 句规定"限于整个国际社会关注的最严重犯罪"㊼，即规约本身已设有"严重性"的过滤机制㊽，德国立法者只不过是在个别犯罪要件加以具体化罢了。这一结论也可从《罗马规约》第 17 条第 1 项第 4 款获得证

㊹ 参见 MK-*Ambos*，§ 4 VStGB, Rn. 7；MK-*Weigend*，§ 13 VStGB, Rn. 5；另可见《德国国际刑法》立法理由：BR-Drucks. 29/02, S. 40 f.；《德国军刑法》第 41 条"欠缺职务监督"犯罪，有处罚上级人员过失违反监督义务，但并未将之等同直接故意犯处罚。

㊺ 参见《罗马规约》第 17 条第 1 项第 3 款连结第 20 条第 3 项第 1 款及第 2 款。

㊻ 例如《德国国际刑法》第 8 条第 1 项第 7 款、第 9 条第 1 项及第 2 项。

㊼ 另见《罗马规约》前言第 4 段。

㊽ 参见 Triffterer-A. Zimmermann, Rome Statute, Art. 5 Rn. 8 f.

实,其规定"案件缺乏足够的严重程度",以致国际刑事法院"无采取进一步行动的充分理由"时,应为不受理裁判。

反之,较有问题的是《德国国际刑法》某些犯罪要件的描述范围。由于为求符合《德国刑法》明确性要求,导致《德国国际刑法》有时明显比《罗马规约》相关犯罪要件处罚范围来得狭隘。于此,《德国国际刑法》即出现规范漏洞。

例如说,行为人基于影响某地域人口的族裔构成之目的,拘禁被强迫怀孕的妇女者,会成立《德国国际刑法》第 7 条第 1 项第 6 款"强迫怀孕",而这属于危害人类罪的一种行为类型。《罗马规约》类似罪名则规定在第 7 条第 1 项第 7 款(犯罪要件)、第 2 项第 6 款(立法解释),但其主观犯罪要素较为广泛,即另外容许一项主观要素:依《罗马规约》第 7 条第 2 项第 6 款"强迫怀孕"之定义,是指"以影响任何人口的族裔构成的目的,或以进行其他严重违反国际法的行为的目的,非法禁闭被强迫怀孕的妇女"。[49]

另一例是《德国国际刑法》第 7 条第 1 项第 8 款,将在广泛或有系统地针对平民进行的攻击中"致使该团体一名成员在身体上或精神上遭受严重伤害,特别是《德国刑法》第 226 条规定之重伤",列为危害人类罪行,但这却不同于《罗马规约》相对应的基础规定,即《罗马规约》第 7 条第 1 项第 11 款——该款乃是以截堵要件的概括形式来规定:"故意造成重大痛苦,或对人体或身心健康造成严重伤害的其他性质相同的不人道行为。"《罗马规约》第 7 条第 1 项第 11 款这一极度不明确的规定,到了《德国国际刑法》已缩减到可明确掌握的规范核心。[50]

《德国国际刑法》对照《罗马规约》后所显现的零星规范漏洞,至少无法排除一项效应:国际刑事法院于个案得以德国法存有规范漏洞为由,行使补充性的国际犯罪审判权。虽然如此,《德国国际刑法》的节制立场仍完全值得肯定。德国立法者的友善国际法态度,并不能泛滥到牺牲基本之宪法原则(例如刑法明确性)。就此而言,《德国国际刑法》与《罗马规约》两者范围全等的理想性,某些方面就是窒碍难行。幸好,国际刑事法院应不至于因为德国法这些边际案例的规范漏洞,就大量行使审判权。

---

[49] 相同见解,MK-*Werle/Burchards*,§ 7 VStGB Rn. 83.

[50] 其他类似的歧异规定,又如《德国国际刑法》第 7 条第 5 项种族隔离。

其实,真正较为重大的危险,并不是国际刑事法院对德国行使补充审判权,而是正好相反的情形:德国为了不让国际刑事法院有行使审判权的机会,故而配合《罗马规约》的标准来立法,遂造成并非所有《德国国际刑法》之犯罪要件均完全符合德国宪法要求的刑法明确性诫命。

2. 与《德国基本法》第 103 条第 2 项之冲突

31 《德国国际刑法》是德国的一部刑法典,其规定的任何条文也须满足《德国基本法》第 103 条第 2 项罪刑法定原则。力求《德国国际刑法》犯罪要件明确,绝对是其起草者的关注焦点,因为《德国国际刑法》的立法宗旨正在于:“借由制定一部统一的法规,以促成法律明确性及实务可操作性。”(51)对此,特别是《德国国际刑法》的战争罪,就提出让人乐见的新体系,这已如前述(本章 Rn. 15)。但为了符合《德国基本法》第 103 条第 2 项明确性原则,则必须始终确保“可认识且能通过解释,来探知犯罪要件之射程距离及适用范围”(52),而从一个明理公民的角度观之,也必须可合理期待其能理解刑法规范内容。(53)

(1) 有待补充的犯罪构成要件要素

32 首先,《德国国际刑法》经常依循《罗马规约》的立法技术而使用概括条款与有待补充的构成要件要素,这点应不成问题。

举例:《德国国际刑法》第 7 条第 1 项第 3 款将危害人类罪的可罚性,连结到“贩卖人口……或者以其他方式奴役他人并对该人主张所有权”。《德国国际刑法》第 8 条第 3 项第 2 款规定,占领军人员于国际武装冲突中“将本国人民之一部迁入被占领区域”者,构成战争罪。

另一方面,连德国联邦宪法法院也认为,不可过度要求法律明确性,因为法律如不使用普遍性、规范性及有待价值填补的概念,“立法者将无法掌握社会生活之多元化”。(54) 尤其是在德国刑事立法者欲履行不成文国际刑法所要求的处罚义务,而须使用复杂且多半不太明确的规定时,更是如此。就此而言,在立法者适用明确性标准时,《德国基本法》的国际

---

(51) 立法理由:BR-Drucks. 29/02, S. 23.

(52) 德国一贯裁判见解,参见 BVerfGE 25, 285; 55, 152; 75, 340 f.

(53) 参见第九章 Rn. 67 及 *Satzger*, Europäisierung, S. 241 ff.

(54) 参见 BVerfGE 11, 237.

法友善性(Völkerrechtsfreundlichkeit)⑤⑤应有一定的优先性。⑤⑥ 只要受法律规范之人民能知悉受罚的风险，而司法裁判也能在没有太大障碍(甚至借由援引国际法脉络)的情况下，通过解释将犯罪要件具体化时，就可认为《德国国际刑法》的条文仍具有充分之明确性。

不过，当《德国国际刑法》犯罪要件的射程距离完全模糊，而国际法背景也未能对其具体化提供任何立论依据时，国际法友善性的优先权便应止步了。⑤⑦

举例言之，《德国国际刑法》第 10 条第 1 项第 1 款规定的犯罪要件为，处罚攻击以下人员或目标之人，"依《联合国宪章》参与……维和任务之人员、设施、物资、单位或车辆，而得请求国际人道法所给予平民和民用物之同等保护者"，这款规定就有是否符合《德国基本法》第 103 条第 2 项的高度疑虑。因为，今日原则上虽已承认联合国维和任务仅基于"自我防卫"之目的而动用武力时，才应享有此处所称之保护，但仍不明朗的是："自我防卫"概念于每一个案的适用范围为何？以及，如果维和任务只有一部分涉及战争行动，则该任务之人员和物体本应享有国际人道法提供予平民或民用物体之保护，是否会遭致某种程度的保护降低或丧失保护⑤⑧？学者 Cottier 总结这个国际法前提问题时，不乐观地说："总之，若没有更明确的标准，将难以判断以平民地位而受保护的权利，应在何种情况下存在或不存在。"⑤⑨连学者都抱有疑惑了，那就很难主张国际法具备了清楚的解释准则，更遑论受法律规范之人民有能力察知是否存有可罚性风险。因此，《德国国际刑法》第 10 条第 1 项第 1 款的规定还不具备充分之明确性。

（2）参照国际习惯法

再来，《德国国际刑法》之犯罪要件多少有笼统参照国际习惯法的规

---

⑤⑤ 特别是《德国基本法》第 25 条"国际法一般规则乃属联邦法律之一，其效力优先于法律，并对联邦领域内之人民直接发生权利及义务"。另参见如 BVerfGE 31, 75; 58, 34; 64, 20; *Bleckmann*, DÖV 1979, 309, 312; Dreier-*Pernice*, Art. 24 GG Rn. 1.

⑤⑥ 详见 *Satzger*, JuS 2004, 943 ff.

⑤⑦ 不得以《德国基本法》之国际法友善性来牺牲刑法明确性原则，参见本章 Rn. 30。

⑤⑧ 结论可见 Trifferter-*Cottier*, Rome Statute, Art. 8 Rn. 53 ff.；亦见 MK-*Ambos/A. Zimmermann/Geiß*, § 10 VStGB, Rn. 11 ff.

⑤⑨ Trifferter-*Cottier*, Rome Statute, Art. 8 Rn. 55.

定,也被质疑抵触《德国基本法》第 103 条第 2 项。于此,特别值得一提的是《德国国际刑法》第 7 条第 1 项第 4 款,其犯罪要件是"在广泛或有系统地针对平民之攻击中,在违背国际法一般规则之情况下,通过驱逐出境或者其他强制手段将一地区合法住民强行迁移至另一国家或地区"[60]。《德国国际刑法》第 7 条第 1 项第 4 款清楚包含了参照国际习惯法的构成要件要素:依立法理由说明,此处之犯罪行为唯有违反相关国际法,始能成立国际法犯罪,而条文所称"国际法一般规则"则是《德国基本法》第 25 条用语,故特别要参照国际习惯法。[61] 简言之,《德国国际刑法》通过这种参照条款的立法技术,将国际习惯法之规范纳为犯罪构成要件要素。

35 　　从《德国基本法》第 103 条第 2 项罪刑法定原则观之,参照国际习惯法的立法方式有两点疑虑。第一,罪刑法定原则这一宪法规范,不仅禁止以习惯法创设刑罚,也禁止以习惯法作为刑罚加重事由。[62] 然而,《德国国际刑法》以违反国际习惯法之义务作为犯罪成立要件之一,行为之可罚性即是由(国际)习惯法决定,而不再取决于成文法条文。第二,对法官而言,确认国际习惯法之内容乃是一项高难度任务。况且要考虑到,参照国际习惯法就是一种动态参照不成文法,这里的刑法条文禁止内涵,会跟着随时可能以任何形式变迁的习惯法而变化。从德国宪法要求的刑法明确性来说,如果一般咸认刑法条文的动态参照条款非无疑义[63],那参照本质上为不成文又四分五裂的法源——国际习惯法,就完全无法认同了。准此,德国立法者不得不更精确地描述可罚性之条件。这项立法工作可能很艰巨,但对法官及特别是对人民来说,为了解释《德国国际刑法》之犯罪要件而"盘点"相关国际习惯法并确定其内涵,更是无比复杂,简直是不可能的任务。[64]

（3）参照国际条约

36 　　《德国国际刑法》的犯罪要件,即使是参照(已属成文法的)国际条

---

[60] 此处为笔者所强调。
[61] 立法理由:BR-Drucks. 29/02, S. 46.
[62] 如 SK-*Rudolphi*, § 1 StGB Rn. 17 ff.
[63] 参见第九章 Rn. 70, 71。
[64] 批评亦见 *Großengießer*, in: Eser/Kreicker(Hrsg.), Nationale Strafverfolgung, S. 126 f.;明显不同看法者, MK-*Werle/Burchards*, § 7 VStGB, Rn. 63; *Kuhli*, ZIS 2012, 124, 129 ff.

约,也不必然就能排除违反法律明确性之疑虑。(65) 于此,由于是一种静态参照(参见第九章 Rn. 70),要找出所参照的国际条约通常较无问题,但该条约本身仍须符合《德国基本法》第 103 条第 2 项的明确性诫命,这部分也可能会有问题。

例如《德国国际刑法》第 8 条第 6 项第 1 款规定,国际武装冲突中应保护之人,乃指"《日内瓦公约》以及第 1 号议定书保护之人,即伤员、病人、船难人员、战俘和平民"。换言之,该款为了定义《德国国际刑法》新增订国际武装冲突应保护之人的这个"核心概念",故以参照《日内瓦公约》及第 1 号议定书之方式来界定。惟实际上,受保护人的范围并不如该款所述般容易界定。原因是,日内瓦四份公约和被参照的第 1 议定书,其规定内容有更根本性的区别,并不是特定类别的人员都可以当然受到保护,而是还须附加某些情况或条件。以《日内瓦第三公约》第 4 条为例,民兵不能仅因其民兵身份就应予保护,他还须符合"遵守战争法规及惯例"进行战斗等条件,才有被保护的资格。但如何才算是"遵守战争法规及惯例",却无法自《日内瓦公约》中明确得知。

上述德国立法方式使受法律规范者困惑。特别明显之处在于,《德国 37
国际刑法》立法理由一方面表示《日内瓦第四公约》第 4 条"受保护人"之范围,仅限非本国籍的平民,但另一方面,又同时依前南斯拉夫问题国际刑事法庭的裁判见解(66),而对《日内瓦公约》文本作出修正,认为国籍不应以国籍法形式上的归属为准,而是取决于被害人事实上是否可归类为敌对他国之人民。这一"修正"扩大了犯罪成立范围,亦即造成不利于行为人的后果。

(四) 无限制的世界法原则——扩大刑法适用法

《德国国际刑法》第 1 条采用无限制的世界法原则,其规定"本法适 38
用于本法所列举之所有国际法犯罪。其中于外国犯之且与本国无关联之重罪(Verbrechen),亦同"(67)。如同适用世界其他各国刑法一样,适用德国

(65) 转化到德国法的国际条约,原则上也适用《德国基本法》第 103 条第 2 项罪刑明确性要求,Maunz/Dürig-*Schmidt-Aßmann*, Art. 103 II GG Rn. 251.

(66) 参见 ICTY,"*Kordić and Čerkez*"(TC), Judgment, 26. 02. 2001, Rn. 152.

(67) 此处为笔者所强调。《德国国际刑法》第 13 条违反监督义务、第 14 条未通报犯罪,均不构成同法第 2 条(连结《德国刑法》第 12 条第 1 项的)所称之"重罪"。

刑法应有必要的国际法连系因素,而这单从犯罪本身的不法内涵即可得出。(68)《德国国际刑法》在生效前,《德国刑法》第 220 条之 1 规定了灭绝种族罪,同法第 6 条第 1 款则将之列为适用世界法原则的罪名,现在两项规定均已删除。德国联邦最高法院当时对灭绝种族罪并未依法直接适用世界法原则,而是不当附加要求具备"正当之内国连系因素"(legitimierender inländischer Anknüpfungspunkt)(69),所幸立法者已于《德国国际刑法》第 1 条作出更正。

诉讼程序方面,国际法犯罪如果就德国而言欠缺国内关联性,且犯罪地国、行为人或被害人之母国或者国际性法院接手追诉者,德国追诉机关得依《德国刑事诉讼法》第 153 条之 6 放弃侦查,以避免"德国侦查资源之沉重负担"。(70)

然而,将不设限的世界法原则适用于《德国国际刑法》所有罪名,仍应有一项重要的限制效果:必要的国际法连系因素只能从犯罪之不法性推导而出,而这些犯罪必须符合国际法的犯罪定义;换言之,以国际法承认的犯罪作为连系因素。德国立法者依其明确的意愿,即借由制定《德国国际刑法》来支持及推广国际人道法,如果不是只以立法活动使国际法具体化,而是还另外进行国际法续造的话,那《德国国际刑法》适用世界法原则即失去正当性,此时就需有其他的内国连系因素,否则将有违国际法的不干涉(他国)诫命(可参见第四章 Rn. 2)。(71) 从《德国国际刑法》的立法理由可看出,其致力于让——比《罗马规约》进步的——《德国国际刑法》,能与现有的国际习惯法相符。这大致上也确实如此,但不难预测德

---

(68) 对此参见 *Gil*, ZStW 112(2000), 381, 386 f.

(69) 参见 BGHSt 45, 65;批评见 *Lagodny/Nill-Theobald*, JR 2000, 205 ff.; *Lüder*, NJW 2000, 269 f.

(70) 见立法理由:BT-Drucks. 14/8524, S. 14;整体可见 L/R-*Beulke*, § 153f Rn. 4 ff.;以此为由拒绝对 *Donald Rumsfeld* 等人开启审判程序,参见 *Gierhake*, ZStW 120(2008), 375 ff.;关于以"法院监督"德国联邦最高法院检察总长之不起诉处分的批评和建议,参见 MK-*Ambos*, § 1 VStGB Rn. 24 ff., 33;特别是基于德国"本国关联性"而对德国上校 *Klein* 案(参见第十六章 Rn. 61)先开启侦查程序,后来依《德国刑事诉讼法》第 170 条第 2 项为不起诉处分者,参见德国联邦最高法院检察总长 2010 年 4 月 16 日不起诉处分书:NStZ 2010, 581 ff.;关于这两个案件,亦见 *Safferling/Kirsch*, JA 2012, 481, 484 ff.; *Keller*, in: Jeßberger/Geneuss(Hrsg.), Völkerstrafgesetzbuch, S. 91 ff., 101 ff.

(71) 对此一般性介绍,如 *Stein/v. Buttlar*, Völkerrecht, Rn. 606 ff.

国未来针对外国人涉外犯罪进行追诉时,正好就是德国法超越国际习惯法的部分会遭受抨击,被质疑《德国国际刑法》无适用资格或德国法院欠缺相关审判权。一旦如此,德国法院即有必要对最棘手的前提问题——"国际习惯法之内涵为何?"——作出澄清,始能判定《德国国际刑法》是否仍符合目前之国际习惯法内涵。

于此,《德国国际刑法》中特别先进而可能引发问题的部分,当属超出《罗马规约》之规定,而广泛同等对待战争罪下的"国际"和"非国际"之武装冲突,例如《德国国际刑法》第10条第2项(滥用获得承认之保护标志)[72]或第11条第1项第2款至第5款。[73]

39

(五) 结论

《德国国际刑法》尽管招致一些批评,但它基本上成功地完成了调和德国法秩序与《罗马规约》的任务。自此之后,德国刑法也能适当涵盖国际法犯罪及其特别不法内涵。"让所有国际刑事法院管辖之国际犯罪,尽可能完全由德国法院依德国刑法裁判",德国法律政策这样的"愿景",虽无法通过《德国国际刑法》完整实现,但要说《德国国际刑法》因存在规范漏洞,以致让国际刑事法院接手审判的案件,应该只是凤毛麟角。所以,《德国国际刑法》相较于《罗马规约》所显现的规范漏洞,还算可以忍受且具正当性。从国际法角度观之,并未要求无论采取何种形式都应将《罗马规约》"全面转化"[74]到德国刑法,这种做法也不符合《德国基本法》第103条第2项的宪法要求。正由于相较于《罗马规约》,《德国国际刑法》有更为清楚和更具体系性的规范结构,故绝对是比较法例的参考模板,可供作其他国家为配合《罗马规约》而调整内国法秩序时的宝贵指南。[75]

40

---

[72] 立法理由(BR-Drucks. 29/02, S. 73)于此引用"一贯之各国实务",尤其是参照攻击人道任务均一律判决有罪的国际实务(UN Doc. S/PRST/2000/4 v. 09. 02. 2000; UN Doc. A/Res52/167 v. 16. 12. 1994)及1994年12月15日《联合国人员和有关人员安全公约》(Convention on the Safety of United Nations and Associated Personnel)。

[73] 立法理由(BR-Drucks. 29/02, S. 75 ff.)提到几所国际性法院的近期裁判及国际社会的声明,除此之外,也有几处犯罪要件之所以不区分国际或非国际之冲突,乃是单纯出于一般考虑而来;赞同者,如 Werle, JZ 2001, 885, 894。

[74] 对此,参见 Werle, JZ 2001, 885, 887。

[75] 亦见 Wirth/Harder, ZRP 2000, 144, 146; Kreß, Nutzen eines dt. VStGB, S. 31; Werle, JZ 2012, 373, 375。

《德国国际刑法》现在也能在国际刑法实务上彰显自身价值。自 2011 年 4 月开始,德国斯图加特(Stuttgart)高等法院首次审理以《德国国际刑法》为基础的诉讼案件:两名卢旺达人 *Ignace Murwanashyaka* 与 *Straton Musoni*,被指控在所谓上级责任之范围内,犯下在刚果民主共和国的危害人类罪与战争罪。⑯

41  自我测验

一、德国立法者为转化《罗马规约》,已通过哪些重要法案?(Rn. 1 以下)

二、《罗马规约》使德国立法者负有哪些修正德国刑法的义务?(Rn. 8 以下)

三、《德国国际刑法》立法动机是什么?(Rn. 7 以下)

四、《德国国际刑法》现在处于什么样的紧张关系?(Rn. 18,19)

※ 新近文献

Ambos, Völkerrechtliche Kernverbrechen, Weltrechtsprinzip und §153 f. StPO-Zugl.Anm.zu GBA, JZ 2005, 311 und OLG Stuttgart, NStZ 2006, 117, NStZ 2006, 434 ff.; *Barthe*, Der Straftatbestand des Verbrechen gegen die Menschlichkeit in §7 VStGB in der staatsanwaltschaftlichen Praxis-Zur Abgrenzung von Völkerstraftaten und allgemeinen Delikten, NStZ 2012, 247 ff.; *Engelhart*, Der Weg zum Völkerstrafgesetzbuch-eine kurze Geschichte des Völkerstrafrechts, Jura 2004, 734 ff.; *Eser/Kreicker* (Hrsg.), Nationale Strafverfolgung völkerrechtlicher Verbrechen, Bd.1, 2003; *Geneuss*, Interplay of National and International Jurisdictions: the German Code of Crimes Against International Law, in: Burchard/Triffterer/Vogel(Hrsg.), The Review Conference and the Future of the International Criminal Court, 2010, S.263 ff.; *Gierhake*, Das Prinzip der Weltrechtspflege nach §1 Völkerstrafgesetzbuch und seine prozessuale Umsetzung in §153f der Strafprozessordnung, ZStW 120 (2008), 375 ff.; *Gropengießer*, The Criminal Law of Genocide. The German

---

⑯ 对此,参见 *Safferling/Kirsch*, JA 2012, 481, 485 f.; *Keller*, in: Jeßberger/Geneuss (Hrsg.), Völkerstrafgesetzbuch, S. 98 ff.

Perspective, ICLR 2005, 329 ff.; *Hertel*, Soldaten als Mörder? – Das Verhältnis von VStGB und StGB anhand des Kundus-Bombardements, HRRS 2010, 339 ff.; *Keller*, Das Völkerstrafgesetzbuch in seiner praktischen Anwendung: Eine kritische Bestandsaufnahme, in: Jeßberger/Geneuss (Hrsg.), Zehn Jahre Völkerstrafgesetzbuch – Bilanz und Perspektiven eines "deutschen Völkers trafrechts", S. 141 ff.; *Kreß*, Versailles, Nürnberg, Den Haag: Deutschland und das Völkerstrafrecht, JZ 2006, 981 ff.; *ders.*, Nationale Umsetzung des Völkerstrafgesetzbuches, ZIS 2007, 515 ff.; *Kuhli*, Punishment Based on Customary Law?, ZIS 2012, 124 ff.; *Lüder/Vormbaum* (Hrsg.), Materialien zum Völkerstrafgesetzbuch, 2002; *Ritscher*, International Criminal Law in the Domestic Legal Order: An Introduction from the Perspective of German Legal Practice, in: Burchard/Triffterer/Vogel (Hrsg.), The Review Conference and the Future of the International Criminal Court, 2010, S. 255 ff.; *Safferling/Kirsch*, Die Strafbarkeit von Bundeswehrangehörigen bei Auslandseinsätzen: Afghanistan ist kein rechtsfreier Raum, JA 2010, 81 ff.; *dies.*, Zehn Jahre Völkerstrafgesetzbuch, JA 2012, 481 ff.; *Satzger*, Das neue Völkerstrafgesetzbuch – Eine kritische Würdigung, NStZ 2002, 125 ff.; *ders.*, Die Internationalisierung des Strafrechts als Herausforderung für den strafrechtlichen Bestimmtheitsgrundsatz, JuS 2004, 943 ff.; *Volkmann*, Die Strafverfolgung des Völkermordes nach dem Weltrechtsprinzip im internationalen Strafrecht und im Völkerstrafrecht: Untersucht am Beispiel der deutschen Rechtsordnung, 2009; *T. Walter*, Das Handeln auf Befehl und § 3 VStGB, JR 2005, 279 ff.; *ders.*, Der deutsche Strafprozess und das Völkerrecht, JR 2007, 99 ff.; *Werle*, Konturen eines deutschen Völkerstrafrechts–Zum Arbeitsentwurf eines Völkerstrafgesetzbuchs, JZ 2001, 885 ff.; *ders.*, Völkerstrafrecht und deutsches Völkerstrafgesetzbuch, JZ 2012, 373 ff.; *ders./Jeßberger*, Das Völkerstrafgesetzbuch JZ 2002, 725 ff.; *A. Zimmermann*, Auf dem Weg zu einem deutschen Völkerstrafgesetzbuch – Entstehung, völkerrechtlicher Rahmen und wesentliche Inhalte, ZRP 2002, 97 ff.; *T. Zimmermann*, Gilt das StGB auch im Krieg? Zum Verhältnis der §§ 8–12 VStGB zum Besonderen Teil des StGB, GA 2010, 507 ff.

参 考 文 献

➢ *Ahlbrecht, Heiko*: Geschichte der völkerrechtlichen Strafgerichtsbarkeit im 20. Jahrhundert-unter besonderer Berücksichtigung der völkerrechtlichen Straftatbestände und der Bemühungen um einen Ständigen Internationalen Strafgerichtshof, Baden-Baden 1999 (zit. : *Ahlbrecht*, Geschichte)

➢ *Albrecht, Hans-Jörg u. a.*: Kommentar zum Strafgesetzbuch, Reihe Alternativkommentare, Bd. 1, Neuwied 1990(zit. : *AK-Bearbeiter*)

➢ *Ambos, Kai*: Der Allgemeine Teil des Völkerstrafrechts, Berlin 2002 (zit. : *Ambos*, Völkerstrafrecht AT)

➢ *Ambos, Kai*: Internationales Strafrecht, 3. Aufl., München 2011 (zit. : *Ambos*, Int. Strafrecht)

➢ *Arzt, Gunther/Weber, Ulrich/Heinrich, Bernd/Hilgendorf, Eric*: Strafrecht, Besonderer Teil, 2. Aufl., Bielefeld 2009(zit. : *Arzt/Weber/Heinrich/Hilgendorf*, BT)

➢ *Asp, Petter*: The Substantive Criminal Law Competence of the EU, Stockholm 2012 (zit. : *Asp*, Substantive Criminal Law Competence)

➢ *Bantekas, Ilias/Nash, Susan*: International Criminal Law, 3. Aufl., London 2007 (zit. : *Bantekas/Nash*, Int. Criminal Law)

➢ *Bassiouni, M. Cherif*: Introduction to International Criminal Law, Ardsley 2003 (zit. : *Bassiouni*, Introduction)

➢ *Baumann, Jürgen/Weber, Ulrich/Mitsch, Wolfgang*: Strafrecht – Allgemeiner Teil, Lehrbuch, 11. Aufl., Bielefeld 2003(zit. : *Baumann/Weber/Mitsch*, AT)

➢ *Beulke, Werner*: Strafprozessrecht, 12. Aufl., Heidelberg 2012(zit. : *Beulke*, StPO)

➢ *Calliess, Christian/Ruffert, Matthias* (Hrsg.) : EUV/EGV, Das Verfassungsrecht der Europäischen Union mit Europäischer Grundrechtecharta, Kommentar, 3. Aufl., München 2007(zit. : *Calliess/Ruffert-Bearbeiter*, 3. Aufl.)

➢ *Calliess, Christian/Ruffert, Matthias* (Hrsg.) : EUV/AEUV, Das Verfassungsrecht der Europäischen Union mit Europäischer Grundrechtecharta, Kommentar, 4. Aufl., München 2011 (zit. : Calliess/Ruffert-*Bearbeiter*)

➢ *Cassese, Antonio/Gaeta, Paola/Jones, John R. W. D.* (Hrsg.) : The Rome Statute of the International Criminal Court: A Commentary, Oxford 2002 (zit. : Cassese/Gaeta/Jones-*Bearbeiter*, Rome Statute)

➢ *Cassese, Antonio*: International Criminal Law, 2. Aufl., New York 2008 (zit. : *Cassese*, Int. Criminal Law)

➢ *Cassese, Antonio u. a.* (Hrsg.) : The Oxford Companion to Criminal Justice, Oxford 2009 [zit. : *Bearbeiter*, in: Cassese(Hrsg.) , Companion]

➢ *Cryer, Robert/Friman, Håkan/Robinson, Darryl/Wilmshurst, Elizabeth*, An Introduction to International Criminal Law and Procedure, 2. Aufl., Cambridge u. a. 2010 (zit. : *Cryer/Friman/Robinson/Wilmshurst*, Introduction)

➢ *Delmas-Marty, Mireille/Vervaele, John A. E.* (Hrsg.) : The Implementation of the Corpus Juris in the Member States, Vol. 1, Antwerpen 2000 (zit. : *Bearbeiter*, in: Delmas-Marty/Vervaele, Implementation)

➢ *Dixon, Rodney/Khan, Karim A. A./May, Richard* (Hrsg.) : Archbold International Criminal Courts-Practice, Procedure & Evidence, 3. Aufl., London 2009 (zit. : *Dixon/Khan/May*, Archbold)

➢ *Dreier, Horst* (Hrsg.) : Grundgesetz, Kommentar, Bd. 2, 2. Aufl., Tübingen 2006 (zit. : Dreier-*Bearbeiter*)

➢ *Eser, Albin/Kreicker, Helmut* (Hrsg.) : Nationale Strafverfolgung völkerrechtlicher Verbrechen, Freiburg im Breisgau 2003 [zit. : *Bearbeiter* in: Eser/Kreicker (Hrsg.) , Nationale Strafverfolgung]

➢ *Esser, Robert*: Auf dem Weg zu einem europäischen Strafverfahrensrecht, Berlin 2002 (zit. : *Esser*, Europäisches Strafverfahrensrecht)

➢ *Europäischer Juristentag* (Hrsg.) : 4. Europäischer Juristentag, Wien 2008 (zit. : *Bearbeiter*, in: 4. Europäischer Juristentag)

➢ *Filopoulos, Panagiotis*: Europarecht und nationales Strafrecht, Aachen 2004 (zit. : *Filopoulos*, Europarecht)

➢ *Fischer, Thomas*: Strafgesetzbuch und Nebengesetze, 59. Aufl., München 2012 (zit. : *Fischer*)

➢ *Fletcher, Maria/Lööf, Robin/Gilmore, Bill*: EU Criminal Law and Justice, Cheltenham 2008 (zit. : *Fletcher/Lööf/Gilmore*, EU Criminal Law)

➢ *Frowein, Jochen A./Peukert, Wolfgang*: Europäische Menschenrechts-Konvention, EMRK-Kommentar, 3. Aufl., Kehl u. a. 2009 (zit. : *Frowein/Peukert*, EMRK)

➢ *Gless*, *Sabine*: Internationales Strafrecht – Grundriss für Studium und Praxis, Basel 2011(zit.:*Gless*,Int.Strafrecht)

➢ *Golombek*, *Tine*: Der Schutz ausländischer Rechtsgüter im System des deutschen Strafanwendungsrechts, Berlin 2010(zit.:*Golombek*)

➢ *Grabenwarter*, *Christoph*: Europäische Menschenrechtskonvention, 4. Aufl., München 2009(zit.:*Grabenwarter*,EMRK)

➢ *Grabitz*, *Eberhard/Hilf*, *Meinhard/Nettesheim*, *Martin* (Hrsg.): Das Recht der Europäischen Union, Loseblattsammlung, München, Stand Oktober 2011(zit.:Grabitz/Hilf/Nettesheim-*Bearbeiter*)

➢ *Gropp*,*Walter*:Strafrecht,Allgemeiner Teil,3.Aufl.,Berlin 2005(zit.:*Gropp*,AT)

➢ *Grote*, *Rainer/Marauhn*, *Thilo* (Hrsg.): Konkordanzkommentar zum europäischen und deutschen Grundrechtsschutz, Heidelberg u.a.2006(zit.:Grote/Marauhn-*Bearbeiter*)

➢ *Haft*,*Fritjof*:Strafrecht,Allgemeiner Teil,9.Aufl.,München 2004(zit.:*Haft*,AT)

➢ *Hailbronner*, *Kay/Klein*, *Eckart/Magiera*, *Siegfried/Müller-Graff*, *Peter-Christian* (Hrsg.):Handkommentar zum EGV/EUV,Loseblattsammlung,Köln u.a.,Stand Juni 1996 (zit.:HK-*Bearbeiter*)

➢ *Hannich*,*Rolf*(Hrsg.): Karlsruher Kommentar zur Strafprozessordnung mit GVG, EGGVG und EMRK,6.Aufl.,München 2008(zit.:KK-*Bearbeiter*)

➢ *Hecker*,*Bernd*:Strafbare Produktwerbung im Lichte des Gemeinschaftsrechts,Tübingen 2001(zit.:*Hecker*,Strafbare Produktwerbung)

➢ *Hecker*,*Bernd*:Europäisches Strafrecht,4.Aufl.,Heidelberg 2012(zit.:*Hecker*,Eur. Strafrecht)

➢ *Heitzer*,*Anne*:Punitive Sanktionen im europäischen Gemeinschaftsrecht,Heidelberg 1997(zit.:*Heitzer*,Punitive Sanktionen)

➢ *Herdegen*, *Matthias*: Europarecht, 14. Aufl., München 2012(zit.:*Herdegen*, Europarecht)

➢ *Huber*,*Andrea*:Der Beitritt der Europäischen Union zur Europäischen Menschenrechtskonvention,Art.6 Abs.2 S.1 EUV,1.Aufl.,Hamburg 2008(zit.:*A.Huber*,Der Beitritt der Europäischen Union zur EMRK)

➢ *Ipsen*,*Knut*(Hrsg.):Völkerrecht,5.Aufl.,München 2004[zit.:*Bearbeiter*,in:Ipsen (Hrsg.),Völkerrecht]

➢ *Jähnke*, *Burkhard/Laufhütte*, *Heinrich Wilhelm/Odersky*, *Walter* (Hrsg.): Strafgesetzbuch, Leipziger Kommentar,11.Aufl., Berlin u.a.1992 ff.(zit.:LK-*Bearbeiter*,11.Aufl.)

➢ *Jakobs*, *Günther*: Strafrecht, Allgemeiner Teil: die Grundlagen und die Zurechnungslehre,2.Aufl.,Berlin u.a.1993(zit.:*Jakobs*,AT)

➤ *Jescheck*, *Hans-Heinrich/Ruß*, *Wolfgang/Willms*, *Günther* (Hrsg.): Strafgesetzbuch, Leipziger Kommentar, 10. Aufl., Berlin u. a. 1978 ff. (zit.: LK-*Bearbeiter*, 10. Aufl.)

➤ *Jescheck*, *Hans-Heinrich/Weigend*, *Thomas*: Lehrbuch des Strafrechts: Allgemeiner Teil, 5. Aufl., Berlin 1996 (zit.: *Jescheck/Weigend*)

➤ *Jeßberger*, *Florian*: Der transnationale Geltungsbereich des deutschen Strafrechts, Tübingen 2011 (zit.: *Jeßberger*, Geltungsbereich)

➤ *Jeßberger*, *Florian/Geneuss*, *Julia* (Hrsg.), Zehn Jahre Völkerstrafgesetzbuch – Bilanz und Perspektiven eines "deutschen Völkerstrafrechts", (2013) [zit. *Bearbeiter*, in: Jeßberger/Geneuss (Hrsg.), Völkerstrafgesetzbuch]

➤ *Joecks*, *Wolfgang/Miebach*, *Klaus* (Hrsg.): Münchener Kommentar zum Strafgesetzbuch, 1. Aufl., München 2003 ff. (zit.: MK-*Bearbeiter*, 1. Aufl.)

➤ *Joecks*, *Wolfgang/Miebach*, *Klaus* (Hrsg.): Münchener Kommentar zum Strafgesetzbuch, München 2011 ff. (zit.: MK-*Bearbeiter*)

➤ *Kindhäuser*, *Urs*: Strafgesetzbuch. Lehr-und Praxiskommentar, 4. Aufl., Baden-Baden 2010 (zit.: *Kindhäuser*, LPK-StGB)

➤ *Kindhäuser*, *Urs/Neumann*, *Ulfrid/Paeffgen*, *Hans-Ullrich* (Hrsg.): Nomos-Kommentar zum Strafgesetzbuch, 3. Aufl., Baden-Baden 2010 (zit.: NK-*Bearbeiter*)

➤ *Kittichaisaree*, *Kriangsak*: International Criminal Law, New York 2001 (zit.: *Kittichaisaree*, Int. Criminal Law)

➤ *Klip*, *André*: European Criminal Law, Antwerpen u. a. 2009 (zit.: *Klip*, Eur. Criminal Law)

➤ *Körner*, *Harald Hans/Scherp*, *Dirk*: Betäubungsmittelgesetz, Arzneimittelgesetz, 6. Aufl., München 2007 (zit.: *Körner/Scherp*, BtMG)

➤ *Kreß*, *Claus*: Vom Nutzen eines deutschen Völkerstrafgesetzbuchs, Baden-Baden 2000 (zit.: *Kreß*, Nutzen eines dt. VStGB)

➤ *Krey*, *Volker/Heinrich*, *Manfred*: Strafrecht, Besonderer Teil, Bd. 1, 14. Aufl., Stuttgart u. a. 2008 (zit.: *Krey/Heinrich*, BT 1)

➤ *Kühl*, *Kristian*: Strafrecht Allgemeiner Teil, 7. Aufl., München 2012 (zit.: *Kühl*, Strafrecht AT)

➤ *Kühne*, *Hans-Heiner*: Strafprozessrecht, 8. Aufl., Heidelberg 2010 (zit.: *Kühne*, Strafprozessrecht)

➤ *Lackner*, *Karl/Kühl*, *Kristian*: Strafgesetzbuch mit Erläuterungen, 27. Aufl., München 2010 (zit.: *Lackner/Kühl*)

➤ *Lattanzi*, *Flavia* (Hrsg.): Essays on the Rome Statute of the International Criminal Court, Vol. 1, Alto 1999 [zit.: *Bearbeiter* in: Lattanzi (Hrsg.), Essays]

➢ *Laufhütte*, Heinrich Wilhelm/*Rissing-van Saan*, Ruth/*Tiedemann*, Klaus (Hrsg.) : Strafgesetzbuch, Leipziger Kommentar, 12. Aufl. , Berlin u. a. 2006 ff. (zit. : LK-*Bearbeiter*)

➢ *Löwe*, Ewald/*Rosenberg*, Werner : Strafprozessordnung, hrsgg. von *Rieß*, Peter, 25. Aufl. , Berlin u. a. 1997 ff. (zit. : L/R-*Bearbeiter*, 25. Aufl.)

➢ *Löwe*, Ewald/*Rosenberg*, Werner : Strafprozessordnung, hrsgg. von *Erb*, Volker/*Esser*, Robert/*Franke*, Ulrich/*Graalmann-Scherer*, Kirsten/*Hilger*, Hans/*Ignor*, Alexander, 26. Aufl. , Berlin u. a. 2006 ff. (zit. : L/R-*Bearbeiter*)

➢ *Lüderssen*, Klaus (Hrsg.) : Aufgeklärte Kriminalpolitik oder Kampf gegen das Böse, Bd. 3, Makrodelinquenz, Baden-Baden 1998 [zit. : *Bearbeiter* in : Lüderssen (Hrsg.) , Kriminalpolitik III]

➢ *Maunz*, Theodor/*Dürig*, Günter (Hrsg.) : Grundgesetz-Kommentar, Loseblattsammlung, München, Stand Mai 2009 (zit. : Maunz/Dürig-*Bearbeiter*)

➢ *Maurach*, Reinhart/*Zipf*, Heinz : Strafrecht, Allgemeiner Teil : Ein Lehrbuch, Teilband 1, 8. Aufl. , Heidelberg 1992 (zit. : *Maurach/Zipf*, AT, Teilband 1)

➢ *Meseke*, Stephan : Der Tatbestand der Verbrechen gegen die Menschlichkeit nach dem Römischen Statut des Internationalen Strafgerichtshofes, Berlin 2004 (zit. : *Meseke*, Verbrechen gegen die Menschlichkeit)

➢ *Meyer*, Jürgen : Charta der Grundrechte der Europäischen Union, 3. Aufl. , Baden-Baden 2011 (zit. : *Meyer*, Charta)

➢ *Meyer-Ladewig*, Jens : Europäische Menschenrechtskonvention, Handkommentar, 2. Aufl. , Baden-Baden 2006 (zit. : *Meyer-Ladewig*, EMRK)

➢ *Meyer-Goßner*, Lutz : Strafprozessordnung, 55. Aufl. , München 2012 (zit. : *Meyer-Goßner*)

➢ *Mitsilegas*, Valsamis : EU Criminal Law, Oxford, Portland 2009 (zit. : *Mitsilegas*, EU Criminal Law)

➢ *Moll*, Dietmar : Europäisches Strafrecht durch nationale Blankettstrafgesetzgebung, Göttingen 1998 (zit. : *Moll*, Nationale Blankettstrafgesetzgebung)

➢ *Obermüller*, Jens : Der Schutz ausländischer Rechtsgüter im deutschen Strafrecht im Rahmen des Territorialitätsprinzips, 1999 (zit. : *Obermüller*)

➢ *Oehler*, Dietrich : Internationales Strafrecht, 2. Aufl. , Köln u. a. 1983 (zit. : *Oehler*, Int. Strafrecht)

➢ *Peers*, Steve : EU Justice and Home Affairs Law (Taschenbuchausgabe) , 3. Aufl. , New York 2011 (zit. : *Peers*, EU Justice)

➢ *Peters*, Anne/*Altwicker*, Tilmann : Einführung in die EMRK mit rechtsvergleichenden Bezügen zum deutschen Grundgesetz, 2. Aufl. , München 2012 (zit. : *Peters/Altwicker*,

EMRK)

➤ *Politi*, *Mauro/Nesi*, *Giuseppe* (Hrsg.): The Rome Statute of the International Criminal Court. A Challenge to Impunity, Aldershot 2001 [zit.: *Bearbeiter* in: Politi/Nesi (Hrsg.), Rome Statute]

➤ *Roxin*, *Claus*: Strafrecht, Allgemeiner Teil, Bd.1, Grundlagen. Der Aufbau der Verbrechenslehre, 4. Aufl., München 2006 (zit.: *Roxin*, AT I)

➤ *Roxin*, *Claus*: Strafrecht, Allgemeiner Teil, Bd.2, Besondere Erscheinungsformen der Straftat, München 2003 (zit.: *Roxin*, AT II)

➤ *Roxin*, *Claus/Schünemann*, *Bernd*: Strafverfahrensrecht, 27. Aufl., München 2012 (zit.: *Roxin/Schünemann*, Strafverfahrensrecht)

➤ *Rudolphi*, *Hans-Joachim u. a.* (Hrsg.): Systematischer Kommentar zum Strafgesetzbuch, Loseblattsammlung, Neuwied, Stand: April 2012 (zit.: *SK-Bearbeiter*)

➤ *Safferling*, *Christoph*, Internationales Strafrecht, Berlin u.a. 2011 (zit.: *Safferling*, Int. Strafrecht)

➤ *Satzger*, *Helmut*: Die Europäisierung des Strafrechts, München 2001 (zit.: *Satzger*, Europäisierung)

➤ *Satzger*, *Helmut*: International and European Criminal Law, München, Oxford, Baden-Baden, 2012

➤ *Satzger*, *Helmut/Schmitt*, *Bertram/Widmaier*, *Gunter* (Hrsg.): Strafgesetzbuch, Kommentar, Köln u.a. 2009 (zit.: *SSW-Bearbeiter*)

➤ *Schabas*, *William A.*: An introduction to the International Criminal Court, 4. Aufl., Cambridge u.a. 2011 (zit.: *Schabas*, Introduction)

➤ *Schabas*, *William A.*: Genozid im Völkerrecht, Hamburg 2003 (zit.: *Schabas*, Genozid)

➤ *Schabas*, *William A.*: The International Criminal Court: A Commentary on the Rome Statute, Oxforf u.a. 2010 (zit.: *Schabas*, ICC)

➤ *Schönke*, *Adolf/Schröder*, *Horst*: Strafgesetzbuch, Kommentar, 28. Aufl., München 2010 (zit.: *S/S-Bearbeiter*)

➤ *Schröder*, *Christian*: Europäische Richtlinien und deutsches Strafrecht, Berlin 2002 (zit.: *Chr. Schröder*, Europäische Richtlinien)

➤ *Schünemann*, *Bernd* (Hrsg.): Ein Gesamtkonzept für die europäische Strafrechtspflege, Köln u.a. 2006 (zit.: *Bearbeiter*, in: Schünemann, Gesamtkonzept)

➤ *Schützendübel*, *Charleen*: Die Bezugnahme auf EU-Verordnungen in Blankettstrafgesetzen, Baden-Baden 2012 (zit.: *Schützendübel*, EU-Verordnungen in Blankettstrafgesetzen)

➤ *Schwarze*, *Jürgen* (Hrsg.): EU-Kommentar, 2. Aufl., Baden-Baden 2008 (zit.:

Schwarze-*Bearbeiter*)

➤ *Schweitzer*, *Michael/ Hummer*, *Waldemar/ Obwexer*, *Walter*:Europarecht, Das Recht der Europäischen Union, Wien 2007(zit.:*Schweitzer/Hummer/Obwexer*,Europarecht)

➤ *Schweitzer*,*Michael*:Staatsrecht III:Staatsrecht, Völkerrecht, Europarecht, 10.Aufl., Heidelberg 2010(zit.:*Schweitzer*,Staatsrecht III)

➤ *Selbmann*,*Frank*:Der Tatbestand des Genozids im Völkerstrafrecht, Leipzig 2002 (zit.:*Selbmann*,Tatbestand des Genozids)

➤ *Sieber*, *Ulrich/Brüner*, *Franz-Hermann/Satzger*, *Helmut/von Heintschel-Heinegg*, *Bernd*:Europäisches Strafrecht, 1.Aufl., Baden-Baden 2011(zit.:Sieber/Brüner/Satzger/v. Heintschel-Heinegg-*Bearbeiter*,Europ.StR)

➤ *Sinn*,*Arndt*(Hrsg.):Jurisidiktionskonflikte bei grenzüberschreitender Kriminalität, Osnabrück 2012(zit.:*Bearbeiter*,in:Sinn,Jurisdiktionskonflikte)

➤ *Stalberg*,*Johannes*:Zum Anwendungsbereich des Art.50 der Charta der Grundrechte der EU(ne bis in idem), Frankfurt/Main 2013(zit.:*Stalberg*,Zum Anwendungsbereich des Art.50 GRC)

➤ *Stein*, *Thorsten/v. Buttlar*, *Christian*:Völkerrecht, 12.Aufl., Köln u.a.2009(zit.:Stein/v.Buttlar, Völkerrecht)

➤ *Stratenwerth*,*Günter/Kuhlen*,*Lothar*:Strafrecht Allgemeiner Teil I-Die Straftat,6. Aufl., Köln u.a.2011(zit.:Stratenwerth/Kuhlen, AT I)

➤ *Streinz*,*Rudolf*:Europarecht, 9.Aufl., Heidelberg 2012(zit.:*Streinz*,Europarecht)

➤ *Streinz*,*Rudolf*:EUV/AEUV, 2.Aufl., München 2012(zit.:Streinz-*Bearbeiter*)

➤ *Strobel*,*Stefan*:Die Untersuchungen des Europäischen Amtes für Betrugsbekämpfung (OLAF),Baden-Baden 2012

➤ *Tiedemann*, *Klaus* (Hrsg.):Wirtschaftsstrafrecht in der Europäischen Union:Rechtsdogmatik, Rechtsvergleich, Rechtspolitik/Freiburg-Symposium, 2002 (zit.:*Bearbeiter*, in:Freiburg-Symposium)

➤ *Tiedemann*,*Klaus*:Wirtschaftsstrafrecht, Einführung und Allgemeiner Teil, 3.Aufl., Köln u.a.2010(zit.:*Tiedemann*, Wirtschaftsstrafrecht AT)

➤ *Tiedemann*, *Klaus*: Wirtschaftsstrafrecht, Besonderer Teil, 3.Aufl., Köln u.a.2011 (zit.:*Tiedemann*,Wirtschaftsstrafrecht BT)

➤ *Triffterer*,*Otto*(Hrsg.):Commentary on the Rome Statute of the International Criminal Court:Observers' Notes, Article by Article, 2.Aufl., Baden-Baden 2008(zit.:Triffterer-*Bearbeiter*,Rome Statute)

➤ *Vedder*,*Christoph/Heintschel von Heinegg*,*Wolff*(Hrsg.):Handkommentar Europäischer Verfassungsvertrag,Baden-Baden 2007(zit.:Vedder/v.Heintschel-Heinegg-*Bearbeiter*)

➤ *Vervaele, John A. E.* (Hrsg.): European Evidence Warrant: Transnational Judicial Inquiries in the EU, Antwerpen 2005 (zit.: *Bearbeiter*, in: Vervaele, European Evidence Warrant)

➤ *Vilsmeier, Ingrid*: Tatsachenkontrolle und Beweisführung im EU-Kartellrecht auf dem Prüfstand der EMRK, Diss. München 2012

➤ *von der Groeben, Hans/Schwarze, Jürgen* (Hrsg.): Kommentar zum Vertrag über die Europäische Union und zur Gründung der Europäischen Gemeinschaft, 6. Aufl., Baden-Baden, Bd.1-3:2003, Bd.4:2004 (zit.: v.d.Groeben/Schwarze-*Bearbeiter*)

➤ *Wabnitz, Heinz-Bernd/Janovsky, Thomas* (Hrsg.): Handbuch des Wirtschafts-und Steuerstrafrechts, 3. Aufl., München 2007 (zit.: *Bearbeiter*, in: Wabnitz/Janovsky, Handbuch)

➤ *Werle, Gerhard*: Völkerstrafrecht, 3.Aufl., Tübingen 2012 (zit.: *Werle*, Völkerstrafrecht)

➤ *Wessels, Johannes/Beulke, Werner*: Strafrecht Allgemeiner Teil, Die Straftat und ihr Aufbau, 41. Aufl., Heidelberg 2011 (zit.: *Wessels/Beulke*)

关键词索引

关键词按笔画排序,第 1 粗体数字是章数,第 2 数字是边码。例如:《联合国宪章》16/77,指《联合国宪章》出处在第十六章 Rn.77。

一画

一事不再理
　　—与刑事适用法之关系　**3**/6,**5**/89
　　—欧洲　**10**/64 ff.
　　—《欧盟基本权利宪章》　**10**/70
　　—《申根施行公约》第 54 条之确定判决　**10**/73 ff.
　　—《申根施行公约》第 54 条犯罪概念　**10**/78 f.
　　—《申根施行公约》第 54 条执行要素　**10**/80
　　—《欧洲人权公约》　**11**/95 ff.
一般法律原则　**12**/5,**15**/8

二画

人口贩卖　**7**/6,**8**/26,**9**/33 f.,51,**10**/5
儿童　**16**/72
　　—转移儿童　**16**/23 f.
　　—《犯罪要件》之定义　**16**/24

三画

上级责任
　　—《罗马规约》　**15**/64 ff.
　　—《德国国际刑法》　**17**/25 f.
《凡尔赛和约》　**13**/3
大陆法/欧陆法　**15**/17 f.
个人法益　**6**/1
个人保护原则　**4**/3,16,**5**/65 f.,80
《马斯垂克条约》　**7**/6,**10**/3 ff.
习惯法　**2**/4

四画

不作为犯
　　—行为地　**5**/16,36
　　—国际刑法　**15**/72
中止未遂
　　—国际刑法　**15**/71
中立化效力
　　—欧盟法　**9**/79 ff.,115
中间结果　**5**/28,52
内国/本国概念　**5**/54 ff.
　　—刑法概念　**2**/4,**4**/5,**5**/50 ff.
　　—国家法与国际法概念　**5**/50,53 f.
　　—事实概念　**5**/55 f.

内国犯罪
　—德国刑法适用于内国犯罪
　　5/11 ff.
内国立法者裁量空间　**8**/15
公平审判原则　**11**/57 ff.
　—刑事程序　**11**/59 f.
　—对法院之要求　**11**/61
　—使用法院之权利　**11**/62
　—公开原则　**11**/63
　—程序期间、程序迟延　**11**/64 ff.
　—程序之整体评价　**11**/69 ff.
　—武器平等　**11**/70 ff.
　—不自证己罪　**11**/70
　—听审权　**11**/73
　—对审程序　**11**/74
　—陷害教唆、犯罪挑唆　**11**/79
《公民权利和政治权利国际公约》　**11**/96,
　16/51
公共秩序　**5**/93 ff., 101
　—内国公共秩序　**5**/94
　—国际公共秩序　**5**/95
　—公共秩序条款　**9**/82
　—公共秩序保留　**10**/25
公务员　**9**/101
引渡　**2**/5
引渡法　**5**/86
引渡程序　**10**/26
《日内瓦公约》　**5**/76, **13**/2, **15**/5, **16**/54
　ff., 68
日内瓦法　**16**/54
比例性/比例原则　**9**/18, 21, 50, **10**/65,
　11/28, 32 f., 44, **15**/32
从轻原则　**5**/56, **9**/74, 77, 88
无所不在理论　**5**/12
无法律, 即无犯罪　**11**/82, **15**/13

无法律, 即无刑罚　**11**/81 ff.
　—刑罚概念　**11**/83, 87
　—明确性诫命　**11**/84
　—禁止类推　**11**/85
　—国际刑法　**15**/14
　—禁止溯及既往　**11**/86 f.
　—保安监禁　**11**/87
　无罪推定　**11**/80
无罪责, 即无犯罪　**5**/31
无归责能力
　—国际刑法　**15**/44
双重处罚　**4**/17

五画

《世界人权宣言》　**16**/51
世界法原则　**4**/3, 12 ff., **5**/73 ff., **17**/11,
　38 f.
　—转化　**4**/13
　—限制要件　**5**/73
代理刑事司法　**4**/4, 15 f., **5**/80, 99 f.
司法互助
　—司法互助法　**2**/5
　—欧盟司法合作组织　**10**/13
外国人
　—行为人与被害人　**5**/81
奴役　**16**/43
尼斯条约　**10**/3
平民
　—攻击　**16**/34
未遂
　—结果地　**5**/15, 36
　—国际刑法　**15**/68 ff.
正犯与共犯
　—国际刑法　**15**/50 ff.
　—共同犯罪集团　**15**/55 ff.

正当防卫
　—国际刑法　**15**/30 ff.
正当连系因素　**4**/11
犯罪
　—组织犯罪　**9**/33 f.
犯罪刑法
　—欧洲犯罪刑法　**8**/9
　—超国家犯罪刑法　**8**/10 ff.
犯罪地　**4**/5, **5**/12 ff.
　—犯罪地概念　**4**/5, **5**/8 ff.
　—数犯罪地　**5**/18
　—共犯　**5**/34 ff.
　—网络犯罪　**5**/43 ff.
犯罪地可罚性　**5**/88 ff.
犯罪行为之结果　**5**/50, 52
犯罪要件　**15**/3, 8, 12
生命权　**11**/29 ff.
　—未出生之生命　**11**/30
　—加工自杀　**11**/30
　—自杀　**11**/30
　—死刑　**11**/31
　—正当防卫之限制　**11**/33
《申根施行公约》　**3**/10, **10**/68 ff.
申根信息系统　**10**/49
申根议定书　**10**/71
东京远东国际军事法庭　**12**/9, **13**/13 f., **15**/6
东德/德意志民主共和国　**2**/4, **5**/55 f.
专家刑法　**9**/67, 71
处罚程度
　—违反欧盟法之处罚程度　**9**/18
处罚类型
　—违反欧盟法之处罚类型　**9**/22
灭绝　**16**/42

灭绝种族　**16**/4
灭绝种族　**16**/2 ff.
　—法益　**12**/4, **16**/7
　—发展　**16**/3 ff.
　—概念　**16**/4
　—犯罪体系　**16**/8 f.
　—客观要件　**16**/10 ff.
　—主观要件　**16**/15 ff.
　—行为　**16**/18 ff.
　—《德国国际刑法》　**17**/15
团体
　—灭绝种族罪之团体　**16**/10 ff.
团体犯罪
　—协助团体犯罪　**15**/63
对抗贪污　**9**/33, **10**/18
卢旺达问题国际刑事法庭　**12**/9, **13**/29 f.
《卢旺达问题国际刑事法庭规约》　**15**/4

六画

交互参照　**9**/72
伊拉克高等法庭 1　**3**/31
共犯
　—犯罪地　**5**/34 ff.
　—国际刑法　**15**/60 ff.
共同外交与安全政策　**7**/6
共同正犯
　—行为地　**5**/19
　—国际刑法　**15**/54
共同犯罪集团　**15**/55 ff.
共谋　**15**/63
刑事政策　**10**/58
　—欧盟国刑事政策　**9**/8 f.
　—欧洲刑事政策　**9**/33 f., 50, **10**/

52,65
刑事案件救济　11/94
刑事追诉
　　—多重刑事追诉　3/10 f.
　　—跨境追诉　8/37,10/1 ff.
刑事控诉　8/5
刑事控诉用尽/一事不再理　10/65,71
刑事程序法　7/3,10/1 ff.
刑法
　　—可适用之刑法（准据刑法）　3/3 ff.
　　—欧洲化的内国刑法　2/3
　　—区际刑法　2/4
　　—超国家刑法　2/3,8/18 ff.
刑法特别维护原则　9/9,27
刑法适用法　2/4 f.
　　—功能　3/1 ff.
　　—与个别犯罪要件保护范围之关系
　　　3/8 f.
　　—德国刑法适用法　5/1 ff.
　　—德国刑法适用法立法形成史　5/3
　　—德国刑法适用法基本原则　5/4 f.
　　—释义学分类　5/7
　　—犯罪行为　5/8
　　—行为人　5/9
刑罚权限依据　3/2
危害人类罪　16/25 ff.
　　—法益　12/4,16/32
　　—发展　16/26 ff.
　　—系统攻击　16/33
　　—个别犯罪行为　16/41 ff.
　　—《德国国际刑法》　17/15
危害人类罪之剥夺自由　16/45
危害人类罪之酷刑　16/46
危险犯
　　—结果地　5/25 ff.

合理连系因素　4/2
同化义务　9/27
同化权限　9/36,40
回溯禁止/禁止溯及既往　5/85,9/77,
　　92 ff.
　　—《欧洲人权公约》　11/86 f.
　　—国际刑法　15/13
多行为犯
　　—行为地　5/21
有限个别授权　8/18
有效原则　9/38,65,10/73
死刑　11/31,47
自由刑　8/9
自由法官　10/22
自我提交　14/13
至少最高刑罚　9/45
行为地　5/12,19 ff.
　　—作为犯　5/13
　　—不作为犯　5/16
　　—共同正犯　5/19
　　—间接正犯　5/20
　　—行为单数　5/21
　　—集合犯　5/22
　　—共犯　5/36
伦敦四国协议　13/5
执行互助
　　—传统司法互助　2/5
执行方案
　　—诉讼迟延　11/64 ff.
　　—犯罪挑唆　11/79
杀害
　　—灭绝种族　16/19
　　—危害人类　16/41
网络
　　—决定犯罪地之问题　5/43 ff.

—限制德国刑法权 **5**/49
过失犯 **9**/107 ff.
过境犯 **5**/33
过桥条款 **10**/62
冲突法 **3**/3 f., 6
迁徙自由 **10**/24, 73, 82
　　—限制 **9**/5
权限
　　—欧盟法律制定权限 **7**/8, **8**/18 ff.
　　—欧盟同化权限 **7**/8, **9**/33 ff.
权限之权限 **4**/2
权限分配
　　—权限分配原则 **4**/4, 17
　　—欧盟与会员国之权限分配 **9**/2
　　—《德国基本法》7 对刑法之权限
　　　分配 **9**/3
权限挑选 **10**/23
权限结构
　　—动态 **9**/2
　　—静态 **9**/3
权限冲突 **10**/67

七画

伴随情况 **15**/26
住所原则 **4**/8, **5**/65 f.
冷战 **13**/16
坎帕拉会议 **14**/8, **16**/60, 75, 85 ff.
完成工作战略 **13**/19
希腊玉米丑闻案 **9**/28
没收保证金 **8**/3
《里斯本条约》 **7**/7, **8**/20, 24, 27, **9**/30 ff., 48, 71, **10**/11, 25, 45 ff., 69, 72
《防止及惩治灭绝种族罪公约》 **13**/15, 26, **15**/5, 51, **16**/5 f.
防卫过当

—《德国国际刑法》 **17**/21
来源国原则 **5**/53
阻止生育 **16**/22
阻却违法事由
　　—依犯罪地法 **5**/90 ff.
　　—《德国国际刑法》 **17**/20
《阿姆斯特丹条约》 **7**/6, **8**/22 f., **10**/71
　　附属权限 **8**/29, **9**/31, 38 ff., 54
纽伦堡后续诉讼 **13**/10
纽伦堡原则 **13**/15
纽伦堡国际军事法庭 **12**/9, **13**/5 ff.
　　—管辖权 **13**/6
　　—法庭组织 **13**/7
　　—程序法 **13**/8
　　—判决 **13**/9
　　—问题 **13**/11
《纽伦堡国际军事法庭宪章》 **13**/6
　　启动机制 **14**/12 ff
条约犯罪 **12**/12
条约补充权限 **8**/19
连系因素—见：合理连系因素
诉讼障碍 **3**/2, 13
诈欺
　　—欧盟对抗诈欺 **8**/25 ff., **9**/30, 51, **10**/2, 18 ff.
间接正犯
　　—行为地 **5**/20
　　—国际刑法 **15**/59
　　　间接实现模式 **12**/8
补充性原则 **14**/17 ff., **17**/7, 9, 13
　　—权限之权限 **14**/22
　　—《德国国际刑法》 **17**/18
解释
　　—欧盟法之解释原则 **9**/65

—参照欧盟法之解释 **9**/69
余留机制 **13**/19
违反《欧洲人权公约》之补偿 **11**/22,40,66,79
违反欧盟法的犯罪要件 **9**/14 ff.
违反欧盟法的法律效果 **9**/17
《远东国际军事法庭宪章》 **15**/4
证据方法 **10**/37
证据使用禁止 **10**/22
驱逐 **16**/44

八画

事实错误
　—国际刑法 **15**/40
使用催吐剂 **11**/41 ff.
依行为地法 **4**/7,10 f.,**15**,**5**/42,99
依命令之行为 **15**/39
依职权主动侦查 **14**/15,23
具体危险犯
　—结果地 **5**/24
制裁
　—金钱制裁 **8**/3
　—其他财产制裁 **8**/3
　—行政法制裁 **8**/7
忠诚义务
　—会员国对欧盟 **8**/15,**9**/9,26 ff.
　—欧盟对会员国 **9**/9
性犯罪
　—危害人类罪 **16**/47
抽象危险犯
　—结果地 **5**/25 ff.,45
明确性诫命
　—明确性原则 **9**/66 ff.,93 f.
　—《欧洲人权公约》 **11**/84
　—国际刑法 **15**/13

武力禁止 **16**/77
武装冲突 **16**/58 ff.,70
　—客观要件 **16**/61 ff.
　—主观要件 **16**/65
歧视本国人 **9**/86
歧视禁止 **9**/18,21,86
治外法权人 **5**/59
法定性原则 **3**/11
法律同化 **7**/7
　—权限 **9**/34 ff.,38 ff.,**10**/53 ff.
　—扩大条款 **9**/35,**10**/62
　—对抗诈欺 **9**/50
　—证据方法 **10**/53
　—被告 **10**/54
　—刑事程序 **10**/51 ff.
　—个人权利 **10**/54 ff.
法律错误
　—国际刑法 **15**/40
法益
　—以德国犯罪要件保护
　　外国法益 **3**/8 f.,**6**/1 f.
　—公共法益 **3**/12,**6**/1
　—国际保护之法益 **5**/75
　—个人法益 **6**/1
　—国内法益 **6**/1
　—外国法益 **6**/1 f.
　—欧盟法益 **9**/26 ff.,97 ff.
　—国际社会法益 **12**/4
法院地法原则 **10**/38
法源
　—国际刑法 **15**/2 ff.
　—阶层 **15**/8
波斯尼亚与黑塞哥维那战争罪法庭 **13**/31
注意义务 **9**/107

关键词索引　461

直接实现模式　**12**/9
空白刑法规范　**9**/58 ff.
表意犯
　　—网络　**5**/43 ff.
迫害　**16**/48
侦查程序　**10**/22
参照　**9**/57 ff.
　　—解释　**9**/62 ff.
　　—动态解释　**9**/70,76
　　—静态参照　**9**/70,75
　　—交互参照　**9**/72
国家申诉　**11**/5,**14**/13
国家保护原则　**4**/3,10,12,**5**/65 f.
国旗原则　**4**/3,6,**5**/60 ff.
国际(实体)刑法
　　—概念　**2**/2,**12**/1 ff.
　　—广义概念　**2**/2
　　—法益保护　**12**/2
　　—历史发展　**13**/1 ff.
　　—总则　**15**/1 ff.
　　—法源　**15**/2 ff.
　　—分则　**16**/1 ff.
　　—德国法转化　**17**/1 ff.
国际犯罪
　　—结构　**15**/16 ff.
国际刑事法院　**12**/9,**14**/1 ff.
　　—职责　**14**/5
　　—管辖权　**14**/6 ff.
　　—豁免权　**14**/7
　　—内部组织　**14**/24 ff.
　　—法官　**14**/25
　　—书记官处　**14**/26
　　—原告　**14**/27
　　—财务　**14**/28
　　—刑事程序　**14**/29 ff.
　　—权利救济　**14**/34
　　—再审　**14**/34
　　—刑罚　**14**/37
　　—法律政策评价　**14**/39
　　—引渡　**17**/3 f.
《国际刑事法院规约草案》　**14**/2
国际刑事法院检察官　**14**/15
《国际刑事法院罗马规约》　**14**/2 ff.,**15**/3
　　—批准　**17**/2
　　—结构　**14**/4
国际刑法
　　—概念　**2**/1,2,4,**3**/1
国际私法　**3**/3 f.,**5**/94
国际法
　　—法源　**12**/5
国际法之不干涉诫命　**4**/2,**17**/38
国际法主体　**12**/10 f.
国际法犯罪之犯罪要素　**15**/20 ff.
国际法犯罪之结构　**15**/19
国际法刑罚权　**12**/7 ff.
国际法委员会草案　**13**/17
国际条约　**12**/5
国际习惯法　**12**/5,**15**/4 ff.,**17**/12
国际责任法　**12**/10
丧失战斗力　**16**/36
规则　**15**/9 ff.
欧盟法之解释　**9**/105
《欧洲人权公约》　**7**/3,**11**/1 ff.,20
　　—批准程序　**11**/7
　　—公约在缔约国之地位　**11**/8 ff.
　　—有利原则　**11**/9
　　—《里斯本条约》　**11**/14 f.
　　—对欧盟法之意义　**11**/16 ff.
　　—解释　**11**/19

—权利保护体系 **11**/20 f.
—违反公约之补偿 **11**/22, 40, 66, 79
—享有公约权利者 **11**/23 ff.
—承受义务者 **11**/24 f.
—间接第三人效力 **11**/25, 33, 38
—审查公约权利 **11**/28
欧洲人权委员会 **11**/99
欧洲人权法院
—《欧洲人权公约》
—机关 **11**/5, 99 ff.
—刑事法相关公约保障 **11**/26 ff.
—机关 **11**/99 ff.
—个人申诉 **11**/101 f.
—国家申诉 **11**/103
—赔偿 **11**/104
—欧洲人权法院判决对公约国之效力 **11**/105 ff.
欧洲之消费者形象 **9**/105
欧洲化
—内国刑法欧洲化 **2**/3, **7**/3, **9**/1 ff., 56, 91
—刑事司法欧洲化 **10**/1 ff.
欧洲犯罪 **8**/37
欧洲犯罪问题委员会 **11**/6
《欧洲刑事政策宣言》 **9**/34, 55
欧洲刑事诉讼法 **10**/22 f., 38
—证据方法 **10**/35
—权利同化 **10**/53
—个人权利 **10**/56
—证人 **10**/60
—被害人 **10**/61
欧洲刑法 **2**/3, **7**/1 ff.
—广义 **7**/8, **8**/5 ff., **11**/1
—狭义 **8**/17, 27
欧洲防御共同体 **8**/21

欧洲法
—欧洲法对内国刑法之影响 **9**/1 ff.
欧洲原子能共同体 **8**/21
《欧洲原子能共同体条约》 **8**/16
欧洲理事会 **11**/2 ff.
—机关 **11**/3 ff.
—与刑事法有关之工作 **11**/6
欧洲煤钢共同体 **8**/21
欧洲经济共同体 **8**/21
欧洲废弃物概念 **9**/105
欧洲辩护人 **10**/23
欧盟一级法 **7**/4, **8**/11, **9**/10 ff., **10**/70
欧盟二级法 **7**/4
欧盟司法合作组织 **10**/11 ff.
—功能 **10**/13, 17
—权限 **10**/14
欧盟司法网络 **10**/12
欧盟刑事追诉机构 **10**/2 ff.
欧盟刑法 **2**/3
欧盟法
—欧盟法形塑内国刑法的界限 **9**/10 ff
—作为内国刑法上限 **9**/11 ff.
—违反欧盟法的犯罪成立要件 **9**/14 ff.
—违反欧盟法的法律效果 **9**/17
—作为内国刑法底限 **9**/25 ff.
—适用内国刑法 **9**/78 ff.
—欧盟法优先性 **9**/78 ff.
—刑罚效果层面的冲突 **9**/85 ff.
欧盟法个别犯罪构成要件要素的概念从属性 **9**/104 ff.
《欧盟法院章程》 **8**/11 ff.
欧盟法与内国法之冲突
—真正冲突 **9**/80 ff., 85 ff.

—假象冲突 9/80,88
欧盟法优先适用 9/78 ff.,91
欧盟保护令 10/48
欧盟保护原则 4/18,8/13
欧盟指令 7/7 f.,9/59
欧盟指示权限 7/8,9/31 ff.
欧盟执行令状 10/42
欧盟执委会 7/6,10/18 f.
《欧盟基本权利宪章》 10/67 f.,11/18 f.
欧盟规则 7/4,8,9/60
欧盟诈欺犯罪防制局 10/18 ff.
—任务 10/18
—权限 10/19 f.
  欧盟逮捕令 10/26 ff.
—传统引渡程序 10/28
—犯罪清单 10/29
—拒绝执行事由 10/30
—免于引渡之自由 10/31
—德国联邦宪法法院判决 10/31
—德国第一次转化法违宪 10/31
—德国第二次转化法 10/32
—其他会员国 10/33 f.
—罪刑法定原则 10/35
—禁止歧视 10/35
欧盟补助款 8/4
欧盟监控令状 10/34,41
《欧盟宪法条约》 7/7
欧盟检察署 8/30,38,10/17,21 ff.,55
—权限 10/22
—批评 10/23
欧盟证据令状 10/37
欧盟警察署 10/3 ff.
—《欧盟警察署公约》 10/3

—《欧盟警察署决议》 10/3
—主要机关 10/4
—权责 10/5
—任务 10/6
—自动化信息系统 10/7
—共同监督机关 10/9
—关联问题 10/9
欧盟警察署联络官 10/6
欧体电子商务指令 5/53
审判权冲突 4/17
审查会议 14/8,16/82
环境刑法
—欧盟法从属性 9/106

九画

侵略罪 16/76 ff.
—依国际习惯法 16/77 ff.
—《罗马规约》 16/80 ff.
—犯罪构成要件 16/83 f.
—发动机制 16/85
—生效 16/86
侵略战争 16/77
便宜原则 5/42,68,74,77,103
保护原则 4/3,5,9
《保护欧盟经济利益公约》 8/25,9/33
《保护欧盟经济利益刑法规范》 8/33 ff.,38,10/21
保护范围
—刑法构成要件保护范围 3/12
保护范围之限制
—限于内国法益 6/1 ff.
前南斯拉夫问题国际刑事法庭 12/9,13/18 ff.
—管辖权 13/20 f.
—法庭组成 13/22 f.

—法律效果　**13**/24
　—适用之犯罪要件　**13**/25 f.
　—国际习惯法　**13**/25 f.
　—法庭合法性　**13**/27 f.
《前南斯拉夫问题国际刑事法庭规约》
　15/4
客观处罚条件
　—结果地　**5**/29 ff.
故意
　—国际刑法　**15**/21 ff.
柬埔寨特别法院　**13**/31
洗钱　**7**/6, **9**/33
相互承认
　—没收裁判　**10**/41
　—罚款　**10**/41
　—适用范围　**10**/46
　—判决　**10**/43
　—缓刑裁判　**10**/43
　—法律同化界限　**10**/47
　—其他欧盟国之有罪判决　**10**/51
　—缺席判决　**10**/59
相互承认原则　**10**/22, 24 ff.
　—欧盟检察署　**10**/22
　—意义　**10**/24 ff.
　—公共秩序保留　**10**/26
　—法案　**10**/28 ff.
　—立法　**10**/45
衍生规范　**9**/14
追诉权限　**5**/75
预先裁判程序　**10**/72
信息可支配原则　**10**/50 ff.
种族隔离　**16**/50
战争罪　**16**/52 ff.
　—法益　**12**/4, **16**/57
　—发展　**16**/53 ff.

　—体系　**16**/58 ff.
　—犯罪行为　**16**/66 ff.
　—《德国国际刑法》　**17**/15
选择性加入条款　**14**/10
帮助犯
　—国际刑法　**15**/62
　—犯罪地　**5**/31
总则
　—针对欧盟制裁　**8**/7
　—狭义欧洲刑法　**8**/27
　—《保护欧盟经济利益刑法规范
　　Corpus Juris》　**8**/35
　—欧洲犯罪　**8**/37
　—调和化　**9**/44, 49
　—国际刑法　**15**/1 ff.
总体犯罪　**12**/2
适用外国法　**3**/5
类推禁止
　—《欧洲人权公约》　**11**/85
　—国际刑法　**15**/13

十画

剥夺自由　**11**/48 ff.
　—《欧洲人权公约》　**11**/49 ff.
　—恣意　**11**/49, 55
　—信息权　**11**/50
　—带往法官面前　**11**/51
　—法官保留　**11**/52
　—羁押审查　**11**/52
　—适当程序期间　**11**/67
原因自由行为
　—国际刑法　**15**/44
原始规范　**9**/14 ff.
容许风险　**9**/109
容许构成要件错误

——国际刑法 **15**/43

——《德国国际刑法》 **17**/22

恐怖主义 **7**/6,**9**/33,**10**/67

时效

——国际刑法 **15**/48

——《德国国际刑法》**17**/24

核心犯罪 **12**/3,**14**/8

框架决议 **7**/6,**9**/33,48,**10**/28 ff.

——继续适用 **10**/27

海牙法 **16**/54 ff.,71

海牙陆战法规 **13**/3,**16**/54

特别规范 **9**/108

真正连系 **4**/2

航空器 **5**/62

《莫斯科宣言》 **13**/5

《被告权利框架决议》 **10**/54 ff.

被害人

——框架决议 **10**/61

被害人信托基金 **14**/35

被害人权利 **14**/35

莱比锡战犯审判 **13**/4

准用条款 **9**/73

紧急煞车条款

——刑法同化 **9**/47 ff.

——司法审查 **9**/49

——欧盟法院之滥用监督 **9**/49

——类推适用 **9**/52 ff.

——刑事诉讼法 **10**/63

紧急避难

——国际刑法 **15**/34 ff.

宽恕罪责事由/减免罪责事由

——依犯罪地法 **5**/90 ff.

——《德国国际刑法》 **17**/20

积极属人原则 **4**/3,5,7 f.,**5**/3,64 ff.,78 ff.

继续犯

——行为地 **5**/21

十一画

商品流通自由 **9**/2,16

基本自由 **9**/18,21 f.,24,82

屠杀犹太人 **13**/5,**16**/27

排除刑事责任事由 **15**/19,29 ff.

——超法规事由 **15**/49

——依犯罪地法 **5**/90 ff.

接续行为

——行为地 **5**/21

教唆

——教唆犯之犯罪地 **5**/34 ff.

——国际刑法 **15**/61

混合法院 **13**/31

船舰 **5**/61

绿皮书

——保护欧体经济利益与创设欧盟《检察署绿皮书》 **8**/38,**10**/21 ff.

虚假程序 **14**/18,23

辅助性原则 **8**/28 ff.,37 f.,**11**/40

辅助性议定书 **8**/28

弹性空间理论 **9**/112

营业自由 **9**/21 ff.,82

十二画

尊重私人与家庭生活权利 **11**/90 ff.

——干预正当性 **11**/92

提供服务自由 **9**/23 f.,82

散布犯

——网络 **5**/45

斯德哥尔摩计划 **10**/58

《普吕姆条约》 **10**/50

普通法/英美法　**15**/17 f.
最低刑罚　**9**/46,114
最低限度条款　**14**/20
最低限度调和化、同化　**9**/29,34,38,42 f.,**10**/53
最后手段　**8**/28,**9**/37,50,**10**/53
程序中止
　——一事不再理　**10**/71,73 f.
《程序和证据规则》　**14**/29,**15**/3,8
程序障碍　**10**/65
　——犯罪地法　**5**/97 ff.
　　　结果地　**5**/12,14 f.,25 ff.
　——既遂犯　**5**/14
　——未遂犯　**5**/15
　——危险犯　**5**/25 ff.,43 ff.
　——客观处罚条件　**5**/29 ff.
　——共犯　**5**/34 ff.
裁量　**9**/17,83
　——《德国刑法》第 263 条符合
超国家化　**9**/32
超国家的整体犯罪要件　**8**/12
量刑
　——欧洲法影响　**9**/111 ff.
　——量刑罪责　**9**/113
　——过长程序期间（程序迟延）　**11**/64 ff.
　——陷害教唆　**11**/79
集合犯
　——行为地　**5**/22
　　　奥斯维辛谎言　**5**/42,43 ff.,**9**/7
强制性紧急避难
　——国际刑法　**15**/37
强迫人员失踪　**16**/49
确定力/既判力
　——国际刑事法院判决　**14**/38

隔地犯　**5**/18,33
联合国安全理事会　**13**/19,28 f.,**14**/2,16,**16**/81 f.
《联合国酷刑公约》　**16**/46
《联合国宪章》　**16**/77
属地原则/领域原则　**4**/3,5,**5**/3 f.,11 ff.,55,57,**8**/13
　——欧洲属地原则　**4**/5,**8**/13,**10**/67

十三画

新国民条款　**5**/84 f.
概括条款　**9**/106
塞拉利昂特别法庭　**13**/31
《盟军第 10 号管制法》　**16**/29
禁止引渡　**4**/7
禁止酷刑　**11**/35 ff.
　——酷刑概念　**11**/35
　——非人道或侮辱处遇　**11**/35,42
　——不存在限制例外　**11**/36
　——威胁酷刑　**11**/39 f.
　——驱逐出境障碍/引渡
障碍　**11**/45 ff.
禁止错误
　——国际刑法　**15**/42
　——《德国国际刑法》　**17**/23
禁止双重处罚　**3**/10,**5**/89,**10**/64 ff.,**11**/95 ff.
　——符合欧盟法之解释　**9**/78,80,84,86,89 ff.
　——符合指令之解释　**9**/90
　——合宪性解释　**9**/90
　——欧盟法之解释基准　**9**/91,97 ff.
　——符合欧盟法解释之界限　**9**/92
　——符合框架决议之解释　**9**/115
　——国际法友善解释　**11**/13,25,**17**/4

解释规则
　　—欧洲法之解释规则　**9**/64 ff.
　　—国际刑事法院之解释
数据保护　**10**/8,15
错误
　　—国际刑法　**15**/40 ff.

十四画

煽动灭绝种族　**15**/51,**16**/9
罚款　**8**/2,6
轻率　**15**/27,**16**/66

十五画

《德国国会履行欧盟事务整合责任法》
　　9/35,48
　　　刑事诉讼法　**10**/62
《德国国际刑事司法互助法》　**2**/5,**5**/81
《德国国际刑法》　**17**/6 ff.
　　—立法动机　**17**/7
　　—内容　**17**/14 ff.
　　—总则　**17**/14,20 ff.
　　—分则　**17**/15 f.,27 ff.
　　—补充性原则　**17**/18 ff.
　　—明确性原则　**17**/31 ff.
　　—有待补充的犯罪构成要件要素
　　　17/32 f.
　　—参照国际习惯法　**17**/34 f.

　　—参照国际条约　**17**/36 f.
　　—法律政策评价　**17**/40
《德国执行〈罗马规约〉法案》　**17**/5
《德国电子媒体法》　**5**/53
《德国与国际刑事法院合作法》　**17**/5
《德国欧盟司法合作组织法》　**10**/16
《德国适用范围规则》　**5**/3
《德国罗马规约法》　**17**/2,13
德国人
　　—本国人概念　**5**/82
　　—被害人　**5**/83
　　—行为人　**5**/84 f.
德国联邦宪法法院里斯本判决　**9**/7,
　　35,38,50
黎巴嫩特别法庭　**13**/31

十六画

整体犯罪
　　—危害人类罪　**16**/34 ff.

十七画

豁免
　　—国际刑法　**15**/45 ff.

十九画

警察与司法刑事合作　**7**/6 f.,**9**/32,**10**/
　　11 f.,24

附录一 《德国刑法》第3条至第9条（刑法适用法）*

第3条(属地原则)

德国刑法于在本国领域内犯罪者,适用之。

第4条(在德国船舰或航空器内之犯罪)

德国刑法于在合法悬挂德国国旗或标示德国标志之船舰或航空器内犯罪者,不问犯罪地之法律为何,适用之。

第5条(侵害本国法益之外国犯罪)

德国刑法于凡在国外犯下列各罪者,不问犯罪地之法律为何,适用之：

预备战争(第80条)。

内乱(第81条至第83条)。

危害民主法治国

第89条、第90条之1第1项及第90条之2之情形,行为人为德国人并于本法适用领域有生活基础者。

第90条及第90条之1第2项。

叛国及危害国家安全(第94条至第100条之1)。

针对国家防卫之犯罪

第109条、第109条之5至第109条之7。

于第109条之1、第109条之4及第109条之8之情形,行为人为德国人且于本法适用领域有生活基础者。

政治绑架或政治犯罪嫌疑(第234条之1、第241条之1),系对在国内有住所或居所之德国人犯之者。

之于第235条第2项第2款之情形,诱拐对在国内有住所或居所之儿童者。

---

* 本书第五章以《德国刑法》第3条至第9条为论述基础,译者译出条文,便利读者对照。——译者注

侵害于在本法适用领域内设有住所之企业行号营业秘密者。受害企业之住所在国外，但依附于在本法适用领域设有住所之企业且与其成为企业集团者，亦同。

妨害性自主罪

第174条第1项及第3项，行为人及被害人于行为时均为德国人且在国内有生活基础者。

第176条至第176条之2及第182条，行为人为德国人者。

堕胎罪（第218条），行为人于行为时为德国人且在本法适用领域有生活基础者。

于本法适用范围内之法院程序或有权要求宣誓或代替宣誓担保之德国其他机关之程序，犯宣誓、未宣誓或替代宣誓之伪证罪（第153条至第156条）。

于德国专属经济海域犯第324条、第326条、第330条及第330条之1之环境犯罪，但以国际条约为保护海洋而允许追诉者为限。

之第328条第2项第3款、第4款、第4项及第5项之罪，行为人行为时为德国人者；第330条结合以上情形者，亦同。

德国公务员或对公职有特别义务之人，于公务停留期间或因公务关系所犯之罪。

担任德国公务员之外国人或有特殊公职义务之外国人犯罪者。

任何人对德国公务员、有特殊公职义务之人或联邦国防军人于执行职务或公务方面所犯之罪。

之选举民意代表之贿选（第108条之5），行为人行为时为德国人或对德国人犯之者。

贩卖人体器官与组织（器官移植法第18条），行为人行为时为德国人者。

第6条（侵害国际保护法益之外国犯罪）

德国刑法于在国外犯下列各罪者，不问犯罪地之法律为何，亦适用之：

（删除）

第307条、第308条第1项至第4项、第309条第2项及第310条之核能罪、爆裂物罪及放射线罪。

攻击航空或航海交通（第316条之3）。

为性剥削或剥削劳力而贩卖人口或促成贩卖人口（第232条至第233条之1）。

违法贩卖毒品

第184条之1、第184条之2第1项至第3项及第184条之3第1项至第3项之散布情色书报罪；第184条之4第1项结合以上情形者，亦同。

伪造货币、有价证券（第146条、第151条及第152条）、有信用功能之付款卡片及欧元空白支票（第152条之2第1项至第4项）。预备犯前述之罪者（第149条、第151条、第152条及第152条之2第5项），亦同。

补助款诈欺罪（第264条）。

德国因受国际条约拘束而应追诉之犯罪，系在国外犯之者，亦同。

第 7 条(其他情形之外国犯罪)

德国刑法于在国外对德国人之犯罪,而犯罪地以刑罚处罚或不属于任何刑罚权者,适用之。

在国外之其他犯罪,犯罪地以刑罚处罚或不属于任何刑罚权,而行为人有下列情形之一者,适用德国刑法:

行为时是德国人或行为后成为德国人。

行为时是外国人,而在德国国内被发现,其犯罪类型虽得依引渡法引渡,但因引渡请求未于适当期限内提出、遭驳回或无法执行引渡。

第 8 条(行为时)

称行为时者,为正犯或共犯之作为时,于不作为之情形,则为应作为之时。犯罪结果何时发生,在所不问。

第 9 条(犯罪地)

称犯罪地者,为正犯作为之地,于不作为之情形,则为应作为之地。构成要件结果发生之地或依正犯想象应发生之地,亦为犯罪地。

称共犯之犯罪地者,为正犯犯罪之作为地及共犯之作为地,于不作为犯则为应作为之地;依共犯之想象应属犯罪之地,亦为共犯之犯罪地。参与外国犯罪之共犯系在国内为参与行为者,纵主行为依外国犯罪地之法律不罚,共犯行为仍适用德国刑法。

附录二 《国际刑事法院罗马规约》*

本卷收录了1998年7月17日以A/CONF.183/9号文件印发并经1998年11月10日、1999年7月12日、1999年11月30日、2000年5月8日、2001年1月17日和2002年1月16日议事录修正的《罗马规约》。规约于2002年7月1日正式生效。

第一编:法院的设立(Establishment of the Court, Art.1-4)

第二编:管辖权、可受理性和适用的法律(Jurisdiction, admissibility and applicable law, Art.5-21)

第三编:刑法的一般原则(General principles of criminal law, Art.22-33)

第四编:法院组织(Composition and administration of the Court, Art.34-52)

第五编:正式侦查和起诉(Investigation and prosecution, Art.53-61)

第六编:审判(The trial, Art.62-76)

第七编:刑罚(Penalties, Art.77-80)

第八编:上诉、抗告和再审(Appeal and revision, Art.81-85)

第九编:国际合作和司法协助(International cooperation and judicial assistance, Art.86-102)

第十编:执行(Enforcement, Art.103-111)

第十一编:缔约国大会(Assembly of States Parties, Art.112)

---

* 依《国际刑事法院罗马规约》第128条,规约作准语言包括中文。以下由译者校注的规约全文,以联合国简体中文版为基础①,另辅以国际刑事法院提供的英文版②及联合国法律文件网站提供的德文版③作对照。为尊重《罗马规约》中文版之拘束力,除因极易误解而有调整必要者外(修改处以底线标示),译者概以规约中文为准。此外,规约中文所称"款""项""被告人",更改为台湾地区对应用语的"项""款""被告"。其余修改,参见相关脚注。——译者注

① http://untreaty.un.org/cod/icc/statute/chinese/rome_statute(c).pdf.
② http://www.icc-cpi.int/Menus/ICC/Legal+Texts+and+Tools/.
③ http://www.un.org/Depts/german/internatrecht/fs_internatr.html.

第十二编：财务事项（Financing, Art.113-118）
第十三编：最后条款（Final clauses, Art.119-128）

序 言

本规约缔约国，意识到各国人民唇齿相依，休戚与共，他们的文化拼合组成人类共同财产，但是担心这种并不牢固的拼合随时可能分裂瓦解，注意到在本世纪内，难以想象的暴行残害了无数儿童、妇女和男子的生命，使全人类的良知深受震动，认识到这种严重犯罪危及世界的和平、安全与福祉，申明对于整个国际社会关注的最严重犯罪，绝不能听之任之不予处罚，为有效惩治罪犯，必须通过国家层级④采取措施并加强国际合作，决心使上述犯罪的罪犯不再逍遥法外，从而有助于预防这种犯罪，忆及各国有义务对犯有国际罪行的人行使刑事管辖权，重申《联合国宪章》的宗旨及原则，特别是各国不得以武力相威胁或使用武力，或以与联合国宗旨不符的任何其他方法，侵犯任何国家的领土完整或政治独立，强调本规约的任何规定不得解释为允许任何缔约国插手他国内政中的武装冲突，决心为此目的并为了今世后代设立一个独立的常设国际刑事法院，与联合国系统建立关系，对整个国际社会关注的最严重犯罪具有管辖权，强调根据本规约设立的国际刑事法院对国内刑事管辖权起补充作用，决心保证永远尊重国际正义的执行，议定如下：

第一编 法院的设立

第1条 法院

兹设立国际刑事法院（"本法院"）。本法院为常设机构，有权就本规约所提到的、受到国际关注的最严重犯罪对个人行使其管辖权，并对国家刑事管辖权起补充作用。本法院的管辖权和运作由本规约的条款加以规定。

第2条 法院与联合国的关系

本法院应当以本规约缔约国大会批准后，由院长代表本法院缔结的协议与联合国建立关系。

第3条 法院所在地

本法院设在荷兰（东道国）海牙。

本法院应当在缔约国大会批准后，由院长代表本法院与东道国缔结总部协议。

本法院根据本规约规定，在其认为适宜时，可以在其他地方开庭。

第4条 法院的法律地位和权力

---

④ 中文版"国家一级"，英文版为"by taking measures at the national level"。

本法院具有国际法律人格,并享有为行使其职能和实现其宗旨所必需的权利能力⑤。

本法院根据本规约规定,可以在任何缔约国境内,或以特别协议在任何其他国家境内,行使其职能和权力。

第二编　管辖权、可受理性和适用的法律

第 5 条　法院管辖权内的犯罪

本法院的管辖权限于整个国际社会关注的最严重犯罪。本法院根据本规约,对下列犯罪具有管辖权:

灭绝种族罪;

危害人类罪;

战争罪;

侵略罪。

在依照第 121 条和第 123 条制定条款,界定侵略罪的定义,及规定本法院对这一犯罪行使管辖权的条件后,本法院即对侵略罪行使管辖权。这一条款应符合《联合国宪章》有关规定。

第 6 条　灭绝种族罪

为了本规约的目的,"灭绝种族罪"是指蓄意全部或局部消灭某一民族、族裔、种族或宗教团体而实施的下列任何一种行为:

杀害该团体的成员;

致使该团体的成员在身体上或精神上遭受严重伤害;

故意使该团体处于某种生活状况下,毁灭其全部或局部的生命;

强制施行办法,意图防止该团体内的生育;

强迫转移该团体的儿童至另一团体。

第 7 条　危害人类罪

为了本规约的目的,"危害人类罪"是指在广泛或有系统地针对任何平民人口进行的攻击中,在明知这一攻击的情况下,作为攻击的一部分而实施的下列任何一种行为:

谋杀;

灭绝;

奴役;

---

⑤　中文版为"法律行为能力",英文版为"legal capacity",德文版为"Rechts-und Geschäftsfähigkeit"。

驱逐出境或强行迁移人口；

违反国际法基本规则，监禁或以其他方式严重剥夺人身自由；

酷刑；

强奸、性奴役、强迫卖淫、强迫怀孕、强迫绝育或严重程度相当的任何其他形式的性暴力；

基于政治、种族、民族、族裔、文化、宗教、第3项所界定的性别，或根据公认为国际法不容的其他理由，对任何可以识别的团体或集体进行迫害，而且与任何一种本项提及的行为或任何一种本法院管辖权内的犯罪结合发生；

强迫人员失踪；

种族隔离罪；

故意造成重大痛苦，或对人体或身心健康造成严重伤害的其他性质相同的不人道行为。

为了第1项的目的：

"针对任何平民人口进行的攻击"是指根据国家或组织攻击平民人口的政策，或为了推行这种政策，针对任何平民人口多次实施第1项所述行为的行为过程；

"灭绝"包括故意施加某种生活状况，如断绝粮食和药品来源，目的是毁灭部分人口；

"奴役"是指对一人行使附属于所有权的任何或一切权力，包括在贩卖人口，特别是贩卖妇女和儿童的过程中行使这种权力；

"驱逐出境或强行迁移人口"是指在缺乏国际法容许的理由的情况下，以驱逐或其他胁迫行为，强迫有关的人迁离其合法留在的地区；

"酷刑"是指故意致使在被告羁押或控制下的人的身体或精神遭受重大痛苦；但酷刑不应包括纯因合法制裁而引起的，或这种制裁所固有或附带的痛苦；

"强迫怀孕"是指以影响任何人口的族裔构成的目的，或以进行其他严重违反国际法的行为的目的，非法禁闭被强迫怀孕的妇女；本定义不得以任何方式解释为影响国内关于妊娠的法律；

"迫害"是指违反国际法规定，针对某一团体或集体的特性，故意和严重地剥夺基本权利；

"种族隔离罪"是指一个种族团体对任何其他一个或多个种族团体，在一个有计划地实行压迫和统治的体制化制度下，实施性质与第1项所述行为相同的不人道行为，目的是维持该制度的存在；

"强迫人员失踪"是指国家或政治组织直接地，或在其同意、支持或默许下，逮捕、羁押或绑架人员，继而拒绝承认这种剥夺自由的行为，或拒绝透露有关人员的命运或下落，目的是将其长期置于法律保护之外。

为了本规约的目的，"性别"一词应被理解为是指社会上的男女两性。"性别"一词仅反映上述意思。

第 8 条　战争罪

本法院对战争罪具有管辖权，特别是对于作为一项计划或政策的一部分所实施的行为，或作为在大规模实施这些犯罪中所实施的行为。

为了本规约的目的，"战争罪"是指：

严重破坏 1949 年 8 月 12 日《日内瓦公约》的行为，即对有关的《日内瓦公约》规定保护的人或财产实施下列任何一种行为：

故意杀害；

酷刑或不人道待遇，包括生物学实验；

故意使身体或健康遭受重大痛苦或严重伤害；

无军事上的必要，非法和恣意地广泛破坏和侵占财产；

强迫战俘或其他被保护人在敌国部队中服役；

故意剥夺战俘或其他被保护人应享的公允及合法审判的权利；

非法驱逐出境或迁移或非法禁闭；

劫持人质。

严重违反国际法既定范围内适用于国际武装冲突的法规和惯例的其他行为，即下列任何一种行为：

故意指令攻击平民人口本身或未直接参加敌对行动的个别平民；

故意指令攻击民用物体，即非军事目标的物体；

故意指令攻击依照《联合国宪章》执行的人道主义援助或维持和平行动的所涉人员、设施、物资、单位或车辆，如果这些人员和物体有权得到武装冲突国际法规给予平民和民用物体的保护；

故意发动攻击，明知这种攻击将附带造成平民伤亡或破坏民用物体或致使自然环境遭受广泛、长期和严重的破坏，其程度与预期得到的具体和直接的整体军事利益相比显然过当⑥；

以任何手段攻击或轰击非军事目标的不设防城镇、村庄、住所或建筑物；

杀、伤已经放下武器或丧失自卫能力并已无条件投降的战斗员；

不当使用休战旗、敌方或联合国旗帜或军事标志和制服，以及《日内瓦公约》所订特殊标志，致使人员死亡或重伤；

占领国将部分本国平民人口间接或直接迁移到其占领的领土，或将被占领领土的全部或部分人口驱逐或迁移到被占领领土内或外的地方；

故意指令攻击专用于宗教、教育、艺术、科学或慈善事业的建筑物、历史纪念物、医院和伤病人员收容所，除非这些地方是军事目标；

---

⑥　中文版为"是过分的"，英文版为"clearly excessive"。

致使在敌方权力下的人员肢体遭受残伤,或对其进行任何种类的医学或科学实验,而这些实验既不具有医学、牙医学或住院治疗有关人员的理由,也不是为了该人员的利益而进行的,并且导致这些人员死亡或严重危及其健康;

以背信弃义的方式杀、伤属于敌国或敌军的人员;

宣告决不纳降;

摧毁或没收敌方财产,除非是基于战争的必要;

宣布取消、停止敌方国民的权利和诉讼权,或在法院中不予执行;

强迫敌方国民参加反对他们本国的作战行动,即使这些人在战争开始前,已为该交战国服役;

抢劫城镇或地方,即使其已被突击攻下⑦;

使用毒物或有毒武器;

使用窒息性、有毒或其他气体,以及所有类似的液体、物质或器件;

使用在人体内易于膨胀或变扁的子弹,如外壳坚硬而不完全包裹弹芯或外壳经切穿的子弹;

违反武装冲突国际法规,使用具有造成过分伤害或不必要痛苦的性质,或基本上为滥杀滥伤的武器、射弹、装备和作战方法,但这些武器、射弹、装备和作战方法应当已被全面禁止,并已依照第 121 条和第 123 条的有关规定以一项修正案的形式列入本规约的一项附件内;

损害个人尊严,特别是侮辱性和有辱人格的待遇;

强奸、性奴役、强迫卖淫、第 7 条第 2 项第 6 款所界定的强迫怀孕、强迫绝育或构成严重破坏《日内瓦公约》的任何其他形式的性暴力;

将平民或其他被保护人置于某些地点、地区或军事部队,利用其存在使该地点、地区或军事部队免受军事攻击;

故意指令攻击依照国际法使用《日内瓦公约》所订特殊标志的建筑物、装备、医疗单位和运输工具及人员;

故意以断绝平民粮食作为战争方法,使平民无法取得其生存所必需的物品,包括故意阻碍根据《日内瓦公约》规定提供救济物品;

征募不满 15 岁的儿童加入国家武装部队,或利用他们积极参与敌对行动。

在非国际性武装冲突中,严重违反 1949 年 8 月 12 日四项《日内瓦公约》共同第 3 条的行为,即对不实际参加敌对行动的人,包括已经放下武器的武装部队人员,及因病、伤、拘留或任何其他原因而失去战斗力的人员,实施下列任何一种行为:

对生命与人身施以暴力,特别是各种谋杀、残伤肢体、虐待及酷刑;

---

⑦ 中文版为"即使是突击攻下的城镇或地方",英文版为"Pillaging a town or place, even when taken by assault"。

损害个人尊严,特别是侮辱性和有辱人格的待遇;

劫持人质;

未经具有公认为必需的司法保障的正规组织的法庭宣判,径行⑧判决和处决。

第 2 项第 3 款适用于非国际性武装冲突,因此不适用于内部动乱和紧张局势,如暴动、孤立和零星的暴力行为或其他性质相同的行为。

严重违反国际法既定范围内适用于非国际性武装冲突的法规和惯例的其他行为,即下列任何一种行为:

故意指令攻击平民人口本身或未直接参加敌对行动的个别平民;

故意指令攻击按照国际法使用《日内瓦公约》所订特殊标志的建筑物、装备、医疗单位和运输工具及人员;

故意指令攻击依照《联合国宪章》执行的人道主义援助或维持和平行动的所涉人员、设施、物资、单位或车辆,如果这些人员和物体有权得到武装冲突法规给予平民和民用物体的保护;

故意指令攻击专用于宗教、教育、艺术、科学或慈善事业的建筑物、历史纪念物、医院和伤病人员收容所,除非这些地方是军事目标;

抢劫城镇或地方,即使其已被突击攻下⑨;

强奸、性奴役、强迫卖淫、第 7 条第 2 项第 6 款所界定的强迫怀孕、强迫绝育以及构成严重违反四项《日内瓦公约》共同第 3 条的任何其他形式的性暴力;

征募不满 15 岁的儿童加入武装部队或集团,或利用他们积极参加敌对行动;

基于与冲突有关的理由下令平民人口迁移,但因所涉平民的安全或因迫切的军事理由而有需要的除外;

以背信弃义的方式杀、伤属敌对方战斗员;

宣告决不纳降;

致使在冲突另一方权力下的人员肢体遭受残伤,或对其进行任何种类的医学或科学实验,而这些实验既不具有医学、牙医学或住院治疗有关人员的理由,也不是为了该人员的利益而进行的,并且导致这些人员死亡或严重危及其健康;

摧毁或没收敌对方的财产,除非是基于冲突的必要;

第 2 项第 5 款适用于非国际性武装冲突,因此不适用于内部动乱和紧张局势,如暴动、孤立和零星的暴力行为或其他性质相同的行为。该款规定适用于在一国境内发生的武装冲突,如果政府当局与有组织武装集团之间,或这种集团相互之间长期进行武装冲突。

---

⑧ 中文版为"径行",英文版为"… without previous judgement …"。

⑨ 中文版为"即使是突击攻下的城镇或地方",英文版为"Pillaging a town or place, even when taken by assault"。

第 2 项第 3 款和第 4 款的任何规定,均不影响一国政府以一切合法手段维持或恢复国内法律和秩序,或保卫国家统一和领土完整的责任。

第 9 条　犯罪要件

本法院在解释和适用第 6 条、第 7 条和第 8 条时,<u>应以《犯罪要件》为补充</u>⑩。《犯罪要件》应由缔约国大会成员 2/3 多数通过。

下列各方可以对《犯罪要件》提出修正案:

任何缔约国;

<u>法官人数有绝对多数者</u>⑪;

检察官。

修正案应由缔约国大会成员 2/3 多数通过。

《犯罪要件》及其修正应符合本规约。

第 10 条

除为了本规约的目的以外,本编的任何规定不得解释为限制或损害现有或发展中的国际法规则。

第 11 条　属时管辖权

本法院仅对本规约生效后实施的犯罪具有管辖权。

对于在本规约生效后成为缔约国的国家,本法院只能对在本规约对该国生效后实施的犯罪行使管辖权,除非该国已根据第 12 条第 3 项提交声明。

第 12 条　行使管辖权的先决条件

一国成为本规约缔约国,即接受本法院对第 5 条所述犯罪的管辖权。

对于第 13 条第 1 款或第 3 款的情况,如果下列一个或多个国家是本规约缔约国或依照第 3 项接受了本法院管辖权,本法院即可以行使管辖权:

有关行为在其境内发生的国家;如果犯罪发生在船舶或飞行器上,该船舶或飞行器的注册国;

犯罪被告的国籍国。

如果根据第 2 项的规定,需要得到一个非本规约缔约国的国家接受本法院的管辖权,该国可以向书记官长提交声明,接受本法院对有关犯罪行使管辖权。该接受国应依照本规约第九编规定,不拖延并无例外地与本法院合作。

第 13 条　行使管辖权

在下列情况下,本法院可以依照本规约的规定,就第 5 条所述犯罪行使管辖权:

缔约国依照第 14 条规定,向检察官提交显示一项或多项犯罪已经发生的情势;

安全理事会根据《联合国宪章》第七章行事,向检察官提交显示一项或多项犯罪

---

⑩　中文版为"应由《犯罪要件》辅助",英文版为"Elements of Crimes shall assist the Court …"。

⑪　中文版为"以绝对多数行事的法官",英文版为"The judges acting by an absolute majority"。

已经发生的情势;或

　　检察官依照第 15 条开始侦查一项犯罪。

　　第 14 条　缔约国提交情势

　　缔约国可以向检察官提交显示一项或多项本法院管辖权内的犯罪已经发生的情势,请检察官侦查该情势,以便确定是否应指控某个人或某些人实施了这些犯罪。

　　提交情势时,应尽可能具体说明相关情节,并附上提交情势的国家所掌握的任何辅助文件。

　　第 15 条　检察官

　　检察官可以自行根据有关本法院管辖权内的犯罪的资料开始初步审查[12]。

　　检察官应分析所收到的资料的可信度[13]。为此目的,检察官可以要求国家、联合国机构、政府间组织或非政府组织,或检察官认为适当的其他可靠来源提供进一步资料,并可以在本法院所在地接受书面或口头证言。

　　检察官如果认为有合理根据进行正式侦查,应请求预审分庭授权侦查,并附上收集到的任何辅助材料。被害人可以依照《程序和证据规则》向预审分庭作出陈述。

　　预审分庭在审查请求及辅助材料后,如果认为有合理根据进行正式侦查,并认为案件显然属于本法院管辖权内的案件,应授权开始正式侦查。这并不妨碍本法院其后就案件的管辖权和可受理性问题作出断定。

　　预审分庭拒绝授权正式侦查,并不排除检察官以后根据新的事实或证据就同一情势再次提出请求。

　　检察官在进行了第 1 项和第 2 项所述的初步审查后,如果认为所提供的资料不构成进行侦查的合理根据,即应通知提供资料的人。这并不排除检察官审查根据新的事实或证据,就同一情势提交的进一步资料。

　　第 16 条　推迟[14]侦查或起诉

　　如果安全理事会根据《联合国宪章》第七章通过决议,向本法院提出要求,在其后 12 个月内,本法院不得根据本规约开始或进行侦查或起诉;安全理事会可以根据同样条件延长该项请求。

　　第 17 条　可受理性问题

　　考虑到序言第 10 段及第 1 条,在下列情况下,本法院应断定案件不可受理:

---

　　[12]　中文版为"调查",英文版为"investigation",德文版为"Ermittlung"。规约称检察官调查,可分为初步审查(参见《罗马规约》第 15 条第 6 项用语)——德文文献有称为"前侦查"(Vorermittlung),以及经预审分庭授权后的正式侦查(förmliche Ermittlung)。Vgl. Ambos, Internationales Strafrecht, 3. Aufl., 2011, § 8 Rn. 20 ff., 24.

　　[13]　中文版为"严肃性",英文版为"seriousness",德文版为"Stichhaltigkeit"。

　　[14]　中文版为"推迟",英文版为"Deferral",德文版为"Aufschub"。

对案件具有管辖权的国家正在对该案件进行侦查或起诉,除非该国不愿意或不能够切实进行侦查或起诉;

对案件具有管辖权的国家已经对该案进行侦查,而且该国已决定不对有关的人进行起诉,除非作出这项决定是由于该国不愿意或不能够切实进行起诉;

有关的人已经由于作为控告理由的行为受到审判。根据第 20 条第 3 款,本法院不得进行审判;

案件缺乏足够的严重程度,以致⑮本法院无采取进一步行动的充分理由。

为了确定某一案件中是否有不愿意的问题,本法院应根据国际法承认的正当程序原则,酌情考虑是否存在下列一种或多种情况:

已经或正在进行的诉讼程序,或一国所作出的决定,是为了包庇有关的人,使其免负第 5 条所述的本法院管辖权内的犯罪的刑事责任;

诉讼程序发生不当延误,而根据实际情况,这种延误不符合将有关的人绳之以法的目的;

已经或正在进行的诉讼程序,没有以独立或公正的方式进行,而根据实际情况,采用的方式不符合将有关的人绳之以法的目的。

为了确定某一案件中是否有不能够的问题,本法院应考虑,一国是否由于本国司法系统完全瓦解,或实际上瓦解或者并不存在,因而无法拘捕被告或取得必要的证据和证言,或在其他方面不能进行本国的诉讼程序。

第 18 条 关于可受理性的初步裁定

在一项情势已依照第 13 条第 1 款提交本法院,而且检察官认为有合理根据开始侦查时,或在检察官根据第 13 条第 3 款和第 15 条开始侦查时,检察官应通报所有缔约国,及通报根据所得到的资料考虑,通常对有关犯罪行使管辖权的国家。检察官可以在保密的基础上通报上述国家。如果检察官认为有必要保护个人、防止毁灭证据或防止潜逃,可以限制向国家提供的资料的范围。

在收到上述通报 1 个月内,有关国家可以通知本法院,对于可能构成第 5 条所述犯罪,而且与国家通报所提供的资料有关的犯罪行为,该国正在或已经对本国国民或在其管辖权内的其他人进行侦查。根据该国的要求,检察官应等候该国对有关的人的侦查,除非预审分庭根据检察官的声请,决定授权进行侦查。

检察官等候一国侦查的决定,在决定等候之日起 6 个月后,或在由于该国不愿意或不能够切实进行侦查,情况发生重大变化的任何时候,可以由检察官重新审查其等

---

⑮ 中文版无"以致"。考虑英文版"The case is not of sufficient gravity to justify further action by the Court"及德文版"die Sache nicht schwerwiegend genug ist, um weitere Maßnahmen des Gerichtshofs zu rechtfertigen",均有指出因果关系,故加上"以致"。

候之决定⑯。

对预审分庭作出的裁定，有关国家或检察官可以根据第 82 条第 2 项向抗告分庭提出抗告⑰。抗告得予从速审理。

如果检察官根据第 2 项等候侦查，检察官可以要求有关国家定期向检察官通报其侦查的进展和其后的任何起诉。缔约国应无不当拖延地对这方面的要求作出答复⑱。

在预审分庭作出裁定以前，或在检察官根据本条等候侦查后的任何时间，如果出现取得重要证据的独特机会，或者面对证据日后极可能无法获得的情况，检察官可以请预审分庭作为例外，授权采取必要侦查步骤，保全这种证据。

质疑预审分庭根据本条作出的裁定的国家，可以根据第 19 条，以掌握进一步的重要事实或情况发生重大变化的理由，对案件的可受理性提出质疑。

第 19 条 质疑法院的管辖权或案件的可受理性

本法院应确定对收到的任何案件具有管辖权。本法院可以依照第 17 条，自行断定案件的可受理性。

下列各方可以根据第 17 条所述理由，对案件的可受理性提出质疑，也可以对本法院的管辖权提出质疑：

被告或根据第 58 条已对其发出逮捕令⑲或出庭传票的人；

对案件具有管辖权的国家，以正在或已经侦查或起诉该案件为理由提出质疑；

根据第 12 条需要其接受本法院管辖权的国家。

检察官可以请本法院就管辖权或可受理性问题作出裁定。在关于管辖权或可受理性问题的程序中，根据第 13 条提交情势的各方及被害人均可以向本法院提出意见。

第 2 项所述任何人或国家，只可以对某一案件的可受理性或本法院的管辖权提出一次质疑。这项质疑应在审判开始前或开始时提出。在特殊情况下，本法院可以允许多次提出质疑，或在审判开始后提出质疑。在审判开始时，或经本法院同意，在其后对某一案件的可受理性提出的质疑，只可以根据第 17 条第 1 项第 3 款提出。

第 2 项第 2 款和第 3 款所述国家应尽早提出质疑。

在确认指控以前，对某一案件的可受理性的质疑或对本法院管辖权的质疑，应提交预审分庭。在确认指控以后，应提交审判分庭。对于就管辖权或可受理性问题作

---

⑯ 中文版为"复议"，英文版为"shall be *open to review* by the Prosecutor"，德文版为"Die Zurückstellung der Ermittlungen … *überprüft* werden…"。

⑰ 中文版为"上诉分庭提出上诉"。

⑱ 中文版为"答复"。

⑲ 中文版为"逮捕证"。

出的裁判,可以依照第 82 条向抗告分庭提出抗告⑳。

如果质疑系由第 2 项第 2 款或第 3 款所述国家提出,在本法院依照第 17 条作出断定以前,检察官应暂停侦查。

在本法院作出裁定以前,检察官可以请求本法院授权:

采取第 18 条第 6 项所述一类的必要侦查步骤;

录取证人的陈述或证言,或完成在质疑提出前已开始的证据收集和审查工作;和

与有关各国合作,防止已被检察官根据第 58 条请求对其发出逮捕令的人潜逃。

□ 提出质疑不影响检察官在此以前采取的任何行动,或本法院在此以前发出的任何命令或逮捕令的有效性。

□ 如果本法院根据第 17 条决定某一案件不可受理,检察官在确信发现的新事实否定原来根据第 17 条认定案件不可受理的依据时,可以请求审查㉑上述决定。

□ 如果检察官考虑到第 17 条所述的事项,等候一项侦查,检察官可以请有关国家向其提供关于侦查程序的数据。根据有关国家的请求,这些资料应予保密。检察官其后决定进行侦查时,应通知检察官曾等候其侦查的国家。

第 20 条　一事不再理㉒

除本规约规定的情况外,本法院不得就本法院已经据以判定某人有罪或无罪的行为审判该人。

对于第 5 条所述犯罪,已经被本法院判定有罪或无罪的人,不得因该犯罪再由另一法院审判。

对于第 6 条、第 7 条或第 8 条所列的行为,已经由另一法院审判的人,不得因同一行为受本法院审判,除非该另一法院的诉讼程序有下列情形之一:

是为了包庇有关的人,使其免负本法院管辖权内的犯罪的刑事责任;或没有依照国际法承认的正当程序原则,以独立或公正的方式进行,而且根据实际情况,采用的方式不符合将有关的人绳之以法的目的。

第 21 条　适用的法律

本法院应适用的法律依次为:

首先,适用本规约、《犯罪要件》和本法院的《程序和证据规则》;

其次,视情况适用可予适用的条约及国际法原则和规则,包括武装冲突国际法规确定的原则;

无法适用上述法律时,适用本法院从世界各法系的国内法,包括适当时从通常对

---

⑳　中文版为"上诉分庭提出上诉"。

㉑　中文版为"复议",英文版为"submit a request for a *review* of the decision",德文版为"…kann der Ankläger eine *Überprüfung* der Entscheidung beantragen"。

㉒　中文版为"一事不二审",英文、德文版均为"ne bis in idem"。

该犯罪行使管辖权的国家的国内法中得出的一般法律原则,但这些原则不得违反本规约、国际法和国际承认的规范和标准。

本法院可以适用其以前的裁判所阐释的法律原则和规则。

依照本条适用和解释法律,必须符合国际承认的人权,而且不得根据第7条第3项所界定的性别、年龄、种族、肤色、语言、宗教或信仰、政见或其他见解、民族本源、族裔、社会出身、财富、出生或其他身份等作出任何不利区别。

第三编 刑法的一般原则

第 22 条 法无明文不为罪

只有当某人的有关行为在发生时构成本法院管辖权内的犯罪,该人才根据本规约负刑事责任。

犯罪定义应予以严格解释,不得类推延伸。涵义不明时,对定义作出的解释应有利于被侦查、被起诉或被定罪的人。

本条不影响依照本规约以外的国际法将任何行为定性为犯罪行为。

第 23 条 法无明文者不罚

被本法院定罪的人,只可以依照本规约受处罚。

第 24 条 对人不溯及既往

个人不对本规约生效以前发生的行为负本规约规定的刑事责任。

如果在最终判决以前,适用于某一案件的法律发生改变,应当适用对被侦查、被起诉或被定罪的人较为有利的法律。

第 25 条 个人刑事责任

本法院根据本规约对自然人具有管辖权。

实施本法院管辖权内的犯罪的人,应依照本规约的规定负个人责任,并受到处罚。

有下列情形之一的人,应依照本规约的规定,对一项本法院管辖权内的犯罪负刑事责任,并受到处罚:

单独、伙同他人、通过不论是否负刑事责任的另一人,实施这一犯罪;

命令、唆使、引诱实施这一犯罪,而该犯罪事实上是既遂或未遂的;

为了便利实施这一犯罪,帮助或以其他方式协助㉓实施或企图实施这一犯罪,包

㉓ 中文版为"帮助、教唆或以其他方式协助",英文版为"aids, *abets* or otherwise assists",德文版为"Beihilfe oder sonstige Unterstützung"。由于前一款规范教唆犯,本款则指帮助犯,以协助为上位概念("…或以其他方式协助…"),为避免混淆,此处参照德文版采此译法。Vgl. *Ambos*, Internationales Strafrecht, 3. Aufl., 2011, § 7 Rn. 41: aid 指身体帮助, abet 指心理帮助; *Gless*, Internationales Strafrecht, 2011, Rn. 774; *Werle*, Völkerstrafrecht, 3. Aufl., 2012, Rn. 531 mit Fn. 292.

括提供犯罪手段；

以任何其他方式支助以共同目的行事的团伙实施或企图实施这一犯罪。这种支助应当是故意的，并且符合下列情况之一：

是为了促进这一团伙的犯罪活动或犯罪目的，而这种活动或目的涉及实施本法院管辖权内的犯罪；

明知这一团伙实施该犯罪的意图；

就灭绝种族罪而言，直接公然煽动他人灭绝种族；

已经以实际步骤着手采取行动，意图实施犯罪，但由于其意志以外的情况，犯罪没有发生。但放弃实施犯罪或防止犯罪完成的人，如果完全和自愿地放弃其犯罪目的，<u>此犯罪未遂不受本规约处罚</u>㉔。

本规约关于个人刑事责任的任何规定，不影响国家依照国际法所负的责任。

第 26 条　对不满 18 周岁的人不具有管辖权

对于实施被控告犯罪时不满 18 周岁的人，本法院不具有管辖权。

第 27 条　官方身份的无关性

本规约对任何人一律平等适用，不得因官方身份而差别适用。特别是作为国家元首或政府首脑、政府成员或议会议员、选任代表或政府官员的官方身份，在任何情况下都不得免除个人根据本规约所负的刑事责任，其本身也不得构成减轻刑罚的理由。

根据国内法或国际法可能赋予某人官方身份的豁免或特别程序规则，不妨碍本法院对该人行使管辖权。

第 28 条　指挥官和其他上级的责任

除根据本规约规定须对本法院管辖权内的犯罪负刑事责任的其他理由以外：

军事指挥官或以军事指挥官身份有效行事的人，如果未对在其有效指挥和控制下的部队，或在其有效管辖和控制下的部队适当行使控制，在下列情况下，应对这些部队实施的本法院管辖权内的犯罪负刑事责任：

该军事指挥官或该人知道，或者由于当时的情况理应知道，部队正在实施或即将实施这些犯罪；和

该军事指挥官或该人未采取在其权力范围内的一切必要而合理的措施，防止或制止这些犯罪的实施，或报请主管当局就此事进行<u>侦查</u>和起诉。

对于第 1 款未述及的上下级关系，上级人员如果未对在其有效管辖或控制下的下级人员适当行使控制，在下列情况下，应对这些下级人员实施的本法院管辖权内的

㉔　中文版为"不按犯罪未遂根据本规约受处罚"，英文版为"… shall not be liable for punishment under this Statute for the attempt to commit …"，德文版为"…ist aufgrund dieses Statuts für den Versuch des Verbrechens nicht strafbar…"

犯罪负刑事责任：

该上级人员知道下级人员正在实施或即将实施这些犯罪，或故意不理会明确反映这一情况的情报；

犯罪涉及该上级人员有效负责和控制的活动；和

该上级人员未采取在其权力范围内的一切必要而合理的措施，防止或制止这些犯罪的实施，或报请主管当局就此事进行侦查和起诉。

第 29 条 不适用时效

本法院管辖权内的犯罪不适用任何时效。

第 30 条 心理要件

除另有规定外，只有当某人在故意和明知的情况下实施犯罪的客观构成要件要素㉕，该人才对本法院管辖权内的犯罪负刑事责任，并受到处罚。

为了本条的目的，有下列情形之一的，即可以认定某人具有故意：

就行为而言，该人有意从事该行为；

就结果而言，该人有意造成该结果，或者意识到事态的一般发展会产生该结果。

为了本条的目的，"明知"是指意识到存在某种情况，或者事态的一般发展会产生某种结果。"知道"和"明知"应当作相应的解释。

第 31 条 排除刑事责任的理由

除本规约规定的其他排除刑事责任的理由外，实施行为时处于下列状况的人不负刑事责任：

该人患有精神病或精神不健全，因而丧失判断其行为的不法性或性质的能力，或控制其行为以符合法律规定的能力；

该人处于醉态，因而丧失判断其行为的不法性或性质的能力，或控制其行为以符合法律规定的能力，除非该人在某种情况下有意识地进入醉态，明知自己进入醉态后，有可能从事构成本法院管辖权内的犯罪的行为，或者该人不顾可能发生这种情形的危险；

该人以合理行为防卫本人或他人，或者在战争罪方面，防卫本人或他人生存所必需的财产，或防卫完成一项军事任务所必需的财产，以避免即将不法使用的武力，而且采用的防卫方式与被保护的本人或他人或财产所面对的危险程度符合比例性㉖，该人参与部队进行的防御行动的事实，本身并不构成本款规定的排除刑事责任的理由；

被控告构成本法院管辖权内的犯罪的行为，是该人或他人面临即将死亡的威胁

㉕ 中文版为"物质要件"，英文版为"the material elements"，德文版为"die objektiven Tatbestandsmerkmale"。

㉖ 中文版为"是相称的"，英文版为"in a manner proportionate"。

或面临继续或即将遭受严重人身伤害的威胁而被迫实施的,该人为避免这一威胁采取必要而合理的行动,但必须无意造成比设法避免的<u>损害</u>㉗更为严重的损害。上述威胁可以是:

他人造成的;或

该人无法控制的其他情况所构成的。

对于审理中的案件,本法院应确定本规约规定的排除刑事责任的理由的可适用性。

审判时,除可以考虑第1项所列的排除刑事责任的理由外,本法院还可以考虑其他排除刑事责任的理由,但这些理由必须以第21条规定的适用的法律为依据。《程序和证据规则》应规定考虑这种理由的程序。

第 32 条 事实错误或法律错误

事实错误只在否定构成犯罪所需的<u>主观构成要件要素</u>㉘时,才可以作为排除刑事责任的理由。

关于某一类行为是否属于本法院管辖权内的犯罪的法律错误,不得作为排除刑事责任的理由。法律错误如果否定构成犯罪所需的<u>主观构成要件要素</u>,或根据第33条的规定,可以作为排除刑事责任的理由。

第 33 条 上级命令和法律规定

某人奉政府命令或军职或文职上级命令行事而实施本法院管辖权内的犯罪的事实,并不免除该人的刑事责任,但下列情况除外:

该人有服从有关政府或上级命令的法律义务,该人不知道命令为不法的;和

命令的不法性不明显。

为了本条的目的,实施灭绝种族罪或危害人类罪的命令是明显不法的。

第四编 法 院 组 织㉙

第 34 条 法院的机关

本法院由下列机关组成:

院长会议;

上诉庭、审判庭和预审庭;

㉗ 中文版为"伤害",英文版为"harm"。

㉘ 中文版为"心理要件",英文版为"the mental element",德文版为"subjektive Tatbestandsmerkmale"。

㉙ 中文版为"法院的组成和行政管理",英文版为"Composition and administration of the Court"。

检察署㉚;

书记官处。

第 35 条 法官的任职

全体法官应选举产生,担任本法院的全时专职法官,并应能够自任期开始时全时任职。

组成院长会议的法官一经当选,即应全时任职。

院长会议有时㉛可以根据本法院的工作量,与本法院成员磋商,决定在何种程度上需要其他法官全时任职。任何这种安排不得妨碍第 40 条的规定。

不必全时任职的法官的薪酬,应依照第 49 条确定。

第 36 条 法官的资格、提名和选举

除第 2 项规定外,本法院应有法官 18 名。

院长会议可以代表本法院,提议增加第 1 项规定的法官人数,并说明其认为这一提议为必要和适当的理由。书记官长应从速将任何这种提案分送所有缔约国。

任何这种提案应在依照第 112 条召开的缔约国大会会议上审议。提案如果在会议上得到缔约国大会成员 2/3 多数赞成,即应视为通过,并应自缔约国大会决定的日期生效。

增加法官人数的提案依照第 2 款获得通过后,即应在下一届缔约国大会上根据第 3 项至第 8 项及第 37 条第 2 项增选法官;

增加法官人数的提案依照第 2 款和第 3 款第 1 目获得通过并予以实施后,院长会议在以后的任何时候,可以根据本法院的工作量提议减少法官人数,但法官人数不得减至第 1 项规定的人数以下。提案应依照第 1 款和第 2 款规定的程序处理。如果提案获得通过,法官的人数应随着在职法官的任期届满而逐步减少,直至达到所需的人数为止。

本法院法官应选自品格高尚、清正廉明,具有本国最高司法职位的任命资格的人。

参加本法院选举的每一候选人应具有下列资格:

在刑法和刑事诉讼领域具有公认能力,并因曾担任法官、检察官、律师或其他同类职务,而具有刑事诉讼方面的必要相关经验;或

在相关的国际法领域,例如国际人道主义法和人权法等领域,具有公认能力,并且具有与本法院司法工作相关的丰富法律专业经验;

参加本法院选举的每一候选人应精通并能流畅使用本法院的至少一种工作语文。

㉚ 中文版为"检察官办公室",英文版为"Office of the Prosecutor"。

㉛ 中文版为"不时",英文版为"from time to time"。

本规约缔约国均可以提名候选人参加本法院的选举。提名应根据下列程序之一进行：

有关国家最高司法职位候选人的提名程序；或

《国际法院规约》规定的国际法院法官候选人的提名程序。

提名应附必要的详细资料，说明候选人的资格符合第3项的要求。

每一缔约国可以为任何一次选举提名候选人1人，该候选人不必为该国国民，但必须为缔约国国民。

缔约国大会可以酌情决定成立提名咨询委员会。在这种情况下，该委员会的组成和职权由缔约国大会确定。

为了选举的目的，应拟定两份候选人名单：

名单A所列候选人须具有第3项第2款第1目所述资格；

名单B所列候选人须具有第3项第2款第2目所述资格。

候选人如果具备充分资格，足以同时列入上述两份名单，可以选择列入任何一份名单。本法院的第一次选举，应从名单A中选出至少9名法官，从名单B中选出至少5名法官。其后的选举应适当安排，使有资格列入上述两份名单的法官在本法院中保持相当的比例。

应在根据第112条为选举召开的缔约国大会会议上，以无记名投票选举法官。在第7项限制下，得到出席并参加表决的缔约国2/3多数票的18名票数最高的候选人，当选为本法院法官。

第一轮投票没有选出足够数目的法官时，应依照第1款规定的程序连续进行投票，直至补足余缺为止。

不得有2名法官为同一国家的国民。就充任本法院法官而言，可认为拥有两个国籍以上之人㉜，应被视为其通常行使公民及政治权利所在国家的国民。

缔约国在推选法官时，应考虑到本法院法官的组成需具有：

世界各主要法系的代表性，公平地域代表性，和适当数目的男女法官。

缔约国还应考虑到必须包括对具体问题，如对妇女的暴力或对儿童的暴力等问题具有专门知识的法官。

除第2款规定外，法官任期9年，而且除第3款和第37条第2项规定的情况外，法官不得连选。

第1次选举时，在当选的法官中，应抽签决定，1/3任期3年，1/3任期6年，其余任期9年。

㉜ 中文版为"可视为一个国家以上国民的人"，英文版为"A person who, … could be regarded as a national of *more than one State*"，德文版为"Wer … als Staatsangehöriger *mehr als eines Staates* angesehen werden kann"。

根据第 2 款抽签决定,任期 3 年的法官,可以连选连任一次,任期 9 年。

虽有第 9 项规定,依照第 39 条被指派到审判分庭或上诉分庭的法官应继续任职,以完成有关分庭已经开始听讯的任何审判或上诉。

第 37 条　法官职位的出缺

出现空缺时,应依照第 36 条进行选举,以补出缺。

当选补缺的法官应完成其前任的剩余任期,剩余任期 3 年或不满 3 年的,可以根据第 36 条连选连任一次,任期 9 年。

第 38 条　院长会议

院长和第一及第二副院长由法官绝对多数选出,各人任期 3 年,或者直至其法官任期届满为止,并以较早到期者为准㉝。他们可以连选一次。

院长不在或者回避时,由第一副院长代行院长职务。院长和第一副院长都不在或者回避时,由第二副院长代行院长职务。

院长会议由院长和第一及第二副院长组成,其职能如下:

适当管理本法院除检察署㉞以外的工作;和

履行依照本规约赋予院长会议的其他职能。

院长会议根据第 3 项第 1 款履行职能时,应就一切共同关注的事项与检察官进行协调,寻求一致。

第 39 条　分庭

本法院应在选举法官后,尽快组建第 34 条第 2 款所规定的三个庭。上诉庭由院长和 4 名其他法官组成,审判庭由至少 6 名法官组成,预审庭也应由至少 6 名法官组成。指派各庭的法官时,应以各庭所需履行的职能的性质,以及本法院当选法官的资格和经验为根据,使各庭在刑法和刑事诉讼法以及在国际法方面的专长的搭配得当。审判庭和预审庭应主要由具有刑事审判经验的法官组成。

本法院的司法职能由各庭的分庭履行。

上诉分庭由上诉庭全体法官组成;

审判分庭的职能由审判庭 3 名法官履行;

预审分庭的职能应依照本规约和《程序和证据规则》的规定,由预审庭的 3 名法官履行或由该庭的 1 名法官单独履行。

为有效处理本法院的工作,本项不排除在必要时同时组成多个审判分庭或预审分庭。

被指派到审判庭或预审庭的法官在各庭的任期 3 年,或在有关法庭已开始某一

㉝　中文版为"准"。

㉞　中文版为"检察官办公室",英文版为"Office of the Prosecutor",德文版为"Anklagebehörde"。

案件的听讯时,留任至案件审结为止。

被指派到上诉庭的法官,任期内应一直在该庭任职。

被指派到上诉庭的法官,只应在上诉庭任职。但本条不排除审判庭和预审庭之间,在院长会议认为必要的时候,互相暂时借调法官,以有效处理本法院的工作,但参与某一案件的预审阶段的法官,无论如何不得在审判分庭参与审理同一案件。

第 40 条　法官的独立性

法官应独立履行职责。

法官不得从事任何可能妨碍其司法职责,或者使其独立性受到怀疑的活动。

需要在本法院所在地全时任职的法官不得从事任何其他专业性职业。

关于适用第 2 项和第 3 项的任何问题,应当由法官绝对多数决定。任何这类问题涉及个别法官时,该法官不得参与作出决定。

第 41 条　法官职责的免除和回避

院长会议可以依照《程序和证据规则》,根据某一法官的请求,准其不履行本规约规定的某项职责。

法官不得参加审理其公正性可能因任何理由而受到合理怀疑的案件。尤其如果法官㉟过去曾以任何身份参与本法院审理中的某一案件,或在国家层级㊱参与涉及被侦查或被起诉的人的相关刑事案件,该法官应依照本款规定,回避该案件的审理。法官也应当因《程序和证据规则》规定的其他理由而回避案件的审理。

检察官或被侦查或被起诉的人可以根据本项要求法官回避。

关于法官回避的任何问题,应当由法官绝对多数决定。受到质疑的法官有权就该事项作出评论,但不得参与作出决定。

第 42 条　检察署㊲

检察署应作为本法院的一个单独机关独立行事,负责接受和审查提交的情势以及关于本法院管辖权内的犯罪的任何有事实根据的资料,进行侦查并在本法院进行起诉。检察署成员不得寻求任何外来指示,或按任何外来指示行事。

检察署由检察官领导。检察官全权负责检察署,包括机关工作人员、设施及其他资源的管理和行政事务。检察官应由 1 名或多名副检察官协助,副检察官有权采取本规约规定检察官应采取的任何行动。检察官和副检察官的国籍应当不同。他们应全时任职。

检察官和副检察官应为品格高尚,在刑事案件的起诉或审判方面具有卓越能力

㉟ 中文版为"如果法官除其他外",英文版为"… if, *inter alia*, that judge…",德文版为"Ein Richter wird unter anderem dann …"

㊱ 中文版为"国家一级",英文版为"at the national level"。

㊲ 中文版为"检察官办公室",英文版为"Office of the Prosecutor"。

和丰富实际经验的人。他们应精通并能流畅使用本法院的至少一种工作语文。

检察官应由缔约国大会成员进行无记名投票，以绝对多数选出。副检察官应以同样方式，从检察官提出的候选人名单中选出。检察官应为每一个待补的副检察官职位提名3名候选人。除非选举时另行确定较短任期，检察官和副检察官任期9年，不得连选。

检察官和副检察官不得从事任何可能妨碍其检察职责，或者使其独立性受到怀疑的活动，也不得从事任何其他专业性职业。

检察官或副检察官可以向院长会议提出请求，准其不参与处理某一案件。

检察官和副检察官不得参加处理其公正性可能因任何理由而受到合理怀疑的事项。尤其㊳过去曾以任何身份参与本法院审理中的某一案件，或在国家层级㊴参与涉及被侦查或被起诉的人的相关刑事案件的检察官和副检察官，应当依照本款规定，回避该案件的处理。

检察官或副检察官的回避问题，应当由上诉分庭决定。

被侦查或被起诉的人可以在任何时候根据本条规定的理由，要求检察官或副检察官回避；

检察官或副检察官本人有权就该事项作出评论。

检察官应任命若干对具体问题，如性暴力、性别暴力和对儿童的暴力等问题具有法律专门知识的顾问。

第 43 条　书记官处

在不妨碍第42条规定的检察官职责和权力的情况下，书记官处负责本法院非司法方面的行政管理和服务。

书记官长为本法院主要行政官员，领导书记官处的工作。书记官长在本法院院长的权力下行事。

书记官长和副书记官长应为品格高尚，能力卓越的人，且精通并能流畅使用本法院的至少一种工作语文。

法官应参考缔约国大会的任何建议，进行无记名投票，以绝对多数选出书记官长。在必要的时候，经书记官长建议，法官得以同样方式选出副书记官长1名。

书记官长任期5年，可以连选一次，并应全时任职。副书记官长任期5年，或可能由法官绝对多数另行决定的较短任期。可以按在需要时到任服务的条件选举副书记官长。

书记官长应在书记官处内成立被害人和证人股。该股应与检察署协商，向证人、出庭作证的被害人，以及由于这些证人作证而面临危险的其他人提供保护办法和安

㊳　中文版为"除其他外"，英文版为"*inter alia*"。
㊴　中文版为"国家一级"，英文版为"at the national level"。

全措施、辅导咨询和其他适当援助。该股应有专于精神创伤,包括与性暴力犯罪有关的精神创伤方面的专业工作人员。

第 44 条　工作人员

检察官和书记官长应视需要,任命其处、室的合格工作人员。就检察官而言,这包括<u>侦查员</u>⑩的任命。

检察官和书记官长在雇用工作人员时,应确保效率、才干和忠诚达到最高标准,并应适当顾及第 36 条第 8 项所定的标准。

书记官长应在院长会议和检察官同意下,拟定《工作人员条例》,规定本法院工作人员的任用、薪酬和解雇等条件。《工作人员条例》应由缔约国大会批准。

在特殊情况下,本法院可以利用缔约国、政府间组织或非政府组织免费提供的人员的专门知识,协助本法院任何机关的工作。检察官可以接受向<u>检察署</u>提供的这些协助。应依照缔约国大会制定的准则任用免费提供的人员。

第 45 条　宣誓

法官、检察官、副检察官、书记官长和副书记官长在根据本规约就职前,应逐一在公开庭上宣誓,保证秉公竭诚履行各自的职责。

第 46 条　免职

法官、检察官、副检察官、书记官长或副书记官长,有下列情形之一的,应在依照第 2 项作出决定后予以免职:

经查明有《程序和证据规则》所指的严重不当行为,或严重违反本规约的渎职行为;或

无法履行本规约规定的职责。

根据第 1 项免除法官、检察官或副检察官职务的决定,由缔约国大会以下列无记名投票方式作出:

关于法官的决定,根据本法院其他法官 2/3 多数通过的建议,由缔约国 2/3 多数作出;

关于检察官的决定,由缔约国绝对多数作出;

关于副检察官的决定,根据检察官的建议,由缔约国绝对多数作出。

关于书记官长或副书记官长的免职决定,由法官绝对多数作出。

法官、检察官、副检察官、书记官长或副书记官长,其行为或履行本规约所规定职责的能力根据本条受到质疑的,应有充分机会依照《程序和证据规则》提出证据、获告知证据和作出陈述。有关的人不得以其他方式参与审议问题。

第 47 条　纪律措施

法官、检察官、副检察官、书记官长或副书记官长,如果有不当行为,其严重程度

---

⑩　中文版为"调查员",英文版为"investigator",德文版为"Ermittler"。

轻于第46条第1项所述的,应依照《程序和证据规则》给予纪律处分。

第48条 特权和豁免

本法院在每一缔约国境内,应享有为实现其宗旨所需的特权和豁免。

法官、检察官、副检察官、书记官长在执行本法院职务时,或在其涉及本法院的职务方面,应享受外交使团团长所享有的同样特权和豁免,而且在其任期结束后,应继续享有豁免,与其执行公务有关的言论、文书和行为,不受任何形式的法律诉讼。

副书记官长、检察署工作人员和书记官处工作人员,应根据本法院的特权和豁免协议,享有履行其职责所需的特权、豁免和便利。

律师、鉴定人、证人或被要求到本法院所在地的任何其他人,应根据本法院的特权和豁免协议,获得本法院正常运作所需的待遇。

特权和豁免的放弃方式如下:

法官或检察官的特权和豁免,可以由法官绝对多数放弃;

书记官长的特权和豁免,可以由院长会议放弃;

副检察官和检察署工作人员的特权和豁免,可以由检察官放弃;

副书记官长和书记官处工作人员的特权和豁免,可以由书记官长放弃。

第49条 薪金、津贴和费用

法官、检察官、副检察官、书记官长和副书记官长领取缔约国大会所确定的薪金、津贴和费用。薪金和津贴在各人任期内不得减少。

第50条 正式语文和工作语文

本法院的正式语文为阿拉伯文、中文、英文、法文、俄文和西班牙文。本法院的判决以及为解决本法院审理的重大问题而作出的其他裁判,应以正式语文公布。院长会议应依照《程序和证据规则》所定标准,确定为本项的目的,可以视为解决重大问题的裁判。

本法院的工作语文为英文和法文。《程序和证据规则》应规定在何种情况下可以采用其他正式语文作为工作语文。

本法院应诉讼当事方或获准参与诉讼的国家的请求,如果认为所提理由充分,应准许该当事方或国家使用英文或法文以外的一种语文。

第51条 《程序和证据规则》

《程序和证据规则》在缔约国大会成员 2/3 多数通过后生效。

下列各方可以提出《程序和证据规则》的修正案:

任何缔约国;

法官人数有绝对多数者㊶;或

检察官。

㊶ 中文版为"以绝对多数行事的法官",英文版为"The judges acting by an absolute majority"。

修正案在缔约国大会成员 2/3 多数通过后立即生效。

在《程序和证据规则》通过后,遇《程序和证据规则》未对本法院面对的具体情况作出规定的紧急情况,法官得以 2/3 多数制定暂行规则,在缔约国大会下一次常会或特别会议通过、修正或否决该规则以前暂予适用。

《程序和证据规则》、其修正案和任何暂行规则,应与本规约保持一致。《程序和证据规则》的修正案及暂行规则,不应追溯适用,损及被侦查、被起诉或已被定罪的人。

本规约与《程序和证据规则》冲突之处,以本规约为准。

第52条 《法院条例》

法官应依照本规约和《程序和证据规则》,为本法院日常运作的需要,以绝对多数制定《法院条例》。

拟订该《条例》及其任何修正案时,应咨询检察官和书记官长的意见。

该《条例》及其任何修正案应一经通过,立即生效,法官另有决定的,不在此限㊷。这些文书通过后,应立即分送缔约国征求意见,6 个月内没有过半数缔约国提出异议的,继续有效。

第五编　正式侦查和起诉㊸

第53条 开始正式侦查

检察官在评估向其提供的数据后,即应开始侦查,除非其本人确定没有依照本规约进行侦查的合理根据。在决定是否开始侦查时,检察官应考虑下列各款㊹:

检察官掌握的资料是否提供了合理根据,可据以认为有人已经实施或正在实施本法院管辖权内的犯罪;

根据第 17 条,该案件是否为可予受理或将可予受理的;和考虑到犯罪的严重程度和被害人的利益,是否仍有实质理由认为侦查无助于实现公正。

如果检察官确定没有进行侦查的合理根据,而且其决定是完全基于上述第 3 款作出的,则应通知预审分庭。

检察官进行侦查后,可以根据下列理由断定没有进行起诉的充分根据:

没有充分的法律或事实根据,可据以依照第 58 条请求发出逮捕令㊺或传票;

该案件根据第 17 条不可受理;或

考虑到所有情况,包括犯罪的严重程度、被害人的利益、被控告的行为人的年龄

㊷ 中文版为"不在此列",英文版为"*unless otherwise* decided by the judges"。

㊸ 中文版为"调查与起诉",英文版为"Investigation and prosecution"。

㊹ 中文版为"各点"。

㊺ 中文版为"逮捕证"。

或疾患,及其在被控告的犯罪中的作用,起诉无助于实现公正;

在这种情况下,检察官应将作出的结论及其理由通知预审分庭,及根据第 14 条提交情势的国家,或根据第 13 条第 2 款提交情势的安全理事会。

如果根据第 14 条提交情势的国家或根据第 13 条第 2 款提交情势的安全理事会提出请求,预审分庭可以审查㊻检察官根据第 1 项或第 2 项作出的不起诉决定,并可以要求检察官重新审查㊼该决定。

此外,如果检察官的不侦查或不起诉决定是完全基于第 1 项第 3 款或第 2 项第 3 款作出的,预审分庭可以主动审查该决定。在这种情况下,检察官的决定必须得到预审分庭的确认方为有效。

检察官可以随时根据新的事实或资料,重新审查就是否开始侦查或进行起诉所作的决定。

第 54 条 检察官在侦查方面的义务和权力

检察官应当:

为查明真相,侦查一切有关的事实和证据,以评估是否存在本规约规定的刑事责任。进行侦查时,应同等地调查证明有罪和证明无罪的情节;

采取适当措施,确保有效地对本法院管辖权内的犯罪进行侦查和起诉。进行侦查时,应尊重被害人和证人的利益和个人情况,包括年龄、第 7 条第 3 项所界定的性别、健康状况,并应考虑犯罪的性质,特别是在涉及性暴力、性别暴力或对儿童的暴力的犯罪方面;和

充分尊重本规约规定的个人权利。

检察官可以根据下列规定,在一国境内进行侦查:

第九编的规定;或

第 57 条第 3 项第 4 款的规定,由预审分庭授权进行正式侦查。

检察官可以:

收集和审查证据;

要求被侦查的人、被害人和证人到庭,并对其进行讯问;

请求任何国家合作,或请求政府间组织或安排依照各自的职权和(或)任务规定给予合作;

达成有利于国家、政府间组织或个人提供合作的必要安排或协议,但这种安排或协议不得与本规约相抵触;

同意不在诉讼的任何阶段披露检察官在保密条件下取得的、只用于产生新证据的文件或数据,除非提供这些数据的一方同意予以披露;和

㊻ 中文版为"复核",英文版为"review",德文版为"nachprüfen"。
㊼ 中文版为"复议",英文版为"reconsider",德文版为"überprüfen"。

采取必要措施，或要求采取必要措施，以确保资料的机密性、保护人员或保全证据。

第 55 条 侦查期间的个人权利

根据本规约进行侦查时，个人享有下列权利：

不被强迫证明自己有罪或认罪；

不受任何形式的强迫、胁迫或威胁，不受酷刑，或任何其他形式的残忍、不人道或有辱人格的待遇或处罚；和

在讯问语言不是该人所通晓和使用的语言时，免费获得合格口译员的协助，以及为求公正而需要的文件译本；

不得被任意逮捕或羁押；也不得基于本规约规定以外的理由和根据其规定以外的程序被剥夺自由。

如果有理由相信某人实施了本法院管辖权内的犯罪，在该人将被检察官进行讯问，或将被国家当局根据本规约第九编提出的请求进行讯问时，该人还享有下列各款权利，并应在进行讯问前被告知这些权利：

被讯问以前，被告知有理由相信他或她实施了本法院管辖权内的犯罪；

保持缄默[48]，而且这种缄默不作为判定有罪或无罪的考虑因素；

获得该人选择的法律援助，或在其没有法律援助的情况下，为了实现公正而有必要时，为其指定法律援助，如果无力支付，则免费提供；

被讯问时律师在场，除非该人自愿放弃获得律师协助的权利。

第 56 条 预审分庭在侦查措施之独特机会的角色[49]

如果检察官认为，就审判而言，进行某项侦查，以录取证人证言或陈述，审查、收集或检验证据，可能是日后无法获得的独特机会，检察官应将这一情形通知预审分庭。

在这种情况下，预审分庭可以应检察官的请求，采取必要措施，确保程序的效率及完整性，特别是保障辩护方的权利。

除预审分庭另有决定外，检察官还应向因为第 1 款所述的侦查而被逮捕或被传唤到庭的人提供相关资料，使该人可以就此事提出意见。

第 1 项第 2 款所述的措施可以包括：

作出关于应遵循的程序的建议或命令；

指示为该程序制作记录；

---

[48] 中文版为"保持沉默"，英文版为"remain silent"，德文版为"schweigen"。

[49] 中文版为"预审分庭在独特调查机会方面的作用"，英文版为"Role of the Pre-Trial Chamber in relation to a unique investigative opportunity"，德文版为"Rolle der Vorverfahrenskammer bei einer einmaligen Gelegenheit zu Ermittlungsmaßnahmen"。

指派鉴定人协助；

授权被逮捕人或被传唤到庭的人的律师参与，或在尚未逮捕、到庭、指定律师时，指派另一名律师到场代表辩护方的利益；

指派一名预审分庭法官，或必要时指派另一名可予调遣的预审庭或审判庭法官，监督证据的收集和保全及对人员的讯问，并就此作出建议或命令；

采取其他可能必要的行动，以收集或保全证据。

如果检察官未依本条要求采取措施，但预审分庭认为需要采取这些措施，以保全其认为审判中对辩护方具有重大意义的证据，则应向检察官<u>咨询</u>[50]，检察官未要求采取上述措施是否有充分理由。<u>经咨询</u>后，如果预审分庭判断，检察官没有理由不要求采取上述措施，则预审分庭可以自行采取<u>这些</u>措施。

对于预审分庭依照本项自行采取行动的决定，检察官可以提出<u>抗告</u>[51]。抗告应予从速审理。

根据本条为审判而保全或收集的证据或其记录，在审判中，应根据第 69 条决定其<u>证据能力</u>[52]，并由审判分庭确定其证明力。

第 57 条　预审分庭的职能和权力

除本规约另有规定外，预审分庭应依照本条规定行使职能。

预审分庭根据第 15 条、第 18 条、第 19 条、第 54 条第 2 项、第 61 条第 7 项和第 72 条发出的命令或作出的裁定，必须得到预审分庭法官过半数的同意。

在所有其他情况下，预审分庭的 1 名法官可以单独行使本规约规定的职能，但《程序和证据规则》另有规定，或者预审分庭法官过半数另有决定的除外。

除本规约规定的其他职能以外，预审分庭还具有下列权力：

应检察官请求，发出进行<u>侦查</u>所需的命令和授权令；

应根据第 58 条被逮捕或被传唤到庭的人的请求，发出必要的命令，包括采取第 56 条所述的措施，或依照第九编寻求必要的合作，以协助该人准备辩护；

在必要的时候，下令保护被害人和证人及其隐私、保全证据、保护被逮捕或被传唤到庭的人，及保护国家安全数据；

如果预审分庭在尽可能考虑到有关缔约国的意见后根据情况断定，该缔约国不存在有权执行第九编规定的合作请求的任何当局或司法体制中的任何部门，显然无法执行合作请求，则可以授权检察官在未根据第九编取得该国合作的情况下，在该国

---

[50] 中文版为"了解"，英文版为"it shall consult with the Prosecutor"，德文版为"so konsultiert sie den Ankläger"。

[51] 中文版为"上诉"，英文版为"appeal"，德文版为"Beschwerde"。

[52] 中文版为"可采性"，英文版为"admissibility of evidence"，德文版为"Zulässigkeit der Beweismittel"。

境内采取特定侦查步骤;

如果已根据第58条发出逮捕令㊼或传票,在根据本规约及《程序和证据规则》的规定,适当考虑到证据的证明力和有关当事方的权利的情况下,根据第93条第1项第10款寻求国家合作,要求为没收财物,特别是为了被害人的最终利益,采取保护性措施。

第58条 预审分庭发出逮捕令或出庭传票

侦查开始后,根据检察官的申请,预审分庭在审查检察官提交的申请书和证据或其他数据后,如果认为存在下列情况,应对某人发出逮捕令:

有合理理由相信该人实施了本法院管辖权内的犯罪;和

为了下列理由,显然有必要将该人逮捕:

确保该人在审判时到庭;

确保该人不妨碍或危害侦查工作或法庭诉讼程序;或

在必要的时候,为了防止该人继续实施该犯罪或实施本法院管辖权内产生于同一情况的有关犯罪。

检察官的申请书应包括下列内容:

该人的姓名及有关其身份的任何其他资料;

该人被控告实施的本法院管辖权内的犯罪的具体说明;

被控告构成这些犯罪的事实的摘要;

证据和任何其他数据的摘要,这些证据和数据构成合理理由,足以相信该人实施了这些犯罪;和

检察官认为必须逮捕该人的理由。

逮捕令应包括下列内容:

该人的姓名及有关其身份的任何其他资料;

要求据以逮捕该人的本法院管辖权内的犯罪的具体说明;和

被控告构成这些犯罪的事实的摘要。

在本法院另有决定以前,逮捕令一直有效。

本法院可以根据逮捕令,请求依照第九编的规定,暂时逮捕㊽或逮捕并移交该人。

检察官可以请求预审分庭修改逮捕令,变更或增加其中所列的犯罪。如果预审分庭认为,有合理理由相信该人实施了经变更或增列的犯罪,则应照此修改逮捕令。

检察官除可以请求发出逮捕令外,也可以申请预审分庭发出传票,传唤该人出庭。如果预审分庭认为,有合理理由相信该人实施了被控告的犯罪,而且传票足以确

㊼ 中文版为"逮捕证"。

㊽ 中文版为"临时逮捕",英文版为"provisional arrest",德文版为"vorläufige Festnahme"。

保该人出庭,则应发出传票,按国内法规定附带或不附带限制自由(羁押除外)的条件,传唤该人出庭。传票应包括下列内容:

该人的姓名及有关其身份的任何其他资料;

指定该人出庭的日期;

该人被控告实施的本法院管辖权内的犯罪的具体说明;和

被控告构成这些犯罪的事实的摘要。

传票应送达该人。

第 59 条 羁押国内的逮捕程序

缔约国在接到暂时逮捕或逮捕并移交的请求时,应依照本国法律和第九编规定,立即采取措施逮捕有关的人。

应将被逮捕的人迅速提送羁押国的主管司法当局。该主管司法当局应依照本国法律确定:

逮捕令⑤适用于该人;

该人是依照适当程序被逮捕的;和

该人的权利得到尊重。

被逮捕的人有权向羁押国主管当局申请在移交前暂时释放。

在对任何上述申请作出决定以前,羁押国主管当局应考虑,鉴于被控告的犯罪的严重程度,是否存在暂时释放的迫切及特殊情况,以及是否已有必要的防范措施,确保羁押国能够履行其向本法院移交该人的义务。羁押国主管当局无权审议逮捕令是否依照第 58 条第 1 项第 1 款和第 2 款适当发出的问题。

应将任何暂时释放的请求通知预审分庭,预审分庭应就此向羁押国主管当局提出建议。羁押国主管当局在作出决定前应充分考虑这些建议,包括任何关于防止该人逃脱的措施的建议。

如果该人获得暂时释放,预审分庭可以要求定期报告暂时释放的情况。

在羁押国命令移交该人后,应尽快向本法院递解该人。

第 60 条 在法院提起的初步程序

在向本法院移交该人,或在该人自愿或被传唤到庭后,预审分庭应查明该人已被告知其被控告实施的犯罪,及其根据本规约所享有的权利,包括申请在候审期间暂时释放的权利。

根据逮捕令被逮捕的人可以申请在候审期间暂时释放。预审分庭认为存在第 58 条第 1 项所述的情况时,应继续羁押该人。认为不存在这些情况时,预审分庭应有条件或无条件地释放该人。

---

⑤ 中文版为"逮捕证"。

预审分庭应定期审查㊾其有关释放或羁押该人的裁定,并可以随时根据检察官或该人的请求进行审查。经审查后,预审分庭如果确认情况有变,可以酌情修改其羁押、释放或释放条件的裁定。

预审分庭应确保任何人不因检察官无端拖延,在审判前受到不合理的长期羁押。发生这种拖延时,本法院应考虑有条件或无条件地释放该人。

在必要的时候,预审分庭可以发出逮捕令,确保被释放的人到案。

第 61 条 审判前确认指控(起诉审查程序㊿)

除第 2 项规定外,在某人被移交或自动到本法院出庭后的一段合理时间内,预审分庭应举行听讯,确认检察官准备提请审判的指控。听讯应在检察官和被指控的人及其律师在场的情况下举行。

有下列情形之一的,预审分庭可以根据检察官的请求或自行决定,在被指控的人不在场的情况下举行听讯,确认检察官准备提请审判的指控:

该人已放弃出庭权利;或

该人已逃逸或下落不明,而且已采取一切合理步骤使其出庭,将指控通知该人,并使其知道即将举行听讯确认指控。

在这种情况下,如果预审分庭认为有助于实现公正,被告应由律师代理。

在听讯前的一段合理期间内,该人应:

收到载有检察官准备将该人交付审判所依据的指控的文件副本;和

被告知检察官在听讯时准备采用的证据。

预审分庭可以为听讯的目的发出披露数据的命令。

听讯前,检察官可以继续进行侦查,并可以修改或撤销任何指控。指控的任何修改或撤销,应在听讯前合理地通知该人。撤销指控时,检察官应将撤销理由通知预审分庭。

听讯时,检察官应就每一项指控提出充足证据,证明有实质理由相信该人实施了所指控的犯罪。检察官可以采用书面证据或证据摘要,而无需传唤预期在审判时作证的证人。

听讯时,该人可以:

对指控提出异议;

质疑检察官提出的证据;和

提出证据。

预审分庭应根据听讯,确定是否有充足证据,证明有实质理由相信该人实施了各

㊾ 中文版为"复议",英文版为"…periodically *review* its ruling …",德文版为"Die Vorverfahrenskammer *überprüft regelmäßig*"。

㊿ "起诉审查程序"为译者所加。

项被指控的犯罪。预审分庭应根据其确定的情况：

确认预审分庭认为证据充足的各项指控；并将该人交付审判分庭，按经确认的指控进行审判；

预审分庭认为各项指控证据不足者，则拒绝确认㊳；

暂停听讯并要求检察官考虑：

就某项指控提出进一步证据或作进一步侦查；或

修改一项指控，因为所提出的证据显然构成另一项本法院管辖权内的犯罪。

预审分庭拒绝确认一项指控，不排除检察官以后在有其他证据支持的情况下再次要求确认该项指控。

在指控经确认后，但在审判开始前，经预审分庭同意，在通知被告后，检察官可以修改指控。如果检察官要求追加指控或代之以较严重的指控，则必须根据本条规定举行听讯确认这些指控。审判开始后，经审判分庭同意，检察官可以撤销指控。

对于预审分庭未予确认或检察官撤销的任何指控，先前发出的任何逮捕令停止生效。

根据本条确认指控后，院长会议即应组成审判分庭，在第 8 项和第 64 条第 4 项的限制下，负责进行以后的诉讼程序，并可以行使任何相关的和适用于这些诉讼程序的预审分庭职能。

第六编　审　　判

第 62 条　审判地点

除另有决定外，审判地点为本法院所在地。

第 63 条　被告出席审判

审判时被告应当在场。

如果在本法院出庭的被告不断扰乱审判，审判分庭可以将被告带出法庭，安排被告从庭外观看审判和指示律师，并在必要时为此利用通讯技术。只应在情况特殊，其他合理措施不足以解决问题的情况下，在确有必要的时间内，才采取这种措施。

第 64 条　审判分庭的职能和权力

审判分庭应依照本规约和《程序和证据规则》行使本条所列的职能和权力。

审判分庭应确保审判公平从速进行，充分尊重被告的权利，并适当顾及对被害人和证人的保护。

在根据本规约将案件交付审判后，被指定审理案件的审判分庭应当：

与当事各方商议，采取必要程序，以利诉讼公平从速进行；

㊳ 中文版为"拒绝确认预审分庭认为证据不足的各项指控"，英文版为"Decline to confirm those charges in relation to which it has determined that there is insufficient evidence"。

确定审判使用的一种或多种语文；并

根据本规约任何其他有关规定，指令在审判开始以前及早披露此前未曾披露的文件或数据，以便可以为审判做好充分的准备。

为了有效和公平行使其职能，审判分庭可以在必要时将初步问题送交预审分庭，或在必要时送交另一名可予调遣的预审庭法官。

在通知当事各方后，审判分庭可以酌情指示合并审理或分开审理对多名被告提出的指控。

在审判前或审判期间，审判分庭可以酌情为行使其职能采取下列行动：

行使第 61 条第 11 项所述的任何一种预审分庭职能；

传唤证人到庭和作证，及要求提供文件和其他证据，必要时根据本规约的规定取得各国协助；

指令保护机密数据；

命令提供除当事各方已经在审判前收集，或在审判期间提出的证据以外的其他证据；

指令保护被告、证人和被害人；并

裁定任何其他有关事项。

审判应公开进行。但审判分庭可以确定，因情况特殊，为了第 68 条所述的目的，或为了保护作为证据提供的机密或敏感数据，某些诉讼程序不公开进行。

审判开始时，应在审判分庭上向被告宣读业经预审分庭确认的指控书。审判分庭应确定被告明白指控的性质，并应给被告根据第 65 条表示认罪，或表示不认罪的机会。

审判时，审判长(59)可以就诉讼的进行作出指示，包括为了确保以公平和公正的方式进行诉讼而作出指示。在不违反审判长的任何指示的情况下，当事各方可以依照本规约的规定提出证据。

审判分庭除其他外，有权应当事一方的请求或自行决定：

裁定证据之证据能力(60)或相关性；并

在审理过程中采取一切必要措施维持秩序。

审判分庭应确保制作如实反映诉讼过程的完整审判记录，并由书记官长备有和保存。

第 65 条 关于认罪的程序

如果被告根据第 64 条第 8 项第 1 款认罪，审判分庭应确定以下各款(61)：

---

(59) 中文版为“庭长”，英文版为“the presiding judge”，德文版为“der vorsitzende Richter”。

(60) 中文版为“证据的可采性”，英文版为“admissibility … of evidence”。

(61) 中文版为“各点”。

被告明白认罪的性质和后果；

被告是在充分咨询辩护律师后自愿认罪的；

承认的犯罪为案件事实所证实，这些事实载于：

检察官提出并为被告承认的指控；

检察官连同指控提出并为被告接受的任何补充材料；和

检察官或被告提出的任何其他证据，如证人证言。

如果审判分庭认为第1项所述事项经予确定，审判分庭应将认罪连同提出的任何进一步证据，视为已确定构成所认之罪成立所需的全部基本事实，并可以判定被告犯下该罪。

如果审判分庭认为第1项所述事项未能予以确定，审判分庭应按未认罪处理，在这种情况下，审判分庭应命令依照本规约所规定的普通审判程序继续进行审判，并可以将案件移交另一审判分庭审理。

如果审判分庭认为为了实现公正，特别是为了被害人的利益，应当更全面地查明案情，审判分庭可以采取下列行动之一：

要求检察官提出进一步证据，包括证人证言；

命令依照本规约所规定的普通审判程序继续进行审判，在这种情况下，应按未认罪处理，并可以将案件移交另一审判分庭审理。

检察官和辩护方之间就修改指控、认罪或判刑所进行的任何商议，对本法院不具任何约束力。

第66条　无罪推定

任何人在本法院被依照适用的法律证明有罪以前，应推定无罪。

证明被告有罪是检察官的责任。

判定被告有罪，本法院必须确信被告有罪已无合理疑问。

第67条　被告的权利

在确定任何指控时，被告有权获得符合本规约各项规定的公开审讯，获得公正进行的公平审讯，及在人人平等的基础上获得下列最低限度的保证：

以被告通晓和使用的语文，迅速被详细告知指控的性质、原因和内容；

有充分时间和便利准备答辩，并在保密情况下自由地与[62]被告所选择的律师联系；

没有不当拖延地受到审判；

除第63条第2项规定外，审判时本人在场，亲自进行辩护或者通过被告所选择的法律援助进行辩护，在被告没有法律援助时，获告知这一权利，并在为了实现公正而有必要的时候，由本法院指定法律援助，如果无力支付，则免费提供；

---

[62]　中文版为"同"。

讯问或者请他人代为讯问对方证人，并根据对方传讯证人的相同条件要求传讯被告的证人。被告还应有权进行答辩和提出根据本规约可予采纳的其他证据；

如果本法院的任何诉讼程序或者提交本法院的任何文件所用的语文，不是被告所通晓和使用的语文，免费获得合格的口译员的协助，以及为求公正而需要的文件的译本；

不被强迫作证或认罪，保持缄默㉓，而且这种缄默不作为判定有罪或无罪的考虑因素；

作出未经宣誓的口头或书面陈述为自己辩护；和

不承担任何反置的举证责任或任何反驳责任。

除依照本规约规定披露任何其他数据以外，如果检察官认为其掌握或控制的证据表明或趋于表明被告无罪，或可能减轻被告罪责，或可能影响控告方证据可信性，检察官应在实际可行时，尽快向辩护方披露这些证据。适用本项遇有疑义，应由本法院作出裁判。

第 68 条 被害人和证人的保护及参与诉讼

本法院应采取适当措施，保护被害人和证人的安全、身心健康、尊严和隐私。在采取这些措施时，本法院应考虑一切有关因素，包括年龄、第 2 条第 3 项所界定的性别、健康状况，及犯罪性质，特别是在涉及性暴力或性别暴力或对儿童的暴力等犯罪方面。在对这种犯罪进行侦查和起诉期间，检察官尤应采取这种措施。这些措施不应损害或违反被告的权利和公平公正审判原则。

作为第 67 条所规定的公开审讯原则的例外，为了保护被害人和证人或被告，本法院的分庭可以不公开任何部分的诉讼程序，或者允许以电子方式或其他特别方式提出证据。涉及性暴力被害人或儿童作为被害人或证人时尤应执行这些措施，除非本法院在考虑所有情节，特别是被害人和证人的意见后，作出其他决定。

本法院应当准许被害人在其个人利益受到影响时，在本法院认为适当的诉讼阶段提出其意见和关注供审议。被害人提出意见和关注的方式不得损害或违反被告的权利和公平公正审判原则。在本法院认为适当的情况下，被害人的法律代理人可以依照《程序和证据规则》提出上述意见和关注。

被害人和证人股可以就第 43 条第 6 项所述的适当保护办法、安全措施、辅导咨询和援助向检察官和本法院提出咨询意见。

对于在审判开始前进行的任何诉讼程序，如果依照本规约规定披露证据或数据，可能使证人或其家属的安全受到严重威胁，检察官可以不公开这种证据或数据，而提交这些证据或资料的摘要。采取上述措施不应损害或违反被告的权利和公平公正审判原则。

㉓　中文版为"保持沉默"，英文版为"remain silent"，德文版为"schweigen"。

一国可以为保护其公务人员或代表和保护机密和敏感数据申请采取必要措施。

第 69 条 证据

每一证人在作证前,均应依照《程序和证据规则》宣誓,保证其将提供的证据的真实性。

审判时证人应亲自出庭作证,但第 68 条或《程序和证据规则》所规定的措施除外。本法院也可以根据本规约和依照《程序和证据规则》的规定,准许借助音像技术提供证人的口头或录音证言,以及提出文件或笔录。这些措施不应损害或违反被告的权利。

当事各方可以依照第 64 条提交与案件相关的证据。本法院有权要求提交一切其认为必要的证据以查明真相。

本法院可以依照《程序和证据规则》,考虑各项因素,包括证据的证明价值,以及这种证据对公平审判或公平评估证人证言可能造成的任何不利影响,裁定证据的相关性或证据能力[64]。

本法院应尊重和遵守《程序和证据规则》规定的保密特权。

本法院不应要求对人所共知的事实提出证明,但可以对这些事实作出司法认知。

在下列情况下,以违反本规约或国际公认人权的手段获得的证据应不予采纳:

违反的情节显示该证据的可靠性极为可疑;或

如果准予采纳该证据将违反和严重损害程序的完整性。

本法院在裁判一国所收集的证据的相关性或证据能力时,不得裁断该国国内法的适用情况。

第 70 条 妨害司法罪

本法院对故意实施的下列妨害司法罪具有管辖权:

在依照第 69 条第 1 项承担说明真相的义务时提供伪证;

提出自己明知是不实的或伪造的证据;

不当影响证人,阻碍或干扰证人出庭或作证,对作证的证人进行报复,或毁灭、伪造证据或干扰证据的收集;

妨碍、恐吓或不当影响本法院官员,以强迫或诱使该官员不执行或不正当地执行其职务;

因本法院一名或另一名官员执行职务而对该一名官员进行报复;

作为本法院的官员,利用其职权索取或收受贿赂。

本法院对本条所述的不法行为行使管辖权的原则和程序,应在《程序和证据规则》中加以规定。就有关本条的诉讼程序向本法院提供国际合作的条件,以被请求国的国内法为依据。

---

[64] 中文版为"可采性",英文版为"admissibility"。

被判有罪的,本法院可以判处 5 年以下有期徒刑,或根据《程序和证据规则》单处罚金,或并处罚金。

对于本条所述的妨害司法罪,如果犯罪在一缔约国境内发生或为其国民所实施,该缔约国应将本国处罚破坏国内侦查或司法程序完整性的不法行为的刑事法规扩展适用于这些犯罪;

根据本法院的请求,缔约国在其认为适当时,应将有关案件提交本国主管当局,以便进行起诉。有关当局应认真处理这些案件,并提供充分资源,以便能够作出有效的处理。

第 71 条　对在法院的不当行为的制裁

对在本法院出庭的人所实施的不当行为,包括破坏本法院的诉讼程序,或故意拒不遵守本法院的指令,本法院可以通过监禁以外的行政措施,如暂时或永久地逐出法庭、罚金或《程序和证据规则》所规定的其他类似措施,予以处罚。

第 1 项所定措施,应依照《程序和证据规则》规定的程序执行。

第 72 条　保护国家安全数据

本条适用于一国认为披露该国的数据或文件将损害其国家安全利益的任何情况,包括涉及下列各条项的情况:第 56 条第 2 项和第 3 项、第 61 条第 3 项、第 64 条第 3 项、第 67 条第 2 项、第 68 条第 6 项、第 87 条第 6 项和第 93 条,以及在诉讼任何其他阶段因发生这种披露问题而产生的情况。

如果某人以披露会损害某一国家的国家安全利益为由,拒绝根据要求提供资料或证据,或将此事提交国家,而且有关国家证实,该国认为这种披露会损害其国家安全利益,本条规定也应予适用。

本条的规定不妨碍根据第 54 条第 3 项第 5 款和第 6 款适用的保密要求,也不妨碍第 73 条的适用。

如果一国知悉该国的数据或文件在诉讼的某个阶段正在被披露或可能被披露,而该国认为这种披露会损害其国家安全利益,该国应有权进行干预,依照本条解决问题。

如果一国认为披露数据会损害该国的国家安全利益,该国应酌情会同检察官、辩护方、预审分庭或审判分庭,采取一切合理步骤,寻求通过合作的方式解决问题。这些步骤可以包括:

修改或澄清有关请求;

由本法院断定要求提供的数据或证据的相关性,或对于相关的证据,断定是否可以或已经从被请求国以外的来源获得;

从其他来源或以其他形式获得数据或证据;或

议定提供协助的条件,除其他外,包括提供摘要或节录,限制披露范围,采用不公开或诉讼单一方参与的程序,或采用本规约和《程序和证据规则》允许的其他保护性措施。

在采取了一切合理步骤,寻求通过合作方式解决问题后,如果该国认为没有任何办法或条件,可以使资料或文件的提供或披露不致损害其国家安全利益,该国应将这一情况及其作出的决定的具体理由通知检察官或本法院,除非具体说明这些理由也必然导致损害该国的国家安全利益。

此后,如果本法院断定证据是相关的,而且是确定被告有罪或无罪所必需的,本法院可以采取下列行动:

如果披露该资料或文件的要求系根据第九编的合作请求提出,或因第 2 项所述情况而提出,且该国援引了第 93 条第 4 项所列的拒绝理由:

本法院可以在作出第 7 项第 1 款第 2 目所述任何结论以前,请求进一步协商,听取有关国家的意见,包括在适当时进行不公开和诉讼单一方参与的听讯;

如果本法院断定,根据实际情况,被请求国援引第 93 条第 4 项所列拒绝理由,即未履行本规约规定的义务,本法院可以根据第 87 条第 7 项提交该事项,并说明其结论所依据的理由;和

本法院可以在对被告的审判中酌情推定某一事实存在或不存在;或

在所有其他情况下:

命令披露;或

如果不命令披露,可以在对被告的审判中酌情推定某一事实存在或不存在。

第 73 条　第三方的数据或文件

如果本法院请求一缔约国提供某一国家、政府间组织或国际组织在保密基础上向其披露,现处于其保管、据有或控制之下的文件或数据,该缔约国应就披露该文件或资料征求其来源方的同意。如果来源方为缔约国,则来源方应同意披露该资料或文件,或着手根据第 72 条的规定与本法院解决披露问题。如果来源方不是缔约国,而且拒绝同意披露,被请求国应通知本法院,说明该国事前已对来源方承担保密义务,因此无法提供有关文件或数据。

第 74 条　作出裁判的条件

审判分庭的全体法官应出席审判的每一阶段,并出席整个评议过程。院长会议可以在逐案的基础上,从可予调遣的法官中指定一位或多位候补法官,出席审判的每一阶段,并在审判分庭的任何法官无法继续出席时替代该法官。

审判分庭的裁判应以审判分庭对证据和整个诉讼程序的评估为基础。裁判不应超出指控或其任何修正所述的事实和情节的范围。本法院作出裁判的唯一根据,是在审判中向其提出并经过辩论的证据。

法官应设法作出一致裁判,如果无法达成一致意见,应由法官的过半数作出裁判。

审判分庭的评议应永予保密。

裁判应书面作出,并应叙述理由,充分说明审判分庭对证据作出的裁定及其结论。审判分庭应只作出一项裁判。在不能取得一致意见的情况下,审判分庭的裁判应包括多数意见和少数意见。裁判或其摘要应在公开庭上宣布。

第 75 条　对被害人的赔偿

本法院应当制定赔偿被害人或赔偿被害人方面的原则。赔偿包括归还、补偿和恢复原状。在这个基础上,本法院可以应请求,或在特殊情况下自行决定,在裁判中确定被害人或被害人方面所受的损害、损失和伤害的范围和程度,并说明其所依据的原则。

本法院可以直接向被定罪人发布命令,具体列明应向被害人或向被害人方面作出的适当赔偿,包括归还、补偿和恢复原状。本法院可以酌情命令向第 79 条所规定的信托基金交付判定的赔偿金。

本法院根据本条发出命令前,可以征求并应当考虑被定罪人、被害人、其他利害关系人或利害关系国或上述各方的代表的意见。

本法院行使本条规定的权力时,可以在判定某人实施本法院管辖权内的犯罪后,确定为了执行其可能根据本条发出的任何命令,是否有必要请求采取第 93 条第 1 项规定的措施。

缔约国应执行依照本条作出的裁判,视第 109 条的规定适用于本条。

对本条的解释,不得损害被害人根据国内法或国际法享有的权利。

第 76 条　判刑

审判分庭作出有罪判决时,应当考虑在审判期间提出的与判刑相关的证据和意见,议定应判处的适当刑罚。

除适用第 65 条的情况以外,审判结束前,审判分庭可以自行决定,并应在检察官或被告提出请求时,依照《程序和证据规则》再次举行听讯,听取与判刑相关的任何进一步证据或意见。

在第 2 项适用的情况下,应在根据第 2 项再次举行听讯时,及在任何必要的进一步听讯上,听取根据第 75 条提出的任何陈述。

刑罚应公开并尽可能在被告在场的情况下宣告。

第七编　刑　　罚

第 77 条　适用的刑罚

除第 110 条规定外,对于被判实施本规约第 5 条所述某项犯罪的人,本法院可以判处下列刑罚之一:

有期徒刑,最高刑期不能超过 30 年;或

无期徒刑,以犯罪极为严重和被定罪人的个人情况而证明有此必要的情形为限。

除监禁外,本法院还可以命令:

处以罚金,处罚标准由《程序和证据规则》规定;

没收直接或间接通过该犯罪行为得到的收益、财产和资产,但不妨害善意第三方的权利。

第 78 条　量刑

量刑时,本法院应依照《程序和证据规则》,考虑犯罪的严重程度和被定罪人的个人情况等因素。

判处徒刑时,本法院应扣减先前依照本法院的命令受到羁押的任何时间。本法院可以扣减因构成该犯罪的行为而受到羁押的任何其他时间。

一人被判犯数罪时,本法院应宣告每一项犯罪的刑期,再宣告合并执行的总刑期。总刑期应在数刑中最高刑期以上,但不能超过 30 年,或根据第 77 条第 1 项第 2 款判处的无期徒刑。

第 79 条　信托基金

应根据缔约国大会的决定,设立一个信托基金,用于援助本法院管辖权内的犯罪的被害人及其家属。

本法院可以命令,根据本法院的指令将通过罚金或没收取得的财物转入信托基金。

信托基金应根据缔约国大会决定的标准进行管理。

第 80 条　不妨碍国家适用刑罚和国内法

本规约本编的规定不影响国家适用其国内法规定的刑罚,也不影响未规定本编所定刑罚的国家的法律。

第八编　上诉、抗告和再审㉕

第 81 条　对无罪或有罪判决或判刑的上诉

对根据第 74 条作出的裁判,可以依照《程序和证据规则》提出上诉:

检察官可以基于下列任何一种理由提出上诉:

程序错误;

认定事实错误;或

适用法律错误;

被定罪人或检察官代表被定罪人,可以基于下列任何一种理由提出上诉:

程序错误;

认定事实错误;

适用法律错误;

㉕ 中文版为"上诉和改判",英文版为"Appeal and Revision"。

影响到诉讼程序或裁判的公正性或可靠性的任何其他理由。

检察官或被定罪人可以依照《程序和证据规则》,以罪刑不相称为由对判刑提出上诉。

对于就判刑提出的上诉,如果本法院认为有理由撤销全部或部分有罪判决,本法院可以请检察官和被定罪人根据第81条第1项第1款或第2款提出理由,并可以依照第83条对定罪作出裁判。

对于只是就定罪提出的上诉,如果本法院认为根据第2项第1款有理由减轻刑罚时,应当适用同样的程序。

除审判分庭另有决定外,上诉期间应继续羁押被定罪人。

羁押期超过刑期时,应释放被定罪人,但如果检察官同时正在提出上诉,则被定罪人的释放应受下列第3款的条件约束。

被判无罪时,应立即释放被告,但是:

在特殊情况下,考虑到潜逃的实际可能性、被指控犯罪的严重程度以及上诉的成功机会等因素,审判分庭应检察官的要求,可以在上诉期间继续羁押该人;

可以依照《程序和证据规则》对审判分庭根据第3款第1目作出的裁判提出上诉。

除第3项第1款和第2款规定外,在上诉受理期间和上诉审理期间,裁判或刑罚应暂停执行。

第82条 对其他裁判的抗告⑯

当事双方均可以依照《程序和证据规则》对下列裁判提出抗告:

关于管辖权或可受理性的裁判;

准许或拒绝释放被侦查或被起诉的人的裁判;

预审分庭根据第56条第3项自行采取行动的决定;

涉及严重影响诉讼的公正和从速进行或审判结果的问题的裁判,而且预审分庭或审判分庭认为,上诉分庭立即解决这一问题可能大大推进诉讼的进行。

预审分庭根据第57条第3项第4款作出的裁判,经预审分庭同意,有关国家或检察官可以提出抗告。上诉应予从速审理。

抗告本身无中止效力,除非上诉分庭应要求根据《程序和证据规则》作出这种决定。

被害人的法律代理人、被定罪人或因一项有关第73条的命令而受到不利影响的财产善意所有人,可以根据《程序和证据规则》,对赔偿命令提出抗告。

第83条 上诉的审理程序

---

⑯ 中文版为"对其他裁判的上诉",英文版为"Appeal against other decisions",德文版为"Beschwerde gegen sonstige Entscheidungen"。

为了第81条和本条规定的审理程序的目的,上诉分庭具有审判分庭的全部权力。

如果上诉分庭认定上诉所针对的审判程序有失公正,影响到裁判或判刑的可靠性,或者上诉所针对的裁判或判刑因为有认定事实错误、适用法律错误或程序错误而受到重大影响,上诉分庭可以:

推翻或修改有关的裁判或判刑;或

命令由另一审判分庭重新审判。

为了上述目的,上诉分庭可以将事实问题发回原审判分庭重新认定,由该分庭向其提出报告,上诉分庭也可以自行提取证据以认定该问题。如果该项裁判或判刑仅由被定罪人或由检察官代该人提出上诉,则不能作出对该人不利的改判。

对于不服判刑的上诉,如果上诉分庭认定罪刑不相称,可以依照第七编变更判刑。

上诉分庭的判决应由法官的过半数作出,在公开庭上宣告。判决书应说明根据的理由。在不能取得一致意见的情况下,上诉分庭的判决书应包括多数意见和少数意见,但法官可以就法律问题发表个别意见或反对意见。

上诉分庭可以在被判无罪的人或被定罪的人缺席的情况下宣告判决。

第 84 条 有罪判决或科刑判决之再审程序⑰

被定罪人,或在其亡故后,其配偶、子女、父母或被告死亡时在生并获被告书面明确指示为其提出这种请求的人,或检察官代表被定罪人,可以基于下列理由,向上诉分庭申请有罪确定判决或科刑确定判决之再审⑱:

发现新证据,该新证据:

是审判时无法得到的,而且无法得到该证据的责任不应全部或部分归咎于提出申请的当事方;而且

是足够重要的,如果在审判时获得证明,很可能导致不同的判决;

在审判期间被采纳并作为定罪根据的决定性证据,在最近被发现是不实的、伪造的或虚假的;

参与定罪或确认指控的一名或多名法官在该案中有严重不当行为或严重渎职行为,其严重程度足以根据第46条将有关法官免职。

上诉分庭如果认为申请理由不成立,应将申请驳回。上诉分庭如果确定申请是

---

⑰ 中文版为"变更定罪判决或判刑",英文版为"Revision of conviction or sentence",德文版为"Wiederaufnahme des Verfahrens hinsichtlich des Schuldspruchs oder des Strafspruchs"。

⑱ 中文版为"变更最终定罪判决或判刑",英文版为"revise the final judgement of conviction or sentence",德文版为"Wiederaufnahme des Verfahrens hinsichtlich des rechtskräftigen Schuldspruchs oder Strafspruchs"。

有理由的,可以根据情况:

原审判分庭重新审判[69];

由新组织的审判分庭审判[70];或

上诉分庭自为审判[71],以期在依照《程序和证据规则》所规定的方式听取当事各方的陈述后,确定是否应变更判决。

第 85 条 对被逮捕人或被定罪人的赔偿

任何遭受非法逮捕或羁押的人,应有可以执行的得到赔偿的权利。

受有罪判决确定者[72],如果对其作出的有罪判决其后因新事实或新发现的事实决定性地证明存在司法失当情况而被推翻,则该因有罪判决而受到处罚的人应依法获得赔偿,除非可以证明,未及时披露该项未为人知的事实的责任可以全部或部分归咎于该人。

在特殊情况下,如果本法院发现决定性事实,证明存在严重、明显的司法失当情事,本法院可以酌情根据《程序和证据规则》规定的标准,裁定赔偿已经因最后被判无罪,或因上述理由终止诉讼而获释放的人。

第九编　国际合作和司法协助

第 86 条 一般合作义务

缔约国应依照本规约的规定,在本法院侦查和起诉本法院管辖权内的犯罪方面与[73]本法院充分合作。

第 87 条 合作请求:一般规定

本法院有权向缔约国提出合作请求。请求书应通过外交途径或各缔约国在批准、接受、核准或加入时可能指定的任何其他适当途径转递。

各缔约国其后更改这种指定,应依照《程序和证据规则》作出。

在不妨碍第 1 款规定的情况下,适当时也可以通过国际刑事警察组织或任何适当的区域组织转递请求书。

---

[69]　中文版为"重组原审判分庭",英文版为"Reconvene the original Trial Chamber",德文版为"die ursprüngliche Hauptverfahrenskammer wieder einberufen"。

[70]　中文版为"组成新的审判分庭",英文版为"Constitute a new Trial Chamber",德文版为"eine neue Hauptverfahrenskammer bilden"。

[71]　中文版为"保留对此事的管辖权",英文版为"Reconvene the original Trial Chamber",德文版为"selbst die Zuständigkeit für die Angelegenheit behalten"。

[72]　中文版为"经最后裁判被判犯下刑事犯罪的人",英文版为"When a person has by a final decision been convicted of a criminal offence",德文版为"Ist jemand wegen einer strafbaren Handlung rechtskräftig verurteilt"。

[73]　中文版为"同"。

根据被请求国在批准、接受、核准或加入时作出的选择,合作请求书及其辅助文件应以被请求国的一种法定语文制作,或附上这种语文的译本,也得以本法院工作语文之一制作。

其后更改这一选择,应依照《程序和证据规则》作出。

被请求国应对合作请求书及其辅助文件保密,但为执行请求而必须披露的除外。

对于根据本编提出的任何协助请求,本法院可以采取必要措施,包括保护数据方面的措施,以确保任何被害人、可能证人及其家属的安全及身心健康。对于根据本编提供的任何资料,本法院可以要求其提供和处理方式务必保护被害人、可能证人及其家属的安全及身心健康。

本法院可以邀请任何非本规约缔约国的国家,根据特别安排、与该国达成的协议或任何其他适当的基础,按本编规定提供协助。

如果非本规约缔约国的国家已与本法院达成特别安排或协议,但没有对根据任何这种安排或协议提出的请求给予合作,本法院可以通知缔约国大会,或在有关情势系由安全理事会提交本法院的情况下,通知安全理事会。

本法院可以请求任何政府间组织提供数据或文件。本法院也可以请求有关组织依照本法院与其达成的协议,按其主管或职权范围提供其他形式的合作和协助。

如果缔约国未按本规约的规定行事,不执行本法院的合作请求,致使本法院无法行使本规约规定的职能和权力,本法院可以在认定存在这一情况后将此事项提交缔约国大会,或在有关情势系由安全理事会提交本法院的情况下,提交安全理事会。

第88条 国内法中可供采用的程序

缔约国应确保其国内法中已有可供采用的程序,以执行本编规定的各种形式的合作。

第89条 向法院移交有关的人

本法院可以将逮捕并移交某人的请求书,连同第91条所列的请求书辅助材料,递交给该人可能在其境内的任何国家,请求该国合作,逮捕并移交该人。缔约国应依照本编规定及其国内法所定程序,执行逮捕并移交的请求。

如果被要求移交的人依照第20条规定,根据<u>一事不再理</u>[74]原则向国内法院提出质疑,被请求国应立即与本法院协商,以确定本法院是否就可受理性问题作出相关裁定。案件可予受理的,被请求国应着手执行请求。可受理性问题尚未裁定的,被请求国可以推迟执行移交该人的请求,直至本法院就可受理性问题作出断定。

缔约国应根据国内程序法,批准另一国通过其国境递解被移交给本法院的人,除非从该国过境将妨碍或推迟移交;

本法院的过境请求书应依照第87条的规定转递。过境请求书应包括下列内容:

---

[74] 中文版为"一罪不二罚原则",英文、德文版均为"ne bis in idem"。

说明所递解的人的身份；

简述案件的事实及这些事实的法律性质；并

附上逮捕并移交授权令；

被递解的人在过境期间应受羁押；

如果使用空中交通工具递解该人，而且未计划在过境国境内降落，则无需申请批准。

如果在过境国境内发生计划外的降落，该国可以要求依照第 2 款规定提出过境请求。过境国应羁押被递解的人，直至收到过境请求书并完成过境为止；但与本款有关的羁押，从计划外降落起计算，不得超过 96 个小时，除非在这一时限内收到请求书。

如果被要求移交的人，因本法院要求移交所依据的某项犯罪以外的另一项犯罪在被请求国内被起诉或服刑，被请求国在决定准予移交后应与本法院协商。

第 90 条　竞合请求

缔约国在接到本法院根据第 89 条提出的关于移交某人的请求时，如果另外接到任何其他国家的请求，针对构成本法院要求移交该人所依据的犯罪之基础的同一行为要求引渡同一人，该缔约国应将此情况通知本法院和请求国。

如果请求国是缔约国，在下列情况下，被请求国应优先考虑本法院的请求：

本法院依照第 18 条和第 19 条断定，移交请求所涉及的案件可予受理，而且这一断定考虑到请求国已就其引渡请求进行的侦查或起诉；或

本法院接到被请求国依照第 1 项发出的通知后作出第 1 款所述的断定。

如果未有第 2 项第 1 款所述的断定，在等候本法院根据第 2 款第 2 项作出断定以前，被请求国可以酌情着手处理请求国提出的引渡请求，但在本法院断定案件不可受理以前，不得引渡该人。本法院应从速作出断定。

如果请求国是非本规约缔约国的国家，被请求国又没有向请求国引渡该人的国际义务，则在本法院断定案件可予受理的情况下，被请求国应优先考虑本法院提出的移交请求。

如果本法院断定第 4 项所述的案件不可受理，被请求国可以酌情着手处理请求国提出的引渡请求。

在适用第 4 项的情况下，如果被请求国有向非本规约缔约国的请求国引渡该人的现行国际义务，被请求国应决定向本法院移交该人，还是向请求国引渡该人。作出决定时，被请求国应考虑所有相关因素，除其他外，包括：

各项请求的日期；

请求国的权益，根据情况包括犯罪是否在其境内实施、被害人的国籍和被要求引渡的人的国籍；和

本法院与请求国此后相互移交该人的可能性。

缔约国接到本法院的移交请求时,如果另外接到任何其他国家的请求,针对构成本法院要求移交该人所依据的犯罪之基础的行为以外的其他行为要求引渡同一人:

在被请求国没有向请求国引渡该人的现行国际义务时,被请求国应优先考虑本法院的请求;

在被请求国有向请求国引渡该人的现行国际义务时,被请求国应决定向本法院移交该人,还是向请求国引渡该人。作出决定时,被请求国应考虑所有相关因素,除其他外,包括第 6 项列明的各项因素,但应特别考虑所涉行为的相对性质和严重程度。

如果本法院接到本条所指的通知后断定某案件不可受理,向请求国引渡的请求随后又被拒绝,被请求国应将此决定通知本法院。

第 91 条 逮捕并移交的请求的内容

逮捕并移交的请求应以书面形式提出。在紧急情况下,请求可以通过任何能够发送书面记录的方式提出,但其后应通过第 87 条第 1 项第 1 款规定的途径予以确认。

为了请求逮捕并移交预审分庭根据第 58 条对其发出逮捕令㊄的人,请求书应载有或附有下列数据:

足以确定被要求的人的身份的数据,以及关于该人的可能下落的数据;

逮捕令副本;和

被请求国的移交程序所要求的一切必要文件、声明或资料,但这些要求不得比该国根据与其他国家订立的条约或安排而适用于引渡请求的条件更为苛刻,而且考虑到本法院的特殊性质,应在可能的情况下减少这些要求。

为了请求逮捕并移交已被定罪的人,请求书应载有或附有下列数据:

要求逮捕该人的逮捕令副本;

有罪判决书副本;

证明被要求的人是有罪判决书所指的人的资料;和

在被要求的人已被判刑的情况下,提供判刑书副本,如果判刑为徒刑,应说明已服刑期和剩余刑期。

经本法院请求,缔约国应就根据第 2 项第 3 款可能适用的国内法的要求,与本法院进行一般性协商,或对具体事项进行协商。协商过程中,缔约国应将其国内法的具体要求告知本法院。

第 92 条 暂时逮捕㊅

在紧急情况下,本法院可以在依照第 91 条规定提出移交请求书及其辅助文件以

㊄ 中文版为"逮捕证"。

㊅ 中文版为"临时逮捕",英文版为"provisional arrest",德文版为"vorläufige Festnahme"。

前,请求暂时逮捕被要求的人。

暂时逮捕的请求应以任何能够发送书面记录的方式发出,并应载有下列数据:

足以确定被要求的人的身份的数据,以及关于该人的可能下落的数据;

关于要求据以逮捕该人的犯罪的简要说明,以及被控告构成这些犯罪的事实的简要说明,并尽可能包括犯罪的时间和地点;

已对被要求的人发出逮捕令或作出有罪判决的声明;和

移交被要求的人的请求书将随后送交的声明。

如果被请求国未在《程序和证据规则》规定的时限内收到第 91 条规定的移交请求书及其辅助文件,可以释放在押的被暂时逮捕的人。但在被请求国法律允许的情况下,在这一期间届满前,该人可以同意被移交。在这种情况下,被请求国应尽快着手将该人移交给本法院。

如果移交请求书及其辅助文件在较后日期送交,已根据第 3 项释放在押的被要求的人的事实,不妨碍在其后逮捕并移交该人。

第 93 条 其他形式的合作

缔约国应依照本编及其国内法程序的规定,执行本法院的请求,在侦查和起诉方面提供下列协助:

查明某人的身份和下落或物品的所在地;

取证,包括宣誓证言,及提供证据,包括本法院需要的鉴定意见和报告;

讯问任何被侦查或被起诉的人;

送达文书,包括司法文书;

为有关人员作为证人或鉴定人自愿到本法院出庭提供便利;

根据第 7 项规定暂时⑦移送人员;

勘验有关地点或场所,包括掘尸检验和检查墓穴;

执行搜索⑧和扣押;

提供记录和文件,包括官方记录和文件;

保护被害人和证人,及保全证据;

查明、追寻和冻结或扣押犯罪收益、财产和资产及犯罪工具,以便最终予以没收,但不损害善意第三方的权利;和

被请求国法律不禁止的其他形式的协助,以便利侦查和起诉本法院管辖权内的犯罪。

本法院有权向在本法院出庭的证人或鉴定人作出保证,该人不会因为其在离开被请求国以前的任何作为或不作为,在本法院受到起诉、羁押或对其人身自由的任何

---

⑦ 中文版为"临时逮捕",英文版为"provisional arrest",德文版为"vorläufige Festnahme"。

⑧ 中文版为"搜查",英文版为"searches",德文版为"Durchsuchungen"。

限制。

对于根据第 1 项提出的请求,如果基于一项普遍适用的现行基本法律原则,被请求国不能执行请求中详述的一项协助措施,被请求国应从速与本法院协商,力求解决问题。协商过程中,应考虑是否能以其他方式或有条件地提供协助。如果协商后仍然无法解决问题,本法院应视需要修改请求。

根据第 72 条规定,只有在要求提供的文件或披露的证据涉及其国家安全的情况下,缔约国才可以全部或部分拒绝协助请求。

在拒绝一项根据第 1 项第 12 款提出的协助请求以前,被请求国应考虑是否可以在特定条件下提供协助,或是否可以延后或以其他方式提供协助。如果本法院或检察官接受了有条件的协助,本法院或检察官必须遵守这些条件。

被请求的缔约国如果拒绝协助请求,应从速将拒绝理由通知本法院或检察官。

本法院可以请求暂时移送被羁押的人,以便进行辨认、录取证言或获得其他协助。移送该人须满足下列条件:

该人在被告知后自愿表示同意被移送;和

被请求国根据该国与本法院可能商定的条件,同意移送该人。

被移送的人应继续受到羁押。在移送的目的完成后,本法院应尽快将该人交回被请求国。

除请求书所述的侦查或诉讼程序所需要的以外,本法院应确保文件和数据的机密性。

被请求国在必要时,可以在保密的基础上将文件或数据递送检察官。检察官其后只可以将其用于收集新证据的目的。

被请求国其后可以自行决定或应检察官的请求,同意披露这些文件或资料。经披露后,可以根据第五编和第六编及依照《程序和证据规则》的规定,利用这些文件和数据作为证据。

如果一缔约国收到本法院和与之有国际义务的另一国提出的移交或引渡以外的竞合请求,该缔约国应与本法院和该另一国协商,设法同时满足双方请求,必要时可以推迟⑦执行其中一项请求或对请求附加条件。

无法如上解决问题时,应依照第 90 条所定原则解决竞合请求。

如果本法院的请求涉及因一项国际协议而在第三国或一国际组织控制下的数据、财产或人员,被请求国应将此情况告知本法院,由本法院向该第三国或国际组织提出请求。

如果一缔约国正在就构成本法院管辖权内的犯罪的行为,或就构成其国内法定

---

⑦ 中文版为"推迟",英文版为"by *postponing* or attaching conditions",德文版为"… zurückstellt oder Bedingungen damit verknüpft"。

为严重犯罪的行为进行侦查或审判，本法院可以根据该缔约国的请求，与该国合作，提供协助。

根据第 1 款提供的协助除其他外，应包括：递送本法院在调查或审判期间获得的陈述、文件或其他种类的证据；和讯问本法院下令羁押的人；

对于根据第 2 款第 1 目第 1 分目提供的协助：如果文件或其他种类的证据是在一国协助下获得的，这种递送须得到该国的同意；如果陈述、文件或其他种类的证据是由证人或鉴定人提供的，这种递送受第 68 条限制。

本法院可以根据本项规定的条件，同意非本规约缔约国的国家根据本项提出的协助请求。

第 94 条 因进行中的侦查或起诉而推迟执行请求

如果立即执行请求会妨碍正在对请求所涉案件以外的案件进行的侦查或起诉，被请求国可以在与本法院商定的期限内推迟执行请求。但推迟的期限不应超出被请求国完成有关侦查或起诉所必需的时间。在决定推迟执行请求以前，被请求国应当考虑是否可以依照某些条件立即提供协助。

如果被请求国根据第 1 项作出推迟执行请求的决定，检察官可以根据第 93 条第 1 项第 10 款请求保全证据。

第 95 条 因可受理性的质疑而推迟[80]执行请求

如果本法院正在根据第 18 条或第 19 条审理关于可受理性的质疑，被请求国可以在本法院作出断定以前，推迟执行根据本编提出的请求，除非本法院明确下令检察官可以根据第 18 条或第 19 条收集证据。

第 96 条 第 93 条规定的其他形式协助的请求的内容

第 93 条所指的其他形式协助的请求应以书面形式提出。在紧急情况下，请求可以通过任何能够发送书面记录的方式提出，但其后应通过第 87 条第 1 项第 1 款规定的途径予以确认。

根据具体情况，请求书应载有或附有下列数据：

关于请求的目的和要求得到的协助，包括请求的法律根据和理由的简要说明；

关于为提供所要求的协助而必须找到或查明的任何人物或地点的所在或特征的尽可能详细的数据；

与请求有关的基本事实的简要说明；

须遵行任何程序或要求的理由及其细节；

根据被请求国法律的要求，须为执行请求提供的数据；

提供要求得到的协助所需的任何其他数据。

经本法院请求，缔约国应就根据第 2 项第 5 款可能适用的国内法的要求，与本法

---

[80] 中文版为"推迟"，英文版为"Postponement"，德文版为"Aufschub"。

院进行一般性协商,或对具体事项进行协商。协商过程中,缔约国应将其国内法的具体要求告知本法院。

本条的规定也比照适用于向本法院提出的协助请求。

第 97 条　磋商

缔约国收到根据本编提出的请求,但发现请求中存在问题,可能妨碍或阻止请求的执行,应立即与本法院磋商,解决问题。除其他外,这些问题可以包括:

执行请求所需的数据不足;

在请求移交的情况下,尽管作出了最大努力,仍然无法找到要求移交的人,或进行的调查确定,在羁押国的有关个人显然不是逮捕令㉛所指的人;或

执行目前形式的请求,将使被请求国违反已对另一国承担的条约义务。

第 98 条　在放弃豁免权和同意移交方面的合作

如果被请求国执行本法院的一项移交或协助请求,该国将违背对第三国的个人或财产的国家或外交豁免权所承担的国际法义务,则本法院不得提出该项请求,除非本法院能够首先取得该第三国的合作,由该第三国放弃豁免权。

如果被请求国执行本法院的一项移交请求,该国将违背依国际协议承担的义务,而根据这些义务,向本法院移交人员须得到该人派遣国的同意,则本法院不得提出该项移交请求,除非本法院能够首先取得该人派遣国的合作,由该派遣国同意移交。

第 99 条　根据第 93 条和第 96 条提出的请求的执行

提供协助的请求,应依照被请求国的法律所规定的有关程序,在该国法律不禁止的情况下,以请求书指明的方式执行,包括按照请求书列出的任何程序执行,或允许请求书所指定的人在执行程序中到场并提供协助。

遇紧急请求,经本法院要求,答复的文件或证据应紧急发送。

被请求国的答复应以其原始语文和格式转递。

在不妨碍本编其他条款的情况下,为了顺利执行一项无需采取任何强制性措施即可以执行的请求,尤其是在自愿基础上与某人面谈或向该人取证,包括为执行请求而确有必要时,在被请求缔约国当局不在场的情况下进行上述活动,以及为了在未经变动的条件下检查公共现场或其他公共场所,检察官在必要时可以依照下列规定直接在一国境内执行这种请求:

如果被请求缔约国是被控告的犯罪在其境内发生的国家,而且已有根据第 18 条或第 19 条作出的可予受理断定,检察官可以在与被请求缔约国进行了一切可能的协商后直接执行这种请求;

在其他情况下,检察官可以在与被请求缔约国协商后,按照该缔约国提出的任何合理条件或关注执行这种请求。如果被请求缔约国发现根据本款规定执行请求存在

㉛　中文版为"逮捕证"。

问题,该缔约国应立即与本法院磋商,解决问题。

根据第72条规定在本法院出庭作证或接受讯问的人为防止披露与国防或国家安全有关的机密数据而可以援引的各项限制条件,也适用于执行本条所指的协助请求。

第100条 费用

在被请求国境内执行请求的一般费用由该国承担,但下列各项费用由本法院承担:

与证人和鉴定人的旅费和安全有关的费用,或与根据第93条移送被羁押人有关的费用;

笔译、口译和笔录费用;

法官、检察官、副检察官、书记官长、副书记官长及本法院任何机关的工作人员的旅费和生活津贴;

本法院要求的任何鉴定意见或报告的费用;

与羁押国向本法院递解被移交的人有关的费用;和经协商确定的任何与执行请求有关的特殊费用。

第1项的规定应比照适用于缔约国向本法院提出的请求。在这种情况下,本法院承担执行请求的一般费用。

第101条 特定规则

根据本规约移交给本法院的人,不得因移交以前实施的、构成移交该人所依据的犯罪之基础的行为以外的任何其他行为或行为过程而受追诉、处罚或羁押。

本法院可以请求向本法院移交人员的国家放弃第1项规定的要求,并应在必要时依照第91条提供补充数据。缔约国有权并应努力向本法院表示放弃。

第102条 用语

为了本规约的目的:

"移交"是指一国依照本规约向本法院递解人员;

"引渡"是指一国根据条约、公约或国内立法向另一国递解人员。

第十编 执 行

第103条 国家在执行徒刑方面的作用

本法院应当从向本法院表示愿意接受被判刑人的国家名单中指定一个国家,在该国执行徒刑。

一国宣布愿意接受被判刑人时,可以对这种接受附加本法院同意并符合本编规定的条件。

具体指定的国家应从速就其是否接受本法院的指定通知本法院。

执行国应将可能严重影响徒刑执行条件或程度的任何情况,包括根据第1项商定的任何条件的实施,通知本法院。本法院应至少提前 45 天得到任何这种已知或预知情况的通知。在此期间,执行国不得采取任何可能违反该国根据第 110 条所承担的义务的行动。

如果本法院不同意第 1 款所述的情况,则应通知执行国,并依照第 104 条第 1 项的规定处理。

本法院在依照第 1 项行使指定国家的酌定权时,应考虑下列因素:

缔约国分担执行徒刑责任的原则,即缔约国应依照《程序和证据规则》的规定,根据公平分配原则分担这一责任;

适用囚犯待遇方面广为接受的国际条约标准;

被判刑人的意见;

被判刑人的国籍;

指定执行国时应酌情考虑的其他因素,包括有关犯罪情节、被判刑人情况,或判刑的有效执行的因素。

如果没有根据第 1 项指定任何国家,应依照第 3 条第 2 项所述的《总部协议》规定的条件,在东道国[82]提供的监狱设施执行徒刑。在这种情况下,本法院应承担执行徒刑所需的费用。

第 104 条 改变指定的执行国

本法院可以随时决定将被判刑人转移到另一国的监狱。

被判刑人可以随时申请本法院将其转移出执行国。

第 105 条 判刑的执行

除一国可能根据第 103 条第 1 项第 2 款附加的条件外,徒刑判决对缔约国具有约束力,缔约国不得作任何修改。

只有本法院有权对上诉和再审[83]的任何申请作出裁判。执行国不得阻碍被判刑人提出任何这种申请。

第 106 条 执行判刑的监督和监禁的条件

徒刑的执行应受本法院的监督,并应符合囚犯待遇方面广为接受的国际条约标准。

监禁条件由执行国的法律规定,并应符合囚犯待遇方面广为接受的国际条约标准,但条件的宽严不得有别于执行国同类犯罪囚犯的监禁条件。

被判刑人与本法院之间的通讯应不受阻碍,并应予保密。

第 107 条 服刑人在刑期满后的移送

非执行国国民的人在刑期满后,除非执行国准许该人留在该国境内,根据执行国

---

[82] 东道国指荷兰,参见第 3 条第 1 项。

[83] 中文版为"改判",参见第 84 条。

法律,该人可以被移送到有义务接受该人的国家,或被移送到同意接受该人的另一国家,但应考虑该人是否愿意被移送到该国。

根据第 1 项将该人移送到另一国所需的费用,如果没有任何国家承担,应由本法院承担。

在不违反第 108 条的规定的情况下,执行国也可以依照本国国内法,将该人引渡或移交给为了审判或执行一项判刑而要求引渡或移交该人的国家。

第 108 条 对因其他犯罪被起诉或受处罚的限制

在执行国受到羁押的被判刑人,不得因该人在被移送到执行国以前实施的任何行为而被起诉或受处罚或被引渡给第三国,除非本法院应执行国的请求,同意这种起诉、处罚或引渡。

本法院应在听取被判刑人的意见后就此事作出决定。

如果被判刑人在本法院所判刑期全部执行后,自愿留在执行国境内超过 30 天,或在离境后又返回执行国境内,第 1 项不再适用。

第 109 条 罚金和没收措施的执行

缔约国应根据其国内法程序,执行本法院根据第七编命令的罚金或没收,但不应损害善意第三方的权利。

缔约国无法执行没收命令时,应采取措施,收缴价值相当于本法院命令没收的收益、财产或资产的财物,但不应损害善意第三方的权利。

缔约国因执行本法院的判决而获得的财产,或出售执行所得的不动产的收益,或酌情出售其他执行所得的财产的收益,应转交本法院。

第 110 条 法院对减刑的审查㉞

在本法院宣判的刑期届满以前,执行国不得释放被判刑人。

只有本法院有权作出减刑决定,并应在听取了该人的意见后就此事作出裁定。

对于已执行刑期 2/3 的人,或被判处无期徒刑但已服刑 25 年的人,本法院应当对其判刑进行审查,以确定是否应当减刑。这种审查不得在上述时间之前进行。

本法院在依照第 3 项进行审查时,如果认为存在下列一个或多个因素,可以减刑:

该人较早而且一直愿意在本法院的侦查和起诉方面与本法院合作;

该人在其他方面自愿提供协助,使本法院得以执行判决和命令,尤其是协助查明与罚金、没收或赔偿命令有关的,可以用于被害人利益的资产的下落;或

根据《程序和证据规则》的规定,其他因素证明,情况发生明显、重大的变化,足以构成减刑的理由。

㉞ 中文版为"法院对减刑的复查",英文版为"*Review* by the Court concerning reduction of sentence",德文版为"Überprüfung einer Herabsetzung des Strafmaßes durch den Gerichtshof"。

如果本法院在依照第 3 项进行初次审查后断定不宜减刑,其后应根据《程序和证据规则》规定的时间间隔和适用标准,对减刑问题进行复查。

第 111 条 越狱

如果被定罪人越狱并逃离执行国,该国可以在与本法院协商后,请求该人所在的国家依照现行双边或多边协议移交该人,或者请求本法院要求移交该人。本法院可以指示将该人递解原服刑地国家或本法院指定的另一国家。

第十一编 缔约国大会

第 112 条 缔约国大会

兹设立本规约缔约国大会。每一缔约国在大会中应有一名代表,并可以有若干名副代表和顾问。本规约或《最后文件》的其他签署国可以作为大会观察员。

大会应:

审议和酌情通过预备委员会的建议;

向院长会议、检察官和书记官长提供关于本法院行政工作的管理监督;

审议第 3 项所设的主席团的报告和活动,并就此采取适当行动;

审议和决定本法院的预算;

决定应否依照第 36 条调整法官人数;

依照第 87 条第 5 项和第 7 项审议任何不合作问题;

履行符合本规约和《程序和证据规则》的任何其他职能。

大会应设主席团,由大会选举 1 名主席、2 名副主席和 18 名成员组成,任期 3 年。

主席团应具有代表性,特别应顾及公平地域分配原则,及充分代表世界各主要法系。

主席团视需要随时召开会议,但至少应每年开会 1 次。主席团协助大会履行其职责。

大会还可以视需要设立附属机关,包括设立一个负责检查、评价和调查本法院的独立监督机制,以提高本法院的工作效率和节省开支。

本法院院长、检察官和书记官长或其代表适当时可以参加大会或主席团的会议。

大会应在本法院所在地或在联合国总部每年举行 1 次会议,并根据情况需要举行特别会议。除本规约具体规定的情况外,特别会议应由主席团自行决定或根据缔约国 1/3 要求召开。

每一缔约国应有 1 票表决权。大会及主席团应尽力以协商一致作出决定。无法达成协商一致时,除非本规约另有规定,应以下列方式作出决定:

有关实质性事项的决定,必须由出席并参加表决的缔约国 2/3 多数通过,但进行表决的法定人数,必须是缔约国的绝对多数;

有关程序事项的决定,应由出席并参加表决的缔约国简单多数作出。

任何缔约国如果拖欠对本法院费用的摊款,其拖欠数额相当于或超过其以往整两年的应缴摊款时,将丧失在大会和主席团的表决权。如果大会认为拖欠是该缔约国所无法控制的情况所致,入会仍可以允许该缔约国参加大会和主席团的表决。

大会应自行制定议事规则。

大会以联合国大会的正式语文和工作语文为其正式语文和工作语文。

第十二编 财务事项

第 113 条 财务条例

除另有具体规定外,本法院和缔约国大会的会议,包括其主席团和附属机构的会议的一切有关财务事项,均应依照本规约和缔约国大会通过的《财务条例和细则》的规定处理。

第 114 条 费用的支付方式

本法院和缔约国大会,包括其主席团和附属机构的费用,由本法院的经费支付。

第 115 条 法院和缔约国大会的经费

缔约国大会确定的预算编列本法院和缔约国大会,包括其主席团和附属机构所需经费,由下列来源提供:

缔约国的摊款;

联合国经大会核准提供的经费,尤其是安全理事会提交情势所涉的费用。

第 116 条 自愿捐助

在不妨碍第 115 条的情况下,本法院可以依照缔约国大会通过的有关标准,作为额外经费,接受和利用各国政府、国际组织、个人、企业和其他实体的自愿捐助。

第 117 条 摊款

应依照议定的分摊比额表摊派缔约国的缴款。该比额表应以联合国为其经常预算制定的比额表为基础,并依照该比额表所采用的原则予以调整。

第 118 条 年度审核

本法院的记录、账册和账目,包括其年度财务报表,每年由独立审计员审核。

第十三编 最后条款

第 119 条 争端的解决

关于本法院司法职能的任何争端,由本法院的决定解决。

两个或两个以上缔约国之间有关本规约的解释或适用的任何其他争端,未能通过谈判在谈判开始后 3 个月内解决的,应提交缔约国大会。大会可以自行设法解决争端,或建议其他办法解决争端,包括依照《国际法院规约》将争端提交国际法院。

第 120 条 保留

不得对本规约作出保留。

第 121 条　修正

本规约生效 7 年后,任何缔约国均可以对本规约提出修正案。任何提议修正案的案文应提交联合国秘书长,由秘书长从速将其分送所有缔约国。

在通知之日起 3 个月后任何时间举行的下一届缔约国大会,应由出席并参加表决的缔约国过半数决定是否处理这一提案。大会可以直接处理该提案,或者根据所涉问题视需要召开审查会议。

修正案不能在缔约国大会会议,或者在审查会议上取得协商一致的,必须由缔约国 2/3 多数通过。

除第 5 项规定外,修正案在缔约国 7/8 向联合国秘书长交存批准书或接受书 1 年后,对所有缔约国生效。

本规约第 5 条、第 6 条、第 7 条和第 8 条的任何修正案,在接受该修正案的缔约国交存批准书或接受书 1 年后对其生效。对于未接受修正案的缔约国,本法院对该缔约国国民实施的或在其境内实施的修正案所述犯罪,不得行使管辖权。

如果修正案根据第 4 项获得缔约国 7/8 接受,未接受修正案的任何缔约国可以在该修正案生效后 1 年内发出通知,退出本规约,立即生效,不受第 127 条第 1 项限制,但须依照第 127 条第 2 项规定行事。

联合国秘书长应将缔约国大会会议或审查会议通过的修正案分送所有缔约国。

第 122 条　对体制性规定的修正

虽有第 121 条第 1 项规定,任何缔约国随时可以对本规约中仅涉及体制问题的规定提出修正案。这些规定为第 35 条、第 36 条第 8 项和第 9 项、第 37 条、第 38 条、第 39 条第 1 项(首 2 句)及第 2 项和第 4 项、第 42 条第 4 项至第 9 项、第 43 条第 2 项和第 3 项、第 44 条、第 46 条、第 47 条和第 49 条。提议修正案的案文应提交联合国秘书长或缔约国大会指定的其他人,由其从速分送所有缔约国和参加大会的其他各方。

根据本条提出的修正案,不能取得协商一致的,必须由缔约国大会或审查会议以缔约国 2/3 多数通过。这种修正案在大会或审查会议通过 6 个月后,对所有缔约国生效。

第 123 条　规约的审查

本规约生效 7 年后,联合国秘书长应召开一次审查会议,审查对本规约的任何修正案。审查范围除其他外,可以包括第 5 条所列的犯罪清单。会议应任由参加缔约国大会的国家按同一条件参加。

其后任何时间,应一缔约国要求,为了第 1 项所述的目的,经缔约国过半数赞成,联合国秘书长应召开审查会议。

审查会议审议的任何本规约修正案,其通过和生效办法,应适用第 121 条第 3 项至第 7 项的规定。

第 124 条　过渡条款

虽有第 12 条第 1 项和第 2 项规定,一国成为本规约缔约国时可以声明,在本规约对该国生效后 7 年内,如果其国民被指控实施一项犯罪,或者有人被指控在其境内实施一项犯罪,该国不接受本法院对第 8 条所述一类犯罪的管辖权。根据本条作出的声明可以随时撤回。依照第 123 条第 1 项召开的审查会,应审查本条规定。

第 125 条　签署、批准、接受、核准或加入

本规约于 1998 年 7 月 17 日在罗马联合国粮食及农业组织总部开放供所有国家签署。此后,本规约在罗马意大利外交部继续开放供签署,直至 1998 年 10 月 17 日为止。其后,本规约在纽约联合国总部继续开放供签署,直至 2000 年 12 月 31 日为止。

本规约须经签署国批准、接受或核准。批准书、接受书或核准书应交存联合国秘书长。

本规约应对所有国家开放供加入。加入书应交存联合国秘书长。

第 126 条　生效

本规约应在第 60 份批准书、接受书、核准书或加入书交存联合国秘书长之日起 60 天后的第 1 个月份第 1 天开始生效。

对于在第 60 份批准书、接受书、核准书或加入书交存后批准、接受、核准或加入本规约的每一个国家,本规约应在该国交存其批准书、接受书、核准书或加入书之日起 60 天后的第 1 个月份第 1 天对该国开始生效。

第 127 条　退约

缔约国得以书面通知联合国秘书长退出本规约。退约在通知收到之日起 1 年后生效,除非通知指明另一较晚日期。

一国在作为本规约缔约国期间根据本规约所承担的义务,包括可能承担的任何财政义务,不因退约而解除。退约不影响退约国原有的合作义务,就退约生效之日以前开始的刑事侦查与诉讼与本法院进行合作,也不妨碍本法院继续审理退约生效之日以前,本法院已在审理中的任何事项。

第 128 条　作准文本

本规约正本交存联合国秘书长,其阿拉伯文、中文、英文、法文、俄文和西班牙文文本同等作准。联合国秘书长应将本规约经证明无误的副本分送所有国家。

下列签署人经各自政府正式授权在本规约上签字,以昭信守。

1998 年 7 月 17 日订于罗马